北京市基础教育志稿

北京教育志编纂委员会办公室 编

方志出版社
Publishing House of Local Records

图书在版编目（CIP）数据

北京市基础教育志稿 / 北京教育志编纂委员会办公室编 .——北京：方志出版社，2016.12

ISBN 978-7-5144-2311-2

Ⅰ. ①北… Ⅱ. ①北… Ⅲ. ①基础教育 – 教育工作 – 概况 – 北京 Ⅳ. ① G639.2

中国版本图书馆 CIP 数据核字（2016）第 320528 号

北京市基础教育志稿

编　　者：北京教育志编纂委员会办公室
责任编辑：齐　笑

出 版 人：冀祥德
出 版 者：方志出版社
地址　北京市朝阳区潘家园东里 9 号（国家方志馆 4 层）
邮编　100021
网址　http://www.fzph.org
发　　行：方志出版社发行中心
电话　（010）67110500
经　　销：各地新华书店
印　　刷：北京印刷集团有限责任公司

开　　本：889 × 1194　　1/16
印　　张：37.75
字　　数：688 千字
版　　次：2016 年 12 月第 1 版　　2016 年 12 月第 1 次印刷
印　　数：0001 ~ 2000 册

ISBN 978-7-5144-2311-2　　**定价**：120.00 元

北京市基础教育志稿

主　编：耿　申

副主编：魏　强　王　薇　江　涛

编写组：（按姓氏笔画排列）

王永刚　王　薇　华　蕾　孙晓楠

江　涛　张　驰　张晓兰　张晓白

杨少川　邱小培　林　业　胡　雨

耿　申　魏　强

序

1991年至2010年，适逢中国改革开放大潮，伴随社会经济快速发展及人民群众日益增长的文化和教育需求，北京教育进入了快速发展时期。

二十年里，北京教育在党和政府的领导下，以办好人民满意的首都教育为指针，锐意改革，加大投入，不断加强学校建设和师资队伍建设，深入开展素质教育，提出教育现代化的目标，探索义务教育均衡发展，建设高水平的一流大学，创建学习型社会，努力为人民群众提供公平、优质的教育，基本普及学前三年教育，在全国率先普及九年义务教育和高中阶段教育，率先进入高等教育普及化阶段。

二十年中，北京教育的发展以改革创新为动力，先后进行了教育领导管理体制改革、办学管理体制改革、学校内部管理体制改革、招生及保障体制改革。同时积极开展教育评价创新、学业评价创新、教育督导工作创新。在教育教学中，尤其课程改革、教材建设、教学方法等方面不断探索新路。同时，合作开放办学迈上新台阶，国际合作、省际合作和与港澳台合作不断加强，奥林匹克教育也取得了突出成绩。在教育信息化方面的深入推进促进首都教育现代化建设。

二十年来，北京教育为首都建设和国家社会主义现代化建设做出巨大的贡献。各级各类教育培养了社会需要的人才；学习型城市建设提高了首都居民的文化素质，丰富了人们的精神需求；高校和教育科研机构在自然科学、哲学和社会科学、教育科学研究上硕果累累；在校企合作、校地合作、科研成果转化、志愿者服务、奥运和国家庆典等社会服务方面成绩显著；在支援边疆教育方面，北京与内蒙古、西藏、新疆、青海等省市自治区携手并进。

《北京教育志丛书（1991—2010）》是1995年出版的《北京教育志丛书》的续篇，系统记载1991年至2010年间北京教育的历史与现状，传播首都教育工作者光辉的业绩，为广大教育工作者、为教育科学研究，提供珍贵的资料。

该丛书按教育层次分类，由《北京市学前教育志稿》《北京市基础教育志稿》《北京高等教育志稿》等多部著作组成。我们希望《北京教育志丛书（1991—2010）》的出版，能够激发首都教育工作者的社会责任感，为北京教育谱写更加灿烂的篇章。

《北京教育志丛书（1991—2010）》编委会

2016年6月

凡 例

《北京市基础教育志稿》是《北京教育志·基础教育篇》的成稿。由于篇幅较大故以“志稿”形式单独出版存世。

本志稿坚持辩证唯物主义和历史唯物主义，解放思想、实事求是，力图全面、客观记述北京行政区划内基础教育事业的发展变化过程和基本脉络。

本志稿以北京基础教育系统的管理、教学工作为主体，按章、节、目编排设计。鉴于素质教育和奥林匹克教育在这一时期的重要历史地位和影响，对两部分内容特别做“升格”处理。以章的格位附录于后分别为：“素质教育探索”和“奥林匹克教育”的形式呈现。

本志稿记述时间上限为1991年1月1日，下限至2010年12月31日。为保持史实的完整性，对个别事业的发端进行了必要的追溯。

本志稿为节约篇幅，对部分经常使用的专有名词进行了简化处理，如“中共北京市委教育工作委员会”简称为“市委教育工委”，“北京市教育委员会”简称“市教委”。

本志稿正文以述、记、图、表、录为基本体裁。书前设凡例，书后设后记。

2016年6月

目　录

概　述

1991—2010 年，北京市基础教育经历了普及、提高、改革的发展历程。“普及”以 1993 年义务教育通过国家督导评估、2000 年初中毕业生升学率达到 95% 为标志；“提高”以重新制定和实施《北京市中小学办学条件标准》、全面提高中小学教师学历层次为标志；“改革”以全面实施课程改革和考试评价改革、鼓励学校办出特色，并全面推进学校、家庭、社会合作制度和机制建设为标志。到 2010 年，北京市基础教育水平仍居全国前列。

1991 年，北京市有小学 3482 所，在校生 1013268 人；初中 409 所，在校生 338480 人；高中 282 所，在校生 93728 人。1991 年，小学学龄儿童入学率为 99.17%，到 1995 年达到 99.93%。初中毕业生升学率为 74.75%，到 2000 年达到 94.83%，基本实现普及高中阶段教育普及任务。2010 年，北京市有小学 1104 所，在校生 653255 人；初中 586 所（含完全中学和九年一贯制学校），在校生 309912 人；高中 289 所（含完全中学），在校生 198415 人。

北京市小学生中非本市户籍学生从 1995 年开始成为社会关注的问题。2001 年，北京市小学在校生中非本市户籍学生共计 84866 人，占在校生总数的 12.80%。2002 年，非本市户籍学生所占比重增至 39.21%。2010 年，北京市小学在校生中非本市户籍学生达到 268211 人，占在校生总数的 41.06%；初中在校生中非本市户籍学生 73958 人，占初中在校生总数的 23.86%；高中在校生中非本市户籍学生 15556 人，占高中在校生总数的 7.84%。

1991—2010 年，北京市基础教育系统教职工总数从 135992 人变为 130456 人，其中专任教师从 97780 人变为 99535 人，专任教师占职工总数的比率从 71.90% 提高到 76.30%。小学师生比从 1∶17.95 提高到 1∶13.20，中学师生比从 1∶10.46 提高到 1∶10.19。师资水平总体提高一个学历层次，其中小学师资学历水平提高两个学历层次。学校干部、教师职称结构、学科结构、学历层次、培训机会等城乡差距逐渐缩小。

从 1993 年《中国教育改革和发展纲要》发布开始，北京市基础教育系统全力推进素质教育，到 2000 年，在理论学习、政策制定、教学和课程改革、区域实验、督导评价、薄弱学校改造、山区和偏远农村地区学校条件改善、考试招生制度改革等方面均取得一定成效。

1996 年，北京市对“民办公助”办学方式进行“转制”改革试点；1998 年，“转制”试点学校大幅增加。到 2005 年，“转制”改革试点学校达到 47 所。2005 年 12 月，国家发改委、教育部联合印发《关于做好清理整顿改制学校收费准备工作的通知》。2007 年 6 月，市教委印发《关于做好规范中小学办学体制改革试点工作有关事项的通知》，将从优质学校分离出来的初中学校转回公办学校。到 2010 年年底，45 所学校完成规范转制。

2001 年，根据国务院《关于基础教育改革与发展的决定》，北京市开始在 200 多所学校实验北京市编写的“21 世纪新教材”。2002 年，海淀、宣武、延庆三区县作为国家基础教育课程改革实验区开始进行国家新课程改革实验。2004 年，全市小学全部实施教育部新课程计划，2005 年，初中新生全部进入国家基础教育课程改革实验。到 2007 年，基本完成新课程第一轮实验。2007 年，北京市开始实施高中新课程改革。

一、基础教育普及

1986 年 7 月，《北京市实施〈中华人民共和国义务教育法〉办法》第二条规定：“义务教育普及标准的年限，城区、近郊区的城市地区和远郊县城为 1987 年，农村地区为 1990 年，个别特殊困难的地方经区（县）人民政府报请同级人民代表大会常务委员会批准，可适当推迟。”1993 年 1 月，北京市十届人大一次会议通过政府工作报告，提出“力争今年全市初步达到实施九年制义务教育的基本标准，为本世纪末普及高中阶段教育打下基础”。

（一）普及义务教育

从 1987 年到 1993 年，北京市分三个阶段推进普及九年制义务教育：1986 年 7 月至 1987 年年底，东城、西城、崇文、宣武、石景山 5 个城区，朝阳、海淀、丰台 3 个近郊的城市地区和远郊区县的县城地区，初步达到普及九年制义务教育的基本标准和基本要求，这些地区人口约占全市人口的 55%；1988 年至 1990 年年底，朝阳、海淀、丰台全部农村地区和远郊区县大部分平原地区及部分山区共 183 个乡镇，初步达到普及九年制义务教育的基本标准和基本要求，这些乡镇人口约占全市人口的 33%；1991 年至 1993 年 10 月，远郊区县平原边远地区及贫困山区共104个乡镇初步达到普及九年制义务教育的基本标准和基本要求，全市小学和初中办学条件、教育经费、专任教师学历合格率、入学率、巩固率（辍学率）、毕业率、及格率、优秀率、体育锻炼标准达标率等逐年提高，均已达到义务教育办学基本标准和基本要求。

1993年10月18—30日，国家教委派抽查组对北京市“两基”评估验收工作进行抽查。抽查组对照国家教委和北京市“两基”评估验收办法和标准，对有关情况进行综合分析和研究后，得出评估验收意见：北京市“基本普及九年制义务教育，基本扫除青壮年文盲。我们对北京市1993年关于18个区县‘两基’评估验收工作表示充分信赖。北京市成为我国率先提前实现‘两基’的直辖市”。

（二）提高质量标准

1993年11月，北京市人大常委会修订《北京市实施〈中华人民共和国义务教育法〉办法》，提高九年制义务教育普及标准，实施高标准、高质量义务教育。1994年10月，市教育局印发《北京市关于巩固普及九年制义务教育成果、提高教育质量和办学效益的标准（1994—2000）（试行）》，提出“实现办学条件标准化，教育思想、教学内容、教学方法和手段的现代化，使教育质量处于全国领先地位”。普及程度标准：全面提高入学率、辍学率、完成率控制指标。教育质量标准：加强基础薄弱学校工作，各区县30%以上中小学达到教育质量综合评价优等标准；面向全体学生，提高学生全面发展水平，提高初中毕业生全科及格率水平。教师、干部水平标准：专任教师均达到任职要求和合格学历要求，城市地区小学教师具备大学专科学历比率达到50%，初中具备本科学历比率达到60%。校长具有小学高级或中学一级以上教师职称。教育经费标准：保证“两个增长”；教师工资、福利资金拨付到位；多渠道筹措教育经费。办学条件标准：在办学条件主要项目上，50%的学校达到基本标准，40%的学校达到一般标准，10%的学校达到较高标准。办学效益标准：提高经费使用效益；提高教学设施、设备的完好率和利用率；教师授课时数达到本市规定的教师工作定额要求。

1998年9月，市教委印发《北京市关于加强山区中小学建设工作的意见》《北京市山区中小学建设基本要求》，同时召开各山区县主管区县长和教委（教育局）一把手工作会议，在7个山区县全面启动中小学建设工作。到2001年，7个山区县基本完成建设目标，山区学校布局规模趋于合理，各项指标均达到北京市高标准普及九年义务教育要求。

（三）促进均衡发展

从2001年开始，北京市义务教育工作重心转向促进城乡、区域和校际均衡发展，为市民提供优质均衡教育。2001年8月，市政府印发《贯彻国务院关于基础教育改革与发展决定的意见》，提出："促进九年义务教育均衡发展。按照逐步缩小区域差距和校际差距，提高办学整体质量和效益的原则，通过制订并实施新的义务教育阶段办学条件标准，加快学校布局调整和建设，促进强、弱学校联合与合并，扩大优质教育服务面。"

2004年4月，中共北京市委、市政府召开北京市教育大会，并发布《关于实施首都教育发展战略，率先基本实现教育现代化的决定》，提出"要进一步落实区县政府对实施义务教育的主要责任，加强市级政府的统筹和调控，促进义务教育高标准、高质量均衡发展"。

2010年，市政府教育督导室对全市18个区县及燕山地区1554所中小学校进行督导评价，结果显示：城乡学校间的差距显著缩小，趋于基本均衡。

（四）扩大高中规模

1991年，全市初中毕业生升学率为74.75%，到1995年达到88.60%。此后普及高中阶段教育列入"九五"规划目标。到2000年，全市初中毕业生升学率达到94.83%，基本普及高中阶段教育。从2001年开始，高中教育进入追求优质、特色发展阶段。2004年4月，市委、市政府发布《关于实施首都教育发展战略，率先基本实现教育现代化的决定》，提出要"充分发挥示范高中在实施素质教育、信息资源建设和创新人才培养等方面的示范、辐射作用。拓展县镇高中优质教育资源，满足农村地区学龄人口接受普通高中教育的需求"。

高中阶段学校学生构成中普通高中学校和职业技术学校比例，1998年以前一直保持在1：2左右。1999年12月，市委、市政府印发《关于深化教育改革全面推进素质教育的意见》，提出要"高标准、高质量普及高中阶段教育"，"扩大普通高中的规模，建设一批高质量的示范性高中，有计划地发展综合高中"。2000年，普通高中学校和职业技术学校在校生比例升至4：6。2005年，普通高中招生占高中阶段学校招生比例达到58.2%，在校生比例升至57.17%。2010年，普通高中招生占高中阶段学校招生比例为54.04%，在校生比例为53.05%（参见表0–1）。

表 0–1 北京市初中毕业生升学率统计表

年份	普通初中毕业生数（人）	高级中等学校招生数（人）						升学率（%）
		合计	普通高中	职业高中	普通中专	成人中专	技工学校	
1996	146266	133231	42603	37410	23348	11044	18826	91.09
1997	171717	158535	49566	41158	31214	12215	24382	92.32
1998	173788	159942	52596	39590	34548	8561	24647	92.03
1999	153172	145050	56998	31004	29460	2480	25108	94.70
2000	138932	131746	65890	21965	27816	2483	13592	94.83

说明：本表内各类中等学校招生数系指招收本市应届初中毕业生数

二、素质教育和课程改革

20 世纪 90 年代初期，为应对基础教育领域过分看重考试分数、过分加重学生课业负担现象，教育理论界与教育实践中提出“由‘应试教育’向‘素质教育’转变”的思潮。经政府教育管理部门自上而下地大力推行，素质教育成为推进教育改革的基本理念。到 1999 年，以国务院印发《关于深化教育改革全面推进素质教育的决定》为标志，素质教育在国家政策上提升至教育方针的地位，成为国家教育改革的根本目的和指导思想。课程改革作为全面实施素质教育的核心措施，北京市从 1994 年组织专题小组研究课程改革问题，1997 年完成课程改革总体方案，2001 年开始在小学实验“21 世纪新教材”。同时，国家基础教育课程改革也从 2001 年在全国推开。2006 年，素质教育作为国家教育方针写入《中华人民共和国义务教育法》。2010 年，素质教育作为战略主题，分别写入国家和北京市中长期教育改革和发展规划纲要。

（一）素质教育

1993 年颁布的《中国教育改革和发展纲要》提出：“中小学要从‘应试教育’转向全面提高国民素质的轨道。”1994 年，国务院副总理李岚清在全国教育工作会议上提出“基础教育必须从‘应试教育’转到素质教育的轨道上来，全面贯彻教育方针，全面提高教育质量”。

国家通过树立湖南汨罗市和山东烟台市作为素质教育样板，在全国推广其素质教育经验，并通过政府文件和领导人讲话，全力推进素质教育。北京市一方面确定崇文区、海淀区和顺义县为素质教育实验联系区县，在调整教育结构布局、改革办学体制、改革教学内容和考试制度方面进行区域整体改革试验探索；另一方面总结推广一师附小“快乐教育”经验、光明小学“我能行”教育经验，以及翠微小学、北京八中、顺义李桥中学等 30 余所中小学实施素质教育的典型经验。

1997 年，市政府转发市教委《关于进一步加强中小学素质教育的意见》，从“创设实施素质教育的良好环境”“构建实施素质教育的运行机制”“加强学校干部和教师队伍建设”等方面提出多项具体措施在中小学教育、教学和管理中全面落实素质教育。1998 年 1 月，市教委、市政府教育督导室印发《关于北京市建立第一批推动素质教育实验联系区县的通知》，确定第一批素质教育实验联系区县为崇文区、海淀区和顺义县。三区县分别拟订各自实验方案，通过督导评价机制建设，全面推动区域素质教育实施。

1999 年，中共中央、国务院印发《关于深化教育改革全面推进素质教育的决定》，将素质教育提升至教育方针的地位，成为国家教育改革的根本目的和指导思想。北京市以素质教育为基本理念制订“21 世纪课程改革方案”，通过新课程实施，使素质教育进入教育改革的核心领域。

2010 年，北京市根据“素质教育推进还没有得到根本突破”的情况，将素质教育列为《北京市中长期教育改革和发展规划纲要（2010—2020 年）》的首要战略主题。

（二）课程改革

从 1994 年开始，市教育局组织专门人员开展课程教材建设实验研究，提出调整课程计划、合并重复交叉课程门类、确定符合素质教育精神的教学要求。1997 年，基本完成面向 21 世纪的中小学课程改革方案的总体设计，同时启动各学科课程标准的研究、编制工作。从 2001 年秋季开始，北京市在 200 多所学校开始实验“21 世纪新教材”。2004 年，全市小学全部执行教育部新课程计划，半数初中实施新课程计划。到 2007 年，基本完成义务教育新课程第一轮实验，高中课程改革进入实验阶段。

2008 年 3 月，市教委在北京教科院成立“北京青少年科技创新学院”，作为高中课改的补充和延伸，旨在通过定期组织科学家报告会、大学重点实验室提供专门领域实验研究项目、学科基地学校提供特色课程等，使高中尖子生在导师指导下开展探究性学习。该项目称作“翱翔计划”。2010 年 1 月，在高中“翱翔计划”基础上又在义务教育阶段启动“雏鹰计划”。

按照国家课程改革方案，北京市采取重点实验、区域推进、全面实施策略，建立地方教材编写审查与核准制度，指导区县、学校开发地方课程和校本课程，落实三级课程管理制度，并建立课程改革监控与评价制度，在课程、教学、评价多个领域形成北京特点。

三、德育、体育和美育

1991—2010 年，《北京市中小学德育整体化工作纲要》《中小学生守则》《中小学生日常行为规范》《北京市中小学和职业学校心理健康教育工作纲要（试行）》《北京市中小学班主任工作规程》等文件是北京基础教育德育工作的指导文件。《国家体育锻炼标准》《学校体育工作条例》《北京市中小学体育课堂常规》《关于在中小学落实每天一小时体育活动的几点意见》《〈国家学生体质健康标准〉实施办法》等文件是北京基础教育体育工作指导文件。《北京市学校艺术教育发展规划（1996—2000年）》《学校艺术教育工作规程》《关于加强和改进中小学艺术教育活动的意见》等文件是北京基础教育美育工作的指导文件。2001年，北京市开始就联合国教科文组织倡导的可持续发展教育进行理论研究和实践探索，从人类社会发展观、人与人之间关系、人与自然之间关系、人类自身道德观、价值观和行为方式等方面为中小学校德育工作注入现代因素。2008年北京奥运会的筹办和举办期间，奥林匹克运动、奥林匹克精神也为北京中小学的德育、体育和艺术教育注入现代因素。

（一）德育

1991年，市教育局制定《北京市中小学德育整体化工作纲要》，提出建立大、中、小学相衔接，家庭、学校、社会相配合的德育工作体系，并于9月在丰台、海淀、平谷、密云四区县及部分中小学校试行。1998年，市教委召开16个市级“德育整体化”试点校经验总结和推广会。此后又对《北京市中小学德育整体化工作纲要》进行多次修订。

1991年10月，市教育局转发国家教委《小学生日常行为规范》及《关于〈小学生日常行为规范〉的几点说明》，编辑配发《小学生日常行为规范三字歌图册》和《小学生日常行为规范挂图》。1992年12月，市教育局发布《北京市中小学生礼仪常规（试行稿）》。

2003年1月，市教委修订《北京市中小学生守则（试行）》《北京市中小学生日常行为规范（试行）》。其中《北京市中小学生日常行为规范（试行）》第20条中删除原“规范”中遇到坏人坏事“敢于斗争”四字；在第40条中增加“遇有侵害敢于斗争，善于斗争，学会自护自救”。2004年11月，市教委再次修订颁布《北京市中小学生守则（修订）》《北京市小学生日常行为规范（修订）》《北京市中学生日常行为规范（修订）》。

2004年3月，市教委制定《北京市中小学和职业学校心理健康教育工作纲要（试行）》，并同时发布《各阶段心理健康教育的内容与要点》《学校心理健康教育的评估指标》。

2005年3月，市教委制定《中小学校德育工作评价要点》，从德育在学校办学中的地位、德育队伍建设、课堂教学主渠道建设、德育实践活动、学校文化建设、学校指导家庭教育工作、学校德育资源建设、德育效果 8 方面评价学校德育工作。

2005 年 8 月，市教委委托门头沟区教委开展“以家长教师协会试点为主要内容的学校家庭社区协作机制”实验。到 2006 年，全市有 9 个区县 156 所学校参加此项实验，家校合作得到全面推进。

2007 年 7 月，市教委印发《北京市中小学班主任工作规程》，规定班主任任务和职责、选聘和任免、管理和培训、待遇和奖励等内容。

2008 年北京奥运会筹备和举办期间，北京在全市范围开展奥林匹克教育，确定北京奥林匹克教育的核心任务是使中小学生在道德品质、身体素质、文明礼仪和国际意识等方面的素质得到提升。中小学志愿服务教育在全市中小学校普遍开展起来。

（二）体育

从 1988 年开始，市教育局在北京每个区县各设立 6 所中小学为学生视力监测点，全市共计设立监测点 216 个，每年实施两次视力检测。1991 年监测结果：小学生视力低下率为 14.39%，初中生为 33.69%，高中生为 47.32%。到 2010 年，中小学生视力不良检出率持续上升，超重率为 11.69%，肥胖率为 14.06%，与 2005 年基本持平（见图 0–1）。

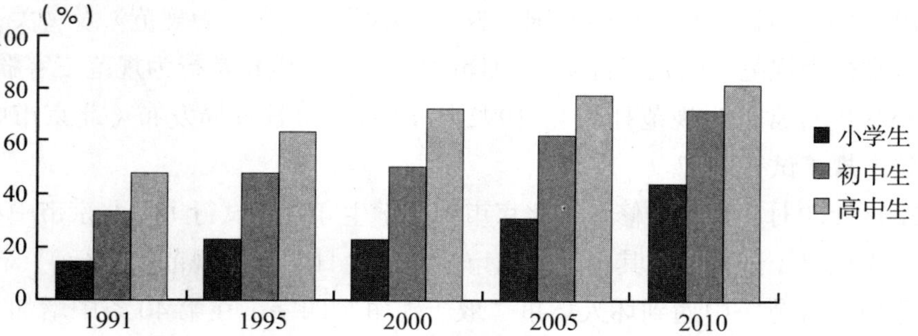

图 0–1　1991—2010 年北京市中小学生视力不良检出率

1991 年 1 月，市教育局印发《北京市中小学体育课堂常规》，包括教师课堂常规和学生课堂常规各 10 条，规范体育课教学。同年 4 月，市教育局、市体委印发《关于在中小学落实每天一小时体育活动的几点意见》，提出根据学校条件不同分两类落实：条件好的学校保证学生每天参加一小时体育活动，条件差的学校，做到“平均每天一小时的体育活动”。“一小时体育活动”包括：体育课、课间操、眼保健操和课外体育活动。此后，“在中小学落实每天一小时体育活动”

始终是国家、市、区县教育行政部门的重点工作。

2002年8月，教育部、国家体育总局颁布《学生体质健康标准》试行方案。该健康标准是《国家体育锻炼标准》的组成部分，按小学、初中至高中、大学三阶段分段设定评测项目，按具体年级制订相关标准。2008年两部委再次发布《〈国家学生体质健康标准〉实施办法》，规定《国家学生体质健康标准》“在校长领导下，由学校体育教研部门、教务部门、校医院（医务室）、学工部门、辅导员（班主任）协同配合共同组织实施”。

2007年5月，中共中央、国务院发布《关于加强青少年体育增强青少年体质的意见》，要求“把健康素质作为评价学生全面健康发展的重要指标。加快建立符合素质教育要求的考试评价制度，发挥其对增强青少年体质的积极导向作用。全面组织实施初中毕业升学体育考试，并逐步加大体育成绩在学生综合素质评价和中考成绩中的分量；积极推行在高中阶段学校毕业学业考试中增加体育考试的做法。普遍推行《国家学生体质健康标准》测试报告书制度、公告制度和新生入学体质健康测试制度”。

2007年7月，市人大常委会通过《北京市实施〈中华人民共和国国防教育法〉办法》，规定：“小学和初级中学应当将国防教育的内容纳入有关课程，采取课堂教学与课外活动相结合的方式，对学生进行国防教育。”“小学和初级中学可以通过少年军校、组织军事夏令营和聘请校外辅导员等形式开展国防教育。”

2008年9月，市教委印发《关于加强中小学体育课程教学的意见》，强调落实使学生“掌握至少两项体育技能”的体育课程教学目标，并发布《北京市中小学体育学科课堂教学常规》。

（三）艺术教育

1991年1月，市教育局印发《北京市关于落实国家教委〈全国学校艺术教育总体规划〉的实施规划（试行）》，规定分两步落实规划：第一步，到1995年，使北京市条件较好的中小学艺术教育主要目标接近或基本达到国家《规划》要求，并建立具有北京特色的艺术教育管理、科研体系。第二步，到2000年，完善北京市中小学艺术教育完整体系，着重在质量上下功夫，力争实现国家规划总蓝图。1994年，市教育局通知全市高中利用选修课时开设艺术必选课。

1987年，北京市中学生金帆艺术团成立，由11个分团组成，到1995年发展到26个分团，包括管乐、管弦乐、电声乐、舞美、曲艺杂技、小型声乐队、京剧、鼓乐、合唱、交响乐、民族乐团等。1999年3月，市教委调整全市金帆艺术团，批准33所中学共承办35个分团。1992年，原北京市少年儿童艺术团更名为北京市少年儿童银帆艺术团，各区县少年宫或学校建立分团。金帆、银帆艺术团各分团包括合唱、戏剧、管乐、民乐、电声乐、舞蹈、钢鼓乐、杂技、木偶等。艺术团由市教育局统一管理，办公室设在市校外教育办公室。1999 年 6 月，市教委调整全市银帆艺术团，认定 16 个校外教育机构承办 25 个分团。2005 年 5 月，市教委发布《北京市学生金帆艺术团管理办法（暂行）》，对金帆艺术团进行规范管理。至 2005 年，承办金帆艺术团的学校和校外教育机构共计 63 个单位。

1996 年 5 月，市教委发布《北京市校外教育机构工作规程》，规定校外教育机构教育对象主要是中小学生，基本任务是对中小学生进行科学、艺术、体育等专业知识教育和技能技巧培养，发展其兴趣、爱好和特长，扩展知识，陶冶情操，开发智力，增长才干，全面提高素质。1997 年 12 月，市教委印发《北京市学校艺术教育发展规划（1996—2000 年）》，确定学校艺术教育目标为：①艺术教育工作健全管理体制，建设数量足、素质高的师资队伍，艺术教育设备先进、完备；②学生初步掌握一些艺术知识和一种艺术表现能力；③建成各级学校相互衔接，学校、家庭、社区相互配合的艺术教育体系。

2002 年 7 月，教育部发布《学校艺术教育工作规程》，规定："学校艺术教育工作包括：艺术类课程教学，课外、校外艺术教育活动，校园文化艺术环境建设。""小学、初级中学、普通高级中学开设的艺术课程，应当按照国家或者授权的省级教育行政部门颁布的艺术课程标准进行教学。教学中使用经国家或者授权的省级教育行政部门审定通过的教材。""小学、初级中学、普通高级中学的艺术课程列入期末考查和毕业考核科目。""学校应当面向全体学生组织艺术社团或者艺术活动小组，每个学生至少要参加一项艺术活动。""学校每年应当根据自身条件，举办经常性、综合性、多样性的艺术活动，与艺术课程教学相结合，扩展和丰富学校艺术教育的内容和形式。"

2010 年 7 月，教育部在部分城市学校开展儿童歌舞剧音乐教育试点工作，北京市 12 所小学列入试点，在 3 ～ 5 年级将音乐课课堂教学与课外活动结合起来，开展儿童歌舞剧教学。

四、办学条件标准与学校建设

2005 年颁布的《北京市中小学办学条件标准》与同时期各地颁行的同类标准相比以及与 1988 年北京实行的标准相比，其所提出的"适宜规模""班级定额""辅助中心"三个概念引领了北京基础教育学校建设趋势和中小学布局调整方向。

（一）办学条件标准

1988 年，市教育局牵头制定并与财政局等多部门联合颁布《北京市中学、小学办学条件标准》，以规范中小学校硬件设施和教学设备的配置，在推进北京市普及义务教育和高中阶段教育过程中发挥指导作用。2001 年 5 月，市计委、市教委联合发布《北京市“十五”时期教育发展规划》，提出：“按照教育现代化要求，制定小学和初中新的办学条件标准，大力改善办学条件，进一步缩小区县之间和学校之间在办学条件方面的差距。”市教委随即组织多方专业人员参加的专门小组研究制订新办学条件标准。2005 年 12 月，市教委、发改委、财政局、人事局、国土局、规划委、机构办、督导室 8 部门联合发布《北京市中小学办学条件标准》，从 2006 年开始，全市中小学新建校舍及其设施设备配置均按新颁标准执行，为实现基础教育现代化奠定基础。

《北京市中小学办学条件标准》所定“学校适宜规模”分别为：九年一贯制学校 18 ~ 36 个班，独立设置的小学 12 ~ 24 个班，独立设置的初中 18 ~ 30 个班，独立设置的高中及完全中学 24 ~ 36 个班。其中小学和初中班额上限 40 人，高中班额上限 45 人。所定“学校教育辅助中心”为学校间共享教育资源而设置的教育设施、设备、器材集约配置机构。到 2010 年，全市初中和半数小学在办学条件主要项目上达到办学条件标准。

（二）学校建设

1991—1996 年，北京基础教育学校建设重点一方面满足基础教育学生人数增加的校舍面积需求，一方面改造危旧校舍，另一方面解决教职工住房。危旧校舍改造任务到 1997 年有所缓解。解决教职工住房任务到 2000 年实施住房改革后逐渐缓解。中小学校舍建设任务从 2005 年颁布新的办学条件标准开始，新建学校依据新标准建设，旧有学校遇有改造机会即按新标准进行改造。

2008 年汶川地震后，北京市于 2009 年 9 月发布《北京地区中小学校舍抗震坚定与加固技术细则》，11 月成立中小学校舍安全工程领导小组及办公室，对全市中小学校舍进行全面检查和抗震加固，提高抗震级别。到 2010 年年底，开工面积 346 万平方米，占三年规划改造总面积的 53%。

（三）教育信息技术

2000 年以前，北京中小学校使用以 CAI(Computer Aided Instruction) 为代表的教学资源库进行计算机辅助教学。2000 年 4 月，北京市召开中小学教育信息化工作会，印发《北京市中小学教育信息化建设工作意见》（征求意见稿）和《北京市加强中小学校园网建设实施方案（试行）》。随后，又制定《北京市中小学“校校通”工程实施意见》。当年10月，教育部确认北京11所中学、13所小学为中小学现代教育技术实验学校，加上1997年国家教委首批确认的29所实验学校，北京市共计53所中小学成为现代教育技术实验学校。

2001年8月，市教委印发《北京市中小学教育信息化建设指导意见》，要求在全市中小学开设信息技术课，普及信息技术教育，培养中小学生信息素养。

2005年，形成全市骨干网、区县区域网和校园网络构成的北京教育信息网。所有中小学建成校园网，实现“校校通”。

五、学校管理与质量监控

北京市自1988年开始实施中小学内部管理体制改革，到1992年完成第一轮改革，形成以校长负责制、教职工聘任制、工资总额包干制和校内结构工资制为主要内容的中小学内部管理体制。1997年，启动以“完善教职工岗位聘任制，试行教职工聘用合同制，试点校长职级制，完善中小学内部结构工资制”为主要内容的第二轮中小学内部管理体制改革。2004年，市委组织部、市委教育工委、市教委、市教育工会联合印发《北京市中学校党支部（总支）工作意见》《北京市中小学校长工作意见》《北京市中小学教职工代表大会工作意见》3个文件，调整和完善中小学学校管理体制和机制。

1993年，北京市义务教育实现普及任务后，进入提高义务教育质量标准和普及高中教育阶段，开始大幅度提升教师合格学历，到2005年，小学教师入门学历提至本科，中学教师研究生学历占比逐年提高。

1997年，北京市探索通过对学生学业质量测评监控义务教育质量。2003年，正式实施义务教育阶段学生学业质量测评，测评对象为三、五、八年级，到2010年，对义务教育学校所有学科进行测评，成为市、区县两级政府监控义务教育质量状况的基本手段之一。

（一）校长负责制

1988年，北京中小学实施内部管理体制改革，中小学校试行校长负责制。1990年6月，北京市人民政府文教办公室、市教育局印发《关于进一步巩固、完善和深化中小学内部管理体制改革的几点意见》，进一步完善校长负责制，明确校长“对学校的教育教学、行政管理工作统一领导，全面负责”。

2004年，市委组织部、市委教育工委、市教委、市教育工会联合印发《北京市中学校党支部（总支）工作意见》《北京市中小学校长工作意见》《北京市中中小学教职工代表大会工作意见》。三个“意见”完善了北京中小学学校管理制度和机制：校长全面负责，党支部（总支）发挥政治核心作用，教职工代表大会在党组织领导下参与民主管理和民主监督。

（二）教师学历与资格

1988年年底，北京市全面推行中小学内部管理体制改革，形成以校长负责制、教职工聘任制、工资总额包干制和校内结构工资制为主要内容的管理机制，教师收入增加，教学秩序良好，教育质量稳步提升。到1992年，全面完成以岗位聘任和结构工资为核心的学校内部改革，完善了教师权利与义务相统一、报酬与贡献相一致的激励机制。1994年，在提高教师素质、提高师生比、优化师资队伍方面深化改革，市教育局出台教师工作质量综合评价方案，同时在部分区县试点建立人才交流中心，负责在学校间调配骨干教师和代课教师，鼓励教师在区县内流动。

1997年，北京市实行教师资格认证制度，凡在职教师和其他相关人员，本人申请，经考核，认定合格者，由认定机构颁发"教师资格证书"。从1998年开始，各区县陆续辞退代课教师和临时工，同时实行教职工聘任合同制。当年，高中、初中和小学教师学历合格率分别达到81.69%、89.72%、97.34%。2000年，城近郊八区458所中小学对新接收的1490名大中专毕业生全部实行聘用合同制。

1999年，北京市完成提高小学教师学历层次和中等师范学校调整方案。小学教师入职学历由中师提高到专科至本科。从2005年开始，小学新教师入门学历提高至本科以上。同时吸收非师范院校毕业生到中小学任教，到2005年中学新入职教师中非师范院校毕业生达到30%。

2004年，北京市发布《首都教育2010发展纲要》，提出各级学校教师学历标准：小学教师85%以上达到专科学历，初中教师80%以上达到本科以上学历，高中教师全部达到本科以上学历，且10%左右为研究生学历。

（三）学籍管理

1990年2月，市教育局发布《北京市中、小学学生学籍管理办法》共9章27条，对中小学学生入学、考勤、转学、借读、修学、复学、退学、开除和毕业等事项做出严格规定。1991年，北京市中学学生学籍开始实行由学校和区县教育局双层管理制度，学生由区县教育局统一编排8位数字学号，由左至右分别为：届别2位、校别2位、学段别1位（初、高中之别）、班别1位、班内编号2位。"学生名册"一式二份，报送区县教育局审核后返还学校一份备用。

1999年，市教委通知各区县为本市受满九年义务教育但不能取得普通初中毕（结）业证书的残疾学生颁发"北京市九年义务教育修业期满证书"，该证书亦为北京市完成义务教育证书。

随着外地在京务工人员子女增多，2002 年，市教委就中小学借读生管理做出规定：凡无本市正式常住户口的儿童、青少年在本市普通中小学校就读的均为借读生。借读手续为：家长（监护人）持学生常住户口所在地证明材料（父母户籍证明、父母身份证）、家长在京暂住证明、外来人员就业证明等材料，向暂住地所在乡镇政府、街道办事处提出申请，再持其为学生开具的“在京就读批准书”，到暂住地管片学校申请借读。

2006 年，市教委制定《北京市中小学管理信息系统和电子学籍 IC 卡管理系统实施办法》，2007 年 9 月开始试行。2008 年 9 月，在全市中小学全面实行电子化学籍管理。

（四）质量监控

1997 年，市教委提出对义务教育质量进行监控和研究。2001 年，随着课改启动，开始探索通过学生学业测评监控义务教育质量的制度建设。2003 年，北京市参照具有较强国际影响力的教育质量、学业质量测评项目的理念与框架，正式实施义务教育阶段学生学业质量测评，测评对象为三、五、八年级学生及教师和校长。语文、数学、英语学科每两年测评一次，其他学科每 3 ~ 4 年测评一次。到 2010 年，对语文、数学、历史（社会）、体育、政治、思想品德、生物、科学、英语、信息技术等学科教学质量都进行了检测评价。测评报告分为：市级总报告，分析全市义务教育质量状态；区县报告，分析区县义务教育质量状态；学校报告，分析各学校教育教学质量状态；班级报告，分析各班级学习质量状态；学生报告，分析该生学习状态。

北京市从 2007 年开始实行普通高中学生综合素质评价；从 2008 年开始实行高中课程改革实验工作监控与评价；从 2009 年开始实行区县教育工作满意度调查。通过以上各项年度评价与调查，北京市对基础教育实施了多方位质量监控。

2004 年，市委、市政府提出“到 2010 年在全国率先基本实现教育现代化”目标。2010 年，北京基础教育总体达到中等发达国家平均水平，部分指标达到发达国家平均水平，完成“基本实现教育现代化”目标。2010 年年底，北京市提出“到 2020 年实现教育现代化”的新目标。

第一章 管 理

概 况

1991—2000 年，北京市逐步实现普及义务教育、普及高中阶段教育。2000 年以后，制定中小学办学条件标准，通过实施薄弱校建设、农村中小学建设、山区中小学建设、初中建设、小学规范化建设等多个项目推进学校建设，促进义务教育均衡发展，通过多种途径解决来京务工随迁子女受教育问题。

1988 年 6 月，北京市开始实施中小学学校内部管理体制改革，至 2004 年基本完成。1996 年，中小学进行“公办民助”“民办公助”办学体制改革试点，2006 年开始规范清理，至 2010 年，91.8% 的办学体制改革试点校完成转制。

1993 年，北京市实现普及九年义务教育。2000 年，北京市基本普及高中阶段教育，此后普通高中在校生数和招生数占高中阶段教育总数的比例开始增加。从 2001 年开始，北京市义务教育工作由巩固提高转向均衡发展。2001 年以后，北京市义务教育管理体制由乡镇为主转为区县政府负主要负责。

从 1996 年开始，北京市每年 3 月组织“安全教育日”活动，主题涉及交通安全、消防安全、校园安全、饮食安全、防震安全等。2003 年，北京市发生“非典”疫情，全市中小学采取放假两周的应急措施，随后市委教育工委、市教委印发《北京市教育系统预防与控制传染性非典型肺炎应急预案》，建立传染病防控工作机制。同年，按照市教委“不提倡学校组织大规模集体活动”的要求，此后大部分中小学不组织春游活动。2005 年，北京市中小学开始实施安全技术防范工作，至 2009 年，所有公办中小学全部安装摄像头。2008 年四川汶川“5・12”地震后，北京市重点开展中小学防震安全隐患排查工作，从 2009 年开始在全市范围内实施中小学校舍抗震加固改造和防震减灾工程。

2001 年，北京市开始采取建立股份制公司、建立有限责任公司、销号关闭等 10 种形式推进全市校办企业产权制度改革，建立现代企业制度，至 2004 年，校办企业改革基本完成。

2005 年，市教委、市发展和改革委员会、市财政局、市人事局、市国土资源局、市规划委、市机构编制委员会办公室、市政府教育督导室联合印发《北京市中小学办学条件标准》，提出："适宜学校规模"和班额规定；适当扩大学校用地标准，规定最低标准；扩大普通教室面积，增加专用教室数量；设立学校教育辅助中心。此后，配套的标准细则及细则修订陆续出台，以适应不断改善的学校办学条件，北京市中小学按照办学条件标准建设及改造学校。

2010 年，北京市有中小学 1738 所，全市初中学校和近半数小学达到 2005 年办学条件标准。北京市中小学校舍建筑面积 1631.04 万平方米，教学及辅助用房 634.21 万平方米，固定资产总值 2737123.99 万元，仪器设备总值 345145.04 万元，体育运动场（馆）面积 1306.18 万平方米，图书藏量 5043.97 万册。全市实现义务教育完全免费，免除义务教育学校学生杂费、教科书费，免除外来务工随迁子女学杂费、借读费，对山区学生、城乡低保家庭学生、特殊教育学生、工读学校学生实行"三免两补"。

第一节　事业发展

1991—2010 年，北京市逐步实现普及义务教育、普及高中阶段教育，推进义务教育均衡发展。20 年间，北京市通过公办中小学接收、改扩建学校、开办并审批自办学校等途径，解决来京务工随迁子女教育问题。

1986 年 7 月，《北京市实施〈中华人民共和国义务教育法〉办法》规定"本市实行九年制义务教育"。1993 年 10 月，经过区县自查、北京市检查、国家教委"两基"评估验收，全市 18 个区县基本达到国家教委和本市规定的"普九"各项指标，北京市实现普及九年制义务教育。1994 年 10 月，九年制义务教育工作进入"巩固、充实、提高"阶段。

1994 年，市委、市政府提出到 20 世纪末"基本普及高中阶段教育"目标。从 1994 年起，北京市开始连续十年扩大普高招生数。到 2000 年，北京市初中毕业生升学率提高到 94.83%，北京市基本普及高中阶段教育。

从 2001 年开始，北京市义务教育工作重心由九年义务教育巩固提高转向义务教育均衡发展。2007 年 8 月，市委市政府提出首都义务教育均衡发展"四个倾斜"的工作思路。根据市政府教育督导室对全市的监测结果，2010 年，全市义务教育属于比较均衡。

一、义务教育

（一）普及

1986 年 7 月 1 日，《中华人民共和国义务教育法》颁行。1986 年 7 月 8 日，北京市第八届人民代表大会常务委员会第 29 次会议通过《北京市实施〈中华人民共和国义务教育法〉办法》，规定："本市实行九年制义务教育。义务教育达到普及标准的年限，城区、近郊区的城市地区和远郊县城为 1987 年，农村地区为 1990 年，个别有特殊困难的地方，经区县人民政府报请同级人民代表大会常务委员会批准，可适当推迟。"1986 年年末至 1987 年年初，各区县制定九年制义务教育实施规划。1988 年和 1990 年，部分远郊区县，从当地社会与经济发展实际出发调整了实施规划，并经市人大常委会审议批准。综合各区县实施规划，北京市确定全市于 1993 年达到普及九年制义务教育的基本标准和基本要求（见表 1–1）。

表 1–1　1987—1993 年北京市不同类型地区达到普及九年义务教育基本标准和基本要求进度

年份	地区类型	达到普及九年义务教育乡镇数（个）	累计人口覆盖率（%）
1987	东城、西城、崇文、宣武、石景山 5 个区，朝阳、海淀、丰台区的城市地区和郊区县的县城地区	—	55
1990	朝阳、海淀、丰台区的全部农村地区，远郊区县的大部分平原地区及部分山区	183	88
1991	远郊区县和平原的边远地区及贫困山区	55	95
1992	远郊区县和平原的边远地区及贫困山区	43	99.4
1993	远郊区县和平原的边远地区及贫困山区	6	100

1993 年 1 月，北京市十届人大一次会议通过政府工作报告，提出"力争今年全市初步达到实施九年制义务教育的基本标准，为 20 世纪末普及高中阶段教育打下基础"。

同年 3 月，市教育局转发国家教委《普及九年义务教育评估验收办法（试行）》和《县级扫除青壮年文盲单位检查评估办法（试行）》，提出评估项目及指标要求，国家教委决定从 1993 年起建立对普及九年义务教育县（市、区）和扫除青壮年文盲县（市、区）进行评估验收制度。

同年 4 月，市人大常委会办公厅、市政府办公厅印发《关于对区县普及九年制义务教育和扫除青壮年文盲工作进行检查、评估验收的通知》和《北京市关于区县普及九年义务教育评估验收的指标要求及说明》，提出评估验收指标要求。

北京市成立“两基”检查、评估验收工作领导小组，下设办公室，设在市督学室。从5月起，各区县进行自查自评，向市政府提交“两基”自查自评报告和验收申请报告。5月28—29日，市检查、评估验收领导小组办公室在崇文区开展“两基”检查、评估验收的试点工作。6月11—22日，市督学室对17个区县（崇文区已进行试点）分别进行随访检查。

1993年9月15日至10月9日，全市“两基”检查、评估验收小组对全市各区县进行检查、评估验收，抽查100个乡镇、街道，100个行政村和329所学校。根据国家教委和北京市规定的“两基”各项指标要求，全市18个区县均已普及九年制义务教育、扫除青壮年文盲，经市政府批准后，向国家教委申报验收。

1993年10月18—30日，国家教委对北京市进行抽查评估验收。抽查组采取点面结合方法，重点抽查延庆、通县，面上查看东城、朝阳两区，共抽查了18个乡镇、2个县城城区、1个街道办事处，查看了27所中学、37所小学、1所师范学校、2所县区成人学校、14所乡镇成人学校、11所村成人学校或教学点、2所特教学校、1所区级少年宫、1个区级德育实验室、1个学生劳动实践基地，对31位脱盲青壮年进行书面测试。听取市政府及所到县区、乡镇“两基”情况汇报，召开9个不同类型座谈会，阅读了“两基”工作文件、资料。10月30日，抽查组根据国家和北京市制定的“两基”评估验收办法和标准，对有关情况进行综合分析和研究，与市政府交换意见并宣布：“我们对北京市1993年关于18个区县‘两基’评估验收工作表示充分信赖。北京市成为我国率先提前实现‘两基’的直辖市。”

北京市普及九年制义务教育评估项目达标情况：

1. 普及程度

（1）小学入学率为99.98%；初中入学率为99.92%；残疾儿童、少年入学率为92.43%。

（2）小学生辍学率为0.01%；初中生辍学率为0.799%。

（3）15周岁人口中的文盲率为0.11%。

（4）15周岁人口中初等教育完成率为99.13%；17周岁人口中初级中等教育完成率为97.24%。

2. 师资水平

（1）小学、初中均能按教学计划开课。

（2）小学专任教师学历合格率为95.58%；初中专任教师学历合格率为84.41%。

（3）小学专任教师达到三级以上的比率为 91.94%；初中专任教师达到三级以上的比率为 89.6%。

（4）城近郊区、远郊区县分别自 1990 年、1992 年起，新补充的小学专任教师符合合格学历的比率为 100%；初中专任教师符合合格学历的比率为 99.02%（不符合初中教师合格学历者是正在进修大专的音乐、美术等科中专毕业生）。

（5）小学校级干部经过培训的比率为 90.94%；初中校级干部经过培训的比率为 86.43%（其余的校级干部有的正在进行培训，有的将在近期作出安排，有的已接近退休年龄）。

3. 办学条件

（1）小学、初中学校的设置，满足适龄儿童、少年入学。

（2）小学、初中的校舍（受限制不能改造的除外）、教学仪器、图书和音、体、美器材均达到《北京市中（小）学办学条件标准》中的基本标准。其中有 12% 的城镇小学和乡中心小学、21% 的初中达到一般标准；2% 的城镇小学和乡中心小学、4% 的初中达到较高标准。

（3）小学、初中校舍出现的危房，当年得到修缮。

4. 教育经费

（1）1992 年市财政收入 80.25 亿元，比 1991 年增长 4.2%；市财政对普教事业拨款为 8.13 亿元，比 1991 年增长 16.48%；普教事业费增长率高于财政收入增长率 12.28 个百分点。

（2）1992 年生均普教经费 625.63 元，比 1991 年增加 81.89 元，增长 15.06%；其中年生均普教公用经费 227.65 元，比 1991 年增加 14.19 元，增长 6.64%。

5. 教育质量

（1）小学毕业年级语文、数学双科及格率为 99.8%。

（2）小学生毕业率为 99.92%。

（3）初中毕业中考及格率为 90.84%。

（4）初中生毕业率为 97.51%。

（5）小学生体育课及格率为 98.4%；初中生体育课及格率为 97.3%。小学生体育锻炼标准达标率为 95.04%；初中生体育锻炼标准达标率为 92.66%。

（6）1992 年初中在校生违法犯罪率为 0.52‰。

此后，北京市九年制义务教育进入“巩固、充实、提高”的新阶段。

1993 年 11 月，市政府修订 1986 年《北京市实施〈中华人民共和国义务教育法〉办法》，新办法规定“本市实行九年制义务教育。各级人民政府应当在义务教育达到普及标准的基础上，巩固普及成果，提高教育质量和办学效益，并制定规划，组织实施”。

1994年10月，市教育局印发《北京市关于巩固普及九年制义务教育成果、提高教育质量和办学效益的标准（试行）》，提出到2000年九年义务教育普及程度、教育质量、教师和干部水平、教育经费、办学条件及办学效益新标准。

从1995年起，北京市义务教育工作重点放在对小学、初中的调整、充实、提高上。1995—2000年期间，小学学龄儿童入学率一直保持在99.9%以上，初中阶段毛入学率一直保持在100%以上；小学毕业生升学率达到98%至99%，初中毕业生升学率从1996年起提高到90%以上。随着学龄儿童入学人数减少，小学招生数有大幅度下降，2000年招生数比1995年减少45.53%。在校生规模从1995年的100.73万人下降到2000年的74.31万人，5年减少26.42万人，初中阶段在校生规模一直保持在50万人左右，从1997年开始有所下降，后又回升到2000年的51.24万人（见表1–2、表1–3）。

表1–2　　1995—2000年北京义务教育阶段入学、升学情况表

	1995年	1996年	1997年	1998年	1999年	2000年
小学学龄儿童入学率（%）	99.93	99.93	99.95	99.96	99.95	99.95
小学毕业生升学率（%）	99.46	99.25	98.63	98.68	98.32	98.99
初中阶段毛入学率（%）	119.34	120.12	102.35	119.17	115.40	116.01

表1–3　　1995—2000年北京义务教育阶段发展情况表

		1995年	1996年	1997年	1998年	1999年	2000年	2000年比1995年
小学	学校数（所）	2867	2780	2696	2511	2352	2169	–698
	招生数（万人）	16.89	15.69	12.42	10.04	9.44	9.20	–7.69
	在校生数（万人）	100.73	99.97	97.73	991.95	83.67	74.31	–26.42
	毕业生数（万人）	18.39	16.20	14.60	15.62	18.51	16.88	–1.51
初中	学校数（所）	424	428	447	470	479	458	+34
	招生数（万人）	18.29	16.08	14.39	15.14	17.27	18.32	+0.03
	在校生数（万人）	52.57	53.09	49.27	46.40	47.34	51.24	–1.33
	毕业生数（万人）	14.37	14.63	17.17	17.39	15.32	13.89	–0.48

2000年，北京市基本实现1994年《北京市关于巩固普及九年制义务教育成果、提高教育质量和办学效益的标准（试行）》的目标（见表1–4）。

表 1-4　　1994—2000 年北京市义务教育普及水平对照表

项　目			市颁标准（1994—2000 年）	2000 年达标程度（%）	是否达标
普及程度	入学率	小学入学率	除被批准免于入学者外，适龄者都入学	99.95	基本达标
		初中入学率		98.53	基本达标
		残疾儿童少年入学率	全市未规定	97.48	
			城近郊区 95% 以上	97.48	达标
			远郊 90 以上	97.47	达标
	在校生辍学率	小学在校生年辍学率	0.1% 以下	0.00	达标
		初中在校生年辍学率	全市未规定	0.48	
			城区 0.8% 以下	0.12	达标
			近郊 1% 以下	0.14	达标
			远郊 2% 以下	0.81	达标
		其中年流失率	全市未规定	0.18	达标
			城区 0.3% 以下	0.005	达标
			近郊 0.4% 以下	0.05	达标
			远郊 0.6% 以下	0.33	达标
		初中在校生届辍学率	全市未规定	1.60	
			城区 2.4% 以下	0.32	达标
			近郊 3% 以下	0.76	达标
			远郊 6% 以下	2.72	达标
		其中届流失率	全市未规定	0.61	
			城区 0.9% 以下	0.02	达标
			近郊 1.2% 以下	0.40	达标
			远郊 1.8% 以下	1.02	达标
	完成率	15 周岁人口初等教育完成率	99.5% 以上	100	达标
		17 周岁人口初中教育完成率	全市未规定	99.34	
			城区 98.6% 以上	99.70	达标
			近郊 98.3% 以上	99.88	达标
			远郊 97.7% 以上	98.79	达标
教师队伍	小学专任教师学历达标率	达到中师、高中以上学历比率	100%	98.19	未达标
		达到大专以上学历比率	全市未规定	37.18	
			城市地区 50%	43.35	未达标
	初中专任教师学历达标率	达到大专以上学历比率	100%	92.95	未达标
		达到大学本科以上学历比率	全市未规定	43.44	
			城市地区 60%	59.71	基本达标
办学条件	小学	未达到基本标准比率	在 100% 达到基本标准基础上，主要项目 40% 达到一般标准，10% 达到较高标准	0.55	基本达标
		达到基本标准比率		43.90	
		达到一般标准比率		44.03	
		达到较高标准比率		11.51	
	初中	未达到基本标准比率		1.04	基本达标
		达到基本标准比率		31.45	
		达到一般标准比率		53.86	
		达到较高标准比率		13.65	

续表 1-4

项　目			市颁标准（1994—2000 年）	2000 年达标程度（%）	是否达标
教育质量	文化课及格率	初中毕业考试总分及格率	全市未规定	97.51	
			城近郊 90% 以上	96.88	达标
			远郊 85% 以上	98.22	达标
	体育及格率	体育课及格率	小学 95% 以上	98	达标
			初中 95% 以上	97.03	达标
		体育锻炼达标率	小学 95% 以上	97.33	达标
			初中 90% 以上	94.98	达标
	违法犯罪率	初中在校生违法犯罪率	1‰以下	0.89‰	达标

注：（1）辍学率 =［（退学人数 + 流失人数）÷ 学生总人数］×100%；
（2）城市地区包括城近郊区全部和远郊县地区；
（3）办学条件达到基本标准比率不含达到一般标准和较高标准比率，达到一般标准比率不含达到较高标准比率；
（4）初中在校生违反犯罪率为 1999 年度数据

2001 年以后，北京市义务教育普及率巩固在 99% 以上。

（二）均衡发展

从 2001 年开始，北京市义务教育工作重心由九年制义务教育巩固普及成果、提高教育质量，转向促进义务教育均衡发展。同年 8 月，市政府印发《北京市人民政府贯彻国务院关于基础教育改革与发展决定的意见》，提出逐步缩小区域差距和校际差距，制订并实施新的义务教育阶段办学条件标准，加快学校布局调整和建设，促进强、弱学校联合与合并，扩大优质教育服务面。

2004 年，北京市促进义务教育均衡发展工作着力点由取消重点校、扶植薄弱校，转变为消除薄弱校、扩大义务教育的优质教育资源。同年 4 月，中共北京市委、市政府召开北京市教育大会，发布《关于实施首都教育发展战略，率先基本实现教育现代化的决定》，提出要进一步落实区县政府对实施义务教育的主要责任，加强市级政府的统筹和调控，促进义务教育高标准、高质量均衡发展。

2005 年 5 月，教育部印发《教育部关于进一步推进义务教育均衡发展的若干意见》，要求把推进义务教育均衡发展作为实现“两基”之后义务教育发展的一项重要任务。

2005 年 12 月，北京市八部委联合印发《北京市中小学校办学条件标准》，实施中小学办学条件标准化建设。同年 6 月和 2007 年 9 月，北京市先后启动初中建设工程和小学规范化建设工程，推进办学条件达标建设，为义务教育均衡提供保障。

2007 年 8 月，市委、市政府召开北京市推进义务教育均衡发展会议，印发

《关于进一步推进义务教育均衡发展的意见》，提出首都义务教育均衡发展的工作重点是推进“四个倾斜”：一是解决城乡教育均衡要向农村倾斜；二是解决区域教育均衡要向不发达地区倾斜；三是解决区域内教育均衡要向基础薄弱学校倾斜；四是解决教育对象受教育均衡要向弱势群体倾斜。义务教育均衡发展目标是：促进各级各类学校和谐发展和教育质量整体提高。到2010年首都义务教育均衡发展的具体目标是：全市义务教育学校城乡差距、校际差距显著缩小，学生德智体美等综合素质全面发展，特别是身体、心理健康素质明显提高。其标志为：各区县义务教育阶段学校布局合理；全市中小学专用教室建设、教学设备设施、音体美器材和图书资料等项目全部达到基本均衡；山区学校、农村学校、城镇地区相对薄弱学校教育质量显著改善；教师素质整体提升，骨干教师分布合理。

此后，北京市重点加强农村和薄弱初中和小学建设，控制收费上涨，优化教育资源配置和中小学布局结构，通过名校办分校、名校与薄弱学校联办、城乡学校“手拉手”“校区制”和“学校联盟”等形式，引导城市中小学优质教育资源向农村和郊区、城市发展新区流动，加大向弱势地区和薄弱学校经费倾斜力度，促进义务教育均衡发展。

2008年4月，市教委、市政府教育督导室印发《北京市义务教育均衡发展状况督导评价方案（试行）》，确定“北京市义务教育均衡发展状况督导评价指标体系”，从经费保障、办学条件、干部师资配备、普及水平、政策措施对区域和全市义务教育均衡发展状况进行督导评价，建立全市各区县义务教育均衡发展状况数据库（见表1–5）。

表1–5　　2008年北京市义务教育均衡发展状况督导评价指标体系

一级指标	二级指标	三级指标	资料来源
A1 经费保障	B1 经费投入	C1 用于实施义务教育财政拨款的增长比例高于财政经常性收入增长比例	区县
		C2 小学生均教育事业费数额和增长率、初中生均教育事业费数额和增长率	区县
		C3 小学生均公用经费数额及增长率和达标率、初中生均公用经费数额及增长率和达标率	区县
		C4 义务教育阶段特殊教育学校（班）生均公用经费达标率	区县
	B2 经费使用	C5 教育费附加用于义务教育比例	区县
		C6 新增教育经费用于农村校和办学相对困难学校改造所占比例	区县
		C7 用于义务教育阶段师资培训经费数额及教职工教育培训人均经费增长率	区县

续表 1–5

一级指标	二级指标	三级指标	资料来源
A2 办学条件	B3 学校规模	C8 按标准义务教育办学规模超大和过小学校的数量和所占比例	区县
		C9 义务教育阶段学校班额超标班级数和所占比例	学校
	B4 学校用地与校舍情况	C10 生均占地面积和生均校舍建筑面积	学校
		C11 学校危房面积	学校
	B5 教学设备仪器配置	C12 专用教室数量和达标率	学校
		C13 生均教学仪器设备值	学校
		C14 音乐、体育、美术教学器材生均值	学校
		C15 按学校规模图书册数达标率	学校
		C16 义务教育阶段计算机专任教师和学生各自平均使用人数	学校
		C17 校园网达标学校占学校总数的比例	区县
A3 干部师资配备	B6 校级干部基本情况	C18 义务教育阶段校级干部具有高级专业技术职务人数占校级干部总数的比例	学校
	B7 专任教师基本情况	C19 义务教育阶段学校专任教师与学生人数比例	学校
		C20 专任教师学历合格率	学校
		C21 高于规定学历教师人数占专任教师数比例	学校
		C22 专业对口教师人数占专任教师数比例	学校
		C23 高级专业技术职务教师人数占专任教师数比例	学校
		C24 市、区县级骨干教师（含学科带头人）人数占专任教师数比例	学校
A4 普及水平	B8 基本情况	C25 适龄儿童少年按时入学率	区县
		C26 义务教育分段按时完成率	学校
	B9 普及效果	C27 初中届辍学率	学校
		C28 适龄残疾儿童少年入学率	区县
		C29 初中学生毕业率	学校
		C30 体质健康合格率	学校
		C31 义务教育阶段在校生违法犯罪率	学校
		C32 家长对子女综合素质发展现状的满意度	学校
A5 政策措施	B10 政策制定	C33 制定促进区县义务教育均衡发展的“实施意见”	区县
		C34 学校布局调整、基础教育设施专项规划和办学条件改善的落实情况	区县
		C35 实行义务教育经费单列制度	区县
	B11 政策落实	C36 促进师资均衡配备的措施及落实情况	区县
		C37 有关“两免一补”政策落实情况	区县
		C38 妥善解决进城务工就业农民子女入学接受义务教育情况	区县

2008 年 11 月，市人大常委会修订并颁布《北京市实施〈中华人民共和国义务教育法〉办法》，增加义务教育均衡内容：市和区县人民政府应当合理配置教育资源，重点加强农村学校、城镇地区薄弱学校建设，缩小学校之间的办学条件差距，促进义务教育均衡发展，全面提高义务教育的教育质量和办学水平。教育督导机构对义务教育均衡发展状况进行督导。

2010 年，市政府教育督导室对全市 18 个区县及燕山地区 1554 所义务教育阶段的小学、中学、完全中学、九年一贯制学校、十二年一贯制学校的监测结果是：全市义务教育均衡发展指数为 0.63，介于 0.5 ～ 1 之间，属于比较均衡。其中，“普及水平”“经费保障”“办学条件”“干部师资配备”四项一级指标的综合差异系数为0.19、0.60、0.82和0.63，除“普及水平”属于均衡外，其他三项均属于比较均衡。北京市18个区县及燕山地区中，义务教育均衡发展指数小于0.5、属于均衡的区县有7个，分别是：密云、崇文、东城、燕山、顺义、宣武和西城。其余各区县均衡发展指数介于0.5～1之间，属于比较均衡。全市义务教育“学校公用经费支出”“学校预算内公用经费支出”“教师年人均收入”处于“绝对平均”水平，“学校体育教学器材值”处于“比较平均”水平，其他指标处于“相对合理”水平。农村学校有15项指标高于城镇学校，有4项指标与城镇学校基本持平，有8项指标低于城镇学校，城乡学校间的差距显著缩小，趋于基本均衡。

（三）学制实验

1991年，北京市开始在燕山地区实行“五四”学制（小学五年、初中四年）区域性试验，其他区县仍实行1980年市教育局规定的小学六年制。

1994年，燕山地区“五四”学制改革区域性实验完成小学阶段的第一轮套级实验，五、六年级毕业学生同时进入初一年级学习，学制改革实验从小学过渡到初中。同年7月，燕山地区小学全部改为五年制。至1998年7月，燕山地区小学、初中全部实施“五四”分段的九年义务教育。

1996年，市教委开始以“上脱下连”方式调整中小学结构，把小学阶段与初中阶段作为义务教育的整体连接起来，建设义务教育“九年一贯制”学校。同年9月，市教委到3个区县和部分学校进行义务教育学校“九年一贯制”实验的调查研究，确定“九年一贯制”学校建设基本思路：一种是新建小区的义务教育学校争取建成“九年一贯制学校”。另一种是在老校中试点两类模式：第一类是在同一学校中实行完全意义的“同校一体型一贯制学校”，小学阶段和初中阶段一块牌子，统一办学思路；第二类是非完全意义的“异校联体型一贯制学校”，小学与初中以学生对口直升方式联系起来，实行联合办学或挂钩。到年底，全市试办“九年一贯制”学校共10所。

1997年6月，市政府办公厅印发《北京市教育事业发展“九五”计划和2010年长远规划》，提出“九五”期间要在总结试点经验的基础上，建设一批九年一贯制学校。1997年9月，市教委印发《关于搞好我市学校布局调整、做好“九年一贯制”学校试点规划工作的通知》，要求各区县“九年一贯制”学校试点规划按照“调研深入、论证充分、因地制宜、方案可行、政策配套、运作稳妥”原则，与中小学校布局调整结合。同年9月，市教委印发《北京市实施〈小学管理规程〉的意见（试行）》，提出小学修业年限一般为6年，有条件的学校经审批可进行小学、初中“五四”学制或九年一贯制实验。

1999 年 12 月，市委、市政府印发《关于深化教育改革全面推进素质教育的意见》，提出从 2000 年至 2005 年，进行学制改革实验，在新建住宅小区和高新技术开发区新建 30 所九年一贯制学校。

2001 年 5 月，市教委、市财政局印发《关于报送中小学布局调整规划的通知》：加大九年一贯制学校建设力度，新建住宅小区原则配套建设九年一贯制学校。同年 8 月，市政府印发《北京市人民政府贯彻国务院关于基础教育改革与发展决定的意见》：推进九年一贯制学校建设，促进小学和初中在学校建制和教育教学安排上紧密衔接或一体化。

2001 年 9 月，北京市实施 21 世纪基础教育课程教材改革实验，课程结构体系作九年一贯设置，小学、初中不再分段；管理思想上初中、小学一体，通盘考虑；办学方式上按照九年一贯安排。至年底，北京市 18 个区县及燕山地区完全意义的“同校一体型一贯制学校”49 所，占全市中小学（不含高级中学）的 1.7%；非完全意义的“异校联体型一贯制学校”35 所，主要分布在近郊区和远郊区县（见表 1–6 和表 1–7）。

表 1–6　　2001 年北京市一贯制学校分布情况（所）

区县	公立学校			民办公助学校		私立学院		小计	
	同校一体		异校联体	同校一体		同校一体		一体	联体
	9 年	12 年	9 年	9 年	12 年	9 年	12 年		
东城区	1	2	—	1	—	—	—	4	—
西城区	1	1	—	—	—	—	—	2	—
崇文区	—	—	—	—	—	—	—	—	—
宣武区	—	1	—	—	—	—	—	1	—
朝阳区	3	2	—	—	—	—	—	5	—
海淀区	1	4	—	—	2	1	1	9	—
丰台区	4	1	—	—	—	—	—	5	—
石景山	—	1	—	—	—	—	—	1	—
门头沟	—	1	15	1	—	—	—	2	15
燕山区	—	—	5	—	—	—	—	—	5
昌平区	5	2	—	—	—	—	3	10	—
大兴区	1	—	—	—	—	1	—	2	—
房山区	1	—	—	—	1	—	—	2	—
通州区	2	—	—	—	—	—	—	2	—
顺义区	—	—	5	—	—	—	2	2	5
怀柔县	1	—	—	—	—	—	—	1	—
密云县	1	—	—	—	—	—	—	1	—
平谷县	—	—	—	—	—	—	—	—	—
延庆县	—	—	10	—	—	—	—	—	10
合计	21	15	35	2	3	2	6	49	35
								84	

表 1–7　　2001 年完全意义的一贯制学校基本情况（所）

区县	校数	校址		容纳班级数			小升初方式		教师学历达标学校	有市区骨干教师学校
		一址	多址	18 个班以下	18 个班以上	36 个班及以上	直升	不直升		
东城区	4	3	1	1	—	3	4	—	4	3
西城区	2	2	—	1	—	1	2	—	2	1
崇文区	—	—	—	—	—	—	—	—	—	—
宣武区	1	1	—	—	—	1	1	—	1	1
朝阳区	5	1	4	—	4	1	4	1	—	2
海淀区	9	7	2	1	4	4	8	1	5	7
丰台区	5	5	—	—	4	1	5	—	—	2
石景山	1	1	—	—	—	1	—	1	1	1
门头沟	2	2	—	—	2	—	1	1	2	—
燕山区	—	—	—	—	—	—	—	—	—	—
昌平区	10	7	3	2	5	3	9	1	8	8
大兴区	2	2	—	1	—	1	2	—	2	2
房山区	2	2	—	—	2	—	2	—	1	1
通州区	2	2	—	—	1	1	2	—	—	—
顺义区	2	2	—	—	1	1	2	—	1	1
怀柔县	1	—	1	—	—	1	1	—	1	1
密云县	1	—	1	—	1	—	1	—	1	1
平谷县	—	—	—	—	—	—	—	—	—	—
延庆县	—	—	—	—	—	—	—	—	—	—
合计	49	37	12	6	24	19	44	5	29	31

2004 年 9 月，北京市基础教育课程教材改革实验纳入国家基础教育课程改革，北京市实施教育部《义务教育课程设置实验方案》的课程设置分为“六三”制和“五四”制两种，供区县和学校选择。

2006 年，北京市九年一贯制学校 56 所，此后此类学校数量逐年小幅递增。到 2010 年，北京市九年一贯制学校 69 所，其中城市 42 所，县镇 10 所，农村 17 所。除燕山地区和景山学校仍旧实行“五四”学制外，其他区县和学校九年义务教育均实行“六三”学制。

二、高中阶段教育

（一）结构

1991 年，北京市普通高中与中等职业技术学校在校生比为 4.1∶5.9，招生比为 4.1∶5.9。此后，随着北京市中等教育结构调整，职业高中发展迅速，中等职业技术学校在校生和招生人数稳步提高，占高中阶段教育的比重逐年增加，普通高中在校生和招生人数小幅下降，所占比重逐年降低。至 1993 年，普高在校生和招生数降至最低，高中阶段普职在校生比降至 3.3∶6.7，招生比降至 3.3∶6.7。

1992 年 7 月，市委办公厅、市政府办公厅印发《北京市教育事业十年规划和

“八五”计划纲要》，要求“八五”期间普通高中要稳定规模，开设职业技术教育课，改变单纯面向高一级学校的单一办学模式。

1993 年 1 月，市教育局印发《北京市教育局深化教育改革的几点意见》，推进高二后学生向职教分流，进行普通高中、职业高中、中等专业学校和技工学校之间转换学制的试验。

1994 年 8 月 22 日，北京市召开市教育工作会议，决定用 5 年左右时间，集中力量办好一批普通高中和中等职业技术学校，以带动普及高中阶段教育目标实现。城市地区发展普通高中和职业高中，主要靠扩大市、区重点中学和办学条件较好的完全中学、职业高中的规模解决。发展普通高中要发挥名校效应，大容量、高起点，逐步把一批重点中学和办学条件较好中学办成高级中学（即纯高中）；职业中学改变分散办学、专业重复局面，大容量、多专业，办好一批纯职业高中。农村地区实现基本普及高中阶段教育，在扩大普通高中和职业高中规模同时，新建一批普通高中和职业高中。城市地区普通高中每校规模在 12 个教学班以上，重点高中应达到 18 个或 24 个教学班；农村地区按人口分布状况，分片布点，建好一批 12 个教学班以上的普通高中。

1994 年 9 月，市委、市政府印发《关于进一步落实教育优先发展战略地位高标准实施〈纲要〉的决定》，要求适度发展普通高中，大力发展中等职业教育和成人教育。同时，北京市新一轮初中毕业生高峰期和家长对子女接受普高教育的强烈需求，使北京市出现“普高热”，北京市从当年开始连续十年扩大普通高中招生。此后，普通高中、中等职业技术学校在校生和招生人数均逐年提高。至 1998 年，北京市普通高中、中等职业技术学校在校生数分别为 145966 人和 295798 人，分别比 1994 年提高 68.58% 和 70.29%；普通高中、中等职业技术学校招生数为 52956 人和 107346 人，分别比 1994 年提高 52.59% 和 55.38%。1994—1998 年，北京市普通高中与中等职业技术学校在校生比和招生比基本稳定，在校生比维持在 3.3∶6.7 基本不变，招生比在 3.1∶6.9~3.3∶6.7 之间波动。此时中等职业技术学校在校生数和招生数达到最高。从 1999 年起，中等职业技术学校开始萎缩，在校生和招生数逐年下降。此后，普高在校生数和招生数在高中阶段教育所占比重开始上升，中等职业学校所占比重开始下降，普职在校生比和招生比均不断提高。

1995 年 3 月，市教育局印发《关于制订普教事业“九五”计划和 2010 年规划的通知》，再次提出“九五”期间适当发展普通高中办学规模，大力发展职业技术教育（包括中等专业学校、技工学校、职业高中、职业中专、成人中专等）。到 20 世纪末普高与职高在校生比例为 4∶6，建好 100 所普通高中。

1996年，市教委开始以“上脱下连”形式调整中小学结构、布局，把高中阶段与义务教育阶段从政策上脱开，把合办的职业高中与普通初中脱开，多办纯职业高中或纯普通高中。1997年，市教委进一步发文要求按照“上脱下连”思路，逐步使重点中学的初中与高中（或职高）脱钩。至2000年，北京市重点中学和部分办学水平较高的非重点校逐年缩减初中招生数量，增加高中招生名额，由原来的“大初中、小高中”逐步过渡为“大高中、小初中”；部分市、区县重点中学停招初一新生，逐步办成纯高中；部分学校试办综合高中和特色高中。市区重点高中招生从1995年的1.38万人增加到2.52万人，占普通高中招生总人数的38.2%。

1997年5月，市教委印发《关于进一步推进中小学素质教育的实施意见》：适度扩大普通高中办学规模，鼓励多种形式办学，建设一批独立建制的高中学校或高中规模较大、初中规模较小的完全中学；大力发展职业技术教育，促进初中毕业生合理分流。北京市第七十八中学、北京市第一三八中学试办兼具普通教育和职业教育的综合高中。同年6月，市政府办公厅印发《北京市教育事业发展“九五”计划和2010年长远规划》，提出“到2000年，中等职业教育在校生数占高中阶段教育总数的60%～70%”，“高中阶段普通教育、职业教育招生比例调整为4∶6”，“重点建设30所示范性普通高中”。2000年，北京市普通高中在校生规模比1995年增长74.6%，净增7.6万人，普职在校生比升至3.9∶6.1，招生比升至5∶5。

1999年3月，市教委印发《关于示范性普通高中建设工作的若干意见》，提出建设和评估60所左右的市级示范性普通高中；以独立设置高中为主，建设30所国家级示范性普通高中。同年12月，市委、市政府印发《关于深化教育改革全面推进素质教育的意见》，提出要“高标准、高质量普及高中阶段教育”，“扩大普通高中规模，建设一批高质量的示范性高中，有计划地发展综合高中，到2005年普通高中和中等职业教育招生比例达到6∶4以上”。此后，北京市高中阶段教育发展方向由“适当扩大普通高中”转向“扩大普通高中规模”。2002年至2005年，市教委共认定“北京市示范性普通高中”68所。

2001年8月，市政府印发《北京市人民政府贯彻国务院关于基础教育改革与发展决定的意见》：调整高中阶段教育结构布局，扩大普通高中教育规模，满足人民群众对普通高中教育的需求。提高农村普通高中招生比例，进一步扩大普通高中特别是优质高中的教育供给，使优质高中招生规模占高中招生总额的70%以上。

2004年4月，市委、市政府印发《关于实施首都教育发展战略，率先基本实现教育现代化的决定》，提出要“发挥示范高中在实施素质教育、信息资源建设和创新人才培养等方面的示范辐射作用。拓展县镇高中优质教育资源，满足农村地区学龄人口接受普通高中教育的需求”。至2005年，普通高中占高中阶段在校生比重从2001年的42.06%提高到51.90%，招生所占比重从2001年的47.23%提高到52.35%。

2010年，普通高中在校生占高中阶段教育在校生总数的47.49%，普通高中招生数占高中阶段教育招生总数的48.06%，示范高中招生占进入普通高中就学人数的比例提高到48.7%（见表1-8和表1-9）。

表1-8　　1991—2010年北京高中阶段教育在校生情况表

年份	合计（人）	在校生人数（人）		所占比重（%）	
		普通高中	中等职业教育	普通高中	中等职业教育
1991	225 960	93 728	132 232	41.48	58.52
1992	223 431	82 894	140 537	37.10	62.90
1993	234 302	78 261	156 041	33.40	66.60
1994	260 284	86 584	173 700	33.27	66.73
1995	308 265	102 522	205 743	33.26	66.74
1996	354 042	118 476	235 566	33.46	66.54
1997	398 981	133 461	265 520	33.45	66.55
1998	441 764	145 966	295 798	33.04	66.96
1999	456 672	161 473	295 199	35.36	64.64
2000	459 568	179 002	280 566	38.95	61.05
2001	461 895	194 283	267 612	42.06	57.94
2002	472 883	220 667	252 216	46.66	53.34
2003	513 746	250 959	262 787	48.85	51.15
2004	531 816	274 803	257 013	51.67	48.33
2005	536 358	278 358	258 000	51.90	48.10
2006	519 080	267 718	251 362	51.58	48.42
2007	506 079	243 818	262 261	48.18	51.82
2008	457 749	219 163	238 586	47.88	52.12
2009	421 522	203 477	218 045	48.27	51.73
2010	417 829	198 415	219 414	47.49	52.51

说明：1991—2005年中等职业教育包括中等专业学校（即普通中专）、技工学校、职业高中。2006—2010年中等职业学校包括中等专业学校（即普通中专）、技工学校、职业高中、成人中专

表1-9　　1991—2010年北京市高中阶段教育招生情况表

年份	合计（人）	招生数（人）		所占比重（%）	
		普通高中	中等职业教育	普通高中	中等职业教育
1991	68 968	28 589	40 379	41.45	58.55
1992	69 387	25 790	43 597	37.17	62.83
1993	80 191	26 275	53 916	32.77	67.23
1994	103 791	34 704	69 087	33.44	66.56
1995	127 287	40 803	86 484	32.06	67.94
1996	133 231	42 603	90 628	31.98	68.02
1997	158 535	49 566	108 969	31.27	68.73
1998	159 942	52 956	107 346	33.04	66.96
1999	145 050	56 998	88 052	39.30	60.70
2000	131 746	65 890	64 592	50.50	49.50
2001	146 509	69 195	77 314	47.23	52.77
2002	170 117	84 679	85 438	49.78	50.22
2003	181 631	94 894	86 737	52.25	47.75
2004	174 651	93 519	81 132	53.55	46.45
2005	169 242	88 605	80 637	52.35	47.65

续表 1–9

年份	合计（人）	招生数（人）		所占比重（%）	
		普通高中	中等职业教育	普通高中	中等职业教育
2006	143 802	76 375	67 427	53.11	46.89
2007	140 937	71 590	69 347	50.80	49.20
2008	129 220	68 397	60 823	52.93	47.07
2009	135 007	65 983	69 024	48.87	51.13
2010	136 594	65 649	70 945	48.06	51.94

说明：1. 中等职业教育，含职业高中、普通中专、成人中专、技工学校；
2.1991—2000 年各类高级中等学校招生数系指招收本市应届初中毕业生数。2001—2010 年各类高级中等学校招生数含招收非应届初中毕业生数；
3. 根据教育部规定，自 2007 年起，基础教育招生数中含非本市户籍学生数

（二）普及

1994 年 8 月，市政协教文卫体委和中国民主促进会北京市委会向市委、市政府提交《关于本市 2000 年普及高中阶段教育工作的几点建议》。市政府文教办和各职能局经调研汇总后，形成北京市普及高中阶段教育意见。

1994 年 9 月，市委、市政府印发《关于进一步落实教育优先发展战略地位高标准实施〈纲要〉的决定》，提出到 20 世纪末“基本普及高中阶段教育”的目标：到 2000 年，全市初中毕业生升学率在 85% 以上，其中城近郊区在 90% 以上，远郊区县在 80% 以上。

1995 年，北京市初中毕业生升入高中阶段教育比例达到 88.60%。1996 年，北京市普通初中毕业生数 146266 人，其中高级中等学校招生数 133231 人，初中毕业生升学率达到 91.09%。此后，初中毕业生升学率保持在 90% 以上。

2000 年，北京市普通初中毕业生数 138932 人，其中高级中等学校招生数 131746 人，初中毕业生升学率提高到 94.83%，北京市基本普及高中阶段教育。

2001 年以后，北京市高中阶段教育入学率保持在 95% 以上。2006—2010 年，高中阶段毛入学率保持在 98% 以上（见表 1–10）。

表 1–10　　1991—2010 年北京市初中毕业生升学率一览表

年份	普通初中毕业生数（人）	高级中等学校招生数（人）	初中毕业生升学率（%）
1991	92 260	68 968	74.75
1992	86 952	69 387	79.80
1993	92 322	80 191	86.86
1994	118 940	103 791	87.26
1995	143 659	127 287	88.60
1996	146 266	133 231	91.09
1997	171 717	158 535	92.32
1998	173 788	159 942	92.03
1999	153 172	145 050	94.70
2000	138 932	131 746	94.83

说明：高级中等学校招生数，含普通高中、职业高中、普通中专、成人中专、技工学校招收的初中毕业生

三、随迁子女教育

1990 年 8 月，市政府发布《北京市社会力量办学管理办法》，规定“公民个人办学的，办学者须有本市常住户口”，“外地社会力量不得在本市办学”。

1993 年，河南籍乡村小学教师张保贵在海淀区创办北京市第一所由外来人员自发开办的打工子弟学校——8 家私立小学。至 1996 年年底，北京市打工子弟学校共有 27 所，该时期是打工子弟学校的初创期，是一村一校的补缺阶段。

1996 年 4 月，国家教委印发《城镇流动人口中适龄儿童、少年就学办法（试行）》，规定“流入地人民政府（市、区、镇）要为流动人口中适龄儿童、少年创造条件，提供接受义务教育的机会”。自此以后，北京市打工子弟学校数开始显著增长。

1997 年，北京市新创办打工子弟学校 24 所，外来人口学龄儿童入学率达到 84%。已入学儿童中，上小学的占 91.4%，上初中的占 8.6%。在公立学校借读的学生占已入学人数的 90.2%，在民办学校上学的占 3.5%，在专门为外来人口办的学校上学的占 6.1%，其他形式占 0.2%。

1999 年 4 月，国务院发展研究中心吕绍青、中国劳动力资源开发研究会张守礼等人参与的课题组对北京市打工子弟学校的普查显示：北京市打工子弟学校共 114 所，其中 3 所幼儿园，111 所义务教育学校；就读学生总数 10694 人，平均每校 93 人；学校规模相差大，规模小的 7 人，规模大的 1300 多人。学校主要分布于流动人口集中的城乡接合部，朝阳区和海淀区最为密集。其中，朝阳区 44 所，海淀区 41 所，石景山区 11 所，丰台区 7 所，通州区 1 所，昌平县 8 所，大兴县 2 所。打工子弟学校主要分布在四环以外。二环以内（市区中心地带东城区、西城区、崇文区、宣武区）没有打工子弟学校，二环与三环之间 1 所，三环与四环之间 15 所，四环与五环之间 56 所，五环以外 42 所。这些打工子弟学校属于私人办学，没有合法的办学手续，开办简单，学生为流动人口子女。办学者来自河北、河南、北京、内蒙古、安徽、山东、湖北、四川、吉林，其中河北、河南最多，办学者有公办教师、民办教师、无教师经历者。114 所学校的平均学费为 323.4 元，低于公立学校各类费用之和。打工子弟学校收费低，是吸引流动人口的最主要原因。至 2001 年，北京市打工子弟学校规模差别较大，一些学校规模迅速扩大。例如，行知小学，由 1994 年创办时的 9 人增加到接近 2000 人；桃园小学由 1998 年 9 月建立时的 70 人增加到 500 人；明园学校由 1997 年创立时的 40 人增加到 900 人。此外，一些打工子弟学校维持原状，还有个别学校停办（见表 1-11 至表 1-13）。

表 1-11　　1999 年北京市打工子弟学校收费水平情况表

学费数额（元 / 学期）	300 以下	300 ~ 399	400 ~ 499	500 ~ 599	600 以上	总计
学校数（所）	50	33	14	11	6	114
百分比（%）	43.9	28.9	12.3	9.6	5.3	100

表 1-12　　1999 年北京市打工子弟学校与北京市公立小学对流动儿童的收费对照情况表

单位：元

	学费	借读费	赞助费	总计
北京市公立小学	100	480	500 ~ 2000	1080 ~ 2580
北京市打工子弟学校	300 ~ 600	无	无	300 ~ 600

表 1-13　　1991—1998 年北京市打工子弟学校开办数量情况表

年份	1993	1994	1995	1996	1997	1998
打工子弟学校数（所）	1	3	10	13	24	57

2001 年 8 月，市政府印发《北京市人民政府贯彻国务院关于基础教育改革与发展决定的意见》，提出流动人口子女安排在北京公办中小学借读或用富余校舍及师资条件开办的专门学校接受义务教育。

2002 年 4 月，市政府办公厅印发《北京市对流动人口中适龄儿童少年实施义务教育暂行办法》，规定流动人口子女在公办学校借读的条件：北京市流动人口中凡随父母来京，年龄在 6 周岁至 15 周岁，未完成九年义务教育的儿童少年，都应当入学接受义务教育。凡在户籍所在地有监护条件的，应当回户籍所在地接受义务教育；户籍所在地没有监护条件，且其父母在北京居住半年以上并已取得暂住证的，可以申请在本市中小学借读，接受义务教育。具体办法是：流动儿童少年符合在本市借读条件的，由其父母持申请借读者户籍所在地乡镇级人民政府出具的该儿童、少年及其父母的户籍证明、其父母的身份证、在本市的暂住证和外来人员就业证等证明，向暂住地所在的街道办事处或乡镇人民政府提出申请，再持其为学生开具的“在京借读批准书”和原就读学校开具的学籍证明，到暂住地附近学校联系借读。社会组织和公民个人可举办专门招收流动儿童少年就学的学校。流动儿童少年学生在接受教育、参加团队组织、评优选先、参与文体活动等方面与本市学生同等对待。该办法同时明确接收流动儿童少年借读的公办中小学可收取借读费和杂费。

2002 年 7 月，市教委、市民政局、市公安局、市政府教育督导室印发《关于贯彻落实北京市对流动人口中适龄儿童少年实施义务教育暂行办法的通知》，要求解决流动儿童少年入中小学接受九年义务教育工作，主要由各区县政府负责，以公办中小学接收借读为主，原则上与有本市常住户口的学生混合编班。

原则上不办简易学校。未经批准举办的专门接收流动儿童少年的学校，由区县教委管理。

2003 年，流动儿童少年在京就学主要集中在朝阳、海淀、丰台、石景山、大兴、通州、顺义、昌平 8 个区。同年 9 月，教育部、中央编办、公安部、国家发改委、财政部、劳动保障部印发《关于进一步做好进城务工就业农民子女义务教育工作的意见》,要求“各地要将这类学校纳入民办学校的扶持和管理范畴”之后，北京市部分打工子弟学校获得审批（见表 1 –14）。

表 1–14　　2002—2003 年北京市民办流动儿童少年学校整顿情况表

2002 年 7 月 民办流动儿童少年学校情况		2002 年 7 月至 2003 年 9 月民办流动儿童少年学校整顿情况			
已批准学校数及学生数	未批准学校数及学生数	批准学校数及学生数	撤销学校数及学生数	拟继续整顿后再批准学校数及学生数	待撤销学校数及学生数
8 校 1978 人	367 校 103 794 人	1 校 147 人	170 校 37 673 人	84 校 33 944 人	112 校 32 030 人

2004 年 8 月，市教委、市发改委、市编办、市公安局、市财政局、市民政局、市卫生局、市劳动保障局、市国土局、市政府教育督导室印发《关于贯彻国务院办公厅进一步做好进城务工就业农民子女义务教育工作文件的意见》,提出“两为主”原则：来京务工就业农民子女义务教育主要由各区县政府负责，以公办中小学接收为主。鼓励举办以接收来京务工就业农民子女为主的民办学校，逐步规范自办学校管理。来京务工就业农民子女在京接受义务教育的收费与本市户籍学生一视同仁。来京务工就业农民子女申请本市义务教育公办学校就读，需提供：家长或监护人在京暂住证、在京实际住所居住证明、在京务工就业证明、户口所在地乡镇政府出具的在当地没有监护条件的证明、全家户口簿等证明，暂住地的街道办事处或乡镇政府开具的标注“农民子女”字样的“在京借读证明”、非小学一年级原就读学校开具的学习证明。自同年 9 月起，全市实施义务教育的公办小学和初中对来京务工就业农民子女免收借读费，杂费与本市户口学生标准相同。12 月，市教委、市发改委、市财政局补充规定来京务工就业农民子女杂费标准，在城近郊区公办中小学就读按北京市农村户口学生杂费标准执行，小学、初中每生每学期 40 元、80 元，在远郊区县政府举办公立中小学就读免缴杂费。

2005 年 9 月，市教委印发《关于加强流动人口自办学校管理工作的通知》,要求按照“扶持一批，审批一批、淘汰一批”思路规范流动人口自办学校管理。对具备办学条件、有客观存在必要的流动人口自办学校纳入民办学校管理，按程序办理审批手续；对不具备条件、存在安全隐患的自办学校坚决取缔。此后，市、区政府通过无偿提供或租借公办校舍、补助自办学校达到办学要求批准为民办、取缔不具备办学条件的自办学校等措施规范自办学校管理，其中海淀区、朝阳区、大兴区取缔最多。此后，通过与本市户籍学生同等对待、取消借读费、实行“一费制”等，越来越多的打工子弟进入北京市公办中小学校就读。同年9月，市教委在朝阳区、丰台区、昌平区、大兴区进行建设校舍可搬迁移动学校的试点，解决流动人口居住随城市建设而移动的问题。12月，北京市建成首批5所接收外来务工农民子女流动学校。

2007年9月，北京市完善义务教育阶段“两免一补”政策，对城八区公办义务教育学校就读的有本市户籍的学生免收杂费。由于来京务工农民随迁子女在京接受义务教育与本市户籍学生收费相同，因此同样在城八区公办义务教育学校就读的来京务工农民随迁子女免除杂费。至此，北京市对义务教育阶段公办学校中来京务工农民随迁子女免除学杂费。

2008年11月，市政府办公厅印发《北京市人民政府办公厅关于贯彻国务院做好免除城市义务教育阶段学生学杂费工作文件精神的意见》，北京市进一步扩大免费范围，对义务教育阶段免除学杂费或借读费后还未覆盖的人群实施免费，民办学校义务教育阶段学生和已经审批合格的自办学校中持有相关证明材料的学生免除学杂费。减少随迁子女在京借读所需证明，外地来京务工农民随迁子女在京借读，应提供：其父亲（或母亲）的在京暂住证、户口簿、在京就业证明。其他外地来京务工人员随迁子女在京借读,应提供:其父亲（或母亲）的在京暂住证、户口簿、在京就业证明、在京社会保险（即“三险”，包括:养老保险、医疗保险、失业保险）证明，申请开具“在京借读证明”，程序不变。此后，北京市对所有义务教育阶段学校（含公办、民办和已审批自办学校）的外来务工人员随迁子女免收学杂费和借读费。

2008年11月，市人大常委会修订并颁布《北京市实施〈中华人民共和国义务教育法〉办法》，规定非北京市户籍的适龄儿童、少年，因父母或者其他法定监护人在本市工作或者居住需要在本市接受义务教育的，由父母或者其他法定监护人持本人及儿童、少年的身份证明、居住证明、工作证明等材料，经居住地所在街道办事处或者乡、镇人民政府审核确认后，到居住地所在区县的教育行政部门确定的学校联系就读。

2009年9月，市教委为全市69所经批准的自办学校更新和配备教室黑板、课桌椅、照明设施、班级小书架、中小学生课外读物及学生饮用水电热水器等基本办学项目。

2010年4月，市教委印发“来京务工人员随迁子女在京接受义务教育政策宣传卡”，进一步减少来京务工随迁子女申请本市义务教育阶段公办学校就读所需证明，只需“两证”：在京暂住证、户口簿，即可申请暂住地街道办或乡镇政府开具“在京借读证明”。家长持“在京借读证明”和非小学一年级借读学生原就读学校开具的学习证明联系义务教育阶段公办学校。“宣传卡”同时明确在公办中小学就读与本市户籍学生同等待遇、同班学习，并享受：免收借读费；免收学杂费和教科书费；在参加学校的学生活动、社团组织、评优评先方面享有同等权利和义务；符合毕业资格颁给毕业证书。同时，市教委向已经批准自办学校和未经批准自办学校所有在校学生发放“来京务工人员随迁子女入学登记卡”，登记随着子女个人基本情况、简历及在京转出转入学校。中小学接收来京务工随迁子女实行首接负责制，“对主动到学校咨询和申请就读的学生及其家长要热情接待，积极予以接收。学校接收有困难的，要登记好学生的基本情况，由区县教委予以协调解决，不得拒收或置之不理”。同年5月，市教委印发《北京市中小学校学生学籍管理办法》，要求学校应当为借读学生建立临时学籍（见表1–15和表1–16）。

表1–15　2002—2010年在京接受义务教育的适龄流动儿童、少年入学情况表

年份	在京接受义务教育的流动人口子女总数（万人）	在公办学校就读		在自办学校就读			
		在公办学校就读人数（万人）	在公办学校就读比例（%）	在已批准的自办学校就读人数（万人）	已批准的自办学校校数（所）	在未批准的自办学校就读人数（万人）	未批准的自办学校校数（所）
2001	—	10.0	—	—	—	—	—
2002	14.0	13.5	96.4	0.2	8	10.4	367
2003	23.8	17.1	71.8	—	9	6.8	196
2004	31.8	21.2	66.7	2.0	26	7.0	—
2005	38.3	23.2	60.6	4.3	43	11.0	269
2006	41.0	25.6	62.5	—	58	—	—
2007	40.5	26.8	66.2	—	63	—	—
2008	41.2	27.6	67.0	—	—	—	178
2009	42.7	28.6	67.0	—	69	—	—
2010	43.3	30.7	70.9	5.4	62	5.8	114

表 1-16　　1991—2010 年北京市打工子弟学校名单

区县	序号	学校名称	审核状况	校长	地址
海淀区	1	明园学校（圆明园校区）		张歌真	东升乡
	2	新希望实验总校		肖海波	东升乡后八家村（双清路马家沟 86 号）
	3	社会中小学		张保贵	东升乡后八家村
	4	金海河学校		于可芳、刘金秀	清河朱房南街 20 号
	5	行知实验学校		易本耀、李素梅	四季青乡龚村 67 号
	6	苗苗学校		杨再军、许明高、孙　亮	四季青乡玉泉大队中坞村
	7	桃园育英学校		刘观娥、陈桂荣	四季青乡前街
	8	试验站小学		段树鹏	四季青乡树村后营
	9	振兴学校		汤四平	西北旺镇大牛坊村
	10	永丰实验学校		罗帮海	西北旺镇屯佃村
	11	兴旺学校		陈传华	西北旺镇唐家岭村
	12	行知希望学校		竹学刚	西北旺镇唐家岭村
	13	文化学校			西北旺镇永丰
	14	绿园学校		张晓虎	海淀乡树村
	15	红星子弟学校		谢振清	东升乡清河小营潘庄村
	16	海清学校		何永琼	大钟寺交易市场东
	17	京豫希望小学		王树友	海淀乡树村东口
	18	利民希望学校			东北旺
	19	北京行知实验中学		李俊华	五路居甲号
	20	鸿雁实验学校		李效良	东升乡后屯村
	21	新世纪学校		王　毅	东升乡毛纺厂西门外
	22	星火学校		张春英	
	23	新立打工子弟学校		张　蒲、张　云	太舟坞村
	24	育红学校		马建军	
	25	苗苗学校		许明高	四季青乡玉泉大队中坞村
	26	育才小学		尤万海、张纪成	西北旺镇六里屯村
	27	红星学校		李效芬	前屯路
	28	张北希望小学		董爱栋、阎登宏	四季青乡祁家村
	29	林校路明圆学校		王国红	
	30	明苑学校	转公	林福生	清河四街 1 号
	31	希望小学		简　东、张玉祥、郭志军	
	32	光明小学		张　亮	
	19	育英小学		刘　英	西北旺镇屯佃村
	20	振华学校		崔渊林	
	21	旺达学校		王永军	
	22	利民学校		安建芳	
	23	利民小学		孙立明	西北旺镇土井村
	24	信阳完小学校		李太江	
	25	希望小学		郭　威	西北旺镇小牛坊村
	26	民乐打工子弟学校		张凤琴	
	27	北京希望小学		肖海腾	
	28	京育小学		梁福英	
	29	北京希望学校		肖海龙	
	30	兴龙小学		杨大钊	
	31	北京风华爱心希望小学		梁小芳	肖家河王庄 18 号
	32	启蒙实验小学		张　蕊	

续表 1-16

区县	序号	学校名称	审核状况	校长	地址
朝阳区	1	育才学校		刘继贵	将台乡东八家店村双宝小区
	2	东北亚学校		于桂清	将台乡
	3	希望之星学校		方德海	将台乡；东坝乡七棵树村
	4	英才学校		杨金兰、王忠文	金盏乡雷庄村
	5	新时代学校	批准	黄承清、陈恩显	金盏乡黎各庄村西
	6	楼梓庄实验学校		杜学芳	金盏乡
	7	马各庄文武学校	扶持	易本建	金盏乡马各庄西口
	8	马各庄实验学校		黄承清、陈玉英	金盏乡马各庄村
	9	新公民学校	批准	李　勇	金盏乡北马房村
	10	同心试验学校		孙　恒	金盏乡皮村
	11	赤诚驻京小学		李　青	金盏乡西村
	12	春蕾学校		郭　俊	金盏乡半壁店村
	13	西绿源学校		林志华	金盏乡白家楼村
	14	宏翔小学	扶持	李俊峰	金盏乡新房村
	15	蓝天实验学校	批准	竹道静、马瑞刚	东坝乡单店村辛街北侧
	16	东北亚学校		于　清	金盏乡；东坝乡
	17	向阳希望小学		郭　建	王四营乡
	18	春华小学	扶持	易本耀	小红门乡
	19	龙爪树南里明圆学校	批准	张歌真	小红门乡
	20	新华学校		谭先锋	豆各庄乡于家围村
	21	博文学校（分）		陈　阔	黑户庄乡
	22	宜民学校	扶持	李登峰、汪雪梅	孙河乡雷家桥村南
	23	志宏学校		杨大山、竹怀斌	孙河乡雷家桥村
	24	黄港实验学校	扶持	彭明地	孙河乡李县坟村
	25	华成学校	批准	李清成	孙河乡沈家村
	26	启航学校	扶持	竹怀杉、项明亮	孙河乡西店村
	27	育星园学校	扶持	范保成	孙河乡夏新堡村
	28	沙子营实验学校		邹树华	孙河乡沙子营村
	29	安民学校	转公	李丙英	太阳宫乡太阳宫村 7 号
	30	自强希望小学		韩海学	十八里店乡十八里店村
	31	自强实验学校		韩海学	十八里店乡横街子村
	32	河北忠诚学校	扶持	曹进忠	十八里店乡大武基村
	33	金地老君堂实验学校	批准	陈良敏	十八里店乡
	34	文武学校		崔宝庭	十八里店乡大武基村
	35	弘善学校（总）	批准	方泽顺	十八里店乡左安东路
	36	弘善学校（分）		方泽顺	十八里店乡小武基村
	37	博文学校	批准	陈　阔	十八里店乡十里店村 8 队 14 号
	38	星河双语学校	批准	李守义	十八里店乡
	39	光明学校		吴明铎	十八里店乡十里河四队饮马井村
	40	百年实验学校（总、分）	批准	秦润超	崔各庄乡何各庄村
	41	红旗小学		李　明	崔各庄乡
	42	文德学校		崔克忠	崔各庄乡
	43	腾飞学校		李　刚	崔各庄乡
	44	奶西学校	扶持	时近昭	崔各庄乡
	45	育丰学校		马瑞刚	东坝乡东风村凤凰工贸公司院内
	46	英杰学校		孙科军	东坝乡七棵树村
	47	盛隆豫源育英学校		杨术久	崔各庄乡崔各庄村

续表 1–16

区县	序号	学校名称	审核状况	校长	地址
朝阳区	48	春风学校	批准	万　静、万天兵、郭红光	崔各庄乡善各庄村
	49	腾龙学校	批准	张贤松、苑仁金	东坝乡驹子房村
	50	清莲学校	扶持	吴清莲	崔各庄乡索家村
	51	东坝实验学校	扶持	郭纯荣	东坝乡西北门村 309 号
	52	明园学校(龙爪树校区)		张方让	小红门乡龙爪树南 30 号
	53	童心实验小学		孙　恒	
	54	绿源学校		贾俊国	高碑店乡大黄庄 35 号
	55	读书学校		金　华	望京南湖东园 2 区 212 号楼 1 单元 901 室
	56	宏远学校		李登峰	
	57	辛庄学校		王素勤	
	58	育新小学		李　青	崔各庄乡大望京
	59	精忠学校		周国印	
	60	黎各庄实验学校		黄承清	黎各庄
	61	路博学校	扶持	桑彦臣、秦彦东	十里堡八里庄东里 10 号
	62	善各庄实验学校		万　静	崔各庄乡善各庄村
	63	育慧学校		时俊昭	朝阳区崔各庄乡奶西村
	64	育英学校（南）	批准	何家鹏、德玉茹	东坝乡单店村辛街北侧
	65	育英学校（北）		何家鹏	东坝乡
	66	育红学校		李　敏	将台乡安家楼
	67	志成学校		吴明铎	
	68	长店实验学校		罗　拥	金盏乡长店村
	69	繁星学校		罗钎予	来广营乡北湖渠村
	70	黑楼育红学校		闫永平	
	71	科园学校		赵企军	东坝乡东风大队
	72	新利学校	扶持	何振有、杨继生	东坝乡西坝村甲 18 号；东坝乡西坝村甲 13 号
	73	培新学校		刘　文	东坝乡西北门村
	74	红军营希望小学		丁芝华	北苑村
	75	英才学校		杨凤栾	来广营乡勇士营村
	76	育红小学		李俊山	金盏乡张万坟村
	77	光明小学		竹庆尚	金盏乡长店村
	78	北马房新公民学校		上官立青	金盏乡
	79	清华奥小		高式江	高碑店
	80	京华学校	扶持	于鑫铸	崔各庄乡北皋村
	81	实验学校		万天兵	崔各庄乡北皋村
	82	崔各庄实验学校	扶持	罗　超	崔各庄乡崔各庄村
	83	河北星星小学		陈振华	崔各庄乡
	84	星火小学		闫晓飞	崔各庄乡
	85	桃园实验学校		王　海	崔各庄乡
石景山区	1	启蒙小学		张发其	老古城北后道 39 号
	2	春风小学		赵维良	精顶街东三坡甲 1 号
	3	华奥学校		王桂云	永乐小区
	4	黄庄学校		陈恩显	连玉桥
	5	树仁学校		赵生杰	衙门口街
	6	春蕾学校		王从智	
	7	育才学校		张桂莲	

续表 1-16

区县	序号	学校名称	审核状况	校长	地址
石景山区	8	红星小学		郭玉飞	
	9	慧远学校		赵春秀	
	10	台京学校		刘运贵	衙门口村西南后街
	11	太和学校		徐世明	衙门口村西南后街
	12	科阳希望学校		万素梅	衙门口大横街
	13	曙光学校		乔鸿雁	
	14	创新学校		李素琴	
	15	爱心学校		刘淑英	
	16	黄庄南校		陈冬生	衙门口村东口果园
	17	创新希望学校		李校长	衙门口京源路 15 号
昌平区	1	白庙学校			七家镇白庙村
	2	信心学校		魏瑞芝	七家镇白庙村
	3	清源学校		曹　占	北七家镇北七家村
	4	智泉学校东三旗区		秦继杰	北七家镇东三旗村 506 号
	5	振兴学校		王振国	北七家镇燕丹村
	6	昱颖学校		衡屹峰	东小口镇马连店村
	7	智泉学校中滩校区		秦继杰	东小口镇中滩村
	8	振华学校		万俊杰	东小口镇东小口村
	9	明欣学校		胡　明	东小口镇东小口村
	10	东方红南学校		刘万林	东小口镇兰各庄村
	11	东方红北学校		刘万林	东小口镇兰各庄村
	12	利民学校		万俊薄	东小口镇半截塔村
	13	育红学校		郭锡金	东小口镇半截塔村
	14	经纬学校		张敬之	东小口镇
	15	海清学校		逮建祥、何永琼	
	16	鸿雁实验学校		杨祖新	沙河镇东一村
	17	沙河实验学校		吴振久	
	18	雨竹学校		黄玉莲	马池口镇白浮村
	19	新龙学校		宋宝平	回龙观城北交易市场生活区
	20	向上学校		李润军	回龙观镇回龙观村
	21	塞伯学校		郑建国	沙河镇西二村一队东
	22	汇蕾学校		潘兹银、杜国英	马池口镇百泉庄村
	23	春蕾学校		李伟东	
	24	育才学校		竹怀友	
	25	棚英学校		王庭旺	
	26	智星学校		李春华	
	27	英才学校		王志宏	
	28	特色学校		唐云平	
	29	经纬小学		兰　天	
	30	志宏学校		张宝海	
	31	京源学校		杨桂梅	
	32	北七家流动学校		高长伟	北七家镇南七家村
	33	新源学校		徐树国	北七家镇东三旗 416 号
	34	利民实验学校		绕贤龙	
	35	水浒学校		韩月梅	
	36	树人学校		李学强	
	37	英华小学		魏荣华	东小口镇霍营

续表 1-16

区县	序号	学校名称	审核状况	校长	地址
昌平区	38	王府学校		刘煜炎	
	39	黎明学校		董　伟	
	40	红日学校		汪洪亮	
	41	兴工学校		李玉梅	沙河西二村二队场院
	42	振华学校		胡国旭	东小口镇东小口村
房山区	1	民仁学校（含英才分校、洪寺分校、北市分校）	批准	朱宝国	城关街道北市村
	2	博识学校		樊校长	良乡周口店山口村
	3	京廖学校		宋婷、刘艳新	阎村镇肖庄村
	4	阳光学校		郭战国	阎村镇
	5	希望学校			阎村镇
	6	创维小学		王玉强	
	7	纸房希望学校		陈淑琴	
	8	博羽农民工子弟学校			
	9	明仁学校		朱宝国	城管街道黄寺村
	10	纸房希望学校		陈淑琴	良乡镇良乡建材城
通州区	1	新未来实验学校		黄承清、陈正谦	宋庄镇宋庄村
	2	兴顺实验小学		黄增建	永顺镇刘庄村
	3	东升实验学校		冯全福	台湖镇麦庄村
	4	东升学校		王　岩	张家湾镇牛堡屯后街村
	5	自奋希望学校		孟兆斌	永顺镇岳庄村 147 号
	6	七彩学校		王占海	梨园镇东小马庄工业区 5 号院
	7	中原学校		谭仁堂	梨园镇东小马庄工业区 1 号院
	8	北神树希望小学		付晓霞	
	9	东升实验学校		冯全录	
	10	月河学校		付晓霞、李宪章	台湖镇次渠一村
	11	立华学校		徐永一	梨园镇东小马桩工业区 4 号
	12	明星学校		张明启	宋庄镇尹各庄村
	13	宝录希望学校		高宝录	
	14	麦庄红星学校		冯全录	
	15	麦庄实验学校		马新国	
	16	马驹桥实验学校		李　友	
	17	京豫学校		谭先锋	
	18	新建实验学校		黄增勇	
	19	京豫冀小学		王　林	
	20	私立博羽小学		丛建民	永顺镇杨庄村
	21	艺才小学		王海东	马驹桥镇大葛庄 124 号
	22	红星小学		李　有	马驹桥镇二街 15 号
	23	台湖镇培彦学校		王志伟	台湖镇东石村
	24	永顺学校		黄增建	永顺西里 38 号
大兴区	1	行知新公民学校		黄　鹤	
	2	新世纪学校		渠　源	
	3	吉庆庄明园学校		张歌真	旧宫镇
	4	大兴蒲公英学校		程健方	
	5	蓝天明园学校		张歌真	
	6	旧宫明园学校		张歌真	
	7	新苑学校		蒋华堂	旧宫镇芜殿三村西街一号

续表 1–16

区县	序号	学校名称	审核状况	校长	地址
大兴区	8	怡乐学校		岳克付	
	9	团河试验学校		杨巧燕	西红门镇团河南村
	10	京豫陈学校		扶元继	西红门镇寿宝庄工业开发区
	11	振华学校		胡光全	
	12	海迪学校		管人行	旧宫镇南街 2 队
	13	明圆学校（德茂校区）		吴树芬	德茂庄德裕街 14 号
	14	博识学校		樊丽春	
	15	明华学校		刘庆永	
	16	兴顺实验学校		杨前友	
	17	希贵文武学校		贾　蕊	
	18	荣乾学校		张治乾	旧宫镇
	19	瀛海实验学校		陈勇明	
	20	黄村希望小学		白中奇	
	21	桃源实验学校		万俊洪	黄村镇芦城
	22	大兴蓝天实验学校		陈立功	
	23	世纪学校		易本超	
	24	明园学校(吉庆庄校区)		施宪华	旧宫镇
	25	康华学校		陈怀聚	西红门镇同华路红华鸡场
	26	豫祥学校		管祥勇	西红门镇二村
	27	育红学校		张　新	
	28	新苑学校		蒋茂堂	
	29	新世纪学校		王　丹、赵天红	黄村镇狼垡 4 村
	30	赋育学校		刘校长	黄村镇南成庄
	31	爱心希望学校		孙拥军	黄村镇王立庄
	32	张北育才学校		闫学武	黄村镇狼垡三村
	33	达龙武术学院		胡自强	旧宫镇 3 村
	34	诚信学校		韩凤华	大兴区旧宫镇旧宫 4 村
丰台区	1	振华学校		邹　平	大瓦窑振华职校对面的胡同里
	2	阳光红学校		封校长	
	3	北京兴华打工子弟学校小井校区		张雪英	
	4	北京兴华打工子弟学校三路居校区		张雪英	
	5	兰坤学校			南四环
	6	广雨文武学校			南四环
顺义区	1	天竺希望小学		李　静、黄增建	
	2	半壁店学校		张旺立	李桥镇
	3	仁和育英小学		席雪梅	
	4	育新小学		冯　刚	
	5	平各庄红星小学		王　会	
	6	京顺希望小学		胡中宝	
	7	刘家河育新学校		许家训	
	8	丰元店小学		连秀平	
	9	天竺树人学校		黄增健	
	10	天竺新科小学		张同发	
	11	蓝天爱心小学		李丽娇	
	12	和平小学		朱国俊	

续表 1–16

区县	序号	学校名称	审核状况	校长	地址
顺义区	13	天竺希望小学		李　静	
	14	兴华小学		梅　咏	
	15	虹雨小学		李红旗	
	16	李桥希望小学		陈　彦	
	17	仁和希望小学		熊中富	
宣武区	1	北京兴华打工子弟学校		张雪英	广外莲花河东里 61 号；留学路
怀柔区	1	育才学校		张国林	

第二节　管理体制

1991—2010 年，北京市基础教育实行市、区县、乡镇三级管理体制，持续推行基础教育学校内部管理体制改革、学校办学体制改革和素质教育综合督导评价。从 2001 年开始，北京市义务教育由乡镇为主管理提升至由区县级政府负责。

1988 年 6 月，北京市开始在城近郊区 30 所中小学、8 所幼儿园启动以校长负责制、教职工聘任制、工资总额包干、校内结构工资制为主要内容的学校内部管理体制改革。1999 年，北京市启动以试行教职工聘用合同制、试点校长职级制为主的新一轮中小学学校内部管理体制改革。到 2004 年，市委组织部、市委教育工委、市教委、市教育工会印发《北京市中小学党支部（总支）工作意见》《北京市中小学校长工作意见》《北京市中小学教职工代表大会工作意见》，中小学学校内部管理体制改革基本完成。

1996 年 3 月，北京市开始实施中小学“公办民助”和“民办公助”办学体制改革。办学体制改革试点校以初中学校为主，主要分布在城近郊区，类型有整体改制公办学校、改造基础薄弱学校、新建小区配套学校、布局调整改建学校、企业办学改制学校。1998 年以后，此类学校数量大幅增加。2006 年，北京市开始规范清理中小学办学体制改革试点学校，大部分转为公办，少部分转为民办。至 2010 年年底，49 所办学体制改革试点学校中，有 45 所学校完成规范转制，4 所未完成转制。

至 2010 年，北京市在减轻学生过重课业负担、招生、入学等方面不断提出规范办学行为的政策措施，20 年间市教委印发直接与“减负”有关的文件 4 个，转发教育部（国家教委）直接与“减负”有关的文件 7 个。这些文件不仅涉及常规教学、测验考试、作业时间、辅导补课、成绩公布等直接造成课业负担过重的有关方面，还涉及办学全过程。

一、办学体制

（一）办学审批

1986 年 7 月，市人大颁布《北京市实施〈中华人民共和国义务教育法〉办法》，规定：义务教育阶段“中小学校的开办、停办、合并、转移，城区近郊区由区教育行政部门报市教育行政部门批准；远郊地区由区县教育行政部门报同级人民政府批准，向市教育行政部门备案”。

1993 年 11 月，市政府颁布《北京市实施〈中华人民共和国义务教育法〉办法》，将城近郊区学校的审批权由市教育行政部门调整为由区县政府，规定：义务教育阶段“中小学校的开办、停办、合并、转移，由区县人民政府批准，向市教育行政部门和市编制部门备案”。同时鼓励支持企业事业单位、部队、社会团体和公民个人依法举办实施义务教育的中小学校，其开办、停办由区县教育行政部门审核，市教育行政部门批准，并接受教育行政部门的指导、管理和监督。

1995 年 1 月，市教育局、市机构编制委员会办公室印发《关于我市对中小学及其他教育机构设置、变更的审批权限和程序的通知》，规定：初中、小学变动由区县政府审批，完中、高中变动由市教育局、市编办共同审批。同时，市教育局、市机构编制委员会办公室印发《北京市普通中小学命名（更名）要求》，中小学原则上以校址所在地地名命名，普通中学也可以申请使用北京市序号命名，具体要求是：①本市城区、近郊区和门头沟区、房山区的普通中学名称须冠市名、不冠区名（如北京市和平门中学、北京市大峪中学）；小学须冠市名、区名（如北京市东城区丁香胡同小学）②本市远郊县除使用北京市序号命名的以外，中小学的名称只冠县名、不冠市名（如通县运河中学、平谷县大兴庄小学）。③一个名称只能命名一所学校，一个地区开办两所及两所以上学校时，首先命名的学校不冠第一，从第二所学校命名时冠第二，以下类推（如北京市永乐中学、北京市永乐第二中学）。④不得使用简称。⑤不得使用不规范不确定的地名（如亚运村中学）。⑥不得使用“中国”“中华”等具有全国性含义的名称，不得使用“国际”字样。必须使用以上词汇的，须经市教育局报国家教委审批。⑦不宜恢复原教会学校名称。⑧旧中国私人创办的私立学校，解放后已改为公立学校的，不宜再恢复原校名。⑨用全市统一序号命名学校须向市教育局申请序号。⑩用人名命名学校须经有关部门批准（如北京市西城区自忠小学经北京市人民政府批准）。⑪命名民族小学按有关规定办理。⑫高等学校及企事业单位更名后，其附属学校和使用企事业名称命名的学校，应及时更改校名。

从 2002 年 4 月起，北京市高中阶段及其以下学校设立、变更、终止的审批权限下放到区县。公办学校由区县教育行政部门会同区县编办提出意见，报区县政府批准；社会力量办学由区县教育行政部门审批；公办中小学办学体制改革试点由市教委批准。

2004年2月，市教委进一步加强学校审批管理，坚持属地管理原则，区县只负责所辖学校变更、终止的审批和校址在本区县行政辖区内学校设立的审批。经某一区县批准设立的学校，一般不在其他区县设立分校或办学点。同时印发《关于北京市普通中小学命名（更名）的一般要求》：①学校名称的一般形式：中学："北京市×××中学"或"××县×××中学"；小学："北京市××区×××小学"或"××县×××小学"；中小学："北京市×××学校"或"××县×××学校"。②取名范围：学校名称要准确反映其办学层次；可用有教育意义的词汇命名；用全市统一序号命名的中学须向市教委申请北京市序号；企事业举办中小学，可冠以本企事业名称，无须加"北京市"和区名；一个名称只能命名一所学校，同一校名应用在两所以上的学校时，第一所学校不加"第一"二字，从第二所学校起加"第×"字样；必要时可使用"高级中学""综合高中""初级中学""中心小学"等字样。③建议不使用的字词："中国""中华""全国""国际"，以及其他国家、地区名称和民族名称的字样；人名和专有名词；除"外国语"类词汇之外的学科、专业名称；外文字样；其他中小学使用过的名称及其简称；繁体字、异体字。④不得使用的词汇：有宗教含义的名称；有迷信色彩的名称；旧中国原教会学校名称。此后，北京市中小学均按此规定命名。

（二）办学体制改革校

1995年9月，市教育局转发国家教委《关于大力办好普通高级中学的若干意见》，提出"支持和鼓励社会团体、公民个人举办普通高中，可以实行'公办民助''民办公助''公有民办'等"。同时，市教育局转发国家教委《加强薄弱普通高级中学建设的十项措施（试行）》，提出"进行社会力量参与的薄弱高中办学体制改革试验，支持薄弱高中与示范性高中、企事业单位或不同隶属的学校（包括大学）多种形式联合办学"。

1996年3月，北京市中小学"公办民助"和"民办公助"办学体制改革起步，主要通过配合示范性高中建设和纯高中建设改造基础薄弱初中、部分重点高中将基础薄弱初中收归办"分校"等方式，实施办学体制改革校试点，旨在改变政府包揽办学局面，形成以政府办学为主、社会各界共同办学的格局。同年4月，市教委批准西城外国语学校为第一所体制改革校。同年，北京市西城外国语学校、北京市华夏女子中学、北京市徐悲鸿中学、北京市同仁中学、北京市第二十五中学、北京市十一学校、北京市前门外国语学校、北京市科兴实验中学、北京市崇文实验中学 9 所学校进行“民办公助”试点，景山学校在昌平县增设的分部 1 所学校进行“公办民助”试点。中小学办学体制改革原则是“坚持试点、规范操作、加强管理、小步走”，建立区县审核、管理，市审批、监督的管理体制，办学体制改革主要有“公办民助”和“民办公助”两类：①“公办民助”中小学是由区县教育行政部门选择有条件的公办中小学，吸引社会力量资助所办，属公办性质，原则上执行对公办中小学的规定。按照区县教委（教育局）下达的招生计划（包括范围、数量）和招生办法，招收学生和接收转学生。“公办民助”中小学按公办学校的学费、杂费标准向学生收费。②“民办公助”中小学是由社会力量或公民个人主办，由教育行政部门提供校舍、设备予以帮助，经区县教育行政部门与社会力量或公民个人签订公助协议书，办成有独立法人资格、独立校舍、独立账户的收费制学校，当地教育行政部门逐年减少对学校拨款（一般在三年后停止拨款），属民办性质，原则上执行《北京市民办中小学、幼儿园管理暂行规定》。“民办公助”中小学的开办，由各区县教委（教育局）审核同意后报市教委审批；海淀区教改实验区内的“民办公助”中小学，由海淀区教委审核同意后报区人民政府审批，报市教委备案。“民办公助”中小学招生范围由学校提出，报区县教委（教育局）审核，报市教委审批，招生时可对学生进行测试和选拔。区县教委（教育局）有权责成学校承担招收一定范围或一定数量的按公办学校收费标准缴费学生的任务。其学杂费收费标准，均须报市物价局审批后执行。“民办公助”学校还要求必须保证国有资产不流失、保值。

1998 年 8 月，国务院办公厅转发教育部《关于义务教育阶段办学体制改革试验工作若干意见》，要求从严控制义务教育阶段公办学校办学体制改革试验，“公办民助”“民办公助”试验主要选择基础薄弱学校。试验学校必须有独立法人，有独立校园、校舍，独立核算，独立办学。“公办民助”“民办公助”不得以营利为目的；收费要严格按照国家有关规定，严禁乱收费。教师工资适当限制，与同类公办学校教师工资不能差距太大；办学体制改革试验学校中的国有资产性质不变，保证国有资产不流失。

1999 年 2 月，市教委发文规定“民办公助”“公办民助”学校除有寄宿条件的可跨区县接收初中新生外，均限在本区县内接收初中新生，均不得进行任何形式的入学考试和检测。同年 3 月，市教委印发《关于规范我市基础教育办学体制改革试验工作的通知》，提出义务教育必须坚持以政府办学为主，“民办公助”和“公办民助”等办学体制改革试验是对义务教育阶段政府办学的补充，市教委要适当调控参与改革试验的学校数量；义务教育阶段办学体制改革试验与建设示范高中相结合；建立办学体制改革学校年检制度。12月，市委、市政府印发《关于深化教育改革全面推进素质教育的意见》，提出扩大办学体制改革试验的规模和范围，“凡符合国家规定的办学形式均可大胆试验”。至1999年，北京市共批准35所“民办公助”中小学校试点校，占全市中小学总数的1.08%。其中，1996年、1997年、1998年、1999年分别审批9所、4所、18所、4所。学生与教职工比为9.6∶1，学生与专任教师比例为13.9∶1。“民办公助”学校以初中为主，占当年所有“民办公助”学校的88.6%（见表1–17和表1–18）。

表1–17　　1996—1999年北京市“民办公助”中小学试点校（35所）名单

区县	序号	校名	改制前学校	说明	类别	批准时间	1999年开设学段
东城区	1	北京市第二十五中学	二十五中	校长承办非重点学校试点	公办学校整体改制	1996年4月23日	普高、初中
	2	北京市第二中学分校	薄弱校72中与西花厅小学	依托市重点二中	改造基础薄弱学校	1998年5月28日	初中
	3	北京市第五中学分校	薄弱校23中	依托市重点五中	改造基础薄弱学校	1998年5月28日	初中
西城区	4	北京市西城外国语学校	西城外国语学校	外语特色学校	公办学校整体改制	1996年4月16日	初中
	5	北京市兴涛学校	新建兴涛小区配套校	企业办四中和实验二小协办	新建小区配套学校	1997年3月11日	普高、初中、小学
	6	北京市三帆中学	薄弱校46中	依托市重点师大二附中	改造基础薄弱学校	1997年5月19日	初中
	7	北京师范大学附属实验中学分校	薄弱校37中	依托市重点实验中学	改造基础薄弱学校	1998年6月25日	初中
	8	北京市第十三中学分校	薄弱校106中	依托区重点13中	改造基础薄弱学校	1998年5月28日	初中
崇文区	9	北京市前门外国语学校	薄弱校前门中学	薄弱校办外语特色	改造基础薄弱学校	1996年6月4日	初中
	10	北京市崇文实验中学	新建法华寺小区配套校	校长承办试点	新建小区配套学校	1996年7月5日	初中
	11	北京市文汇中学	薄弱校209中	依托市重点汇文中学	改造基础薄弱学校	1997年6月13日	初中
	12	北京市第十一中学分校	薄弱校永定门中学	依托区重点11中	改造基础薄弱学校	1998年6月5日	初中
宣武区	13	北京市徐悲鸿中学	薄弱校182中	薄弱校办美术特色	改造基础薄弱学校	1996年4月17日	职高、初中
	14	北京市华夏女子中学	宣武师范空余校舍	开办女子中学	布局调整改建学校	1996年4月16日	普高、初中
	15	北京市第十四中学分校	薄弱校136中	依托区重点14中	改造基础薄弱学校	1998年6月5日	初中
	16	北京市第十五中学分校	薄弱校139中	依托市重点15中	改造基础薄弱学校	1998年6月5日	初中

续表 1–17

区县	序号	校名	改制前学校	说明	类别	批准时间	1999 年开设学段
朝阳区	17	北京市同仁中学	新建甘露园小区配套校	民办学校承担义务教育任务	新建小区配套学校	1996 年 4 月 17 日	普高、初中
	18	北京市陈经纶中学分校	薄弱校 64 中	依托陈经纶中学	改造基础薄弱学校	1998 年 5 月 19 日	初中
	19	北京教育科学研究院附属实验中学	新建望京小区配套校	依托北京教育科学研究院	新建小区配套学校	1998 年 5 月 28 日	高中
	20	北京市朝阳外国语学校	新建慧忠里小区配套校	名师办外语特色	新建小区配套学校	1998 年 5 月 25 日	初中
	21	首都师范大学附属望京中学	首师大分部空闲校舍	首师大举办	布局调整改建学校	1999 年 4 月 19 日	普高、初中
	22	北京市轻工职业技术学院附属鸿阳中学	一轻工业学校空余校舍	职业学校试点职普融通	布局调整改建学校	1999 年 4 月 19 日	普高
丰台区	23	北京市阳光红学校	时村小学迁址后腾出校舍	外来人口义务教育试点	布局调整改建学校	1997 年 6 月 4 日	初中、小学
	24	北京市第十二中学分校	新建南苑北小区配套校	依托市重点 12 中	新建小区配套学校	1998 年 6 月 19 日	初中
	25	北京市第八中学怡海分校	新建怡海花园小区配套校舍	企业办请八中协助	新建小区配套学校	1998 年 6 月 30 日	普高、初中
	26	北京市第二实验小学怡海分校	新建怡海花园小区配套校舍	企业办请北京实验二小协助	新建小区配套学校	1998 年 6 月 30 日	小学
	27	北京市第十中学分校	长辛店五小撤并后腾出校舍	依托区重点 10 中	布局调整改建学校	1998 年 7 月 19 日	初中
石景山区	28	北京市佳汇中学	薄弱校首钢附中	薄弱校民办试点	企业办学改制学校	1998 年 5 月 28 日	初中
	29	北京市古城高级中学	薄弱校古城五中	扩大高中招生规模	改造基础薄弱学校	1999 年 4 月 19 日	综合高中
海淀区	30	北京市十一学校	十一学校	校长承办非重点学校试点	公办学校整体改制	1996 年 5 月 17 日	普高、初中
	31	北京市科兴实验中学	薄弱校文慧园中学	薄弱校民办学校试点	改造基础薄弱学校	1996 年 6 月 19 日	普高、初中
门头沟区	32	北京市门头沟大峪中学分校	门头沟师范空余校舍	依托市重点大峪中学	布局调整改建学校	1998 年 6 月 19 日	初中
房山区	33	北京电力设备总厂电业中学	电业中学	国企办校转制试点	企业办学改制学校	1998 年 3 月 25 日	职高、完中、小学
	34	北京送变电子弟学校	送变电子弟中学	国企办校转制试点	企业办学改制学校	1999 年 4 月 19 日	职高、完中、小学
顺义区	35	顺义区牛栏山第一中学分校	技工学校空余校舍	依托市重点牛栏山一中	布局调整改建学校	1998 年 6 月 3 日	初中

表 1-18　　1999 年北京市“民办公助”学校（35 所学校）学生情况表

	小　学	初　中	普　高
在校生数（人、校）	1520（5）	20 434（31）	1151（4）
公费生（人、校）	749（2）	3025（11）	320（2）
收费生（人、校）	771（4）	17 049（3）	831（28）
住宿生（人、校）	567（4）	3042（15）	512（3）
本年招生（人、校）	267（4）	9323（3）	582（29）
本年毕业（人、校）	177（2）	3596（14）	362（4）

注：( ) 中为存在数据的学校数

2000 年 1 月，北京市中小学办学体制改革试点学校开始试行办学许可证制度。公办学校办学体制改革，须经区县教育行政部门审核同意并经区县政府同意，报市教委审批。批准的学校市教委发给许可证，未取得许可证的公办中小学不得进行办学体制改革试验。

2002 年 6 月，民办公助、国有民办等形式的改革试点校名称改为“北京市办学体制改革校”。至此，市教委共审批 49 所办学体制改革校（见表 1-19 和表 1-20）。

表 1-19　　2002 年北京市办学体制改革校名单

序号	区县	学校名称
1	东城区	北京市第二中学分校
2		北京市第五中学分校
3		北京市第二十五中学
4		北京景山学校分校
5	西城区	北京市第十三中学分校
6		北京师范大学附属实验中学分校
7		北京市西城外国语学校
8		北京市三帆中学
9		北京市兴涛学校
10		北京铁路分局北京铁路职工子弟第三中学
11		北京师范大学亚太实验学校
12	崇文区	北京市第十一中学分校
13		北京市崇文实验中学
14		北京市前门外国语学校
15		北京市文汇中学
16	宣武区	北京市第十四中学分校
17		北京市第十五中学分校
18		北京市徐悲鸿中学
19		北京市华夏女子中学
20	朝阳区	北京市陈经纶中学分校
21		北京市同仁中学
22		北京市朝阳外国语学校
23		北京市创新园中学
24		北京轻工职业技术学院附属鸿阳学校
25		北京教育科学研究院附属实验中学
26		首都师范大学附属实验学校

续表 1-19

序号	区县	学校名称
27	丰台区	北京市第十中学分校
28		北京市第十二中学分校
29		北京市阳光红学校
30		北京市第八中学怡海分校
31		北京第二实验小学怡海分校
32	石景山区	北京市佳汇中学
33		北京市古城高级中学
34	海淀区	北京市科兴实验中学
35		北京市十一学校
36		北京大学附属中学香山分校
37		清华大学附属中学分校
38		北京市上地实验学校
39	门头沟区	北京市门头沟区大峪中学分校
40	房山区	北京电力设备总厂电业中学
41		北京送变电公司子弟学校
42		首都师范大学附属良乡实验学校
43		北京师范大学附属实验中学附属北潞园学校
44	燕山	北京师范大学燕化附属中学
45	顺义区	北京市顺义区牛栏山第一中学分校
46	通州区	北京市潞河实验中学
47	大兴区	大兴区黄村第一初级中学
48	平谷县	北京市诚明高级中学
49		平谷县黄松峪中学

表 1-20 2002 年北京市办学体制改革校类型情况表

类型	高中校（5 所）	完中校（16 所）	初中校（18 所）	小学完中（8 所）	小学（2 所）	总计（49 所）	占改制学校（%）
公办学校整体改制	—	3	—	—	1	4	8.2
改造基础薄弱学校	2	4	11	—	—	17	34.7
新建小区配套学校	—	4	2	2	1	9	18.4
布局调整改建学校	3	3	4	2	—	12	24.5
企业办学改制学校	—	2	1	4	—	7	14.3

2005 年 12 月，国家发改委、教育部印发《关于做好清理整顿改制学校收费准备工作的通知》，要求从 2006 年 1 月 1 日起，全面停止审批新的改制学校和新的改制学校收费标准。此后，北京市终止申请和审批新的体制改革校。

2006 年，北京市启动中小学办学体制改革试点校规范清理工作。同年 8 月，市教委印发《关于中小学办学体制改革试点校有关情况的函》，提出清理和规范办学体制改革试点校的意见：对以国有资产为主举办的办学体制改革试点校，逐步完全转回公办体制；对个别确实属于社会资金为主举办和投入的学校，具备相应条件的，转为真正的民办学校。当年，4 所学校终止办学体制改革试点，其中 2 所转为公办，2 所转为民办。

2007 年，北京市中小学办学体制改革试点校规范清理工作全面开展。6 月 4 日，市政府办公厅转发市教委 2007 年 5 月颁发的《关于进一步深化中小学办学体制改革试点工作的意见》，要求 2009 年全部完成中小学办学体制改革试点校规范工作，对产权清晰，改制前公办学校特征明显的，回归公办。对由部门或个人投资、产权清晰，且民办学校特征明显的，转为民办。转为公办的学校，执行公办学校的收费政策和标准。转为民办的学校，2 年内不再留有公办教师。同时，北京市成立由主管副市长牵头，市教委、市发改委、市财政局、市人事局、市编办、市监察局、市审计局、市纠风办等组成的工作协调小组。6 月 15 日，市教委印发《关于做好规范中小学办学体制改革试点工作有关事项的通知》，要求各区县研究制定体改校规范转制工作意见和分年度调整规划，提出举办者申请终止办学体制改革试点、区县教委报区县政府批示、区县教委向市教委提出书面请示、北京市中小学办学体制改革试点工作协调小组审核、北京市委教育工委、市教委书记、主任办公会正式批复的规范清理程序。8 月，市教委印发《关于对终止办学体制改革试点学校给予支持等有关事项的通知》，提出不同年度转制学校专项经费支持标准和转制中人员安置问题：2007 年及以前转制的，每校给予一次性补助 300 万元；2008 年转制的，每校给予一次性补助 200 万元；2009 年转制的，每校给予一次性补助 100 万元。办学体制改革试点校转为公办的，在体改前受聘的在编教师，保留原事业单位编制。办学体制改革试点校转为民办的，在原体制改革试点校受聘的在编人员，经由区县教委和学校根据本人意愿协商予以安置。

2010 年 11 月，市教委启动北京市中小学综合教育改革实验，同意北京市十一学校作为首批“深化基础教育学校办学体制改革实验”试点学校，周期为 5 年。至年底，北京市 49 所中小学办学体制改革试点校有 45 所完成规范转制，完成 91.8%，其中转为公办学校 37 所，转为民办学校 5 所，终止办学 3 所。北师大附属实验中学分校、北京市三帆中学、北师大亚太实验学校、北京市兴涛学校 4 所学校尚未完成转制（见表 1–21）。

表 1-21　　2006—2010 年中小学办学体制改革转制情况表

序号	区县	学校名称	转制时间	转制后办学性质
1	东城区	北京市第二中学分校	2008—2009 学年	公办
2		北京市第五中学分校	2008—2009 学年	公办
3		北京市第二十五中学	2009 年 12 月 31 日	公办
4		北京景山学校分校	2009 年 12 月 31 日	民办
5		东城区府学胡同小学	2007—2008 学年	公办
6	西城区	北京市第十三中学分校	2008 年 9 月 1 日	公办
7		北京师范大学附属实验中学分校	—	未定
8		北京市西城外国语学校	2008 年 9 月 1 日	公办
9		北京市三帆中学	—	未定
10		北京市兴涛学校	—	未定
11		北京铁路分局 北京铁路职工子弟第三中学	2007 年 9 月 1 日	与北京市铁路第二中学合并，公办
12		北京师范大学亚太实验学校	—	未定
13	崇文区	北京市第十一中学分校	2007—2008 学年第二学期	公办
14		北京市前门外国语学校	2007—2008 学年第二学期	公办
15		北京市文汇中学	2007—2008 学年第二学期	公办
16	宣武区	北京市第十四中学分校	2008—2009 学年	公办
17		北京市第十五中学分校	2008—2009 学年	公办
18		北京市徐悲鸿中学	2008—2009 学年	公办
19		北京市华夏女子中学	2007 年 9 月 1 日	公办
20	朝阳区	北京市陈经纶中学分校	2009 年 12 月 31 日	公办
21		北京市同仁中学	2008 年 9 月 1 日	公办
22		北京市朝阳外国语学校	2009 年 12 月 31 日	公办
23		北京市创新园中学	2008 年年底	公办
24		北京鸿阳中学（2002 年名为“北京轻工职业技术学院附属鸿阳学校”，2008 年改名为“北京市鸿阳中学”）	2009 年 7 月	终止办学
25		北京教育科学研究院附属实验中学	2008 年 12 月	公办
26		首都师范大学附属实验学校	2007 年 7 月	公办
27		北京市第八十中学管庄分校	2009 年 12 月 31 日	公办
28	丰台区	北京市第十中学分校	2007—2008 学年第二学期起	公办
29		北京市第十二中学分校	2008 年 9 月 1 日	公办
30		北京市阳光红学校	2009 年 12 月	终止办学
31		北京市第八中学怡海分校	2010 年 9 月 1 日	民办
32		北京第二实验小学怡海分校	2010 年 9 月 1 日	民办
33		北京市第十二中学草桥分校	2008 年 9 月 1 日	公办
34	石景山区	北京市佳汇中学	2010 年 9 月 1 日	民办
35		北京市古城高级中学	2009 年 9 月 1 日	公办
36		北京市京源学校	2008 年 9 月 1 日	公办

续表 1-21

序号	区县	学校名称	转制时间	转制后办学性质
37	海淀区	北京市科兴实验中学	2008—2009 学年	公办
38		北京市十一学校	2009 年 12 月 31 日	公办
39		北京大学附属中学香山分校	2007 年 8 月	公办
40		清华大学附属中学分校（2005 年 1 月起更名为北京市中关村中学分校）	2007 年 8 月	公办
41		北京市上地实验学校	2009 年 12 月 31 日	公办
42	门头沟区	北京市门头沟区大峪中学分校	2008 年 9 月 1 日	公办
43	房山区	北京电力设备总厂电业中学	2007 年 8 月	公办
44		首都师范大学附属良乡实验学校（前身是北京送变电公司子弟学校）	2007 年 8 月	公办
45	燕山	北京师范大学燕化附属中学	2008 年 9 月 1 日	公办
46	顺义区	北京市顺义区牛栏山第一中学分校	2010 年 9 月 1 日	民办
47	通州区	北京市潞河实验中学	2008 年 9 月 1 日	终止办学
48	平谷区	北京市诚明高级中学	2008 年 9 月 1 日	公办
49		平谷区黄松峪中学	2008 年年底	公办

（三）社会力量办学

1992 年，北京市依据 1990 年市政府印发的《北京市社会力量办学管理办法》，批准第一所民办学校“北京私立正则中学”。

1993 年 1 月，市教育局印发《北京市教育局深化教育改革的几点意见》，提出支持企事业单位、群众团体和私人办学，鼓励捐资助学、集资办学。同年 2 月，中共中央、国务院发布《中国教育改革和发展纲要》，提出改革办学体制和政府包揽的办学格局，逐步建立以政府办学为主体、社会各界共同办学的体制，基础教育以地方政府办学为主。国家对社会团体和公民个人依法办学采取“积极鼓励、大力支持、正确引导、加强管理”方针，鼓励和提倡厂矿企业、事业单位、社会团体和个人捐资助学、集资办学，不计征税。欢迎港澳台同胞、海外侨胞、外籍团体和友好人士对教育提供资助和捐赠。

1994 年 9 月，市政府颁布《北京市社会力量办学管理办法》，规定含成人和中小学在内的社会力量办学条件：

（1）单位具有法人资格，公民个人具有本市常住户口，并具有完全民事行为责任能力。

（2）有与教育内容相对应的专业优势或者特长。

（3）有明确办学宗旨、培养目标、教学计划、教学大纲和教材。

（4）有健全的管理机构和规章制度。

（5）有必备的筹建费用和相应的办学规模、办学人员及设施。

（6）租借的校舍、实验实习场所，有签订的具有法律效力的契约。

中等教育层次以下的（含中等）学校，向办学单位或者公民个人户口所在地的区县成人教育局申报，验收合格后，由区县成人教育局颁发“北京市社会力量办许可证”。此后，教育行政部门制定配套《实施细则》，并分别与市财政局、物价局、工商局、编办等部门制制定财务、收费、广告及民办事业单位登记等专项管理意见。

1995年11月，市教育局针对中小学、幼儿园，印发《北京市民办中小学、幼儿园管理暂行规定》（34条）和《〈北京市民办中小学、幼儿园管理暂行规定〉实施细则》（60条），对民办中小学、幼儿园的办学性质、办学原则、办学资格、审批程序、管理体制、招生范围、教育教学、人事和财务管理、督导评价、监督奖惩机制等作出规定。民办中小学是集体所有制的事业单位，不得以营利为目的，依法享有办学自主权，实行校长负责制，不得设立分校，不得委托给其他单位或个人承办，可以向学生收取学费（保育费）和杂费。学、杂费应按教育成本核算标准。学、杂费标准不得超过当年区县教育局（教委）规定的最高限额。北京市对民办中小学实行免税政策。申办者必须具备的条件是：在本市注册的中国法人具有与拟办学校相适应的能力，有必要的经费保证；具有完全民事行为能力的在本市有正式户口的中国公民，历史清楚、品行端正，具有相应的文化程度、业务专长及管理能力，身体健康。审批程序是：区县教育局（教育委员会）对办校申请书可行性报告进行审核同意后，报市教育行政部门审批。海淀区作为教改实验区，其行政区域内举办民办中小学、幼儿园的申请，由海淀区教育委员会审核同意后，报海淀区人民政府审批，批准后报市教育行政部门备案。本市民办中小学、幼儿园实行办学证和校（园）长任职证制度。

《北京市民办中小学、幼儿园管理暂行规定》提出举办民办中小学、幼儿园应具备以下条件：

（1）有符合国家教育方针的办学宗旨；

（2）符合本市和所在区县教育发展规划；

（3）有符合规范的校（园）名；

（4）能够独立承担民事责任；

（5）有必备的办学资金、稳定的经费来源、合理的收费标准和经过公证的足额的风险担保；

（6）有合格的师资；

（7）有符合规定标准的与学校级类和规模相适应的校（园）舍、场地和其他办学设施、设备；

（8）有合法的学校（园）组织章程、组织机构，及符合国家要求的校（园）长人选；

（9）有根据国家和地方教育行政部门颁布的课程方案和教材选用意见制定的课程教学计划和教材选用计划；

（10）遵守《北京市民办中小学、幼儿园管理暂行规定》。

《〈北京市民办中小学、幼儿园管理暂行规定〉实施细则》规定设置的民办中小学应当具备的条件：

有规范的校名，能够独立承担民事责任；

有符合国家教育方针的宗旨；

有必备的办学资金、稳定的经费来源、合理的收费标准和相应的生源保证；

有经过公证的经济风险担保，担保额需不低于学校一年拟收取学生费用的总和；

开办单位和开办者可用保证不收回的开办校投入的启动资金抵消等量的担保额；

有与学校级类和规模相适应的师资、校舍、场地和其他办学设施条件，普通中小学必须分别达到《北京市中学办学条件标准（试行）》或《北京市小学办学条件标准（试行）》中的一般标准；

临时租借校舍的需具备一经批准办学即可生效的租借房舍、场地的协议书，且附有切实可行的自建校舍计划及必要的资金准备，民办中小学一律不得租用和借用公办中小学校舍；

有合法的校组织章程；

有按照国家教委颁发的《全国中小学校长任职条件和岗位要求（试行）》（教人［1991］38号）要求确定的校长人选，民办中小学有根据国家和地方教育部门发布的课程方案和教材选用意见制定的课程计划和教材选用计划，其中实施九年制义务教育的学校，应参照国家教委颁布的指导性课程计划拟订课程计划，非义务教育阶段的学校，应参照国家教委颁布的指导性教学要求拟订课程计划；

遵守《北京市民办中小学管理暂行规定》及实施细则。

1996年，市教委成立社会力量办学管理办公室，负责对本市民办中小学、幼儿园的统筹、调控、提供信息和监督实施国家和北京的有关法律法规。同年12月，市教委印发《北京市社会力量办学管理办法实施细则》（61条）。

1998 年，北京市民办中小学 41 所。同年 5 月，市教委印发《关于规范社会力量办学举办者资格的通知》，规定举办者资格条件是：①企事业组织、社会团体及其他社会组织具有法人资格；公民个人具有政治权利和完全民事行为能力。②举办者具有通过捐赠、出资等方式为教育机构提供必要经费和办学基本条件的能力。③联合出资的举办者，视出资比例及经公证机关公证的联合出资协议书，确定一方为举办者。举办者职责是：①以捐赠、出资或提供场地、设备、仪器、图书等方式，保障办学经费及教育机构基本条件，并达到相应设置标准（举办教育机构的启动资金标准：初等层次为 5 万元以上、中等层次为 30 万元以上、高等层次为 300 万元以上）。②组建首届校董会，制定校董会章程，命名所举办的教育机构。③保障教育机构的办学自主权。④教育机构成立后将提供的资产移交给教育机构管理和使用。⑤不得从教育机构中获取经济利益。⑥移交给教育机构管理使用的资产不得抽逃或撤出。教育机构解散时，清算后的剩余资产可返还或折价返还举办者的投入，其余部分由审批机关统筹安排用于发展社会力量办学事业。此后，北京市社会力量办学不再设立“主办单位”或“挂靠单位”。同年 6 月起，经市教委、区县教育行政部门审批备案的民办中小学换发（核发）教育部统一印制的“中华人民共和国社会力量办学许可证”。在换发（核发）新的办学许可证之前，市教委汇同有关区县教育行政部门对全市民办中小学进行全面检查，并对发现问题较多的学校发出“限期改正通知书”，达到要求后再颁发办学许可证（见表 1–22）。

表 1–22　　1998 年北京市民办中小学名单

区县	学校名称	学段	是否取得“中华人民共和国社会力量办学许可证”
东城	北京市英才中学	普高、初中、小学	是
	北京市翔宇中学	普高、初中	是
	北京市惠东育仁中学	普高	是
西城	北京市私立汇才中学	普高、初中	是
	北京市民办启蒙学校	初中、小学、幼儿园、职高	是
朝阳	北京市私立新亚中学	普高	是
	北京市私立北方中学	普高	是
	北京市私立正则中学	普高	是
	北京市私立君谊中学	普高	是
	北京市私立世贤中学	普高	否
	北京市朝阳区长白小学	小学	是

续表 1–22

区县	学校名称	学段	是否取得“中华人民共和国社会力量办学许可证”
海淀	北京市建华学校	初中、小学	是
	北京市二十一世纪实验学校	普高、初中、小学、幼儿园	是
	北京尚丽学校	普高、初中、小学	是
	北京市海淀区星星学校	初中、小学	是
	北京市私立树人学校	普高、初中、小学	是
	北京市清华育才实验学校	普高	否
	北京市清华志清中学	普高	否
	北京市华嘉中学	普高	是
	北京市世贤学院附中	普高、初中	否
	北京市仁达中学	初中	是
	北京市北达资源中学	初中	是
丰台	北京阳光学校	普高、初中、小学	是
	北京市佳民中学	普高	是
	北京市明德中学	普高	是
	北京市私立华城中学	普高、初中	否
	丰台区晓月苑小学	小学	是
昌平	北京市私立汇佳学校	普高、初中、小学	是
	北京市私立汇英中学	普高、初中	是
通州	北京市民办敬业中学	普高	是
	北京市民革逸仙中学	普高	是
	北京市腾龙学校	初中、小学	否
	北京市陶情中学	普高	是
	北京市私立华城小学	小学	否
顺义	北京市力迈学校	普高、初中、小学、幼儿园、职高	是
	北京市私立京华学校	初中、小学	是
房山	北京市私立博文学校	初中、小学	是
	北京市嘉华中学	普高	是
密云	北京市圣陶实验学校	普高、初中、小学	是
大兴	北京市美亚学校	普高、初中、小学	是
	北京市私立雨来中学	普高、初中	是

说明：未批准开办的 7 所民办中小学在达到要求后，陆续颁发“中华人民共和国 社会力量办学许可证”

2000 年 7 月，市政府印发《北京市社会力量办学若干规定》，对申请单位和个人资格、章程事项、申报程序、审批部门等作出规定。2001 年 8 月，市政府在《北京市人民政府贯彻国务院关于基础教育改革与发展决定的意见》中指出："民办学校在招生、教师职务评聘、教研活动、表彰奖励等方面与公办学校一视同仁。社会力量举办的全日制中小学办学合法所得，在留足学校发展资金后，可适当安排经费奖励学校举办者。"2003 年，北京市有民办中小学 91 所，其中小学 10 所，初中 9 所，高中 24 所，完中 42 所，一贯制 6 所（见表 1–23）。

表 1–23　2003 年各区县民办中小学（91 所）分布情况表

单位：所

区县	民办小学	民办中学	区县	民办小学	民办中学
东城	0	4	门头沟	0	1
西城	0	3	房山	0	3
崇文	0	0	燕山	0	—
宣武	0	0	昌平	0	9
朝阳	1	16	顺义	0	3
海淀	1	19	通州	4	8
丰台	3	5	大兴	0	4
石景山	0	2	平谷	0	1
怀柔	1	2	延庆	0	0
密云	0	1	—	—	—

2002 年 12 月，第九届全国人民代表大会常务委员会第三十一次会议通过《中华人民共和国民办教育促进法》，自 2003 年 9 月 1 日起施行，对民办学校设立、组织活动管理、教师管理、资产财务管理、变更终止等做了规定，民办教育地位得到提升。此后，北京市民办中小学数量进一步增加。

2006 年 11 月，北京市人民代表大会常委会通过《北京市实施〈中华人民共和国民办教育促进法〉办法》，鼓励社会组织和个人依法以多种形式举办民办教育，政府设立专项资金，建立奖励制度，对质量高、信誉好的民办学校给予资助或者其他政策扶持，设立实施中等及中等以下学历教育、学前教育以及其他文化教育的民办学校，由区县教育行政部门审批，报市教育行政部门备案。至此，北京市民办中小学数达到最高，共 117 所，其中民办中学 96 所，民办小学 21 所。2006 年以后，民办中小学学校数开始回落。至 2010 年，北京市民办中小学 94 所，其中民办中学 73 所，民办小学 21 所，民办中小学就读学生总数 69278 人（见表 1–24）。

表 1-24　　1991—2010 年北京市民办中小学情况

年份	民办中小学		民办普通中学		民办小学	
	学校数（所）	在校生数（人）	学校数（所）	在校生数（人）	学校数（所）	在校生数（人）
1991	0	0	0	0	0	0
1992	1	—	1	—	0	0
1993	17	—	—	—	—	—
1994	17	2932	12	1543	5	1389
1995	25	4441	19	2948	6	1493
1996	36	10 867	33	8656	3	2211
1997	45	19 539	41	16 410	4	3129
1998	68	35 520	65	30 788	3	4732
1999	45	21 440	42	17 213	3	4227
2000	55	22 807	51	19 274	4	3533
2001	64	26 134	61	22 533	3	3601
2002	82	32 467	74	28 146	8	4321
2003	91	38 632	81	33 882	10	4750
2004	105	41 788	93	36 316	12	5472
2005	108	43 479	92	36 683	16	6796
2006	117	42 402	96	35 724	21	6678
2007	111	62 870	92	41 227	19	21 643
2008	116	66 657	96	40 342	20	26 315
2009	109	68 325	85	37 695	24	30 630
2010	94	69 278	73	36 592	21	32 686

（四）企业办学改制

1995 年 4 月，市教育局转发国家教委 1995 年 3 月《关于当前企业办中小学工作的几点意见》。北京市要求国有企业在转换经营机制和建立现代企业制度过程中，应继续办好自己的中小学；需要对中小学进行体制、模式改革时，应与区县政府教育行政部门共同研究方案，并报上级主管部门和北京市教育行政部门审批。

1998 年 3 月，归属于北京电力设备总厂的电业中学转制为“民办公助”，成为北京市第一个企业办学改制试点校，改名为“北京电力设备总厂电业中学”。

1999 年 4 月，归属于北京送变电公司的送变电子弟中学转制为“民办公助”，改名为“北京送变电子弟学校”。

2000 年 4 月，伴随国有企业改革，市政府印发《北京市人民政府批转市教委、市经委关于调整市经委系统所属 30 所学校管理体制实施意见的通知》，其中中小学有 7 所由市经委划转所在区县管理。同年 8 月，市教委、市经委发文要求这 7 所普通中小学采取整体划转办法，在岗在编的全体教职工均列入人员划转范围，所在区原则上全部接收并负责安置（见表 1–25）。

表 1–25　2000 年市经委划转所在区县管理的中小学学校（共 7 所）名单

序号	学校名称	原主管单位
1	长沟峪中学	北京矿务局
2	长沟峪小学	北京矿务局
3	木城涧小学	北京矿务局
4	大安山小学	北京矿务局
5	北京探矿厂小学	北京机电工业控股（集团）有限责任公司
6	北京轴承厂清水涧小学	北京机电工业控股（集团）有限责任公司
7	北京分析仪器厂子弟小学	北京仪器仪表工业控股（集团）有限责任公司

2003 年 12 月，市教委、市发改委、市财政局、市人事局、市劳动和社会保障局、市机构编制委办公室、北京铁路局印发《关于铁路系统在京学校、幼儿园移交北京市管理的实施意见》，要求自 2004 年 1 月 1 日起，北京铁路局在北京市行政区域内的铁路中小学共 17 所（包括已撤销建制的）全部划归所在区人民政府管理。接收区政府分别为：东城区（1 所）、西城区（4 所）、崇文区（1 所，已撤销建制）、朝阳区（1 所）、海淀区（3 所）、丰台区（4 所）、怀柔区（3 所）。移交单位在职人员（截至 2003 年 10 月 31 日），经原举办单位和接收单位严格核定后，全部列入划转接收范围，执行国家规定的事业单位工资制度。至 2004 年 6 月，铁路系统全部 17 所中小学校移交区人民政府（见表 1–26）。

表 1–26　2004 年北京市行政区域内铁路系统中小学（17 所）名单

序号	学校名称	说明
1	北京铁路分局北京铁路职工子弟第二中学	—
2	北京铁路分局北京铁路职工子弟第三中学	—
3	北京铁路分局北京铁路职工子弟第四中学	已并入五中
4	北京铁路分局北京铁路职工子弟第五中学	—
5	北京铁路分局北京铁路职工子弟第六中学	已改建
6	北京铁路分局北京铁路职工子弟第一小学	—
7	北京铁路分局北京铁路职工子弟第四小学	—
8	北京铁路分局北京铁路职工子弟第五小学	—
9	北京铁路分局北京铁路职工子弟第六小学	已拆迁
10	北京铁路分局北京铁路职工子弟第七小学	—
11	北京铁路分局北京铁路职工子弟第十小学	—
12	北京铁路分局北京铁路职工子弟第十一小学	—
13	北京铁路分局北京铁路职工子弟第十二小学	已并入十一小学
14	北京铁路分局怀北铁路职工子弟中学	—
15	北京铁路分局怀北铁路职工子弟小学	已并入怀北铁中
16	大同铁路分局茶坞职工子弟中学	—
17	北京铁路师范学校沙沟附属小学	—

2005 年 8 月，归属于北京金隅集团的房山区琉璃河水泥厂学校划转地方，由房山区政府管理，划转后学校与房山区原有学校一致对待，同工同酬，对该校已退休教师与在职教师一视同仁。

2007 年 8 月，归属于北京电力设备总厂的电业中学、归属于北京送变电公司的首师大附属良乡实验学校划转地方，由房山区政府管理，学校的机构资产、房产及土地使用权归学校所有，学校教职工的工资按照地方同类人员标准执行，区政府负责学校经费开支。至此，北京市内企业办中小学全部划转地方管理。

二、义务教育分级管理体制

1991 年以前，北京市依据 1986 年 7 月《中华人民共和国义务教育法》“义务教育事业，在国务院领导下，实行地方负责，分级管理”要求，城市地区实行市、区人民政府两级管理，农村地区实行市、县区、乡镇人民政府三级管理。

1993 年 11 月，市政府颁布修订后的《北京市实施〈中华人民共和国义务教育法〉办法》，规定义务教育实行分级办学、分级管理。同年 9 月，市委、市政府印发《关于进一步落实教育优先发展战略地位高标准实施〈纲要〉的决定》，提出强化区县政府管理教育的责任，扩大区县管理教育的权限。

1994 年 8 月，市委、市政府开始在北京市内选择部分区县进行教育改革试验，建立海淀教育改革试验区。同年 12 月，市政府办公厅同意海淀作为教育改革试验区享受如下政策：①对社会团体、公民个人依法办学、联合办学、合作办学（包括利用外资在 3000 万美元限额内合作办学）的审批权。②自主对中等职业技术教育和基础教育各类学校（不含市重点高中学校）进行招生和考试（含高中会考）。③对普通基础教育的课程设置、学制调整的试验权和对经国家、市教材审定部门批准教材的自主选用权。④学前教育、普通高中教育、职业技术教育和成人教育（不含义务教育）可试行收取部分培养费。⑤学校建设纳入首都城市建设总体规划，优先保证教育发展用地。同年 11 月，制定《北京市海淀教育改革试验区规划（草案）》，提出教育改革的十项基本任务和十项工程。

1999 年 12 月，市委、市政府根据当年 6 月中共中央办公厅《中共中央国务院关于深化教育改革全面推进素质教育的决定》，印发《关于深化教育改革全面推进素质教育的意见》，要求进一步加大区县政府对发展规划、师资经费、招生考试、继续教育等统筹管理权，完善乡级管理教育体制。

至 2000 年，北京市加大区县政府对基础教育的统筹管理权，大部分原来由市级安排的基础教育专项经费下放到区县，14 项行政审批权下放或取消，49 个边远山区乡镇的教育经费改由区县财政统筹。

2001 年 8 月，市政府印发《北京市人民政府贯彻国务院关于基础教育改革与发展决定的意见》，要求建立市政府宏观调控，区县政府对辖区内基础教育的改革与发展负主要责任，乡镇政府承担本地区相应的义务教育办学责任。《意见》明确提出分级管理体制中，区县政府负主要管理责任。

2002 年 5 月，国务院办公厅印发《国务院办公厅关于完善农村义务教育管理体制的通知》，规定县级人民政府对农村义务教育负有主要责任，省、地市、乡等地方各级人民政府承担相应责任。同年 10 月，市政府办公厅转发上述通知，规定区县政府对农村义务教育的改革与发展负主要责任，农村中小学教职工工资由区县政府集中管理和统一发放，乡镇政府承担相应的义务教育办学责任，并要求“今年内全市 10 个远郊区县要全部按照新的农村义务教育管理体制运行”。此后，各区县陆续将农村义务教育教职工工资发放、人事管理及部分公用经费拨付等职责收归区县管理，区县政府负起农村义务教育管理主要责任。2003 年年底，北京市 10 个远郊区县“以县为主”的农村义务教育管理体制基本落实。此后，北京市农村义务教育一直实行“以县为主”管理体制。

2008 年 11 月，市人大常委会颁布再次修订的《北京市实施〈中华人民共和国义务教育法〉办法》，规定：北京市义务教育实行市人民政府统筹规划，区县人民政府为主管理的体制，乡、镇人民政府和街道办事处按职责配合。

三、学校内部管理体制

1984 年年底，北京八中、十二中、六十二中、四十一中等中学开始进行校长负责制、教代会民主管理和党组织保证监督等试点，改变党支部领导下的校长分工负责制管理模式。之后，中小学校长负责制试点逐渐扩大。1987 年 9 月，市委教育工作部、市教育局、市教育工会印发《北京市中小学逐步实行校长负责制的若干意见》，明确校长、党组织和教代会的职责、权力及三者关系：要求实行校长负责制，校长对学校工作全面负责；学校党组织发挥保证监督作用，抓党建和思想政治工作；学校建立健全教代会，加强民主管理和民主监督。同年 10 月，北京 178 中和 225 中在实行校长负责制基础上，进行“学校工资总额定额管理”试点。

1988 年 5 月，市教育局要求加快推行以校长负责制为中心，工资总额包干与发展校办企业相结合的配套管理改革试点。同年 6 月，北京市在城近郊区 30 所中小学、8 所幼儿园启动包括校长负责制、教职工聘任制、工资总额包干、校内结构工资制在内的学校内部管理体制改革。①校长负责制：校长对学校工作全面负责，在国家和上级主管部门有关方针、政策、法律、法规允许范围内有办学自主权。试行校长任期目标责任制。②教职工聘任制：校长对教职工实行聘任，双向选择。③在核编基础上实行工资总额包干：增人不增工资总额，减人不减工资总额，节余工资用于改革校内分配制度。④校内结构工资制：结构工资分为基础工资、课时工资、兼职工资、奖励工资四部分，收入与工作的量和质挂钩，多劳多得，拉开档次。同年 9 月，北京市"改善待遇，转换机制，打破三铁，提高效益"的学校内部管理体制改革思路得到中央政治局肯定："这是一条路子，拿钱用于或支持教育的改革这个提法好。大学也可以按这个办法试点。"同年 10 月，市委教育工作部、市政府文教办公室、市教育局印发《关于当前进一步深化中小学改革的几点意见》，要求：中小学内部劳动、人事、和工资制度改革在试点基础上分期分批全部推行。城近郊区和远郊区县城镇地区 1989 学年度开学前后全面推开，农村地区在落实分级管理、乡管教育基础上试点学校内部管理体制改革。同年 12 月，市委教育工作部、市教育局、市教育工会印发《北京市中小学逐步实行校长负责制的补充意见》，提出：校长是学校法人代表，在学校处于中心地位，对政府主管部门承担学校管理全部责任，对学校思想政治工作、教育教学和行政管理工作全面负责，统一领导。补充校长有聘任副校长，制定和实施校内劳动、人事和工资制度改革方案等职权。党组织支持校长履行职责，有不同意见时，先按校长决定执行。教职工代表大会每学年至少召开一次。1988 年年底，全市有 130 所（城近郊区 89 所，远郊区县 41 所）中小学进行学校内部配套管理改革。至 1989 年年底，北京市所有学校全面实行中小学内部管理体制改革。

1990 年 6 月，针对改革实践出现的情况和问题，市政府文教办和市教育局印发《关于进一步巩固、完善和深化中小学内部管理体制改革的几点意见》，要求坚持校长负责制，提高校长素质和工作水平；健全教职工代表大会制度；党组织发挥政治核心作用和保证监督作用；完善教职工聘任制，定编制、定岗位、定任务，任人唯贤，择优聘任，合理组合，校长有权在本校范围内决定教职工任用；区县根据核定编制对学校实行工资总额包干，校内实行结构工资，打破"大锅饭"，按劳分配，拉开档次，调动教师积极性。此后，北京市按照"巩固、完善和深化"的方针进一步推进中小学内部管理体制改革。

1991 年 6 月，市委教育工委、市政府文教办公室、市教育局印发《北京市中小学教职工岗位聘任制暂行办法》，规定聘任工作的指导思想、目的、原则和程序。同年6月，市政府文教办发文要求从1991年起，市、区县财政每年以不低于10%的增长幅度增加用于中小学内部管理体制改革，实行校内结构工资制的经费投入。同年9月起，市属中小学教职工每人每月增加结构工资10元。根据1991年底市教育局调查结果，全市中小学约2200多个改革单位（中心小学以上）原校长未获聘任的有98人，占干部总数的4.55%，比上一年减少0.5个百分点；其中因不适宜任校长而未获聘任的有39人，占干部总数的1.81%，比上一年减少0.59个百分点。在现任校长中，任职状况好的有792人，占干部总数的36.73%，比上一年增加9个百分点；较好的有948人，占43.97%；一般的有364人，占16.88%；较差的有52人，占2.41%。中小学校党支部建设及党政配合好的有748校，占总校数的37.01%，比上一年增加9.86%；较好的有919校，占45.54%；一般的有322校，占15.96%；较差的有29校，占1.44%。全市中小学有教职工148245人，其中教师107393人；已聘任教职工140283人，其中教师101830人；未聘教职工7962人，占教职工总数的5.37%，其中未聘教师有5563人，占教师总数的5.18%。全市未聘教职工校内安置的有3757人，占未聘教职工数的47.19%，其中安置的教师有2557人，占未聘教师数的45.96%。校际调动的教职工有1040人，占未聘教职工数的13.06%，其中教师有796人，占未聘教师数的14.31%。调出普教系统的教职工有396人，占未聘教职工数的4.97%，其中教师有306人，占未聘教师数的5.5%。其他情况（如出国、养起来等）的教职工有1877人，占未聘教职工数的23.57%，其中教师有1208人，占未聘教师数的21.71%。待安置的教职工有892人，占未聘教职工数的11.2%，其中待安置的教师有696人，占未聘教师数的12.51%（见表1–27）。

表1–27　　1991年12月部分学校教师、干部的校内结构工资情况表

单位：元

单位	高级教师			一级教师			二级教师			干部		
	最高	最低	差	最高	最低	差	最高	最低	差	最高	最低	差
东城二十二中	409	236	173	302	214	88	306	102	204	340	253	86
西城一五四中	331	254	77	330	198	132	242	116	126	364	252	112
西城新文化街二小	304	268	36	293	231	62	203	177	26	303	259	44
宣武南菜园小学	290	242	48	289	199	90	227	152	75	315	284	31
通县草寺中学	—	—	—	275	219	56	216	179	37	330	184	46
通县东方小学	291	250	41	256	208	48	221	194	27	306	237	69
平谷大华山中学	—	—	—	251	222	29	234	187	57	265	224	41
密云大城子中学	—	—	—	252	196	46	250	161	89	262	210	52

说明：二十二中、一五四中二级教师工资最低者是指不满工作量的教师

至1992年，第一轮中小学学校内部管理体制改革完成，形成以校长负责制、教职工聘任制、工资总额包干制和校内结构工资制为主要内容的中小学内部管理体制。

1993年6月，市委教育工委、市政府文教办、市教育局、市教育工会印发《北京市中小学党组织工作意见》《北京市中小学校长工作意见》《北京市中小学教职工代表大会工作意见》，巩固、完善和深化中小学内部管理体制的改革。

《北京市中小学校长工作意见》规定校长职责：贯彻执行党和国家的方针、政策、法律、法规，培养德、智、体全面发展的社会主义现代化建设者和接班人；发挥教职工主动性、积极性和创造性，组织教师钻研业务，提高教师政治思想、职业道德、文化业务水平及教育教学能力，培养班主任、中青年教师和骨干教师；全面负责、统一领导学校教育教学和行政工作，领导、组织德育、教学、体育、卫生、美育、劳动教育、课外活动、总务工作，配合党组织支持和指导学校群众组织工作；发挥学校教育主导作用，促进学校、家庭、社会教育协调一致、相互配合。校长权限：对本校教育教学和行政工作决策和统一指挥；提名或任免副校长和中层干部；实行教职工聘任制、校内结构工资制等学校内部劳动、人事、分配制度改革和教育教学改革，改革方案由校长组织实施；对教职工进行奖惩；支配使用学校经费、校舍和仪器设备等权限。

《北京市中小学党组织工作意见》规定学校党组织任务：保证党的基本路线教育方针在学校贯彻执行；加强学校党组织思想建设、组织建设和作风建设；建立党组织统一领导的党、政、工、团齐抓共管的思想政治工作体制；参与学校发展规划、学年学期工作计划、重大改革方案、重要工作安排和人事安排等重大问题的讨论决策；本着党管干部原则，加强对学校干部的教育、管理和监督；领导教职工代表大会；对学校工会、共青团等群众组织实行政治、思想、组织领导；统战工作。

《北京市中小学教职工代表大会工作意见》规定教代会职权：听取校长工作报告，审议办学方针、发展规划、学年工作计划、教育教学和管理制度等改革方案和措施，提出意见和建议；审查通过教职工聘任制和校内结构工资制实施方案、学校岗位责任制方案、教师职业道德规范实施细则、教职工纪律要求、奖惩办法等规则制度；审议决定教职工生活福利等重大事项；评议、监督学校行政领导干部。组织制度：50名及以上教职工的学校，建立教职工代表大会制度。五50名以下教职工的学校，建立教职工大会制度，由全校教职工直接参加教职工大会；教代会每二年至三年一届，每学年至少召开一次至二次，每次必须有三分之二以上代表出席；教代会选举和作出决议、决定，须经全体代表半数以上表决通过。

1994 年 9 月，市委、市政府印发《关于进一步落实教育优先发展战略地位高标准实施〈纲要〉的决定》，提出深化学校内部管理体制改革，扩大办学自主权，推行满工作量聘任制，实行教师岗位资格证书制度。

1997 年 5 月，市教委成立由人事处牵头，基教一处、基教二处、师资、督导、政策法规等处室参加的学校内部管理体制改革工作小组，提出完善中小学内部管理体制改革的思路：按照重点突破、整体推进、点面结合、分步实施，完善措施、健全制度，精心组织、务求实效的原则，进一步推动学校人事、分配制度改革，完善有效管理体制和激励机制，调动教职工的积极性，盘活教育人力资源，增强办学活力，提高教育质量和办学效益。1998 年 12 月，市教委、市人事局、市财政局、市编办印发学校内部管理体制改革的 4 个文件：《北京市中小学教职工岗位聘任办法》《北京市中小学教职工聘用合同制试行办法》《北京市中小学校长职级制试点工作的意见》《关于完善中小学校内结构工资制的意见》。

1999 年 7 月，市教委召开“中小学内部管理体制改革工作会”，会上印发上述 4 个文件，启动新一轮中小学内部管理体制改革。主要内容包括：（1）完善教职工岗位聘任制，试行教职工聘用合同制。1998 年 12 月，市教委、市人事局、市财政局、市编办修订 1991 年《北京市中小学教职工岗位聘任制暂行办法》，印发执行《北京市中小学教职工岗位聘任办法》，适用于本市中小学内部各岗位教师、职员、工人的聘任，修订内容如下：①明确教师的权利和义务；②规定不称职人员（九种情况）的辞退办法；③在学校和教育行政部门建立教师聘任争议调解申诉制度和组织；④规范聘任工作程序，提出安置未聘人员办法（五种办法）。《北京市中小学教职工聘用合同制试行办法》规定：学校和教职工双方按照平等自愿、协商一致的原则，签订具有法律约束力的合同，建立聘用关系，明确双方的责任、权利和义务，再签订岗位聘任协议，落实岗位职责任务。教职工聘用合同制首先在办学体制改革试验的民办公助学校试行。之后，在朝阳区、海淀区、房山区部分中小学校相继试点聘用合同制。（2）校长职级制试点。《北京市中小学校长职级制试点工作的意见》提出：中小学校长的职务级别与行政级别脱钩，与办学实绩挂钩，对根据校长的德识、能力、水平、实绩确定或晋升到相应校长职务等级。中小学校长职务等级分为五级十等。任职条件包括：主持学校全面工作的能力；在学校管理、教育改革中取得的成绩；带领教师开展教学、科研的成果；学校在社会上的知名度，以及任校长的年限，等等。连续两年考核不合格者调离校长岗位，不再享受校长待遇。中小学党支部（总支）书记可参照校长职级意见同时参加职级评定，并享受相应待遇。校长职级制首先在西城区试点。3. 完善中小学内部结构工资制。《关于完善中小学校内结构工资制的意见》要求：区县教委加强学校内部结构工资的调控力度。以业绩和贡献主导分配，适当拉开工资收入档次，适当加大根据工作数量、质量分配的活的工资和奖励工资的比重。按照多劳多得、少劳少得、不劳不得的原则分配的占 30% 的津贴、北京市政府给机关和事业单位工作人员增加的几次补贴等都要按规定纳入工资中或部分分配发放。区县行政部门按照学校平均工资水平与学校承担的任务、办学水平相适应，教职工个人工资水平与承担的工作责任、数量、质量相适应的原则，严格审批学校结构工资实施方案，通过总量控制，逐步理顺学校间不合理的收入差距。实施收支统管基础上的单位预算。

2000 年 1 月，市教委印发《关于改革人事分配制度深化学校内部管理体制改革的意见》，要求逐步试行中小学校长职级制，分步试行中小学教职工聘用合同制。各类待聘人员，先在校内调剂解决，鼓励未聘人员调出学校合理流动。中小学校按编制规定设置内部机构，严格按职数配置管理干部，职工不得挤占教师编制，使教师总数占教职工总数的 70% 以上。同年 3 月，市教委印发《关于城近郊区中小学接收应届大中专毕业生实行聘用合同制的意见》，从 2000 年起北京市东城、西城、崇文、宣武、朝阳、海淀、丰台、石景山区 8 个城近郊区中小学（含民办公助和民办的中小学）接收的应届大中专毕业生一律实行聘用合同制管理。5 月，市机构编制委员会办公室、市教委印发《北京市全日制中学、小学、职业高中学校校内机构设置及教职工编制标准的试行意见》，规定：普通中学职能机构可设教务处、总务处、政教处，学校规模在 24 个班以上的可增设办公室。职普结合学校可增设职业教育处。小学职能机构可设教导处、总务处，其中 12 个班及以下的小学只设管理岗位不设职能机构，可配备教导主任和总务主任各 1 人。中小学应精简机构，压缩非教学人员。到年底，按照“按需设岗、公开招聘、平等竞争、择优聘任、严格考核、合约管理”原则，北京市 90% 的中小学实行岗位聘任制，10% 的中小学试行聘用合同制。按照“新人新办法，老人老办法”的改革思路，城近郊八区 458 所中小学对新接收的 1490 名大中专毕业生全部实行聘用合同制，学校与毕业生签订聘用合同制，明确双方责任和义务，其人事档案交由北京市教育系统人才交流服务中心管理服务。多数单位聘任合同聘期 1 年，部分单位聘期为 3 年。

2002 年，市教委改革中小学校内结构工资制，试行由岗位工资、津贴补贴、奖励工资三部分组成的教师岗位工资制。同年 4 月，根据市委教育工委调研结果，北京市普教系统共设置基层党组织 1543 个，其中党总支 128 个、党支部 1415 个，在职党员 40847 个，中小学校级正职干部 1615 人，其中专职书记 381 人，占 23.6%，校长兼任书记 1075 人，交叉兼职 159 人。同年 11 月，市教委印发《关于新聘用大中专毕业生实行聘用合同制有关问题的通知》《关于远郊区县基础教育系统新接收实行聘用合同制的大中专毕业生有关问题的通知》，提出新教师为北京市教育系统所有，打破教师的“学校所有制”，毕业生由初次聘用单位代为双选录用，并与北京市教育系统人才交流服务中心签订五年服务期协议书。服务期内，新教师按照与用人单位签订的聘用合同书，履行双方责任和义务，合同期满可在教育系统内流动。调整提前终止合同、解除合同、教职工流动等管理程序，取消教职工正常流动行政工资关系介绍信，改为聘用合同制教职工流动备案表。远郊区县借鉴城近郊八区“新人新办法”改革模式实施聘用合同制。

2003 年 9 月，人事部、教育部印发《关于深化中小学人事制度改革的实施意见》，规定中小学在核定的编制数和教师职务结构比例内科学设置岗位。推行中小学校长聘任制，逐步在本系统或面向全社会公开招聘、平等竞争、严格考核、择优聘任选拔任用中小学校长。中小学校长实行任期制，校长每届任期原则为 3 ~ 5 年，可以连任。逐步取消中小学学校的行政级别。实施教师资格制度，推行中小学教职工聘用（聘任）制度。中小学校在核定的教师职务结构比例内设置教师职务岗位，可适当提高农村中小学教师中、高级职务的比例，分配政策向骨干教师倾斜（见表 1–28）。

表 1–28　　2003 年北京市各区县教育单位试行聘用合同制情况表

单位：所

	中学		小学		幼儿园		特殊教育		直属单位		合计	
	试行	同比	试行	同比	试行	同比	试行	同比	试行	同比	试行	同比
近郊区	157	46%	200	32%	57	59%	6	50%	46	40%	466	39%
远郊区县	35	10%	31	10%	5	12%	0	0%	3	3%	74	9%
合计	192	27%	231	24%	62	45%	6	33%	49	21%	540	26%

2004 年，市委组织部、市委教育工委、市教委、中国教育工会北京市委员会印发《北京市中小学党支部（总支）工作意见》《北京市中小学校长工作意见》《北京市中小学教职工代表大会工作意见》，修订 1993 年《北京市中小学党组织工作意见》《北京市中小学校长工作意见》《北京市中小学教职工代表大会工作意见》，对中小学党组织、校长、教职工代表大会的职责权限等做出规定。

《北京市中小学党支部（总支）工作意见》规定：党支部（总支）实行集体领导与个人分工负责相结合的制度。中小学党支部（总支）的政治核心作用：坚持社会主义办学方向；坚持党管干部和党管人才原则；参与学校重大问题决策；围绕学校教育教学中心开展党建工作；支持校长负责制；支持教职工代表大会开展工作；加强基层党组织自身建设；领导思想政治工作和精神文明建设；领导学校工会、共青团等群众组织工作，党建带团建工作；贯彻党的知识分子政策、民族政策、宗教政策，做好统一战线工作。

《北京市中小学校长工作意见》规定：中小学校实行校长负责制，校长是法定代表人。校长对上级教育部门承担管理学校的责任，对学校的教育教学和行政管理工作全面负责，统一领导。校长负责学校行政领导管理工作，党支部（总支）发挥政治核心作用。

校长责任：组织制定学校章程和发展规划，提出改革和发展目标措施并组织实施。培养德智体美等全面发展的社会主义建设者和接班人，提高教育质量和办学效益；组织制定教师队伍建设规划和培训计划，培养班主任、中青年教师和骨干教师，优化教师队伍年龄、性别、知识、能力等结构；全面实施素质教育，制定学校德育工作计划，建设学校德育骨干队伍，增强学校全员德育意识，学习教育理论，更新教育观念，积极开展教育改革和教育科学研究，增强学生体质，提高艺术教育质量。加强国防教育和科技教育，深化教学改革，加强教学管理，开展教学研究；勤俭办学，总务后勤工作为教育教学服务、为教职工服务；支持学校工会、共青团、少先队、学生会等群众组织和民主党派开展活动；发挥学校教育的社会功能。

校长权限：对学校的教育教学和行政工作决策和统一指挥；决定学校内部机构和岗位设置，提名聘任副校长和中层干部；实行教师聘用合同制，制定并组织实施学校内部劳动、人事、分配制度和教育教学改革方案；制定学校教学计划，优化课程设置，确定教学进度，选用适合本校特点的教材，考核评价教师和学生；对教职工奖励、行政处分、解聘或辞退；合理支配财政拨款、学杂费留成、校办产业和捐资助学等收入以及校舍设施、仪器设备等。

学校重大问题议事规则：学校重大问题经过校务会议讨论后做出决策，校务会议成员为校长、党支部（总支）书记、副校长、副书记和工会主席等。校务会议由校长主持，并负责决策。

《北京市中小学教职工代表大会工作意见》规定：中小学必须建立健全党组织领导下以教师为主体的教职工代表大会制度，加强学校民主管理和民主监督。教代会接受学校党组织领导，尊重和支持校长依法行使职权，实行民主集中制。学校工会委员会承担教代会工作机构任务。

教代会职权：听取讨论校长工作报告，审议办学方针、发展规划、学年工作计划、年度财务工作报告、教育教学和管理制度等学校重大改革方案；审议通过教职工聘任合同制和校内结构工资制实施方案、学校岗位责任制方案、教师职业道德规范实施方案、教职工管理制度、奖惩办法等规章制度；审议决定教职工生活福利等重大事项；评议、监督校长和学校行政领导干部，实行政务公开。

组织制度：50名及以上教职工的学校，建立教职工代表大会制度；50名以下教职工的学校，建立教职工大会制度，由全校教职工直接参加教职工大会。50～100人的学校，教代会代表占教职工的20%～30%；100人以上的学校，代表名额不低于15%。教代会每三年至五年为一届，每学年至少召开一次至二次，每次必须有三分之二以上的代表出席。教代会选举和做出决议、决定，须经全体代表半数以上表决通过。

2004年7月，市委市政府印发《关于实施首都教育发展战略率先基本实现教育现代化的决定》，稳步推行聘用合同制和专业技术职务聘任制，逐步规范教师薪酬发放办法。探索建立现代学校制度。同年12月，全市2400多所中小学、幼儿园、区县直属单位全面铺开校务公开，普及率达100%。

2008年11月，市人大常委会颁布《北京市实施〈中华人民共和国义务教育法〉办法》，规定：学校实行校长负责制，教师应当取得国家规定的教师资格，并符合本市规定的教师岗位聘任条件。此后，北京市继续执行国家统一的义务教育教师职务制度，完善校长任职资格标准体系和校长持证上岗制度，完善教师工资制度和收入分配机制。

四、规范办学管理

1991年，市教育局发文要求高一、高二年级不得打乱原有班级按高考科目组编班教学，不得随意增减课时；中小学校内不得举办全日制升学补习班；重申严格禁止中、小学计划外招收“高价生”，学校不得接受未办正式学籍手续的学生，严禁向学生家长收取规定以外的费用。

1992年2月，市教育局重申1988年《国家教委关于减轻小学生课业负担过重问题的若干规定》和1982年《北京市教育局关于解决小学生课业负担过重问题的几项规定》，印发《关于落实国家教委关于解决小学生课业负担过重问题的要求的通知》，并提出如下意见：

（1）一年级取消期中、学期及学年考试（测验）。

（2）二至六年级不进行期中考试，也不准以任何形式变相进行期中考试。

（3）严格控制学生作业量，一年级不留家庭书面作业，二、三年级每天家庭作业量不超过30分钟，四年级每天家庭作业量不超过45分钟，五、六年级每天家庭作业量不超过1小时。

（4）不准给学生留惩罚性作业，要求改错、重做、补做的作业，只能做一遍。

（5）法定节假日不准给学生留家庭作业，节假日前一天的作业不能超过平日的规定。寒、暑假作业不得超量。

（6）严格禁止学校、教师要求家长代替教师辅导学生，如要求家长给学生出题、默写、评改等。

（7）各级教研部门在指导各科教学时不得超出大纲规定和教材要求。除毕业考试外，各区县、学区（片）都不能搞任何形式的统考（测）、统练，也不准出统一的参考题。坚决不得以区县或学区（片）测验的方式检查学科教学质量。

1993年4月，市教育局转发1993年3月国家教委《关于减轻义务教育阶段学生过重课业负担全面提高教育质量的指示》，北京市结合本市实际提出具体要求：①自1993年起北京市取消由区县统一组织的小学毕业考试，改由小学自行命题进行毕业考试（农村地区小学由乡镇中心小学组织命题、考试）；②树立提高教育质量典型，宣传、推广一师附小快乐教育等经验；③提高基础薄弱初中教学质量。

1995年，市教育局要求各中小学停办各级各类学科奥林匹克学校（班），停办针对中小学生文化课程开设的学科班，重申中小学校无权擅自突破招生计划增加招生班数的要求。同年9月，北京市中小学按照国家要求实行每周五天工作制。翌年，市教委发文要求加强学校实行五天工作制管理，提出：中小学一律不准利用双休日给学生加课、补课；不得在双休日给学生布置过多的家庭作业；课程（教学）计划内的活动类课程要安排在五天工作日内，不得占用双休日。1996年7月，市教委重申中小学校接收入学生转学生必须完备学籍管理手续，未经批准，各中学不得接收未被北京市统一规定办理手续的学生入学，也不得允许其进校上课，不得接收已被其他中学录取的一年级新生入学。各中小学不得接收无转学证明的转学生，也不得允许其进校听课。1999年5月，市教委发文重申停止举办针对中小学文化课程开设学科班。

1997年9月，市教委印发《北京市实施〈小学管理规程〉的意见（试行）》，规定：①学生每日用于教育教学（不包括课后管理班）的时间五、六年级至多不超过6小时，其他年级还应适当减少。一年级一般不留书面课外作业；二、三年级的课外作业量一般不超过30分钟；四年级一般不超过45分钟；五、六年级一般不超过1小时。②小学一年级取消期中、学期及学年考试（测验）。二至六年级不进行任何形式的期中考试。③小学不得随意停课，若遇特殊情况必须停课的，应报区县教育行政部门批准。④学校不得组织学生参加未经国家教委或市教委批准的竞赛评奖活动。

1998 年 6 月，市教委转发国家教委《关于推进素质教育调整中小学教育教学内容、加强教学过程管理的意见》，北京市要求避免出现课内减轻学生过重课业负担，课外又增加学生负担的情况。

2000 年 1 月，市教委转发教育部《关于在小学减轻学生过重负担的紧急通知》，北京市提出 10 条减负要求：

（1）清理学生用书。除学科教科书外，其他教辅材料不再在教学中使用；清理区县、学校自编或选用的教材、教辅材料；清理学生教学用书目录以外，向学生推销的教辅材料、图书、报刊、学生用品；停止区县、学校自行组织的统一推销、发售。

（2）严禁在假期组织学生上课和举办各种补习班、提高班。加强查处力度，违反者一经查出，严肃处理。

（3）严格控制作业量。小学一、二年级不留书面家庭作业，其他年级课外作业量不得超过 1 小时。提倡增加自主型、实践型、活动型作业，不留机械重复性作业，更不得以多留作业作为惩罚学生的手段。

（4）严禁在小学各年级进行区县统考，严格控制加重学生负担的各种单元检测。2000 年春季开学后在全市小学实行学业成绩等级制，取消百分制。

（5）立即停止一切未经教育行政部门审批，面向中小学生的各种竞赛活动。任何初中入学、招生均不得举行任何形式的书面考试。

（6）加强对学生负担情况的督导检查。各学校每学期进行一次自查，区县每年进行一次抽查。将落实《通知》要求情况纳入实施素质教育三个评价方案内容。各级督导部门进行专项督导。

（7）加大减轻学生过重负担的宣传力度。总结减负经验，宣传减负规定，公布减负热线电话。

（8）加大对违反《通知》要求的查处力度。市、区县教育行政部门建立减负通报制度，对加重学生负担的违纪事件予以通报，情节严重的要追究行政责任。

（9）全市中小学教材和专题教育用书、电子音像制品、学具及学生用品，由市教委基础教育一处、基础教育二处归口管理，未经上述两处同意，其他部门、团体均不得以任何形式组织面向中小学生的专题教育和面向中小学生推销图书、电子音像制品、学具及学生用品。

（10）通过多种形式引导教师更新教育观念，树立良好师德，尤其注意提高教师实施素质教育的能力水平。

随后，市教委联合市政府教育辅导室对东城区、西城区、崇文区、宣武区、朝阳区、海淀区、丰台区、石景山区落实教育部和市教委减负文件的情况进行检查。

2001年2月，市教委印发《关于进一步落实“减负”有关要求的通知》，针对一些学校对学生作息时间安排不尽合理、体育锻炼时间得不到保障、随意增减课时、节假日给学生集体补课等仍然存在的现象，市教委重申并提出减负要求：

（1）合理安排学生作息时间。落实1990年国家教委《学校卫生工作条例》规定：学生每天学习时间（包括自习），小学不超过6小时，中学不超过8小时。根据北京市实际，学生每天到校时间，小学一般不早于7：50，中学不早于7：30；离校时间小学一般不晚于4：30，中学不晚于5：30。各区县可结合地区实际和季节变化适当调整。

（2）严格执行课程计划，不得随意增、减课程和课时。保证学生每天有1小时体育活动时间（含体育课、课间操和课外体育活动）。

（3）不得占用节假日、双休日和寒暑假组织学生上课，更不得收费上课，有偿补课。严禁各级公办学校以其他名义在学校举办各种收费性文化课学习班。

（4）严格控制学生作业量。小学一年级一般不留书面课外作业，二、三年级的书面课外作业量一般不超过30分钟，四年级一般不超过45分钟，五、六年级一般不超过1小时；中学每天不得超过1.5小时。提倡布置活动性、实践性家庭作业。

（5）指导学生合理安排课余时间，组织学生开展课外活动。对一些年龄较小需提前到校或放学后家里无人照管的学生，学校可根据实际情况及家长要求，经家长提出申请后采取多种方式给予照管。

2003年12月，市教委、市政府教育督导室印发《关于进一步规范中小学管理行为的通知》，从班额、课程教学、学科竞赛、考试方面提出要求：

（1）严格控制班额。严格执行目前“中学每班不超过50人、小学每班不超过45人”的规定。

（2）严格执行课程标准和教学计划，任何学校不得随意调整课程或增减课时。严格禁止学校或教师个人利用节假日给学生集体补课或上新课，不得以补课为由自定标准收费。

（3）严格管理义务教育阶段学科竞赛活动。义务教育阶段仍执行教育部“原则上不允许举办学科类竞赛”的规定。社会力量举办的义务教育阶段的学科类竞赛成绩不能作为入学依据。不得统一组织学生参加未经市教委批准的学科竞赛活动，严禁将竞赛成绩与学生的升学挂钩。

（4）严格控制义务教育阶段考试的科目和次数，严格控制全区性的统一考试和单元测验的数量。

2008 年 7 月，市教委印发《关于进一步提高中小学教学质量切实减轻学生课业负担的意见》，从课程计划执行、教学实施、教学常规管理、教研机构和教师队伍建设、考试评价制度改革、办学行为规范管理等方面提出减轻负担、提高质量要求：

（1）严格执行新课程计划，不得任意增减科目和周课时数，确保中小学生每天 1 小时体育锻炼时间。

（2）从 2008 年 9 月起，各中小学校不得早于 8 点安排集体教育教学活动。小学生在校学习时间不超过 6 小时，中学生在校学习时间不超过 8 小时。学校的课程安排计划和作息时间表应向学生和家长公布。

（3）严格控制课外作业量，小学一、二年级一般不布置书面作业；三至六年级语文和数学可适量布置书面作业，总量不得超过 1 小时；其他学科一般不布置书面作业。初中各学科书面作业总量一般不得超过一个 1.5 小时。高中各学科书面作业总量一般不得超过 2 小时。

（4）不得统一或变相统一推销、征订教学辅助资料。

（5）不得利用寒、暑假和其他法定节假日组织学生补课或变相补课。严格禁止学校通过组织补习、辅导向学生收取费用。严格禁止学校、教研机构、校外教育机构等以各种名义组织在校中小学生全员补习文化课程。

（6）不得任意安排教师在假期和其他法定节假日上课和辅导。

2008 年 11 月，市人大常委会《北京市实施〈中华人民共和国义务教育法〉办法》，于 2009 年 3 月施行。办法规定：①适龄儿童、少年免试入学。学校不得采取或者变相采取考试、测试、面试等形式选拔学生，不得将各种竞赛成绩、奖励、证书作为入学的依据。②不得组织学生参加商业性活动。③不得将学校分为重点学校和非重点学校，不得利用财政性教育经费重点建设办学条件超标准学校。④不得以各种名义在校内分设重点班和非重点班。⑤不得以任何名义改变或者变相改变公办学校的性质，公办学校不得违反法律、法规规定举办民办学校 ⑥学校不得违反国家规定收取费用，不得以向学生推销或者变相推销商品、服务等方式谋取利益。⑦按照国家确定的教育教学内容和课程设置、课时安排开展教育教学活动；不得违反规定增加学生课业负担，增加考试科目的课时或者减少非考试科目的课时；不得按照考试成绩对学生进行排名；不得利用假期、公休日、课余时间组织学生进行强制补课；不得动员、组织本校学生参加社会力量举办的文化课补习班。

2009 年 5 月，市教委转发 2009 年 4 月教育部《关于当前加强中小学管理规范办学行为的指导意见》,北京市特别强调在执行课程计划、规范考试科目和次数、规范招生秩序等方面，规范办学行为，切实减轻中小学生过重课业负担。

五、督导评价

1988 年 6 月，市教育局印发《北京市普通中学教育质量综合评价试行意见》和《北京市小学教育质量综合评价试行意见》,包含《学校工作质量综合评价方案》和《学生质量综合评价方案》。1991 年 6 月，北京市教科所修订《北京市中小学教育质量综合评价方案》，包含《学校工作质量综合评价方案》和《学生质量综合评价方案》，其中《学校工作质量综合评价方案》包括供学校自我评价和领导部门检查督导的两套评价标准。至 1992 年年底，14 个区县的教育督导和教育行政部门使用这套方案对 848 所中小学校进行了学校工作质量综合评价（见表 1–29 和表 1–30）。

表 1–29　　1991 年北京市中小学工作质量综合评价标准（供领导评价用）

一级指标	二级指标	评价基准	等级标度	评价方法
I_1 办学方向目标 0.10	II_1 坚持为社会主义建设服务的方向 0.30	1. 办学规划和计划	A 坚持贯彻教育方针，办学目标明确切合实际，实行目标管理，办学规划和计划整合一致，落实措施有力 C 坚持贯彻教育方针，力求目标明确，实行目标管理，有办学规划和计划，有落实措施	文献资料法收集学校的办学规划，学年、学期工作计划和工作总结
	II_2 落实全面发展的培养目标 0.40	2. 工作安排	A 以德育为首，以教学为主，德育、智育、体育、美育和劳动技术教育各项工作全面安排，面向全体学生，统一要求，因材施教措施得力，课内外校内外各项活动安排合理 C 以德育为首，以教学为主，德育、智育、体育、美育和劳动技术教育各项工作都有安排，能面向全体学生，注意因材施教，有措施，课内外各项活动兼顾	
	II_3 深化教育改革 0.30	3. 改革效果	A 坚持学习教育方针、政策和教育理论，积极开展学校内部管理体制、教育思想、教育内容和教育方法的改革，效果明显，成果多 C 学习教育方针政策和教育理论，开展了学校内部体制、教育思想、教育内容和教育方法的改革，对提高教育质量有一定作用，有一些成果	教改计划调查
I_2 领导班子制度建设 0.15	II_4 领导自身建设 0.60	4. 素质与结构	A 领导群体，具有事业责任感，以身作则，廉洁奉公；政治思想、文化水平、业务能力和年龄等，结构合理；有提高政治、业务水平的计划和措施，提高效果明显 C 领导群体，具有事业责任感，以身作则，廉洁奉公；政治思想、文化水平、业务能力和年龄等基本符合要求，结构基本合理，有提高的计划和措施，提高有效果	文献资料法问卷调查观察法座谈会
		5. 校长负责与民主管理	A 校长全面负责、机构健全，领导群体团结协作，实行民主管理，绝大部分教职工满意 C 校长全面负责、机构健全，注意团结协作，实行民主管理，绝大部分教职工基本满意	
	II_5 制度建设 0.40	6. 规章制度	A 规章制度健全，检查措施具体，执行严格，信息反馈及时 C 规章制度基本健全，有检查措施，能够执行	各项规章制度文件，档案资料

续表 1–29

一级指标	二级指标	评价基准	等级标度	评价方法
Ⅰ$_3$ 教职工队伍建设 0.15	Ⅱ$_6$ 任用与管理 0.60	7. 队伍的积极性	A 知人善用，岗位责任明确，考核严格，赏罚分明，绝大多数教职工心情舒畅，工作积极性高 C 岗位责任明确，有考核和奖惩措施，多数教职工工作积极性高	问卷法 谈话法
	Ⅱ$_7$ 培养与提高 0.40	8. 队伍的提高	A 有培养和提高教职工的规划和计划，重视骨干教师和青年教师的培养，落实措施有力，绝大多数教职工的政治和业务水平有提高 C 有培养和提高教职工的规划和计划，有落实措施，大多数教职工的政治业务水平有提高	
Ⅰ$_4$ 各项工作管理 0.25	Ⅱ$_8$ 政治思想工作 0.30	9. 全方位育人	A 从实际出发，有机会有目的地贯彻《中学德育大纲》《中学生日常行为规范》《小学生日常行为规范》和《中学生守则》《小学生守则》，在各科教学和各项活动中实行教书育人、管理育人、服务育人，形成学校、家庭、社会三结合教育网络，形成良好的校风 C 贯彻执行《中学德育大纲》《中学生日常行为规范》《小学生日常行为规范》和《中学生守则》《小学生守则》，在各科教学和各项活动中全方位育人，注意学校、家庭、社会三结合，基本形成了良好的校风	调查法 观察法 文献资料法
	Ⅱ$_9$ 教学工作 0.35	10. 执行教学计划和教学大纲	A 严格执行教学计划各科教学大纲；贯彻“改进各科教学的意见”，学生课业负担合理；加强教学管理，强调教书育人；绝大多数学生参加课外活动和社会实践；严格学籍管理，流失率、留级率极少 C 执行教学计划各科教学大纲；贯彻“改进各科教学的意见”，学生课业负担基本合理；注意教书育人和教学管理，大多数学生能参加课外活动和社会实践；严格学籍管理，流失率、留级率基本符合要求	观察法 测试法 调查法 听课
	Ⅱ$_{10}$ 体卫工作 0.15	11. 贯彻规定	A 认真贯彻《中学生体育合格标准（试行意见）》《国家体育锻炼标准》和《学校卫生工作条例》《学校体育工作条例》等规定，以及上好体育课、课间操、眼保健操，课外体育锻炼的基本要求，有防治近视眼等多发病的措施 C 贯彻上述的有关规定和基本要求，注意了防治近视眼	观察法 测试法 文献资料法
	Ⅱ$_{11}$ 总务工作 0.20	12. 管理和效益	A 坚持勤俭办学，为教育教学工作服务，校舍、设备、经费等管理妥善，利用合理，办学条件不断改善 C 坚持勤俭办学为教育教学工作服务，校舍、设备、经费等管理基本妥善，利用基本合理	调查法 问卷法
Ⅰ$_5$ 学生质量 0.35	Ⅱ$_{12}$ 在校生质量 0.70	13. 政治思想表现	A 绝大多数学生具有爱祖国、爱人民、爱社会主义、拥护中国共产党和为振兴中华而勤奋学习的思想和行为，绝大多数学生政治课（品德课）成绩优秀 C 多数学生具有爱祖国、爱人民、爱社会主义、拥护中国共产党和为振兴中华而学习的思想和行为，政治课（品德课）成绩及格	测验法 观察法 谈话法 互评 自评
		14. 道德行为习惯	A 绝大多数学生能做到热爱集体，遵纪守法，文明礼貌达到日常行为规范的要求，已经形成了良好的道德行为习惯 C 多数学生能够达到上述要求，正在形成良好的道德行为习惯	
		15. 学习成绩	A 绝大多数学生学习成绩达到各科教学大纲的要求，成绩优良，毕业成绩高于入学成绩 C 绝大多数学生学习成绩达到各科教学大纲的及格水平，成绩优良，毕业成绩不低于入学成绩	

续表 1–29

<table>
<tr><th>一级指标</th><th>二级指标</th><th>评价基准</th><th>等级标度</th><th>评价方法</th></tr>
<tr><td rowspan="5">I_5 学生质量 0.35</td><td rowspan="4">II_{12} 在校生质量 0.70</td><td>16. 基本能力</td><td>A 大多数学生认识能力提高，掌握科学的学习方法，养成学习习惯，能积极思维、独立分析和解决问题，有一定创造精神
C 多数学生认识能力有提高，基本上掌握学习方法，养成学习习惯，能积极思维，有运用知识解决问题的能力</td><td rowspan="4">测验法
观察法
谈话法
互评
自评</td></tr>
<tr><td>17. 体质体能</td><td>A 绝大多数学生威尔维克指数和肺活量指数达到同年龄组优秀水平，体育达标率符合要求，合格率在 90% 以上，已经养成锻炼习惯和讲究个人卫生、环境卫生的良好习惯
C 大多数学生威尔维克指数和肺活量指数达到同年龄组及格水平，体育达标率基本符合要求，合格率在 70% 以上，基本上形成了锻炼习惯和讲究个人卫生、环境卫生的习惯</td></tr>
<tr><td>18. 审美能力</td><td>A 绝大多数学生具有欣赏自然美和艺术美的初步能力，能做到行为美、语言美和仪表美
C 绝大多数学生基本上具有欣赏自然美和艺术美的初步能力，基本上做到行为美、语言美和仪表美</td></tr>
<tr><td>19. 劳动态度和技能</td><td>A 绝大多数学生积极参加劳动，热爱劳动，具有与年龄相应的家务劳动、公益劳动、生产劳动的技能和生活自理能力
C 绝大多数学生热爱劳动、能参加劳动，基本上具有与年龄相应的家务劳动、公益劳动、生产劳动技能和生活自理能力</td></tr>
<tr><td>II_{13} 毕业生质量 0.30</td><td>20. 社会评价</td><td>A 高一级学校和用人单位，对大多数毕业生在政治思想、文化水平和健康等方面的表现评价良好
C 高一级学校和用人单位对多数毕业生在政治思想、文化水平和健康等方面表现评价良好</td><td>问卷调查
追踪调查
定期报表
统计分析</td></tr>
<tr><td>办学效益分析</td><td>以上五项一级指标的评价结果加权之和作为产出（A’），办学条件五项指标评定结果加权之和作为投入（B’），办学效益（K）定为二者之比加办学特色加分（C’）</td><td>$K=\frac{A'}{B'}+C'$</td><td>A　$K \geqslant 1$
B　$1 > K \geqslant 0.8$
C　$0.8 > K \geqslant 0.6$
D　$K < 0.6$</td><td></td></tr>
</table>

表 1–30　　1991 年北京市中小学工作质量综合评价标准（供学校自我评价用）

一级指标	二级指标	评价要素	评价基准	等级标度	评价方法
Ⅰ$_1$ 办学方向目标 0.10	Ⅱ$_1$坚持为社会主义建设服务的方向 0.30	1. 坚持贯彻教育方针，结合实际确定办学目标，制定办学规划和计划	（1）办学规划和计划	A 办学目标明确切合实际，办学规划与计划整合一致，措施有效 C 有办学目标、办学规划和计划，有落实措施	文献资料法收集学校办学规划和学校学年学期工作计划和工作总结
		2. 学校管理目标明确，责任落实到人，实行目标管理	（2）目标管理	A 办学计划的实施、检查、总结、评价等管理过程规范 C 办学计划的实施、检查、总结、评价管理过程基本规范	
	Ⅱ$_2$落实全面发展的培养目标 0.40	3. 以德育为首，以教学为主，德、智、体、美和劳动技术以及课内外、校内外教育活动全面安排	（3）工作安排	A 全面发展的培养目标具体落实，各项教育活动安排合理 C 全面发展的培养目标具体落实，各项教育活动全面安排	
		4. 面向全体学生，各年级兼顾，对各类学生因材施教	（4）面向全体学生	A 各年级各类学生兼顾，因材施教，措施具体有力 C 各年级各类学生兼顾，有因材施教的措施	学校工作安排一览表、课程表、课外活动统计表 教改工作计划等 调查法
	Ⅱ$_3$深化教育改革 0.30	5. 认真学习教育方针政策和教育理论，增强改革意识，积极开展管理体制、教育思想、教育内容和教育方法的改革	（5）改革效果	A 绝大多数教职工参加改革活动，效果明显 C 多数教职工参加改革，有效果	
Ⅰ$_2$ 领导班子制度建设 0.15	Ⅱ$_4$领导自身建设 0.60	6. 校长和领导成员有事业心责任感，实事求是，以身作则，廉洁奉公；政治思想、文化水平、业务能力符合要求，结构合理，有提高的计划和措施	（6）素质与结构	A 领导的政治思想、文化水平、业务能力和年龄等符合要求、结构合理 C 领导政治思想、文化水平、业务能力和年龄结构基本符合要求	文献资料法 问卷调查、各种座谈会、观察法
		7. 校长全面负责，机构健全，领导群体团结协作，善于发扬民主，充分调动各部门，各群众团体的积极性，实行民主管理	（7）民主管理	A 绝大多数教职工对校长负责、民主管理满意 C 绝大多数教职工对校长负责、民主管理基本满意	
	Ⅱ$_5$制度建设 0.40	8. 各项规章制度健全，贯彻落实措施得力，信息反馈、及时，重视档案建设，资料齐全，保管妥善	（8）规章制度	A 规章制度健全，执行严格，行之有效 C 规章制度基本健全，能够执行	查阅各项规章制度、文件档案资料
Ⅰ$_3$ 教职工队伍建设 0.15	Ⅱ 6 任用与管理 0.60	9. 全面了解教职工政治、思想、业务情况，能知人善任，发挥所长，合理使用	（9）教职工反应	A 绝大多数教职工对工作安排满意 C 绝大多数教职工对工作安排基本满意	问卷法 谈话法
		10. 岗位责任明确，考核严格，赏罚分明，广大教职工工作积极性高	（10）管理效果	A 绝大多数教职工积极性得到发挥 C 绝大多数教职工积极性基本得到发挥	
	Ⅱ$_7$培养与提高 0.40	11. 加强教职工思想政治工作，制定培养和提高教职工政治与业务水平的规划和计划，重视中青年骨干教师的培养和政工队伍、后勤队伍的提高	（11）培养效果	A 绝大多数教职工的政治思想水平和业务能力不断提高 C 多数教职工的政治思想水平和业务能力不断提高	

续表 1–30

<table>
<tr><th>一级指标</th><th>二级指标</th><th>评价要素</th><th>评价基准</th><th>等级标度</th><th>评价方法</th></tr>
<tr><td rowspan="8">Ⅰ4
各项工作管理 0.25</td><td rowspan="3">Ⅱ 8 政治思想工作 0.30</td><td>12. 健全学校政治思想工作指挥系统，加强政治思想工作队伍建设，形成专兼职结合，校内外结合的政工队伍</td><td>（12）队伍建设</td><td>A 已经形成了校长、主任、班主任、政治教师、团队干部齐备，校内外专职兼职结合的政工队伍，建立了学校、社会、家庭三结合的教育网络
C 上述政工队伍，三结合教育网络正在形成</td><td rowspan="3">观察法
抽样测验法
听课</td></tr>
<tr><td>13. 改革政治（品德）课教学，针对学生特点开展各种教育活动，寓教育于各科教学和各项活动之中</td><td>（13）全方位育人</td><td>A 各科教学、各项教育活动、课内外校内外全方位育人
C 基本达到上述要求</td></tr>
<tr><td>14，贯彻《中学生日常行为规范》德育大纲、德育纲要等有关规定，创造、美化教育环境，继承优良传统，形成良好校风</td><td>（14）校风</td><td>A 认真贯彻执行“中小学生守则”和“中小学生日常行为规范”“德育大纲”,“品德纲要”，美化教育环境，发扬单位优良传统，形成良好的校风
C 彻底执行“中小学生守则”“中小学生日常行动规范”德育大纲、品德纲要，校风正在形成</td></tr>
<tr><td rowspan="3">Ⅱ 9 教学工作 0.35</td><td>15. 认真执行中小学教学计划和各科教学大纲，加强基础知识和基本训练，培养自学能力、动手能力和创造能力，强调寓教育于教学过程之中</td><td>（15）执行情况</td><td>A 克服困难，严格执行教学计划和教学大纲，各学科注重发展智力培养能力，体现教书育人
C 变更计划和大纲一定经上级领导部门批准，各学科基本注重能力培养和教书育人</td><td rowspan="3">文献资料法
观察法</td></tr>
<tr><td>16. 加强教学管理，合理安排学生课业负担，广泛开展课外活动</td><td>（16）教学管理</td><td>A 教学过程规范，教学效果明显，课业负担合理，绝大多数学生参加课外活动
C 教学过程基本规范，课业负担基本合理，多数学生参加课外活动</td></tr>
<tr><td>17. 加强学籍管理、入学率、巩固率、留级率符合要求</td><td>（17）学籍管理</td><td>A 入学率、巩固率、留级率符合要求
C 入学率、巩固率、留级率某本符合要求</td></tr>
<tr><td rowspan="2">Ⅱ 10 体卫工作 0.15</td><td>18. 贯彻落实《中学生体育合格标准试行意见》《国家体育锻炼标准》和两操一课，课外体育锻炼的基本要求</td><td>（18）贯彻规定</td><td>A 有计划地贯彻落实体育合格标准和体育锻炼标准，大多数学生有锻炼习惯，体育达标率高
C 贯彻执行体育合格标准和体育锻炼标准，多数学生有锻炼习惯，达标率达到平均水平</td><td rowspan="2">文献资料法
观察法</td></tr>
<tr><td>19. 贯彻落实《中小学校卫生工作条例》和卫生保健的规定，养成学生良好的卫生习惯，防治近视眼等</td><td>（19）卫生习惯</td><td>A 绝大多数学生养成讲个人卫生、环境卫生的良好习惯，有防治近视眼措施，近视等发病率低
C 多数学生养成讲究个人卫生、环境卫生的习惯，近视率低</td></tr>
</table>

续表 1–30

一级指标	二级指标	评价要素	评价基准	等级标度	评价方法
$Ⅰ_4$ 各项工作管理 0.25	$Ⅱ_{11}$ 总务工作 0.20	20. 为教育、教学工作和教育改革服务，为师生生活服务的思想明确，提高服务质量	（20）服务思想	A 服务思想明确，态度端正，绝大多数教职工满意 C 服务思想明确，态度端正，绝大多数教职工基本满意	调查法 问卷法
		21. 勤俭办学，妥善管理，合理使用校舍设备、经费，提高效益，不断改善办学条件	（21）管理效果	A 管理妥善，使用合理，充分发挥效益 C 管理基本妥善，使用基本合理，有一定效益	
$Ⅰ_5$ 学生质量 0.35	$Ⅱ_{12}$ 在校生质量 0.70	22. 政治观点正确，具有热爱祖国，热爱人民，热爱社会主义，拥护中国共产党的思想和行为表现	（22）思想表现	A 绝大多数学生政治课（品德课）成绩优良，具有为振兴中华而学习和响应祖国号召的思想和行为 C 绝大多数学生政治课（品德课）成绩及格，多数学生有上述行为表现	测验法 观察法 谈话法 小组互评 自我评价
		23. 热爱集体、团结助人，遵纪守法，讲究公德，文明礼貌，待人诚恳，养成良好的道德行为习惯	（23）道德行为	A 绝大多数学生的行为符合“中小学生日常行为规范”的要求 C 多数学生的行为符合“中小学生日常行为规范”的要求	
		24. 基础知识、基本技能达到各科教学大纲的要求，基本能力不断发展，学习成绩不断提高	（24）学习成绩	A 大多数学生学习成绩优秀，年级毕业成绩高于入学成绩 C 大多数学生学习成绩及格，年级毕业成绩不低于入学成绩	
		25. 掌握科学的学习方法，养成良好的学习习惯，学习中能积极思维，独立思考，具有独立见解和创造精神	（25）学习能力	A 绝大多数学生掌握学习方法养成学习习惯，学习能力较强 C 多数学生掌握学习方法，养成学习习惯，学习能力较强	
		26. 身体发育正常，形态和机能达到体质调查同年龄组的水平，身体基本活动能力强	（26）形态机能	A 绝大多数学生威尔维克指数、肺活量指数达同年龄组优良水平 C 绝大多数学生威尔维克指数肺活量指数达同年龄组及格	
		27. 体育知识和技能达到体育教学大的要求，掌握体育锻炼的方，养成锻炼习惯	（27）体育知识和技能	A 绝大多数学生体育成绩优良，掌握锻炼方法 C 绝大多数学生体育成绩及格	
		28. 掌握音乐、美术、体操等学科有关美的知识和表现美的技能，具有初步的欣赏美的能力，有分辨社会生活中美与丑的能力	（28）审美能力	A 绝大多数学生具有欣赏自然美、艺术美的初步能力，能做到语言美、行为美、仪表美 C 多数学生能欣赏美，做到语言美、行为美和仪表美	
		29. 热爱劳动，参加劳动，尊重劳动人民，珍惜劳动成果，掌握劳动技能和自理能力	（29）劳动态度和技能	A 绝大多数学生自觉参加劳动，具有相应年龄的劳动技能和生活自理能力 C 多数学生能参加劳动，具有相应年龄的劳动技能和生活自理能力	
	$Ⅱ_{13}$ 毕业生质量 0.30	30. 毕业生的思想品德、知识能力和身体健康适应高一级学校和用人单位的情况	（30）社会评价	A 高一级学校和用人单位对绝大多数毕业生评价良好 C 高一级学校和用人单位对多数毕业生评价良好	问卷调查 定期追踪调查，统计分析

续表 1-30

一级指标	二级指标	评价要素	评价基准	等级标度	评价方法
办学效益分析		以上五项一级指标的评价结果加权之和作为产出（A'），办学条件五项指标评定结果加权之和作为投入（B'），办学效益定为二者之比加办学特色加分（C'）	$K=\frac{A'}{B'}+C'$	A　K ≥ 1 B　1 > K ≥ 0.8 C　0.8 > K ≥ 0.6 D　K < 0.6	

说明：
1. 等级标度共设 A、B、C、D 四个等级，本评价标准只对 A、C 两个等级标度作具体表述，B、D 等级可参照 A、C 来确定；
2. 办学效益一项中提到的办学条件的五项指标是指校舍（0.15）、设备（0.15）、经费（0.15）、师资（0.35）、生源（0.20）；
3. 等级标度中模糊量词的内涵界定：绝大多数指 90% 以上，大多数指 89% ~ 75%，多数指 74% ~ 60%，少数指 59% 以下；绝大部分达到指到达程度为 90% 以上，大部分达到指 89% ~ 75%，基本达到指 74% ~ 60%，未达到指 59% 以下；
4. 办学特色加分采用按评定等级赋值的办法确定分值。办学特色 A 等，可加评价结果满分值的 7%，B 等加 5%，C 等加 3%，D 等加 2%

1993 年 2 月，市教育局修订印发《北京市普通中学教育质量综合评价方案（试行）》和《北京市小学教育质量综合评价方案（试行）》：从 1993 年起在全市中小学校建立每学年自我评价和三年至五年一轮督导评价相结合的学校评价制度。采用定性和定量相结合的方法，增设评价等级标准和权重量表，从办学方向和目标、领导班子和制度建设、教师和职工队伍建设、各项工作管理、学生质量、办学效益六个方面评价中小学学校教育质量，包括学校管理工作质量和学生群体质量，评价等级分为优、良、及格、不及格四级。学校每学年结合诊断性评价、形成性评价和总结性评价做出学校自我评价，教育督导部门和教育行政部门定期对学校进行督导评价。同年，市教育局实施《北京市中小学艺术教育工作评价方案》。1994 年 6 月，市教育局印发《北京市中小学校教育质量自我评估工作程序（试行）》，从准备、实施和总结实施中小学自我评价。同年 12 月，市督学室印发《北京市中小学校教育质量综合督导评价工作程序（试行）》。至 1996 年，全市有 18 个区县 1703 所中小学校开展每年一次的学校自我评价，有 17 个区县 1013 所中小学校开展综合督导评价。

1995 年 9 月，市教育局转发 1995 年 7 月国家教委颁发的《关于评估验收 1000 所左右示范性普通高级中学的通知》，2000 年以前在全国分期分批建设并评估验收 1000 所左右示范性普通高级中学。同时，国家教委印发《示范性普通高级中学评估验收标准（试行）》：①有较长办学历史，在省（自治区、直辖市）内、外有较高声誉的普通高级中学。②在加强德育工作、教育教学改革、教育科学研究、学校管理、勤工俭学等方面起示范性作用；在师资培训，设备使用等方面发挥基地作用。③学校高中班数一般不低于18个，每班学生不超过50人。④校园占地面积，城市学校一般每生不少于25平方米，农村学校一般每生不少于30平方米。校舍建筑面积，城市学校一般每生不少于10平方米，农村学校一般每生不少于12平方米（不含教职工家属住房）。⑤有保证学生一人一组或二人一组进行实验操作的条件。教师的演示实验与学生的分组实验开出率为100%。有微机室、语音室和电教室。⑥教师资料室和学生阅览室座位分别按不低于教师总数的40%和学生总数的20%设置。藏书量为每生50册以上，报刊种类达到150种以上，工具书、教学参考书种类达到300种以上。⑦城市市区学校有300米环形跑道，市郊、县城和农村学校有400米标准环形跑道。⑧学校卫生室器械与设备，要达到国家教育委员会规定的Ⅰ档配备标准。⑨校园生均绿地面积达到1平方米以上。⑩学校领导具有大学本科以上学历（包括同等学力）或具有中级以上职称。⑪学校实行校长负责制。⑫具有中级以上职称的教师占教师总数的70%以上，其中高级教师占教师总数的30%以上；部分教师应当是省内有影响的教学骨干。⑬有教育实验项目，并取得有一定影响的科研成果。教育质量在当地居领先地位。⑭学校内外有开展勤工俭学、劳动锻炼的基地。

1997年6月，市政府办公厅转发市教委《关于进一步推进中小学素质教育的实施意见》，要求完善对区县政府和教育行政部门、中小学校实施素质教育的分级督导评价制度。同年7月，市教委修订1993年《北京市普通中学教育质量综合评价方案（试行）》和《北京市小学教育质量综合评价方案（试行）》，印发《北京市区县政府巩固“两基”，落实“两全”，全面实施素质教育评价方案（试行）》《北京市区县教委（教育局）全面贯彻教育方针，全面实施素质教育评价方案（试行）》和《北京市普通中学教育质量综合评价方案（试行）》（修订）、《北京市小学教育质量综合评价方案（试行）》（修订）（简称《三个评价方案》），体现北京市实施素质教育要求，设置附加指标，明确区县政府、区县教委（教育局）、中小学校三个层次实施素质教育的各自职责和相互联系，构成区域性素质教育督导评价体系。要求区县政府、区县教委（教育局）和中小学校每年进行一次自我评价，每2年至3年由市政府教育督导室、市教委对区县政府、区县教委（教育局），由区县政府教育督导室（督学室）、区县教委（教育局）对所辖中小学校，分别进行一轮终结性督导评价。同年9月，全市开始全面实施《三个评价方案》。1998年3月，市教委、市政府教育督导室印发《北京市区县政府、教委（教育局）普通中学、小学全面实施素质教育评价工作程序（试行）》，提出从准备、实施和总结3个步骤实施自我评价，从计划准备、调查分析、结果处理3个步骤实施督导评价的评价程序。1997年至2000年年底，市、区政府督导室在各区县和学校自我评价基础上，完成对18个区县政府、教委和完小以上的3106所中小学第一轮督导评价。

2002年6月，市教委、市政府教育督导室修订《三个评价方案》，印发《北京市区县政府教委普通中小学全面实施素质教育评价方案（修订·试行）》（简称《三个评价方案（修订·试行）》）。修订后，评价指标体系体现"区县政府、教委、中小学三位一体""基础教育、职业教育、成人教育三教统督""督政"与"督学"相结合。方案由规范性与发展性两部分指标组成，发展性指标由被评价者自行制定三级指标和评价要素，体现个性要求。2002年至2005年年底，北京市完成对区县政府、教委和939所中小学校（含民办学校）第二轮全面实施素质教育督导评价。

2008年4月，市教委、市政府教育督导室修订2002年《三个评价方案（修订·试行）》，印发《北京市区县政府、教委、中小学校、幼儿园全面实施素质教育评价方案（试行）》。修订内容如下：①增加《北京市中等职业学校全面实施素质教育评价指标体系》和《北京市幼儿园全面实施素质教育评价指标体系》；②将《北京市区县教委教育行政管理工作评价指标体系》设置于《北京市区县政府教育工作评价指标体系》之中，减少指标体系交叉和重复评价；③增加教育优先、义务教育优质均衡发展、高中课改、建设学习型城市等新内容，纳入指标体系；④将规范性评价指标与发展性评价指标结合。区县政府、教委、学校综合督导评价实施办法是：区县政府、教委、学校运用诊断性、形成性和终结性评价进行自我评价，在自评基础上，市政府教育督导室会同市教委每五年对区县政府、教委进行一次综合督导评价，区县政府教育督导室会同区县教委每三年至四年对学校进行一轮综合督导评价。自我评价和督导评价均定性与定量评价相结合，评价等级分为A、B、C、D四级，基本标准是：A.各项要求全面落实，成效显著；B.各项要求全面落实，成效较好；C.各项要求基本落实，成效一般；D.各项要求未全面落实，有缺项（见表1–31至表1–33）。

表 1-31　　2008 年北京市区县政府教育工作评价指标体系表

一级指标	二级指标	三级指标	分值	评价等级			
				A	B	C	D
一 领导职责 14分	（一） 教育地位 （5分）	1. 全面贯彻教育方针，全面推进素质教育，把教育纳入区域经济社会发展的重点领域，列入政府重要议事日程，建立教育科学发展的决策机制	2	2.0~1.8	1.79~1.50	1.49~1.20	1.19~0
		2. 在制定本地区经济和社会发展规划及年度计划．安排年度财政预算、规划城市建设及基建年度计划、配备干部和改善职工待遇时，实行教育优先，为教育办实事	2	2.0~1.8	1.79~1.50	1.49~1.20	1.19~0
		3. 立足本区县实际，适应经济和社会发展需要，制定教育发展规划，推进各类教育协调持续发展；促进义务教育优质均衡发展、职业教育大力发展、建设学习型区县	1	1.0~0.90	0.89~0.75	0.74~0.60	0.59~0
	（二） 制度保障 （9分）	4. 明确政府及有关委办局、街道办事处和乡镇政府实施素质教育的职责，落实教育法律法规执行情况督导检查工作要求	2	2.0~1.8	1.79~1.50	1.49~1.20	1.19~0
		5. 把履行实施素质教育职责情况纳入对有关部门主要领导年度考核内容；将有关部门履行实施素质教育职责情况列入对相关部门效能监察的范围	2	2.0~1.8	1.79~1.50	1.49~1.20	1.19~0
		6. 建立和完善实施素质教育先进集体和个人表彰奖励制度；不以任何方式下达升学指标，不以升学率作为评价教育部门与学校工作的唯一标准	1	1.0~0.90	0.89~0.75	0.74~0.60	0.59~0
		7. 建立和完善区县主要领导联系学校制度，帮助学校解决实际问题	1	1.0~0.90	0.89~0.75	0.74~0.60	0.59~0
		8. 建立和完善职业教育局际联席会制度，统筹协调本地区职业教育发展	1	1.0~0.90	0.89~0.75	0.74~0.60	0.59~0
		9. 建立和完善治理教育乱收费局际联席会制度，执行有关规范教育收费的各项要求	1	1.0~0.90	0.89~0.75	0.74~0.60	0.59~0
		10. 建立健全教育经费审计监督和义务教育经费统计公告制度	1	1.0~0.90	0.89~0.75	0.74~0.60	0.59~0
二 经费投入 12分	（三） 经费保障 （6分）	11. 依法保障教育投入，做到“三个增长”和“一个提高”	3	3~2.70	2.69~2.25	2.24~1.8	1.79~0
		12. 依法足额征收教育费附加，并由教育行政部门统筹管理教育费附加主要用于实施义务教育，合理用于学前教育、普通高中教育，并按国家规定的比例安排用于职业教育、成人教育和社区教育等	1	1.0~0.90	0.89~0.75	0.74~0.60	0.59~0
		13. 依法保障教职工的工资和医疗、保险等福利待遇	2	2.0~1.8	1.79~1.50	1.49~1.20	1.19~0
	（四） 经费管理 （6分）	14. 建立教育经费保障机制，教育经费和义务教育经费在财政预算中单列，义务教育全面纳入财政保障范围，均衡安排义务教育经费；落实市颁公用经费定额标准	4	4.0~3.6	3.59~3.0	2.9~2.4	2.39~0
		15. 按时拨付专项资金，无截留、挤占和挪用现象，保证其使用效益	1	1.0~0.90	0.89~0.75	0.74~0.60	0.59~0
		16. 依法鼓励社会各界人士捐资助学，建立贫困家庭子女和弱势群体教育资助制度；落实本市有关“两免一补”的政策	1	1.0~0.90	0.89~0.75	0.74~0.60	0.59~0

续表 1–31

一级指标	二级指标	三级指标	分值	评价标准			
				A	B	C	D
三 办学条件 15分	（五） 教育资源配置 （11分）	17. 按国家有关规定，制定学校（幼儿园）设置规划，合理调整教育结构和学校规模及布局；新建居民区教育配套设施应当与住宅建设同步进行，同期交付使用；加强校外教育基地和职教实训实习基地建设	4	4.0~3.6	3.59~3.0	2.9~2.4	2.39~0
		18. 按国家规定的办学条件标准设置和建设学校，推进各类学校（园所）办学条件达到市颁标准	4	4.0~3.6	3.59~3.0	2.9~2.4	2.39~0
		19. 执行学校和教育机构人员编制标准，研究和制定相关政策，指导教育系统深化干部和教师人事制度改革，促进教育系统干部队伍和教师队伍建设	3	3~2.70	2.69~2.25	2.24~1.8	1.79~0
	（六） 教育环境 （4分）	20. 协调相关部门，推进学校、家庭、社会三结合教育，发挥社区在实施素质教育中的作用，为学生健康成长创造良好的社会环境	2	2.0~1.8	1.79~1.50	1.49~1.20	1.19~0
		21. 组织相关单位建立联席会制度，加强学校、托幼园所、校外教育机构等周边安全管理；定期对学校校舍安全进行检查，并及时维修改造，保障师生安全	2	2.0~1.8	1.79~1.50	1.49~1.20	1.19~0
四 教育管理 39分	（七） 教育行政 （30分）	22. 计划管理与依法行政	5.4	5.4~4.86	4.85~4.05	4.04~3.24	3.23~0
		23. 队伍管理	8.1	8.1~7.29	7.28~6.08	6.07~4.86	4.85~0
		24. 财物管理	4.5	4.5~4.05	4.04~3.38	3.37~2.70	2.69~0
		25. 教育教学管理	10.5	10.5~9.45	9.44~7.88	7.87~6.30	6.29~0
		26. 安全管理	1.5	1.5~1.35	1.34~1.13	1.12~0.90	0.89~0
	（八） 教育督导 （9分）	27. 依法加强教育督导制度建设，立足本区县实际，根据教育规模和学生人数配置教育督导人员，保证教育督导经费	2	2.0~1.8	1.79~1.50	1.49~1.20	1.19~0
		28. 制定教育督导规划，健全教育督导评价工作制度，加强教育督导人员培训，开展教育督导研究和调研工作；区县政府定期听取教育督导室工作汇报	2	2.0~1.8	1.79~1.50	1.49~1.20	1.19~0
		29. 落实教育法律法规执行情况督导检查职责，加强对街道办事处、乡镇政府、相关委办局和学校等督导对象自评工作指导，按计划推进督政和督学工作，增强教育督导的针对性和实效性	4	4.0~3.6	3.59~3.0	2.9~2.4	2.39~0
		30. 建立健全义务教育督导结果公布制度	1	1.0~0.90	0.89~0.75	0.74~0.60	0.59~0

续表 1–31

一级指标	二级指标	三级指标	分值	评价标准			
				A	B	C	D
五 教育发展 20分	（九）发展水平（16分）	31. 义务教育阶段学校的办学条件、干部师资队伍水平等方面明显提高；区域内义务教育均衡发展程度有明显改善	4	4.0~3.6	3.59~3.0	2.9~2.4	2.39~0
		32. 义务教育阶段适龄儿童入学率、巩固率、合格率等达到市颁标准；妥善解决残疾儿童少年和外来人口适龄儿童少年接受九年义务教育；依据政策解决有关教育的热点、难点问题并取得成效	4	4.0~3.6	3.59~3.0	2.9~2.4	2.39~0
		33. 各类教育的受教育者素质明显提高，学生、家长认可，社会满意度高	4	4.0~3.6	3.59~3.0	2.9~2.4	2.39~0
		34. 完成本区县教育发展规划确定的阶段性目标，各级各类教育协调发展，为经济社会发展做出贡献	4	4.0~3.6	3.59~3.0	2.9~2.4	2.39~0
	（十）区域特色（4分）	35. 立足本地实际，创造出在本市乃至全国具有一定影响的先进经验，并得到上级的肯定与表扬	2	2.0~1.8	1.79~1.50	1.49~1.20	1.19~0
		36. 教育工作某些方面有本区县特点，得到系统内和相关部门的认可	1	1.0~0.90	0.89~0.75	0.74~0.60	0.59~0
		37. 在教育发展过程中，本区县教育的传统优势、特色得到持续稳定发挥和展现，效果显著	1	1.0~0.90	0.89~0.75	0.74~0.60	0.59~0

表 1–32　2008 年北京市区县教委教育行政管理工作评价指标体系

一级指标	二级指标	三级指标	分值	评价等级			
				A	B	C	D
一 计划管理与依法行政 18分	（一）计划制定和执行（5分）	1. 依据有关教育法律法规、教育方针、实施素质教育要求和本区县教育发展规划，制定教育工作年度计划。各类教育的工作重点突出，目标明确，措施具体，相关领导和干部知晓率高	3	3.0~2.70	2.69~2.25	2.24~1.8	1.79~0
		2. 执行计划分工明确，责任落实；建立计划执行情况的检查、总结制度，并纳入机关考核和效能监察范围	2	2.0~1.80	1.79~1.50	1.49~1.20	1.19~0
	（二）落实教育法律法规（13分）	3. 依据法律法规和政策等相关要求，建立依法行政的相关制度。落实国家普法要求	2	2.0~1.80	1.79~1.50	1.49~1.20	1.19~0
		4. 依据有关法律法规，维护学生、教师、学校的合法权益	2	2.0~1.80	1.79~1.50	1.49~1.20	1.19~0
		5. 贯彻执行《义务教育法》有关规定，确保辖区内适龄儿童、少年入学；落实义务教育阶段不设重点校、不改变或变相改变公办学校性质等法规要求	2	2.0~1.80	1.79~1.50	1.49~1.20	1.19~0
		6. 按法律法规政策规定和程序要求进行行政审批，并对相关工作进行有效的管理和指导	2	2.0~1.80	1.79~1.50	1.49~1.20	1.19~0
		7. 落实有关教育收费政策、招生政策和师德规范要求等，及时纠正各种违法、违规行为	2	2.0~1.80	1.79~1.50	1.49~1.20	1.19~0
		8. 按照教育法律法规执行情况督导检查要求，落实各项工作；指导学校依法办学，促进学校规范管理和科学发展	3	3.0~2.70	2.69~2.25	2.24~1.8	1.79~0

续表 1–32

一级指标	二级指标	三级指标	分值	评价等级 A	B	C	D
二 队伍管理 27分	（三）干部队伍管理（10分）	9. 指导学校贯彻落实北京市有关学校管理“三个工作意见”的要求，完善对学校领导考核和激励机制，不以升学率和考试成绩作为奖励、评价校长唯一标准	3	3.0~2.70	2.69~2.25	2.24~1.8	1.79~0
		10. 重视青年干部和后备干部的培养，措施具体，取得实效	2	2.0~1.80	1.79~1.50	1.49~1.20	1.19~0
		11. 制定干训计划，主题明确，针对性和实效性强，干部队伍整体素质及管理水平得到提高，学校反映良好	3	3.0~2.70	2.69~2.25	2.24~1.80	1.79~0
		12. 干训部门人员、场地、设备、经费等满足需要	2	2.0~1.80	1.79~1.50	1.49~1.20	1.19~0
	（四）教师队伍管理（17分）	13. 落实教师资格和教师继续教育等制度	2	2.0~1.80	1.79~1.50	1.49~1.20	1.19~0
		14. 加强教师职业道德建设，引导教师树立正确的教育观念；加强教育教学基本功培训，推进校（园）本研修，不断提高业务素质和施教能力，促进教师专业化发展	3	3.0~2.70	2.69~2.25	2.24~1.80	1.79~0
		15. 均衡配置义务教育学校师资力量，制定政策，鼓励优秀教师支援薄弱学校；建立区域内优秀教师资源共享的机制	3	3.0~2.70	2.69~2.25	2.24~1.80	1.79~0
		16. 重视青年教师、骨干教师队伍的培养，为青年教师和骨干教师成长搭建平台；制定培养选拔和考核管理的制度；不断提高骨干教师比例和水平，形成结构合理、相对稳定的骨干教师梯队	3	3.0~2.70	2.69~2.25	2.24~1.80	1.79~0
		17. 创造条件鼓励职业教育专业教师到企业或生产、服务一线实践，促进专业素质不断提高，“双师型”教师比例和水平逐步提高	3	3.0~2.70	2.69~2.25	2.24~1.80	1.79~0
		18. 建立和完善教师考核评价制度；形成奖励表彰先进机制，注意总结经验，树立先进典型，推动全局	3	3.0~2.70	2.69~2.25	2.24~1.80	1.79~0
三 财物管理 15分	（五）教育经费管理（7分）	19. 科学编制教育经费预算，落实各项经费管理要求，保障教育工作正常运转；重点项目专项资金有保证，经费使用效益高	4	4.0~3.60	3.59~3.0	2.99~2.40	2.39~0
		20. 依据有关要求,科学合理使用教育费附加，保证转移支付资金专款专用和投资效益；严格执行各项财经纪律	3	3.0~2.70	2.69~2.25	2.24~1.8	1.79~0
	（六）教育资源管理（8分）	21. 按市颁办学条件标准，制定学校办学条件达标的年度计划，并能如期落实；整合硬件资源配置，推进区域内教育资源共享	3	3.0~2.70	2.69~2.25	2.24~1.80	1.79~0
		22. 加强德育、综合实践活动、通用技术、国防教育、职教实训等基地的建设和管理，满足需要，利用率高	2	2.0~1.80	1.79~1.50	1.49~1.20	1.19~0
		23. 加强信息中心和卫生健康、校外、房管、装备等教育机构的建设和管理，为教育发展服务	3	3.0~2.70	2.69~2.25	2.24~1.80	1.79~0

续表 1–32

一级指标	二级指标	三级指标	分值	评价等级			
				A	B	C	D
四 教育教学管理 35分	（七）德育工作（13分）	24. 贯彻《中共中央国务院关于加强未成年人思想道德建设的若干意见》和市委、市政府要求，结合实际制定本区县加强德育工作的实施方案	3	3.0~2.70	2.69~2.25	2.24~1.80	1.79~0
		25. 德育工作系统健全，思路清晰，目标明确，发挥共青团、少先队组织的积极作用；指导学校贴近学生实际，进行养成教育，开展法制教育、国防教育、礼仪教育等专题教育活动，增强德育工作的主动性、针对性和实效性	4	4.0~3.60	3.59~3.0	2.99~2.40	2.39~0
		26. 加强德育队伍建设，坚持全员育人、全过程育人，结合课程改革和综合实践活动，发挥课堂育德主渠道的作用	3	3.0~2.70	2.69~2.25	2.24~1.80	1.79~0
		27. 加强校园文化建设，推进心理健康教育；发挥校外教育机构的作用；构建学校、家庭、社会三结合的教育网络，营造良好的教育氛围	3	3.0~2.70	2.69~2.25	2.24~1.80	1.79~0
	（八）教学工作（16分）	28. 督促学校严格执行课程计划和课程标准，保证开齐课程、开足课时，无随意增减课时现象，减轻学生课业负担	3	3.0~2.70	2.69~2.25	2.24~1.80	1.79~0
		29. 推进课程教材和教学改革，加强地方课程、校（园）本课程资源建设，促进信息技术与学科教学整合，探索培养学生创新能力和实践能力的途径、方法，取得良好效果	4	4.0~3.60	3.59~3.0	2.99~2.40	2.39~0
		30. 开展课堂教学评价工作，建立并完善教学质量监控机制，运行良好、有效	3	3.0~2.70	2.69~2.25	2.24~1.80	1.79~0
		31. 按照《中共中央国务院关于加强青少年体育增强青少年体质的意见》，督促指导学校落实体育课时和课外体育活动等要求，切实保证学生每天不少于一小时体育活动时间	3	3.0~2.70	2.69~2.25	2.24~1.80	1.79~0
		32. 指导学校深化职业教育的教学改革，加强专业及教材建设，学历教育与职业培训并重，强化学生实践能力和职业技能的培养	3	3.0~2.70	2.69~2.25	2.24~1.80	1.79~0
	（九）教研科研工作（6分）	33. 加强教研机构建设，不断充实和加强教研员队伍建设，教研工作对学校教学指导作用成效明显，基层单位反映良好	3	3.0~2.70	2.69~2.25	2.24~1.80	1.79~0
		34. 坚持以教育科研为先导，健全教育科研机构，确立符合本区县实际的研究课题，开展科研活动，取得科研成果，并能推动本地区教育改革与发展	3	3.0~2.70	2.69~2.25	2.24~1.80	1.79~0
五 安全管理 5分	（十）安全工作（5分）	35. 严格执行有关安全工作的规定，建立健全规章制度；制定各种突发事件的应急预案，并适时修订，保证运行有效	2	2.0~1.80	1.79~1.50	1.49~1.20	1.19~0
		36. 安全工作机构健全，职责明确，管理严格，检查到位，重点防范，无重大安全责任事故	3	3.0~2.70	2.69~2.25	2.24~1.80	1.79~0

说明："三个工作意见"指北京市委组织部、市教育工委、市教委和市教育工会2004年4月5日联合印发的《北京市中小学党支部（总支）工作意见》《北京市中小学校长工作意见》《北京市中小学教职工代表大会工作意见》

表 1-33　　2008 年北京市普通中小学校全面实施素质教育评价指标体系

一级指标	二级指标	三级指标	分值	评价等级			
				A	B	C	D
一 发展规划 4 分	（一） 规划与年度计划 （4 分）	1. 依据教育法律法规、方针政策和素质教育的要求，制定学校发展规划，基础分析符合实际，办学目标明确，思路清晰；提出实施方案及年度目标；教职工按规定程序参与规划制定	2	2.0~1.80	1.79~1.5	1.49~1.2	1.19~0
		2. 年度工作计划阶段性目标清楚，工作重点突出，责任分解明确，保障措施得力，可操作性和可检测性强；教职工知晓率高	2	2.0~1.80	1.79~1.5	1.49~1.2	1.19~0
二 队伍建设 19 分	（二） 干部队伍建设 （10 分）	3. 学校领导体制健全，领导班子年龄、专业结构合理，分工明确，团结协作；落实有关学校管理体制“三个工作意见”，学校党支部发挥政治核心作用，校长对学校的教育教学和行政管理工作全面负责，统一领导，教代会参与民主管理和民主监督，工作程序规范	2	2.0~1.80	1.79~1.5	1.49~1.2	1.19~0
		4. 领导班子管理制度健全；理论中心组学习、行政工作例会、民主生活会、“三重一大”决策、干部述职考核等有关干部队伍建设的制度落实到位	2	2.0~1.80	1.79~1.5	1.49~1.2	1.19~0
		5. 领导班子成员注意提高自身业务素质和管理水平，作风民主，深入实际，指导教师工作，关注教师身体和心理健康，教职工满意度高	2	2.0~1.80	1.79~1.5	1.49~1.2	1.19~0
		6. 干部依法履行工作职责，以身作则，廉洁勤政，做到令行禁止，无违法违纪行为	2	2.0~1.80	1.79~1.5	1.49~1.2	1.19~0
		7. 重视青年干部和后备干部的培养，有重点培养目标和培养计划，注重在工作实践中锻炼和考察青年干部、后备干部，并取得实效	2	2.0~1.80	1.79~1.5	1.49~1.2	1.19~0
	（三） 教师队伍建设 （9 分）	8. 根据教学工作需要合理配备教师，教师学历达标，教育教学能力和水平满足教学要求，年龄、专业和职称结构合理	1	1.0~0.90	0.89~0.75	0.74~0.6	0.59~0
		9. 加强教师职业道德教育，规范教师的教育教学行为，在教育教学过程中尊重学生人格，有本校的师德先进典型，无体罚和变相体罚学生现象；教职工无品行不良和违法违纪行为	2	2.0~1.80	1.79~1.5	1.49~1.2	1.19~0

续表 1-33

一级指标	二级指标	三级指标	分值	评价等级			
				A	B	C	D
二 队伍建设 19分	（三） 教师队伍建设 （9分）	10. 根据教学改革和课程改革的要求，加强教师教育教学基本功训练，通过校本研修、校本课程开发、教育科研和课堂教学研究等活动，引导教师树立正确的教育观念，不断提高教师队伍整体素质和能力，促进教师专业化发展，并取得实效	2	2.0~1.80	1.79~1.50	1.49~1.2	1.19~0
		11. 学校保证教师继续教育，有计划，有措施，落实到位；建立和完善教师业务档案，研究和探索教师发展性评价工作，促进教师自主发展，取得实效	2	2.0~1.80	1.79~1.50	1.49~1.2	1.19~0
		12. 重视青年教师和骨干教师的培养，制定培训计划，明确培训目标，组织培训活动，聘请指导教师，落实工作要求，为青年教师和骨干教师发展搭建平台，形成骨干教师梯队，并发挥作用	2	2.0~1.80	1.79~1.50	1.49~1.2	1.19~0
三 各项工作管理 49分	（四） 行政工作 （11分）	13. 坚持依法治校，建立健全学校章程和各项管理制度，岗位职责明确，日常管理有序	2	2.0~1.80	1.79~1.50	1.49~1.2	1.19~0
		14. 依据有关政策和公平、公正、公开原则，进一步落实和完善教师聘任制、岗位合同制等，不断深化人事制度改革	1	1.0~0.90	0.89~0.75	0.74~0.6	0.59~0
		15. 义务教育阶段学校不设重点班和非重点班，接收具有接受普通教育能力的残疾适龄儿童少年随班就读	1	1.0~0.90	0.89~0.75	0.74~0.6	0.59~0
		16. 学校实行表彰奖励制度，不以学生的考试成绩和升学率作为对教师表彰奖励的唯一依据	1	1.0~0.90	0.89~0.75	0.74~0.6	0.59~0
		17. 依据有关规定，建立和完善学生学籍管理制度，严格控制学生辍学，义务教育阶段无开除学生现象	1	1.0~0.90	0.89~0.75	0.74~0.6	0.59~0
		18. 加强教育经费的使用监督，做到专款专用，厉行节约，提高效益；严格执行学校收费管理程序，无违反财经纪律和教育乱收费现象；无向学生推销或变相推销商品、服务等方式谋取利益的现象	2	2.0~1.80	1.79~1.50	1.49~1.2	1.19~0
		19. 教育教学设施设备管理制度健全，专人负责，账物相符，使用保管妥善，利用率高	1	1.0~0.90	0.89~0.75	0.74~0.6	0.59~0
		20. 确立以人为本的管理理念，加强校园文化建设，注重校园绿化、美化，形成具有本校特点的人文环境，学风、教风、校风良好，得到学生、教师和家长的好评	2	2.0~1.80	1.79~1.50	1.49~1.2	1.19~0

续表 1–33

一级指标	二级指标	三级指标	分值	评价等级			
				A	B	C	D
三 各项工作管理 49 分	（五） 德育工作 （10 分）	21. 贯彻《中共中央国务院关于加强未成年人思想道德建设的若干意见》和市、区有关德育工作要求，学校德育管理系统健全、职责明确、指挥畅通，德育有时间和经费保证；德育计划符合实际、目标明确，体现本校特点	2	2.0~1.80	1.79~1.50	1.49~1.2	1.19~0
		22. 坚持全员育人，发挥共青团、少先队、学生会和班主任的作用；定期召开班主任工作例会和德育工作会议，引导教师树立正确的德育观念	2	2.0~1.80	1.79~1.50	1.49~1.2	1.19~0
		23. 坚持全过程育人，挖掘、利用各种德育资源，根据学生特点，贴近学生实际，有计划地进行养成教育，开展爱国主义教育、革命传统教育、法制教育、礼仪教育等主题教育活动，德育工作的主动性、针对性和实效性突出，学生反映良好；结合教学改革和课程教材改革，充分发挥课堂教学育德的主渠道功能	2	2.0~1.80	1.79~1.50	1.49~1.2	1.19~0
		24. 落实学生综合素质评价工作，认真填写学生综合素质评价手册；建立和完善家长学校，构建学校、家庭、社会三结合教育网络，社区和家长反映良好	2	2.0~1.80	1.79~1.50	1.49~1.2	1.19~0
		25. 创造条件，配备专（兼）职心理健康教育教师；设立心理健康咨询室，开展心理健康教育辅导活动	2	2.0~1.80	1.79~1.50	1.49~1.2	1.19~0
	（六） 教学工作 （17 分）	26. 教学管理系统健全、指挥畅通、职责明确、管理到位；教研组、备课组的教研活动做到时间、地点、内容、人员“四落实”；针对本校教学实际，开展研究课、观摩课等课堂教学研究工作，校本教研的针对性和实效性强	3	3.0~2.70	2.69~2.25	2.24~1.8	1.79~0
		27. 校长及主管教学领导的主要精力用于教学，并深入实际指导教学工作；校长每学期听课不少于 40 节，主管教学领导听课不少于 60 节	2	2.0~1.80	1.79~1.50	1.49~1.2	1.19~0

续表 1–33

一级指标	二级指标	三级指标	分值	评价等级			
				A	B	C	D
三 各项工作管理 49分	（六）教学工作（17分）	28. 严格执行国家课程计划，开齐课程，开足课时，无随意增减现象；按规定要求选用教科书及教辅资料；采取措施切实减轻学生课业负担；学校活动以普通话为基本用语，以规范汉字为基本用字	2	2.0~1.80	1.79~1.50	1.49~1.2	1.19~0
		29. 深化课程教材改革和课堂教学改革，开发具有本校特点的校本课程，推进课堂教学与信息技术手段的整合，积极探索培养学生创新和实践能力的有效途径、方法，课堂教学质量和效益明显	4	4.0~3.60	3.59~3.0	2.99~2.4	2.39~0
		30. 按照课程方案要求，挖掘资源，组织学生参加综合实践等活动，不断提高综合实践活动的质量，内容、形式体现本校特点，学生反映良好	2	2.0~1.80	1.79~1.50	1.49~1.2	1.19~0
		31. 建立和完善课堂教学评价、教学常规检查等教学质量监控制度，教学秩序良好，定期召开教学工作会议，促进教学质量提高，推动学校整体教学工作	2	2.0~1.80	1.79~1.50	1.49~1.2	1.19~0
		32. 建立和完善学校教育科研部门，针对本校实际，确定不同层次的科研课题，按计划组织研究活动，取得成果并在一定范围内推广	2	2.0~1.80	1.79~1.50	1.49~1.2	1.19~0
	（七）体育美育卫生健康教育（9分）	33. 贯彻《中共中央国务院关于加强青少年体育增强青少年体质的意见》要求，落实“学校体育工作条例”，制定学校体育工作制度，举办学校运动会，组织各种形式的体育竞赛活动	2	2.0~1.80	1.79~1.50	1.49~1.2	1.19~0
		34. 按时间和质量要求做好“两操”，开展课外体育活动，确保学生每天不少于1小时体育活动时间，学生养成良好的体育锻炼习惯	2	2.0~1.80	1.79~1.50	1.49~1.2	1.19~0
		35. 落实“学校卫生工作条例”，培养学生良好卫生习惯，做好学生常见病、传染病的防控及预防接种等工作，学校卫生管理符合要求，关注营养过剩和营养不良儿童少年的成长	1	1.0~0.90	0.89~0.75	0.74~0.6	0.59~0
		36. 学生《国家学生体质健康标准》达标测试记录、年度体检记录和《学生健康档案》规范、完整、准确	2	2.0~1.80	1.79~1.50	1.49~1.2	1.19~0

续表 1–33

一级指标	二级指标	三级指标	分值	评价等级			
				A	B	C	D
	（七）体育美育卫生健康教育（9分）	37. 依据有关规定，开展课内外、校内外相结合的美育、科技教育活动，培养学生健康的审美情趣、科学态度和创新精神	2	2.0~1.80	1.79~1.50	1.49~1.2	1.19~0
	（八）安全工作（2分）	38. 执行有关安全规定，建立健全安全责任制度和应急机制；加强日常安全管理，及时消除隐患；对学生进行安全教育，增强学生自我保护能力；无重大安全责任事故发生	2	2.0~1.80	1.79~1.50	1.49~1.2	1.19~0
四发展绩效 28分	（九）学生质量（20分）	39. 学生行为习惯符合北京市中、小学生规范要求；学生中无酗酒、吸烟、吸毒现象，小学在校生无违法犯罪现象，中学在校生违法犯罪率低于 1‰	5	5.0~4.50	4.49~3.75	3.74~3.0	2.29~0
		40. 学生学习态度端正，具有良好学习习惯，独立思考、创新能力和实践能力有所提高，学科学习质量达到课程标准要求；学生年级整体学业成绩在稳定的基础上有所提高	5	5.0~4.50	4.49~3.75	3.74~3.0	2.29~0
		41. 义务教育阶段的巩固率、毕业合格率等均符合要求	4	4.0~3.60	3.59~3.0	2.99~2.4	2.39~0
		42. 学生体质健康整体水平达到《国家学生体质健康标准》，超重检出率及视力不良新发病率等增长趋势得到控制	3	3.0~2.70	2.69~2.25	2.24~1.8	1.79~0
		43. 多数学生具有自己的兴趣与爱好，学校有一定数量比例学有特长的学生	3	3.0~2.70	2.69~2.25	2.24~1.8	1.79~0
	（十）学校发展与特色（8分）	44. 学校发展年度阶段目标如期完成；学校骨干教师人数有所增加，水平有所提高	3	3.0~2.70	2.69~2.25	2.24~1.8	1.79~0
		45. 学校领导、教师、学生、家长对学校重点工作推进和整体协调发展满意度高	2	2.0~1.80	1.79~1.50	1.49~1.2	1.19~0
		46. 学校在发展过程中，继承优良传统，努力发挥优势，形成办学特色，产生一定影响	3	3.0~2.70	2.69~2.25	2.24~1.8	1.79~0

说明："三个工作意见"指市委组织部、市教育工委、市教委和市教育工会 2004 年 4 月 5 日联合印发的《北京市中小学党支部（总支）工作意见》《北京市中小学校长工作意见》《北京市中小学教职工代表大会工作意见》

2009年12月，市政府教育督导室通过审阅区县自评报告，听取区县政府报告，查阅材料，入校实地调研，召开座谈会，对815名学校中层干部、2928名教师和1237名中小学生开展问卷调查等方式，完成自2006年开始的对全市18个区县及燕山办事处区县政府和教委全面实施素质教育第三轮综合督导评价。至2010年6月，市政府教育督导室完成18个区县全面实施素质教育综合督导评价意见回复，形成《全市全面实施素质教育综合督导总报告》，同年10月向社会公布。

第三节　学校建设

1991—2010年，北京市依次实施薄弱校建设、农村中小学建设、山区中小学建设、远郊区县普通中学规范化建设、示范性普通高中建设、初中建设工程、小学规范化建设工程、中小学校舍安全工程，从领导班子、教师队伍、办学条件、学校管理、教育质量等方面加强学校建设。

1988年，市教育局联合5部门印发《北京市中（小）学办学条件标准（试行）》，该标准在普及九年义务教育和高中阶段教育发挥指导作用。1993年，北京市小学、初中的校舍、教学仪器、图书和音、体、美器材均达到办学条件基本标准，此后办学条件不断改善。2000年，北京市基本实现提高普及九年义务教育办学条件目标，全市小学、初中办学条件达标率分别为99.45%和98.96%。2005年，市教委等8个委办局联合颁发新的《北京市中小学办学条件标准》，此后，北京市各级政府规划、设置和管理中小学校依照此标准执行。翌年，市教委印发与《标准》配套的《北京市中小学校办学条件标准细则（试行）》（小学、初中、普通高中）。此后，随着北京市中小学办学条件的不断改善，市教委分别于2008年和2009年对高中、小学和初中办学条件标准细则的部分内容做出修订调整。至2010年，全市初中学校和近半数小学达到2005年新颁办学条件标准。

1991—2010年，北京市中小学校舍建筑面积逐年增大，图书藏量不断增多，固定资产总值大幅增加。2000年以前，北京市中小学以投影、幻灯、录音、录像、广播、电影、电视、计算机辅助教学等技术手段进行电化教育。2001年以后，随着市教委《北京市中小学教育信息化建设指导意见》出台，北京市中小学实施以教育资源网建设、中小学数字图书馆建设、校园网建设为主的信息化建设。20年间，北京市逐渐调整中小学结构布局，学校数从1991年的4173所调整至1738所，其中城市学校所占比例从24.63%升至60.64%，县镇学校占比从20.01%调整为12.60%，农村学校占比从55.36%降至26.76%。

一、办学标准及达标建设

（一）办学条件标准

1988年12月，市政府文教办、市计委、市编办、市规划局、市教育局5部门联合印发《北京市小学办学条件标准（试行）》、《北京市中学办学条件标准（试行）》，作为各级政府从实际出发制定改善中小学办学条件规划的依据。《标准》分为基本、一般、较高三个层次，分别对中小学师资配备、校舍规划面积定额、理科教学仪器和电教器材配备、体育器材配备、卫生室医疗卫生器械配备、音乐教学设备配备、美术教学设备配备、图书资料配备、教学办公家具设备配备等办学条件标准做出规定，作为各级政府制定改善中小学办学条件规划的依据。（1）师资配备标准：规定教职工编制、干部配备、教师学历。（2）校舍面积规划定额标准：①基本标准系北京市实施义务教育必备的办学条件，适用于旧校舍需要改造但不具备改、扩建场地条件的学校；②一般标准系1986年国家计委颁布的《中小学校建筑设计规范》，是努力争取尽快实现的标准，可以逐步分期分批实施，适用于改、扩建具备场地条件和新建校舍的（包括新建小区配套校舍）学校；③较高标准系各区县建设高标准学校提供的参考意见，在一般标准的基础上增加专用教室和学生宿舍等项面积，适用于有条件的学校。每个标准均是本层次的低限，各区县可根据情况适时提高标准。（3）用地面积定额：①执行《校舍标准》中基本标准的，由于占地困难，通过改造校舍仍不能形成200米环形跑道的，应保证有全校学生同时做操的场地及与学校规模相应的篮、排球场地，一般每个中学生占有的活动场地不低于3.3平方米，小学生不低于2.7平方米；②执行《校舍标准》中一般标准的，应参照1982年教育部《中等师范学校及城市一般中小学校舍规划面积定额》及1986年国家计委《中小学校建筑设计规范》（GBJ99-86）中有关学校用地的规定安排用地，不能达到以上规定用地标准的，可按1985年《北京市人民政府关于新建居住区公共设施配套建设的规定》标准掌握；③执行《校舍标准》中较高标准的，应严格按1982年教育部《中等师范学校及城市一般中小学校舍规划面积定额》及1986年国家计委《中小学校建筑设计规范》中有关学校用地的规定安排用地。

1992年5月，市教育局印发《北京市农村中学校舍规划面积定额（试行）》（一般标准）、《北京市农村中学校舍规划面积定额（试行）》（较高标准）、《北京市农村小学校舍规划面积定额（试行）》，该标准低于1988年《北京市小学办学条件标准（试行）》和《北京市中学办学条件标准（试行）》中校舍规划面积定额标准。①小学定额含村小和完小，村小在建设时可根据当地实际情况考虑各种用房的规格尺寸，灵活掌握。②中学定额含初中和完中，分一般标准和较高标准。一般标准是安排新建改扩建校舍时必须努力达到的标准；较高标准是为各区县建设较高标准学校提供的参考意见。每个标准均系本层次的最低限。③有条件的地区可根据情况设学生宿舍、学生食堂，设置时按实际人数计算，学生宿舍使用面积每生2.3平方米，学生食堂使用面积每生1.5平方米。4.用地面积定额严格执行国家教委《农村中小学建设标准（征求意见稿）》及1986年国家计委《中小学校建筑设计规范》，村小每生占地面积7～15平方米；完小每生占地面积20～25平方米。中学每生占地面积20～30平方米。完小和中学，凡在12班以上规模学校应有200米环形跑道。有条件的地区可适当提高用地面积，较大规模学校力争设置400米环形跑道。此后，北京市农村中小学依据此标准进行新建、改扩建校舍的规划建设。

1994年7月，市教育局印发《北京市中学理科教学仪器配备目录》和《北京市小学数学自然教学仪器配备目录》，中学理科目录分为物理、化学、生物、数学、地理5科，配备方案为——初中4种：较高、一般上限、一般、基本；完中3种：较高、一般上限、一般；高中2种：较高、一般上限。小学数学自然目录分为自然、数学2科，配备方案4种：较高、一般上限、一般、基本。目录中配备数量按每年级四个平行班，每班50人的需要量配备，学校可根据班额人数调整分组仪器数量。此后，北京市中小学按照这两类目录配备有关学科的教学仪器，1988年《北京市小学办学条件标准（试行）》和《北京市中学办学条件标准（试行）》中有关教学仪器的配备标准停止执行。目录未列出的一般玻璃仪器、药品、实验材料、工具和其他低值易耗品仍参照1988年中小学办学条件标准（试行）装备（见表1–34至1–40）。

表 1-34　1992 年《北京市农村中学校舍规划面积定额（试行）》（一般标准）

名称	每间使用面积	初中 50 人 / 班						完中 50 人 / 班					
		6 班 300 人		12 班 600 人		18 班 900 人		12 班 600 人		18 班 900 人		24 班 1200 人	
		间数	使用面积（平方米）	间数	使用面积（平方米）	间数	使用面积（平方米）	间数	使用面积（平方米）	间数	使用面积（平方米）	间数	使用面积（平方米）
一、教学用房													
普通教室	56	6	336	12	672	18	1008	12	672	18	1008	24	1344
音乐教室	56	1	56	1	56	1	56	1	56	1	56	1	56
乐器室	18	1	18	1	18	1	18	1	18	1	18	1	18
合班教室		1	80	1	100	1	135	1	100	1	135	1	180
电教广播器材室	40	1	40	1	40	1	40	1	40	1	40	1	40
实验室	72	2	144	3	216	4	288	3	216	4	288	5	360
仪器准备室	40	2	80	3	120	4	160	3	120	4	160	5	200
图书室		1	30	1	40	1	50	1	50	1	60	1	70
学生阅览室		1	30	1	60	1	90	1	60	1	90	1	120
教师阅览室		1	15	1	27	1	41	1	30	1	45	1	60
劳动技术教室	90	1	90	1	90	1	90	1	90	1	90	1	90
化学药品库			20		25		30		30		35		40
体育器材室			30		40		50		40		50		60
语言教室	90	1	90	1	90	1	90	1	90	1	90	1	90
计算机教室	90	1	90	1	90	1	90	1	90	1	90	1	90
使用面积小计			1149		1684		2236		1702		2255		2818
二、行政办公用房			229		337		423		348		441		538
三、生活用房			149		279		288		289		406		526
使用面积合计			1527		2300		2947		2339		3102		3882
每生占使用面积			5.09		3.83		3.27		3.90		3.45		3.24
平房 K=80% 使用面积 综合 K=63% 建筑面积		1527/1909 1527/2424		2300/2875 2300/3651		2947/3684 2947/4678		2339/2924 2339/3713		3102/3878 3102/4924		3882/4853 3882/6162	
每生占建筑面积		6.36/8.08		4.79/6.09		4.09/5.20		4.87/6.19		4.31/5.47		4.04/5.14	

表 1–35 1992 年《北京市农村中学校舍规划面积定额（试行）》（较高标准）

名称	每间使用面积	初中 50 人 / 班						完中 50 人 / 班					
		6 班 300 人		12 班 600 人		18 班 900 人		12 班 600 人		18 班 900 人		24 班 1200 人	
		间数	使用面积（平方米）	间数	使用面积（平方米）	间数	使用面积（平方米）	间数	使用面积（平方米）	间数	使用面积（平方米）	间数	使用面积（平方米）
一、教学用房													
普通教室	56	6	336	12	672	18	1008	12	672	18	1008	24	1334
音乐教室	56	1	56	1	56	1	56	1	56	1	56	1	56
乐器室	18	1	18	1	18	1	18	1	18	1	18	1	18
合班教室		1	80	1	160	1	240	1	100	1	150	1	200
电教广播器材室		1	40	1	40	1	60	1	40	1	60	1	80
实验室	90	2	180	3	270	4	360	3	270	4	360	5	450
仪器准备室	43	2	86	3	129	4	172	3	129	4	172	5	215
图书室			30		48		72		48		72		96
学生阅览室			60		90		120		90		120		150
教师阅览室			30		45		60		45		60		90
劳动技术教室	90	1	90	1	90	1	90	1	90	1	90	1	90
科技活动室			30		45		65		45		65		85
语言教室	90	1	90	1	90	1	90	1	90	1	90	1	90
计算机教室	90	1	90	1	90	1	90	1	90	1	90	1	90
美术教室	90	1	90	1	90	1	90	1	90	1	90	1	90
史地教室	75	1	75	1	75	1	75	1	75	1	75	1	75
书法教室	90	1	90	1	90	1	90	1	90	1	90	1	90
演示教室	61	1	61	1	61	1	61	1	61	1	61	1	61
体育器材室		1	40	1	60	1	80	1	60	1	80	1	100
化学药品库		1	20	1	25	1	30	1	30	1	35	1	40

续表 1-35

名称	每间使用面积	初中 50 人 / 班						完中 50 人 / 班					
		6 班 300 人		12 班 600 人		18 班 900 人		12 班 600 人		18 班 900 人		24 班 1200 人	
		间数	使用面积（平方米）	间数	使用面积（平方米）	间数	使用面积（平方米）	间数	使用面积（平方米）	间数	使用面积（平方米）	间数	使用面积（平方米）
风雨操场		1	300	1	650	1	650	1	650	1	650	1	650
使用面积小计			1892		2894		3577		2839		3492		4150
每生占使用面积			6.31		4.82		3.97		4.73		3.88		3.46
二、行政办公用房			216		408		576		408		576		720
每生占使用面积			0.72		0.68		0.64		0.68		0.64		0.60
三、生活用房													
教职工宿舍			60		90		120		90		120		150
教职工食堂			30		60		90		60		90		120
学生食堂			225		450		675		720		1080		1440
杂物储存室			20		40		60		40		60		80
开水房浴室			20		40		60		40		60		80
学生厕所			75		105		135		105		135		180
教工厕所			15		25		25		25		25		25
汽车库			30		30		60		30		60		90
使用面积小计			475		840		1225		1110		1630		2165
每生占使用面积			1.58		1.4		1.36		1.85		1.81		1.80
使用面积合计			2583		4142		5378		4357		5698		7035
每生占使用面积			8.61		6.90		5.97		7.26		6.33		5.86
综合平面系数 63%	使用面积 / 建筑面积		2583/4100		4142/6574		5378/8536		4357/6915		5698/9044		7035/11166
每生占建筑面积			13.67		10.95		9.48		11.53		10.05		9.31

表 1-36

1992 年《北京市农村小学校舍规划面积定额（试行）》

名称	每间使用面积	村初小 30 人 / 班						完小 45 人 / 班					
		4 班 120 人		8 班 240 人		12 班 360 人		6 班 270 人		12 班 540 人		18 班 810 人	
		间数	使用面积（平方米）	间数	使用面积（平方米）	间数	使用面积（平方米）	间数	使用面积（平方米）	间数	使用面积（平方米）	间数	使用面积（平方米）
一、教学用房													
普通教室	38	4	152	8	304	12	456	6	300	12	600	18	900
音乐教室								1	50	1	50	1	50
乐器室								1	18	1	18	1	18
自然教室	48	1	48	1	48	1	48	1	71	1	71	1	71
仪器准备室	30	1	30	1	30	1	30	1	36	1	36	1	36
多功能活动室		1	76	1	76	1	114	1	76	1	114	1	152
图书室	15	1	15	1	15	1	15	1	20	1	30	1	42
学生阅览室								1	22	1	43	1	65
教师阅览室								1	28	1	47	1	62
科技活动室								1	15	1	22	1	32
体育器材室								1	36	1	36	1	36
综合教室								1	60	1	90	1	122
电教广播器材								1	32	1	32	1	32
使用面积小计			321		473		663		764		1189		1618
二、行政办公用房	17	3	51	4	68	5	85		136		168		168
三、生活服务用房			55		80		105		144		254		382
使用面积合计			427		621		853		1044		1611		2186
每生占使用面积			3.56		2.59		2.37		3.87		2.98		2.70
平房 K=80% 使用面积 / 综合 K=63% 建筑面积		427/534		621/776		853/1066		1044/1305 1044/1657		1611/2014 1611/2557		2186/2733 2186/3470	
每生占建筑面积		4.45		3.23		2.96		4.83/6.14		3.73/4.74		3.37/4/42	

表 1-37

1994 年北京市中学理科教学仪器概算

类	标准	共计			物理			化学			生物			数学			地理		
		种	数量	金额（元）	种	数量	金额（元）	种	数量	金额（元）	种	数量	金额（元）	种	数量	金额（元）	种	数量	金额（元）
1	完中较高	587	6902	140477.52	265	3650	93636.86	71	1255	15392.90	241	1915	28823.26	12	12	675.00	21	70	1949.50
2	高中较高	344	3954	113905.24	221	2737	79868.66	69	803	13277.30	60	399	19489.78	3	3	383.00	12	12	886.50
3	初中较高	397	4329	65234.86	136	1910	30717.30	45	619	6446.30	211	1726	26034.26	9	9	292.00	16	65	1745.00
4	完中一般上限	501	3881	74910.22	231	1991	50527.46	63	680	8268.50	198	1155	13912.26	12	12	675.00	19	43	1527.00
5	高中一般上限	295	2117	55304.54	189	1412	39081.96	62	440	6811.50	49	252	8351.58	3	3	383.00	10	10	676.50
6	初中一般上限	347	2430	36146.46	128	1019	18448.60	42	336	4257.10	172	1028	11826.26	9	9	292.00	14	38	1322.50
7	完中一般	501	2318	50793.32	230	1192	33271.36	62	395	5783.10	197	688	9638.86	12	12	675.00	19	31	1425.00
8	初中一般	334	1380	22133.46	126	573	11498.70	36	178	1720.60	164	595	7451.66	9	9	292.00	13	25	1170.50
9	初中基本	334	948	17547.28	126	387	8691.96	36	121	1368.16	164	411	6067.16	9	9	292.00	13	20	1128.00

说明：概算表不包括玻璃仪器、化学药品等低值易耗品。单价以 1993 年价格计算，仅供参考

表 1-38　1994 年北京市中学理科教学仪器概算（玻璃仪器、药品、实验材料、工具等）

类	标准	估算金额（千元）
1	完中较高	33.3
2	高中较高	23.5
3	初中较高	14.8
4	完中一般上限	22.2
5	高中一般上限	15.7
6	初中一般上限	10.0
7	完中一般	15.1
8	初中一般	7.2
9	初中基本	4.0

表 1-39　1994 年北京市小学自然数学仪器概算

类	标准	共计			自然			数学		
		种	数量	金额（元）	种	数量	金额（元）	种	数量	金额（元）
11	小学较高	117	1130	20 688.95	80	860	13 926.85	37	270	6762.10
12	小学一般上限	109	597	11 879.18	74	438	7167.38	35	159	4711.80
13	小学一般	87	320	6360.62	59	283	4619.92	28	37	1740.70
14	小学基本	60	81	2085.54	36	56	558.64	24	25	1526.90

表 1-40　1994 年北京市小学自然数学仪器概算（玻璃仪器、药品、实验材料、工具等）

类	标准	估算金额（千元）
11	较高	1.0
12	一般上限	0.7
13	一般	0.4
14	基本	0.2

1999 年 9 月，市教委印发《北京市山区中小学办学条件基本要求中学分册》《北京市山区中小学办学条件基本要求小学 10 个班及以上分册》《北京市山区中小学办学条件基本要求小学 9 个班及以下分册》，对山区中小学的办学条件和寄宿办学条件增补项目配备做出规定。

2001 年 5 月，市发展计划委和市教委印发《北京市“十五”时期教育发展规划》，提出“按照教育现代化要求，制定小学和初中新的办学标准，大力改善学校办学条件，进一步缩小区县之间和校际之间在办学条件等方面的差距”。同年 8 月，市政府印发《北京市人民政府贯彻国务院关于基础教育改革与发展决定的意见》，要求“制定新的办学条件标准”。随后市教委和市教科院组成办学条件新标准研制小组，按照均衡发展、适度超前、以人为本、环境文明的原则编制新标准：①均衡发展。市、县两级政府有责任首先使同一区县的所有中小学，使全市城、乡地区所有中小学实现办学条件基准达标，让所有中小学生都享受到基本相同的优质学习条件。既要照顾到所有学校达到基本标准，又要采取措施对困难地区和困难学校给予额外关照。②适度超前。北京办学条件要参照中等发达国家，国内大城市、港台地区发展水平，市区县两级政府在适用和实用的前提下规划未来 5 ~ 10 年必须达到的目标。在主要办学条件指标上走在全国前列，分层次、分步骤地采用适应先进教育教学思想的校舍模式、器材和设备。在常规项目上要考虑未来 5 ~ 10 年应达到的标准；在大投入的建筑和设备上，要考虑未来 10 ~ 15 年应达到的标准；允许有条件的学校试验新概念的校舍建筑形式和设施配置方式。③以人为本。在学校选址、校园规划、建筑设计、设施设备配备上从保障安全、满足需要、方便行动、利于学习等方面考虑，将师生生活设施建设水平提高到"基本舒适"程度。④环境文明。学校办学条件总体结构应体现积极的文化内涵，建筑设施及装饰清洁整齐、布局合理、品位高雅。该小组于 2004 年提交新的《北京市中小学办学条件标准》。

2004 年 9 月，市教委印发《北京市远郊区县寄宿制学校医务室的医疗器械与设备配备方案》，制定《北京市中小学校医室医疗器械与设备目录》，采取分档选配的方法，分为 I 档配置（必配项目）和 Ⅱ 档配置（选配项目）。基础条件较差、医疗设备基本没有的学校按 I 档配置的规定配备。有一定基础条件、已有部分医疗设备的学校首先按 I 档配置规定配齐，其余部分可在 Ⅱ 档配置的规定中选配，最高不超过 5 万元。条件较好已达到 I 档配置规定且设备完好的学校可在 Ⅱ 档配置中选购，最高不超过 5 万元。同时印发《北京市寄宿制中小学校医室评估验收标准（试行）》，从校医室位置、室内布局、人员要求、服务要求验收学校校医室配置情况。

2005 年 12 月，市教委、市发展和改革委员会、市财政局、市人事局、市国土资源局、市规划委、市机构编制委员会办公室、市政府教育督导室 8 部门联合印发《北京市中小学校办学条件标准》，从学校规模、用地与建筑设施（含学校设置、学校规模、校地面积与规划、校舍建筑及附属设施）、教学、办公及生活设备（含常规通用教学设备、分科学习领域专用教学设备、现代教育技术设备、图书馆设备、办公及生活设备）、教师和工作人员（含教师和工作人员的配备、资质）、学校教育辅助中心设置（含选址和选项、建筑设施和设备、人员配备）等方面对办学条件标准做出规定。该《标准》是北京市各级政府规划、设置和管理普通中小学校的依据，是本市举办普通中小学校应当执行的基本标准。《标准》按照分级负责、分类实施、分步推进的原则实施，在确定学校用地规模时要从城市总体规划和土地资源的实际情况出发，新建学校原则上应达到《标准》要求，改建和扩建学校参照《标准》执行。新《标准》具有如下特点：①提出“适宜学校规模”和班额规定。凡符合《标准》规定规模的学校为“适宜规模学校”，新建或改建学校应以适宜规模为标准进行规划建设。本市学校初中和小学每班学生人数原则上不超过 40 人，高中不超过 45 人。②适当扩大学校用地标准，规定最低标准。将 1988 年《标准》中按照生均运动场占地、绿化用地和建筑用地核算每所学校用地的计算方法，调整为不论学校规模大小，体育用地规定最低标准：小学 4000 平方米以上，初中 7000 平方米以上，高中 10000 平方米以上。③扩大普通教室面积，增加专用教室数量。普通教室面积由 1988 年小学 50.46~61 平方米、中学 55.7~67 平方米的标准调整为新标准的 72 平方米数量为“班级数 + 2”。④设立学校教育辅助中心。辅助中心设置在学校相对集中的区域内，作为实现资源共享的辅助性教学机构（见表 1–41 至表 1–54）。

表 1–41　2005 年《北京市中小学校办学条件标准》学校适宜规模

学校类型	适宜规模	班额	学生数
独立设置的小学	每年级 2 ~ 4 班，合计 12 ~ 24 班	≤ 40 人	480 ~ 960 人
独立设置的初中	每年级 6 ~ 10 班，合计 18 ~ 30 班	≤ 40 人	720 ~ 1200 人
九年一贯制学校	每年级 2 ~ 4 班，合计 18 ~ 36 班	≤ 40 人	720 ~ 1440 人
完全中学	每年级 4 ~ 6 班，合计 24 ~ 36 班	初中段和高中段分别执行初中和高中的班额	初中段和高中段分别执行初中和高中的班额
独立设置的高中	每年级 8 ~ 12 班，合计 24 ~ 36 班	≤ 45 人	1080 ~ 1620 人

表 1–42　2005 年《北京市中小学校办学条件标准》独立设置的小学校地面积（≥）

学校规模	中心城学校面积（平方米）	中心城以外地区学校面积（平方米）
12 班	–	15500
18 班	14500	18900
24 班	17300	22700

说明：中心地区不宜设置 12 班规模学校

表 1–43　2005 年《北京市中小学校办学条件标准》独立设置的初中校地面积（≥）

学校规模	中心城学校面积（平方米）	中心城以外地区学校面积（平方米）
18 班	15 400	18 900
24 班	22 000	26 500
30 班	24 300	30 000

表 1-44　　2005 年《北京市中小学校办学条件标准》九年一贯制学校校地面积（≥）

学校规模	中心城学校面积（平方米）	中心城以外地区学校面积（平方米）
18 班	15 000	18 900
27 班	22 400	26 800
36 班	34 000	40 000

表 1-45　　2005 年《北京市中小学校办学条件标准》完全中学校地面积（≥）

学校规模	中心城学校面积（平方米）	中心城以外地区学校面积（平方米）
24 班	22 000	26 500
30 班	24 500	30 000
36 班	34 500	41 000

表 1-46　　2005 年《北京市中小学校办学条件标准》独立设置的高中校地面积（≥）

学校规模	中心城学校面积（平方米）	中心城以外地区学校面积（平方米）
24 班	22 000	26 500
30 班	31 700	36 600
36 班	34 600	41 000

表 1-47　　2005 年《北京市中小学校办学条件标准》独立设置的小学教学及其辅助用房建筑设施（K=0.55）

		12 班	18 班	24 班
专用教室	教室数（个）	10	12	13
	总面积（平方米）	1104	1424	1544
普通教室总数（个）		班级数＋2		
普通教室总面积（平方米）		（班级数＋2）×72		
多功能教室面积（平方米）		普通教室总面积 ×0.1		
校舍总使用面积（平方米）		3587	4763	5804

表 1-48　　2005 年《北京市中小学校办学条件标准》独立设置的初中教学及其辅助用房建筑设施（K=0.55）

		18 班	24 班	30 班
专用教室	教室数（个）	18	24	26
	总面积（平方米）	2144	2914	2375
普通教室总数（个）		班级数＋2		
普通教室总面积（平方米）		（班级数＋2）×72		
多功能教室面积（平方米）		普通教室总面积 ×0.1		
校舍总使用面积（平方米）		5969	7800	9149

表 1–49　2005 年《北京市中小学校办学条件标准》九年一贯制学校教学及其辅助用房建筑设施（K=0.55）

		18 班	27 班	36 班
专用教室	教室数（个）	16	18	23
	总面积（平方米）	1800	2144	2864
普通教室总数（个）		班级数＋ 2		
普通教室总面积（平方米）		（班级数＋ 2）×72		
多功能教室面积（平方米）		普通教室总面积 ×0.1		
校舍总使用面积（平方米）		5474	7193	9407

表 1–50　2005 年《北京市中小学校办学条件标准》完全中学教学及其辅助用房建筑设施（K=0.55）

		24 班	30 班	36 班
专用教室	教室数（个）	25	29	33
	总面积（平方米）	2984	3440	3920
普通教室总数（个）		班级数＋ 2		
普通教室总面积（平方米）		（班级数＋ 2）×72		
多功能教室面积（平方米）		普通教室总面积 ×0.12		
校舍总使用面积（平方米）		8036	9536	11 053

表 1–51　2005 年《北京市中小学校办学条件标准》独立设置的高中教学及其辅助用房建筑设施（K=0.55）

		24 班	30 班	36 班
专用教室	教室数（个）	23	27	30
	总面积（平方米）	2794	3360	3720
普通教室总数（个）		班级数＋ 2		
普通教室总面积（平方米）		（班级数＋ 2）×72		
多功能教室面积（平方米）		普通教室总面积 ×0.12		
校舍总使用面积（平方米）		7959	9593	11104

表 1–52　2005 年《北京市中小学校办学条件标准》独立设置的小学、初中图书馆（室）设施

	24 班及以下	25 班班以上
设计藏书量（≥）（万册）	1.5	2.5
工具书（种）	220	
报纸杂志（种）	100	
学生阅览室面积（平方米）	学生数 ×10% ×1.5	
教师阅览室面积（平方米）	教师数 ×30% ×2.1	
视听阅览室面积（平方米）	学生数 ×4% ×5	
辅助用房	以满足工作人员整理资料、管理借阅的需要为原则	

表 1-53　　2005 年《北京市中小学校办学条件标准》独立设置的高中图书馆（室）设施

	24 班及以下	25 班班以上
设计藏书量（≥）（万册）	2-3	4
工具书（种）	330	
报纸杂志（种）	150	
学生阅览室面积（平方米）	学生数 ×12% ×1.5	
教师阅览室面积（平方米）	教师数 ×40% ×2.1	
视听阅览室面积（平方米）	学生数 ×5% ×5	
辅助用房	以满足工作人员整理资料、管理借阅的需要为原则	

表 1-54　　2005 年《北京市中小学校办学条件标准》体育运动设施

	24 班及以下	25 班以上
室外运动场	不低于 200 米的环形跑道及 60 米（小学）、100 米（中学）直跑道的田径场；篮球场和排球场的总量以每 5 个班 1 个场地的标准设置	不低于 300 米（高中 400 米）的环形跑道及 100 米直跑道的田径场；篮球场和排球场的总量以每 5 个班 1 个场地的标准设置
室内操场或体育馆	视情况设有一座简单的室内操场	视情况可设一座体育馆；位于城区面积狭小的学校可与礼堂兼用，也可利用其他社会资源

说明：以上体育教学设施如果能够就近利用学校教育辅助中心的条件或社会资源的，学校可以减配或不配

2006 年 12 月，市教委依据《北京市中小学校办学条件标准》印发《北京市中小学校办学条件标准细则（试行）》，以学校和班级的适宜规模为基准，分小学、初中、普通高中三个部分，对中小学校各学科的专用教学仪器设备、现代教育技术设备、图书、教学家具和各类用房等标准做出规定，一贯制学校和完全中学分学段参照相应标准执行。

2008 年 1 月，市教委对《北京市中小学校办学条件标准细则（试行）》高中部分内容进行修订，印发《北京市普通高中通用技术（必修）教学设备配置标准（试行）》，对技术设计室、技术试验室、安全防护、消耗性材料的配备做出规定，教学设备、器材的配置分为必配和选配，配置数量按学校适宜规模 24 班、30 班、36 班，每班 45 人的标准计算。

2009 年 7 月，市教委对《北京市中小学校办学条件标准细则（试行）》的小学和初中阶段不适应教学需求的部分项目做具体修订，印发《北京市中小学校办学条件标准细则（修订）》，对小学、初中阶段各学科教学仪器设备做出适当调整，将部分“必配项目”调整为“选配项目”。

（二）办学条件达标建设

1991 年，北京市小学生均占有校舍建筑面积 4.58 平方米，教学仪器装备率 88.7%，图书 1673. 3 万册，生均 16.8 册。初中生均占有校舍建筑面积 9.23 平方米，

教学仪器装备率 90.2%，图书 847 万册，生均 27.5 册。至 1991 年年底，城近郊区全部学校和远郊区县除 53 个乡外，全部达到 1988 年《北京市中（小）学办学条件标准（试行）》基本标准（见表 1–55）。

表 1–55　　1991 年北京市中小学教学仪器达标情况

学校数（所）		较高标准		一般标准		基本标准		未达标	
		学校数（所）	所占比例（%）	学校数（所）	所占比例（%）	学校数（所）	所占比例（%）	学校数（所）	所占比例（%）
小学	2047	95	4.6	926	45.2	797	38. 9	229	11.2
普通中学	786	180	22. 9	379	48. 2	202	25.7	25	3.2

1993 年，北京市实现普及九年制义务教育，全市小学、初中的校舍（受限制不能改造的除外）、教学仪器、图书和音、体、美器材均达到 1988 年《北京市中（小）学办学条件标准》基本标准，其中城镇小学和乡中心小学有 12% 达到一般标准，2% 达到较高标准；初中有 21% 达到一般标准，4% 达到较高标准。

1994 年 10 月，市教育局印发《北京市关于巩固普及九年制义务教育成果、提高教育质量和办学效益的标准（试行）》（1994—2000 年），此后，北京市九年义务教育进入“巩固、充实、提高”新阶段，提出到 2000 年办学条件应达到的目标：各区县中小学的校舍、教学设备、教学仪器、图书资料等在均能达到本市基本标准基础上，其中 40% 和 10% 的中小学在办学条件主要项目上分别达到本市一般标准和较高标准。至 2000 年，北京市小学校舍建筑面积从 1995 年的 460.50 万平方米升至 476.93 万平方米，教室面积 205.27 万平方米，实验室面积 13.61 万平方米；普通中学校舍建筑面积从 1995 年的 453.91 万平方米升至 602.87 万平方米，教室面积 147.25 万平方米，实验室面积 48.80 万平方米（见表 1–56）。

表 1–56　　2000 年北京市义务教育办学条件达标情况

项　目			达标目标（1994—2000 年）	2000 年达标程度（%）	是否达标
办学条件	小学	未达基本标准比率	在 100% 达到基本标准基础上，主要项目 40% 达到一般标准，10% 达到较高标准	0.55	基本达标
		达到基本标准比率		43.90	
		达到一般标准比率		44.03	
		达到较高标准比率		11.51	
	初中	未达基本标准比率		1.04	基本达标
		达到基本标准比率		31.45	
		达到一般标准比率		53.86	
		达到较高标准比率		13.65	

2001 年 9 月，北京市进入 21 世纪基础教育课程教材改革实验阶段，要求按照 1988 年中小学办学标准中的一般标准和 2001 年 7 月《北京市 21 世纪课程教材

实验相关教学设备配置要求（试行）》配备设施设备，建设劳动和劳技教育中心、信息技术教育中心。至 2002 年，北京市农村地区完小以上学校全部达到北京市中小学办学条件基本标准。至 2004 年，北京市小学生均校舍面积 9.79 平方米，生均图书藏量 42.77 册，固定资产总值 407483.01 万元，仪器设备总值 52399.17 万元，体育运动场（馆）面积 669.35 万平方米，分别有 67%、72%、71%、64%、78% 的小学在体育运动场（馆）面积、体、音、美器械配备、理科实验仪器项目上达标；北京市普通中学生均校舍面积 34.53 平方米，生均图书藏量 36.51 册，固定资产总值 844036.89 万元，仪器设备总值 99093.84 万元，体育运动场（馆）面积 724.12 万平方米，分别有 75%、80%、80%、78%、87% 的中学在体育运动场（馆）面积、体、音、美器械配备、理科实验仪器项目上达标（见表 1–57、表 1–58）。

表 1–57　　2002—2004 年北京市中小学设施设备生均配备情况

	年份	生均占地面积（平方米）	生均校舍面积（平方米）	生均教学及辅助用房（平方米）	生均体育运动场（馆）面积	生均图书藏量（册）	生均电子图书藏量（册）
小学	2002	30.75	8.54	4.39	12.11	39.93	0.19
	2003	31.62	9.24	4.71	12.69	42.02	0.30
	2004	33.81	9.79	4.92	12.97	42.77	0.19
普通中学	2002	15.66	11.01	2.72	9.37	32.84	0.39
	2003	33.90	12.23	4.80	9.88	35.09	0.63
	2004	34.53	13.55	5.24	10.95	36.51	0.79

表 1–58　　2002—2004 年北京市中小学音体美及理科实验仪器达标情况

	年份	体育运动场（馆）面积达标校数所占比例（%）	体育器械配备达标校数所占比例（%）	音乐器械配备达标校数所占比例（%）	美术器械配备达标校数所占比例（%）	理科实验仪器达标校数所占比例（%）
小学	2002	63	71	69	62	75
	2003	67	73	71	64	78
	2004	67	72	71	64	78
普通中学	2002	71	82	82	80	87
	2003	75	83	82	80	89
	2004	75	80	80	78	87

2005 年 12 月，市教委联合 8 部门印发新版《北京市中小学校办学条件标准》。2006 年，市教委为郊区 681 所中小学购置艺术教育器材。2007 年 6 月，市教委、市发展和改革委员会、市财政局、市人事局、市规划委、市机构编制委员会办公室、市政府教育督导室印发《关于北京市中小学校办学条件标准的实施意见》，要求按照统一标准、统筹规划、分级负责、分步推进的原则实施 2005 年新颁《办学条件标准》，确保中小学在办学条件主要项目的种类、数量和质量上达到新标准，

以义务教育为重点，办学困难学校优先达标。办学条件达标经费向义务教育阶段学校倾斜，向农村义务教育倾斜，向办学条件困难学校倾斜。实施《办学条件标准》总目标："到 2010 年，使全市中小学校达到《办学条件标准》，全市中小学校的布局更加合理，教育资源分配更加均衡，全市中小学生享受的教育条件更加平等。"具体要求：中小学校达标标准依据 2006 年《北京市中小学校办学条件标准细则（试行）》执行。①中心城以外新选址、独立设置学校，按照《办学条件标准》进行建设，中心城内及在居住区新建、改建学校不得低于《北京市居住公共服务设施规划设计标准》；②现有中小学要在专用教室建设、现代教育技术设备、教学仪器设备、学校图书资料等主要项目上达到《办学条件标准》要求；③位于城市中心区域受地域限制难于在占地和校舍面积等方面达标的学校可采用校际资源、社区资源共享，建设教育辅助中心等方式实现达标；④非适宜规模学校，应控制和引导，使学校规模、班级规模符合《办学条件标准》要求。

2010 年 10 月，市教委印发《关于加强中小学实验教学和实验室建设工作的意见》，要求：中小学实验室数量和面积基本达到《北京市中小学校办学条件标准》，实验室环境符合教育部《中小学理科实验室装备规范》（JY/T 0385–2006），采光、排气、照明、上下水、用电、安全达到规范要求。仪器设备按照《北京市中小学校办学条件标准细则》和学校实际需要，采取必配、选配、定制、自制等方式配置。至 2010 年，全市初中学校和近半数小学达到 2005 年《北京市中小学办学条件标准》。北京市小学校舍建筑面积 566.61 万平方米，教学及辅助用房 258.48 万平方米，固定资产总值 890402.40 万元，仪器设备总值 129862.12 万元，体育运动场（馆）面积 552.26 万平方米，图书藏量 2399.33 万册；北京市普通中学校舍建筑面积 1064.43 万平方米，教学及辅助用房 375.73 万平方米，固定资产总值 1846721.59 万元，仪器设备总值 215282.92 万元，体育运动场（馆）面积 753.92 万平方米，图书藏量 2644.64 万册（见表 1–59 至表 1–66）。

表 1–59　　1991—2000 年北京市小学校舍情况

年份	学校占地（平方米）	校舍建筑（平方米）	其中		教学用房中		
			上学年新建（平方米）	危房（平方米）	教室数（个）	教室（平方米）	实验室（平方米）
1991	17 318 753	3 971 363	199 490	50 290	32 028	1 750 202	53 405
1992	17 475 716	4 107 388	117 068	41 867	34 631	1 800 446	58 946
1993	19 657 399	4 336 068	148 313	6070	39 285	1 885 129	70 728
1994	19 165 917	4 500 755	121 200	11 146	36 905	1 960 799	75 087
1995	19 917 292	4 604 950	132 400	7169	35 665	2 043 239	121 906
1996	19 763 776	4 897 642	84 023	11 313	36 785	2 235 080	133 951
1997	19 606 769	4 783 844	55 076	5407	36 509	2 190 838	126 118
1998	19 044 829	4 740 950	69 829	8940	35 825	2 153 780	111 850
1999	19 157 841	4 771 279	97 430	16 433	35 240	2 118 900	110 800
2000	18 698 498	4 769 258	101 819	17 923	35 330	2 052 673	136 101

表 1–60 2001—2010 年北京市小学办学条件（校舍）

单位：平方米

年份	学校占地面积	校舍建筑面积	教学及辅助用房						行政办公用房		生活用房	其他用房	校舍面积中	
			计	其中：普通教室	实验室	图书室	微机室	语音室	计	其中：教师办公室			危房面积	当年新增
2001	18 513 447	4 924 648	2 585 184	1 923 392	128 735	99 432	70 893	20 341	728 816	426 944	711 992	898 656	19 855	81 363
2002	18 275 107	5 075 535	2 610 209	1 966 855	133 278	100 662	83 708	22 248	741 747	426 988	696 265	1 027 314	15 358	91 462
2003	17 279 176	5 049 012	2 571 632	1 926 224	129 092	103 754	93 693	24 570	694 265	413 593	691 936	1 091 179	12 587	181 525
2004	17 448 105	5 051 184	2 540 823	1 860 529	130 916	100 672	97 383	25 600	661 690	410 089	676 457	1 172 214	9869	89 202
2005	16 158 421	5 128 862	2 541 951	1 824 391	128 694	106 307	106 756	23 769	673 988	404 915	710 956	1 201 967	7784	77 459
2006	15 590 932	5 220 624	2 501 700	1 800 021	128 235	104 498	111 508	22 186	646 709	387 485	800 737	1 271 478	6125	87 651
2007	15 038 536	5 392 037	2 553 401	1 808 545	132 684	105 224	115 488	22 706	664 509	392 735	837 673	1 336 454	4437	110 966
2008	14 736 708	5 440 217	2 551 421	1 792 754	131 112	106 162	116 954	20 359	658 138	380 548	857 260	1 373 398	5352	75 448
2009	14 440 792	5 639 856	2 613 834	1 814 479	143 090	114 360	118 028	20 353	671 771	388 513	906 034	1 448 217	6309	173 935
2010	13 858 094	5 666 114	2 584 773	1 776 848	145 948	114 735	118 838	20 583	676 478	393 649	907 427	1 497 436	4552	171 058

表 1-61　　2001—2010 年北京市小学办学条件（器材）

单位：所

年份	体育运动场（馆）面积达标校数	体育器械配备达标校数	音乐器材配备达标校数	美术器材配备达标校数	数学自然实验仪器达标校数	建立校园网校数
2001	1181	1326	1289	1188	1374	212
2002	1156	1301	1266	1135	1371	349
2003	1099	1214	1180	1061	1288	492
2004	1015	1082	1065	960	1175	757
2005	974	1011	1012	906	1105	970
2006	929	836	845	749	930	1013
2007	748	493	531	494	541	1053
2008	728	614	641	621	652	1048
2009	755	807	812	806	824	1042
2010	729	825	836	833	841	1007

表 1-62　　2002—2010 年北京市小学办学条件（设施设备）

年份	体育运动场（馆）面积（平方米）	计算机（台）	图书藏量（册）	电子图书藏量（片）（册）（GB）	固定资产总值（万元）			
					计	其中：仪器设备总值		
						计	专业实验设备	专业实习设备
2002	7 197 484	47 974	2 3728 365	111 121	637 215.85	73 358.43	38 904.78	1686.58
2003	6 935 367	57 009	22 966 436	165 020	510 999.48	71 485.43	41 622.90	1744.63
2004	6 693 460	63 792	22 070 160	97 429	407 483.01	52 399.17	25 285.59	1803.25
2005	6 524 450	77 126	21 240 816	399 233	536 542.89	56 961.60	23 616.16	1755.64
2006	6 264 883	95 078	20 645 236	495 885	544 680.50	61 408.74	21 597.39	2257.12
2007	6 042 208	109 924	22 075 965	576 225	636 812.92	67 738.47	26 096.89	2135.26
2008	5 833 829	121 289	21 796 397	950 188	744 320.72	92 206.82	26 472.56	1485.25
2009	5 760 409	142 084	23 602 408	65 753.04	804 799.87	124 816.29	40 802.29	1497.75
2010	5 522 603	148 891	23 993 306	70 535.01	890 402.40	129 862.12	32 149.79	2380.17

说明：1.2001 年数据统计有误，未列入本表；

2.电子图书藏量 2002—2005 年统计单位为片，2006—2008 年统计单位为册，2009—2010 年统计单位为 GB

表 1-63　　1991—2000 年北京市普通中学校舍情况

年份	学校占地（平方米）	校舍建筑（平方米）	其中		教学用房中		
			上学年新建（平方米）	危房（平方米）	教室数（个）	教室（平方米）	实验室（平方米）
1991	14 742 740	3 854 698	107 947	59 888	13 872	839 433	248 132
1992	15 231 929	3 931 126	126 677	69 569	15 407	868 531	255 992
1993	15 449 746	4 345 100	150 247	10 341	14 933	849 891	261 793
1994	16 293 204	4 464 624	140 839	9861	17 184	975 185	305 593
1995	16 358 058	4 539 113	190 378	11 816	18 051	1 071 816	381 732
1996	17 118 794	4 835 954	212 888	11 808	19 143	1 143 505	407 229
1997	17 131 866	4 863 329	242 470	12 572	17 530	1 188 558	419 080
1998	17 694 655	5 184 085	301 351	15 636	18 150	1 238 282	416 377
1999	18 300 720	5 675 455	218 381	16 889	19 336	1 369 041	475 684
2000	19 202 496	6 028 712	312 249	17 767	20 755	1 472 514	488 016

表 1-64　2001—2010 年北京市普通中学办学条件（校舍）

单位：平方米

年份	学校占地面积	校舍建筑面积	教学及辅助用房						行政办公用房		生活用房	其他用房	校舍面积中	
			计	其中					计	其中：教师办公室			危房面积	当年新增
				普通教室	实验室	图书室	微机室	语音室						
2001	28 183 900	8 318 125	3 512 337	1 931 199	630 473	201 490	148 224	64 876	1 160 444	630 921	1 772 445	1 872 899	32 046	401 842
2002	22 409 390	8 046 672	3 201 413	1 724 050	538 681	217 564	124 561	51 897	1 108 788	591 950	1 782 687	1 953 784	17 766	490 599
2003	23 882 762	8 612 455	3 381 683	1 797 991	583 173	245 007	134 826	56 063	1 111 854	611 871	1 912 982	2 205 936	22 764	464 867
2004	22 832 553	8 961 232	3 468 512	1 869 654	575 764	253 110	145 633	66 153	1 135 153	616 384	2 043 577	2 313 990	23 438	214 521
2005	22 811 937	9 174 245	3 527 965	1 894 927	579 365	251 245	162 562	59 746	1 068 146	607 294	2 162 567	2 415 567	18 979	194 241
2006	22 660 666	9 604 273	3 561 735	1 851 805	602 208	262 870	163 767	53 807	1 097 169	646 067	2 519 664	2 425 705	23 683	366 780
2007	22 561 869	9 810 563	3 533 190	1 812 847	606 955	254 412	162 044	49 095	1 082 362	635 620	2 586 914	2 608 097	11 639	254 315
2008	22 352 016	10 122 741	3 609 514	1 828 299	623 891	262 758	164 676	44 737	1 126 255	638 520	2 720 813	2 666 159	9700	151 156
2009	21 668 371	10 267 042	3 629 332	1 850 472	612 997	260 269	168 857	39 897	1 187 792	653 651	2 714 665	2 735 253	7749	147 255
2010	21 974 983	10 644 334	3 757 303	1 943 851	645 010	276 131	174 086	38 251	1 253 156	665 818	2 798 302	2 835 573	16 426	221 029

表 1–65　　2001—2010 年北京市普通中学办学条件（器材）

单位：所

年份	体育运动场（馆）面积达标校数	体育器械配备达标校数	音乐器材配备达标校数	美术器材配备达标校数	理科实验仪器达标校数	建立校园网校数
2001	557	622	620	597	661	209
2002	562	648	645	632	687	344
2003	570	633	627	612	678	466
2004	572	610	607	595	663	563
2005	560	556	561	543	604	616
2006	551	501	509	483	547	605
2007	477	368	385	373	403	611
2008	478	461	460	448	478	605
2009	490	511	511	508	524	599
2010	490	525	524	522	535	594

表 1–66　　2002—2010 年北京市普通中学办学条件（设施设备）

年份	体育运动场（馆）面积（平方米）	计算机（台）	图书藏量（册）	电子图书藏量（片）（册）（GB）	固定资产总值（万元）			
					计	其中：仪器设备总值		
						计	专业实验设备	专业实习设备
2002	6 843 543	69 574	23 997 056	281 538	735 787.86	77 779.28	54 663.79	5476.80
2003	6 962 258	79 404	24 715 155	440 274	753 092.22	80 434.55	50 235.42	6735.01
2004	7 241 155	91 853	24 148 425	521 567	844 036.89	99 093.84	50 168.03	9275.35
2005	7 398 498	109 714	24 131 296	886 373	1 110 002.53	108 626.99	51 693.24	7947.29
2006	7 416 271	130 544	24 436 378	1 441 954	1 278 491.40	113 163.51	58 787.33	8825.88
2007	7 447 977	147 441	23 993 615	2 248 646	1 401 827.83	105 946.24	52 387.53	7039.69
2008	7 493 125	162 082	24 551 441	2 655 111	1 475 796.79	147 630.51	60 429.49	6549.01
2009	7 414 253	181 816	25 388 095	153 354.05	1 676 979.98	189 367.49	74 016.89	7500.12
2010	7 539 187	193 706	26 446 373	166 275.73	1 846 721.59	215 282.92	77 615.41	5601.77

说明：1.2001 年数据统计有误，未列入本表；

2. 电子图书藏量 2002—2005 年统计单位为片，2006—2008 年统计单位为册，2009—2010 年统计单位为 GB

二、学校布局调整与建设工程

（一）布局调整

1991 年，北京市有中小学 4173 所，其中，小学 3482 所，普通中学 691 所（含初级中学 409 所，高级中学 5 所，完全中学 277 所）。城市中小学 1028 所，占全市中小学总数的 24.63%；农村中小学 2310 所，占全市中小学总数的 55.36%。

1992 年，市教育局完成自 1990 年开始的全市 46 个贫困乡中小学布局调整，贫困乡中学由 55 所调整为 41 所，撤并 14 所；完小由 73 所调整为 85 所，增加 12 所；村小由 295 所调整为 199 所，撤并 96 所；单人教学岗位由 178 处调整为 101 处，减少 77 处。

1994 年 9 月，市委、市政府印发《关于进一步落实教育优先发展战略地位高标准实施〈纲要〉的决定》，提出：中小学布局调整以区县为单位。城区要结合旧城改造和市区重大工程建设，扩大校园面积。农村要适当合并规模小的学校。1995 年 9 月，市教委转发国家教委《加强薄弱普通高级中学建设的十项措施（试行）》，该文件要求“对布局过于分散、规模过小、班额不足的学校，该撤并的坚决撤并，使普通高中规模一般不少于 12 个班，每班不少于 40 人”。

1995 年，北京市小学在校生人数开始减少，当年小学在校生 1 007 301 人，招生 168 903 人，分别比 1994 年减少 17 202 人和 17412 人。北京市小学由 1991 年的 3482 所减少到 2867 所，小学布局调整取得进展，单人教学岗基本取消。从 1998 年起，北京市小学学龄儿童数量进入高比例递减期，小学在校生 919 531 人，学校 2511 所。小学学生数开始以每年 7.8 万人、约 10% 左右的速度递减，学校数以每年 180 所左右递减。全市各区县小学生源变化情况有所不同：老市区人口呈扩散趋势，生源递减明显；城近郊区如海淀、丰台、朝阳等随着新建小区扩大，生源递减不明显，个别地区生源有所上升；农村地区，特别是边远山区随着乡镇合并，山区人口搬迁，山区就学人数减少，部分平原地区和县城地区就学人数增加。北京市小学校均规模 366 人，城市地区仍有 16.1% 的小学校均规模在 10 个班以下，农村地区校均规模 8.4 个教学班，校均学生数 244 人。1999 年 12 月，市委、市政府印发《关于深化教育改革全面推进素质教育的意见》提出，制定《北京市学校布局调整规划》，加快学校布局结构调整，市和区县两级政府分级负责。至 2000 年，北京市结合山区中小学建设、城近郊区基础薄弱初中建设、农村千所完小建设、山区寄宿制学校建设、远郊农村中学规范化建设等调整学校布局，全市小学 2169 所，比 1995 年减少 698 所，其中农村及县镇地区小学减少 563 所，占减少总数的 80.7%，小学在校生 743109 人，比 1995 年减少 264192 人。全市初中学校 458 所，比 1995 年增加 34 所，在校生数基本稳定在 50 万人上下波动。全市高中（含完全中学）302 所，比 1995 年增加 16 所，在校生增加 76480 人，校均规模由 358 人增加到 593 人。

2001 年 5 月，市发展计划委、市教委印发《北京市“十五”时期教育发展规划》，提出根据城市改造和人口分布变化趋势，调整义务教育和高中阶段学校布局，提高校均在校生规模。同年 8 月，市政府印发《北京市人民政府贯彻国务院关于基础教育改革与发展决定的意见》，提出到 2005 年中小学校均规模及布局调整目标。此后，在全市小学初中在校生逐步减少、农村税费改革、城市布局调整以及城区改造建设等背景下，北京市各区县开始制定中小学布局调整规划，规划主要内容围绕：农村地区撤并规模小、办学条件差的学校，平原及交通较为便利的地区鼓励联村办学，山区适度发展寄宿制学校；城近郊区在危旧房改造中参与区域性规划。

2001 年 9 月，市政府办公厅转发市教委《关于调整中小学结构布局的意见》，提出："形成规模适度、结构合理、体制多元、形式多样、效益较高的办学格局。"中小学结构布局调整工作主要责任在区县政府，基本原则是：①根据地理环境、区域功能、人口变化等，按照小学就近入学，初中相对集中原则，合理设置中小学校，适度压缩学校数量，扩大办学规模，优化办学条件；②按照办学条件标准，逐步撤并或改造布局不合理、占地面积不达标的学校；③通过撤并、新建、资源重组、强弱联合等形式，改善办学条件，缩小校际差距；④优先发展高标准、高质量九年义务教育。到 2005 年，北京市中小学结构布局调整的目标是：

小学：全市小学调整到 1500 所左右，其中城市地区（含县城地区和郊区中心镇，下同）600 所，农村地区（除郊区中心镇外的乡镇所辖地区，下同）900 所。逐步实行小班化教学，班额一般不超过 35 人。城市地区小学规模一般应达到 18 个班。年招生不足 2 个班的小学应予以撤并。建设一批占地面积 1 万平方米以上的小学，进一步扩大公办寄宿制小学数量。农村地区每个乡镇保留 1 所中心小学，原则上不低于 12 个班，其中，山区中心小学一般不低于 6 个班。农村中心小学可附设 1 至 3 所完全小学。在保证就近入学和不增加农民负担的前提下，撤并农村地区非完全小学。举办一批山区寄宿制小学。

初中：全市独立设置的初中调整到 380 所左右，其中，城市地区 180 所，农村地区 200 所。城市地区初中校规模一般应达到 24 个班，完全中学一般不低于 30 个班，班额 40 人左右。农村地区每个乡镇保留 1 所初中，交通不便或人口规模过大的乡镇可保留 2 所初中，每校不低于 12 个班，山区保留的初中校原则上不低于 6 个班。现有九年一贯制学校不得低于 18 个班，新建九年一贯制学校要达到 36 个班。

普通高中：全市普通高中（含完全中学）保持在 300 所左右，校均年招生规模达到 6 个班左右；年招生低于 4 个班的普通高中应予撤销或改办初中。建设 60 余所年招生规模达到 12 个班以上的示范高中，并面向全市招生，其中完全中学年招生不低于 8 个班。到 2010 年，使 70% 以上的普通高中新生进入以示范高中为主体的优质高中就读。

2002 年，市教委制订中小学结构布局调整规划。全市各区县采取多种方式调整中小学布局：停止招生撤销建制规模较小、布局较密集的学校；合并相对薄弱学校与较好学校；结合小区改造或合并统一社区临近学校新建一贯制学校；改扩建布局规划中需保留、声誉较好但规模和办学条件较弱的学校，扩大招生规模等。至 2005 年，北京市小学调整为 1403 所、初中 404 所，分别比 2001 年减少 557 所、98 所；高中 335 所，比 2001 年增加 46 所。自 2001 年全市撤并规模小、效益低的村小和乡以下初中 1000 余所，初步完成中小学布局调整规划目标。

2006 年 6 月，教育部先后发出《关于实事求是地做好农村中小学布局调整工作的通知》和《关于切实解决农村边远山区交通不便地区中小学生上学远问题有关事项的通知》，国家对中小学布局调整政策作出调整，提出“避免因决策的失误、工作简单化和‘一刀切’造成新的学生上学远的问题发生”，强调“农村小学和教学点的调整要在保证学生就近入学的前提下进行，在交通不便的地区仍须保留必要的小学和教学点，防止因过度调整造成学生失学、辍学和上学难问题”。此后北京市中小学布局调整基本告一段落。

2010 年 1 月，教育部印发《关于贯彻落实科学发展观进一步推进义务教育均衡发展的意见》，要求在调整中小学布局时，“对条件尚不成熟的农村地区，要‘暂缓’实施布局调整，自然环境不利的地区小学低年级原则上暂不撤并”。

至 2010 年，北京市有中小学 1738 所，其中，小学 1104 所，初中 345 所，高中 289 所。全市城市中小学 1054 所，占全市中小学总数的 60.64%；全市农村中小学 465 所，占全市中小学总数的 26.75%（见表 1–67）。

（二）薄弱校建设

1989 年 1 月和 3 月，市教育局分别印发《北京市教育局关于基础薄弱初中改变面貌的基本标准》和《北京市教育局关于农村基础薄弱初中改变面貌的基本要求》，从领导班子、管理办法、教师队伍、办学条件、教育质量六方面，分别提出城近郊区和远郊区县基础薄弱初中建设的基本要求。

城近郊区薄弱初中基本标准：有一个较强的领导班子，70% 具有大专学历；有一套比较科学的管理办法；有一支较好的教师队伍，称职教师不低于 75%，具备合格学历的教师不低于 65%；办学条件符合《北京市中小学办学条件标准》的基本标准；有较高的教育质量，一学年内受公安局拘留和拘留以上处分的学生不超过 0.3%，退学率在 3% 以下，中考及格率不低于 70%，毕业率达到 90% 以上。

表 1-67　　1991—2010 年北京市中小学校数

单位：所

		1991 年	1995 年	2000 年	2005 年	2010 年
小学	合计	3482	2867	2169	1403	1104
	城市	742	762	627	442	634
	县镇	692	728	663	212	124
	农村	2048	1377	879	749	346
初中	合计	409	424	458	404	345
	城市	94	125	164	123	177
	县镇	88	100	152	130	68
	农村	227	199	142	151	100
高中（含完全中学）	合计	282	286	302	335	289
	城市	192	196	206	213	243
	县镇	55	62	83	97	27
	农村	35	28	13	25	19

远郊区县薄弱初中基本要求：完成普及九年制义务教育任务，年流失率（含退学）不超出 3%；有一个较好的领导班子；有一支较好的教师队伍，合格学历教师数不低于 60%；有基本的办学条件，能基本符合《北京市中小学办学条件标准》要求；有一套较为科学的学校管理办法；教育质量逐年提高，中考及格率不低于 70%，毕业率达到 90% 以上，年犯罪率（拘留或拘留以上）不超过 3%。

从 1990 年起，办好基础薄弱初中学校的工作重心由之前的城近郊区转移到远郊区县，至 1991 年，有 157 所农村初中校达到 1989 年 1 月《北京市教育局关于基础薄弱初中改变面貌的基本标准》。至 1994 年，276 所远郊区县乡、镇农村基础薄弱初中全部验收合格，远郊区县共撤并中学 76 所，新建教学楼 118 栋，建筑面积达 24 万平方米，新建实验室、专用教室 869 个，新征地 102.1 公顷，新建扩建操场 150 多个，教学设施设备按办学条件基本标准配齐，专任教师学历合格率达 80% 以上。

1992 年 3 月，市教育局印发《关于进一步提高基础薄弱初中教育质量的通知》，“拟用二、三年时间进一步推进基础薄弱初中的工作，提高薄弱初中教育质量”，提出城近郊区薄弱初中教育质量基本要求：①每所初中学校学生退流率不超过 3%、犯罪率不超过 1.5‰、初中毕业、升学考试及格率不低于 85%（农村中学不低于 75%）、体育锻炼达标率达到 80% 以上。②建立一支结构合理、团结协作，有较强工作能力的校级领导班子，其中具有大专以上学历的在 80% 以上。③各校有学科带头人，形成骨干教师队伍，合格学历教师不低于 80%。④健全各种规章制度，实现“一改观，三突破”。⑤区教育局对基础薄弱初中投入专项经费改善办学条件，所有初中达到《北京市中学办学条件标准（试行）》一般标准。⑥劳动技术教育在有教师、有设备、有专用教室的基础上开足课时。1993 年 1 月，市教育局印发《北京市教育局深化教育改革的几点意见》，要求首先加强城近郊区 23 所基础薄弱初中。至 1995 年，市教育局通过合并基础薄弱初中与办学条件较好的学校、与职业高中分开、试办重点中学分校和大学附中，培训优秀后备干部、派高等师范院校优秀毕业生补充师资、培养学科教学带头人、投入专项经费等途径，改变城近郊区 23 所基础薄弱初中面貌。其中 1 所学校与重点中学合并，4 所学校新建了教学楼，5 所学校扩建了实验楼（室），15 所学校修建了环形跑道，20 所学校理化生实验设施设备基本达到办学条件一般标准，专任教师学历合格率达到 85% 以上的学校有 18 所（见表 1–68）。

表 1–68　1995 年市教育局、市财政局给基础薄弱初中学校下达改善办学条件专项经费分配

区县	金额（万元）
东城区教育局	50
西城区教育局	35
宣武区教育局	30
崇文区教育局	30
朝阳区教育局	40
海淀区教育局	45
丰台区教育局	35
石景山区教育局	35
合计	300

1996 年 4 月，市政府办公厅印发《关于加强基础薄弱学校建设的通知》，提出“力争用三至五年时间使基础薄弱学校的办学条件得到明显改善，教育教学质量有较大提高”的目标，“市政府连续三年每年投入 3000 万元，各区县按 1∶2 的比例多渠道筹集资金”。同年 5 月，市教委印发《北京市加强基础薄弱学校建设工作规划（草案）》，提出基础薄弱校建设总目标和改变基础薄弱学校面貌的 6 条基本要求：①办学条件主要项目达到《北京市中学办学条件标准》一般标准。②校级领导班子均有大专以上的学历；校长具有中学一级以上教师职务，

取得岗位资格证书。③专任教师均能达到《中华人民共和国教师法》规定的任职要求。到20世纪末，专任教师达到合格学历。其中60%左右达到大学本科学历，并有区级骨干教师。④学校管理制度化、规范化，严格执行国家教委课程计划，推进教学改革。⑤年辍学率城区在0.8%以下，近郊区在1%以下；年违法犯罪率控制在1‰以下；中考总分及格率在85%以上；体育达标率在90%以上。⑥学校形成良好的教风、学风、校风，社会反映良好。同时，市教委印发《北京市加强基础薄弱学校建设工作管理办法（试行）》，规定基础薄弱学校建设责任、市专项补助经费核定及使用、干部教师队伍建设、教育教学管理、督导评估、检查验收及总结表彰等管理内容。此后，市政府和城近郊区政府、市教委和区教委（教育局）双双签订《北京市加强基础薄弱学校建设责任书》。同年11月，市、区分别建立党委、人大、政府、政协主要领导联系薄弱学校制度，19名市领导、49名区领导分别联系46所基础薄弱学校，市教委8名局级干部分别联系城近郊8个区（见表1–69和表1–70）。

表1–69　　1996年市领导联系的基础薄弱学校名单

部门	领导姓名	联系学校
市委	尉健行	海淀区向群学校
	李志坚	丰台区丰台路中学
	陈广文	宣武区88中
	强　卫	石景山区金顶山中学
	李永安	丰台三中
	于均波	朝阳区64中
	龙新民	海淀区万泉河中学
市政府	贾庆林	宣武区181中学
	张百发	东城区交道口中学
	金人庆	朝阳区管庄二中
	何鲁丽	西城区西四中学
	胡昭广	海淀区青塔院中学
	孟学农	崇文区223中学
市人大	张健民	崇文区114中
	梅向明	西城区29中
	陶西平	崇文区前门中学
市政协	王大明	东城区163中
	封明为	石景山区古城五中
	陈大白	西城区106中

表 1-70　　1996 年加强基础薄弱学校建设市教委领导联系区名单

领导姓名	联系区
徐锡安	西城区
陶春辉	崇文区
兰宏生	朝阳区
文　喆	海淀区
李洪飞	宣武区
高玉琛	丰台区
章家祥	石景山区
刘　莉	东城区

1998 年 6 月，市教委印发《关于努力办好每所学校巩固基础薄弱学校建设成果的几点意见》，要求建立健全重点中学和较好中学与薄弱学校手拉手制度，建立学校领导干部轮换交流制度和优秀教师到薄弱学校任课、兼课制度。

至 1999 年，原定 105 所基础薄弱学校，停招初中生 6 所，撤销合并 15 所，依托重点中学进行办学体制改革 9 所，剩余 75 所学校中有 66 所与重点校和较好学校签订“手拉手”合作办学联系制度。新增土地 27420 平方米，新建用房 78977 平方米，改扩建用房 45488 平方米，修建操场 226029 平方米，所有这些学校办学条件主要项目全部达到北京市办学条件一般标准，其中，计算机、语音教室、闭路电视系统配备比例分别比 1996 年提高 54 个、38 个、47 个百分点。北京市共调整薄弱学校干部 51 人，校长、校级干部的学历全部达到大专以上，其中大学本科学历分别占 76%、63%，比 1996 年提高 7、19 个百分点。补充优秀和骨干教师 1062 人，专任教师学历合格率达 93%，其中达到大学本科的达 48%，有 44 名教师被确定为市、区级骨干教师，106 名优秀教师到薄弱学校兼课、任课。在校学生巩固率、学生体育达标率、中考及格率分别比 1996 年提高 21 个、22 个、20 个百分点。同年 5 月，市政府召开北京市加强基础薄弱学校建设工作总结大会，城八区 105 所基础薄弱校摘掉帽子。自此以后北京市不再使用“基础薄弱学校”这一称呼，确立“努力办好义务教育阶段每一所学校，使每一个学生在德智体美等方面得到全面发展”的下阶段工作目标。

（三）农村中小学建设

1991 年 2 月，市教育局印发《北京市农村中学办学基本要求检查细则》（试行），从办学方向和目标、领导班子建设、教师队伍建设、管理工作、乡管教育等方面提出基本要求，作为农村中学办学条件和办学水平检查验收的依据。同年，市教育局印发《北京市农村中心小学管理办法》，对中心小学的地位、任务和作用，中心小学干部的编制、级别和职责，中心小学的指挥系统、制度建设（会议制度、工作制度、作风建设）等做出规定。

1993年，市教育局完成自1988年开始的远郊10个区县农村中心小学检查验收，262所远郊农村中心小学全部合格。同年1月，市教育局印发《北京市近郊区农村中心小学建设达标验收标准（试行）》和《北京市近郊区农村中心小学建设办学条件达标验收标准（试用）》，作为检查验收近郊3个区农村中心小学的依据。《近郊区农村中心小学建设达标验收标准》提出办学方向和目标、干部教师两支队伍建设、学校管理工作、中心小学三个作用、乡办乡管教育的具体标准；《近郊区农村中心小学建设办学条件达标验收标准》提出校舍、教学及办公家具、场地、教学仪器设备的具体标准，该标准要求介于1988年《北京市小学办学条件标准（试行）》的“基本标准”和“一般标准”之间，略高于对远郊农村中心小学办学条件标准的要求。

至1995年9月，市教育局完成朝阳、海淀、丰台3个近郊区农村中心小学检查验收，33所农村中心小学全部合格。其中，新建教学楼的17所，新建平房校舍的5所，新建校舍的学校占农村中心小学总数的67%，其余11所进行了校舍改扩建。33所农村中心小学占地总计43.33公顷，校均1.31公顷。拥有200米跑道操场的有25所，占总数的76%，其中部分中心小学操场的环形跑道达300米或400米。专用教室基本齐全，教学仪器设备基本配齐，现代化教学设备配置超出市教育局规定的检查验收标准。装备计算机教室的12所，占总数的36%；装备语言教室的10所，占总数的30%；配齐每班一台投影仪的28所，占总数的85%；配齐每班一台录音机的22所，占总数的67%。各校的图书占有量均达到或超过生均20册的标准。

1997年，北京市13个郊区县共有农村完小1016所（不含乡镇中心小学），占农村地区小学总数的49%，占全市小学总数的35%。农村完小在校生26万人，占农村地区小学在校学生总数的55%，占全市小学在校学生总数的26%。同年4月，市教委印发《关于加强农村完全小学建设的意见（试行）》，提出至2000年农村完小建设的总目标和办学条件、教师队伍建设、学校管理、教育质量的具体目标。

总目标：分期分批将全市农村完小建设成为办学条件达标，教师队伍合格，学校管理规范，质量稳步提高的规范化小学。

具体目标：①办学条件。规模在10个班以上（含10个班）的完小办学条件主要项目达到《北京市小学办学条件标准》“一般标准”，规模在10个班以下的完小办学条件达到“基本标准”。②教师队伍建设。教师队伍在学历结构、任职资格、业务能力、师德规范等达到合格标准。③学校管理。落实国家教委《小学管理规程》和北京市实施办法，逐步做到管理规范化、科学化。④教育质量。完成所辖范围内高标准普及小学教育的任务，不断提高教育质量。

1997年9月，市教委印发《关于北京市十大教育工程实施意见》，提出到2000年农村千所完全小学办学条件，有50%达到《北京市中小学办学条件标准》基本标准，有50%达到一般标准。

至2001年6月，北京市完成自1997年开始的13个郊区县农村完小建设。全市农村完小总数从1997年1016所降至753所，迁址新建农村完小111所，改扩建244所，429所学校具有200米跑道操场，365所完小达到《北京市中小学办学条件标准》一般标准，57所达到较高标准。专任教师中大专学历占40%，拥有一批市、区县、乡镇级骨干教师。

（四）山区中小学建设

1991年，北京市有山区寄宿制小学40所，寄宿生1705人。市教育局要求，1995年山区小学基本取消单人岗位，进一步发展山区寄宿制学校。至1997年，全市密云、怀柔、平谷、延庆、昌平、房山、门头沟7个区县山区寄宿制小学增加到67所，寄宿生3900人。

1997年4月，市教委印发《关于加强山区寄宿制小学建设的几点意见（试行）》和《北京市山区寄宿制小学办学条件基本要求（试行）》，提出山区寄宿制小学建设目标和办学条件基本要求。山区寄宿制小学建设目标：①山区寄宿制小学在办学条件的主要项目达到《北京市小学办学条件标准》中规定的“一般标准”的基础上，还要达到《北京市山区寄宿制小学办学条件基本要求（试行）》。②适度发展山区寄宿制小学。新建山区寄宿制小学规模要适当，原则上常年寄宿生在15人以上的学校视为寄宿制小学，不足15人的可视为寄宿点。距离适宜，交通便利，方便学生入学及家长接送。《北京市山区寄宿制小学办学条件基本要求（试行）》在农村完小建设要求基础上，单列出山区寄宿制小学办学特殊需要的项目配备要求，包括：住宿服务人员、寄宿生活及活动用房、寄宿学生宿舍用具、食堂设备、课后活动器材及其他项目。

1998年，北京市49个边远山区乡镇共有中小学477所，其中中学74所、小学403所。中小学在校生8.8万人，教师8145人。同年9月，市教委印发《北京市关于加强山区中小学建设工作的意见》，提出2001年门头沟区、房山区、昌平县、平谷县、怀柔县、密云县、延庆县7个远郊区县山区中小学建设工作目标：①进一步调整山区中小学布局规划；②山区全部中小学在办学条件主要项目上达到市颁基本标准，其中全部中学的实验教学设备、全部乡镇中心小学及部分完全小学在办学条件主要项目上达到市颁一般标准；③ 1998 年学校公用经费达到 1989 年《北京市普通教育事业公用经费定额标准》，1999 年以后山区中小学生均公用经费不低于本区县生均公用经费的平均水平；④山区教师平均收入不低于本区县教师平均收入水平；⑤中小学的普及程度、教育质量达到 1994 年《北京市关于巩固普及九年制义务教育成果，提高教育质量和办学效益的标准》要求。

1999 年 9 月，市教委印发《北京市山区中小学建设基本要求》，从学校布局、办学条件、教育经费、教师待遇、教育普及程度及质量、组织领导、专项经费、队伍建设、助学金和寄宿生伙食补助九个方面提出山区中小学建设基本要求，作为 1998—2001 年北京市山区中小学建设及检查的基本依据。同时，市教委印发《北京市山区中小学办学条件基本要求中学分册》《北京市山区中小学办学条件基本要求小学 10 个班及以上分册》《北京市山区中小学办学条件基本要求小学 9 个班及以下分册》，对山区中小学的办学条件（校舍、场地、教学仪器设备）和寄宿办学条件增补项目（住宿服务人员、寄宿生活及活动用房、寄宿学生宿舍用具、食堂设备、课后活动器材及其他项目）配备做出规定。

至 2001 年，自 1998 年开始的山区中小学建设完成。49 个边远山区乡镇的山区中小学由 1998 年的 493 所调整到 278 所，校均规模由 1998 年的不足 200 人增加到 316 人，所有学校全部达到《北京市山区中小学办学条件基本要求》，除延庆县尚存在不足 10 人的小学 1 所和单人教师岗位的小学 10 所外，其余 6 个区县均取消 10 人以下小学和单人教师岗位小学。三年完成基建修缮 398197 平方米，购置教学仪器设备 199800 件套，办公和寄宿设备 50388 件套，图书资料 1295332 册。

（五）远郊区县普通中学规范化建设

1994 年 7 月，市教育局印发《关于加强远郊区县普通中学规范化建设工作的通知》，提出用 5 左右时间在远郊区县开展普通中学规范化建设，至 2000 年使远郊区县 30% ~ 40% 的普通中学办学规模、办学条件、领导班子、教师队伍、学校管理、教育质量和办学指导思想等方面达到规范化建设基本要求：①初中在 12 个教学班以上，完中在 18 个班以上。山区初中可适当降低要求。②基本达到《北京市普通中学办学条件标准》一般标准。③校级干部全部符合国家教委规定的中小学校长任职条件和岗位要求，全部经过岗位培训，取得结业证书。专任教师学历达标初中为 100%，高中为 70% 左右，并逐步向国家教委要求靠拢。④学校管理、教育质量按《北京市普通中学教育质量综合评价方案（试行）》

十九项二级指标衡量，大多数达到优等。⑤按课程计划开齐课程，开足课时。落实“全面育人，办有特色”的办学目标和“打好基础，发展特长，减轻负担，提高质量”的教改目标。⑥区县、乡镇政府把学校规范化建设工作列入议事日程，给学校以较大投入。

1996年10月，市教委再次印发《关于加强远郊区县普通中学规范化建设工作的通知》，继续推进农村中学规范化建设，主要由区县、乡镇政府负责。原则上远郊区县普通中学指县镇和农村中学（不包括市重点中学），总体上达到规范化要求的学校应占各区县普通中学总数的30% ~ 40%（其中县镇地区的中学不得超过三分之一，纯初中校应占到80%），对1994年的基本要求提出明确具体的内容：

（1）办学规模：初中校在12个教学班以上（含12个班），完中校在18个教学班以上（含18个班），山区初中不得低于6个教学班，且班额不得少于35人以下。

（2）办学条件：除教室满足需要外，有实验室（符合一般标准，12个班以上有物理2个、生物和化学各1个，低于12个班规模的有理、化、生各1个；分组试验能够达到两人一组）、图书室（生均图书40册以上，工具书占15%左右）、阅览室（教师学生分设）、音乐室、美术室、语言室、微机室、电教室、科技活动室、劳技室、体育器材室、医务室，有满足教育教学需要的设施设备。操场有不低于200米的环形跑道和符合要求的运动器械。

（3）领导班子：学历达标，结构合理，持证上岗，有凝聚力。办学思想端正，办学思路明确。有长远办学规划和学年实施计划，校长能以主要精力抓教育教学工作，达到区县教育行政部门的要求。校长要有学期及学年教学工作分析，其他中层以上干部有深入某一学科或某一项教育工作的教学分析或工作总结。

（4）教师队伍：学历达标，具有大学本科学历的专任教师比率逐年提高，到2000年达到50%左右；各学科均能配齐教师，并有区县级以上的骨干教师。学校有区县级以上的教科研课题并取得成果。

（5）学校管理：实行目标管理，制定切实可行的各类人员岗位责任制、考核奖惩制。落实常规管理，学校规章制度健全，有实施措施、检查记录和总结、改进意见。从实际出发进行学校管理改革。

（6）教育质量：普及程度达标，适龄少年按时入学，残疾少年入学率在90%以上。学生年辍学率在2%以下，其中流失率在0.6%以下。教育质量达标，年犯罪率在0.1%以下；初中毕业考试总分及格率在85%以上，全科及格率逐年提高；体育课及格率在95%以上，体育锻炼标准达标率在90%以上；近视眼年新发病率低于3%。

1997 年，市教委印发《北京市远郊区县普通中学规范化建设达标验收要求（试行）》，作为远郊区县规范化中学检查验收的标准，采用区县交叉验收的方式，对 7 个区县 20 所学校进行验收。

2000 年 3 月，市教委印发《关于加快远郊区县普通中学规范化建设的函》，要求加快远郊区县普通中学规范化建设。至 2002 年，远郊区县列入规范化建设的 292 所普通中学全部达到规范化建设提出的“布局合理、硬件达标、软件规范”要求。

（六）示范性普通高中建设

1997 年 9 月，市教委印发《关于北京市十大教育工程实施意见》，提出实施示范学校工程：到 2000 年全市建设 200 所示范学校，其中中学 50 所（另有小学 40 所幼儿园 10 所、职业高中 30 所、中专 30 所、技工学校 20 所、成人学校 20 所）。要求示范学校校舍和教学设备等办学条件达到较高标准；拥有一支素质优良、结构合理、教学水平较高的教师队伍；各方面管理工作好，教育质量和办学水平高，能在同类学校中起示范作用。

1999 年 3 月，市教委印发《关于示范性普通高中建设工作的若干意见》，提出“在今后 5 年，建设一批在全市乃至在全国具有较大影响的示范性普通高中”，要求“做好硬件建设，提高软件水平”。示范性普通高中建设分两个层次，一是全市分期分批建设和评估 60 所左右“规模大、条件好、质量高”的市级示范性普通高中；二是以独立设置高中为主，从市级示范性普通高中校中择优建设 30 所国家级示范性普通高中。此后，北京市普通高中不再有“重点中学”的称号，而改为“示范校”。示范性普通高中建设的标准是：

（1）高中规模。高中在校生规模达到 18 个班以上，其中独立设置高中在校生规模达到 24–36 个班。

（2）校园、校舍和条件装备。①校园布局合理，卫生、供水、排水、供暖、供变电等设施完备；学校周边环境良好。②生均校园占地面积，城镇学校和农村学校原则上分别达到 25 平方米和 30 平方米，有特殊困难且在校生规模超过 24 个班的城镇学校，校园总面积也不得低于 3 万平方米；生均绿地面积达到 1 平方米。③生均校舍面积，城镇学校和农村学校分别达到 10 平方米和 12 平方米；教学用房种类齐全、数量足够、面积达标、光线充足、通风良好。④学校图书馆面积较大，教师资料室和学生阅览室座位数分别达到教师总数和学生总数的 40% 和 20%，装备一定规模的电子阅览室。⑤城区学校操场环形跑道米数和学生运动场地总面积分别达到 200 米和 9000 平方米以上，郊区学校具有400米环形跑道操场，校园占地面积较大的学校应有体育馆；办公用房和食堂、学生宿舍等生活用房能满足实际需求。⑥各类实验仪器设备、药品，教学标本、模型、挂图，体育器材，卫生室器材、常备药品，音、美、劳技设备的质量和数量都能较充分地满足需要；电教设备档次较高、数量适当，并建立校园网络；生均藏书量达到50本以上，藏书质量符合要求，报刊种类达到200种以上，工具书、教学参考书种类达到300种以上，有较多的适于教学使用的音像资料和计算机软件。

（3）干部、教师队伍。①学校领导班子成员具有大学本科学历或高级职称，具有较高教育教学和学校管理水平，领导班子团结协作、开拓进取，有较高的威信。②学校教师队伍年龄、学科结构合理，生师比较高，专任教师具有大学本科以上学历，有一定数量的市、区县级学科带头人和骨干教师。

（4）教育教学等方面管理工作。各方面管理工作规范、高效。能全面贯彻教育方针，模范执行教育法律、法规和有关政策，不断加强和改进德、智、体、美、劳各方面工作，深化教育教学改革，办出学校特色，发挥示范作用和师资培训、场地设备使用等方面的基地、辐射作用。

（5）学生素质培养。学生思想道德、科学文化、身体心理、劳动技能等素质得到较好发展。重视学生特长的培养。

2002年9月，市教委认定首批示范性普通高中。至2005年12月，分四批认定共68所示范性普通高中（见表1–71）。

表1–71　　2002—2005年北京市示范性普通高中认定名单

批次	年份	北京市示范性普通高中认定名单	学校数
第一批	2002年	中国人民大学附属中学、北京师范大学附属实验中学、北京市第四中学、北京师范大学附属中学、北京市第十二中学、北京师范大学第二附属中学、北京市汇文中学、首都师范大学附属中学、北京市第十五中学、通州区潞河中学、顺义区牛栏山第一中学、大兴区黄村第一中学、北京市陈经纶中学、清华大学附属中学	14所
第二批	2003年	北京市第二中学、北京景山学校、北京市第八中学、北京市回民学校、北京市第八十中学、北京市第一零一中学、北京市八一中学、顺义区杨镇第一中学、北京市平谷中学、北京大学附属中学、北京师范大学良乡附属中学、北京市第九中学	12所
第三批	2004年	北京市第五中学、北京市育才学校、北京工业大学附属中学、北京理工大学附属中学、北京市十一学校、北方交通大学附属中学、北京市第二十中学、北京市中关村中学、北京市第十中学、北京市大峪中学、北京市昌平区第一中学、北京市昌平区第二中学、北京市通州区运河中学、北京市顺义区第一中学、北京市怀柔区第一中学、北京市密云县第二中学、北京师范大学附属平谷中学、延庆县第一中学	18所

续表 1–71

批次	年份	北京市示范性普通高中认定名单	学校数
第四批	2005 年	北京市第五十五中学、北京市第一六六中学、北京市第一七一中学、北京市东直门中学、北京市第十三中学、北京市第三十五中学、北京市第一六一中学、北京铁路分局职工子弟第二中学、北京市西城外国语学校、北京市第十四中学、北京市第六十六中学、北京市广渠门中学、北京市第十一中学、北京市第五十中学、北京市第一九中学、北京市第十七中学、北京市第九十四中学、北京市和平街第一中学、北京市日坛中学、北京市第十八中学、北京市丰台第二中学、北京市通州区永乐店中学、北京市大兴区兴华中学、北京师范大学燕化附属中学	24 所

2006 年 2 月，市教委发文要求对已认定的市级示范性普通高中实行复审制度。对不能全面贯彻党的教育方针、违背相关法律法规和不符合示范高中评估要素要求的学校给予警告或取消称号。从 2006 年起，市教委要求进行将示范高中部分招生计划分配到本区县初中校招收优秀应届初中毕业生的试验。至 2010 年，全市所有 68 所示范高中均参与该试验，各区县每年均将示范高中招生计划的 5% ~ 10%分配到初中校或九年一贯制学校。

（七）初中建设工程

2005 年 7 月，市教委、市政府教育督导室印发《关于实施初中建设工程的意见》，提出从 2005 学年起，用五年左右时间“整体提升初中办学水平和教育质量，促进初中学校均衡发展”。重点扶持农村地区和城市地区的办学困难学校。通过布局调整与资源重组、实施办学条件达标工程、加强干部教师培训与调配、深化学校管理与教学改革、深化考试评价与招生制度改革等，使初中学校在办学条件、教师队伍、管理水平、生源质量等方面缩小差距、趋向均衡。同年，市教委制定《北京市初中建设工程实施方案》，城市地区重点建设 32 所初中，市委教育工委、市教委、市政府教育督导室每名领导联系其中 1 所至 2 所学校，北师大、首师大向 32 所学校选派校长助理。

2006 年 5 月，市政府教育督导室、市教委印发《关于对区县初中建设工程进行专项督导的通知》，明确对区县初中建设工程督导的主要内容和实施办法。同年 11 月，市政府教育督导室完成 6 个区县初中建设工程年度检查。

2009 年 4 月，市政府教育督导室和市教委联合对全市初中建设工程实施情况进行总结和督导验收，北京市初中建设工程完成。全市初中学校数量由 2005 年的 562 所调整到 2008 年 12 月的 509 所，调整撤并 53 所初中学校。全市 95% 的初中学校办学条件基本达标，509 所学校中，有 486 所学校在专用教室建设、教学仪器设备、音体美器材、图书资料、信息化 条件等五个主要项目上达到

《北京市中小学办学条件标准》。初中校级干部中具有本科以上学历的比例达到了93.77%，比2005年提高近10个百分点。初中学校市、区级骨干教师总数从2005年的2189人增加到2008年的3455人，增加58%。

（八）小学规范化建设工程

2007年10月，市教委、市政府教育督导室印发《关于实施小学规范化建设工程的意见》，自2007年秋季开始，用5年左右时间，按照“市级统筹，区县政府为主”的原则，实施“北京市小学规范化建设工程”。到2012年，使全市各区县小学教育布局基本合理，办学条件明显改善。农村完全小学和城镇地区相对薄弱小学教育质量显著改善；学校内部管理规范有序；干部教师队伍素质整体提升，骨干教师分布合理；小学生德智体美等综合素质全面发展，特别是身体、心理健康素质明显提高。

至2010年，北京市优先支持城区薄弱学校和农村完全小学实现办学条件达标，全市有近三分之二小学办学条件主要项目达到2005年《北京市中小学办学条件标准》。

（九）中小学校舍安全工程

2009年6月，市政府办公厅印发《北京市中小学校舍安全工程实施方案》，提出“用3年时间在全市范围内开展中小学校舍抗震加固改造和防震减灾工程”。从2009年开始，对全市中小学存在安全隐患的校舍进行抗震加固、迁移避险，集中重建整体出现险情的D级危房、改造加固局部出现险情的C级校舍，提高综合防灾能力，使学校校舍达到重点设防类抗震设防标准。中小学校舍同时要符合对山体滑坡、崩塌、泥石流、地面塌陷和洪水、台风、火灾、雷击等灾害的防灾避险安全要求。校舍安全工程覆盖城区和农村、公立和民办、教育系统和非教育系统的中小学学校，由市委市政府统一领导，发改、教育、建设、规划、财政、国土、地震、水务、监察、审计、安监、公安、文物等部门及各区县人民政府负责组织实施。同年7月，北京市启动中小学校舍安全工程。9月，市教委、市规划委、市住房和城乡建设委印发《北京地区中小学校舍抗震鉴定与加固技术细则》，对中小学校舍的场地、地基和基础、多层砌体结构、多层钢筋混凝土房屋、单层砌体房屋的抗震鉴定和抗震加固做出详细规定，用于指导北京地区现有中小学校舍的抗震鉴定、加固设计和施工。11月，成立北京市中小学校舍安全工程领导小组，领导小组办公室设在市教委。

至2010年12月，北京市中小学校舍安全工程涉及学校840余所，开工学校762所，开工项目2014个，累计开工校舍面积346万平方米，占三年规划改造总面积的53%，其中竣工281万平方米，在施65万平方米。

三、信息化建设

1991年7月，国家教委印发《关于在全国建立电化教育综合实验县的通知》，选定34个全国电化教育综合实验县，北京市昌平县作为其中之一。主要任务是建设县卫星教育电视网络、改善中小学电教条件、搞好电化教育、使用电教教材、理顺电教管理体制等。至年底，全市19个区县电教馆有教学录像资料48900余小时，有教学录音资料18380小时。城区中小学校班均占有1台投影器的超过50%，郊区达到30%。

1992年12月，北京市有361所城镇中学的电教设备达到1992年2月国家教委《中、小学校及中等师范学校电化教育设备配备标准》，占城镇中学总数的98.9%；有703所城镇小学达到标准，占城镇小学总数的79.9%。至1996年，北京市基教系统有投影仪及幻灯机41754台，录音机38304台，录像机5738台，电视机14992台，计算机20302台，语言实验室697个，卫星接收装置71套，有线电视286套。全市99.9%的中小学校达到1992年国家教委规定标准，其中达到一类标准的621校，占19.7%；达到二类标准的1414校，占44. 9%。全市电教机构和学校共有教学投影（幻灯）片2246540柜，录音节目44689小时，录像带5755666小时，计算机教学软件2617个，课题18018张（磁盘）。

1998年3月，国家教委电化教育办公室印发《全国中小学现代教育技术实验学校工作实施意见》，提出“在全国基本普及九年义务教育的地区，设立1000所现代教育技术实验学校（其中，在贫困地区和少数民族地区设立100所左右）”。市教委于1998年3月和2000年12月公布两批教育部批准的“全国中小学现代教育技术实验学校”，共53所学校（见表1–72）。

表1–72　1998年、2000年教育部批准北京市“全国中小学现代教育技术实验学校”名单

批次	年份	学校名称	学校数
第一批	1998年	北京景山学校、第四中学、第三十一中学、第八十中学、第十二中学、顺义县牛栏山第一中学、密云县第二中学、第五十五中学、北京师范大学附属实验中学、汇文中学、十一学校、通县潞河中学、怀柔县第一中学、北京铁路第二中学、燕山向阳中学、第十九中学、西城区宏庙小学、育才学校小学部、海淀区二里沟中心小学、大兴县黄村镇中心小学、昌平县师范学校附属小学、宣武区师范学校附属第一小学、东城区史家胡同小学、朝阳区劲松第三小学、房山区良乡小学、顺义县李桥镇中心小学、延庆县实验小学、第二实验小学、北京铁路分局子弟第五小学	29所

续表 1-72

批次	年份	学校名称	学校数
第二批	2000年	北京师范大学附属中学、第161中学、陈经纶中学、昌平区第四中学、中国人民大学附属中学、第15中学、广渠门中学、房山区房山中学、大兴县黄村第二中学、东城区灯市口小学、东城区分司厅小学、石景山区鲁谷小学、西城区黄城根小学、丰台区师范学校附属小学、平谷县第五小学、西城区阜外大街第一小学、通州区东方小学、门头沟区大峪第二小学、第一师范学校附属小学、朝阳区日坛小学、北京师范大学附属实验小学、花园村中学、东城区府学胡同小学、延庆县延庆中学	24所

2000年4月，北京市召开中小学教育信息化工作会议，此后市教委接连印发中小学校园网建设、管理系统、“校校通”工程等信息化建设文件。同年4月，市教委印发《北京市加强中小学校园网建设实施方案（试行）》，提出校园网建设目标：到2005年，全市拥有校园网的中小学达到1000所左右。建设以普通高中为主体、包括初中和小学在内的100所校园网示范校，并使其中的一批学校进入国家级校园网示范校行列。同年7月，市教委印发《关于建立北京市中小学管理信息系统和电子学籍IC卡管理系统的实施办法》，提出自2000年起逐步建立学校、区县、市三级中小学管理信息系统（包括人事管理、学籍管理、教学管理、教学评估等功能）和电子学籍IC卡管理系统（包括学生身份认证、电子学籍信息存贮和金融消费等功能）。2001年2月，市教委印发《北京市中小学“校校通”工程实施意见（试行）》，提出“校校通”工程目标：从2001年起用5年左右时间，全市中小学（农村地区指完全小学以上中小学，下同）建成校园网并能上网，联网计算机进入每所学校教室，实现学校、区县教委（教育局）、市教委三级网络系统联通；建设中小学信息资源库群，丰富北京教育信息网上教育资源。

2001年8月，市教委印发《北京市中小学教育信息化建设指导意见》，提出2001—2005年全市中小学教育信息化建设目标：全市中小学开设信息技术课，完成信息技术教材建设，进行现代信息技术与学科教学整合探索，全市中小学建成不同标准的校园网并能上网，使联网计算机进入每一所中小学的教室，培育一批现代信息技术教育示范校，完成北京教育信息网骨干节点和区县教育网络，所有区县建成中小学信息技术教育传播中心，形成中小学信息资源库群。全市小学、初中学生平均10人拥有1台计算机，高中学生平均8人拥有1台计算机，专任教师人手一机，所有教师接受信息技术培训。2004年年底，全市中小学实现“校校通”。

2005 年，全市中小学基本实现 2001 年提出的中小学信息化建设目标：基本建成自 1999 年启动建设、由骨干网、区县区域网和校园网三级网络构成的北京教育信息网。全市所有中小学网络节点进入每间教室，实现“班班通”。北京教育资源网开通试运行，面向全市中小学师生提供服务。北京市中小学数字图书馆建成，拥有 300 多家出版社约 70 万册电子图书资源。至 2005 年年底，全市中小学拥有计算机 18.9 万台，其中学生机 12.2 万台，教师机 6.7 万台。学生平均每 11 人拥有一台计算机（含流动人员子女），专任教师平均每两人使用一台计算机，全市配备多媒体 12000 套。此后，全市中小学开始逐步发放和推行使用“北京市中小学学生卡”（包括“证件卡”和“学籍卡”），作为北京市普通中小学学生统一使用的电子身份证件。到 2006 年，北京市完成全市义务教育阶段 90 万学生卡发放工作。

2006 年 5 月，北京市政交通一卡通正式启用。“北京市中小学学生卡”具有储值后刷卡消费功能，次月充值后，作为学生公交 IC 卡使用。从 2007 年 1 月起，普通中小学生持学生卡刷卡乘坐市区公交线路享受 2 折优惠；刷卡乘坐原月票有效分段计价线路“打折封顶”，学生卡每乘次 0.2 元。2007 年，市教委印发《北京市中小学学生卡管理暂行办法》和《北京市中小学学生卡管理操作规程》，全市所有中小学生统一使用电子学生卡。

2008 年 4 月，市教委印发《关于进一步加强北京市教育信息化工作的意见》和《北京市中小学信息化工作行动计划（2008—2010 年）》，提出北京市教育信息化 2010 年发展目标，从完善北京教育信息网、建设基础教育数据中心、整合信息资源、建设具有较高信息素养的干部教师队伍等方面提出中小学信息化 2010 年工作计划。同年 5 月，市教委印发《北京市中小学校园网管理办法》施行，明确区县和学校责任。同年 9 月，北京市中小学全面实施电子化学籍管理。

2009 年 6 月，市教委印发《北京市中小学数字校园实验工作实施方案》，从 2009 年起用 3 年时间在全市开展中小学校数字校园实验。2010 年，市教委认定第一批北京市中小学数字校园实验校 29 所（见表 1–73）。

至 2010 年，北京市小学校均微机室从 2001 年的 36 平方米升至 108 平方米，校均信息技术教师从 2001 年的 0.61 人升至 1.41 人，计算机校均拥有量从 2002 年的 26 台升至 135 台，每百学生计算机拥有量从 2002 年 8 台升至 23 台；北京市普通中学校均微机室从 2001 年的 255 平方米升至 436 平方米，校均信息技术教师从 2001 年的 1.36 人升至 2.03 人，计算机校均拥有量从 2002 年的 89 台升至 306 台，每百学生计算机拥有量从 2002 年 10 台升至 38 台（见表 1–74）。

表 1–73　　2010 年第一批北京市中小学数字校园实验校名单

区县	学校
东城区	北京景山学校 北京市东城区府学胡同小学 北京市第一零九中学
西城区	北京市第七中学 北京师范大学第二附属中学 北京育才学校
朝阳区	北京市第九十四中学 北京市朝阳区芳草地国际学校
海淀区	北京理工大学附属中学 北京市海淀区七一小学
丰台区	北京市第十二中学 北京市丰台区师范附属小学
石景山区	北京市石景山区实验小学
房山区	北京市房山区良乡小学
门头沟区	北京市门头沟区大峪第二小学 北京市门头沟区新桥路中学
通州区	北京市通州区潞河中学
顺义区	北京市顺义区牛栏山第一中学 北京市顺义区天竺中心小学
怀柔区	北京市怀柔区第一中学
密云县	北京市密云县新城子镇中心小学
平谷区	北京市平谷区第六中学
大兴区	北京市大兴区黄村镇第一中心小学 北京市大兴区第一中学
昌平区	北京市昌平区第一中学 北京市昌平区二毛学校
延庆县	北京市延庆县第一中学 北京市延庆县十一学校
燕山地区	北京市燕山前进第二小学

表 1–74　　2001—2010 年北京市中小学信息化建设基本情况

年份	小学					普通中学				
	校均微机室（平方米）	建立校园网校数（所）	计算机校均拥有量（台）	每百学生计算机拥有量（台）	校均信息技术教师数（人）	校均微机室（平方米）	建立校园网校数（所）	计算机校均拥有量（台）	每百学生计算机拥有量（台）	校均信息技术教师数（人）
2001	36	212	—	—	0.61	255	209	—	—	1.36
2002	46	349	26	8	0.75	277	344	89	10	1.57
2003	57	492	35	10	0.92	321	466	104	11	1.70

续表 1–74

年份	小学					普通中学				
	校均微机室（平方米）	建立校园网校数	计算机校均拥有量（台）	每百学生计算机拥有量（台）	校均信息技术教师数（人）	校均微机室（平方米）	建立校园网校数	计算机校均拥有量（台）	每百学生计算机拥有量（台）	校均信息技术教师数（人）
2004	65	757	42	12	1.05	333	563	121	14	1.69
2005	76	970	55	16	1.11	340	616	148	18	1.74
2006	85	1013	73	14	1.16	372	605	185	21	1.80
2007	94	1053	89	16	1.20	369	611	214	26	1.87
2008	97	1048	101	18	1.28	390	605	240	30	1.89
2009	102	1042	122	22	1.34	402	599	281	35	1.94
2010	108	1007	135	23	1.41	436	594	306	38	2.03

说明：2001 年计算机台数统计有误，未列入本表

第四节　学校后勤及设备管理

1991—2010 年，北京市中小学规范和加强了学校后勤及设备管理包括校园环境、采暖、营养餐、校服、校舍修缮、设施设备管理、收费等工作。

1994 年 2 月，北京市中小学校实行统一收费卡制度。2001 年 9 月，北京市免收全市义务教育阶段残疾学生、残疾人家庭学生杂费。此后，北京市逐步免除在公立学校就读的远郊区县和城近郊区“低保户”义务教育杂费、低收入家庭学生教科书费、城八区义务教育杂费、农村学生教科书费、民办学校杂费、公办学校义务教育借读费、城区学生教科书费等。至 2010 年，北京市实现完全免费义务教育，包括对义务教育阶段学校的所有学生免收杂费、教科书费；对外来务工人员随迁子女免收学杂费、借读费；对山区学生、城乡低保家庭学生、特殊教育学生（含随班就读）、工读学校学生做到“三免两补”，即：免杂费、教科书费、寄宿生住宿管理费，发放学习补助（300 元 /（人·年））、寄宿生活补助（1600 元（人·年））。

1997 年以前，北京市中小学校办企业主要用于弥补教育经费不足，作为学生的劳动教育场所。1997 年以后，北京市中小学校办企业经济效益开始下滑，校办企业数量、利润总额、补充教育经费额度开始降低。2001 年，北京市校办企业改革启动，采取建立股份制公司、建立有限责任公司、销号关闭等 10 种形式推进全市校办企业产权制度改革，建立现代企业制度，至 2004 年校办企业改革基本完成。

2000 年以前，市政府重点解决中小学教职工住房建设。2009 年，市政府开

始实施中小学校舍安全工程，使校舍达到重点设防类抗震设防标准。2010年，北京市中小学危房占校舍建筑面积的0.13%。

一、后勤

（一）校园环境管理

20世纪80年代末，北京市在中小学校推行贯彻“双规”、落实“四校”活动（“双规”即《中学生日常行为规范》《开展十项教育活动的规定》，“四校”即校规、校训、校服、校歌）。到1991年，全市所有中学均有校规、校训，80%的学校有校歌，城镇以上学校均有校服。年内，市教育局确定11所贯彻“双规”文明校和10所落实“四校”工作先进校。

1995年4月，市教育局印发《北京市中小学校园环境管理实施意见》，作为中小学（含中等师范学校、职业高中）校园环境建设的标准和检查校园环境管理的依据，提出校园环境包括以基本设施、绿化美化为主的物质环境和以校园精神、校园文化、校风为主的精神环境。要求1995年各区县10%～20%的学校达到校园环境管理标准，1997年60%的学校基本达标，2000年城市及农村中心校以上中小学85%以上基本达标。

校园环境管理目标：

（1）校园环境整洁优美，富有教育性；校舍坚固、适用，设施完好。

（2）校园风气健康向上，干群关系，师长关系，同事、同学关系和谐融洽。

（3）校园文化生活丰富多彩，生动活泼。

（4）学校内布局规范、合理，教学区、体育活动区，行政管理区、生活区、生产劳动区等分区明确，互不干扰。

至2001年年底，全市共评选中小学市级校园环境示范校160所。至2006年，全市中小学市级校园环境示范校达到204所。

2000年5月，市教委、市环保局按照环保局和教育部“2000年起，每两年在全国联合表彰一批中、小学‘绿色学校’”要求，开始在北京市中小学中开展创建绿色学校活动，审核合格后命名为市级“绿色学校”。2001年11月，市教委、市环保局印发《北京市创建“绿色学校”暂行办法》和《北京市“绿色学校”评价标准》，从组织建设（领导重视、制度建设、档案资料）、环境教育与实践（教育氛围；教师培训；课堂渗透；专题教育）、环境建设与实践（专题活动；社区活动；家庭教育）、环境建设（校园环境）、教育效果（环境意识与行为；教育成果；实践效果）提出北京市“绿色学校”标准要求。市教委和市环保局每两年联合命名并表彰一批市级“绿色学校”,并在此基础上推荐国家级“绿色学校”。至 2007 年,市教委、市环保局分 4 批对在创建“绿色学校”活动中“工作突出、成效显著”的 209 所学校授予“北京市环境教育绿色学校”称号。

2006 年 4 月,市教委印发《关于建设节约型学校的实施意见》,从校园基本建设、学校后勤管理、会议与经费、日常工作、节约资源新技术的研究、推广与应用、宣传教育、加强建设节约型学校的领导和监督检查力度 7 方面制定建设节约型学校的具体内容和要求。同年 6 月,市教委转发 2006 年 4 月教育部《关于大力加强中小学校园文化建设的通知》,北京市提出校园文化建设要体现北京特色、地区特点和学校办学理念,将学生喜欢、有特色、教育意义强的校园文化活动形成制度。

2007 年 5 月,市教委、市卫生局、市爱国卫生运动委员会印发《关于在北京市中小学校托幼机构全面控烟的通知》,要求在学校教学区、办公区、会议区、图书馆、文体活动区以及生活区等校园内所有公共场所实施全面控烟,实现无烟区。要求校园主要区域要有明显的禁烟标志,禁止任何人在校园内吸烟,校内不得有烟具和烟蒂。教育系统拒绝烟草生产企业和销售单位的任何赞助和活动,校园内禁止任何形式的烟草广告宣传。同年 12 月,市教委印发《北京市“节能减排学校行动”工作计划》,主要实施内容包括:采取节能减排措施、加强节能减排知识教育、组织节能减排主题教育活动和社会实践活动、营造节能减排校园文化、推广教科书的循环使用。年内,北京市所有中小学全部改用绿色照明,用上节能灯。2008 年 4 月,市教委启动北京市节能减排学校行动。

2010 年 1 月,市教委、市发改委、市住房和城乡建设委印发《北京市节约型中小学校建设指导意见(试行)》,从基本原则、组织与管理、节约教育与宣传、校园建设等方面对节约型中小学校建设提出意见。同年 8 月,市教委印发《北京市节约型中小学校(绿色学校)建设考核评价办法(试行)》,从组织与管理、教育与宣传、校园建设、节约效果和特色附加分五方面,采用学校自我评价与考察组对学校综合评价的方法进行节约型中小学校建设评价。至年底,市教委评选出 100 所北京市节约型中小学示范学校。

(二)采暖

1986 年 10 月,市政府根据中共中央办公厅、国务院办公厅《关于进一步加强中小学危房修缮和改造的通知》精神,提出“五年内进一步改善照明、取暖条件”。1991 年,北京市完成 408 所中小学暖气管线维修,更新锅炉 79 台。此后,市教育局每年更新部分学校锅炉,维修供暖管线,改善中小学取暖条件。

1993 年，市教育局在平谷县大华山乡水峪子村小学、顺义县北小营乡后宴子小学新建楼房校舍试验太阳能取暖。1994 年，北京市部分农村地区中小学试验推广校舍用常压生活热水锅炉取暖及寄宿制学生宿舍利用介质采暖炉（热管高效节能水暖炉）取暖的办法。两种采暖形式可节煤 30% ～ 40%。

1996 年，市教委为 7 个山区的 26 所小学和 53 所中学安装土暖气，山区寄宿制学校基本告别多年使用的煤炉取暖方式。同年 12 月，市教委印发《关于印发北京市中小学校冬季采暖锅炉土暖气及介质安全运行管理工作要求（试行）》，对运行设备管理、司炉人员管理、水质软化处理、循环水泵系统管理、烟道清理、保温通风、紧急停炉情况及措施等提出要求。

2000 年，市教委调查门头沟、延庆、昌平、房山、平谷、怀柔和密云七个山区县 77 个半山区和平川地区乡镇中 63 个乡镇的 92 所中学、433 所小学校舍情况进行调研，多数学校校舍是平房，取暖设施落后，中学有 92848 平方米校舍、小学有 129210 平方米校舍冬季仍用火炉取暖（见表 1–75）。

表 1–75　　2000 年半山区及平川地区中小学改善取暖条件差额统计

区县	小学		中学	
	所差面积（平方米）	所需金额（万元）	所差面积（平方米）	所需金额（万元）
门头沟	9862	98.62	5452	54.52
延庆	19 576	132.6	11 419	94.41
昌平	33 882	442.5	25 827	215.6
房山	36 019	356.74	9055	102.02
平谷	2000	45.7	918	18.8
怀柔	21 311	260.5	33977	253.5
密云	6560	88	6200	81.3
合计	12 910	1424.66	92 848	820.15

2003 年，市教委为 10 个远郊区县的 413 所农村中小学改造供暖建筑面积达 58 万平方米，安装集中供暖锅炉 73 台，土暖气锅炉 2224 台。至同年 10 月，北京农村中小学全部取消明火取暖。

2008 年，市教委对 9 个区县经审批的 65 所流动人口自办学校给予供暖补贴。同年 12 月，市教委对北京市所有中小学进行采暖检查，严禁学校使用煤炉取暖，检查重点包括城乡接合部的民办学校、打工子弟学校。

（三）学生营养餐

1991 年，中国营养学家于若木提出以增强学生健康体质为目的的“学生营养餐”工程，在北京数十所中小学进行试点。

1997年1月，市教委印发《关于在东城区中小学内全面推行“国家大豆行动计划”和“学生营养餐”试点的通知》，开始在东城区开展“国家大豆行动计划”和“学生营养餐”试点。

1999年2月，中共中央总书记、国家主席江泽民提出：“要在儿童、少年中推广营养餐，北京市要带个头，还要在全国推广。”随后，北京市成立学生营养餐工作协调小组，由市委宣传部、市教委、市商委、市工商局、市交管局、市卫生局等组成，副市长林文漪任组长，市营养餐办公室设在市教委，同时组建市学生营养餐研究中心和学生营养餐工作督查组。同年5月，市政府办公厅转发市教委《关于在全市中小学生中推行营养餐工作的意见》，要求按照“政府主导、社会参与、学校落实、学生自愿”原则推进中小学生营养餐，中小学校可自主在具备资格的学生营养餐生产和供应单位中选择供餐单位及营养餐形式，学生在家长支持和学校统一组织下自愿选择营养餐用餐方式。提出推行学生营养餐目标：到1999年年底，在全市中小学校推行学生营养餐标准，为10万名中小学生提供营养餐配送中心生产的营养午餐。经过2～3年，使全市中小学生午餐全部达到营养标准，由配餐中心生产的学生营养午餐日供应量达到30万份以上。在农村山区学校推行“大豆计划”。同时提出实行学生营养餐生产和供应资格制度，学生营养餐生产单位需经市、区县政府审批，经市、区县学生营养餐工作管理部门评估认定后，方可取得学生营养餐生产资格。学生营养餐配送中心完善后，逐步减少中小学校自办学生食堂。同年7月，市卫生局印发《北京市学生营养午餐卫生审批管理办法（试行）》，对生产经营学生营养餐的企事业单位资格制度、许可证申请办理程序、提供资料、符合条件等作出规定。自同年9月起，北京市城近郊区全面推进学生营养餐，远郊区县根据实际情况在有条件的城镇地区中小学校和山区寄宿学校开展营养餐试点。至1999年年底，市营养餐办公室在工商部门注册北京市学生营养餐专用标志，分3批认定30家营养餐定点生产企业，生产能力达20万份，实现日送餐量10万份，有10万名中小学生食用营养餐。

2000年10月，市教委印发再次发文，要求到2001年年底城8区所有在校就餐中小学生都能吃上营养餐。规定全市学生营养午餐指导价格：小学每份4.5～5元、初中每份5元、高中每份5.5元，要求学校不得向学生额外加收其他费用和向供餐单位提出额外要求，非定点单位不得向中小学校供餐。至2001年11月，北京中小学生有32万人食用营养餐。其中，市级学生营养餐定点生产单位每天配送营养餐17万份，区级营养餐生产单位每天提供营养餐15万份。

从 2003 年起，北京市市级学生营养餐生产单位面向社会公开招标，每年通过招标认定不超过 50 家的市级学生营养餐定点生产单位。对就餐人数较多、基础条件具备的学校学生食堂，按照《北京市中小学校学生食堂卫生监督管理办法》等学校食堂管理文件加强建设，建立学生营养餐食谱，由区营养餐工作办公室认定为区级学生营养餐生产单位。对不具备改造条件的学校食堂予以撤销，改由定点生产企业统一配送学生营养餐。

从 2007 年起，北京市教委不再规定营养餐指导价，并取消过去最低限价 4.5 元的规定，营养餐价格由学校、学生代表与营养餐公司三方协商确定。

2010 年，市教委要求"寄宿学校以及新建、改建学校必须有自办食堂"，鼓励学校自办食堂，同时营养餐公司通过送餐解决校方无法负担的部分，以解决用餐口味、饭菜温度和用餐安全等问题。至 2010 年 12 月，北京市有 53 家定点生产单位为全市 23 万名中小学生配送学生营养餐，定价在 6 ～ 15 元不等，有 400 多家经过认证的学生食堂为 12 万名本校的学生提供营养餐，全市每天有 35 万名中小学生食用学生营养餐。

（四）校服

1990 年，北京市教育工作会议提出："自 1990 年 9 月 1 日起，城镇地区中学学生均应穿着校服。"同年 3 月，市教育局印发《关于"中学生穿着校服要求的通知"》，提出中学生校服应符合学生年龄特点，朴素、美观、大方、合体，面料选择应考虑学生家庭经济承受力，各校可从实际出发自行设计并联系制作。对于家庭生活确有困难的学生，学校可暂不要求。

1995 年 6 月，在 1993 年国家教委《关于加强城市中小学生穿学生装（校服）管理工作的意见》出台后，市教育局印发《关于分批分期稳步实施中小学生统一着装学生服的通知》，要求从 9 月开始分期分批实施中小学生统一着装学生服（校服）。

1997 年 4 月，市教委印发《关于加强学生服管理工作的通知》，对全市统一着装学生服的款式、版型、面料、辅料、工艺、胸标、商标、检测、发放实行统一管理，对生产厂家实行生产许可证制度。1998 年 7 月，市教委印发《加强学生服管理工作的实施意见》，要求在服装标签上印有"北京市学生服专家组（办公室）监制"字样，对生产厂家实行发放"北京市学生服生产许可证"制度（见表 1–76）。

表 1-76　　1998 年市教委认定的第一批学生服生产单位及其业务范围

生产单位	业务范围
北京垣生服装有限公司	东城区、西城区（小学）、石景山区、顺义县、怀柔县、大兴县
北京黎黎服装有限公司	西城区（中学）、通州区、密云县
北京华业双城贸易责任公司	宣武区、丰台区、崇文区（中学）
北京旭初服装服饰商贸集团	朝阳区、崇文区（小学）、昌平县、延庆县
北京荣氏制衣公司	海淀区、平谷县、房山区、门头沟区、燕山

1999 年 12 月，市教委成立“北京市学生统一着装管理服务中心”（简称“学装中心”），对学生装的标准、商标、征订、监制、价格实行统一管理。2000 年 5 月，市学装中心制订《北京市学生装管理办法》和《承担学生装及相关产品生产企业的认定办法》，规定：北京市学生装（简称“学生装”）种类包括中小学生装、职高学生装和学生体育装；中小学生装实行全市统一制造标准和统一商标；统一组织征订和监制；统一价格，每学年向社会公布一次；对革命烈士子女、孤儿、特困户子女学生装费用给予减免；学生装可回收和调剂；受理学生装质量投诉等。从 2000 年起，北京市中小学不再与服装生产企业签订制造校服的协议或合同，学生装由市学装中心实行统一管理。2000 年 12 月，市学装中心就《北京市学生装管理办法》对学生装款式、颜色、价格、面料、商标、生产厂家及面料供应厂家资格认定办法和年审制度等做出补充规定，提出“每年除新生入学必须定做学生装外，其他年级学生可按照自愿的原则，根据个人实际需要定做学生装”，“任何厂家和学校不得擅自安排学生装征订工作”。至 2001 年 12 月，全市城区、郊区城镇中小学全年订购学装（制式装）、运动装共计 202073 套，其中学装 29824 套，占 15%；运动装 172249 套，占 85%。

2002 年 4 月，市教委转发 2002 年 3 月市质量技术监督局《DB11/T151-2002 学生装标准》，作为北京市学生制式装和体育装地方标准。标准规定：学生装面料不能使用有害和过敏染料，夏装面料棉纤维含量不得低于 50%，春夏装甲醛释放不得超过 75 毫克 / 千克，秋冬装甲醛释放不得超过 300 毫克 / 千克。学生装的衬衫要用 C/T 府绸，制装里料要用涤丝绸，短裤和裙子要用 C/T 平纹，春秋制式装要用 T/R 驼丝绵，春秋体育装要用双面针织布，夏季体育装要用单面针布。严禁使用含铅、镍的拉锁及锁头，衬衫不允许拼接。此后，全市中小学校为新生购置学生装必须符合该标准；对未经过市服装质检部门检验合格的学生装产品，不得进行验收及向学生发放。市学装中心根据《标准》认定 20 家服装生产厂制作学生装资格，8 家企业面料生产资格，并对春秋装、夏装等单件价格做出最高限价：春秋装上衣小学生每件不超过 60 元，初中生不超过 72 元,高中生不超过 74 元。长裤小学生不超过 33 元,初中生不超过 42 元,高中生不超过 44 元。

2003 年 4 月,市教委印发《北京市学生装管理办法》,东城区、西城区、崇文区、宣武区、朝阳区、海淀区、丰台区、石景山区的城市地区及远郊区县政府所在地中小学校按该办法推进学生装工作。办法规定：学生装面料、辅料的选用及制造工艺必须符合《DB11/T151–2002 学生装标准》，学生装款式、颜色、价格和质量标准实行统一管理，统一监制、统一价格，学生装制造、面辅料供应企业须获得“北京市学生装生产企业资格证书”或“北京市学生装面辅料供应生产企业资格证书”。至年底，北京市中小学在统一着装范围内着装率达 95%，减免 8000 人次家庭经济困难学生的校服费。

2005 年 9 月，市学装中心推出新款校服，在城八区中小学生中试穿。该款校服以“庄重、大方、活泼、美观、舒适、安全、实用”为原则，为夏季制式装。

2010 年 5 月，北京服装学院对 4 所中学、3 所小学学生家长的调查（有效问卷 266 份）结果显示：89.5% 的家长认为孩子在上学时有必要穿着校服，但多数受访家长对校服款式、颜色、面料、尺码、颜色、价格等不满意，其中面料满意度最低。在校服获取方式上，绝大多数家长（89. 9%）选择学校统一定制，而不希望在商场（校服专卖）购买（5.9%）和单独定制（5.2%）两种方式。

二、设施设备管理

（一）校舍修缮

1991 年前，北京市中小学校舍修缮重点解决数量不足和质量较差两个问题。1991 年初，全市中小学普查危房 36286 平方米，汛期增加危房 39677 平方米。同年 8 月，各区县教育部门完成危房抢修和楼房综合维修，翻改建校舍 155277 平方米。1991 年，完成自 1986 年开始的解决小学二部制校舍改扩建任务，累计竣工面积 51.3 万平方米，净增普通教室 2249 个、专用教室 336 个，并开始实施解决中学二部制的校舍改扩建任务，于 1994 年完成 22. 73 万平方米校舍改扩建任务。

1993 年 3 月，市教育局、市财政局、市人民政府计划委员会转发 1992 年 11 月国家教委、财政部、国家计委印发的《全面消除和杜绝中小学危房的规定》，北京市要求中小学一年三次校舍普查，当年查出的危房当年抢修完。当年，中小学校舍修缮重点是对建于20世纪70年代简易房屋进行翻改建和综合维修。

1996年,市教委对校舍安全普查提出要求,按照《危险房屋鉴定标准》和《房屋完损等级评定标准》对房屋状况做出鉴定,区别出“危险房屋”“严重损坏房屋”和“一般损坏房屋”。对查出的危房必须立即停止使用，发放停用通知书，并进行抢修。

2001年5月,市教委、市发展计划委印发《北京市“十五”时期教育发展规划》,提出抓好旧城区和山区中小学校舍改造。2002年，全市共完成抢修危房建筑面积48234平方米（城区4911平方米，远郊区县43323平方米），楼房综合维修建筑面积595085平方米（城区123994平方米，远郊区县471091平方米），翻建改建校舍建筑面积63092平方米（城区3264平方米,远郊区县59828平方米），新建改建校舍建筑面积403111平方米（城区113055平方米，远郊区290056平方米）。城区共完成217所中小学操场治理面积110万平方米，原学校土场地改造成为塑胶跑道和人造草皮操场。2004年7月，市教委要求对D级危险房屋立即停止使用或拆除；对C、B级危房应组织学校排除危险点，加固构件保证房屋安全使用。

2006年11月，市教委印发《关于加强中小学管理工作的通知》，提出北京市中小学危房修缮工作在基本消灭严重损毁危房的基础上，调整修缮等级，提高校舍完好程度。2007年2月，市教委、市财政局印发《北京市基础教育校舍维修改造专项资金管理暂行办法》，规定：基础教育校舍维修改造专项资金主要用于基础教育学校，特别是农村义务教育阶段公办中小学的教学及教学辅助用房、行政办公用房、生活服务用房等不涉及主体结构发生变化的校舍维修改造项目，新建、扩建、改建以及主体结构变化的改造项目纳入政府固定资产投资计划，校舍维修改造资金不得用于偿还债务或挪作他用。校舍危房等级由房屋安全鉴定部门按照2000年3月建设部《危险房屋鉴定标准》（中华人民共和国行业标准［JGJ125–99］）鉴定，并出具《中小学校舍安全鉴定报告》。《办法》明确市、区县校舍改造责任，专项经费中安排的校舍维修改造专项经费采取市、区县共同负担原则，远郊区县与市级按照5 ：5比例、城八区和市级按照7 ：3比例共同负担。至2007年年底,全市共完成危房修缮44733平方米（D级危房13971平方米，C级危房16813平方米，B级危房13949平方米）；完成房屋抗震加固30591平方米（城八区19726平方米，远郊区10865平方米）；完成远郊区加气混凝土屋面板房屋维修1122平方米；完成房屋日常维修2346289平方米（城八区1288616

平方米，远郊区县 1057673 平方米）。

2009 年 6 月，市政府办公厅印发《北京市中小学校舍安全工程实施方案》，提出“用 3 年时间在全市范围内开展中小学校舍抗震加固改造和防震减灾工程”。通过抗震加固、迁移避险，集中重建整体出现险情的 D 级危房、改造加固局部出现险情的 C 级校舍，使改造后的校舍达到重点设防类抗震设防标准。至 2010 年底，北京市校舍安全工程 840 所中小学中，有 762 所学校开工，累计开工校舍 346 万平方米。

2010 年，北京市小学危房占校舍建筑面积的比例由 1991 年的 1.27% 降至 0.08%，普通中学危房占校舍建筑面积的比例由 1991 年的 1.55% 降至 0.15%（见表 1–77 和表 1–78）。

表 1–77　　1991—2010 年北京市小学校舍危房面积

单位：平方米

年份	校舍建筑面积	其中危房面积				危房占校舍比例（%）
		城市	县镇	农村	危房合计	
1991	3 971 363	13 752	8673	27 865	50 290	1.27
1992	4 107 388	16 279	7498	18 090	41 867	1.02
1993	4 336 068	2452	640	2978	6070	0.14
1994	4 500 755	4343	340	6463	11 146	0.25
1995	4 604 950	3832	478	2859	7169	0.16
1996	4 897 642	4213	4361	2739	11 313	0.23
1997	4 783 844	1515	1640	2252	5407	0.11
1998	4 740 950	2115	3637	3188	8940	0.19
1999	4 771 279	11 796	2007	2630	16 433	0.34
2000	4 769 258	9776	2884	5263	17 923	0.38
2001	4 924 648	9961	2843	7051	19 855	0.40
2002	5 075 535	9470	1446	4442	15 358	0.30
2003	5 049 012	6972	2010	3605	12 587	0.25
2004	5 051 184	5175	779	3915	9869	0.20
2005	5 128 862	2677	1315	3792	7784	0.15
2006	5 220 624	1433	159	4533	6125	0.12
2007	5 392 037	2760	525	1152	4437	0.08
2008	5 440 217	1857	—	3495	5352	0.10
2009	5 639 856	5634	—	675	6309	0.11
2010	5 666 114	3661	—	891	4552	0.08

表 1–78　　1991—2010 年北京市普通中学校舍危房面积　　单位：平方米

年份	校舍建筑面积	其中危房面积				危房占校舍比例（%）
		城市	县镇	农村	危房合计	
1991	3 854 698	24 645	7556	27 687	59 888	1.55
1992	3 931 126	37 221	6519	25 829	69 569	1.77
1993	4 345 100	7643	1018	1680	10 341	0.24
1994	4 464 624	4206	1324	4331	9861	0.22
1995	4 539 113	4220	3050	4546	11 816	0.26
1996	4 835 954	3287	3769	4752	11 808	0.24
1997	4 863 329	4225	4766	3581	12 572	0.26
1998	5 184 085	6871	4690	4075	15 636	0.30
1999	5 675 455	12 040	1984	2865	16 889	0.30
2000	6 028 712	11 082	4045	2640	17 767	0.29
2001	8 318 125	20 884	7919	3243	32 046	0.39
2002	8 046 672	12 973	3880	913	17 766	0.22
2003	8 612 455	17 389	3945	1430	22 764	0.26
2004	8 961 232	19 820	1818	1800	23 438	0.26
2005	9 174 245	8620	1916	8443	18 979	0.21
2006	9 604 273	17 219	3555	2909	23 683	0.25
2007	9 810 563	4490	6525	624	11 639	0.12
2008	10 122 741	3621	5641	438	9700	0.10
2009	10 267 042	1677	5964	108	7749	0.08
2010	10 644 334	5677	7727	3022	16 426	0.15

（二）设备管理

1991 年 4 月，市教育局印发《关于为边远山区装备实验教具箱有关事项的通知》，对边远山区学校实验教具箱的管理和使用提出要求。1992 年 5 月至 11 月，市教育局教育技术装备部对远郊区县 23 个乡镇 6 所复式完小、30 所复式初小、8 所单人岗位实验教具箱管理使用情况进行调查，调查结果：部分区县和小学中心校提出教具箱管理要求或规章制度，绝大部分复式小学任课教师能使用教具辅助教学。

1992 年 1 月，市教育局印发《关于中小学校不得挤占专用实验室的通知》，要求中小学物理、化学、生物、自然、电化教室、计算机、语言、音乐、美术、劳技等专用实验室，必须专室专用，禁止随意挤占。

1993 年 3 月，市教育局印发《关于我市中小学普及实验教学的几点意见》及 7 个附件：《关于中小学教学仪器装备管理工作的暂行规定》《关于中小学实验教学的暂行规定》《关于教学仪器装备账目管理办法》《关于报废教学仪器设备审批工作管理办法》《北京市中小学实验教师岗位职责》《北京市中小学实验教室规则》

《北京市中小学仪器（药品）室规则》，提出用5年左右时间全市基本普及中小学实验教学。

其中《关于中小学实验教学的暂行规定》要求：①中小学要有分管教学工作的校长主管、分管教学工作的教导主任负责学校的实验教学工作。②各中小学必须按教学大纲和教材要求开设物理、化学、生物、自然常识等学科的实验课，必须完成教学大纲和教材中规定的教师演示实验和学生分组实验的教学。③任课教师实验前填写“实验登记表”，实验教师根据任课教师的实验登记表提前做好仪器、药品、实验材料的准备。④任课教师演示实验时，要正确使用仪器，操作要规范、安全；指导学生分组实验时，要提出安全注意事项，认真辅导，严格要求。⑤学生应按教师要求完成《实验报告》。

《北京市中小学实验教室规则》要求：①中小学实验教室是开展实验教学，实验研究和课外科技实验活动的专用场所，不得用于与实验教学无关的活动，不得堆放公私杂物。②中小学实验教室要配备足够有效的灭火器材，并制定和落实安全防范措施。③中小学生必须熟悉实验教室的安全规则，并应严格遵守实验教室的纪律。④中小学实验教室要经常保持清洁整齐，及时通风换气、排除有害气体以及实验时产生的废液。⑤未经任课教师或实验教师允许，任何人不得动用仪器、药品及其他实验材料，不得擅自拆卸仪器、设备。实验教室的公共财产不得带出室外。⑥实验前，学生应按教师的要求，检查仪器、药品及有关实验材料是否齐全和完好。如有缺损，及时报告。未经任课教师或实验教室批准，不得进行实验。⑦实验时，学生要注意人身安全，要爱护仪器设备，要节约药品、水、电等实验材料。⑧实验完毕，学生应按要求整理好仪器、药品以及其他实验材料。仪器、设备若有损失或丢失，要及时报告任课教师，如实填写仪器报损单。任课教师或实验教师协商后，可根据有关制度准予报损或责成赔偿。⑨经任课教师允许后，学生方可离开实验教室。⑩任课教师、实验教师和学生课代表应按要求填写“实验登记表”。

1995年6月，市教育局印发《北京市普通教育技术装备新产品试制和鉴定管理条例》，共七章二十二条，对普教技术装备新产品范围和适用领域、新产品试制、鉴定及鉴定管理等方面做出具体规定。

1999年6月，市教委办公室转发1999年6月教育部办公厅印发《关于假期、公休日学校体育场地向学生开放的通知》，北京市提出：本市学校场地设施原则上在开放时对本校学生开放，其使用的器材、器具一律自备，有条件的学校可对社区、社会开放，在开放时安排专人值班，对场地设施加强管理。

2005年，市教委制定《关于中小学教学设施、设备管理工作的暂行规定》，提出：①中小学应指定一名校长负责学校教学设施、设备和教学活动的管理工作。②区县教委必须建立教学设施、设备总账、分配明细账。中小学校必须建立教学设施、设备（固定资产）总账及分配明细账（包括市、区县无价调拨、学校自购、教师自制、单位赞助或领导赠送的教学设施、设备在内）并定期向上级主管部门上报数据。校内各使用单位必须建立教学设施、设备分类明细账、危险品（易燃、易爆、剧毒品）明细账、低值易耗品账。③区县教委和中小学必须建立健全教学活动（实验）管理档案。④区县教委应当建立能满足本区县教学设备仓储条件的基本设施（仓库、药品库、危险品地下贮藏室等）。⑤区县教委对中、小学的教学设施、设备和教学活动管理工作要建立检查、评估制度。⑥提倡教师自制教具。⑦严禁质量不合格的设施、设备进入中小学校。⑧中小学教学设施、设备的借用、赔偿制度由区县教委根据实际情况自行制定。⑨在教育结构布局调整中中小学必须对各种资产（包括房地产）进行清查登记、编制清册、妥善保管并按规定办理审批手续，严禁私分、变卖、出借、转让、调换。

2009年6月，市教育技术设备中心制订北京市中小学实验室管理制度，包括：《北京市小学科学实验室规则》《北京市小学科学仪器室规则》《北京市中学物理实验室规则》《北京市中学物理仪器室规则》《北京市中学化学实验室规则》《北京市中学化学仪器（药品）室规则》《北京市中学生物实验室规则》《北京市中学生物仪器（药品、标本）室规则》《北京市中小学音乐教室规则》《北京市中小学音乐器材室管理规则》《北京市中小学美术教室规则》《北京市中小学美术器材室管理规则》《北京市中小学劳技教室规则》《北京市中小学劳技器材室管理规则》《北京市中小学体育馆规则》《北京市中小学体育器材室管理规则》《北京市中小学学生阅览室规则》《北京市中小学教师阅览室规则》《北京市中小学视听阅览室规则》《北京市中小学计算机教室规则》《北京市中小学形体教室规则》《北京市通用技术试验室规则》。

2010年10月，市教委印发《关于加强中小学实验教学和实验室建设工作的意见》，提出：①规范实验室管理。学校领导有专人负责实验室管理工作，制定学校实验室管理制度和建设规则，及时填写实验室使用记录和仪器设备使用记录，加强实验室用电、防火、危险化学药品等安全管理。增加实验室对学生的开放时间。②规范仪器设备管理。建立仪器设备财产账册，建立仪器设备总账、明细账，健全仪器设备（药品）存放管理制度，加强实验室仪器设备维护、维修。③实验室各类档案管理。健全各类账册、仪器设备使用说明书和技术资料、实验课通知单、实验室管理规章制度、仪器设备借用登记、实验室使用记录、实验报告、实验室工作总结等实验室档案。

（三）教职工住房

1990 年，市政府决定用 3 年时间为远郊区县中小学校教职工解决住宅 20 万平方米，到 1992 年年底，累计竣工面积 14 万平方米。

1992 年 7 月，中共北京市委办公厅、北京市人民政府办公厅印发《北京市教育事业十年规划和“八五”计划纲要》，要求继续解决教职工住房问题，到 1995 年教职工住房应不低于城镇居民人均居住面积 9 平方米的水平。

1993 年 11 月，市政府印发《关于五年内为城近郊区和远郊城镇地区中小学教职工建设八十万平方米住房实施意见的通知》，决定在 1993—1997 年五年内继续为全市中小学教职工新建住房 80 万平方米，其中城近郊区 55 万平方米，远郊区县 25 万平方米，解决中小学教职工住房的主要责任在区县政府。至 1997 年年底，北京市为中小学教师建设住宅 96. 5 万平方米，建成住房 13050 套，全市教职工人均居住面积 8. 23 平方米。

1996 年 3 月，市计委、市教委、市统计局、市劳动局联合调查全市教职工住房情况，结果表明：全市教职工人均使用面积 12. 09 平方米，人均居住面积 8. 18 平方米。10 个远郊区县人均使用面积 13. 52 平方米，8 个城近郊区人均使用面积 11. 18 平方米，其中 4 个城区 10. 43 平方米。同年 11 月，市教委制定《北京市教职工住房建设“九五”计划》，提出到 2000 年，再为教职工建设住宅 150 万平方米，其中为中小学城近郊区、远郊区县分别安排 20 万、15 万平方米的教师住房建设任务，使全市教职工住房水平计划达到或略高于全市城镇居民住房水平（人均使用面积 15 平方米，人均居住面积 10 平方米）。

1998 年 10 月，教育部、建设部印发《关于进一步深化学校住房制度改革加快解决教职工住房问题的若干意见》后，11 月，市教委转发该文件，并要求执行国家和北京市政策，学校停止实物分配住房，逐步实行住房分配货币化。1999 年 12 月 31 日以后参加工作的中小学新教职工不享受福利分房，以货币形式补偿。

三、收费管理

（一）学费杂费

1. 义务教育

1990 年 11 月，市教育局印发《关于北京市中小学收费项目和标准的通知》，规定属义务教育的小学、初级中学，学生交纳杂费。杂费标准：每生每学期小学，城镇地区 10 元、农村地区 4 元；每生每学期初中，城镇地区 15 元、农村地区 8 元。1991 年 2 月，市教育局、市物价局、市财政局调整外国籍学生在京就读学费标准：每生每学期小学 180 元、初中 350 元。

从 1994 年 9 月起，北京市上调小学、初中杂费。小学杂费，每生每学期城镇地区 30 元、农村地区 12 元；初中杂费，每生每学期城镇地区 48 元、农村地区 30 元。上调在京就读的外国籍学生学费，每生每学期小学 1500 元、初中 2300 元。

1997 年 6 月，市政府办公厅印发《关于加强中小学收费专项治理工作的通知》，提出义务教育阶段公办学校原则取消“择校生”，尚未完全实现就近入学、取消“择校生”确有困难的少数学校对“择校生”按学年度收取教育补偿金，不允许一次收取一年以上费用。同年 8 月，市物价局、市财政局、市教委再次上调中小学收费标准：其中小学杂费，每生每学期城镇地区 50 元、农村地区 20 元；初中杂费，每生每学期城镇地区 80 元、农村地区 50 元。上调外国籍学生学费：每生每学期小学 3000 元，初中 4600 元。同年 9 月起，北京市试行中小学学杂费减免办法：学生确因家庭经济困难，缴纳学杂费有困难者，可视情况予以免交或减半收取。义务教育阶段凡享受人民助学金的学生免交杂费。对革命烈士子女、社会优抚对象子女中家庭经济困难者，可适当放宽减免条件。学杂费减免比例，城镇地区可控制在 5% 左右，农村地区可控制在 8% 左右。

从 2001 年 9 月起，北京市免收全市义务教育阶段残疾学生、残疾人家庭学生杂费。2002 年 9 月，北京市免收在公立学校就读的远郊区县义务教育阶段学生和城、近郊区“低保户”义务教育阶段学生杂费。同时起，北京市义务教育阶段学生缴纳借读费后，不再缴纳杂费。

2004 年 8 月，市教委、市发改委、市财政局《关于北京市义务教育阶段学校贯彻“一费制”收费办法的通知》提出，进城务工就业农民子女在九年义务教育阶段政府举办公立中小学就读，杂费与学校所在的区县本市户口学生杂费缴纳标准相同。随后，市教委、市发改委、市财政局对该办法予以补充，明确规定：来京务工就业农民子女在城近郊区政府举办公立中小学就读，杂费标准按北京市农村户口学生杂费标准执行，即每生每学期小学 40 元、初中 80 元；在远郊区县政府举办公立中小学就读，免缴杂费。2006 年 8 月，市教委、市财政局联合印发《关于进一步完善义务教育阶段“两免一补”政策的通知》，扩大“两免一补”政策范围，其中有本市户籍、在全市公办学校随班就读学生、工读学校学生免交杂费。

2007 年 9 月，市教委、市财政局、市发改委印发《关于进一步完善义务教育阶段“两免一补”政策的通知》，在城八区公办义务教育学校就读的有本市户籍的学生免收杂费。至此，北京市义务教育阶段公办学校就读学生全部免除杂费。

2008 年 11 月，市政府办公厅印发《关于贯彻国务院做好免除城市义务教育阶段学生学杂费工作文件精神的意见》，要求对民办学校义务教育阶段学生和已经审批合格自办学校中持有相关证明材料的学生免除学杂费。至此，北京市实现对义务教育阶段学校的所有学生免收学费杂费。

2. 普通高中和办学体制改革校

1990 年 11 月，市教育局印发《关于北京市中小学收费项目和标准的通知》，规定属非义务教育的高级中学学生除交纳杂费外，还应交纳学费。标准为：每生每学期高中杂费 15 元，学费 15 元。1991 年 2 月，市教育局、市物价局、市财政局调整外国学生在京就读收费标准，高中学费每生每学期 450 元。

1993 年 1 月，市教育局印发《北京市教育局深化教育改革的几点意见》，提出“适当提高中、小学特别是非义务教育阶段学杂费标准”，允许部分办学条件好、教育质量高的普通高中，“经过批准招收自费生、委培生和试办自费班”。此前，市教育局于 1992 年 9 月开始允许普通高中招收计划外自费生。1994 年 9 月，市教育局规定普通高中招收计划外收费生，每生每学年不超过 1300 元。同时，北京市上调普通高中学杂费，每生每学期一般学校 100 元、重点学校 160 元。在京就读的外国籍学生学费，高中每生每学期 3000 元。1996 年 7 月，市物价局、市财政局核定普通高中收费班学杂费标准为每生每学期 2500 元，每学期收取一次，不得三年一次性收取，按照“老生老办法，新生新办法”收费。同年 8 月，市教委批准 1996 年全市 71 所中学试办普通高中收费班。同年 9 月，市教委再发文同意 4 所中学增招普高收费班（见表 1–79）。

表 1–79　　1996 年批准试办普通高中收费班的学校名单及收费班招生计划

区县	学校	班数（个）	人数（人）	收费标准（元 / 学期 / 生）
东城	二中	1	45	2500
	五中	1	45	2500
	一六六中学	1	45	2500
	一中	1	45	2500
	二十一中	1	45	2500
	一四二中	1	45	2500
西城	实验中学	2	90	2500
	师大二附中	1	45	2500
	二一四中学	1	45	2500
	五十三中	1	45	2500
	二十八中	1	45	2500

续表 1–79

区县	学校	班数（个）	人数（人）	收费标准（元 / 学期 / 生）
崇文	汇文中学	1	45	2500
	五十中	1	45	2500
	广渠门中学	1	45	2500
	龙潭中学	1	45	2500
	九十六中	1	45	2500
	四十九中	1	45	2500
	九十二中	1	45	2500
宣武	回民学校	1	45	2500
	十五中	1	45	2500
	育才学校	2	90	2500
	六十六中	2	90	2500
	十四中	1	40	2500
朝阳	和平街一中	1	45	2500
	工大附中	1	45	2500
	信息附中	1	45	2500
	中医附中	1	45	2500
	一一九中	1	45	2500
海淀	中科大附中	1	45	2500
	石油附中	1	45	2500
	一二二中学	1	45	2500
	永定路中学	1	45	2500
	北航附中	1	45	2500
	二十中	1	45	2500
	农大附中	1	45	2500
	万寿寺中学	1	45	2500
	六十七中	1	45	2500
	一零五中	1	45	2500
	民大附中	2	60	2500
丰台	十二中	1	45	2500
	首医大附中	1	45	2500
	十中	1	45	2500
	十八中	1	45	2500
石景山	九中	2	90	2500
	苹果园中学	2	90	2500
	八大处中学	1	45	2500
	首钢矿业子弟中学	1	45	2500
门头沟	大峪中学	2	90	1500
房山	房山中学	1	45	2000

续表 1–79

区县	学校	班数（个）	人数（人）	收费标准（元 / 学期 / 生）
燕山	燕化附中	3	135	1300 元 / 年 · 生
大兴	黄村一中	1	45	2500
	黄村二中	2	90	2500
	黄村五中	1	45	2500
通县	潞河中学	2	90	2500
	运河中学	2	90	2500
	永乐店中学	2	90	1000
昌平	昌平一中	2	100	1000
	昌平二中	2	100	1000
密云	密云二中	2	90	1000
	密云一中	2	90	750
	太师庄中学	2	90	500
顺义	牛栏山一中	2	90	2500
	城关一中	1	45	2500
	杨镇一中	1	45	2500
	城关二中	1	45	1500
	城关三中	2	90	1500
平谷	平谷中学（含平谷三中）	4	180	2500
	平谷四中	1	45	1500
	山东庄中学	2	90	1500
	韩庄中学	1	45	1000
怀柔	怀柔一中	2	90	2300
	怀柔二中	2	90	1800
	庙城中学	1	45	1500
	汤河口中学	1	45	1500
延庆	延庆中学	1	45	2000

1995 年 11 月，市教育局印发《北京市民办中小学、幼儿园管理暂行规定》和《〈北京市民办中小学、幼儿园管理暂行规定〉实施细则》，规定：民办中小学可收取学费、杂费，可按学年、学期或月份计收，不得一次收取超过一学年的费用。1996 年 6 月，市物价局、市财政局《关于民办公助公办民助普通中小学收费的函》称："公办民助"普通中小学学杂费收费标准按公办学校学杂费标准执行；"民办公助"普通中小学学杂费收费标准由市教委审核，报市物价局会同市财政局审批。1997 年 8 月，市物价局批准民办公助学校收费标准：每生每学年小学 2500 元，初中 5000 元，高中 6000 元。1997 年北京市的民办公助学校有：北京市同仁中学（初中、高中）、北京市崇文实验中学（初中）、北京市兴涛学校（小学、初中、高中）、

北京市三帆中学（初中）、北京市华康学校（小学、初中）、北京市文汇中学（初中）。

1997 年 8 月，市物价局、市财政局、市教委再次上调普通高中学费：一般学校每生每学期 160 元、重点学校每生每学期 330 元；上调外国籍学生学费，高中每生每学期 6000 元。1998 年 8 月，市教委同意 146 所中学继续试办普通高中收费班。同年 9 月，市物价局、市财政局下调普通高中收费班学费标准，由每生每学期 2500 元降低为不超过 2000 元，按学期收费，不得跨学期收费。2000 年以后，北京市高中取消“双轨制”，不再招收“收费班”（见表 1–80）。

表 1–80　　1998 年北京市试办普高收费班学校及收费标准

区县	学校	收费标准（元 / 学期）	学校	收费标准（元 / 学期）
东城区	二中	2000	五中	2000
	五十五中	2000	景山学校	2000
	一六六中	2000	一七一中学	2000
	东直门中学	2000	一中	2000
	二十一中	2000	二十二中	2000
	二十四中	2000	五十四中	2000
	八十五中	2000	六十五中	2000
	一二五中	2000	一六五中	2000
	东城综高	2000	一四二中	2000
西城区	一六一中	2000	四中	2000
	实验中学	2000	师大二附中	2000
	十三中	2000	三十五中	2000
	三中	2000	三十一中	2000
	一五六中	2000	一五九中	2000
	二一四中	2000	丰盛中学	2000
	六中	2000	三十九中	2000
崇文区	汇文中学	2000	十一中学	2000
	五十中学	2000	一零九中学	2000
	广渠门中学	2000	龙潭中学	2000
	九十六中	2000	九十二中	2000
	四十九中	2000	—	—
宣武区	师大附中	2000	回民学校	2000
	十五中	2000	育才学校	2000
	十四中	2000	六十六中	2000
	四十三中	2000	六十二中	2000
	六十三中	2000	七十八中	2000
	一三八中	2000	一四零中	2000
	北纬路中学	2000	—	—

续表 1–80

区县	学校	收费标准（元 / 学期）	学校	收费标准（元 / 学期）
朝阳区	八十中学	2000	日坛中学	2000
	和平街一中	2000	九十四中	2000
	十七中	1500	陈经纶中学	2000
	一一九中	2000	工大附中	2000
	垂杨柳中学	2000	经院附中	2000
	服装附中	2000	机院附中	2000
	新源里中学	2000	中医附中	2000
	化院服装	2000	信息附中	2000
	大山子中学	2000	—	—
石景山区	九中	2000	苹果园中学	2000
	八大处中学	2000	—	—
	大峪中学	2000	三家店中学	1200
	矿务局中学	2000	—	—
海淀区	钢院附中	2000	矿院附中	2000
	石油附中	2000	六十七中	2000
	二十中学	2000	农大附中	2000
	北航附中	2000	首师大附中	2000
	人大附中	2000	理工大附中	2000
	一零一中学	2000	育英学校	2000
	交大附中	2000	十一学校	2000
	育英中学	2000	五十七中	2000
	玉渊潭中学	2000	立新学校	2000
	翠微中学	2000	一二二中学	2000
	花园村中学	2000	八一中学	2000
	一二三中学	2000	十九中	2000
	中科大附中	2000	北医附中	2000
	地大附中	2000	—	—
丰台区	十二中	2000	十中	2000
	十八中	2000	丰台二中	2000
	东高地一中	2000	东铁营一中	2000
	首医大附中	2000	丰台三中	2000
	实验学校	2000	云岗中学	2000
	长辛店铁中	2000	—	—
昌平县	昌平一中	1500	昌平二中	1500
大兴县	黄村一中	2000	黄村二中	2000
	黄村五中	2000	中建子弟校	2000

续表 1-80

区县	学校	收费标准（元 / 学期）	学校	收费标准（元 / 学期）
通州区	潞河中学	2000	永乐店中学	1250
	运河中学	2000	通州二中	2000
	通州三中	2000	—	—
怀柔县	怀柔一中	2000	怀柔二中	2000
	茶坞铁中	1700	—	—
密云县	密云二中	1500	密云一中	1000
	太师庄中学	750	—	—
平谷县	平谷中学	2000	平谷五中	2000
	平谷六中	2000	平谷四中	1500
	韩庄中学	1000	山东庄中学	1200
	峪口中学	1000	—	—
延庆县	延庆一中	2000	延庆三中	2000
房山区	良乡附中	2000	房山中学	2000
	良乡中学	2000	周口店中学	2000
	原子能中学	2000	燕化附中	2000

2000 年 9 月，市物价局、市财政局、市教委上调高中学费标准，一般学校每生每学期由 160 元调整到 350 元、重点学校由 330 元调整到 800 元。

2007 年 4 月，市教委、市发改委、市财政局、市审计局、市新闻出版局印发《2007 年北京市规范教育收费、进一步治理教育乱收费工作的意见》，规定：对 2007 年 9 月录取的公办高中择校生，学校按规定收取择校费后，不再收取学费。至 2010 年，北京市公办普通高中择校费收取标准每生不超过 3 万元。

（二）借读费

1990 年 11 月，市教育局印发《关于北京市中小学收费项目和标准的通知》，规定外省、市中小学生在京借读除交纳杂费、学费外，还需交纳借读管理费。借读费标准：每生每学期小学 80 元、初中 100 元、高中 150 元。

从 1994 年 9 月起，市政府上调中小学生借读费标准：每生每学期小学 240 元、初中 350 元、高中 600 元。

1997 年 8 月，市物价局、市财政局、市教委再次上调中小学生借读费标准：每生每学期小学 480 元、初中 700 元、高中 1200 元。

2000 年 9 月，市物价局、市财政局、市教委继续上调中小学借读费标准：每生每学期小学 600 元、初中 1000 元、高中 2000 元，借读生除缴纳借读费外，还要缴纳学费。

2002 年 9 月，市物价局、市财政局《关于中小学校收取借读费收费标准的函》实行，北京市降低义务教育阶段借读费标准，每生每学期小学由 600 元降至 200 元、初中由 1000 元降至 500 元，并规定缴纳借读费后，不再缴纳杂费。

2004 年 9 月，市教委、市发改委、市财政局《关于北京市义务教育阶段学校贯彻“一费制”收费办法的通知》施行，北京市对来京务工就业农民子女在九年义务教育阶段政府举办的公立中小学就读免收借读费。

2009年10月，市财政局《北京市2009年行政事业性收费项目目录的通知》规定：自同年9月起，北京市取消普通高中借读费。2009年以后，北京市普通公办中小学全部取消义务教育阶段借读费。

（三）考务报名费

1991年，市教育局规定小学、初中、普通高中报名费：小学招生报名费0.5元、初中招生报名费1.5元、高中招生报名考试费6元。至1997年8月，市物价局、市财政局、市教委取消小学、初中招生报名费。

1993年，北京市开始在市、区县重点中学和中等师范学校考试体育，体育报考费标准每生2元。市教育局上调高中招生报名考试费，由6元调至12元；规定高中毕业会考试卷费每科2元。1994年全市初中毕业生升学实行考试体育后，体育加试费仍为每生2元。

1996年3月，北京市初中毕业生升学体育考试报名费由每生2元调整为5元。市物价局、市财政局将高中招生报名与考试费分开，核定高中招生报名费每生5元、考试费每科（语文、数学、外语、政治、物理、化学）5元，高中会考每科5元。

1998年4月，市物价局、市财政局上调高中招生报名费、考务费、会考费：高中学校报名费由每生5元调至6元，提前招生报名费每生6元，高中考务费由每科5元调至7元（考试科目：语言、数学、外语、政治、物理、化学、体育），部分学校（专业）招生专业加试费每生7元，高中会考费由每科5元调至7元（考试科目：语文、数学、外语、政治、物理、化学、历史、地理、生物、体育、计算机），普通高等学校报名考务费每科12元。同年7月，市物价局、市财政局规定文艺传统项目校、体育传统项目校、科技示范活动校招收初中特长生测试专业加试费比照高中学校专业加试费，每生7元。1999年4月，市物价局、市财政局同意民办中小学（含民办公助学校）小学、初中新生测试费每生每次7元。

2000年5月，市物价局、市财政局再次上调高中学校考务费、专业加试费、高中会考费、普通高等学校报名考务费：高中学校考务费由每科7元调至12元，2001年继续上调至15元；部分学校（专业）专业加试费由每生7元调至12元，2001年继续上调至15元；高中毕业会考费由每科7元调至12元，2001年继续上调至15元；普通高等学校报名考务费由每科12元调至20元。2008年，普通高校招生报名考试费上调至每科25元。

2010年，北京市高级中等学校报名费每人6元，提前招生报名费每人6元，高中学校考务费每科15元，部分学校（专业）专业加试费15元，高中毕业会考费 15 元，普通高校招生报名考试费每科 25 元。

（四）教科书费

1990 年，市教育局印发《关于北京市中小学收费项目和标准的通知》，规定教材（含市教育局规定的练习册）、作业本属于必须代收费项目，按定价收费。此后教科书费一直属于代收性收费项目，按定价收费。

2003 年，北京市对具有本市户口、处于最低生活保障线以下农村贫困家庭、城市低保家庭及在特殊教育学校就读的义务教育阶段学生共 3.1 万人免收教科书费。

2004 年，北京市义务教育中小学开始实行“一费制”收费办法，课本费和作业本费属于“一费制”中的规定收费项目，收费标准是：课本费一年级 90 元、二年级 90 元、三年级 135 元、四年级 160 元、五年级 170 元、六年级 175 元、初一年级 190 元、初二年级 210 元、初三年级 187 元；作业本费一年级 8 元、二年级 8 元、三年级 10 元、四年级 10 元、五年级 12 元、六年级 12 元、初一年级 15 元、初二年级 15 元、初三年级 15 元。

从 2006 年 9 月起，北京市 10 个远郊区县公办义务教育学校有本市农村户籍的学生（不含朝阳、海淀、丰台地区同口径学生）免交教科书费；在全市公办学校随班就读学生、工读学校有本市户籍的学生免交教科书费。从 2007 年 9 月起，北京市城八区公办义务教育学校有本市农村户籍的学生免交教科书费。至此，本市义务教育学校农村户籍学生全部免交教科书费。

从 2008 年 2 月起，北京市 10 个远郊区县及朝阳、海淀、丰台的农村地区有本市城镇户口的义务教育阶段公办学校学生免交教科书费。

从 2010 年 9 月起，北京市城八区公办中小学义务教育阶段本市户籍学生、全市公办中小学义务教育阶段非本市户籍学生、民办学校义务教育阶段学生、已经政府批准办学的打工子弟学校义务教育阶段学生免交教科书费。至此，北京市实现对义务教育阶段学校的所有学生免收教科书费。

（五）代收费、服务性收费

1990 年 11 月，市教育局规定北京市中小学代收、代购、代管性收费项目：教材、作业本按定价收费；讲义费（包括练习用纸）、校徽、校服、体育运动服、校内自行车存车牌按成本收费；毕业证书、成绩册、学生证按工本费收费；体检费、保健注射费、劳动技术教育的交通、伙食费等按实际支出收费。中小学服务性收费项目和标准：热饭费每人每月 1 元；伙食管理费按每人每月实际支出伙食费的 10% ~ 15% 收取；小学一、二、三年级课后管理费（自愿参加）每人每月 3 ~ 5 元。

1994 年，北京市中小学校实行统一收费卡制度，规定代收性收费包括：教科书、教材、作业本、练习册、讲义费、毕业证、成绩册、学生证、小黄帽、校徽按定价收费；校服按成本收费；劳动技术教育实习费按实际支出核算；保健费按有关规定收费。服务性收费包括：热饭费、组织学生活动按实际支出核算；伙食管理费按伙食费10% ~ 15%收费；课间加餐费按实际支出核算；学生住宿费25 ~ 50元（生/学期）；自行车存车费按实际支出核算；保险费5元（生/年）；报纸杂志按定价收费。同年9月起，市政府上调小学生课后管理班费（一至四年级），由每人每月5元调至8元。1995年11月，市教育局印发《北京市民办中小学、幼儿园管理暂行规定》和《〈北京市民办中小学、幼儿园管理暂行规定〉实施细则》，提出民办中小学可收取住宿费、伙食费等服务性费用和学校代收代管性费用。

2001年8月，北京市中小学取消或调整部分代收性收费：学校不再向学生收取学生证、毕业证、校徽、成绩册、小学生质量综合评价手册费；取消热饭费；体检费、自行车存车费可由学校组织，不得代收；内设食堂的学校可按成本收取伙食费，学校不得加收伙食管理费；农村小学、初中只可代收教科书费。此后，北京市中小学不再提“服务性收费”（见表1–81）。

表1–81　2001年北京市中小学代收性收费标准

小学				中学			
收费项目	单位	收费标准	备注	收费项目	单位	收费标准	备注
1. 教科书		按定价收费		1. 教科书		按定价收费	
2. 本册		按定价收费	自愿原则	2. 本册		按定价收费	自愿原则
3. 计划免疫注射费		按市物价局有关规定收费		3. 讲义费	元/生·学期	初中不超过30元 高中不超过50元 职业高中不超过60元	只限毕业年级
4. 学生装		按成本收费	自愿原则	4. 劳动技术教育、社会实践实习费		按实际支出核算	
5. 小黄帽		按成本收费	城镇地区及沿公路两侧学校	5. 计划免疫注射费		按市物价局有关规定收费	
6. 校外订餐费	元/生·月	按实际支出核算	自愿原则（含课间加餐费和中午的营养餐费）	6. 学生装		按成本收费	自愿原则
7. 组织学生活动		按实际支出核算		7. 组织学生活动		按实际支出核算	
8. 报纸杂志		按定价收费	自愿原则	8. 报纸杂志		按定价收费	自愿原则
9. 保健费		按有关规定收费	自愿原则	9. 保健费		按有关规定收费	自愿原则

说明：农村小学、初中只可代收课本费，即教科书费

2003年，北京市对特教学校住宿生免收住宿费，每人每月发放100元伙食补助。2006年9月，北京市对有本市农村户籍的山区学生、城乡低保家庭学生、残疾学生（含

随班就读)、工读学校学生每人每年提供300元助学补助，对10个远郊区县公办义务教育学校中农村户籍的住宿生、工读学校的住宿生、城乡低保家庭的住宿生免收寄宿费，每人每月发放100元伙食补助。2008年9月，市教委、市财政局提高四类寄宿学生（本市公办特教学校的本市户籍住宿生、本市公办中小学的本市户籍城乡低保家庭住宿生、10个远郊区县公办中小学的本市农村户籍住宿生、本市工读学校的本市户籍住宿生）的伙食补助标准，由每人每月100元提高至160元，按每年10月计发。至2010年，北京市免收小学课后管理班费。

2010年9月，市教委、市发改委、市财政局印发《北京市公办学校代收费、服务性收费管理办法》，规定：代收费是学校为方便学生学习和生活，在学生自愿前提下，统一为提供服务的单位代收的费用，必须坚持学生自愿和非营利原则，即时发生即时收取，据实结算。对未纳入中小学代收费项目目录的费用，学校一律不得代收（见表1–82）。

表1–82　2010年中小学代收费项目目录

代收费项目	代收费范围	代收费标准	备注
教科书费	高中学校用于购买《北京市普通中小学教学用书目录》内教科书	高中学校按教科书定价收取	教科书费不包括习题册、练习册等教辅材料。教科书费如有节余及折扣，应及时退还学生
作业本费	义务教育学校用于购买学生作业本	按“一费制”中规定的作业本费标准收取	高中学校不得收取
学生装费	按市教委《关于印发北京市学生装管理办法的通知》（京教办〔2003〕19号）的规定购买学生装	按实际支出收取	
伙食费	学校食堂学生餐或购买校外营养餐	按实际支出收取	学校食堂不得加收伙食管理费。严禁与学校伙食无关的费用从伙食费中列支
毕业年级升学体检费	根据市卫生局规定的体检项目，学校组织初中、高中毕业年级学生升学体检	按照不高于《北京市统一医疗服务收费标准》收取	
免疫费	按卫生防疫部门要求，组织学生自愿接种国家计划免疫外的各种疫苗	按国家有关医药价格规定收取	
社会活动实践费	中小学校开展与教育教学相关的活动（不含在劳技中心及校内活动、实习、材料费用），包括：观看电影、演出，参观游览所发生的费用	按实际支出收取	除规定范围外，不得收取其他任何费用
军训服装、伙食费	高中学校按教学大纲要求组织学生参加军训，可统一为学生代购军训服装、安排伙食	按实际支出收取	义务教育阶段不得收取
学生儿童大病医疗保险费	执行原市劳动保障局、市财政局、市教委、市发展改革委《关于进一步做好学生儿童大病医疗保险参保缴费有关问题的通知》（京劳社医发〔2008〕122号）规定	按市劳保局等部门规定的学生儿童大病医疗保险费标准收取	
学籍IC卡补卡费	因丢失、人为损坏等原因申请补领学籍IC卡的学生	市发展改革委、市财政局《关于北京市中小学补领学籍卡收费标准的函》（京发改〔2007〕623号规定）	中小学生学籍IC卡首次发卡、统一换卡及因质量原因，卡不得收费

说明：义务教育农村中小学除作业本费、伙食费、初中毕业年级升学体检费、学生儿童大病医疗保险费和学籍IC卡补卡费外，不得代收其他任何费用

（六）“统一收费卡”“一费制”收费办法

1993年8月，为规范中小学收费行为，制止乱收费现象，市教育局会同市物价局、市财政局制定“北京市普通中小学教育收费管理目录”，向社会公开各类收费项目和标准（见表1–83）。

表1–83　　1993年北京市普通中小学教育收费管理目录

收费项目	单位	收费标准（元）	主管部门
一、规定性收费	—	—	市物价局
1. 杂费	—	—	—
小学	—	—	—
城镇地区	每生每学期	10	—
农村地区	每生每学期	4	—
初中	—	—	—
城镇地区	每生每学期	15	—
农村地区	每生每学期	8	—
高中　职高	每生每学期	15	—
2. 学费	—	—	—
高中　职高	每生每学期	15	—
3. 借读费（非本市户口）	—	—	—
小学	每生每学期	80	—
初中	每生每学期	100	—
高中	每生每学期	150	—
4. 学前班保教费	—	—	—
远郊区县	—	—	—
农村地区	每生每月	20	—
城镇地区	每生每月	25	—
城近郊区	每生每月	30	—
5. 小学课后管理班（1～3年级）	每生每月	3–5	—
6. 报名费	—	—	—
小学入学	每生	0.5	—
报考初级中学	每生	1.5	—
报考高级中等学校	每生	12	—
7. 高中毕业会考试卷费	每科	2	—
8. 报考高中体育加试费	每生	2	—
9. 体验费	—	按有关规定	—
10. 少年宫培训费	—	—	—
11. 转录录音带	盘	1	—
录像带	盘	10	—
二、代收性收费	—	—	市教育局
1. 教科书 教材 作业本	—	按定价收费	—
2. 毕业证书 成绩册 学生证 校徽	—	按成本收费	—
3. 保健费	—	按实际成本	—
4. 军训费劳动技术教育实习费	—	按实际支出	—
5. 小黄帽	—	按成本收费	—
三 业务性收费	—	—	—
1. 热饭费	—	—	市教育局
2. 伙食管理费	—	—	—
3. 课间加餐费	—	—	—
4. 学生住宿费	—	—	—

1994年2月，北京市中小学校实行统一收费卡制度，分小学、中学（含初中、普通高中、职业高中），包含规定性收费、代收性收费和服务性收费（见表1–84和表1–85）。

表1–84　　1994年北京市小学统一收费项目、标准卡

一、规定性收费

收费项目	单 位	收费标准（元）	备 注
1．杂费			
城镇地区	生／学期	10	
农村地区	生／学期	4	
2．报名费			
小学入学	生／次	0.5	新生入学
报考初中	生／次	1.5	毕业班
3．借读管理费	生／学期	80	非本市户口学生
4．课后管理费	生／月	3 ~ 5	1 ~ 4年级自愿原则
5．体检费	生／次		按有关规定收费
6．学前班保教费			
①远郊区县：农村	生／月	20	
城镇	生／月	25	
②城近郊区	生／月	30	

二、代收性收费

收费项目	收费标准（元）	备 注
1. 教科书、教材	按定价收费	
2. 作业本、练习册	按定价收费	
3. 毕业证	按定价收费	
4. 成绩册	按定价收费	
5. 学生证	按定价收费	
6. 保健费	按有关规定收费	
7. 校服	按成本收费	城镇地区
8. 小黄帽	按定价收费	

三、服务性收费

收费项目	单位	收费标准（元）	备 注
1. 热饭费	生／月	按实际支出核算	自愿原则
2. 伙食管理费	生／月	伙食费10% ~ 15%	自愿原则
3. 课间加餐费	生／月	按实际支出核算	自愿原则
4. 学生住宿费	生／学期	25 ~ 50元	自愿原则
5. 自行车存车费		按实际支出核算	只限校外
6. 保险费	生／年	5元	自愿原则
7. 组织学生活动		按实际支出核算	
8. 报纸杂志		按定价收费	自愿原则

表 1-85　　1994 年北京市中学统一收费项目、标准卡

一、规定性收费

收费项目	单 位	收费标准（元）	备 注
1. 杂费			
①初中：城镇地区	生／学期	15	
农村地区	生／学期	8	
②高中、职高	生／学期	15	
2. 学费：高中、职高	生／学期	15	
3. 报名费	生／次	12	升学报名收费
4. 借读管理费			非本市户口学生
①初中	生／学期	100	
②高中	生／学期	150	
5. 体检费			按有关规定收费
6. 报考高中体育加试费	生／次	2	
7. 专业加试费	生／科	2	报考师范、职高部分专业
8. 高中毕业会考试卷费	生／科	2	
9. 职业高中自费生收费			
工科、医药、艺术	生／年	650	
农林、体育、师范、财经	生／年	550	
政法、其他	生／年	450	

二、代收性收费

收费项目	收费标准（元）	备 注
1. 教科书、教材	按定价收费	
2. 作业本、讲义费	按定价收费	
3. 毕业证、学生证	按定价收费	
4. 成绩册	按定价收费	
5. 校徽	按定价收费	
6. 劳动技术教育实习费	按实际支出核算	
7. 保健费	按有关规定收费	
8. 校服	按成本收费	
9. 小黄帽	按成本收费	城镇地区

三、服务性收费

收费项目	单位	收费标准（元）	备 注
1. 热饭费	生／月	按实际支出核算	自愿原则
2. 伙食管理费	生／月	伙食费 10% ~ 15%	自愿原则
3. 学生住宿费	生／学期	25 ~ 50 元	自愿原则
4. 自行车存车费		按实际支出核算	只限校外
5. 保险费	生／年	5 元	自愿原则
6. 组织学生活动		按实际支出核算	
7. 报纸杂志		按定价收费	自愿原则

2001 年 8 月，市教委、市物价局、市财政局取消或调整部分代收性收费，同时调整北京市小学/中学统一收费项目、标准卡（见表 1-86 和表 1-87）。

表 1–86　　2001 年北京市小学统一收费项目、标准卡

一、规定性收费

收费项目	单位	收费标准（元）	备注
1．杂费			
城镇	元 / 生・学期	80	城镇户口学生
农村	元 / 生・学期	40	农村户口学生
2. 借读费	元 / 生・学期	600	非本市户口学生
3. 学前班保育费			
①远郊区县：农村	元 / 生・月	20	
城镇	元 / 生・月	25	指县城地区
②城近郊区	元 / 生・月	30	
4. 课后管理费	元 / 生・月	8	1 ~ 4 年级自愿参加，农村小学不得收取
			按市物价局批准的标准执行
5. 民办公助学校学杂费			住宿生按物价部门核定的标准执行
6. 住宿费	元 / 生・学期		

二、代收性收费（农村小学只可代收课本费，即教科书费）

收费项目	单位	收费标准（元）	备注
1. 教科书		按定价收费	
2. 本册		按定价收费	自愿原则
3. 计划免疫注射费		按市物价局有关规定收费按成本收费	
4. 学生装		按成本收费	自愿原则
5. 小黄帽			城镇地区及沿公路
		按实际支出核算	两侧学校
6. 校外订餐费（含课间加餐费和中午的营养餐费）	元 / 生・月		自愿原则
		按实际支出核算	
7. 组织学生活动		按定价收费	
8. 报纸杂志		按有关规定收费	自愿原则
9. 保健费			自愿原则

表 1–87　　2001 年北京市中学统一收费项目、标准卡

一、规定性收费

收费项目	单位	收费标准（元）	备注
1. 杂费			
初中：城镇	元 / 生・学期	130	城镇户口学生
农村	元 / 生・学期	80	农村户口学生
2. 借读费			非本市户口学生
①初中	元 / 生・学期	1000	并按规定缴纳杂费
②高中	元 / 生・学期	2000	并按规定缴纳杂费
3. 学费			
（1）1999 年以前招生			
①普通高中	元 / 生・学期	160	一般学校
	元 / 生・学期	330	重点学校（经批准）
②职业高中	元 / 生・学期	200	一般学校
	元 / 生・学期	260	重点学校（经批准）
	元 / 生・学期	400	热门专业（经批准）

续表 1–87

收费项目	单　位	收费标准（元）	备　注
③职业中专（不含中师）		330	一般学校
	元／生・学期	450	重点学校（经批准）
④普通高中、职业高中收费生	元／生・学期	不超过 1300	经教育行政部门批准招生
⑤职业中专收费生	元／生・学年	不超过 1500	同上（不含中师）
⑥普通高中收费班	元／生・学年	2000	经市教育行政部门批准招生
	元／生・学期		
（2）2000 年以后招生			一般学校
①普通高中		350	重点学校（经批准）
	元／生・学期	800	
②中等职业学校	元／生・学期		
文科服务类		1800	
医科类	元／生・学年	2000	
工科类	元／生・学年	2200	
烹饪等特殊专业类	元／生・学年	2800	
艺术类	元／生・学年	2800	
美术、广告设计专业	元／生・学年	4300	
表演专业	元／生・学年	6000	
4. 报名考试费	元／生・学年		
①报考高级中等学校报名费		6	高级中等学校的部分专业
②报考高级中等学校考试费	元／生	15	
③报考高级中等学校专业加试费	元／生・科	15	按市物价局批准的标准执行
④高中会考	元／人	15	住宿生按物价部门核定的
5. 民办公助学校学杂费	元／生・科		标准执行
6. 住宿费			
	元／生・学期		

二、代收性收费（农村初中只可代收课本费，即教科书费）

收费项目	单位	收费标准（元）	备　注
1. 教科书		按定价收费	
2. 本册		按定价收费	自愿原则
3. 讲义费	元／生・学期	初中不超过 30 元	只限毕业年级
		高中不超过 50 元	
		职业高中不超过 60 元	
4. 劳动技术教育、社会实践实习费		按实际支出核算	
5. 计划免疫注射费			
6. 学生装		按市物价局有关规定收费	
7. 组织学生活动		按成本收费	自愿原则
8. 报纸杂志		按实际支出核算	
9. 保健费		按定价收费	自愿原则
		按有关规定收费	自愿原则

2004 年 9 月，北京市政府举办的义务教育阶段中小学开始实行“一费制”收费办法，包含杂费、课本费和作业本费，按学期一次性向学生收费。来京务工就业农民子女“一费制”收费标准为借读费与同年级课本、作业本费之和。民办公助学校（含体制改革试点校）“一费制”收费标准为学费与同年级课本、作业本费之和（见表 1–88）。

表 1–88　　2004 年北京市中小学“一费制”收费标准　　单位：元 / 学期·生

年级	城镇户口				农村户口			
	合计	杂费	课本费	作业本费	合计	杂费	课本费	作业本费
一年级	178	80	90	8	138	40	90	8
二年级	178	80	90	8	138	40	90	8
三年级	225	80	135	10	185	40	135	10
四年级	250	80	160	10	210	40	160	10
五年级	262	80	170	12	222	40	170	12
六年级	267	80	175	12	227	40	175	12
初一年级	335	130	190	15	285	80	190	15
初二年级	355	130	210	15	305	80	210	15
初三年级	332	130	187	15	282	80	187	15

2010 年，全市义务教育阶段全部取消杂费、借读费、教科书费等收费项目，学校只保留代收费（《中小学代收费项目目录》见“（五）代收费、服务性收费”）。

（七）治理中小学乱收费

1990 年 3 月，市教育局、市物价局、市财政局印发《关于加强中小学收费管理，坚决制止乱收费的通知》，规定：①中小学所有收费项目及收费标准，必须执行 1989 年市政府《北京市行政性、事业性收费审批管理暂行办法》。②中小学所有收费项目及标准的设立、制定和调整，统一由市教育局提出意见，经市物价局会同市财政局审核同意后执行。任何单位和学校无权设立收费项目和制定、调整收费标准。③凡属中小学职责范围内的常规教学、辅导、课外活动、办理正常的录取、转学、插班，均不得收费，禁止向学生罚款，不得向学生预收课桌、椅或教学用具设备财产等保管押金。④学校应严格控制代收代管费项目，凡能由学生自行购买或自行办理交款手续的，学校不要统一收管。⑤各中小学要严格执行招生计划，不得搞“计划外”招生、高额收费，不得举办全日制复读班、补习班和接收毕业生插班复读收取高额费用。借读生应缴纳借读费。⑥学校不得自行向学生家长和社会有关单位硬性摊派费用或变相强行索要财物，更不得以支援钱物为条件，拒不接收学校服务范围以内的学龄儿童入学额按招生计划规定应招收录取的学生。⑦学校收取的费用应全部纳入学校财务管理，设立收费专项账册。

1991 年 6 月，市教育局转发国家教委《关于坚决制止中小学乱收费的规定》，从学校收取学费、杂费、借读费、代收费等费用及学生转学、勤工俭学、捐资助学、民办教师报酬、收费宣传及监督等方面提出具体规定：①小学、初中阶段的学生免收学费，只收杂费；非义务教育阶段的高中学校可收费杂费和学费。②接收户口不在本地的学生借读时，必须经当地教育行政部门审查批准，可适当收取借读费。③学生正常转学，除按规定的项目和标准收费外，不得额外收取其他费用。④中小学校不得举办全日制复读班，或接收毕业生插班复读，不得搞“计划外”招生，向学生收取高额费用。⑤有条件举办非全日制业余文化补习班的学校，收费标准和办法由县级以上教育、物价部门研究制订。⑥严格控制代购项目，课本和练习本可以由学校统一代购，必须本着自愿原则。学生及家长可以自行购买的物品，学校不要代购。⑦学校不得为其他部门、单位代收各种费用。确与学生有关的项目如人身保险等，征得家长同意后学校可协助办理。⑧中小学开展勤工俭学不得向学生收钱、收物。⑨中小学校不得自行向群众和社会硬性摊派费用，也不得向学生征收集资费。⑩民办教师报酬由当地人民政府解决，不得按学生人头向学生摊派。⑪中小学在每学期开学前应公布本学期收费项目、标准。1993年8月，市物价局、市财政局、市教育局在《北京市关于加强普通中小学教育收费管理的通知》中提出：学校须公布收费项目和标准，开具收费票据，不得强迫收取非必须代收性、业务性收费。

1995年4月，国家教委印发《关于治理中小学乱收费工作的实施意见》，提出义务教育阶段收费工作“五不准”规定：①坚持就近入学原则，不准招收“择校生”，严禁把捐资助学同录取学生挂钩；②不准举办各种收费的补习班、补课班、兴趣班、“提高班”“超常班”；③除经国家教委及省级教育行政部门审定和规定的教学用书外，不准以行政手段强制学生购买和使用任何形式的习题集、测试手册、学科知识书刊、各种复习资料、报纸杂志、除作业本外的文具用品和其他商品；④抵制社会和单位向学校的乱摊派、乱罚款和搭车收费，不准把社会对学校的乱摊派转嫁到中小学生头上，严格控制代收费项目；⑤不准擅自出台中小学收费项目、扩大收费范围、提高收费标准。此后，北京市以义务教育阶段为重点，以国家“五不准”为目标，实施中小学治理乱收费工作。

从1996年起，北京市中小学“择校生”实行“三限”（限分数、限人数、限钱数）办法。1997年6月，市教委、市政府纠风办转发同年6月市政府办公厅《关于加强中小学收费专项治理工作的通知》，要求义务教育阶段公办学校原则取消“择校生”，确有困难的要从严控制招收“择校生”的学校，招生办法送市教委审核。对“择校生”实行按学年度收取教育补偿金，不允许一次收取一年以上费用。制止各种以权谋私的“条子生”“关系生”。

2000年3月，市教委印发《2000年北京市治理中小学乱收费工作意见》，提出新时期下中小学治理乱收费的具体要求：不准在义务教育阶段举办以各种名目收取费用的超常班、重点班和补习班；严禁中小学（含非义务教育阶段）整年级或整班利用节假日补课、收费，对少量学习有困难的学生自愿补课须经学校批准且不得收费；不准以行政手段强制学生购买复习资料；不准教育行政部门和学校强行组织办理与学生有关的社会保险；不准擅自增加新的收费项目或自行扩大收费范围；民办中小学不得随意提高收费标准；各校不准自行收取捐资助学款或强行规定捐资助学款的数额。至年底，北京市基本实现中小学校校实行收费公示制度。

2001 年 4 月，市教委、市监察局印发《2001 年北京市治理中小学乱收费工作的意见》，要求高中招收择校生严格遵守“三限”政策：限分数（区县教育行政部门提出限分数原则意见，招生学校提出招收择校生的最低分数线，不准违反规定录取低于最低录取分数线的新生）、限人数（以每班 45 ~ 50 人制定招生计划，列入招生简章。招收择校生需增报计划，不列入招生简章，不准挤压计划内的招生指标。择校生人数不得超过当年学校招生计划总数的 10%，每个新生教学班不得突破 50 人，学校不得接受未办理学籍手续的学生入学）、限钱数（按照市政府规定收取择校费，所收费用纳入“收支两条线”管理，不准收取“赞助费”或“建校费”等）。同年 7 月，市教委、市物价局、市财政局发文要求农村小学、初级中学除杂费、借读费、住宿费和统一代收的课本费外，不准收取或代收其他任何费用。同年 9 月，市教委提出普教系统校务公开以收费公开为重点，对校内公开财务收支情况，对外公开学校收费情况。学校可通过“一栏、一卡、两单、一会、一话”（校务公开栏、收费卡、收费通知单、期末结算通知单、家长委员会、举报电话）等形式，向学生、家长公开收费项目、标准、依据和代收代办的项目、用途、支出等情况，每学期至少向家长委员会通报一次收费情况，接受群众监督。据 2002 年市、区县对学校收费公示制度的检查统计表明，91% 以上的学校建立了公示栏，并利用收费通知书、公示栏、家长会、结算通知单等多种形式公开收费项目、标准、使用情况等。2002 年以后，市教委、市纠风办、市财政局、市物价局对高中择校费做出进一步规定，要求择校收费由区县教育行政部门统一办理，上缴同级财政专户，不得用于个人津贴、奖励等。

2008 年 5 月，市教委、市纠风办、市发改委、市财政局、市审计局、市新闻出版局发文提出，办学体制改革试点学校转为公办学校的，执行公办学校收费政策和标准。转为民办学校的，执行《北京市实施〈民办教育促进法〉办法》。

至2010年，市教委会同相关部门连续11年发文，对当年治理中小学乱收费工作提出意见。

四、校办企业

1988年6月，北京市启动中小学校内部管理体制改革试点，校办企业收入作为试点学校改革的部分经济来源。同年6月，市政府印发《关于进一步支持中小学校校办企业发展的若干规定》，在减免税、资金信贷、创办中外合营项目、审批、原材料设备供应、用电用水、农、林、牧、副、渔物资供应等方面提出扶持中小学校办企业的优惠政策，规定中小学校办企业归学校领导，固定资产归学校管理。1990年，学校校办企业创收的一部分收入纳入工资总包干基数，支持中小学实行内部结构工资制改革。同年6月，市政府文教办和市教育局印发《关于进一步巩固、完善和深化中小学内部管理体制改革的几点意见》，要求校办企业继续推行“两权分离”“承包经营责任制”，收入逐步扩大用于改善办学条件的比例，同时提出不具备条件的学校不勉强建立校办企业。

1991年，全市开展勤工俭学、发展校办企业的中小学校2547所，普及率57.4%，建立劳动基地1725个，完成生产总值13.37亿元，利润总额1.64亿元，补充教育经费0.7015亿元。全市普教系统包含工厂和第三产业在内的校办企业3632个，生产项目有教学仪器、电器仪表、机床附件、汽车零件、木器家具、塑料制品、食品糕点、工艺美术、印刷、纺织等。全年全市中小学校办企业总收入1.64亿元，补充教育经费0.7015亿元。同年5月，市教育局印发《北京市普教系统发展校办企业“八五”规划（要点）》，提出“八五”期间普教系统校办企业发展指导方针：从实际出发、“因地制宜”原则，宜工则工、宜农则农、宜商则商，普及和提高同时进行。城镇地区重点发展骨干校办企业、联营或集团企业，农村地区重点普及校园经济。此后，北京市确定顺义县为农村地区发展中小学校园经济试点，其他郊区县逐步开展。

1995年，市地方税务局、市教育局、市高教局、市经济委员会联合印发《北京市校办产业认证和年检工作的办法》，规定校办企业认证、年检工作的原则、范围、条件、程序等，开始实施校办企业认证和年检。至年底，北京市普教系统开展勤工俭学的中小学校增至3261个，校办产业普及率达85%。全市校办企业数量及生产总值均达到历年最高，校办企业增至6000余个，建立劳动教育和劳动技术教育基地2425个，生产总值达34.3亿元，利润总额3.5亿元，补充教育经费1.6亿元（见表1–89）。

表 1–89

1991 年普通教育系统勤工俭学情况表

		开展勤工俭学校数（所）	勤工俭学开展率（%）	学农基地数（个）	土地面积（亩）	工厂数（个）	第三产业数（个）	实际开展劳动的学校数（所）	劳动课达标的学校数（所）	接纳学生参加劳动的基地数（个）	校办企业职工数（人） 教育事业费开支的教职工数 总数	校办企业职工数（人） 教育事业费开支的教职工数 其中：教师	校办企业职工数（人） 非教育事业费开支的全民教职工 总数	校办企业职工数（人） 非教育事业费开支的全民教职工 其中：教师	校办企业职工数（人） 集体职工数	校办企业职工数（人） 其他	校办企业职工数（人） 总计	固定资产原值（千元）	固定资产净值（千元）计	流动资金年末数（千元） 总数	流动资金年末数（千元） 其中：成品资金
总计		2489	57.4	509	3965	2531	1101	3142	2863	1725	56 259	5777	3057	2432	119	1382	45 392	204 305	184 811	346 010	71 166
教育部门办	合计	2457	—	507	3761	2436	1006	3113	2855	1707	51 655	5250	2760	2051	108	1197	41 881	174 430	159 960	299 845	66 612
	中等师范学校	17	—	1	2	38	18	12	9	13	434	88	35	22	—	1	323	1657	1395	7771	1577
	普通中学	721	—	117	2136	1174	493	638	580	670	26 656	3262	1620	1620	67	857	20 917	101 698	95 606	190 476	42 569
	小学	1706	—	388	1619	1140	437	2404	2244	959	21 530	1517	899	222	22	331	19 460	57 002	54 923	84 971	19 596
	盲聋哑、共读学校	13	—	1	4	29	6	11	9	16	1345	127	70	36	—	1	1181	3725	2970	6180	675
其他部门办	合计	31	—	1	4	31	9	29	8	8	636	140	63	—	—	—	496	1696	1189	4068	257
	普通中学	13	—	—	—	14	5	9	4	2	342	89	35	—	—	—	253	875	522	2734	197
	小学	18	—	1	4	17	4	20	4	6	294	51	28	—	—	—	243	821	667	1334	60
勤工俭学管理部门直属企业		1	—	1	200	64	86	—	—	10	3968	387	234	381	11	185	3015	28179	233 662	42 097	4297

从 1996 年起，由于校办企业规模小、科技含量低、部分学校撤并等原因，北京市中小学校办企业开始萎缩，经济效益开始逐年下滑，校办企业数量、利润总额、补充教育经费额度开始降低。至 2000 年，全市中小学校校办企业降至 1859 家，其中工业企业 955 家、第三产业企业 901 家；全市中小学校办企业工业产值降至 10.14 亿元，三产收入与勤工俭学收入降至 13.52 亿元；利润总额降至 2.29 亿元，补充教育经费 1.35 亿元。

2001 年，北京市校办企业纳入中小企业改革的范畴。同年 3 月，市教委、市经委印发《加快北京市校办企业改革的若干意见》，明确北京市校办企业改革的目标：①以 1999 年年底企业数为基数，到 2000 年年底有 10% 的校办企业完成改革；到 2001 年年底再有 75% 的校办企业完成以产权制度为主的多种形式的改革。②到 2002 年年底校办企业全部完成产权制度的改革，改制企业全部实现投资主体多元化。普教系统围绕为教育服务和已有名牌产品办好校办企业，并逐步过渡到区县管、区县办。③企业内部管理和人事、分配制度等多方面内部改革。到 2003 年年底完成产权制度改革的校办企业建立起法人治理结构。《意见》提出建立有限责任公司、建立股份合作制企业、改组或联合、兼并、出售、破产、合资或合作、租赁、承包经营、销号关闭 10 种校办企业改革途径，同时提出校办企业改革一般程序、产权制度改革、资产评估、企业改制后债权债务的处理、学校房产、企业职工的分流安置 6 个国有校办企业改革政策。同年 5 月 29 日，市教委、市经委联合召开校办企业改革动员大会，核心内容是进行产权制度改革，改制企业实现投资主体多元化，建立现代企业制度，全市校办企业改革正式启动（见表 1–90）。

表 1–90　　1991—2002 年北京市中小学校办企业情况

年份	校办企业数量（个）	校办企业总产值（亿元）	校办企业利润总额（亿元）	补充教育经费（亿元）
1991	3632	13.37	1.64	0.7015
1992	4089	18.5	2.15	1.0073
1993	4907	26.2	2.6	1.4
1994	5360	29.17	3.1988	1.4819
1995	6000	34.3	3.4986	1.6
1996	5590	23.27	3.5341	1.8974
1997	3618	18.59	3.38	1.57
1998	2970	22.67	3.1942	1.4189
1999	2355	30.14	2.77	1.3
2000	1859	23.66	2.29	1.35
2001	—	19.73	1.8	1.05
2002	—	21.02	1.64	1.07

2004年年初，全市以产权制度改革为核心的校办企业改革基本完成。中小学校办企业转向学校后勤社会化服务，在物业管理、校园保洁、绿化、维修、网络建设与维护、中小学校车、现代教学用品研制开发等方面拓展新业务。

2006年，北京市中小学校办企业剩余100家，总资产4.6亿元，负债2亿元，净资产2.6亿元，销售收入3.695亿元，利润总额1861万元，缴纳税金1680万元，补充教育经费836万元，用于改善办学条件的支出652万元。此后，随着教育经费的增长，中小学办学经费基本不再依靠校办企业补充。

第五节　安全

1991—2010年，北京市中小学在饮食、校园、交通、活动、防疫、防溺水、防火、防汛、防震等方面全面加强安全教育和安全管理。

自1987年开始，北京市实施小学生小黄帽路队制，至1992年城近郊区所有小学普及。1994年，市教委要求消防安全教育进课堂，每学期组织消防疏散演练。1996年,北京市开始在每年3月组织“安全教育日”主题活动。2001年6月，市教委开始建立安全情况统计制度，中小学每学期统计一次校内校外治安案件、火灾事故、学生非正常死亡情况。2003年北京市发生非典疫情后，市教委逐步建立起缺勤登记、体温监控、停课复课、隔离观察、上报信息、疫苗接种等传染病防控工作机制。2003年以后，在市教委提出“不提倡学校组织大规模集体活动”要求后，北京市大部分中小学不再组织春游。2008年四川汶川“5·12”地震后，市教委加强全市学校抗震安全隐患排查工作，翌年开始中小学校舍抗震加固施工。2008年3月和2010年8月，市质量技术监督局分别发布《中小学校和幼儿园安全技术防范规范》（DB11/528-2008）和《北京市中小学幼儿园校园保安服务规范》（DB11T730-2010），作为安全技术防范和校园保安服务的北京市地方标准。至2010年，北京市75%以上的学校食堂达到A级水平，所有校园监控系统联网接入警方警务平台。

一、安全教育

1990年12月，国家教委修订1988年版《中小学安全手册》，更名为《中小学安全须知》，内容包括校舍及管理方面的安全常识、交通安全常识及注意事项、生产劳动的安全知识和校外集体活动的安全注意事项、体育活动的安全、防止饮食中毒和传染病、多发病的预防等。1995年11月，国家教委对《中小学安全须知》

进行修订，增补新的内容。

1996年3月，市教委转发1996年2月国家教委、劳动部、公安部、交通部、铁道部、国家体委、卫生部《关于建立全国中小学生安全教育日制度的通知》，定每年3月份最后一周的星期一为“安全教育日”，每年确定一个主题。1996年3月25日全国中小学生第一个“安全教育日”主题是“全社会动员起来，人人关心中小学校安全工作”。北京市要求把“安全教育日”制度作为学校常规管理内容，指派专人负责“安全教育日”活动组织落实。同年6月，市教委发文要求学校进行安全自卫自救教育和互助防灾培训，帮助学生获得安全自卫自救知识，掌握简单的防灾、自救逃生、报险本领（见表1-91）。

表1-91　　1996-2010年全国中小学生“安全教育日”活动

时间	全国中小学生“安全教育日”活动主题
1996年3月25日	全社会动员起来，人人关心中小学校安全工作
1997年3月31日	交通安全教育
1998年3月30日	注重防范，自救互救，确保平安
1999年3月29日	消防安全教育
2000年3月27日	保证中小学生集体饮食安全，预防药物不良反应
2001年3月26日	校园安全
2002年3月25日	关注学生饮食卫生，保障青少年健康
2003年3月31日	大力提高中小学生及幼儿的自我保护意识和能力
2004年3月29日	预防校园侵害，提高青少年自我保护能力
2005年3月28日	增强交通安全意识，提高自我保护能力
2006年3月27日	珍爱生命，安全第一
2007年3月26日	强化安全管理，共建和谐校园
2008年3月31日	迎人文奥运，建和谐校园
2009年3月30日	加强防灾减灾，建设和谐校园
2010年3月29日	加强疏散演练，确保学生平安

说明：2004年，北京市“安全教育日”主题与全国不同，北京市主题：“大力开展安全教育实践活动，提高自救自护能力”

2001年3月，市教委转发教育部、公安部《关于进一步加强学校安全保卫工作的意见》，北京市提出把安全教育纳入素质教育内容，发挥法制副校长和交通安全辅导员作用。中小学结合“119”消防宣传日、安全教育日、“3·15”消费者权益日等活动，对学生及校内家属进行安全教育，特别是交通安全教育。对保卫干部、消防安全员、食堂炊管人员、实验室、药品库、图书馆、计算机房、礼堂及学生活动中心、体育器材室管理人员等，进行安全防范和救护知识培训。同年

4月，市教委进一步明确学校安全教育的途径和方式，把安全工作的法律法规和规章制度列入学校普法教育，利用《中小学安全须知》《中小学安全教育指导丛书》，通过广播、闭路电视、标语、橱窗、板报、班会、队会、集会、知识竞赛、征文等形式，对学生进行安全知识教育，向家长发出联系信，进行安全教育工作宣传。

2003年，市人大常委会颁发《北京市中小学生人身伤害事故预防与处理条例》，自2004年1月起施行。条例规定："学校应当对学生进行安全和自护自救知识的教育，增强学生的安全意识，提高防范能力。"

2005年9月，市教委编写完成初中生安全教育教材《安全应急与人防知识手册》，设有地震、火灾、交通、公共卫生、传染病、"三防"（核、化、生）、心理防护、文明素质知识等共计12课，并列入地方课程。2006年6月，市教委印发《关于进一步加强中小学安全工作的意见》，要求中小学校进行预防火灾、拥挤踩踏、溺水等事故教育，定期开展紧急疏散、逃生自救演练。同年11月，市教委发文提出安全教育与学生道德教育、心理健康教育和法制教育结合。

2008年四川汶川"5·12"大地震后，9月，市教委印发《关于进一步开展防震减灾安全教育工作的意见》，要求学校每学期至少组织一次逃生演练活动，可针对学生在教室（礼堂）、宿舍、食堂，与防火、防恐、防爆、防洪等安全避险演练结合，宜在学期初进行。

2010年5月，市教委印发《关于加强本市中小学幼儿园安全工作的意见》，再次要求对学生和教职工进行安全知识与防范技能教育和培训，开展应急演练。

二、饮食安全

1991年3月，市教育局转发1990年6月国家教委第10号令、卫生部第1号令《学校卫生工作条例》，条例规定学校应当贯彻执行食品卫生法律、法规，加强饮食卫生管理，为学生提供充足的符合卫生标准的饮用水。

1996年3月1日，《中华人民共和国食品卫生法》实施后，市教委印发《关于加强学校食堂卫生工作的通知》，要求加强对学校承包出去的餐厅、饮食摊点的食品卫生管理；实行课间加餐、营养餐的学校必须有相应的配餐条件、设备和符合个人卫生要求的相对固定的工作人员；学校集体食堂采购的食品原料必须由经卫生防疫机关批准的厂、店生产，食堂冷荤制作间须达到专人、专室、专工具、专冷藏、专消毒"五专"要求，物品存放达到生与熟隔离、成品与半成品隔离、食品与杂物、药物隔离、食品与天然冰隔离"四隔离"标准；设立食品卫生化验室，配备监督化验人员。同年11月，市教委提出不允许个体经营户承包学生食堂。1997 年，市教委发文要求学校调整办伙规模和结构，以办好学生食堂为中心，稳定基本大伙，扩大服务项目，学生食堂不宜由个人或小集体经济承包，食堂内不得对外出租、乱设摊点，校园内各种饮食服务部门实行学校统一归口管理。

1998 年 9 月，市教委、市卫生局印发《北京地区学校食品卫生工作几点规定》：

（1）保证学校食堂建设的必要投入，符合食品卫生要求及办伙基本条件。

（2）区县教育行政部门有主管临到负责学校食堂及食品卫生工作。

（3）学校食堂及食品生产经营必须取得卫生部门发放的卫生许可证，不得超项经营，不得个体承包。贯彻谁承办、谁负责原则。

（4）停办中小学校内饮食小卖部。中小学不具备条件的食堂要停办；具备条件但管理不善、卫生很差的要限期整改。

（5）分级、定期组织炊管人员培训。聘用的炊管人员必须持有效健康检查合格证方可上岗。个人卫生要符合要求。

（6）经常对学校食品卫生情况进行检查，做到“三落实”“三下基层”（即：上级会议文件落实，各级管理机构落实，人员落实；保证领导下基层，指标规定下基层，措施办法下基层）。

（7）建立疫情报告制度。

（8）学校配合地方政府及有关部门加强学校周边环境综合治理。

（9）卫生新增部门加强对学校食品卫生工作的监督和指导。

2002 年 3 月，市教委重申除寄宿制学校外，中小学不得在校内开办商店或小卖部。开办的寄宿制学校必须取得“工商营业许可证”和“卫生许可证”，严禁由私人承包，经营范围是包装食品、文具用具和简单的生活日用品。同年 5 月，市卫生局印发《北京市中小学校学生食堂卫生监督管理办法》，提出食堂外部环境、内部设施、加工面积、设备布局、采购存储、工艺流程、操作环节等 21 条食堂管理办法。2003 年 5 月，北京市发生非典疫情后，市教委、市卫生局印发系列文件，加强学校食堂卫生、学生集体用餐和学生饮用水的管理，防止食源性疾患的发生。要求按照预防非典及其他传染病工作需要制定新的食品卫生安全操作程序和规定，特别要对预防肠道传染病制定具体措施。中小学停止各种课间集体加餐和饮用牛奶或豆奶。

2004 年，北京市开始在海淀区 90 所中小学食堂试行量化分级，学校食堂被分为 A、B、C、D 四级。2007 年《北京市餐饮业卫生量化分级管理实施办法》实施后，北京市中小学校食堂实行卫生标准量化分级管理，从卫生许可证、卫生管理、建筑与布局、食品、食品原料及食品添加剂、环境卫生与设施、加工过程一般卫生要求、专间卫生要求、食品留样卫生要求、餐饮具消毒卫生要求、餐厅等项目进行评分，评为 A、B、C、D 级的食堂分别予以简化监督、常规监督、强化监督、限期改进。2007 年，北京市 210 所学校食堂通过卫生部门验收达到 A 级标准。至 2008 年年底，全市全部消灭 C 级以下学生食堂。至 2010 年年底，全市 75% 以上的学校食堂达到 A 级水平。

2010 年 5 月，市教委印发《关于加强本市中小学幼儿园安全工作的意见》，强调加强学校食堂管理，坚持采购索票索证制度，食堂冷荤间必须取得卫生许可，执行“专间、专人、专用容器工具、专用冷藏、专用消毒”的“五专”要求。学校要选择在政府采购招标中中标的学生营养餐供餐企业，并加强学生就餐期间的安全管理。当月，卫生部、教育部在北京市启动“全国学校食堂食品安全专项整治工作”，通过学校自查和区县检查整治学校食品安全工作。至年底，城八区教委、区卫生局卫生监督所、区工商局、区动检局实施专项检查 3200 多校次，限期整改及纠正学校食品安全隐患 180 余起，学校自查食品安全隐患 1370 余起。

三、校园安全

1990 年 6 月，国家教委、卫生部印发《学校卫生工作条例》，要求普通中小学、农业中学等学校体育场地和器材符合安全要求，不得让学生接触有毒有害物质或者从事不安全工种的劳动作业，不得让学生参加夜班劳动。

1995 年 4 月，市教育局印发《北京市中小学校园环境管理实施意见》，要求学校建立安全保卫制度，节假日安排人员值班。财务、档案、食堂、宿舍、专用教室、传达室等指定专人负责，建立岗位责任制。在教学设备设施、饮水、饮食、取暖、用电，开展体育、劳动及其他活动方面采取安全防范措施。

1997 年 2 月，首都社会治安综合治理委员会、市委教育工委、市教委、市公安局转发 1996 年 11 月中央社会治安综合治理委员会、国家教委和公安部《关于进一步加强学校治安综合治理工作的意见》，提出中学应设专职治安保卫人员，中小学校要有一名学校领导分工负责治安综合治理工作。同年 4 月，宣武区南菜园小学发生一起在校园内机动车轧死在校小学生的事件，北京市要求严禁学校、幼儿园出租场地为校外单位、个人提供停车场地。学校、幼儿园教育教学活动期间，各种机动车辆不得进入校园，对确需进入校园的机动车辆严加管理。1995 年 5 月和 1997 年 5 月，清华大学、北京大学先后发生两起学生铊盐中毒案件，国家教委重申“中小学（含职业学校）一般不得购买剧毒药品”的规定。

2000 年 11 月，鉴于河南、山东、陕西等省的四所中小学校发生在楼道内踩死踩伤中小学生的事故，北京市要求建立课间、课后教师值勤制度，学生在课间、放学、下晚自习分批离开教室和学校，避免拥挤。2002 年 9 月，市教委进一步提出学校新建改建项目执行国家消防、楼道楼梯宽度、疏散通道设置等安全强制标准，对师生特别是中小学新生和低年级小学生进行安全教育和实际演练。每个区县聘任 1 名学校安全督察员，负责学校安全工作开展日常检查和服务。2003 年 11 月，市教委针对有寄宿生学校提出建立夜间值班和巡查制度的要求。

2003 年 9 月，市人大常委会颁发《北京市中小学生人身伤害事故预防与处理条例》，自 2004 年 1 月起施行。“条例”规定：在教育教学活动期间，学校依法对学生负有教育、管理和保护的职责。

学校应当履行下列职责：

（1）保证使用中的教育教学和生活设施符合安全标准；对存在安全隐患的设施和设备，应当采取防护、警示措施并及时维修或者更换；对存在重大安全隐患的，应当立即停止使用。

（2）配备消防设备，保持安全通道的畅通。

（3）对校园内存在的易燃易爆及有毒物品依法管理。

（4）在选择与学生的学习和生活有关的产品与服务时，应当选择质量与安全性能符合有关标准和要求的产品与服务。

（5）按照国家课程标准和本市教学要求开展体育、实验和其他教育教学活动。

（6）组织学生参加与其生理、心理特点相适应的劳动、实习、考察、社会实践和其他集体活动，并在可预见的范围内采取必要的安全措施。

（7）对已知患有不适宜从事教育教学及辅助工作的疾病的教职工，不得安排其担任相应的工作。

（8）对已知有特异体质或者疾病不适宜参加某种教育教学活动的学生，给予必要的照顾。

（9）对在校期间突发疾病的学生及时救助。

（10）发现或者知道学生有未到校、擅自离校等与学生人身安全直接相关的情形时，及时告知其父母或者其他监护人，并采取相应措施。

（11）建立健全住宿学生的管理制度和安全保护措施，设专人负责管理住宿学生的生活和安全保护工作。

2005 年 3 月，市教委、市公安局印发《北京市中小学校和幼儿园安全技术防范工作技术要求的指导意见》和《关于进一步加强中小学校和幼儿园安全技术防范工作的意见》，提出中、小学校和幼儿园安全技术防范工作以报警、视频监控、通信、门禁、电子巡更等技术手段为主，与人员值守、查验和物理防护相结合，安全技术防范主要覆盖范围是：监控报警室（值班室）、周界主要出入口、周界围墙（栏）；单位办公、教学楼的主要通道；单位内财务室、实验室、计算机室、食堂、库房、具备价值1万元以上电化教学设施的教室和其他治安重点部位。技术要求包括基本要求和一般要求两级，非寄宿制中、小学校和幼儿园应达到基本要求，寄宿制中、小学校和幼儿园应达到一般要求。同年12月，市教委、市安全生产监督管理局要求明确班主任、任课教师在学生安全管理的职责，细化“谁主管，谁负责；谁在岗，谁负责”要求。同年，市教委开始“平安校园”创建工作，以“预防为主、重在建设”为方针，从学校内部管理和校园及周边综合治理两方面开展中小学安全工作。2007年10月，市教委、市公安局印发《北京市中小学校和幼儿园安全技术防范监控指挥中心建设要求的指导意见》和《关于继续做好中小学校和幼儿园安全技术防范工程建设工作的意见》，明确中小学、幼儿园安全技术防范工作目标和重点，提出建设区县监控指挥中心的要求，有条件的区县应同步达到基本功能、扩展功能，暂不具备条件的区县应首先达到基本功能。2008年3月，市质量技术监督局发布《中小学校和幼儿园安全技术防范规范》（DB11/528–2008），对防范部位、防范基本要求、防范系统建设要求、保障措施等方面提出北京市地方标准。至2009年9月，全市2000余所公办中小学门口全部安装摄像头。至2010年6月，北京市所有校园监控系统，联网接入警方警务平台。

2010年5月，市教委印发《关于加强本市中小学幼儿园安全工作的意见》，要求加强校门安全管理，健全完善门卫值班制度、访客登记制度和校园封闭管理等内部管理制度，寄宿制中小学要设立24小时值守岗位。截至2010年7月，全市有1786所小学、幼儿园配备专职保安，培训上岗的专职保安员6500人。同年8月，市教委转发2010年7月市公安局《中小学及幼儿园内部安全检查工作规范》，要求民警对辖区中小学、幼儿园进行治安保卫责任制、消防安全措施、人员防范措施、物理防范措施、技术防范措施、安全保卫制度等实地检查。9月，市质量技术监督局《北京市中小学幼儿园校园保安服务规范》（DB11T730–2010）施行，对北京市中小学幼儿园校园保安服务标准和服务行为进行规范，从保安员条件、岗前培训、行为举止、装备配备、服务内容等方面规定校园保安服务操作规程及服务质量基本要求，作为校园保安招录、培训和使用的北京市地方标准。同年，市教委会同首都综治办、市公安局联合印发《关于进一步加强全市各类中小学及幼儿园安全防范的工作标准》《关于进一步加强全市中小学、幼儿园安全管理与防范工作的意见》，提出校园内、校外安全防范标准，要求：建立由校长负总责、主管领导和主责部门负责的学校安全保卫工作组织体系，配备不低于三名的专业保安人员，有一名公安机关加派的法制副校长或法制辅导员，配备防护器材，校内重点部位和校园出入口、周界围墙（栏）、室外主要活动场所安装监控探头和周界报警。

四、交通安全

1987 年 12 月，北京市崇文区花市上三条小学 50 名小学生戴上第一批“小黄帽”。1989 年年初，市交管局联合市教育局印发《关于在各小学实行小黄帽路队制》的 1 号文件，要求各校在小学生下学时头戴“小黄帽”排队离校，带队者为“小安全员”，排头举“路队安全牌”，队尾手持“安全旗”过马路，各种车辆遇有戴“小黄帽”的学生和排路队过马路的学生时，必须减速让行，并对小黄帽、安全牌、安全旗的颜色与样式、尺寸做出统一规定，“小黄帽”路队制就此正式形成。同年 5 月，市教育局、市交管局确定在全市沿主要公路、街道两侧的小学校中推行小学生头戴“小黄帽”和下学“路队制”。至 1992 年，全市共 1745 所小学校 47.6 万名小学生参加小黄帽路队制活动，城近郊区普及率基本上达到 100%。

1994 年 12 月，市交通安全委办公室、市教育局、市公安交通管理局发文要求加强中小学生交通安全教育，中学生要做到“一要八不准”。一要：要讲公德，守法规，听指挥。八不准：不准骑车带人；不准骑快车、走快车道；不准骑车闯红灯；不准抢行猛拐，影响他人；不准骑车扶肩并行、追逐竞驶；不准乱穿马路、跳跨护栏；不准在马路上追跑打闹；不准在马路上围观起哄。小学生要做到“一要六不要”。一要：要讲公德，守法规，听指挥。六不准：不要乱穿马路；不要在马路上玩耍打闹；不要在马路上溜冰、滑雪、打雪仗；不要钻跨交通护栏；不要车前车后猛跑；不满 12 岁不要在马路上骑车。

从 1998 年起，北京市中小学生交通事故伤亡人数逐年上升。1998 年全市中小学生因交通事故死亡 45 人、伤 295 人。至 2000 年，全市中小学生交通事故死亡 50 人、伤 466 人，分别比 1998 年提高 11.1% 和 58%。2001 年 4 月，市教委、市交通安全委办公室、市交管局、市政府教育督导室发文规定学校校长是交通安全工作的第一责任人，各学校要设立交通安全员，各区县交通支（大）队要为各中学、城区小学和乡镇中心小学指派交通安全辅导员，为中小学生讲授交通法规知识和交通安全常识，要在中小学门前、周边地区设置交通安全标志、标线，在部分交通流量大的学校门口设立校园岗，指派值勤民警在上学、放学高峰时间段护送小学生过马路。至同年 6 月，全市中小学共配备交通安全辅导员 534 人。

2005 年 4 月，市教委转发 2005 年 3 月教育部办公厅《关于加强中小学幼儿园校车安全管理的紧急通知》，对中小学、幼儿园校车选用、管理、保养、维护、保险、校车驾驶员聘用条件等校车安全工作做出加强和规范。2006 年 11 月，市教委进一步发文要求建立学生班车安全管理制度，配备随车管理人员，在车身前后和车门处设置统一的学生班车标识，配备灭火器等应急救援器材。2007 年，北京市提出按照《机动车运行安全技术条件》（GB7258–2004）第 2 号修改关于“非专用幼儿校车和非专用小学生校车运送学生时也不允许核定站立人数”的要求，确保所有登记校车一座一人。

从 2007 年 9 月起，“小黄帽路队制”从全市城区和主要公路、街道两侧扩展到全市所有小学，由市财政专款为全市小学（包括公办小学、经区县教委批准办学的社会力量举办小学）一年级新生（包括本市户籍学生、外省市户籍学生）配发小黄帽。2008 年 9 月，市教委发放《小学生交通安全教育读本》（1 ~ 3 年级），指导学生学习道路交通安全法律知识。

2010 年 5 月，市教委印发《关于加强本市中小学幼儿园安全工作的意见》，再次要求租用车辆时要选择有运营资质、服务优质的客运单位，并签订使用合同和安全责任书，配备随车管理人员，确定交通安全义务宣传员。

五、活动安全

1991 年 4 月，市教育局转发 1991 年 2 月国家教委《关于在中小学校开展远足活动的通知》，北京市要求远足活动从学校学生实际出发，与春、秋游活动结合，重视对师生的安全教育，采取措施确保安全。

1994 年 12 月，市交通安全委、市教育局、市公安交通管理局发文要求中小学校组织假期活动时要有专人负责，低年级学生要有老师带队。1996 年 3 月，市教委发文要求在体育课教学、体育考试、体育竞赛、业余训练、郊游、远足及游泳等体育活动中加强安全教育，学校在每年军训开训前对参训师生进行安全防事故教育。

1998 年 4 月，市教委提出严禁学校组织学生到安全设施不完备或未开发的景点或区域进行春游和其他集体活动，外出活动做到“三坚持”：即坚持有校（园）级领导带队、坚持利用节假日组织活动、坚持有足够教师参与活动管理。2001 年 4 月，市教委进一步提出需经得家长签字同意后学生方可参加春游活动。2002 年 10 月，市教委、北京卫戍区司令部、北京卫戍区政治部印发《关于北京市普通高等学校和高级中学开展学生军事训练工作的实施意见》，要求对军训中的车辆运输、实弹射击、饮食卫生等安全工作严格组织、定期检查、及时解决，确保学生军训安全。

2003年4月，由于北京市发生一些学生活动中的安全事故，市教委、市交通委、市旅游局、市安全生产监督管理局发文要求今后不提倡学校组织大规模集体春游活动。并提出活动安全具体要求：中小学校组织春游活动要报区县教委主管部门批准，组织者要明确主要责任人。春游要先期“踩点”，要有随队医生或卫生员，携带必要药品，有与外界联络的通信工具。原则上不组织跨省春游，禁止“五一”长假期间组织集体出游，禁止组织学生进行商业性旅游（旅行社组织的旅游）或到未开发的区域进行旅游活动，严禁中小学生到非正式接待游人的旅游区（点）和远郊区县的以自然景观为主的旅游区（点）旅游，严禁组织学生参加带有一定危险性的游览项目活动。此后，北京市大部分中小学校不再组织春游。2006年后，北京市有部分学校又开始恢复春游。

2005年4月，市教委发文对学校体育活动安全工作提出要求：学校不在冬季安排高强度的体育考试，不宜在饭后一小时内安排体育课和训练比赛，体育教师要教会学生体育活动中的自我保护方法。同年11月，鉴于山西省沁源县发生学生重大交通伤害事故，市教委发文规定学校体育活动不能到校外机动车道等存在安全隐患的地方进行。如果要组织学生外出集体活动，或在校园周边非机动车道等地方开展体育活动，必须有专门的安全管理制度和安排专人负责维护安全秩序。此前，由于场地小，一些学校将学生冬季课间跑步安排在学校附近的马路人行道或胡同里。

2006年7月，市教委办公室转发教育部办公厅《进一步加强暑期师生安全工作的紧急通知》：严禁组织中小学生利用假期参加商业性庆典、演出活动。北京市提出，中小学组织师生外出活动要经过区县教委批准，并由区县教委备案。同年9月，教育部、公安部、司法部、建设部、交通部、文化部、卫生部、国家工商总局、国家质检总局、新闻出版总署印发的《中小学幼儿园安全管理办法》施行，规定：学校组织学生参加大型集体活动，应成立临时的安全管理组织机构，制定安全应急预案；学校开展大型体育活动以及其他大型学生活动，必须经过主要街道和交通要道的，应当事先与公安机关交通管理部门共同研究并落实安全措施；学校不得组织学生参加抢险等应当由专业人员或者成人从事的活动，不得组织学生参与制作烟花爆竹、有毒化学品等具有危险性的活动，不得组织学生参加商业性活动。

2010年5月，市学生军训工作办公室在全市范围内进行学生军训工作自查，印发《北京市高中阶段学校学生军训工作评估标准》，其中“安全防事故工作”

指标占 10%，包括制度与措施、军事技能训练期间无各类事故两个评估项目。同年 7 月，市教委、北京卫戍区司令部发文要求加强学生军训中安全防事故工作，对学生军训中的训练安全、武器安全等管理提出要求，并印发《学生军训夏季防事故安全常识》，对学生进行安全教育。

六、防疫安全

1991 年 3 月，市教育局转发 1990 年 6 月国家教委第 10 号令、卫生部第 1 号令《学校卫生工作条例》，条例规定学校卫生工作主要任务是：监测学生健康状况；对学生进行健康教育，培养学生良好的卫生习惯；改善学校卫生环境和教学卫生条件；加强对传染病、学生常见病的预防和治疗。学校应当建立学生健康管理制度，做好学生常见疾病的群体预防和矫治工作，做好急、慢性传染病的预防和控制管理工作。

1996 年，市教委发文要求学校普及卫生防病知识，防止传染病及药物事故发生，杜绝食源性疾患和食物中毒事故发生。1998 年 8 月，市教委再次发文，要求学校做好检疫工作，发现传染源必须及时隔离，及时处置，发现各种传染病按传染病防治法要求报告卫生防疫部门和市教委，配合区防疫站做好疫情处理。

1999 年 6 月，市教委、市卫生局印发《关于进一步加强和改善学校卫生工作的意见》，要求学校认真执行《传染病防治法》，严格按《北京市疫情管理办法》规定及时进行疫情报告，采取措施做好急、慢性传染病的预防和隔离消毒工作，以控制传染病传播。2002 年，市教委通过对不同年龄阶段的学生分别进行甲肝、乙肝、麻疹、风疹、腮腺炎等疾病的预防和宣传教育活动，加强对传染病的预防工作管理。

2003 年 4 月，为防控北京市非典疫情，市教委发文要求全市中小学从 4 月 24 日至 5 月 7 日放假两周，未发生疫情的寄宿制学校可实行封闭式管理，其中离校后要求返校的学生，必须经隔离 10 天以上且无非典型肺炎症状方可准许入校。放假期间，学校必须每天了解学生在家的身体状况，每天向区县教委报送一次防控非典型肺炎工作信息，发生紧急情况随时报送。同年 5 月下旬，北京市非典疫情趋缓，市教委、市卫生局提出师生入校体温测试、缺勤缺课登记制度、发生传染病迹象立即隔离、上报教育和卫生行政部门、农村寄宿制学校宿舍条件等后续卫生防疫要求，并采取一系列近期紧急措施：取消一切人员集中的大课和大型活动，大学改大班教学为小班上课。每间教室学生数在原则上不超过 30 人，关闭学校室内体育馆，学校室外游泳池当年暂不开放。同年 10 月，市委教育工委、市教委印发《北京市教育系统预防与控制传染性非典型肺炎应急预案》，总结教育系统在防控非典工作中经验和做法，以建立预防为主、防控工作长效管理与应急处理机制为根本，实行条块结合、以块为主、属地管理。预案明确教育系统防控工作决策领导机构、日常管理机构、应急指挥体系、区县教育行政部门和学校职责，规定三级疫情相应具体工作流程和保障措施。

2006年，市教委、市卫生局编写《北京市学校传染病防治工作手册》，对全市72所中小学校进行传染病防控工作检查，配合市应急办开展预防流感大流行演练。经市政府批准，麻疹、流腮、风疹三联疫苗纳入北京市适龄儿童免疫规划，实行政府出资，免费接种。

2009年4月，由于北京市出现甲型H1N1流感，市教委启动教育系统突发公共卫生事件应急预案，各学校加强对甲型H1N1流感防控工作。同年11月，市教委、市卫生局印发《关于近期甲型H1N1流感防控工作意见》，提出中小学防控甲型H1N1流感的8点要求：坚持工作要求、工作策略和疫情防控内容不变、完善中小学校的体温监控制度、及时上报病情信息、妥善做好学生停课、复课工作、做好流感疫苗的接种工作、尽量减少组织大型聚集性的学生活动、加强宣传教育、加强对社会办学机构防控工作的监督检查。至同年11月15日，全市中小学838931名学生接种季节性流感疫苗，接种率69.29%，606475名学生接种甲型H1N1流感疫苗，接种率50.16%。

2010年5月，市教委印发《关于加强本市中小学幼儿园安全工作的意见》，要求加强对炊事人员的管理和培训，严格操作规程，加强对炊事人员身体健康状况的监控，严禁带病带菌上岗。同年7月，市教委、北京卫戍区司令部印发《学生军训夏季防事故安全常识》，对防流行性感冒的注意事项和应急处置方法做出明确规定。

注意事项：

（1）无论何种原因，如身体持续发热，都应尽早就医；

（2）流感早期服用感冒冲剂或板蓝根冲剂，可以减轻症状；

（3）保持室内空气流通；

（4）不随地吐痰，打喷嚏、咳嗽时一定要捂住口鼻；

（5）定期注射流感疫苗。

应急处置方法：

（1）有流感症状时，要注意休息，多喝水，开窗通风；

（2）流感病人应采取分餐，单独居住；

（3）流感病人的擤鼻涕纸和吐痰纸要包好，扔进加盖的垃圾桶，或直接扔进抽水马桶用水冲走；

（4）重病人应隔离治疗。

七、防溺水安全

从 1991 年起，北京市中小学每年对学生进行防溺水安全教育。遇有重大溺水事件发生，教育行政部门则强化教育和管理措施。

1998 年 4 月，四川省达县九里乡初一学生春游时发生翻船溺水事故。1999 年 3 月，市教委发文要求野外活动要注意防溺水事故。

2004 年 6 月，市教委办公室转发教育部办公厅《关于预防溺水事故加强中小学生游泳安全教育文件的紧急通知》，北京市提出预防溺水事故要求：①学校利用班队会、多媒体、宣传栏、家长信开展宣传教育活动，利用体育课、健康教育课进行游泳知识专题教学，学校红十字会培训游泳自护自救技能。②学校制定学生游泳安全管理制度，教育学生不要到非游泳场所游泳。在游泳场馆游泳时，要自觉遵守游泳场馆的制度和要求。无深水游泳合格证者，不能进入深水游泳区。③学校组织学生集体游泳活动时，必须制定安全工作预案，配备足够数量的管理教师。④各区县教育行政部门加强与本区域社会游泳场馆的联系，共同制定青少年游泳安全管理制度。学校所属的游泳场馆把安全措施放在第一重要的位置，加强游泳安全管理。2005 年 12 月，市教委、市安全生产监督管理局进一步要求学校教育学生不得到未开放的冰面上活动，避免水面、冰面溺水事故发生。

2006 年 6 月，房山区 3 名中小学生到河里游泳溺水死亡。市教委随即印发《关于切实加强学生安全教育预防溺水事故发生的紧急通知》，要求中小学生不准在无家长或老师带领下私自下水游泳，不到无安全保障的水域游泳，并要求学校创造条件开设游泳课，指导学生熟练掌握游泳技巧和自救方法，有游泳设施的学校要延长向学生的开放时间、加强防护。2007 年 5 月，市教委印发预防中小学生溺水事故工作的文件，再次强调学生特别是小学生不得在无家长或老师的带领下私自下水游泳，不擅自与同学结伴游泳，不到无安全保障的水域游泳、游玩。

2010 年 7 月，市教委、北京卫戍区司令部印发《学生军训夏季防事故安全常识》，对防溺水淹亡的注意事项和应急处置方法做出明确规定。

注意事项：

（1）严禁私自到江、河、湖、海及水库中游泳；

（2）下水时切勿太饿、太饱，饭后一小时才能下水，防止抽筋；

（3）下水时，注意观察周围环境，如有危险警告，禁止下水；

（4）了解下水地方的水深、水温以及有无杂草、岩石等情况后再下水。

应急处置方法：

（1）发现溺水者后应尽快将其救出水面，但施救者如不懂得水中施救和不了解现场水情，不可轻易下水，可充分利用现场器材，如绳、竿、救生圈等救人；

（2）将溺水者平放在地面，迅速撬开其口腔，清除其咽内、鼻内的异物，如淤泥、杂草等，使其呼吸道保持通畅；

（3）当溺水者呼吸停止或极为微弱时，应立即实施人工呼吸法，需要时施行胸外心脏按压法。

八、防火防汛安全

1990 年 11 月，市教育局转发 1990 年 10 月市政府令《北京市防火安全责任制暂行规定》，共 17 条。

1993 年 10 月，市人大常委会印发《北京市关于禁止燃放烟花爆竹的规定》，北京市开始实施禁放烟花爆竹。同年 12 月，市教育局发文要求学校教育中小学生严格遵守该《规定》，要求家长教育子女不准违反《规定》燃放烟花爆竹。1994 年 1 月，市教育局再次发文要求向中小学生进行禁止烟花爆竹教育，班主任和学生家长签订“禁燃”责任书。

1994 年年底新疆克拉玛依发生特大火灾后，1996 年 5 月，市消防局、市教委印发加强全市中小学校消防安全工作文件，要求中小学将消防工作列入教育行政管理议事日程，制定消防安全工作计划，建立健全以各中小学校长或行政负责人为防火安全第一责任人的防火安全责任制。中小学在每年“安全教育日”（3 月份最后一周的星期一）期间和寒暑假放假前、新学期开学初及班校会时间，通过少先队活动、少年消防团、红领巾防火宣传站、消防夏（冬）令营等活动开展消防安全教育。同月，市教委印发防汛工作文件，要求地处坡底、沟口、河道旁及泥石流易发区的学校制订防范措施和师生疏散转移路线。学生在校期间遇有暴雨、洪水险情发生，学校领导要组织人员护送学生转移。同年 10 月，市教委发文要求做好大型活动场所重点部位及学生食堂、宿舍的防火工作，楼内及活动场所安全通道畅通，设有明显标志，消防设施器材灵敏完好。

2004 年 2 月，北京市密云县、吉林省吉林市和浙江省海宁市连续发生特大安全事故后，3 月，市教委发文要求严格禁止在学生宿舍、教职工单身宿舍使用“热得快”等违章电器，“将此作为一条铁的纪律”。同年 9 月，市教委就消防宣传进学校工作提出要求：

（1）进行消防安全专题教育。新学期开学后全市学校对全体学生进行一次消防安全专题教育活动。重点做好新生教育，了解消防安全法规和学校规定，掌握消防安全知识和防范技能。

（2）消防安全教育进课堂。将小学低年级《品德与社会》、中高年级《社会》教材中消防安全知识章节作为必讲内容。消防安全知识和防范技能作为中学《人防知识与技能》课程重点内容。

（3）中小学每学期组织一次消防疏散演练或消防运动会。

（4）区县教委统筹安排本行政区域内中小学校就近到消防中队参观、学习活动。

2005 年 12 月 1 日，《北京市烟花爆竹安全管理规定》开始施行。市教委随即发文要求学校利用校内电视台、广播、校园 BBS、宣传栏、黑板报和专题工作会、校会、班会等进行学生安全燃放烟花爆竹的教育，将禁放地点和限放地区、限放时间作为宣传教育的重点内容，将“十四周岁以下未成年人燃放烟花爆竹的，应当由监护人或者其他成年人陪同看护”的规定告知家长。市教委同时要求中小学及时清理校园内易燃垃圾，加强值班和校园巡逻，防止外部烟花爆竹落入校内引发火灾，学校不得将场地和房屋用于销售、储存烟花爆竹。

2010 年 5 月，市教委印发《关于加强本市中小学幼儿园安全工作的意见》，提出消防安全管理具体要求：建立健全逐级岗位责任制和各项消防安全制度；完善消防档案，加强重点防火部位的管理和检查，制定应急疏散预案并组织演练；配齐消防设施、器材和安全标志，定期进行维护保养；保障安全出口、疏散通道畅通；杜绝各类违章用电现象；进行消防安全培训，普及消防法律法规和消防安全常识。

九、防震安全

1990 年 8 月，国家教委印发《中小学安全须知》，对中小学“危房”做出解释。

1997 年 1 月，市教委、市地震局印发《关于在北京市各级各类学校中开展防震减灾科普知识教育的通知》，鉴于我国进入 20 世纪第五个地震活动期的实际情况，北京市要求现阶段侧重加强防震减灾知识的教育。以地震出版社与中国和平出版社联合出版的《防震减灾常识》读本为学习材料，根据“平震结合”“预防为主”“综合防御”原则，在学校师生中开展防震减灾教育活动（知识讲座、知识竞赛、夏令营、冬令营等）。同年 9 月，北京市小学四年级至初中三年级学生开展防震减灾知识宣传活动。

2003 年 2 月，市教委要求中小学每学期要组织一次全校师生针对地震等灾害的逃生、自救实际演练活动。

2008 年四川汶川“5・12”地震后，7 月，全市中小学按照市教委、市建委、市规划委、市发改委、市财政局《北京地区学校校舍抗震安全排查工作实施方案》，对学校公共建筑设施、校舍建筑选址、在建工程进行抗震安全隐患排查。同年 9 月，市教委印发《关于进一步开展防震减灾安全教育工作的意见》：

（1）按照 2006 年《关于进一步落实义务教育新课程计划的若干意见》，把防震减灾教育作为安全应急与人民防空专题教育的一项内容，从小学 1 ~ 3 年级、4 ~ 6 年级、初中、高中四个学段每三年 15 课时中安排一定课时进行防震减灾专题教育。2008 年秋季开学初，各中小学在每个年级进行防震减灾专题教育。小学可结合科学课、班队会等进行；中学可结合地理、物理、生物、化学等课程进行。

（2）学校每学期至少要组织一次逃生演练活动，宜在学期初进行，可针对学生在教室（礼堂）、宿舍、食堂，与防火、防恐、防爆、防洪等安全避险演练结合进行。

（3）利用校内网络、电视、广播、板报等媒体开展校园安全宣传教育活动。

2009 年 9 月，市教委、市规划委、市住房和城乡建设委印发《北京地区中小学校舍抗震鉴定与加固技术细则》，规定中小学校舍的场地、地基和基础、多层砌体结构、多层钢筋混凝土房屋、单层砌体房屋的抗震鉴定和抗震加固标准。此后，北京市中小学校舍的抗震鉴定、加固设计和施工按照此细则实施。

第二章　教　学

概　况

1991—2010年，北京市中小学不断更新教学内容，改进教学方法，改革评价方式，开展教学研究。各中小学及学校教师自发进行快乐教育、“我能行”教育、小班化教育、小学数学教学改革实验、提高中学生学习质量整体改革国家行动计划、初一到高三大循环数学实验、教学活动化的地理教学改革、导学探索、自主解决教学模式等实验研究，推进教学内容、教学方式、教学评价的转变。

1988年，北京市选择国家教委义务教育八套半教材的部分版本供中小学使用。1994年，市教育局开始研究《北京市21世纪基础教育课程教材改革方案》，至1999年完成方案设计和课程标准制订，启动“21世纪教材”编写。

1993年，北京市开始中小学普及实验教学工作。同年，取消除初中毕业考试外小学、初中其他各年级任何形式的统一考试。1995年，市教育局印发《北京市进一步加强与改进中小学学科教学的意见》《北京市中小学学科教学常规（试行）》《北京市中小学学科课堂教学评价方案（试行）》（简称“三个教学文件”），对各学科教学内容、教学方法、教学常规及教学评价提出指导意见。2000年，北京市小学取消百分制，全面实行等级制。

2001年9月，北京市11个区县200所小学2万名一年级学生进入“21世纪基础教育课程教材改革实验”，使用“21世纪教材”。同年，教育部印发《基础教育课程改革纲要（试行）》和各学科《全日制义务教育课程标准（实验稿）》，实行国家、地方、学校三级课程管理，整体设置九年一贯的义务教育课程结构，提出三维目标。2002年，宣武区、海淀区、延庆县小学一年级，海淀区初中一年级进行国家基础教育课程改革实验，其他区县部分学校仍实施北京市21世纪基础教育课程教材改革实验。2004年，北京市基础教育课程教材改革纳入国家基础教育课程改革，“21世纪教材”更名为“京版教材”。2005年，全市81万名义务教育阶段学生全部进入基础教育课程教材改革实验。

2003 年，开始连续 7 年实施全市义务教育教学质量监控。2005 年，全市中小学按照《北京市中小学课堂教学评价方案（试行）》进行课堂教学评价。从 2006 年起，分步施行初中生、高中生、小学生综合素质评价，从思想道德、学业成就、身体健康、心理健康、个性发展等多个方面评价学生质量。

2007 年，北京市完成义务教育阶段第一轮课程教材改革实验，同年 9 月，开始启动所有高一年级普通高中课程改革实验,实施学分认定及模块考核。2008 年，北京市 10 所学校进行普通高中自主排课试验。至 2010 年，北京市完成普通高中第一轮课改实验。

第一节　课程计划

1991—2000 年，北京市不断小幅调整中小学教学计划。1994 年，市教育局开始组织专门力量研究《北京市 21 世纪基础教育课程教材改革方案》。1999 年，市教委完成面向 21 世纪首都基础教育课程方案设计和课程标准制订工作后，随即开始编写各科教材，简称“21 世纪教材”。

2001 年 9 月，北京市 11 个区县 200 所小学 2 万名一年级学生进入“21 世纪基础教育课程教材改革实验”，使用“21 世纪教材”。当年，教育部印发《基础教育课程改革纲要（试行）》和各学科《全日制义务教育课程标准（实验稿）》，实行国家、地方、学校三级课程管理，整体设置九年一贯制课程结构。从翌年 9 月起，北京市宣武、海淀、延庆三个区县小学一年级，海淀区初中一年级进行国家基础教育课程改革实验，其他区县部分学校一至二年级小学生和初中一年级继续进行北京市 21 世纪基础教育课程教材改革实验。2004 年，北京市基础教育课程教材改革实验纳入国家基础教育课程改革实验序列,“21 世纪教材”更名为“京版教材”。2005 年，全市义务教育阶段 81 万名学生全部进入新课改实验。

2007 年，北京市完成义务教育阶段第一轮课程教材改革实验，并开始在全市高一年级启动普通高中课程改革实验，从课程结构及设置、学分认定及模块考核、学生选课指导、课程资源开发与管理、学生综合素质评价、监控与评价、教学指导和模块学习、综合实践活动等方面进行改革。2008 年，北京市 10 所普通高中学校尝试自主排课试验。至 2010 年，北京市完成普通高中第一轮课程改革实验。

一、课程设置

（一）义务教育阶段

1991 年 9 月，市教育局印发《关于重新明确我市小学教学计划的通知》，对 1982 年《北京市全日制六年制小学教学计划试行草案》和《北京市全日制六年制开设外语的小学教学计划试行草案》做出调整：①小学劳动课从三年级及以上年级开设。有条件的学校一、二年级也可开设。②五年制小学五年级和六年制小学六年级的历史课由每周二节增至三节。③城市地区及远郊县城地区小学在 1991—1992 学年度四、五年级开设英语课。④凡有条件的小学，五、六年级音乐、美术课每周均应各开设 2 课时（见表 2–1 和表 2–2）。

表 2–1　　1991 年调整后的北京市全日制六年制小学教学计划

单位：课时

	语文			数学	品德	自然	地理	历史	体育	音乐	图画	手工	劳动	每周总课时数	列入课表的活动			每周活动总量	并开科目
	讲读	作文	写字												校班队会	自习	课外活动		
一	10	—	1	6	1	—	—	—	2	2	1	1	—	24	1	4	2	31	7
二	11	—	1	6	1	—	—	—	2	2	1	1	—	25	1	4	2	32	7
三	9	2	1	6	1	—	—	—	2	2	1	1	1	25	2	4	2	33	7
四	8	2	1	6	1	2	—	—	2	2	1	1	1	26	2	4	2	34	8
五	6	2	1	6	1	2	2	—	2	2	2	—	1	26	2	4	2	34	9
六	6	2	1	6	1	2	—	3	2	2	2	—	1	26	2	4	2	34	9

说明：标注阴影的内容是 1991 年对 1982 年调整的部分

表 2–2　　1991 年调整后的北京市全日制六年制开设外语的小学教学计划

单位：课时

	语文			数学	品德	自然	外语	地理	历史	体育	音乐	图画	手工	劳动	每周总课时数	列入课表的活动			每周活动总量	并开科目
	讲读	作文	写字													校班队会	自习	课外活动		
一	10	—	1	6	1	—	—	—	—	2	2	1	1	—	24	1	4	2	31	7
二	11	—	1	6	1	—	—	—	—	2	2	1	1	—	25	1	4	2	32	7
三	9	2	1	6	1	—	—	—	—	2	2	1	1	1	25	2	4	2	33	7
四	8	2	1	6	1	2	3	—	—	2	2	1	1	1	26	2	4	2	34	8
五	6	2	1	6	1	2	3	2	—	2	2	2	—	1	28	2	4	2	34	10
六	6	2	1	6	1	2	3	—	3	2	2	2	—	1	28	2	4	2	34	10

说明：标注阴影的内容是 1991 年对 1982 年调整的部分

1991 年 9 月，市教育局重新印发 1981 年颁发的《北京市全日制六年制中学教学计划试行草案》，全市初中各年级执行。同月，北京市第五中学、北京师范大学附属实验中学、北京汇文中学、北京市第十五中学、北京市日坛中学、北京师范学院附属中学、北京市第十二中学、北京市第九中学经市教育局批准开设俄语课。从 1992 年 9 月起，除深山区个别初中推迟外，全市初中各年级都开设外语课（见表 2–3）。

表 2–3　　1981 年北京市全日制六年级制中学教学计划试行草案

单位：课时

	初中			高中			上课总时数
	一	二	三	一	二	三	
政治	2	2	2	2	2	2	384
语文	6	6	6	5	4	4	1000
数学	6	6	6	5	5	5	1060
外语	5	5	6	5	5	4	932
物理	—	2	3	4	4	4	532
化学	—	—	3	3	3	3	372
历史	3	2	—	—	3	—	266
地理	3	2	—	—	2	—	234
生物	2	2	—	—	—	3	220
生理卫生	—	—	2	—	—	—	64
体育	2	2	2	2	2	2	384
音乐	1	1	1	—	—	—	100
美术	1	1	1	—	—	—	100
并开科目	10	11	10	8	8	8	—
每周上课时数	31	31	32	26	30	27	5648
选修课	—	—	—	—	4	4	240
劳动技术	每学年 2 周			每学年 4 周			576

说明：劳动技术课，初中每天按 4 课时计算

从 1993 年 9 月起，北京市小学一年级、初中一年级开始实施 1992 年 8 月国家教委颁发的《九年义务教育全日制小学、初级中学课程计划（试行）》。该计划分为国家课程和地方课程，形成课程计划表。①国家课程包括学科和活动。小学有思想品德、语文、数学、社会、自然、体育、音乐、美术、劳动九科，有条件的小学可增设外语；初中有思想政治、语文、数学、外语、历史、地理、物理、化学、生物、体育、音乐、美术、劳动技术十三科和短期的职业指导课。活动设置晨会（夕会）、班团队活动、体育活动、科技文体活动、社会实践活动和校传统活动等。②地方课程由各省、直辖市、自治区教育行政部门根据本地实际情况和需要制定。1994 年 2 月，市教育局进一步提出北京市初中开设职业指导课的具体要求：①职业指导课总计 20 ～ 25 课时。其中初中二年级第二学期安排 17 课时左右，讲授理论知识；初中三年级毕业之前安排 8 课时左右，进行升学就业指导。②职业指导课占用劳动技术课课时。初中三年级的升学就业指导也可占用校会时间通过讲座方式集体授课。与职业指导课有关的社会调查、参观访问等活动在社会实践活动时间进行。③职业指导课教师由劳动技术课教师兼任，也可由政治课教师或其他教师兼任（见表 2–4）。

表 2-4　　1993 年学年时间安排表

单位：周

	小学	初中	备注
上课	34	34	初中最后一学年第二学期上课减少 2 周，毕业复习考试增加 2 周
校传统活动	1	1	
社会实践活动	1	1	
期末复习考试	2	3	
机动	1	1	包括寒暑假、农假、节假日，可组织有意义的活动，但不得用于集体课
假期	13	12	
总计	52	52	

1994 年 8 月，市教育局转发国家教委 1994 年 7 月《实行新工时制对全日制小学、初级中学课程（教学）计划进行调整的意见》，对 1992 年 8 月国家教委《九年义务教育全日制小学、初级中学课程计划（试行）》做出调整：适当调减语文、数学、自然、社会、地理、生物、历史、外语、音乐、体育等学科和活动课的课时，适当调整地方安排课程的课时，减少周课时总量。从 1994 年 9 月起，全市实行“五四”学制的初中各年级和小学各年级执行国家教委“调整后的九年义务教育“五四”学制全日制小学、初级中学课程安排表”（见表 2–5），实行“六三”学制的初中各年级执行国家教委“调整后的九年义务教育“六三”学制全日制小学、初级中学课程安排表”（见表 2–6），实行“六三”学制的小学一、二年级执行“调整后的北京市九年义务教育“六三”学制全日制小学课程安排表”（见表 2–7），实行“六三”学制的三至六年级执行“调整后的北京市全日制六年制小学现行教学计划（三至六年级）课时安排”（见表 2–8）。

表 2–5　　1994 年调整后的九年义务教育“五四”学制全日制小学、初级中学课程安排表

			小学					初中				课时合计		
			一	二	三	四	五	一	二	三	四	小学总课时	初中总课时	九年课时合计
国家规定课程	学科类课程	思想品德	1	1	1	1	1	—	—	—	—	170	—	438
		思想政治	—	—	—	—	—	2	2	2	2	—	268	
		语文	10	10	9	9	9	4	5	5	5	1598	636	2334
		数学	5	6	6	5	6	4	4	4	4	952	536	1488
		外语（Ⅰ）	—	—	—	—	—	4	4	—	—	—	272	272
		外语（Ⅱ）	—	—	—	—	—	4	4	4	4	—	536	536
		社会	—	—	2	2	1	—	—	—	—	170	—	578
		历史	—	—	—	—	—	2	2	2	—	—	204	
		地理	—	—	—	—	—	3	3	—	—	—	204	
		自然	1	1	1	2	2	—	—	—	—	238	—	738
		物理	—	—	—	—	—	—	—	2	3	—	164	
		化学	—	—	—	—	—	—	—	2	2	—	132	
		生物	—	—	—	—	—	2	2	2	—	—	204	

续表 2-5

			小学					初中				课时合计		
			一	二	三	四	五	一	二	三	四	小学总课时	初中总课时	九年课时合计
国家规定课程	学科类课程	体育	2	2	2	2	2	3	2	2	2	340	302	642
		音乐	2	2	2	2	2	1	1	1	1	340	134	474
		美术	2	2	2	2	2	1	1	1	1	340	134	474
		劳动	—	—	1	1	1	—	—	—	—	102	—	370
		劳动技术	—	—	—	—	—	2	2	2	2	—	268	
		周学科课时	23	24	26	26	26	28	28	25*	22*	4520	3458	7708
	活动类课程	晨会（夕会）	每天 10 分钟											
		班团队活动	1	1	1	1	1	1	1	1	1	170	134	304
		科技文体活动	3	3	2	2	2	3	2	2	2	408	302	710
		周活动课时	4	4	3	3	3	4	3	3	3	578	436	1014
地方安排课程			1	1	1	1	1	1	2	5*	8*	170	528	698
周课时总计			28	29	30	30	30	33	33	33	33	4998	4422	9420

说明：* 表示外语课按水平Ⅰ开设的课时数。如果外语课按水平Ⅱ开设，则初三、初四周学科课时分别为 29 节和 26 节，地方安排课程初三、初四分别为 1 课时和 4 课时

表 2-6　1994 年调整后的九年义务教育“六三”学制全日制小学、初级中学课程安排表

				小学						初中			课时合计		
				一	二	三	四	五	六	一	二	三	小学总课时	初中总课时	九年课时合计
国家规定课程	学科类课程	思想品德		1	1	1	1	1	1	—	—	—	204	—	404
		思想政治		—	—	—	—	—	—	2	2	2	—	200	
		语文		9	9	9	8	7	7	6	5	5	1666	534	2200
		数学		4	5	5	5	5	5	5	5	4*	986	468	1454
		外语	（Ⅰ）	—	—	—	—	—	—	3	3	—	—	204	204
			（Ⅱ）	—	—	—	—	—	—	4	4	4	—	400	400
		社会		—	—	—	2	2	2	—	—	—	204	—	557
		历史		—	—	—	—	—	—	2	2	2	—	200	
		地理		—	—	—	—	—	—	3/2	2		—	153	
		自然		1	1	1	1	2	2	—	—		272	—	685
		物理		—	—	—	—	—	—	—	2	3	—	164	
		化学		—	—	—	—	—	—	—	—	3	—	96	
		生物		—	—	—	—	—	—	2/3	2	—	—	153	
		体育		2	2	3	3	3	3	2	2	2	544	200	744
		音乐		2	2	2	2	2	2	1	1	1	408	100	508
		美术		2	2	2	2	2	2	1	1	1	408	100	508
		劳动		—	—	1	1	1	1	—	—	—	136	—	336
		劳动技术		—	—	—	—	—	—	2	2	2	—	200	
		周学科课时		21	22	24	25	25	25	29*	29*	25*	4828	2772*	7600*

续表 2-6

			小学						初中			课时合计		
			一	二	三	四	五	六	一	二	三	小学总课时	初中总课时	九年课时合计
国家规定课程	活动类课程	晨会（夕会）	每天 10 分钟											
		班团队活动	1	1	1	1	1	1	1	1	1	204	100	304
		科技文体活动	4	4	3	2	2	2	2	2	2	578	200	778
		周活动课时	5	5	4	3	3	3	3	3	3	782	300	1082
地方安排课程			1	1	2	2	2	2	1	1	5*	340	228*	568
周课时总计			27	28	30	30	30	30	33*	33*	33*	5950	3300	9250

说明：* 表示外语课按水平Ⅰ开设的课时数。如果外语课按水平Ⅱ开设，则初三数学周课时数为 5 节；初一至初三周学科课时数都是 30 节，初三地方安排课程课时数为 1 节，地方安排课程初中合计为 100 节，九年合计为 440 节；初一至初三周课时总计数都为 34 节，初中课时合计为 3400 节，九年课时合计为 9350 节

表 2-7　1994 年调整后的北京市九年义务教育“六三”学制全日制小学课程安排表

单位：课时

	语文				数学	品德	外语	社会	自然	体育	音乐	美术		劳动	周学科课时	活动					周课时总量
	讲读	说话	作文	写字								美术	手工			晨会或夕会	班队活动	科技活动	文体活动	周活动课时	
一	7	1	—	1	4	1	—	—	1	2	2	1	1	1	22	每日十分钟	1	4		5	27
二	7	1	—	1	5	1	—	—	1	2	2	1	1	1	23		1	4		5	28
三	6	—	2	1	5	1	—	—	1	3	2	1	1	1	24		1	4		5	29
四	5	—	2	1	5	1	2	2	1	3	2	1	1	1	27		1	4		3	30
五	4	—	2	1	5	1	2	2	2	3	2	2		1	27		1	4		3	30
六	4	—	2	1	5	1	2	2	2	3	2	2		1	27		1	4		3	30

表 2-8　1994 年调整后的北京市全日制六年制小学现行教学计划（三至六年级）课时安排

单位：课时

	语文			数学	品德	外语	自然	地理	历史	体育	音乐	图画	手工	劳动	每周总课时数	列入课表的活动			每周活动总量
	讲读	作文	写字													校班队会	自习	课外活动	
三	7	2	1	6	1	—	1	—	—	2	2	1	1	1	25	1	2	2	30
四	6	2	1	5	1	2	2	—	—	2	2	1	1	1	26	1	1	2	30
五	5	2	1	6	1	2	1	2	—	2	2	1	—	1	26	1	1	2	30
六	6	2	1	5	1	2	1	—	2	2	2	1	—	1	26	1	1	2	30

1997 年 4 月，市教委印发《北京市关于加强小学活动课程的意见（试行）》，指出“活动课程内容包括社会教育活动、科学技术活动、文学艺术活动和体育卫生活动”，形成小学活动类课程课时安排表。1999 年 4—9 月，北京市各中小学每月安排至少一次环保教育活动课。同年 6 月，市教委发文要求民族团结教育活动总时间一学年安排不少于 8 课时，列入中小学活动类课程，或结合学科类课程小学思想品德课、中学政治课进行（见表 2-9）。

表 2-9　　1997 年北京市小学活动类课程课时安排表

单位：课时

<table>
<tr><th colspan="2"></th><th>一</th><th>二</th><th>三</th><th>四</th><th>五</th><th>六</th></tr>
<tr><td colspan="2">科学技术活动</td><td>1</td><td>1</td><td>1</td><td>1</td><td>1</td><td>1</td></tr>
<tr><td colspan="2">文学艺术活动</td><td>1</td><td>1</td><td>1</td><td>—</td><td>—</td><td>—</td></tr>
<tr><td colspan="2">体育卫生活动</td><td>2</td><td>2</td><td>2</td><td>1</td><td>1</td><td>1</td></tr>
<tr><td rowspan="2">社会教育活动</td><td>班队活动</td><td>1</td><td>1</td><td>1</td><td>1</td><td>1</td><td>1</td></tr>
<tr><td>晨会</td><td colspan="6">每天 10 分钟</td></tr>
</table>

2001 年 6 月，教育部印发《基础教育课程改革纲要（试行）》，规定课程结构：①整体设置九年一贯的义务教育课程。小学阶段以综合课程为主。小学低年级开设品德与生活、语文、数学、体育、艺术（或音乐、美术）等课程；小学中高年级开设品德与社会、语文、数学、科学、外语、综合实践活动、体育、艺术（或音乐、美术）等课程。初中阶段设置分科与综合相结合的课程，主要包括思想品德、语文、数学、外语、科学（或物理、化学、生物）、历史与社会（或历史、地理）、体育与健康、艺术（或音乐、美术）以及综合实践活动。学校创造条件开设选修课程。②从小学至高中设置综合实践活动作为必修课程，内容包括：信息技术教育、研究性学习、社区服务与社会实践以及劳动与技术教育。

2001 年 9 月，北京市开始实行 21 世纪新课程改革。《北京市 21 世纪基础教育课程改革实施方案》中“九年义务教育课程改革方案”对课程结构体系作九年一贯安排，小学、初中不再分段。具体说明：新课程分为Ⅰ、Ⅱ、Ⅲ、Ⅳ、Ⅴ五类：Ⅰ类是基础性工具性课程，Ⅱ类是选择性基础课程，Ⅲ类是现代工具性课程，Ⅳ类是实践性课程，Ⅴ类是学校自主课程。学年时间安排为：上课 36 周，校传统活动 1 周，期末复习考试 2 周，机动 1 周，假期 12 周，总计 52 周。九年级第二学期上课 16 周，毕业复习考试 4 周。每周按 5 天安排，义务教育阶段周活动总量为 28 ~ 30 课时，1 ~ 5 年级每课时 40 分钟，6 ~ 9 年级每课时 45 分钟。外语课 1 ~ 5 年级在周学时总量不变的条件下由学校确定开设长课或短课。Ⅱ类选择性基础课程分为社会科学知识与自然科学知识两类，义务教育阶段至少每周各选学 2 ~ 3 课时，合计 4 ~ 5 课时。信息技术课程列入必修课程，义务教育阶段在 3 ~ 5 年级、6 ~ 9 年级安排，可在劳动（劳动技术课）和学校自主课程课时中解决。综合实践课程可分散安排，也可集中安排。从同年 9 月起，北京市城市地区和远郊区县县城地区小学从三年级起开设英语课，参加北京市 21 世纪课程教材改革实验或其他有条件的小学从一年级起开设英语课。全市初中从初一年级起全部开设信息技术必修课。按市教委要求，小学英语课一至三年级每周不少于 80 分钟，四至六年级每周不少于 120 分钟。一至四年级以短课时为主，五、六年级长短课时结合，长课时不少于两课时。小学和初中信息技术课不少于68课时，其中，上机时间不少于总课时数的70%，在中学劳动技术课或小学劳动课、科技活动课或地方课程课时中安排。2002年9月，北京市农村乡镇中心小学从三年级起开设英语课。2003年9月，北京市所有城镇地区小学和农村完小以上小学全部开设信息技术必修课（见表2–10）。

表2–10 2001年北京市21世纪基础教育课程改革（九年义务教育）课程设置表

单位：课时

<table>
<tr><th colspan="2"></th><th>一</th><th>二</th><th>三</th><th>四</th><th>五</th><th colspan="2">六</th><th colspan="2">七</th><th colspan="2">八</th><th colspan="2">九</th><th>总计</th></tr>
<tr><td rowspan="5">Ⅰ</td><td>语文</td><td>9</td><td>9</td><td>6</td><td>6</td><td>6</td><td colspan="2">5</td><td colspan="2">4</td><td colspan="2">5</td><td colspan="2">5</td><td>1970</td></tr>
<tr><td>数学</td><td>3</td><td>3</td><td>5</td><td>5</td><td>5</td><td colspan="2">4</td><td colspan="2">4</td><td colspan="2">4</td><td colspan="2">4</td><td>1324</td></tr>
<tr><td>思想品德</td><td>2</td><td>2</td><td>1</td><td>1</td><td>1</td><td colspan="2">—</td><td colspan="2">—</td><td colspan="2">—</td><td colspan="2">—</td><td rowspan="2">394</td></tr>
<tr><td>思想政治</td><td>—</td><td>—</td><td>—</td><td>—</td><td>—</td><td colspan="2">1</td><td colspan="2">1</td><td colspan="2">1</td><td colspan="2">1</td></tr>
<tr><td>外语</td><td>2</td><td>2</td><td>2</td><td>2</td><td>2</td><td colspan="2">3</td><td colspan="2">3</td><td colspan="2">3</td><td colspan="2">3</td><td>786</td></tr>
<tr><td rowspan="8">Ⅱ</td><td>常识</td><td>2</td><td>2</td><td>—</td><td>—</td><td>—</td><td rowspan="8">4</td><td>—</td><td rowspan="8">4</td><td>—</td><td rowspan="8">5</td><td>—</td><td rowspan="8">5</td><td>—</td><td>144</td></tr>
<tr><td>社会</td><td>—</td><td>—</td><td>2</td><td>2</td><td>2</td><td>2</td><td>2</td><td>2</td><td>2</td><td>500</td></tr>
<tr><td>历史</td><td>—</td><td>—</td><td>—</td><td>—</td><td>—</td><td>—</td><td>1</td><td>2</td><td>2</td><td>176</td></tr>
<tr><td>地理</td><td>—</td><td>—</td><td>—</td><td>—</td><td>—</td><td>2</td><td>2</td><td>—</td><td>—</td><td>144</td></tr>
<tr><td>科学</td><td>—</td><td>—</td><td>2</td><td>2</td><td>2</td><td>2</td><td>2</td><td>3</td><td>3</td><td>570</td></tr>
<tr><td>物理</td><td>—</td><td>—</td><td>—</td><td>—</td><td>—</td><td>—</td><td>—</td><td>2</td><td>2</td><td>140</td></tr>
<tr><td>化学</td><td>—</td><td>—</td><td>—</td><td>—</td><td>—</td><td>—</td><td>—</td><td>1</td><td>2</td><td>104</td></tr>
<tr><td>生物</td><td>—</td><td>—</td><td>—</td><td>—</td><td>—</td><td>2</td><td>2</td><td>—</td><td>—</td><td>144</td></tr>
<tr><td>Ⅲ</td><td>信息技术</td><td>—</td><td>—</td><td colspan="3">72</td><td colspan="8">72</td><td>144</td></tr>
<tr><td rowspan="5">Ⅳ</td><td>体育</td><td>4</td><td>4</td><td>2</td><td>2</td><td>2</td><td colspan="2">2</td><td colspan="2">2</td><td colspan="2">2</td><td colspan="2">2</td><td>788</td></tr>
<tr><td>音乐</td><td>2</td><td>2</td><td>2</td><td>2</td><td>2</td><td colspan="2">1</td><td colspan="2">1</td><td colspan="2">1</td><td colspan="2">1</td><td>502</td></tr>
<tr><td>美术</td><td>2</td><td>2</td><td>2</td><td>2</td><td>2</td><td colspan="2">1</td><td colspan="2">1</td><td colspan="2">1</td><td colspan="2">1</td><td>502</td></tr>
<tr><td>劳动</td><td>—</td><td>—</td><td>2</td><td>2</td><td>2</td><td colspan="2">2</td><td colspan="2">2</td><td colspan="2">2</td><td colspan="2">2</td><td>500</td></tr>
<tr><td>综合实践</td><td>—</td><td>—</td><td>2</td><td>2</td><td>2</td><td colspan="2">2</td><td colspan="2">2</td><td colspan="2">2</td><td colspan="2">2</td><td>500</td></tr>
<tr><td>Ⅴ</td><td>—</td><td>2</td><td>2</td><td>2</td><td>2</td><td>2</td><td colspan="2">5</td><td colspan="2">6</td><td colspan="2">4</td><td colspan="2">4</td><td>1036</td></tr>
<tr><td>周课时总量</td><td>—</td><td>28</td><td>28</td><td>30</td><td>30</td><td>30</td><td colspan="2">30</td><td colspan="2">30</td><td colspan="2">30</td><td colspan="2">30</td><td>9516</td></tr>
</table>

从2004年9月起，北京市纳入国家基础教育课程教材改革实验，参加实验的年级执行同年6月市教委印发的《北京市实施教育部〈义务教育课程设置实验方案〉的课程计划（试行）》，形成“六三”和“五四”学制课程设置表。综合课程和分科课程的选择权在区县和学校；综合实践活动和地方与校本课程给区县和学校更多的自主安排权，可自主开发地方课程和校本课程。

课程设置：义务教育阶段九年一贯整体设置课程，开设品德与生活、品德与社会、思想品德、历史与社会（历史、地理）、科学（物理、化学、生物）、语文、数学、外语、体育、体育与健康、艺术（音乐、美术）、综合实践活动等课程，以及地方（区县）课程与校本课程。

课程安排:(1)各学年教学时间安排。①全年52周:教学时间39周、假期(寒暑假、国家法定节假日等)13周。②教学时间:每学年上课35周(九年级，即初三年级的第二学期减少2周)、复习考试2周(九年级，即初三年级的第二学期增加2周)、学校机动2周(用于安排学校传统活动、文化节、运动会、远足等)。(2)每周活动总量。①每周按5天安排教学，每课时40～45分钟。②有条件的学校应开展长短课结合的实验。③晨会、班队会、科技文体活动等，由学校在周课时总量内自主安排。课程设置表分为“六三”制和“五四”制。

课程设置说明:

(1)综合性课程。①品德与生活、品德与社会、历史与社会、科学、艺术等课程为综合性课程。品德与生活、品德与社会,以及小学阶段的科学均为必修课程。历史与社会、初中阶段的科学、艺术为选择性课程。学校可以在综合性的历史与社会及分科的历史、地理之间选择，在综合性的科学及分科的物理、化学、生物之间选择，在综合性的艺术及分科的音乐、美术之间选择。②如选学科学、历史、地理，可相应减少地理课程中的自然地理内容。如选学历史与社会、物理、化学、生物，则应参照地理课程标准增加学习自然地理内容。③历史与社会的周课时为3课时。历史两个年级的周课时分别为3课时和2课时。地理的周课时为2课时。初中三个年级的科学周课时分别为4课时、4课时和5课时。物理两个年级的周课时分别为2课时和3课时。化学的周课时为3课时。生物两个年级的周课时分别为3课时和2课时。艺术的周课时为音乐、美术周课时之和。

(2)写字教学。一、二年级的语文课教学内容包含写好硬笔字。在三至六年级(“五四”分段为三至五年级)的地方课程中安排毛笔字教学，每周一课时。

(3)外语课。从小学一年级起开设外语课。外国语学校和其他有条件的学校可开设第二外语。第二外语语种的学习可采用选修方式，在地方课程中安排。外语课必修总课时在教育部要求的基础上适当增加，以适应2008年奥运会和首都现代化建设的需要。

(4)体育课和体育与健康课。体育课程贯彻“健康第一”原则。体育与健康课所要求的健康知识，应使学生在进行体育活动时有所了解，不得组织笔试。

(5)综合实践活动。①综合实践活动是国家规定的必修课，包括信息技术教育、劳动与技术教育、研究性学习、社区服务与社会实践等。②设置信息技术课和劳动技术课。保证信息技术和劳动技术的课时总量，周课时分配由区县和学校自主决定，可分散开设，也可以集中开设。具备条件的区县和学校可集中使用课时，集中进行教学。

(6)地方课程和校本课程。①地方课程由区县开设的在本区县范围内统一开设，校本课程由学校开设的在本校开设。②地方和校本课程可以用于与国家课程相关的选修课程，时事政策教育，国防、环境、人口等专题讲座，有关本地或家乡历史、地理、经济和社会等内容的专题研究，校、班、团等集体活动，职业技术课程，课外社团、俱乐部和兴趣小组活动等。③地方和校本课程的课时可以与综合实践活动的课时结合在一起使用，可以分散安排，也可以集中安排。④已经在部分学校进行的小学一、二年级常识课程实验，可利用地方与校本课程的课时继续推进。⑤“预防艾滋病专题教育”在地方课程中安排，从初一年级到初三年级每学年 4 课时；“毒品预防专题教育”在地方课程和校本课程中安排，从小学五年级至初中三年级每学年 2 课时；“环境与可持续发展专题教育”在地方课程和校本课程中安排，从小学一年级至初中三年级每学年 3 课时;“安全和自救互救教育”在地方课程和校本课程中安排，从小学一年级至初中三年级每学年 3 课时。

（7）关于自主安排的课时。每周自主安排的课时数与其他课程课时数之和注意不得突破法定的各年级周课时总量（见表 2–11 和表 2–12）。

表 2–11　2004 年北京市实施教育部《义务教育课程设置实验方案》的课程设置（“六三”制）

单位：课时

<table>
<tr><th colspan="2"></th><th colspan="2">一</th><th colspan="2">二</th><th colspan="2">三</th><th colspan="2">四</th><th colspan="2">五</th><th colspan="2">六</th><th colspan="2">七</th><th colspan="2">八</th><th colspan="2">九</th><th colspan="3">九年总计</th></tr>
<tr><td colspan="2">品德与生活</td><td colspan="2">2</td><td colspan="2">2</td><td colspan="2">—</td><td colspan="2">—</td><td colspan="2">—</td><td colspan="2">—</td><td colspan="2">—</td><td colspan="2">—</td><td colspan="2">—</td><td colspan="3" rowspan="3">661 ~ 694</td></tr>
<tr><td colspan="2">品德与社会</td><td colspan="2">—</td><td colspan="2">—</td><td colspan="2">2</td><td colspan="2">2</td><td colspan="2">2</td><td colspan="2">2</td><td colspan="2">—</td><td colspan="2">—</td><td colspan="2">—</td></tr>
<tr><td colspan="2">思想品德</td><td colspan="2">—</td><td colspan="2">—</td><td colspan="2">—</td><td colspan="2">—</td><td colspan="2">—</td><td colspan="2">—</td><td colspan="2">2</td><td colspan="2">3</td><td colspan="2">2 ~ 3</td></tr>
<tr><td rowspan="2">历史与社会</td><td>历史</td><td colspan="2">—</td><td colspan="2">—</td><td colspan="2">—</td><td colspan="2">—</td><td colspan="2">—</td><td colspan="2">—</td><td rowspan="2">3</td><td>3</td><td rowspan="2">3</td><td>2</td><td rowspan="2">3</td><td>-</td><td rowspan="2">309</td><td>175</td><td rowspan="2">309
或 315</td></tr>
<tr><td>地理</td><td colspan="2">—</td><td colspan="2">—</td><td colspan="2">—</td><td colspan="2">—</td><td colspan="2">—</td><td colspan="2">—</td><td>2</td><td>2</td><td>-</td><td>140</td></tr>
<tr><td colspan="2">科学</td><td colspan="2">—</td><td colspan="2">—</td><td colspan="2">2</td><td colspan="2">2</td><td colspan="2">2</td><td colspan="2">2</td><td colspan="2">—</td><td colspan="2">—</td><td colspan="2"></td><td colspan="2">280</td><td rowspan="4">725
或
723</td></tr>
<tr><td rowspan="3">科学</td><td>物理</td><td colspan="2">—</td><td colspan="2">—</td><td colspan="2">—</td><td colspan="2">—</td><td colspan="2">—</td><td colspan="2">—</td><td rowspan="3">4</td><td>—</td><td rowspan="3">4</td><td>2</td><td rowspan="3">5</td><td>3</td><td rowspan="3">445</td><td>169</td></tr>
<tr><td>化学</td><td colspan="2">—</td><td colspan="2">—</td><td colspan="2">—</td><td colspan="2">—</td><td colspan="2">—</td><td colspan="2">—</td><td>—</td><td>—</td><td>3</td><td>99</td></tr>
<tr><td>生物</td><td colspan="2">—</td><td colspan="2">—</td><td colspan="2">—</td><td colspan="2">—</td><td colspan="2">—</td><td colspan="2">—</td><td>3</td><td>2</td><td>-</td><td>175</td></tr>
<tr><td colspan="2">语文</td><td colspan="2">8</td><td colspan="2">8</td><td colspan="2">6</td><td colspan="2">6</td><td colspan="2">6</td><td colspan="2">6</td><td colspan="2">5</td><td colspan="2">5</td><td colspan="2">5~6</td><td colspan="3">1915 ~ 1948</td></tr>
<tr><td colspan="2">数学</td><td colspan="2">4</td><td colspan="2">4</td><td colspan="2">4</td><td colspan="2">4</td><td colspan="2">4</td><td colspan="2">5</td><td colspan="2">5</td><td colspan="2">5</td><td colspan="2">5</td><td colspan="3">1390</td></tr>
<tr><td colspan="2">外语</td><td colspan="2">2 ~ 3</td><td colspan="2">2~3</td><td colspan="2">3</td><td colspan="2">3</td><td colspan="2">3</td><td colspan="2">3</td><td colspan="2">4</td><td colspan="2">4</td><td colspan="2">4</td><td colspan="3">972 ~ 1042</td></tr>
<tr><td colspan="2">体育</td><td colspan="2">3 ~ 4</td><td colspan="2">3~4</td><td colspan="2">3</td><td colspan="2">3</td><td colspan="2">3</td><td colspan="2">3</td><td colspan="2">—</td><td colspan="2">—</td><td colspan="2">—</td><td colspan="3" rowspan="2">939 ~ 1009</td></tr>
<tr><td colspan="2">体育与健康</td><td colspan="2">—</td><td colspan="2">—</td><td colspan="2">—</td><td colspan="2">—</td><td colspan="2">—</td><td colspan="2">—</td><td colspan="2">3</td><td colspan="2">3</td><td colspan="2">3</td></tr>
<tr><td rowspan="2">艺术</td><td>音乐</td><td rowspan="2">4</td><td>2</td><td rowspan="2">4</td><td>2</td><td rowspan="2">4</td><td>2</td><td rowspan="2">4</td><td>2</td><td rowspan="2">4</td><td>2</td><td rowspan="2">2</td><td>1</td><td rowspan="2">2</td><td>1</td><td rowspan="2">2</td><td>1</td><td rowspan="2">2</td><td>1</td><td rowspan="2">976</td><td>488</td><td rowspan="2">976</td></tr>
<tr><td>美术</td><td>2</td><td>2</td><td>2</td><td>2</td><td>2</td><td>1</td><td>1</td><td>1</td><td>1</td><td>488</td></tr>
<tr><td rowspan="4">综合实践活动</td><td>其中：劳动技术</td><td colspan="4">—</td><td colspan="8">110</td><td colspan="6">100</td><td colspan="2">210</td><td rowspan="4">630</td></tr>
<tr><td>其中：信息技术</td><td colspan="4">—</td><td colspan="8">70</td><td colspan="6">70</td><td colspan="2">140</td></tr>
<tr><td>研究性学习</td><td colspan="4">—</td><td colspan="8" rowspan="2">140</td><td colspan="6" rowspan="2">140</td><td colspan="2" rowspan="2">280</td></tr>
<tr><td>社区服务与社会实践活动</td><td colspan="4">—</td></tr>
<tr><td rowspan="2">地方与校本课程</td><td>其中：写字</td><td colspan="4">—</td><td colspan="2">1</td><td colspan="2">1</td><td colspan="2">1</td><td colspan="2">1</td><td colspan="6">—</td><td colspan="2">140</td><td rowspan="2">795~
1005</td></tr>
<tr><td>自主安排</td><td colspan="20">655 ~ 865</td></tr>
<tr><td colspan="2">周课时总量</td><td colspan="2">26</td><td colspan="2">26</td><td colspan="2">30</td><td colspan="2">30</td><td colspan="2">30</td><td colspan="2">30</td><td colspan="2">34</td><td colspan="2">34</td><td colspan="2">34</td><td colspan="3">9522</td></tr>
</table>

表 2-12 2004 年北京市实施教育部《义务教育课程设置实验方案》的课程设置（“五四”制）

单位：课时

<table>
<tr><th colspan="2"></th><th colspan="2">一</th><th colspan="2">二</th><th colspan="2">三</th><th colspan="2">四</th><th colspan="2">五</th><th colspan="2">六</th><th colspan="2">七</th><th colspan="2">八</th><th colspan="2">九</th><th colspan="3">九年总计</th></tr>
<tr><td colspan="2">品德与生活</td><td colspan="2">2</td><td colspan="2">2</td><td colspan="2">—</td><td colspan="2">—</td><td colspan="2">—</td><td colspan="2">—</td><td colspan="2">—</td><td colspan="2">—</td><td colspan="2">—</td><td colspan="3">661 ~ 694</td></tr>
<tr><td colspan="2">品德与社会</td><td colspan="2">—</td><td colspan="2">—</td><td colspan="2">2</td><td colspan="2">2</td><td colspan="2">2</td><td colspan="2">—</td><td colspan="2">—</td><td colspan="2">—</td><td colspan="2">—</td><td colspan="3">—</td></tr>
<tr><td colspan="2">思想品德</td><td colspan="2">—</td><td colspan="2">—</td><td colspan="2">—</td><td colspan="2">—</td><td colspan="2">—</td><td colspan="2">2</td><td colspan="2">2</td><td colspan="2">3</td><td colspan="2">2 ~ 3</td><td colspan="3">—</td></tr>
<tr><td rowspan="2">历史与社会</td><td>历史</td><td colspan="2">—</td><td colspan="2">—</td><td colspan="2">—</td><td colspan="2">—</td><td colspan="2">—</td><td rowspan="2">3</td><td>–</td><td rowspan="2">3</td><td>3</td><td rowspan="2">3</td><td>2</td><td colspan="2" rowspan="2">—</td><td rowspan="2">315</td><td>175</td><td rowspan="2">315</td></tr>
<tr><td>地理</td><td colspan="2">—</td><td colspan="2">—</td><td colspan="2">—</td><td colspan="2">—</td><td colspan="2">—</td><td>2</td><td>2</td><td>–</td><td>140</td></tr>
<tr><td colspan="2">科学</td><td colspan="2">—</td><td colspan="2">—</td><td colspan="2">2</td><td colspan="2">3</td><td colspan="2">3</td><td colspan="2">—</td><td colspan="2">—</td><td colspan="2">—</td><td colspan="2">—</td><td colspan="2">280</td><td rowspan="4">725 或 723</td></tr>
<tr><td rowspan="3">科学</td><td>物理</td><td colspan="2">—</td><td colspan="2">—</td><td colspan="2">—</td><td colspan="2">—</td><td colspan="2">—</td><td rowspan="3">–</td><td>–</td><td rowspan="3">4</td><td>–</td><td rowspan="3">4</td><td>2</td><td rowspan="3">5</td><td>3</td><td rowspan="3">445</td><td>169</td></tr>
<tr><td>化学</td><td colspan="2">—</td><td colspan="2">—</td><td colspan="2">—</td><td colspan="2">—</td><td colspan="2">—</td><td>–</td><td>–</td><td>–</td><td>3</td><td>99</td></tr>
<tr><td>生物</td><td colspan="2">—</td><td colspan="2">—</td><td colspan="2">—</td><td colspan="2">—</td><td colspan="2">—</td><td>3</td><td>2</td><td>–</td><td>–</td><td>175</td></tr>
<tr><td colspan="2">语文</td><td colspan="2">8</td><td colspan="2">8</td><td colspan="2">6</td><td colspan="2">6</td><td colspan="2">6</td><td colspan="2">6</td><td colspan="2">5</td><td colspan="2">5</td><td colspan="2">5 ~ 6</td><td colspan="3">1915 ~ 1948</td></tr>
<tr><td colspan="2">数学</td><td colspan="2">4</td><td colspan="2">4</td><td colspan="2">4</td><td colspan="2">4</td><td colspan="2">4</td><td colspan="2">5</td><td colspan="2">5</td><td colspan="2">5</td><td colspan="2">5</td><td colspan="3">1390</td></tr>
<tr><td colspan="2">外语</td><td colspan="2">2 ~ 3</td><td colspan="2">2 ~ 3</td><td colspan="2">3</td><td colspan="2">3</td><td colspan="2">3</td><td colspan="2">3</td><td colspan="2">4</td><td colspan="2">4</td><td colspan="2">4</td><td colspan="3">972 ~ 1042</td></tr>
<tr><td colspan="2">体育</td><td colspan="2">3 ~ 4</td><td colspan="2">3 ~ 4</td><td colspan="2">3</td><td colspan="2">3</td><td colspan="2">3</td><td colspan="2">—</td><td colspan="2">—</td><td colspan="2">—</td><td colspan="2">—</td><td colspan="3" rowspan="2">939 ~ 1009</td></tr>
<tr><td colspan="2">体育与健康</td><td colspan="2">—</td><td colspan="2">—</td><td colspan="2">—</td><td colspan="2">—</td><td colspan="2">—</td><td colspan="2">3</td><td colspan="2">3</td><td colspan="2">3</td><td colspan="2">3</td></tr>
<tr><td rowspan="2">艺术</td><td>音乐</td><td rowspan="2">4</td><td>2</td><td rowspan="2">4</td><td>2</td><td rowspan="2">4</td><td>2</td><td rowspan="2">4</td><td>2</td><td rowspan="2">4</td><td>2</td><td rowspan="2">2</td><td>1</td><td rowspan="2">2</td><td>1</td><td rowspan="2">2</td><td>1</td><td rowspan="2">2</td><td>1</td><td rowspan="2">976</td><td>488</td><td rowspan="2">976</td></tr>
<tr><td>美术</td><td>2</td><td>2</td><td>2</td><td>2</td><td>2</td><td>1</td><td>1</td><td>1</td><td>1</td><td>488</td></tr>
<tr><td rowspan="4">综合实践活动</td><td>劳动技术</td><td colspan="4">—</td><td colspan="14">自主安排</td><td colspan="2">210</td><td rowspan="2">630</td></tr>
<tr><td>信息技术</td><td colspan="4">—</td><td colspan="14">自主安排</td><td colspan="2">140</td></tr>
<tr><td>研究性学习</td><td colspan="4">—</td><td colspan="16" rowspan="2">280</td><td rowspan="2">—</td></tr>
<tr><td>社区服务与社会实践活动</td><td colspan="4">—</td></tr>
<tr><td rowspan="2">地方与校本课程</td><td>写字</td><td colspan="4">—</td><td colspan="2">1</td><td colspan="2">1</td><td colspan="2">2</td><td colspan="8">—</td><td colspan="2">140</td><td>795 ~ 999</td></tr>
<tr><td>自主安排</td><td colspan="20">655 ~ 859</td><td>—</td></tr>
<tr><td colspan="2">周课时总量</td><td colspan="2">26</td><td colspan="2">26</td><td colspan="2">30</td><td colspan="2">30</td><td colspan="2">30</td><td colspan="2">30</td><td colspan="2">34</td><td colspan="2">34</td><td colspan="2">34</td><td colspan="3">9522</td></tr>
</table>

从 2005 年 9 月起，北京市小学、初中的起始年级全部进行基础教育课程改革实验。2006 年 6 月，市教委印发《关于进一步落实义务教育新课程计划的若干意见》，对 2004 年《北京市实施教育部〈义务教育课程设置实验方案〉的课程计划（试行）》部分内容作出调整和细化：

（1）从 2006 年 9 月起，全市小学一、二年级的体育课周课时统一为 4 课时。小学一、二年级的英语课周课时统一为 2 课时。

（2）地方课程由区县教育行政部门规划，在区县范围内统一设置。

（3）国家课程中的综合实践活动和地方课程与校本课程的课时结合在一起使用。除了规定用于劳动技术课和信息技术课的课时外，北京市九年义务教育阶段还有 1145 课时（“六三”制，下同）可用于统筹安排研究性学习、社区服务与社会实践活动，以及地方课程与校本课程。建议各区县将其中的 60%、约 690 课时用于地方课程，将其中的 40%、约 455 课时用于校本课程。

（4）利用地方课程课时开设“环境与可持续发展专题教育”“毒品预防专题教育”“预防艾滋病专题教育”“安全应急与人民防空专题教育”，以及健康教育和写字等课程。①“环境与可持续发展专题教育”应分小学 1 ~ 3 年级、小学 4 ~ 6 年级和初中三段安排，建议分别安排在小学三年级第一学期，与品德与社会课结合，9 ~ 12 课时；小学六年级第一学期，与科学课结合，9 ~ 12 课时；初中二年级第二学期，与地理课结合，9 ~ 12 课时；共 27 ~ 36 课时。②“毒品预防专题教育”应分小学 5 ~ 6 年级、初中两段安排，建议分别安排在小学五年级第二学期，与品德与社会课结合，4 课时；初中三年级第一学期，与思想品德课结合，6 课时；共 10 课时。③“预防艾滋病专题教育”建议安排在初中二年级第一学期，与生物或科学课结合，6 ~ 12 课时。④“安全应急与人民防空专题教育”应分小学 1 ~ 3 年级、小学 4 ~ 6 年级、初中三段安排，建议分别安排在小学二年级第一学期，与体育课结合，15 课时；小学四年级第一学期，与体育课结合，15 课时；初中二年级第一学期，与地理、物理或生物课结合，15 课时；初中二年级第二学期，与物理或生物课结合，15 课时；共 60 课时。⑤健康教育建议安排在小学一至六年级，每个学期 5 课时，与体育课结合，共 60 课时。⑥写字课应分小学 3 ~ 6 年级、初中两阶段安排，建议安排在小学 3 年级至 6 年级和初中一年级至二年级，与语文或美术课结合，每周 1 课时，共 234 课时。

（5）区县可按照 278 课时的课时总量设置本区县自主开发的地方课程，平均每学年约 31 ~ 33 课时。学校可按照平均每学年约 50 课时的课时总量设置校本课程。校本课程实行长短课结合，每节课的时间可少于 40 ~ 45 分钟。

（二）高中

1990 年 3 月，国家教委印发《现行普通高中教学计划的调整意见》，减少必修课时，增加选修课时，加强劳动技术教育和社会实践。同年 5 月，市教育局结合本市情况提出《调整意见》实施措施，从 1990 年 9 月入学的高中一年级起，执行调整后的高中教学计划（见表 2–13）。

表 2–13　　1990 年调整后的普通高中教学计划　　单位：课时

	高一	高二	高三	授课总数
政治	2	2	2	184
语文	4	4	5	392
数学	5	4	5	426
外语	5	4	—	306
物理	3	3	—	204
化学	3	3	—	204
生物	—	3	—	102
历史	2	2	—	136
地理	3	—	—	102
体育	2	2	2	184
劳动技术	每学年 4 周	每学年 4 周	每学年 4 周	432
社会实践活动	每学年安排 2 周。在劳动技术课、课外活动或学科教学活动的时间内进行			
每周必修课总课时数	29	27	14	2240
选修课	3	4	16	—
课时活动	6（体育锻炼：3 其他：3）	6（体育锻炼：3 其他：3）	6（体育锻炼：3 其他：3）	—
每周活动总量	38	37	36	—

说明：学校可根据场地、器材和师资等条件安排体育课和体育锻炼活动，但二者总量不应少于 5 节

1991 年 9 月，市教育局转发国家教委 1991 年 7 月《关于实施〈现行普通高中教学计划的调整意见〉和普通高中毕业会考制度的意见》和《关于在普通高中开设选修课的意见》，自当年 9 月起，北京市普通高中各年级思想政治课由每周二课时改为三课时，其中一课时用于时事政策教育，创造条件在高三年级开设技术与职业类选修课。对选修课提出要求：高一、高二年级开设的与必修课相关的选修课、与必修课不直接相关的知识类选修课和技术类选修课三种，不能只开设其中一种，不能把选修课变相上成必修课。同年 9 月，1991—1992 学年度高三年级执行 1981 年市教育局印发的《北京市全日制六年制中学教学计划试行草案》（见表 2–14），高一、高二年级执行 1990 年调整后的普通高中教学计划（见表 2–13）。

表 2–14　　1981 年北京市全日制六年级制中学教学计划试行草案

单位：课时

	高中						
	一	二	三		一	二	三
政治	2	2	2	地理	—	2	—
语文	5	4	4	生物	—	—	3
数学	5	5	5	体育	2	2	2
外语	5	5	4	并开科目	8	8	8
物理	4	4	4	每周上课时数	29	27	27
化学	3	3	3	选修课	—	4	4
历史	—	3	—	劳动技术	每学年 4 周		

说明：劳动技术课，高中每天按 6 课时计算

1993 年 5 月，市教育局明确计算机课上机操作课为劳技课课时，理论知识课为选修课课时，高三年级劳技课可将 4 周减为 2 周。

1994 年 8 月，市教育局转发国家教委 1994 年 7 月《实行新工时制对高中教学计划进行调整的意见》，从 1994 年 9 月起，全市高中各年级执行国家教委该意见中的“调整后的普通高中教学计划”。调整内容有：①适当调减必修课中语文、数学、外语、化学、物理等学科和选修课课外活动课时。②将艺术学科作为必修课，在高中一、二年级开设。③未调减思想政治课和劳动技术课课时。④“时事教育”可利用选修课或课外活动时间安排，与学校思想政治课教学计划有机结合，每学年不少于 17 课时（见表 2–15）。

表 2–15　　1994 年调整后的普通高中教学计划

单位：课时

	高一	高二	高三	授课总时数
政治	2	2	2	184
语文	4	3/4	5	375
数学	4	4	5	392
外语	4/5	4	—	289
物理	3	3/2	—	187
化学	3/2	3	—	187
生物	—	3	—	102
历史	2	2	—	136
地理	3	—	—	102
体育	2	2	2	184
艺术（音乐美术）	1	1	—	68
劳动技术	每学年 4 周，共 12 周			
社会实践活动	每学年安排 2 周。在劳动技术课、课外活动或学科教学活动的时间内安排			
每周必修课总课时数	28	27	14	2206
选修课	2	2	15	—
课时活动	5(体育锻炼 3，其他 2)	5(体育锻炼 3，其他 2)	5(体育锻炼 3，其他 2)	—
每周活动总量	35	34	34	—

说明：标注阴影的内容是 1994 年对 1990 年调整的部分

从 1995 年 9 月起，北京市普通高中执行 1995 年 4 月国家教委《关于实行每周 40 小时工作制后调整全日制中小学课程（教学）计划的意见》，对 1994 年 7 月国家教委《实行新工时制对高中教学计划进行调整的意见》做了微调：①实行每周五日工作制后，高中各年级每周的活动总量在 34 课时以下。②高中语文必修课三个年级的周课时总数不变，对各年级周课时分配适当调整。③其他学科必修课课时仍执行 1994 年 7 月国家教委《实行新工时制对高中教学计划进行调整的意见》。④适当增加选修课课时。⑤课外活动课时从每周 5 课时减为 4 课时（见表 2–16）。

表 2–16　　1995 年调整后的普通高中教学计划表

单位：课时

	高一	高二	高三	授课总时数
政治	2	2	2	184
语文	4	4	5/4	380
数学	4	4	5	392
外语	4/5	4	—	289
物理	3	3/2	—	187
化学	3/2	3	—	187
生物	—	3	—	102
历史	2	2	—	136
地理	3	—	—	102
体育	2	2	2	184
艺术	1	1	—	68
劳动技术	每学年 4 周，共 12 周			
社会实践活动	每学年安排 2 周。在劳动技术课或学科教学活动的时间内安排			
每周必修课总时数	28	28/27	14/13	2211
选修课	2	2/3	16/17	—
课时活动	4（体育锻炼 2，其他 2）	4（体育锻炼 2，其他 2）	4（体育锻炼 2，其他 2）	—
周活动总量	34	34	34	—

说明：标注阴影的内容是 1995 年对 1994 年调整的部分

2001 年 6 月，教育部印发《基础教育课程改革纲要（试行）》，规定高中课程结构：①高中以分科课程为主。在开设必修课同时，设置选修课程，开设技术类课程。试行学分制管理。②设置综合实践活动为必修课程，内容包括：信息技术教育、研究性学习、社区服务与社会实践以及劳动与技术教育。同年 9 月，市教委要求将高中已开设的信息技术必选课改为必修课，以高一年级为起始年级，占 70 ~ 140 课时，上机时间不少于总课时数的 70%，由于没有专用课时，可在中学劳动技术课课时中安排。

从 2002 年 9 月起，北京市高一年级所有课程和高二年级生物课程执行 2002 年 7 月市教委制定的“北京市普通高中课程设置表”：（1）课程设置。

普通高中必修课设有思想政治、语文、数学、外语、物理、化学、生物、历史、地理、信息技术、体育与健康、艺术、综合实践活动。选修课设有数学、物理、化学、生物、历史、地理、信息技术，以及地方和学校根据学生兴趣要求和发展需要所开设的课程。（2）课程安排。①各学年教学时间安排。全年52周：教学时间40周；假期（包括寒暑假、节假日）10～11周；机动时间1～2周。各学年40周教学安排：高一、高二年级每学年上课35周，复习考试3周，社会实践和劳动技术教育2周；高三年级上课26周，复习考试12周，社会实践和劳动技术教育2周。②每周活动总量。每周按5天安排教学，周活动总量34课时，每课时45分钟。（3）课程设置说明。①课程设置分必修、选修两类。思想政治、语文、外语、艺术、体育与健康、艺术和综合实践活动在高中三年均为必修课。②选修课包括国家规定的选修课、地方和学校选修课。国家规定的选修课分别安排在高二和高三年级，学校可指导学生按照侧文、侧理的志向分别选择；信息技术选修课在高二年级采取分散或相对集中开设的办法修习。地方和学校选修课周课时累计7～18课时，可以分散或集中使用。主要用于：时事政策教育，每学年不少于17课时，通过组织学生每天收听、收看广播电视时事新闻进行；国防教育、环境教育、人口教育等专题教育，主要渗透在相关学科和活动中，也可组织专题讲座；有关本地或家乡的历史、社会、经济等专题研究，可与研究性学习相结合；校、班、团等集体活动，原则上每周1课时，与综合实践活动的开展紧密配合；同时结合当地社会、经济发展实际开设职业技术类课程；还要根据学生特点，组织各种形式的课外社团、俱乐部和兴趣小组活动。③综合实践活动包括研究性学习、劳动技术教育、社区服务和社会实践四部分内容（见表2–17）。

表2–17　　2002年北京市普通高中课程设置表

课＼时		高一周课时	高二周课时	高三周课时	周课时累计	必修或选修课总课时	总授课时数
思想政治	必修	2	2	2	6	184	184
语文	必修	4	4	4	12	368	368
外语	必修	4	4	4	12	368	368
数学	必修	4	4	—	8	280	324（368）
	选修	—	2～4	2～4	44～88	—	
信息技术	必修	2	—	—	2	70	70（140）
	选修	2	—	2	70	—	
物理	必修	3/2	2	—	4.5	158	158（294）
	选修	2	3	5	136	—	

续表 2-17

课 \ 时			高一周课时	高二周课时	高三周课时	周课时累计	必修或选修课总课时	总授课时数
化学		必修	2	2	—	4	140	140（259）
		选修	2/1	3	4.5	119	—	
生物		必修	—	3	—	3	105	105（171）
		选修	—	3	3	66	—	
历史		必修	3	—	—	3	105	105（228）
		选修	2	2/3	4.5	123	—	
地理		必修	3	—	—	3	105	105（219）
		选修	2	2	4	114	—	
体育与健康		必修	2	2	2	6	184	184
艺术（美术、音乐）		必修	1	1	1	3	92	92
综合实践活动	研究性学习	必修	3	3	3	9	276	276
	劳动技术教育		每学年 1 周（可集中安排，可分散安排）				102	102
	社区服务		一般应利用校外时间安排					
	社会实践		每学年 1 周（可集中安排，可分散安排）				102	102
地方和学校选修课			1 ~ 2	1 ~ 4	5 ~ 12	7 ~ 18	—	180（474）
周活动总量			34	34	34	—	—	—

说明：1. 周课时累计指各学科每学年周课时之和；
2. 总授课时数中不加括号的为该学科最低总课时数，加括号的为该学科最高总课时数；
3. 数学选修课时由各区县或学校根据学生侧文、侧理的选择，最低每周 2 课时，最高每周 4 课时

2007 年 9 月，北京市所有高中实施普通高中课程改革实验，构建新的普通高中课程体系，必修课程统一安排、选修课程自主选择，全市普通高中高一年级全部执行。2008 年，市教委印发《关于普通高中通用技术课程的实施意见》，对落实通用技术课程提出意见，要求完成必修模块，首轮实验至少在高中三年开设一个选修模块，并逐年增加选修模块数量。同年 9 月，北京市开始在高二年级开设通用技术课程。

2007 年高中新课程结构设置：

（1）普通高中课程由学习领域、科目、模块三个层次和必修、选修两个部分构成。

（2）普通高中课程设置语言与文学、数学、人文与社会、科学、技术、艺术、体育与健康和综合实践活动 8 个学习领域，包括语文、外语、数学、思想政治、历史、地理、物理、化学、生物、技术（含信息技术和通用技术）、艺术（或音乐、美术）、体育与健康 12 ~ 13 个科目。艺术科目与音乐、美术科目并行设置，由学校选择

设置综合性的艺术课程或分科的音乐、美术课程。有条件的学校可开设两种或多种外语。各个科目均由若干模块组成，每一模块都是一个相对完整的学习单元。普通高中课程以学分描述学生的课程修习状况。

（3）普通高中学生须修满三年并且每学年在每个学习领域都获得一定的学分，总学分达到 144 学分方可毕业。其中，必修 116 学分，学习各学科课程标准所设置的选修模块至少获得 22 学分，学习学校自主开设的选修模块至少获得 6 学分。

（4）必修 116 学分包括：语文 10 学分、外语 10 学分、数学 10 学分、思想政治 8 学分、历史 6 学分、地理 6 学分、物理 6 学分、化学 6 学分、生物 6 学分、技术 8 学分（其中信息技术和通用技术各 4 学分）、艺术 6 学分（或音乐、美术各 3 学分）、体育与健康 11 学分、研究性学习活动 15 学分、社区服务 2 学分、社会实践 6 学分。

（5）语文、外语、数学、思想政治、历史、地理、物理、化学、生物、技术等科目，学生每学习 1 个模块并通过考核可获得 2 学分，每学习一个专题并通过考核可获得 1 学分。艺术（或音乐、美术）、体育与健康等科目，学生每学习 1 个模块并通过考核可获得 1 学分。

（6）学生修满 144 学分之后，还可以根据个人兴趣、爱好和发展方向选修更多的模块，并获得更多的学分。课时安排：每周 35 学时，每学时 45 分钟。有条件的学校应积极开展选修模块长短学时相结合的实验。

模块教学时间：

（1）语文、外语、数学、思想政治、历史、地理、物理、化学、生物、技术等科目的 1 个模块教学时间为 36 学时，数学科目一个专题的教学时间通常为 18 学时，每周安排 4 学时或 2 学时。

（2）艺术（或音乐、美术）、体育与健康等科目的 1 个模块教学时间为 18 学时，每周安排 2 学时或 1 学时。

（3）研究性学习活动三年共计 270 学时，可集中使用也可分散使用，建议每个学生在三年内至少完成 3 个研究性学习课题（或项目）。

（4）社区服务三年不少于 10 个工作日，建议学校在高一年级和高二年级各集中安排 1 周。

（5）社会实践（包括军训、参观、考察、生产劳动等）不少于 3 周，建议学校在高一年级、高二年级和高三年级各安排 1 周（见表 2–18 至表 2–20）。

表 2–18　　2007 年普通高中课程改革课程安排指导表（参考）

学习领域	科目	第一学年				第二学年				第三学年	
		上学期		下学期		上学期		下学期		上学期	下学期
		学段 1	学段 2	学段 3	学段 4	学段 1	学段 2	学段 3	学段 4		
语言与文学	语文	语文 1	语文 2	语文 3	语文 4	语文 5	选修Ⅰ：系列 1：诗歌与散文；系列 2：小说与戏剧；系列 3：新闻与传记；系列 4：语言文字应用；系列 5：文化论著研读				
	英语	英语 1	英语 2	英语 3	英语 4	英语 5	选修Ⅰ：系列 1：顺序选修课程；系列 2：任意选修课				
数学	数学	数学 1	数学 2	数学 3	数学 4	数学 5	选修Ⅰ：选修系列 1；选修系列 2；选修系列 3；选修系列 4				
人文与社会	思想政治	思想政治 1（经济生活）	思想政治 1（经济生活）	思想政治 2（政治生活）	思想政治 2（政治生活）	思想政治 3（文化生活）	思想政治 3（文化生活）	思想政治 4（生活与哲学）	思想政治 4（生活与哲学）	选修Ⅰ：科学社会主义常识、经济学常识、国家和国际组织常识、科学思维常识、生活中的法律常识、公民道德与伦理常识	
	历史	历史Ⅰ	历史Ⅰ	历史Ⅱ	历史Ⅱ	历史Ⅲ	历史Ⅲ	选修Ⅰ：历史上重大改革回眸、近代社会的民主思想与实践、20 世纪的战争与和平、中外历史人物评说、探索历史的奥妙、世界文化遗产荟萃			
	地理	地理 1	地理 1	地理 2	地理 2	地理 3	地理 3	选修Ⅰ：地球与宇宙、海洋地理、旅游地理、城乡规划、自然灾害与防治、环境保护、地理信息技术应用			
科学	物理	物理 1		物理 2		在 1–1、2–1、3–1 中必选一个模块	选修Ⅰ：1–2、2–2、2–3、3–2、3–3、3–4、3–5				
	化学	化学 1	化学 1	化学 2	化学 2	在选修模块中必选一个模块		选修Ⅰ：化学与生活、化学与技术、物质结构与性质、化学反应原理、有机化学基础、实验化学六个选修模块中除已选修外的其他五个模块			
	生物					生物 1：分子与细胞	生物 2：遗传与进化	生物 3：稳态与环境		选修Ⅰ：系列 1：生物技术实践；系列 2：生物科学与社会；系列 3：现代生物科技专题	

续表 2–18

<table>
<tr><th rowspan="3">学习领域</th><th rowspan="3">科目</th><th colspan="4">第一学年</th><th colspan="4">第二学年</th><th colspan="2">第三学年</th></tr>
<tr><th colspan="2">上学期</th><th colspan="2">下学期</th><th colspan="2">上学期</th><th colspan="2">下学期</th><th rowspan="2">上学期</th><th rowspan="2">下学期</th></tr>
<tr><th>学段 1</th><th>学段 2</th><th>学段 3</th><th>学段 4</th><th>学段 1</th><th>学段 2</th><th>学段 3</th><th>学段 4</th></tr>
<tr><td rowspan="2">技术</td><td>信息技术</td><td colspan="2">信息技术基础</td><td colspan="2">在选修模块中必选一个模块</td><td colspan="6">选修Ⅰ：系列 1：算法与程序设计；系列 2：多媒体技术应用；系列 3：网络技术应用；系列 4：数据管理技术；系列 5：人工智能初步中除已选修外的其他四个模块</td></tr>
<tr><td>通用技术</td><td colspan="2"></td><td colspan="2"></td><td>技术与设计 1</td><td>技术与设计 2</td><td colspan="4">选修Ⅰ：系列 1：电子控制技术；系列 2：建筑及其设计；系列 3：简易机器人制作；系列 4：现代农业技术；系列 5：家政与生活技术；系列 6：服装及其设计；系列 7：汽车驾驶与保养</td></tr>
<tr><td rowspan="3">艺术</td><td>音乐</td><td colspan="2">音乐鉴赏（必选）</td><td colspan="8">在余下的歌唱、演奏、创作、音乐与舞蹈、音乐与戏剧表演 5 个模块中至少选修 1 个模块</td></tr>
<tr><td>美术</td><td colspan="4"></td><td>美术鉴赏（必选）</td><td colspan="5">在余下的系列 2：绘画・雕塑；系列 3：设计・工艺；系列 4：书法・篆刻；系列 5：现代媒体艺术中至少选修 2 个模块</td></tr>
<tr><td>艺术</td><td colspan="10">在系列 1：艺术与生活；系列 2：艺术与情感；系列 3：艺术与文化；系列 4：艺术与科学四个系列中至少选修 6 个模块</td></tr>
<tr><td>体育与健康</td><td>体育与健康</td><td colspan="10">系列 1：球类项目；系列 2：体操类项目；系列 3：田径类项目；系列 4：水上或冰雪类项目；系列 5：民族民间体育类项目；系列 6：新兴运动类项目；7：健康教育专题。除田径类项目和健康教育专题必修外，在余下各系列中至少选修 9 个模块</td></tr>
<tr><td rowspan="3">综合实践活动</td><td>研究性学习活动</td><td colspan="10">建议至少完成 3 个研究课题（或项目）</td></tr>
<tr><td>社区服务</td><td colspan="10">不少于 10 个工作日</td></tr>
<tr><td>社会实践</td><td colspan="4">参加 1 周社会实践</td><td colspan="4">参加 1 周社会实践</td><td colspan="2">参加 1 周社会实践</td></tr>
<tr><td colspan="2">选修Ⅱ</td><td colspan="10">学校根据当地社会、经济、科技、文化发展需要和学生兴趣，开设供学生选择的综合性、创新性、有特色的学校课程</td></tr>
<tr><td colspan="2">班团会</td><td colspan="10">每周一课时</td></tr>
</table>

说明：表中“语文 1”表示语文科目必修模块 1，详见课程标准。其他科目同

表 2-19　　2007 年普通高中课程改革高中一年级课程安排指导表（参考）

学习领域	科目	上学期		下学期		学分
		学段 1	学段 2	学段 3	学段 4	
语言与文学	语文	必修 1/4	必修 2/4	必修 3/4	必修 4/4	8
	英语	必修 1/4	必修 2/4	必修 3/4	必修 4/4	8
数学	数学	必修 1/4	必修 2/4	必修 3/4	必修 4/4	8
人文与社会	思想政治	思想政治 1（经济生活）/2		思想政治 2（政治生活）/2		4
	历史	必修Ⅰ /2		必修Ⅱ /2		4
	地理	必修 1/2		必修 2/2		4
科学	物理	必修 1/2		必修 2/2		4
	化学	必修 1/2		必修 2/2		4
	生物					
技术	信息技术	信息技术基础 /2		必选 /2		4
艺术	音乐	音乐鉴赏（必选）/2		在除音乐鉴赏外的模块中至少选修 1 个模块（必选）/2	选修	3+1*
	美术					
	艺术	在四个系列中至少选修 4 个模块（必选）/2				4
体育与健康	体育与健康	田径类项目和健康教育专题为必修，其他项目至少选 2 个项目，各选 1 个模块（必选）/2				4
综合实践活动	研究性学习活动	共 108 学时，学校根据实际情况自主安排				6
	社区服务	不少于 5 个工作日				1
	社会实践	参加 1 周社会实践活动				2
选修Ⅱ		学校根据实际情况和学生需要，在余下课时内自行安排选修Ⅱ课程。学生至少获得 2 个选修学分				至少 2
班团会		每周一课时				
周课时总数		35				

说明：1. 表中“必修 1”表示该科目的必修模块 1，详见各科目课程标准。斜杠后的数字（如“／4”）表示周课时数。“学分”栏中无“*”的数字为必修学分，带“*”的数字表示选修学分；

2. 表中“必选”是指该模块学分为必修学分，“选修”是指该模块学分为选修学分。这两类模块均需要学生从课程标准所规定的选修模块中加以选择。信息技术、音乐、美术、艺术、体育与健康等科目的必选模块和选修模块安排由区县或学校依据课程标准及教材和教学实际确定，市不统一安排；

3. 学校应在艺术课程与音乐、美术课程之间进行选择，不要重复安排

表 2–20　　2007 年普通高中课程改革高二、高三年级课程安排指导表（参考）

学习领域	科目	高二					高三				
		上学期		下学期		学分	上学期		下学期		学分
		学段 1	学段 2	学段 3	学段 4		学段 1	学段 2	学段 3	学段 4	
语言与文学	语文	必修 5/4	选修	选修	选修	2+6*	选修	选修	学校开设一定的选修课程，同时安排总复习		至少获得 2 个学分
	英语	必修 5/4	选修	选修	选修	2+6*	选修	选修			
数学	数学	必修 5/4	选修	选修	选修	2+6*	选修	选修			至少获得 2 个学分
人文与社会	思想政治	思想政治 3（文化生活）/2		思想政治 4（生活与哲学）/2		4	选修	选修			至少获得 2 个学分
	历史	必修Ⅲ /2		选修	选修	2+4*	选修	选修			
	地理	必修 3/2		选修	选修	2+4*	选修	选修			
科学	物理	在 1–1、2–1、3–1 中选修一个模块（必选）/4	选修	选修	选修	2 + 6*	选修	选修			至少获得 2 个学分
	化学	必选 /2		选修	选修	2+4*	选修	选修			
	生物	必修 1/4	必修 2/4	必修 3/4	选修	6+2*	选修	选修			
技术	信息技术	选修	选修	选修	选修	8*	选修	选修			至少获得 2 个学分
	通用技术	技术与设计 1/2		技术与设计 2/2		4	选修	选修			

续表 2–20

<table>
<tr><th rowspan="3">学习领域</th><th rowspan="3">科目</th><th colspan="5">高二</th><th colspan="5">高三</th></tr>
<tr><th colspan="2">上学期</th><th colspan="2">下学期</th><th rowspan="2">学分</th><th colspan="2">上学期</th><th colspan="2">下学期</th><th rowspan="2">学分</th></tr>
<tr><th>学段 1</th><th>学段 2</th><th>学段 3</th><th>学段 4</th><th>学段 1</th><th>学段 2</th><th>学段 3</th><th>学段 4</th></tr>
<tr><td rowspan="3">艺术</td><td>音乐</td><td>选修</td><td>选修</td><td>选修</td><td>选修</td><td>4*</td><td colspan="4">选修</td><td rowspan="3">至少获得 1 个学分</td></tr>
<tr><td>美术</td><td>美术鉴赏（必选）/2</td><td>在余下 4 个系列中再选修 1 个模块（必选）/2</td><td>再在余下 4 个系列中再选修 1 个模块（必选）/2</td><td>选修</td><td>3+1*</td><td colspan="4">选修</td></tr>
<tr><td>艺术</td><td colspan="2">在四个系列余下模块中至少再选修 2 个模块（必选）/2</td><td>选修</td><td>选修</td><td>2+2*</td><td colspan="4">选修</td></tr>
<tr><td>体育与健康</td><td>体育与健康</td><td colspan="4">6 个系列中至少再选 2 个项目，共选 4 个模块（必选）/2</td><td>4</td><td colspan="3">6 个系列中至少再选 2 个项目，共选 3 个模块（必选）/2</td><td>选修</td><td>3+1*</td></tr>
<tr><td rowspan="3">综合实践活动</td><td>研究性学习活动</td><td colspan="4">共 108 学时，学校根据实际情况自主安排</td><td>6</td><td colspan="2">共 54 学时，学校根据实际情况自主安排</td><td colspan="2" rowspan="4">学校开设一定的选修课程，同时安排总复习</td><td>3</td></tr>
<tr><td>社区服务</td><td colspan="4">不少于 5 个工作日</td><td>1</td><td colspan="2"></td><td></td></tr>
<tr><td>社会实践</td><td colspan="4">参加 1 周社会实践</td><td>2</td><td colspan="2">参加 1 周社会实践</td><td>2</td></tr>
<tr><td colspan="2">选修Ⅱ</td><td colspan="4">学校根据实际情况和学生需要，在余下课时内自行安排选修Ⅱ课程。学生至少获得 3 个选修学分</td><td>至少 3</td><td colspan="2">学校根据实际情况和学生需要，在余下课时内自行安排选修Ⅱ课程。学生至少获得 1 个选修学分</td><td>至少 1</td></tr>
<tr><td colspan="2">班团会</td><td colspan="10">每周一课时</td></tr>
<tr><td colspan="2">周课时数</td><td colspan="10">35</td></tr>
</table>

说明：1. 表中“必修 1”表示该科目的必修模块 1，详见各科目课程标准。斜杠后的数字（如“／4”）表示周课时数。“学分”栏中无“*”的数字为必修学分，带“*”的数字表示选修学分；
2. 表中“必选”指该模块学分为必修学分，“选修”指该模块学分为选修学分；
3. 学校应在艺术课程与音乐、美术课程之间进行选择，不要重复安排选修模块中，信息技术、音乐、美术、艺术、体育与健康等科目的必选模块和选修模块安排由区县或学校依据课程标准及教材和教学实际确定，市教委不提出参考意见。语文、英语、数学、思想政治、历史、地理、物理、化学、生物等科目需要学生根据文、理不同方向进一步学习的需要加以选择。考虑大多数学校目前的实际情况，提出以下建议供区县和学校安排课程时参考。

语文：文理方向均至少选修4个模块，内容可依据课程标准所规定的5个选修系列内容并结合教材确定；英语：文理方向均至少选修课程标准所规定的模块6、7、8；数学：文科方向至少选修课程标准所规定的模块1–1、1–2，理科方向至少选修课程标准所规定的模块2–1、2–2、2–3和《几何证明选讲》《坐标系与参数方程》；思想政治：文科方向至少选修《经济学常识》《国家和国际组织常识》；历史：文科方向至少选修《近代社会的民主思想与实践》《历史上重大改革回眸》《中外历史人物评说》；地理：文科方向至少选修《旅游地理》《自然灾害与防治》；物理：文科方向至少选修课程标准所规定的模块1–1，理科方向至少选修课程标准所规定的模块3–1、3–2、3–4、3–5；化学：文科方向至少选修《化学与生活》，理科方向至少选修《化学与生活》《有机化学基础》《化学反应原理》；生物：理科方向至少选修《生物技术实践》《现代生物科技专题》。

同时，结合高中新课改后的课程设置，市教委印发《北京市普通高中新课程学生选课指导意见（试行）》，对学生修习语言与文学、数学、人文与社会、科学、技术、艺术、体育与健康、综合实践活动8个学习领域及学校自主开设课程提出选课指导意见。

选课基本要求：

（1）准备高中毕业后直接就业的学生的选课基本要求：一般应先修习各科目课程标准所规定的必修（包括必选）模块、并且参加综合实践活动，获得116学分；再从相关科目课程标准所设置的选修模块中选修，至少获得22学分；还要从学校自主开设的选修模块中选修，至少获得6学分。

（2）希望在人文学科方向进一步学习的学生的选课基本要求：一般应先修习各科目课程标准所规定的必修（包括必选）模块、并且参加综合实践活动，获得116学分；再从相关科目课程标准所设置的选修模块中选修，其中语文至少选修4个模块（根据课程标准并结合教材确定），英语至少选修模块6、7、8，数学至少选修模块1–1、1–2，思想政治至少选修《经济学常识》《国家和国际组织常识》，历史至少选修《历史上重大改革回眸》《近代社会的民主思想与实践》《中外历史人物评说》，地理至少选修《旅游地理》《自然灾害与防治》，物理至少选修模块1–1，化学至少选修《化学与生活》，至少获得 22 学分；还要从学校自主开设的选修模块中选修，至少获得 6 学分。

（3）希望在理工学科方向进一步学习的学生的选课基本要求：一般应先修习各科目课程标准所规定的必修（包括必选）模块、并且参加综合实践活动，获得 116 学分；再从相关科目课程标准所设置的选修模块中选修，语文至少选修 4 个模块（根据课程标准并结合教材确定），英语至少选修模块 6、7、8，数学至少选修模块 2–1、2–2、2–3 和《几何证明选讲》《坐标系与参数方程》，物理至少选修模块 3–1、3–2、3–4、3–5，化学至少选修《化学与生活》《有机化学基础》《化学反应原理》，生物至少选修《生物技术实践》《现代生物科技专题》，至少获得 22 学分；还要从学校自主开设的选修模块中选修，至少获得 6 学分。

（4）希望在艺术或体育学科方向进一步学习的学生的选课基本要求：一般应先修习各科目课程标准所规定的必修（包括必选）模块、并且参加综合实践活动，获得 116 学分；再从相关科目课程标准所设置的选修模块中选修，其中，应适当多选艺术（或音乐、美术）或体育与健康科目的模块，至少获得 22 学分（其中体育方向至少获得体育与健康科目的 5 学分）；还要从学校自主开设的选修模块中选修，至少获得 6 学分。

2007 年 9 月，市教委在普通高中课程改革实验开始实施的同时，启动普通高中自主排课试验。2008 年 3 月，市教委批准北京二中、北京四中、北师大实验中学、北师大二附中、北师大附中、人大附中、101 中学、潞河中学、中加学校、北京盲人学校 10 所学校拥有自主排课资格（见表 2–21 至表 2–25）。

表 2–21　　2008 年自主排课试验学校选修Ⅱ课程开发情况

学校	核心理念	课程门类	具体课程
二中	按学生基础和课程难度“阶梯式”设置	文学与艺术、科学与创新、技术与生活、人文与社会、体育与健康五大类	170 门，高一年级不少于 20 门
四中	科技与人文并举	学科发展类、科学技术类、人文艺术类、外国语言与文化类四大类	2007—2008 学年度高一年级共开设 19 门
实验中学	专修 + 选修，突出专深方向和满足学生多元化需求	学科拓展、科技拓展、经济教育、体育项目、艺术项目等	高一年级拟开设 50 个模块
师大二附中	促进学生“学有所长”	学科拓展类和活动类校本选修，后者包括社团类、课题研究类、科技类、学科类、体育和艺术类等	2007—2008 学年度共开设学科拓展类校本选修 36 种
师大附中	必选 + 必修，全面、均衡发展，培养兴趣、发展个性	德育类、健身类、文学艺术鉴赏类、学科特长类、学科专项技能类、博知类、实践模拟类	《100 个附中人》的采访与写作 60 门
人大附中	三级课程中最活跃的环节	数学与自然科学、语言文学与社会科学、综合实践活动、体育与艺术四大类	150 多门

续表 2-21

学校	核心理念	课程门类	具体课程
101 中学	选修课程模块化、社团活动目标化、德育活动系列化	大文化选修课、STS 系列选修课和荣誉课程三大类	100 余门
潞河中学	体现学科特点、潞河内涵、运河文化、学生感兴趣	学生成长指导课程、语言与文学知识拓展课程、人文与社会知识拓展课程、科学领域知识拓展课程、技术领域实践操作课程、体育与健康活动课程、学术社团类活动课程、民族课程、涉外课程共十类	每学期 60 ~ 80 门
中加学校	中外合作办学特点，选修Ⅰ和选修Ⅱ	选修Ⅰ有语言类，学科、竞赛辅导类，艺术与体育类，实践活动类，计算机应用类，选举、音乐欣赏类；选修Ⅱ有中华传统文化类、西方文化简介类、基础强化类、法制教育类、心理健康类、研究性学习	100 余门
盲人学校	考虑学生的特殊性，以人为本	心理适应及行为礼仪规范等	10 余门

表 2-22　　2008 年自主排课试验学校《体育与健康》课程开设情况

学校	时间	排课
二中	每周 2 节，无课当天下午增加 40 分钟体育锻炼时间	每学期两个学段合并统一安排课程，穿插 2 ~ 3 个模块排课
四中	每周 5 节体育必修课	每天下午第 4、5、6 节课安排 3 个年级的体育与健康课程
实验中学	每周 5 节体育必修课	两节体育正课 + 两节体育专修课（全员参加）+ 一次体育大课
师大二附中	一周 2 节体育课和 3 节体育活动课	1 节体育必修课 +1 节分项选修课 +3 节专项体育活动
师大附中	高一每周增加两节体育必选课，高三全体必选 3 课时体育课	
101 中学	2+2+1 模式	2 节必修 +2 节选修Ⅰ +1 节选修Ⅱ。周一至周四下午第四节安排，时间 40 分钟
潞河中学	每周 5 节体育课 + 每天 30 分钟课外锻炼 + 每天早晚各 30 分钟自主体育锻炼，每天上下午各安排 1 次共 10 分钟眼保健操	在必修的同时采取走班形式的分项教学

表 2-23　　2008 年自主排课试验学校课程体系情况

类型	学校	课程体系
国家和市级要求 + 学校自主与特色课程	二中	“阶梯式模块”结构与“生成性”的课程体系
	四中	“以人文教育为基础，以科技教育为特色”的课程体系
	潞河中学	“根据学生多元多层次的结构构建的多元开放的特色的”课程体系

续表 2–23

类型	学校	课程体系
重组和优化国家课程和学校课程，形成统一整体	实验中学	“必修 + 专修 + 选修 + 综合实践活动”课程体系
	师大二附中	“6+1+1”课程体系
	师大附中	教学课程与德育课程融为一体的“宜学、宜教”课程体系
为不同发展方向的学生提供自成体系的“定餐 + 配餐 + 自助餐”形式的课程	人大附中	优质高效的“课程标准餐”+“课程套餐”的课程体系
	101 中学	“分年级逐步分层，分学科科学配餐”的课程体系

表 2–24　　2008 年自主排课试验学校部分特色课程

学校	基本理念	主要特色课程
二中	践行大艺术观	舞蹈、音乐、瑜伽与心理健康、陶艺、绣艺、发现数学的美等
四中	科技与人文并举	科技和人文实验班课程，师生共读、人文社团、四中大讲堂等
实验中学	全面发展 + 学有特长	专修 + 选修的部分课程，理科实验班、文科兴趣班、外语实验特色课程
师大二附中	学生全面而有个性的发展，突出创新精神和实践能力	学科拓展类校本选修和综合实践活动类校本选修部分课程（包括社团类、课题研究类、科技类、学科类、体育和艺术类等相关课程）
师大附中	品德 + 健康 + 全面 + 均衡 + 特长	校本必选的校本德、智、体类课程，侧文必选的《科学》，侧理必选的《社会》；校本选修的德育类、健身类、文学艺术鉴赏类、学科特长类、学科专项技能类、博知类、实践模拟类部分课程
人大附中	努力让课程适合学生，将创造赋予师生、将世界融入课程	语言与文学、人文与社会、科学、技术、体育与健康、艺术类部分课程以及英语数学、英语物理、英语化学、奥林匹克英语等双语课
101 中学	关注学生学习的自主性、选择性和个体差异性	“大文化选修课”“STS 系列选修课”“荣誉课程”三类中部分课程
潞河中学	学科特点、潞河内涵、运河文化、学生兴趣	十类校本选修部分课程、民族课程、涉外课程
中加学校	中外合作办学特色	“双语数学”“学生生涯规划”“汽车驾驶与保养”等
盲人学校	满足盲人学生特殊需求	现代辅助技术在视障领域的运用、盲图使用技巧等

表 2–25　　　　2008 年自主排课试验学校长短课时安排一览表

学校	长短课时时间	具体安排
二中	短课 45 分钟，长课 60 分钟	（1）研究性学习、选修课、实验课和专题研究将尝试 1 小时的课时安排；（2）少量学术性课程尝试每周 1 节 1 小时的课时安排，以方便本学科特色课程的安排；（3）9 周模块学习过程中的检测与讲评可考虑 1 小时的课时。每门学科平均一周安排 1 个长课时，学生每天能上两节长课
四中	短课 40 分钟，长课 80 分钟	上午安排三节课，其中 1、3 节为 80 分钟的长课，第 2 节为 40 分钟短课；下午安排 3 节 40 分钟的短课和 1 节 80 分钟的长课（课外活动）
实验中学	短课 40 分钟，长课 60 分钟	每天 8 节课，每节 40 分钟；课外活动 1 节，60 分钟
师大二附中	短课 45 分钟，长课 60 或 70 分钟	每天“6+1+1”共 8 节，其中“6”为每节 45 分钟，安排必修课程和必选课程；第 7 节 70 分钟，安排学科拓展类校本选修；第 8 节 60 分钟，安排综合活动类校本选修
师大附中	短课 40 分钟，长课 70 分钟	每天 8 节，1 ~ 7 节为短课，安排国家课程和校本必选；第 8 节为长课，安排德育活动、校本选修和研究性学习
人大附中	每课时 40 分钟	每天上午 5 节课，下午 3 节课，每课时 40 分钟，周总课时不超过 40 节
101 中学	短课 40 分钟，长课 60 分钟	“36+1+3”模式，即每天 8 节课，每周 40 课时。其中 36 课时安排必修课程，每课时 40 分钟；1 课时安排学生社团活动或研究性学习；3 课时安排校本课程，周总学时不超过 1575 分钟
潞河中学	短课 45 分钟，长课 70 分钟	课表纵向每天的课程“6+1+1”结构，横向每周的课程是“28+5+4+3”结构
中加学校		用每周三半天的时间集中安排选修课、社会实践活动、社区服务等课程，突破传统课程结构
盲人学校	根据视障学生特点调整课时安排	（1）语文、英语必修模块每周增加 1 课时；（2）英语必选模块每周增加 1 课时；（3）物理、化学必修必选模块每周增加 1 课时；（4）数学必修必选模块每周增加 2 课时

2010 年 7 月，市教委调整部分学科的教学进度、起始开设年级、市级推荐选修模块和模块考核办法，形成调整后的“普通高中课程安排指导表（参考）”（见表 2–26）。

表 2-26 2010 年高中课程改革调整后的普通高中课程安排指导表（参考）

学习领域	科目	第一学年				第二学年				第三学年		
		上学期		下学期		上学期		下学期		上学期		下学期
		学段 1	学段 2	学段 3	学段 4	学段 1	学段 2	学段 3	学段 4	学段 1	学段 2	学段 3、4
语言与文学	语文	语文 1		语文 2	语文 3	语文 4		语文 5				
		选修Ⅰ：系列 1：诗歌与散文；系列 2：小说与戏剧；系列 3：新闻与传记；系列 4：语言文字应用；系列 5：文化论著研读										
	英语	英语 1		英语 2	英语 3	英语 4	英语 5	英语 6				
		选修Ⅰ：系列 1：顺序选修课程；系列 2：任意选修课										
数学	数学	数学 1		数学 2	数学 3	数学 4	数学 5					
		选修Ⅰ：选修系列 1；选修系列 2；选修系列 3；选修系列 4										
人文与社会	思想政治	思想政治 1（经济生活）		思想政治 2（政治生活）		思想政治 3（文化生活）		思想政治 4（生活与哲学）		选修Ⅰ：科学社会主义常识、经济学常识、国家和国际组织常识、科学思维常识、生活中的法律常识、公民道德与伦理常识		
	历史	历史Ⅰ		历史Ⅱ		历史Ⅲ		选修Ⅰ：历史上重大改革回眸、近代社会的民主思想与实践、20 世纪的战争与和平、中外历史人物评说、探索历史的奥妙、世界文化遗产荟萃				
	地理	地理 1		地理 2		地理 3		选修Ⅰ：地球与宇宙、海洋地理、旅游地理、城乡规划、自然灾害与防治、环境保护、地理信息技术应用				
科学	物理	物理 1		物理 2		在 1－1、2－1、3–1 中必选一个模块	选修Ⅰ：1–2、2–2、2–3、3–2、3–3、3–4、3–5					

续表 2–26

学习领域	科目	第一学年				第二学年				第三学年		
		上学期		下学期		上学期		下学期		上学期		下学期
		学段 1	学段 2	学段 3	学段 4	学段 1	学段 2	学段 3	学段 4	学段 1	学段 2	学段 3、4
科学	化学	化学 1		化学 2		在选修模块中必选一个模块		选修Ⅰ：化学与生活、化学与技术、物质结构与性质、化学反应原理、有机化学基础、实验化学六个选修模块中除已选修外的其他五个模块				
	生物				侧理学生修：生物 3：稳态与环境；选修 1：生物技术实践；	生物 1：分子与细胞	生物 2：遗传与进化	侧文学生修：生物 3：稳态与环境	选修 2：生物科学与社会；选修 3：现代生物科技专题			
技术	信息技术	信息技术基础		在选修模块中必选一个模块		选修Ⅰ：选修 1：算法与程序设计；选修 2：多媒体技术应用；选修 3：网络技术应用；选修 4：数据管理技术；选修 5：人工智能初步中除已选修外的其他四个模块						
	通用技术	技术与设计 1		技术与设计 2		选修Ⅰ：选修 1：电子控制技术；选修 2：建筑及其设计；选修 3：简易机器人制作；选修 4：现代农业技术；选修 5：家政与生活技术；选修 6：服装及其设计；选修 7：汽车驾驶与保养						
艺术	音乐	音乐鉴赏（必选）；再在歌唱、演奏、创作、音乐与舞蹈、音乐与戏剧表演 5 个模块中至少选修 2 个模块，自高一起始开设										
	美术	美术鉴赏（必选），再在系列 2：绘画·雕塑；系列 3：设计·工艺；系列 4：书法·篆刻；系列 5：现代媒体艺术中至少选修 3 个模块，自高一起始开设										
	艺术	在系列 1：艺术与生活；系列 2：艺术与情感；系列 3：艺术与文化；系列 4：艺术与科学四个系列中至少选修 6 个模块										
体育与健康	体育与健康	系列 1：球类项目；系列 2：体操类项目；系列 3：田径类项目；系列 4：水上或冰雪类项目；系列 5：民族民间体育类项目；系列 6：新兴运动类项目；7：健康教育专题。除田径类项目和健康教育专题必修外，在余下各系列中至少选修 9 个模块										
综合实践活动	研究性学习活动	三年不少于 270 课时，建议至少完成 2 个研究课题（或项目）										
	社区服务	不少于 10 个工作日										
	社会实践	参加 1 周社会实践				参加 1 周社会实践				参加 1 周社会实践		
选修Ⅱ		学校根据当地社会、经济、科技、文化发展需要和学生兴趣，开设供学生选择的综合性、创新性、有特色的学校课程。每周至少 1 课时，三年不少于 108 课时										
班团会		每周 1 课时										

二、课程改革

（一）义务教育阶段

1993 年 2 月，中共中央、国务院发布《中国教育改革和发展纲要》，要求进一步转变教育思想，按照现代科学技术文化发展的新成果和社会主义现代化建设的实际需要，更新教学内容，调整课程结构。

1997 年，《北京市 21 世纪基础教育课程教材改革方案》出台。1999 年年初，完成课程方案设计和课程标准制定后，市教委成立“北京市课程教材改革领导小组”和“北京市面向 21 世纪教材编写委员会”，开始组织编写北京市基础教育课程改革新教材。

2001 年 6 月，教育部印发《基础教育课程改革纲要（试行）》，提出基础教育课程改革具体目标：改变课程过于注重知识传授的倾向，强调形成积极主动的学习态度；改变课程结构过于强调学科本位、科目过多和缺乏整合的现状，整体设置九年一贯的课程门类和课时比例，并设置综合课程；改变课程内容“难、繁、偏、旧”和过于注重书本知识的状况，加强课程内容与学生生活以及现代社会和科技发展的联系；改变课程实施过于强调接受学习、死记硬背、机械训练的状况，倡导学生主动参与、乐于探究、勤于动手；改变课程评价过分强调甄别与选拔的功能，发挥评价促进学生发展、教师提高和改进教学实践的功能；改变课程管理过于集中的状况，实行国家、地方、学校三级课程管理。同年 7 月，市教委印发《北京市 21 世纪基础教育课程教材实验工作试行方案》，从 9 月起，北京市开始在崇文、顺义、大兴、石景山、燕山 5 个区县（地区）的全部小学及房山、门头沟、朝阳、东城、西城、丰台 6 个区县的部分小学 2 万名一年级学生启动北京市 21 世纪基础教育课程教材改革实验。

从 2002 年 9 月起，宣武区、海淀区、延庆县 3 个区县小学一年级、海淀区初中一年级进行国家基础教育课程改革实验，其他区县部分学校一至二年级小学生和初中一年级继续进行北京市 21 世纪基础教育课程教材改革实验。北京市在九年义务教育阶段同时进行国家方案和北京方案的课程教材改革实验，统称为“北京市基础教育课程教材改革实验”。2003 年 9 月，宣武区、延庆县 59 所学校初中一年级进入课改实验。至 2003 年年底，全市 18 个区县（含燕山）674 所中小学 16.9 万名学生进行北京市基础教育课程教材改革实验（小学生 12.9 万名、初中生 4 万名），其中小学一年级 5.4 万人，占同年级学生的 62.5%；二年级 5.4 万人，占同年级学生的 62.5%；三年级 2.1 万人，占同年级学生的 23.2%；初一年级 2.4

万人，占同年级学生的 15.2%；初二年级 1.6 万人，占同年级学生的 10.1%。

2004 年 9 月，北京市基础教育课程教材改革实验纳入教育部国家基础教育课程改革实验序列。2005 年 9 月，北京市小学一年级、初中一年级 20 万名新生进入国家基础教育课程改革实验。至此，全市义务教育阶段 81 万名学生（小学 45 万人，初中 36 万人）全部进入新课改实验。

2007 年，北京市所有小学、初中完成自 2001 年开始的第一轮基础教育课程教材改革实验（义务教育阶段）。从 2008 年 9 月起，义务教育阶段课程教材改革实验进入第二轮。

（二）高中

1993 年 2 月，中共中央、国务院发布《中国教育改革和发展纲要》，要求进一步转变教育思想，改革教学内容和教学方法，调整课程结构，加强基本知识、基础理论和基本技能的培养和训练。

2007 年 1 月，北京市启动普通高中课程改革工作。改革包括：课程设置、课程结构、师资培训、学生选课指导、考试与评价、教学管理制度等内容。同年 7 月，市教委印发《北京市普通高中课程改革实验工作方案（试行）》及《北京市实施教育部〈普通高中课程方案（实验）〉的课程安排指导意见（试行）》《北京市普通高中新课程学分认定及模块考核指导意见（试行）》《北京市普通高中新课程学生选课指导意见（试行）》《北京市普通高中课程资源开发与管理指导意见（试行）》《北京市普通高中学生综合素质评价方案（试行）》《北京市普通高中课程改革实验样本校工作指导意见（试行）》《北京市普通高中课程改革实验监控与评价工作方案（试行）》《北京市普通高中新课程教学指导意见和模块学习要求（试行）（语文等十五门课程）》《北京市关于实施中小学综合实践活动课程的指导意见（试行）》9 个附件，对课程设置与资源开发、学分认定及模块考核、学生选课、学生综合素质评价、课改实验样本校、课改实验监控评价、综合实践活动课程实施等方面提出具体指导意见。从 2007 年 9 月起，北京市所有普通高中高一年级全部进入北京市普通高中课程改革实验。

至 2010 年 7 月，北京市普通高中课程改革完成第一轮实验。

三、教材

（一）义务教育阶段

1988 年，国家教委制定《九年制义务教育教材编写规划方案》，提出“必须在统一基本要求、统一审定的前提下，逐步实现教材的多样化，以适应各类地区、各类学校的需要”，并提出教材编写的工作目标，用四五年时间，逐步完成四类教材的编写工作：①教材内容达到教学大纲要求，面向一般地区的“六三”制教材；②教材内容达到教学大纲要求，面向一般地区的“五四”制教材；③教学内容略高于教学大纲要求，面向经济发达地区的小学和初中教材；④教学内容基本达到教学大纲要求，面向经济落后地区的小学和初中教材。每个类型还可以编写不同风格、不同特色的教材，四种类型中既可有成套的教材，也可有单科的教材。据此，国家教委组织编写适应不同学制、不同地区、不同教学水平需要的义务教育教材“八套半”。其中：人教版教材包括小学初中 22 个学科，共 338 种教材；北师大教材包括小学 8 科，初中 13 科，共有 15 册，教学参考书 150 册和其他教材；内地版全套教材 22 个学科；上海版教材包括必修课程教材 19 种 22 套共 281 册，选修课程教材 100 余册（见表 2–27）。

表 2–27　　1988 年国家义务教育“八套半”教材

编写方	教材对象及数量
人民教育出版社	面向全国的“六三”和“五四”两个学制的教材各一套
北京师范大学	“五四”学制教材一套
广东省	面向沿海地区教材一套
四川省	面向内地和西部地区教材一套
上海市	面向发达城市地区的“六三”制教材一套
浙江省	面向发达农村地区的“六三”制教材一套
八家师范院校	要求较高的“六三”制教材一套
河北省	编写农村小学复式班教材，因没有初中部分，称为“半套”

1991 年 5—11 月，市教育局开展北京市义务教育教材改革专题调查，提出“八套半”教材在北京的适用程度与范围及处理办法，初步制定北京市义务教育教材建设规划。同年 12 月，市教育局印发《北京市中小学内部发行书目》，除实验区、校、班学生必订实验所用书籍外，其他书籍学生可自愿选订。1992 年，北京市制定《北京市义务教育教材建设目标》，提出北京市义务教育教材编写的指导思想、目标和教材特色。同年，市教育局印发《北京市义务教育六年制小学劳动课试用教材（双册）使用意见》《北京市九年制义务教育六年制小学劳动课试用教材（单册）使用意见》，小学劳动教材成为第一套北京市中小学教材审查委员会（筹）审查通过的义务教育教材。同年 5 月，国家教委中小学教材审定委员会审查通过由人民教育出版社编写并出版，四川省教委、西南师范大学联合编写、西南师范大学出版社出版，广东、福建、海南三省教委和华南师范大学联合编写、广东教育出版社出版的三套义务教育初中历史教材，自 1992 年 9 月初一年级试用。

1993 年 1 月，市教育局发文规定九年义务教育小学、初级中学教材选用办法：

市教育局统一推荐北京市小学、初中教材，北京市成立“义务教育教材推荐委员会”，确定北京市小学、初中起始年级使用的各科推荐教材。各区县教育局制定本区县小学、初中选用的教材书目，每门学科可以只选一种教材，也可以选两种教材。允许学校进行各种教材实验，实验教材可从市教育局编制的推荐教材书目和实验教材书目中选定，也可以从两个书目之外选定。当年，北京市义务教育教材推荐委员会推荐国家教委中小学教学用书目录中的小学教材 8 种、市自编小学实验教材 8 种、初中教材 12 种、市自编初中实验教材 4 种，推荐九年义务教育非起始年级小学教材 8 种、非起始年级初中劳动技术教材 15 种、非起始年级初中活动课教材 3 种、非起始年级初中实验教材和学生用书 14 种。同年 9 月，全市一年级新生使用北京市编写的语文、数学教材，各年级科技课本均使用北京市编写的劳动教材。

1994 年，市教育局印发《北京市中小学教学用书推荐书目》，供北京市中小学选用。此后，北京市每年发布中小学教学用书推荐书目。

1995 年 4 月，市教育局发文提出评价北京市自编九年义务教育教材的几项内容：①减轻学生负担，提高教学质量方面；加强基础，培养能力方面；是否便于发挥教师的主导作用和学生的主体作用。②教材内容能否体现大纲所规定的基础知识、基本技能、能力培养和思想品德教育等方面要求。③教材内容选取是否体现首都经济、社会和文化发展需要。④教材结构体系是否符合学生认知规律。⑤以教科书为基础的配套教材（教学参考书、实验册、图册等）是否符合师生教与学的需要。各学科教材实验校一般控制在 10 所左右，可集中在一个区，也可分散在几个区。教材实验期间，学校必须使用北京市自编的九年义务教育教材，不得再使用其他版本的教材和复习资料。1997 年 9 月，北京城乡全日制小学 1 ~ 6 年级、初中三个年级学生使用市教委组织编写的《北京地方民间音乐教材》《北京地方民间美术教材》，小学每个年级一册，初中三个年级二册（初一使用第一册，初二、初三使用第二册），音乐、美术各八册，配有教师使用参考用书“小学册”“中学册”（音乐、美术各两册）及录像带、录音带。

1999 年，市教委完成面向 21 世纪首都基础教育课程方案设计和课程标准制订工作，成立“北京市课程教材改革领导小组”和“北京市面向 21 世纪教材编写委员会”，由北京出版社、北师大出版社、首师大出版社、地图出版社、人民音乐出版社、人民美术出版社 6 家出版社投标，全面启动 21 世纪教材编写。至 2001 年，北京市编写完成 17 个科目 19 个版本 21 世纪教材。

2001 年 6 月，教育部印发《基础教育课程改革纲要（试行）》：实行国家基本要求指导下的教材多样化政策，中小学教材编写须依据国家课程标准，经教育部资格核准方可编写，经教育部审查通过方可实验。至同年7月，北京市出版21世纪实验教材小学8个学科、2种版本，共12册:《语文》第一册,《数学》第一册,《常识》第一册(2种版本),《思想品德》第一册,《音乐》第一册,《美术》第一册,《科学》第一册（2种版本),《信息技术》第一、三、五册。同年9月，北京市21世纪基础教育课程教材改革进入实验阶段，在崇文、顺义、大兴、石景山、燕山5个区县（地区）的全部小学及房山、门头沟、朝阳、东城、西城、丰台6个区县的部分小学进行九年义务教育阶段一年级思想品德、语文、数学、外语、常识、体育、音乐、美术和三年级科学、信息技术21世纪教材实验，在崇文、石景山、顺义、大兴、燕山、东城、西城、朝阳、丰台、门头沟、房山11个实验区的部分学校进行九年义务教育阶段七年级的美术课、信息技术课21世纪教材实验。

2002年，北京市出版21世纪教材，小学包括:《语文》第2、3、4册,《数学》第2、3、4册,《常识》第2、3、4册（北京版和首师大版),《思想品德》第2、3、4、10册,《音乐》第2、3、4册,《美术》第2、3、4册,《英语》第1、2册（北京版和北师大版),《科学》第2、3、4（北京版、首师大版),《信息技术》第2、4册。初中包括:《语文》第13、14册,《音乐》第13、14册,《美术》第14、15、16册,《历史》第1、2册,《物理》第1册,《地理》第1、2册。同年9月，北京市小学一、二年级依据21世纪基础教育课程改革方案开设课程并使用相应实验教材，义务教育阶段其他年级进行教材实验：三年级滚动实验科学教材；并起始实验社会、劳动（学生无教材)、综合实践（学生无教材)；四年级滚动实验科学教材;三至六年级滚动实验信息技术教材;七年级(初一)滚动实验美术教材，并起始实验语文、地理、历史、社会、科学、音乐、劳技（学生无教材)、综合实践（学生无教材）教材；八年级（初二）滚动实验美术教材，并起始实验物理教材；七至九年级滚动实验信息技术教材。同月，宣武、海淀、延庆3个区县进入国家课改实验使用国家课标教材,其他区县使用北京市21世纪教材。同年9月，市教委转发教育部《关于印发〈基础教育工作分类推进与评估指导意见〉的通知》，要求改变用行政或经济手段指定使用教材，建立教育主管部门、学校、教师、家长、专家共同参与、以县（市、区、旗）为单位的教材选用制度。

2004年，北京市改为实施国家课程方案和课程标准，同时按照国家课程标准修订北京市21世纪实验教材，将各套21世纪教材通称更名为“北京市义务教育课程改革实验教材”，简称“京版教材”，在除宣武、海淀、延庆三区县之外的其他区县继续实验。至2005年9月，北京市义务教育阶段81万名学生(小学45万人，初中36万人）全部进入新课改实验，使用依据国家课程标准编写或修订的实验教材，共选用29个学科教材44个版本。

2009年，北京市针对新课程教材中存在的教材编排结构、编排线索、知识点难以准确把握等问题，修订义务教育课改实验教材。至2010年，北京市完成实验教材的第一轮纠错式修订工作。2010年10月，市教委根据国家即将颁布的新课程标准着手准备修订和完善义务教育新课程教材。同年，北京市组织编写第一套《京剧》教材。

（二）高中

从1991年起，北京市开始编写出版选修课教材和劳动技术课教材，供普通高中学生使用。至1996年，共编写24种选修课教材和20本劳动技术课教材。从1992年9月起，北京市普通中学思想政治课停止使用北京市自编的实验教材，开始使用国家教委新编的中学思想政治课教材。

1993年1月，市教育局印发《深化教育改革的几点意见》，提倡允许学校自行选用北京市推荐的教材或实验教材。1994年5月，市教育局印发《北京市中小学教学用书推荐书目》（高中部分），供北京市普通高中选用。

从1994年9月起，北京市城近郊区和远郊区、县城镇地区中学的高中年级开设艺术课，音乐教材使用市教育局编的高中选修试用教材《音乐欣赏》和《北京市中小学音乐欣赏有声教材》（高中部分），美术教材使用人民美术出版社编的高中美术选修课（试验本）《美术欣赏》和海淀区教育局编的《中学生美学基础知识》。同年底，北京市开始进行高中实验教材编写。1996年9月，北京市普通高中音乐课统一使用国家教委委托人民音乐出版社出版的高中音乐欣赏教材。至2001年，北京市编写出版语文、数学、英语、物理、化学、生物、历史、地理8个学科共32册高中实验教材。

2001年9月，崇文、顺义、大兴、石景山、燕山、房山、门头沟、朝阳、东城、西城、丰台11个实验区的部分学校高一年级进行信息技术教材实验。从2002年9月起，全市高一年级所有课程和高二年级生物课程使用普通高中试验修订版教学大纲及人民教育出版社统一出版发行的教材。同年，出版21世纪实验教材高中《信息技术》第2册。

2007年9月，北京市启动普通高中课程改革，实施教育部《普通高中课程方案（实验）》、普通高中各学科课程标准（实验）与实验教材，市教委从25个出版社15个学科高中实验教材中，推荐出适合北京市高中新课程使用的教材。至2010年，以中轴线为界分为东西两片，海淀、门头沟、西城等为西片，东城、朝阳、通州等为东片，片内教材版本统一。每学科总体均有两个版本，均选用国家教材。

（三）地方教材

1993 年，开始编写和审查乡土教材。至 2001 年，完成 10 个区县 18 个学科 52 册乡土教材的修订与审查工作。

2001 课程改革实施后，乡土教材延伸为地方教材。

2005 年，编写完成《小学生礼仪》《中学生礼仪》地方教材。

2007 年，编写完成《环境与可持续发展教育》《安全应急与人防知识》《中小学生毒品预防专题教育读本》《中小学生预防艾滋病专题教育读本》《写字》《健康教育》6 套共计 138 册地方教材，包括小学、初中和高中。

第二节　教学实施

1995 年，北京市召开中小学教学工作会，市教育局印发《北京市进一步加强与改进小学学科教学的意见》《北京市小学学科教学常规（试行）》《北京市进一步加强与改进中学学科教学的意见》《北京市中学学科教学常规（试行）》，作为指导学科教学内容实施、教学方法改进、教学常规落实的核心文件，一直执行至 2001 年新课改启动。此前，市教育局于 1988 年印发《加强与改进中小学学科教学的意见》。1997 年起，在全市中小学全面推进素质教育背景下，教学内容和教学方法的改革活动被推到实践第一线。新课改以前，北京市中小学出现以孙维刚、马芯兰、王能智、张思明等教师为代表开展的学科教学研究及一师附小快乐教育、光明小学“我能行”、小班化等教育实验研究。

2001 年 7 月，市教委制定北京市 21 世纪基础教育课程改革义务教育阶段各学科课程标准并试用。同年，教育部印发《基础教育课程改革纲要（试行）》和各学科国家课程标准，提出三维目标要求。北京市中小学分批转为依据国家颁布的各学科课程标准实施教学。2003 年，教育部印发《普通高中课程方案（实验）》和普通高中 15 个学科课程标准。2007 年 9 月，北京市开始实施普通高中课程改革，推进教学方式和学习方式转变。新课改实施以后，北京市中小学注重加强教学内容与学生生活及社会发展的联系，倡导自主探索、动手实践、合作交流、阅读自学等学习方式，推进信息技术与学科课程整合。同时，辅以课程改革实验教师培训、实验教材培训、教研员培训和教师基本功培训与展示活动。

一、教学内容

（一）义务教育阶段

1990年，国家教委依据适当降低教学内容的深难度和过高的教学要求、适当精简不合适的内容、把某些难度较大的内容改为选学或移到高中等原则，修订语文、数学、外语（英语、日语、俄语）、物理、化学、生物、历史、地理8个学科全日制中学教学大纲，1991年由人民教育出版社面向全国发行。1992年6月，市教育局印发《北京市贯彻〈中小学语文学科思想政治教育纲要（试用）〉实施意见的几点意见》《北京市贯彻〈中小学历史学科思想政治教育纲要（试用）〉实施意见的几点意见》《北京市贯彻〈中小学地理学科思想政治教育纲要（试用）〉实施意见的几点意见》，对中小学语文、历史、地理学科的教学计划、教材、考试、教研等提出具体意见。

1993年1月，市教育局转发国家教委1992年8月颁发的《九年义务教育全日制小学、初级中学课程计划（试行）》和24科教学大纲（试用），提出学科课程和活动课程教学要求。

1. 学科课程教学要求

小学阶段：开设思想品德、语文、数学、社会、自然、体育、音乐、美术、劳动9科，有条件的小学可增设外语。所有学科都要加强基础知识和基本技能的教学，同时重视培养和提高学生能力，并根据各门学科的特点渗透思想教育。

（1）思想品德进行以“五爱”为基本内容的社会公德教育和一般的政治常识教育。

（2）语文使学生学会汉语拼音和2500个左右的常用汉字，掌握常用词语和一定的写字技能，会说普通话，会使用常用字典，打好听、说、读、写的基础。

（3）数学使学生掌握整数、小数、分数的基础知识和四则运算的技能，学一些简单的几何图形、简易方程和珠算知识，学一点简单的统计初步知识。

（4）社会使学生初步认识常见的社会事务和现象，初步了解家乡的、祖国的、世界的历史、地理和社会生活等方面的常识。

（5）自然使学生初步认识自然界常见的物体和现象，初步了解人类对自然的利用、改造、保护与探索，培养学生爱科学、学科学、用科学的志趣和初步的观察、动手能力。

（6）体育使学生掌握体育、卫生、保健的基础知识，简单的体育运动技术，使学生养成锻炼身体、讲究卫生的习惯。

（7）音乐主要学习我国优秀民族音乐作品，初步接触外国优秀音乐作品，使学生掌握浅显的音乐基础知识和基本技能。培养学生对音乐的兴趣以及对音乐初步的感受和表现能力。

（8）美术初步接触我国民族民间的、国外的优秀美术作品，使学生掌握浅显的美术基础知识和简单的美术技能。

（9）劳动通过自我服务劳动、家务劳动、公益劳动和简单的生产劳动，使学生初步掌握一些基本的劳动知识和技能。

初中阶段：开设思想政治、语文、数学、外语、历史、地理、物理、化学、生物、体育、音乐、美术、劳动技术13科和短期的职业指导课。所有学科都要加强基础知识和基本技能的教学，重视培养和提高学生能力，并根据各门学科的特点渗透思想教育。

（1）思想政治使学生初步明确社会主义道德的基本准则、公民的权利和义务，了解社会发展的一般规律，了解我国国情和建设有中国特色的社会主义的有关知识。

（2）语文使学生掌握现代语文的基础知识，学一点文言文，扩大识字量和常用词汇，较熟练地使用常用字典、词典等工具书。

（3）数学使学生掌握代数、平面几何的基础知识和基本技能，学一点统计初步知识、直观空间图形知识。

（4）外语开设英语或俄语、日语等，分两级水平：一级水平学习两年，掌握适量的基础知识；二级水平在一级水平基础上继续学习一年或二年，掌握必要的基础知识。

（5）历史使学生掌握中国历史（包括乡土历史）、世界历史的基础知识和历史发展的基本线索，着重学习中国近、现代史的重要事件和主要人物。

（6）地理使学生获得有关地球、地图的初步知识，掌握世界地理、中国地理（包括乡土地理）的基础知识。

（7）物理使学生在观察、实验的基础上，学习力学、热学、电学、光学等方面的初步知识，了解他们在实际中的应用，初步掌握一些力学、电学中的基本概念和规律。

（8）化学使学生在观察、实验的基础上，初步掌握一些化学基本概念、基本原理和几种最常见的重要元素及其化合物的基础知识，初步了解他们在实际中的应用。

（9）生物使学生在观察、实验的基础上，初步掌握关于植物、细菌、真菌、病毒和动物的形态结构、生理和分类等方面的基础知识，初步学习一些生物遗传、进化和生态等方面的基础知识并了解它们在实际中的应用，初步懂得人体形态结构、生理功能和卫生保健的基础知识。

（10）体育使学生掌握体育基础知识和体育卫生保健知识，初步掌握基本运动技能。

（11）音乐主要学习我国民族优秀音乐作品，了解一些外国优秀音乐作品。

（12）美术进一步了解我国民族民间的、国外的优秀美术作品。

（13）劳动技术使学生掌握一些服务性劳动和工农业生产的基础知识与基本技能，也可使学生适当掌握某些职业的基础知识和基本技术。

（14）职业指导使学生了解关于就业和升学的方针政策，了解当地有关学校和主要职业的情况、职（专）业特点和不同职（专）业人员的素质要求，学习择业的一般常识。

2. 活动课程教学要求

活动课程设置晨会（夕会）、班团队活动、体育活动、科技文体活动、社会实践活动和校传统活动等。

（1）晨会（夕会）举行升旗仪式，进行时事政策和日常行为规范教育。

（2）班团队活动有目的有计划地开展内容丰富、形式多样、生动活泼的集体活动。

（3）体育锻炼进行早操、课间操、眼保健操和其他体育锻炼。

（4）科技文体活动开展科技、文艺、体育等活动，由学生自愿参加。

（5）社会实践活动参加社会生产劳动和社会服务、社会调查、参观访问以及军事训练等活动。

（6）校传统活动从学校实际出发，因地制宜地组织有教育意义的活动，包括国家重大节日、纪念日和民族传统节日以及学校自定的科技节、体育节、艺术节、远足等活动。

1994 年 7 月，为配合国务院新工时制度，国家教委调整小学语文、数学、社会、自然、音乐、体育，初中语文、数学、英语、俄语、日语、历史、地理、生物、体育等学科的教学内容和要求，将部分必学内容改为选学，适当删除、精简或后移内容，降低要求，减少难度。1995 年 7 月，市教育局印发《实行每周 40 小时标准工作制后北京市中小学部分学科教学内容调整意见》，在 1994 年国家教委调整部分学科内容后，进一步调整小学语文、数学、自然、历史，初中思想政治、语文、数学、英语、物理、地理学科教学内容。1997 年 9 月，从全面推进实施素质教育的需要考虑，市教委在 1995 年对部分学科教学内容调整的基础上，进一步调整小学语文、数学、英语、自然、社会 5 个学科、初中语文、数学、英语、地理、历史、生物、化学、物理 8 个学科的教学内容和教学要求，适当删减教学内容，降低教学要求，部分内容由必学改为选学，适当减少教学内容考查范围，小学共调整 308 个知识点，初中共调整 401 个知识点。同时，市教委提出短期课程教学内容安排：人口教育可结合地理、生物、思想政治等学科；物理、化学、生物、地理等学科重视环境教育；国防、交通等教育渗透在相关学科和活动中进行；青春期教育结合体育卫生活动课（卫生保健部分）和生物课（生理卫生部分）；健康教育结合体育卫生活动。

1995 年 9 月，市教育局印发《关于加强普通中学劳动技术教育的几点意见》，提出 90 年代劳动技术教育目标：所有中学各年级劳动技术课都按课程计划要求列入课表，初中学生学会教学大纲规定的 4 ～ 5 项劳动技能，并参加一定的社会生产劳动。1997 年 10 月，市教委印发《北京市普通中学劳动技术教育发展规划（1997—2000 年）》，提出普通中学劳动技术课内容向英文打字、家用电工、家用电器的使用与维护、无线电技术基础、电子制作技术、微机操作、自行车保养与维修、服装裁剪与缝纫、棒针与钩针的编织、烹饪技术、盆花与盆景、大田作物栽培、家禽家畜饲养、淡水养殖、木工制作、蔬菜栽培、果树栽培、中草药栽培、识图与制图、农作物良种繁育、农副产品的贮藏与加工、校园美化与绿化等科目集中。

1995 年 10 月，市教育局印发《北京市进一步加强与改进小学学科教学的意见》《北京市进一步加强与改进中学学科教学的意见》，小学分思想品德、语文、数学、自然、地理、历史、音乐、美术、体育、劳动学科制定意见，要求加强基础知识教学，培养能力；不同阶段教学内容有所侧重，注重小学各年级段的衔接；开展与教学内容有关的课外活动等。初中分思想政治、语文、数学、外语、物理、化学、生物、历史、地理、音乐、美术、体育学科制定意见，要求不同阶段教学内容有所侧重；克服单纯传授知识，在基础知识和基本技能基础上加强能力培养；加强知识形成过程的教学；注重揭示获取知识的思维过程等。1998 年 9 月，市教委补充印发《北京市加强与改进小学英语教学的意见》和《北京市加强与改进小学社会学科教学的意见》，对英语和社会两科教学内容提出要求。

2001 年 6 月，教育部印发《基础教育课程改革纲要（试行）》，提出：国家课程标准应体现国家对不同阶段的学生在知识与技能、过程与方法、情感态度与价值观等方面的基本要求。义务教育课程标准应适应普及义务教育的要求，让绝大多数学生经过努力都能够达到，体现国家对公民素质的基本要求，着眼于培养学生终身学习的愿望和能力。同年 7 月，市教委印发《北京市 21 世纪基础教育课程教材实验工作试行方案》，制订九年义务教育北京市 21 世纪基础教育课程改革语文、数学、思想品德和思想政治、英语、社会（含常识）、科学、信息技术、历史、地理、物理、化学、生物、体育与健康、音乐、美术、劳动、综合实践活动等学科课程标准，各学科在终身教育的体系内筛选教学内容、确定教学要求，丰富“基础知识”与“基本技能”，给学生实践动手机会，留出足够“接口”，让学生自主地联系学校与社会和学科与科学进展。同月，教育部印发语文、数学、品德与生活、品德与社会、思想品德、英语、物理、化学、生物、历史、历史与社会、地理、科学、音乐、美术、体育、艺术学科《全日制义务教育课程标准（实验稿）》，规定各门课程的性质、目标、内容框架，提出教学和评价建议。同年，市教委颁发小学美育大纲和中学美育大纲，分为总纲、美育任务、美育内容和美育途径与方法、美育领导与管理 5 部分，提出开展审美知识、审美能力、审美情感和审美个性心理教育任务。此后，北京市中小学分批转为依据国家颁布的各学科课程标准实施教学。

2007 年 7 月，市教委印发《北京市关于实施中小学综合实践活动课程的指导意见（试行）》和《北京市九年义务教育阶段 3 ～ 9 年级综合实践活动课程实施指导要点》，3 ～ 9 年级学生综合实践活动课程包括：研究性学习、社会实践、社区服务，主要内容是：引导学生走进自然，感受自然，探究自然；引导学生关注社会，服务社会，了解社会；引导学生反思自我，发现自我，发展自我。

（二）高中

1990 年，国家教委根据《现行普通高中教学计划调整意见》，依据适当减少必修课内容、增加选修课内容，适当降低教学内容的深难度和过高的教学要求，各科必修和选修内容总和，在难度、深度及教学要求上控制在低于或等于现行教学大纲规定范围内，适当增加文科内容等原则，修订语文、数学、外语（英语、日语、俄语）、物理、化学、生物、历史、地理 8 学科全日制中学教学大纲，1991 年，由人民教育出版社向全国发行。

1995 年 7 月，市教育局印发《实行每周 40 小时标准工作制后北京市中小学部分学科教学内容调整意见》，在 1994 年国家教委调整部分学科内容后，进一步调整高中语文、物理、地理等学科教学内容。同年 9 月，市教育局印发《关于加强普通中学劳动技术教育的几点意见》，要求高中学生学会教学大纲规定的 4 ～ 5 项劳动技能，并参加一定的社会生产劳动。1997 年 10 月，市教委印发《北京市普通中学劳动技术教育发展规划（1997—2000 年）》，普通中学劳动技术课内容向英文打字、家用电工、家用电器的使用与维护、无线电技术基础、电子制作技术、微机操作、自行车保养与维修、服装裁剪与缝纫、棒针与钩针的编织、烹饪技术、盆花与盆景、大田作物栽培、家禽家畜饲养、淡水养殖、木工制作、蔬菜栽培、果树栽培、中草药栽培、识图与制图、农作物良种繁育、农副产品的贮藏与加工、校园美化与绿化等科目集中。

1995 年 10 月，市教育局印发《北京市进一步加强与改进中学学科教学的意见》，高中分思想政治、语文、数学、外语、物理、化学、生物、历史、地理、体育学科，要求不同阶段教学内容有所侧重；克服单纯传授知识，在基础知识和基本技能基础上加强能力培养；加强知识形成过程的教学；注重揭示获取知识的思维过程。1996 年 2 月，国家教委印发《关于现行高中数学英语两学科教学内容与初中义务教育课程方案衔接处理意见的通知》，补充数学学科《高级中学代数上册（必修）》（1990 年 10 月第 1 版）9 小节内容；英语学科从 1996 年 9 月起开始使用新高中一年级教材，解决初中与高中数学、英语教学的衔接问题。1998 年 4 月，教育部通过《关于调整现行普通高中数学、物理学科教学内容和教学要求的意见》删减数学、物理两科的部分教学内容，限制、降低部分教学要求，北京市普通高中三个年级从 1998 年秋季开始同时执行。2002 年 7 月，市教委为配合从 2003 年起高考时间提前一个月，对 2001 年 11 月市教委《关于实施教育部全日制普通高级中学课程计划（试验修订稿）的意见》做出调整：高一、高二、高三年级思想政治课的教学内容按《教育部调整高中思想政治课有关教学内容方案》要求进行调整；适当删减高二、高三年级语文、数学、英语、物理、化学、历史部分教学内容、降低教学要求。

2001 年 6 月，教育部印发《基础教育课程改革纲要（试行）》，提出：国家课程标准应体现国家对不同阶段的学生在知识与技能、过程与方法、情感态度与价值观等方面的基本要求。普通高中课程标准在坚持使学生普遍达到基本要求的前提下，有一定层次性和选择性，并开设选修课程，以利于学生获得更多的选择和发展机会，为培养学生生存能力、实践能力和创造能力打下良好基础。

2003 年 3 月，教育部印发《普通高中课程方案（实验）》和普通高中语文、英语、日语、俄语、数学、物理、化学、生物、历史、地理、技术、艺术、音乐、美术、体育与健康 15 个学科课程标准。课程方案提出高中课程内容的选择遵循原则：①时代性，体现当代社会进步和科技发展，反映各学科的发展趋势，关注学生经验，增强课程内容与社会生活的联系。根据时代发展需要及时调整、更新。②基础性，强调掌握必需的经典知识及灵活运用的能力；注重培养学生浓厚的学习兴趣、旺盛的求知欲、积极的探索精神、坚持真理的态度；注重培养搜集和处理信息的能力、获取新知识的能力、分析和解决问题的能力、交流与合作的能力。高中课程内容既进一步提升所有学生的共同基础，同时更为每一位学生的发展奠定不同基础。③选择性，为适应社会对多样化人才的需求，满足不同学生的发展需要，在保证每个学生达到共同基础的前提下，各学科分类别、分层次设计了多样的、可供不同发展潜能学生选择的课程内容，以满足学生对课程的不同需求。

2007 年，北京市开始普通高中课程改革。同年 7 月，市教委印发《北京市普通高中新课程学生选课指导意见（试行）》《北京市普通高中新课程教学指导意见和模块学习要求（试行）》《北京市关于实施中小学综合实践活动课程的指导意见（试行）》《北京市普通高中新课程综合实践活动教学指导意见》，对 15 个学科的必修课程和选修课程内容、学生选课提出指导意见，并提出高中阶段综合实践活动包括：研究性学习（内容：人与自然、人与社会、人与自我）、社区服务（内容：社区服务性、公益性、体验性学习）、社会实践（内容：社会参观活动、社会考察活动、社会调查活动等）。自同年 9 月起，北京市普通高中开始使用教育部印发的各学科课程标准。

2010 年 7 月，市教委调整部分学科教学进度：调整高一、高二语文、英语、数学学科教学安排和数学、政治、生物必修模块的教学顺序，调整物理必选模块内容、研究性学习教学任务和任意选修模块教学时间，调整通用技术、音乐、美术学科起始开设年级和语文、历史、音乐、美术学科市级推荐选修模块。

二、教学方法

（一）教学常规

1988 年，市教育局印发《加强与改进中小学学科教学的意见》，小学分语文、数学、思想品德、自然、地理、历史学科，中学分政治、语文、外语、数学、物理、化学、生物、历史、地理学科，提出各学科教学常规及改进要求。

1993 年 2 月，中共中央、国务院发布《中国教育改革和发展纲要》，1994 年 9 月，市委、市政府印发《关于进一步落实教育优先发展战略地位高标准实施〈纲要〉的决定》，国家和北京市均把改革教学方法作为发展改革的重要内容之一。

1995 年 10 月，市教育局修订 1988 年《加强与改进中小学学科教学的意见》，印发《北京市中小学学科教学文件汇编》（小学部分、中学部分），小学分思想品德、语文、数学、自然、地理、历史、音乐、美术、体育、劳动 10 个学科，单册印发《北京市进一步加强与改进小学学科教学的意见》《北京市小学学科教学常规（试行）》《北京市小学学科课堂教学评价方案（试行）》，初中分思想政治、语文、数学、外语、物理、化学、生物、历史、地理、音乐、美术、体育12个学科，单册印发《北京市进一步加强与改进中学学科教学的意见》《北京市中学学科教学常规（试行）》和《北京市中学学科课堂教学评价方案（试行）》，简称“三个教学文件”，旨在落实1995年4月北京市中小学教学工作会议精神，引导全市中小学干部、教师专注于教学、课堂教学和课堂教学改革，强化学科教学管理、优化学科课堂教学、深化学科教学改革。1998年9月，市教委补充印发《北京市加强与改进小学英语教学的意见》《北京市小学英语学科教学常规（试行）》《北京市加强与改进小学社会学科教学的意见》《北京市小学社会学科教学常规（试行）》，对小学英语和社会两科教学方法提出要求。“三个教学文件”一直执行到2001年新课程改革实施之前。

小学阶段教学方法：各学科采用激发学习兴趣调动学习积极性的教学方法；教法运用恰当、灵活，注重启发式，应用直观教法和现代化教学手段（幻灯、电影、录音、录像等）；启发学生通过动脑、动口、动手多种感官获取知识；根据不同类型的教学内容选择不同的教学方法（直观观察、动手操作、活动参与、技能训练等）；教具使用准确、熟练。

中学阶段教学方法：各学科倡导启发式，改变注入式；防止和克服死记硬背；通过师生双边活动，引导学生积极参与，体现教师主导作用与学生主体作用；调动学生兴趣、情感、意志等非智力因素，激发学习主动性；利用各种教学形式（自学、讨论、参观、访问、报告、调查、撰写小论文等），引导学生自主学习和思考；运用各种形象、直观和现代化的教学手段（投影仪、计算机、录像设备）辅助教学。

中小学教学常规：①备课：学习大纲、制定学期计划、钻研教材、了解学生、选择教法、编写教案；②上课：明确教学目标、把握教学内容、严格教学过程、讲究教学方法、体现教学能力、注重教学效果；③作业：设计作业、指导学生完成作业、及时批改作业；④辅导：分类辅导、讲究实效；⑤考核：注重平时考查、定期组织考试；⑥课外活动：活动内容有目的性和针对性、活动方式方法多种多样、符合实际；⑦教学总结：及时做好课后小结、定期做好全面总结。

1997—1999年，市教委印发一系列文件，在全市中小学全面推进素质教育。这些文件中均提及改革教学方法：“探索适合素质教育要求的教学方式方法”，“注意教学方法的研究与改革，进行课堂教学学生主体性发展的研究，加强学生学法的研究和指导”，“改革教学方法和手段，实行启发和讨论式教学”等。其间，各区县也通过开展课堂教学改革研讨活动推进教学内容和教学方法改革，各中小学校也自发开展各种实施素质教育的教学方式改革探索活动。

2001年6月，教育部印发《基础教育课程改革纲要（试行）》，提出教学方法改革的方向：教师在教学过程中与学生互动，处理好传授知识与培养能力的关系，注重培养学生的独立性和自主性，引导学生质疑、调查、探究，在实践中学习。尊重学生人格，关注个体差异，满足不同学生的学习需要，创设能引导学生主动参与的教育环境，激发学生的学习积极性，培养学生掌握和运用知识的态度和能力。同年7月，北京市开始实施21世纪基础教育课程教材实验，整体考虑实验教学设施设备的配备和教学内容、教学方法的改革。

2006年9月，市教委印发《北京市基础教育课程改革实验工程实施方案（义务教育阶段2006—2010年）》，要求运用各种教学方式和信息技术，实现教学方式多样化，重点实施“教学方式和学习方式改革及信息技术与学科教学整合”子工程，深化教学方式和学习方式改革，采用启发式，面向全体学生，在教学活动中统一德育、智育、体育、美育。2007年7月，市教委印发《北京市普通高中课程改革实验工作方案》、语文等15门课程的《北京市普通高中新课程教学指导意见和模块学习要求（试行）》和《北京市关于实施中小学综合实践活动课程的指导意见（试行）》，在教学方法上要求创设有利于学生主动参与、乐于探究、勇于实践的教学氛围，倡导自主探索、动手实践、合作交流、阅读自学等学习方式。同年9月，北京市开始实施普通高中课程改革，推进教学方式和学习方式转变，倡导自主、探究、合作的学习方式。

2010年10月，市教委印发《关于做好2010—2011学年度基础教育课程教材改革实验工作的意见》，要求加强教与学策略研究，引导教学方式创新，实验与推广各种有效的教学模式，根据学生个性差异因材施教。指导学生学习方法，创设学生参与的教学环境，鼓励学生独立思考主动学习。

（二）信息化教学辅助手段

1993年2月，中共中央、国务院发布《中国教育改革和发展纲要》，要求积极发展学校电化教学，推广运用现代化教学手段。1994年9月，市委、市政府印发《关于进一步落实教育优先发展战略地位高标准实施〈纲要〉的决定》，要求加强教学手段现代化建设。此后，北京市中小学陆续不断开发计算机教学软件。

1999年6月，北京市启动中小学教学资源库建设。同年12月，市委、市政府印发《关于深化教育改革全面推进素质教育的意见》，要求实施教育信息化重点建设工程，提高教师运用现代信息技术进行教学的能力。至2000年，北京市中小学以广播、电视、录像、幻灯、投影、为主的信息化辅助手段进行电化教育。

2001 年 8 月，市教委印发《北京市中小学教育信息化建设指导意见》，提出 2001—2005 年中小学信息化辅助教学目标：探索现代信息技术与学科教学整合，鼓励师生运用信息技术，变革学习方式，形成教学新模式。2002 年，市教委投入 1000 万元专项经费支持中小学信息技术与学科教学的整合研究。确立西城、朝阳、昌平 3 个试点区县，确定 30 所学校（含小学）为实验基地校，在 49 个学科推进整合实验。

2003 年 5 月，市教委在防控非典停课放假期间，通过电视课堂、广播教学和网上教学等信息化教学手段，为全市 130 多万名中小学生开办“空中课堂”。

至 2010 年，北京市陆续实施基础教育课程改革实验（义务教育阶段）和普通高中课程改革，信息技术与学科课程、学科教学整合成为课程改革的重要内容之一。

（三）教学基本功训练

1995 年 12 月，市教育局转发 1995 年 9 月国家教委《关于开展小学教师基本功训练的意见》，意见要求对通用于所有教师的一般基本功、学科教学和教育工作的基本功开展训练，建立教师基本功训练的表扬激励机制，定期组织基本功训练的考核、评估、验收。具体包括：①口语表达：用普通话教学，在公众场合即席讲话；②写字：正确运用粉笔、钢笔、毛笔书写规范正楷字；③简笔画：用简练线条较快地勾画出事物的主要特征，设计、绘制简笔画；④使用、制作教具：正确使用教具，就地取材制作简易教具；⑤组织教育活动：组织班队活动，掌握家庭访问和个别教育技能。北京市结合实际提出，各区县选择 1 至 2 所中心校或学区进行小学教师基本功训练的试点。1997 年 9 月，市教委印发《关于在继续教育中进一步加强小学教师基本功训练的通知》，要求将小学教师基本功训练列入“九五”继续教育内容，各区、县分期分批对小学教师的基本功进行考核，通过开展基本功表演和竞赛活动促进小学教师基本功水平的提高。1998 年 3 月，市教委印发《关于在我市小学专任教师中开展教学基本技能竞赛活动的通知》，成立“北京市小学专任教师教学基本技能竞赛委员会”“北京市小学专任教师教学基本技能竞赛评判组”，设立“北京市小学专任教师教学基本技能竞赛办公室”，当年进行学校级比赛和区县预赛。1999 年上半年，小学思想品德、语文、数学、自然、社会、音乐、美术、体育、劳动、英语 10 个学科的专任教师（以中青年教师为主）进行包含理论考查、编制教案、专业技能、现场教学 4 个基本功项目的全市决赛。

1996 年，市教委举行“北京市初中教师教学基本技能竞赛”，竞赛内容包括：

笔试、教学片断、现代化教具使用，初中 13 个学科 718 名教师参加决赛。1997 年 12 月，市教委印发《北京市开展中学教师教学基本功达标活动的意见》，从 1998 年 1 月起，开始在全市范围内开展中学教师教学基本功达标活动。教学基本功达标的项目和基本标准是：

（1）分析教材的基本功：能够理解单元或章节教材在教材体系中的地位和作用；能够正确确定教学重点和教学难点：能恰当选择教学方法，符合教学大纲的要求和教学实际的需要。

（2）编写教案的基本功：能从教学实际出发，认真编写教学方案；精心设计教学过程；教案字迹工整、规范，所编写教案符合北京市制定的各学科教学常规的要求。

（3）运用教学语言的基本功：能用普通话进行教学，普通话达到国家语委制定的《普通话水平测试》二级水平；授课时能正确、清楚表达讲授内容，用词准确，条理清楚，节奏适宜。

（4）设计教学板书的基本功：能根据教学需要设计好板书，目的明确，重点突出，安排合理，条理分明，板书美观。

（5）应用现代化教学技术的基本功：能够恰当选择和使用录音机、录（放）像机、投影仪等电教仪器；做到独立使用、操作规范；对计算机的知识技能要求，按市教委“九五”继续教育的规定执行。

（6）学科专项基本功：语文科朗读；数学科绘制图形；外语科绘制简笔画，能用外语组织教学；历史科能准确指示和分析历史地图、文物图及历史资料；地理科绘制简略地图；物理科、化学科、生物科能正确进行演示实验和组织学生实验；音乐科自弹自唱；美术科示范美术技法；体育科示范动作和示范操作；劳技科能示范劳动操作技能。

至 2000 年 12 月，北京市 47000 余名中学教师参加分析教材、编写教案、动用教学语言、设计教学板书、应用现代化教学技术、学科专项等教学基本功达标活动。

从 2001 年起，取得教学基本功合格证书作为北京市中小学教师晋升高一级职务的必要条件。

2007 年 4 月，市教委印发《关于开展中小学教师新课程教学基本功培训和展示活动的通知》，将新课程教学基本功培训和展示活动纳入北京市中小学教师继续教育“十一五”规划，并首先在初中教师中进行。至 2008 年，北京市举办第一届“北京市初中教师基本功培训和展示活动”，初中思想品德、语文、数学、外语、历史、地理、物理、化学、生物、音乐、美术、体育、劳动技术、信息技术共 14 个学科 612 名教师参加基于学科特点的笔试、说课、上机操作等展示活动。

2008 年，北京市举办第一届“北京市小学教师基本功培训和展示活动”，组织通识培训和学科培训，小学 12 个学科 940 名教师参加集中展示。至 2010 年，北京市小学品德与生活、品德与社会、语文、数学、外语、科学、劳动技术、信息技术、综合实践、音乐、美术、体育共 12 个学科 940 名教师参加学科笔试、现场说课和上机操作。

2010 年 4 月，北京市启动第一届“北京市普通高中教师新课程教学基本功培训和展示活动”。同年 12 月，市教委进行高中教师教学基本功市级通识培训和学科培训。

（四）课程改革实验教材培训

1. 义务教育新课改实验教材培训

2001 年 9 月，北京市开始实施义务教育阶段课程改革实验。

从 2002 年起，北京市集中培训小学一年级、初中一年级使用课程改革实验教材的教研员和骨干教师，培训内容主要包括：课程改革总体构想、学科课程标准、教材分析、教学论文、教学设计等。

至 2009 年，北京市基本形成每年 6 月培训秋季教材，12 月培训春季教材的培训常规工作，自 2002 年累计培训教师 33090 人（见表 2–28）。

表 2–28　　2002—2009 年北京市义务教育课程改革实验教材集中培训

年度	培训学科和教材版本数	时间	培训人数
2001	中小学 11 个学科 16 个版本的教材	6 月	1300
2002	中小学 11 个学科 16 个版本的教材	2 月 10—16 日	1300
	小学 12 个学科、中学 9 个学科	6 月 24—7 月 4 日	1800
	中小学 16 个学科、20 个版本	12 月 21—29 日	1700
2003	中小学 9 个学科	受非典影响，录制光盘	2650 张光盘
	中小学 18 个学科 21 个版本	12 月 22—30 日	1600
2004	中小学 23 个学科 44 个版本	6 月 20—7 月 7 日	3000
	中小学 23 个学科 44 个版本	12 月 9—25 日	3000
2005	中小学 18 个学科 21 个版本	12 月 12—22 日，26—30 日	4000
2006	中小学 23 个学科 44 个版本	6 月 16—30 日	4000
	中小学 20 多个学科	12 月 1—5 日、11—21 日	4000
2007	中小学 23 个学科 36 个版本	6 月 17—25 日	2100
	中小学 23 个学科 40 个版本	12 月 17 日—21 日	1900
2008	中小学 15 个学科近 40 多个版本	6 月 23—27 日	1500
	中小学十几个学科近 20 多个版本	12 月 22—26 日	1000
2009	小学 8 个学科 13 个版本	6 月 22—26 日	1090
	小学 8 个学科 13 个版本	12 月 21—25 日	1100

2. 教研员培训

2006 年，北京市开始实施“金色种子”教研员培训，包括通识培训和分科培训。小学数学、语文、英语、劳技、音乐、美术、科学，中学语文、数学、英语、物理、化学、生物、历史、地理、政治、体育、信息技术进行教研员分科培训。培训内容包括：学科教研员基本素质专题讲座、青年教研员典型经验介绍、专家指导点评教学课例和研讨、学员试评教学课例和专家分析以及学员结业交流等。

至 2010 年，北京市共开展 4 期教研员集中培训，累计培训中小学各学科教研员 1200 余人（见表 2–29）。

表 2–29　　2006—2010 年北京市“金色种子”教研员集中培训

批次	时间和地点	培训对象
第一期	2006 年 4 月	小学数学、语文、英语、科学、音乐、美术和劳动技术 7 个学科教研员共 287 人
第二期	2006 年 10 月	中学语文、数学、英语、物理、化学、生物、历史、地理、政治、体育、信息技术 11 个学科部分教研员共 300 人
第三期	2007 年 3 月	全市各区县中小学 27 个学科教研员共 400 多人
第四期	2010 年 6 月	2007 年以后市区新任教研员近 300 名

3. 高中课程改革教材培训

2007 年 9 月，北京市开始实施普通高中课程改革，同时启动高中课程改革教材培训，每个学科一般选用两个版本教材，对全市 19 个区县所有高中教师全员培训，培训内容包括：课程标准解读、课程实施指导意见指导、模块教材介绍、单元教学设计、考试评价等。

至 2010 年，完成高一、高二 3 轮，高三 2 轮 15 个学科的高中新课改教材培训（见表 2–30）。

表 2–30　　2007—2010 年北京市高中新课程教材培训

时间	培训对象	培训安排
2007 年 7 月	新任高一教师	分 3 期，6 个培训点，每期 7 个单元
2008 年 1 月	新任高二教师	集中在一个学校
2008 年 7 月	新任高一教师	分 3 期，17 个培训点
2009 年 1 月	新任高二教师	
2009 年 7 月	新任高一教师 新任高三教师	网上直播、光盘
2010 年 1 月	新任高二教师	分 2 期
2010 年 7 月	新任高三教师	

4. 高中课程改革通识培训

2007 年 9 月，北京市开始启动普通高中课程改革。是年 4 月，北京市实施第一次全市高中教师新课改通识培训。

至 2008 年，北京市共实施 3 次高中课程改革通识培训，累计参与教师 28109 人（见表 2–31）。

表 2–31　2007—2008 年北京市普通高中课程改革通识培训

时间	培训对象	培训人数	培训方式
2007 年 4 月	全市高中教师和教研员	9109	3 个区县 8 个培训点
2007 年 7 月	高一年级教师全员培训	9000	13 个区县 30 所学校设立培训点
2008 年 7 月	语文、数学、物理、体育、音乐、信息技术等 12 个学科教师	10000	“送培到区，小班化培训”和集中培训相结合

三、教学研究

（一）教研组织机构

1990 年 6 月，国家教委印发《关于改进和加强教学研究室工作的若干意见》，提出教研室是由地方教育行政部门设置，承担中小学教学研究和学科教学业务管理的事业机构，省、地（市）、县（区）都要设立教学研究室。各级教研室机构，可以单独建制，也可同教育科学研究所或教师进修院校联合设置。

教研室基本职责：①研究教育思想、教学理论、课程设置、教学内容、教学方法、教学手段和学科教学评价等；②提出执行教学计划、教学大纲和使用教材的意见；③组织编写乡土教材和补充教材；④组织教学研究活动，帮助教师执行教学计划，钻研、掌握教学大纲和教材，改进教学方法，提高课堂教学效益；⑤总结、推广教学经验，组织教改实验，探索教学规律，推动教学改革；⑥指导和帮助教师开展学科课外活动；⑦组织对学科教学的检查和质量评估，研究考试方法的改革。

教研员要求：①坚持四项基本原则，热爱教育事业，有较强的事业心和责任感，不断学习，勇于创新，注重师德，做中小学教师的表率；②有系统、扎实的学科基础理论和专业知识，有一定的教育科学理论素养和较丰富的教学实践经验，掌握教学工作的一般规律，能运用科学的方法开展研究，具有一定的指导教学工作的水平和组织管理工作的能力；③具有实事求是的思想作风和科学态度，一切从实际出发，理论联系实际，全心全意为教学第一线服务。专职教研员要定期轮流到学校上课，使教学研究与教学实践紧密结合，不断提高自身业务能力。

教研员职务评聘：教研室教研人员可以按中小学教师职务系列评聘职务。设在教科所或教育学院的教研人员，也可根据实际情况按科研或高级职务系列评聘职务，并享受相应职务待遇。

1991 年，市教育局印发《北京市中小学教学研究工作规程（试行）》，对中小学教研工作的组织体系和运行方式作出规定。

1992 年 12 月，市教育局召开北京市教研组工作经验交流大会。全市 686 所普通中学有 682 所学校建立教研组，建组率达 99.4%。至此，北京市普教系统市级教研中心、区级教研中心、学校教研组三级教研网络基本形成。

2002 年 9 月，市教委转发教育部 2002 年 8 月《关于基础教育工作分类推进与评估指导意见的通知》，提出形成以学校为基础的教学研究制度。同年 12 月，教育部印发《关于积极推进中小学评价与考试制度改革的通知》，提出学校应建立以校为本、自下而上的教学研究制度，鼓励教师参与教学改革，从改革实践中提出教研课题；学校应有归纳课题、组织进行教学研究的能力，有促进教师专业发展的规划与措施。2003 年 3 月，教育部印发《普通高中课程方案（实验）》，再次提出“学校应建立以校为本的教学研究制度，鼓励教师针对教学实践中的问题开展教学研究”。同年 3 月，教育部基础教育司副司长朱慕菊发表《改进和加强教学研究工作 深入推进新课程实验》（发表于《人民教育》），指出：以校为本的教研，是将教学研究的重心移到学校，以课程实施过程中教师所面对的各种具体问题为对象，以教师为研究的主体，理论和专业人员共同参与的一种教研活动。此后，校本教研作为中小学教学研究制度的主要方式开始推行。

2003 年，北京市海淀区、昌平区、朝阳区、延庆县作为国家级校本教研建设基地。同年 1 月，北京市召开“基础教育教学研究工作创新研讨会”，研讨教研工作创新思路、教研员自身素质、学科教研工作特点 3 个专题。从 2004 年起，北京市开始进行“创建全国以校为本教研制度建设基地”项目研究工作。

2005 年 7 月，市教委、市政府教育督导室印发《关于实施初中建设工程的意见》，要求指导区县和学校完善以校为本的教学研究制度。2007 年 5 月，北京市召开全国第四届“创建以校为本教研制度建设基地”项目研讨会，研讨“关注教师发展、聚焦课堂教学”“教研活动创新”等专题。此后，北京市结合基础教育课程教材改革实验工作，进一步推进校本教研制度建设，建立和完善联片教研、校本教研以及研修机制、教研员工作评估等制度。

（二）教学实验与经验总结

1. 提高中学生学习质量整体改革国家行动计划

1990 年 10 月，“提高中学生学习质量整体改革国家行动计划”（Joint

Innovative Project，简称“中学 JIP 实验”）（第一轮）召开启动大会。“中学 JIP 实验”于 1985 年由联合国教科文组织亚太地区办事处正式提出，由中国联合国教科文全委会与联合国教科文组织亚太地区办事处合作，依据主体教育思想为主的现代教育理论，以“主体—创造—发展”为实验主题，按照“主体参与，分层指导，及时反馈，激励评价”原则和“建构学生主体，培养创新精神，提高实践能力，实现整体优化，促进全面发展”策略开展实验。此前，中国联合国教科文全委会与联合国教科文组织亚太地区办事处签订《提高中学生学习质量整体改革国家行动计划研讨会会议合同书》，决定在中国正式实施该合作项目。中国联合国教科文全委会印发《关于在我国三省市开展联合国教科文组织提高中学生学习质量联合革新计划》，决定于 1990 年开始在北京、陕西、山西三省市开展中学 JIP 实验。1999 年，“提高中学生学习质量整体改革实验”获北京市第一届基础教育教学成果一等奖。该实验经历 1990—1994 年、1995—1999 年、2001—2004 年三轮 15 年，至 2005 年实验结束，参加实验的总计学校 1172 所，参与实验的教师及研究人员 12610 人，参加实验学生总计 144200 人（见表 2-32）。

表 2-32　　1990—2004 年提高中学生学习质量整体改革实验情况

实验轮次	时间	参加省份	参加学校（所）	参加实验教师和研究人员（人）	参加实验学生（人）
1	1990—1994 年	北京、陕西、山西	16	300	3000
2	1995—1999 年	北京、陕西、山西	286	3310	41 200
3	2001—2004 年	北京、陕西、山西、河北、山东、重庆、江苏、新疆	870	9000	100 000

2. 快乐教育

1991 年 10 月，市教育局在北京一师附小共同举办全国快乐教育研讨会。北京一师附小“快乐教育”始于 1986 年，针对学生课业负担过重、在校生活单调、师生关系紧张等突出矛盾，北京一师附小开始进行快乐教育实验。1988 年，市教育局在全市小学推广一师附小“快乐教育”经验。1992 年，北京市小学教育要求以全面提高教育质量为中心，通过推广快乐教育转变教育思想，由应试教育转变为素质教育。1993 年 4 月，市教育局召开“深入贯彻十八字总要求，学习快乐教育经验，办有特色的先进学校”表彰会，对业绩突出的 100 所小学进行表彰，对其中取得突出成绩的东城区史家胡同小学、崇文区光明小学和通县张家湾镇中心小学予以重奖。1999 年，“快乐教育实验研究”获北京市第一届基础教育教学成果一等奖。至 2010 年，北京一师附小从课堂教学、教育活动、师生关系、校园环境、社区教育、教育评价 6 个要素建立快乐教育体系。

3. 张思明中学数学教学研究

1993 年，北大附中数学教师张思明开始在高中进行“导学探索、自主解决”教学模式的探索和实践，倡导教师和学生学数学、用数学，总结出该教学模式的五个环节：引导与问题的设置、探索讨论后或分解或化归、自主解决问题、自我评论练习小节、求异探新（三类作业）延伸问题链，并提出设计问题环境的三个要点：结合日常教学，引导学生自己去延展、开拓问题链；重视并利用学生在学习中提出的疑惑和问题，引导学生相互解疑；为优秀学生创设“微科研”的问题环境，体验自主解决问题的过程。1999 年，该研究获北京市首届基础教育教学成果一等奖和全国数学教育的最高奖“苏步青数学教育一等奖”。2004 年，其主持的“中学数学创新实践活动的设计与实施”获北京市第二届基础教育教学成果一等奖。至 2010 年，张思明一直致力于数学建模、数学课题、数学学法等方面的教学研究。

4. 孙维刚教学实验

自 1980 年起，东城区 22 中学数学教师孙维刚开始实施从初一教到高三大循环数学实验，致力研究数学教学与学生能力培养，用德育促进智育，德、智、体全面发展，全面提高学生素质，其教学方法被称为“结构教学法”，注重知识之间的比较和联系，注重数学思想的渗透和哲理观点的升华，并编写出“结构教学”教材，实验经历 3 轮共 17 年，至 1997 年结束。三轮实验学生取得了突出的高考成绩：1986 年毕业的第一轮班，除 1 人外，高考全部上线；第二轮班，40 人中 15 人考入北大、清华；第三轮班，40 人中的 22 人升入清华、北大，占全班总人数的 55%。1999 年，孙维刚“全面提高学生素质的教育教学实验”获北京市第一届基础教育教学成果特等奖。

5. 王能智地理教学改革及教师研修

从 1985 年起，石景山区地理教师王能智开始在初一年级进行地理教学改革，把地理教材按照“总—分—总”顺序重新编排，提出“地理教学活动化”的教学思想，带领学生走出封闭的课堂，走到真实的自然地理环境中去，以课堂内外相结合的方式开展地理实践活动，放手让学生主动探索知识、解决问题。1990 年，他开辟从家庭—校园—区域—全球的地理实践活动场地，编写课外教材，为北京市培养大批学科带头人和中青年骨干教师。1998 年，王能智获教育部“曾宪梓教学成果奖”。2000 年，获北京市第三届胡楚南优秀教学成果奖。2002 年，王能智承担“现代信息技术与地理探究（研究）性学习契合途径的实践研究”课题，以“北京平原地区热岛效应研究”为载体，选择通州—崇文—西城—石景山—

线，由潞河中学、汇文中学、北京四中、北京九中 4 所学校开展研究性学习活动。2004 年，王能智主持的“青年教师教学能力培养的实践研究”获北京市第二届基础教育教学成果唯一一项特等奖。2005 年 6 月，石景山区成立“王能智青年教师研修工作室”，工作室以“青年教师职业专业化培养策略的实践研究”为研修核心，本着“关注现实、站位前沿，讲规格、负责任、重实践”原则，开展教师研修工作。至 2010 年，王能智在地理学科教学、地理教师研修等方面持续开展研究工作。

6. 马芯兰教学实验及经验推广

朝阳区幸福村中心小学数学教师马芯兰教学实验始于 1977 年，打破传统的教学模式和课堂结构，把培养学生能力放在中心地位，通盘改革小学数学教材和教法。在教材上突出最基本的概念、法则和原理，从纵、横两个方面进行重新调整和组合，“纵”就是按照知识的纵向联系归结为计算和应用题两条线，“横”就是把教材中具有横向联系或互逆关系的知识编排在一起形成大大小小的许多“块”，整体形成纵横交错的网络式知识结构，并增加自编的能力训练内容；在教法上采用渗透、迁移、交错、训练的方法，设计“渗透课”“迁移课”“结构课”“变式课”“思维训练课”“发散思维课”“系统思维训练课”“结构训练课”“解题方法创新课”“基本技能训练课”“疑难问题解答课”，使学生用三年时间学完一般学校五年的教学内容，在掌握知识和技能过程中提高能力。1984 年，市教育局组织推广马芯兰教改经验，到 1994 年完成两轮推广。1995 年 1 月，市教育局召开“召开马芯兰教学思想研讨会”。1995 年 6 月，市教育局印发《关于扩大推广马芯兰教改经验实验工作的意见》，决定从 1995—1996 学年度第一学期开始，在原来两轮实验基础上在全市进一步扩大推广马芯兰教改经验实验。1999 年，马芯兰“小学数学教学改革”获北京市第一届基础教育教学成果特等奖。到 2000 年，马芯兰教改经验实验辐射到北京市 560 所学校 10200 个教学班 32 万名学生，占全市小学在校生总数近 40%。2007 年，马芯兰以“马芯兰教学法”为基础，创办星河实验小学，继续开展教学改革实验。

7. 光明小学“我能行”教改实验

1996 年，崇文区光明小学提出“让每一个孩子从小说‘我能行’”的口号，开始“我能行”教育：以自信教育为核心，通过教育教学实践活动，引导学生在思想上相信“我能行”，在情感上体验“我能行”，在行为上表现“我能行”。“我能行”教育宗旨是：让每一个学生都有获得成功的体验，从而自信、自尊、自爱、自强，满怀信心地迎接明天。“我能行”教育目标是：通过“我能行”教育活动，让每个学生在成长中都能说"我能行";让每位教师在教育教学活动中都能体验"我能行";让每位家长在培养孩子的过程中相信"我能行"。"我能行"教育内容是:相信自己行,才会我能行;别人说我行,努力才能行;你在这点行,我在那点行;今天若不行,争取明天行;能正视不行,也是我能行;不但自己行,帮助别人行;相互支持行,合作大家行;争取全面行,创造才最行。2001年,光明学校承担北京市"十五"规划课题"'我能行'教育评价策略与方法的研究",分成"学生成长性评价的研究""教师发展性评价的研究""课堂教学评价的研究"子课题,研究师生发展性评价。2004年,光明小学"探索发展性教育评价,促进师生共同成长"获北京市第二届基础教育教学成果一等奖。至2010年,光明小学在学校管理、课堂教学改革、教育科研、教育评价、学生思想道德教育、家校协作等方面进行探索,丰富"我能行"内涵。

8. 小班化教育实验

1997年,北京市一些小学由于招生人数自然减员,陆续开始小班化教育实验。实验班平均班额25人左右,实验班级师资配备既有包班制教师,也有分科制教师。实验内容强调以学生发展为中心,兼顾个别差异;教学策略上探索小组合作学习、个别教学以及活动教学等模式;教学运作方式上进行"教师走下去、学生动起来交互式民主教学""上学不背大书包""分数也可以不告诉别人""减轻课业负担,保护学生自信心"的实验研究;教学设计上实施分层教学;教学组织形式上为分组教学,课桌摆放改横排竖列矩阵式为小组拼凑式。到2001年年底,北京市有289所学校1985个教学班的50673名学生参加小班化实验。

9. 提高初中教育质量研究

1998年10月,首都师范大学与东城、西城、崇文、宣武、海淀5个区的教委、教育局签订联合开展"全面提高北京市初中教育质量"课题研究协议,和平里中学、新街口中学、一一六中学、一八一中学和北方交大二附中5所学校作为首都师范大学教育教学改革实验学校。1999年7月,朝阳、顺义、怀柔3个区县的教委、教育局及部分学校也加入课题研究。至1999年,北京市共8个区县23所中学参与课题实验,发挥高校教育科研的优势,研究中小学开展教育科研的特点和规律,找到基础薄弱校的办学思路。2001年12月,课题结束。2005年,市政府启动初中建设工程,首都师范大学承担"大学支持北京市初中建设工程项目",在16所学校进行大学支持初中学校群体教育质量提升的研究与实践,至2008年研究结束,16所项目学校在办学思想、干部教师观念、校本教研、教师队伍建设、学生学业成绩和综合素质发生变化。2009年,"大学支持初中学校群体教育质量提升的研究与实践”获第三届北京市基础教育教学成果一等奖。

（三）教学视导与教学设计评选

1991—2001年，北京市将中小学思想品德、思想政治、数学、英语、物理、化学、生物、自然、常识、劳动、体育等学科教师教学评优活动作为常规工作。

从2005年起，北京市开始连续6年组织“基础教育教师优秀课堂教学设计征集和评选”活动。至2010年，共评选出优秀课堂教学设计6569个（见表2–33）。

表2–33　2005—2010年基础教育教师课堂教学设计获奖情况

年度	主题	一等奖	二等奖	三等奖
2005	信息技术与学科教学整合	172	352	—
2006	提高课堂教学实效性	172	352	670
2007	面向全体学生	172	352	792
2008	关注学生学习过程	170	169	817
2009	引导学生自主学习	180	174	838
2010	关注教学方式的实效性	179	169	839
总计	—	1045	1568	3956
合计	6569			

2005年7月，市教委、市政府教育督导室要求建立初中课堂教学视导机制，每学期对2个以上区县的初中学校进行教学集体视导，重点面向办学困难的初中。

从2006年起，市级教学研究机构每学期对2个农村区县，区县教学研究机构对2所以上小学进行全学科教学视导和学生调查，每学期对5个区县进行课改实验工作专项视导。

1991—2010年，市教研部门采取听取教学情况汇报、听课、评课、查看教学材料、座谈、讲座和观摩教学等方式，每年选取1～2个区县的中小学校进行学科视导。每年视导1～2次，每次视导3～5天。视导后市教研部门分学科撰写教学视导报告，向区县教委和学校反馈视导情况。视导发现学校教学存在未全面落实教学（课程）计划、教师教学能力偏低、学生负担重等问题，并举办教学专题讲座。

（四）教学成果奖

1994年3月，国务院发布《教学成果奖励条例》。1998年12月，北京市依据国务院《教学成果奖励条例》开始首届教学成果奖评选，市教委印发《关于评选北京市基础教育教学成果奖的通知》，评选反映教育教学规律，具有独创性、新颖性、实用性，在教育教学实践过程中，全面贯彻国家的教育方针，实现培养目标产生明显效果的基础教育教学成果，包括：①课程设计与实施；②教材建设；③教学方法、手段与教学形式；④教育教学评价；⑤教育教学综合改革与整体改革方案；⑥其他的教育教学改革方案。北京市基础教育教学成果每四年奖励一次，1999年评选首届成果奖。凡在1978年至1998年10月期间取得基础教育教学成果的学校、团体、研究机构和其他社会组织，教师及其他个人，申报条件均可申报。

申请条件：

（1）坚持社会主义办学方向，贯彻党的教育方针，忠诚人民的教育事业，规范地遵守职业道德，为人师表，成绩显著；

（2）须经过两年以上实践检验并有所创新，有所突破，符合教育教学规律，有一定的理论水平，对实施素质教育，提高教学水平和教育质量产生明显效果；

（3）在一定范围内有示范作用和推广价值；

（4）申报个人项目者必须是学校或其他教育机构在编人员，申报集体项目的主要成员一般不超过5人。

1999年，评选出北京市首届基础教育教学成果特等奖4项，一等奖10项，二等奖25项（见表2-34）。

表2-34　　1999年北京市首届基础教育教学成果奖特等奖、一等奖获奖名单

序号	成果名称	获奖者（集体主要成员）	单位
特等奖（4项）	中小学教育质量综合评价	梅　克　李吉会　张秀媛　赵学勤	北京教科院基教所
	小学数学教学改革	马芯兰	朝阳区实验小学
	超常儿童的鉴别与教育	龚正行　赵大恒　潘波涛 杜家良　程念祖	北京市第八中学
	全面提高学生素质的教育教学实验	孙维刚	北京市第二十二中学
一等奖（10项）	中学数学建模与“导学探索”教学模式	张思明	北京大学附中
	深化生物教改，为农村培养跨世纪人才奠定基础	高久海　宋　旭　张翠珍 阎红艳　滕立东	怀柔县庙城中学
	北京市义务教育初中地理实验教材	秘际韩 李志瑗 郭正权　钟作慈 张　凯	北师大附中 北京教育学院宣武分院二部 北京教科院基教研究中心 北京崇文区实验中学
	快乐教育实验研究	汤世雄 刘修业　张忠萍 时俊卿 王　瑛	北京市教育学会 北京市一师附小 崇文区教研中心教科所 北京教科院基教所
	政治课教学方案	赵如云	北京市第四中学
	贯彻《幼儿园工作规程》的教改实验	朱小娟　田毅然　张秀丽 白爱宝 王月媛	北京市第五幼儿园 北京教科院 崇文区幼儿教育研究中心
	小学生全面发展教育实验	陈金赞　吴　凯 李雨龙　孙国梁	北京教科院基教所 西城区红庙小学
	中学语文课堂教学研究	宁鸿斌	北京市第八十中学

续表 2-34

序号	成果名称	获奖者（集体主要成员）	单位
一等奖（10 项）	提高中学生学习质量整体改革实验	阎玉龙　齐宪代	北京教育学院
	以“三个面向”为指导推动学校综合整体改革的研究与实验	贺鸿琛　陈心五　杨玉琴　刘曼华　郑俊选	北京景山学校

2003 年 4 月，市教委、市人事局印发《关于开展第二届北京市基础教育教学成果奖评选表彰活动的通知》，提出按照素质教育要求，总结典型经验，鼓励基础教育工作者积极从事教育教学研究，促进教育理论和实践的创新，促进基础教育教学水平和教育质量的提高。9 月，评选出第二届北京市基础教育教学成果特等奖 1 项，一等奖 8 项，二等奖 25 项（见表 2-35）。

表 2-35　　2004 年第二届北京市基础教育教学成果奖特等奖、一等奖获奖名单

序号	成果名称	单位
特等奖	青年教师教学能力培养的实践研究	北京教育学院石景山分院、北京京源学校、北京九中
一等奖	探索发展性教育评价，促进师生共同成长	崇文区光明小学
	小学生创造能力培养的研究与实验	北京教育科学研究院、朝阳区教科所、西城区华嘉小学
	中学数学创新实践活动的设计与实施	北大附中、北京教育学院
	家园合作对幼儿进行良好行为习惯培养研究	朝阳区教研中心、朝阳教委学前办、光华路幼儿园安华里第二幼儿园、惠新里幼儿园
	中学历史学科主体探究学习实验	北京教育科学研究院、北京师范大学附属中学、朝阳区教研中心北京教育学院丰台分院、石景山教师进修学校
	“引导—互动—探究”数学教学方式的实践探索	北京市第五中学
	实行五年一贯制教育探索工读教育职业化	北京市东城区工读学校
	北京市《科学》课程教材编写、教师培训与教学实验研究	北京教育学院、燕山教研中心、门头沟教师进修学校

2009 年 1 月，市教委、市人事局、市财政局印发《关于开展第三届北京市基础教育教学成果奖评审工作的通知》和《第三届北京市基础教育教学成果奖评审奖励实施办法》。8 月，评选出第三届北京市基础教育教学成果特等奖空缺，一等奖 46 项，二等奖 109 项（见表 2-36）。

表 2–36　　2009 年第三届北京市基础教育教学成果奖一等奖获奖名单

序号	成果题目	成果主要完成人	成果主要完成单位
一等奖/46项	大学支持初中学校群体教育质量提升的研究与实践	宫辉力　王尚志　李延林　杨朝晖　孙素英	首都师范大学
	信息技术与中小学各学科教学整合的实践研究	赵宝军　朱立祥　王振强　唐建华　秦晓文	北京教育科学研究院基础教育教学研究中心
	府学校本课程系列（教材）	王欢　高满洪	东城区府学胡同小学
	开展区域网络研修，促进教师学习方式的转变	齐渝华　李耀民　陈斯琴　彭波　曾凡丽	西城区教育研修学院 西城区教育科学研究所
	“双主体育人”理论与实践的研究	李烈　冯红　郑萱　姚静薇　华应龙	北京第二实验小学
	高中综合文科课程研究与实践	陈国才　鄂文艳　李荔萍　王宏伟　李军	北京师范大学附属实验中学
	“演、说、写”作文思维训练模式的研究	刘雪倩	北京市第一六一中学
	小学超常教育实验研究	翟京华　张雅玲　庄捷许　红何雪	西城区育民小学
	探究整合多元——研究性学习在历史教学中实施策略	李明赞　徐雁　石国鹏　张汉林　赵利剑	北京市第四中学
	幼儿教师反思能力培养研究	朱小娟　高玉静　陈晶　白爱宝　郭丽华	北京市第五幼儿园
	提高课堂教学效益的实践与研究	刘永胜　田莹　徐颖　吴万荣　李川皓	崇文区光明小学 崇文区教育研究中心
	小学数学课堂教学中基础知识与创新意识培养实效性策略的研究	丁雁玲　高泽新　马隋群　褚淑枝　王彦伟	东城区教师研修中心
	新时期中学生公民道德素养教育实践研究	解海涛　胡迟　海倩雯	北京汇文中学
	中学生命伦理学课程的开发与实施	李建芝　卓婧　李磊　况莉　付金花	北京师范大学附属中学
	“以情移情”教育实践的研究	白淑兰　刘永胜　陈锁明　明春艳　刘勤良	崇文区崇文小学
	学习方式变革与学生发展性评价的研究	吴国通　李明新　高玉丽	北京小学
	创新教研工作模式促进区域学校均衡发展——朝阳区整体推进校本教研的实践研究	梁建新　高萍　庄国先　苏均塘　桂富荣	朝阳区教育研究中心

续表 2-36

序号	成果题目	成果主要完成人	成果主要完成单位
一等奖/46项	创建生物情景教室促进生物教学改革	江建敏　李晋军　侯巧娣　叶文　叶华	北京市第八十中学
	高中化学课堂教学问题情境的创设研究	罗滨　谢泽运　孔瑛　王春	中国人民大学附属中学
	北京十二中 EPAD（形体课）课程	李有毅　李应淑　刘华	北京市第十二中学
	清华少儿数学（教材）	张红　王丽星　姜国明　安华　陈京芳	清华大学附属小学
	利用乡土资源，促进农村中心园区域活动有效开展	孙玉梅　张建兰　石翠金　孙永芹	房山区教师进修学校
	关于农村普通高中开设研究性学习课程的实践研究	刘建友　汤广秀　符金枝　雷利亚　吴金香	房山区实验中学
	顺义区中小学地方课程的建设与实施	张海　田驰　刘春荣　卢凤琪　乔秀芹	顺义区教育委员会 顺义区教育研究考试中心
	小学中高年级语文课堂教学依托学案培养学生自能阅读能力的研究	孔凡艳　刘学红　顾雪莲　杨雪莲　苏静林	顺义区教育研究考试中心 顺义区西辛小学 顺义区李遂中心小学校
	利用信息技术，提高区域教学质量的研究	赵素华　杨剑英　李秀兰　张宝　聂秀玲	昌平区教师进修学校
	随班就读语文教学分层评价的研究	周德林　周学荣　王向辉　潘素云　韩建丽	昌平区教师进修学校 顺义区特教中心 房山区特殊教育中心
	实施“全体学生基本艺术素质培养模式”促进师生和谐发展	王冬青　陈文明　刘大青　苏劲松　于红辉	昌平实验中学
	北京市地方课程《国际理解》教材	方中雄　陈红　张学岩　赵克玲　廖明华	北京教育学院
	多种材料的艺术创造——基础美术教育设计制作课程研究	巩平　杨嘉栋	北京教育学院
	北京市高考评价研究	臧铁军　周军　周欣　丁秀涛　张青华	北京教育考试院
	国家盲校义务教育课程设置实验方案	钱志亮　朴永馨　刘全礼　韩萍　钟经华	北京师范大学 北京联合大学特殊教育学院 北京市盲人学校

续表 2-36

序号	成果题目	成果主要完成人	成果主要完成单位
一等奖/46项	丰富实践取向教师专业发展理论创建新型教师研修模式	刘新成　郑开义　王海燕　张景斌　刘晓玫	首都师范大学
	北京市中小学生思想道德发展评价指标体系的研制与应用	蓝维　廖凤林　田国秀　陈宁　关国珍	首都师范大学 市教委德育处
	求根务本：教师发展学校的八年建设	蔡春　宁虹　朱晓宏　刘秀江　王志扬	首都师范大学 中国教师研修网
	北京市 0 ~ 3 岁幼儿亲子教育课程建设与实施（《快乐亲子园实用教材》）	梁雅珠　魏龚　何桂香　宗文　革原春	北京教育科学研究院早期教育研究所
	北京市中小学实施可持续发展教育的教学改革探索	史根东　钱丽霞　王巧玲　王桂英　徐新容	北京教育科学研究院可持续发展教育研究中心 北京可持续发展教育协会
	北京市义务教育阶段学科德育的实践	贾美华　金利　黄冬芳　赵跃　王立新	北京教育科学研究院基础教育教学研究中心
	北京市义务教育教学质量监控与评价改革方案的实施	王燕春　贾美华　张咏梅　何光峰　胡进	北京教育科学研究院基础教育教学研究中心
	北京市中小学《写字》教学实验	杨广馨	北京教育科学研究院基础教育教学研究中心
	高中物理教学理论与实践研究	陶昌宏	北京教育科学研究院基础教育教学研究中心
	“创建儿童喜爱的数学课堂”的实践探索	吴正宪	北京教育科学研究院基础教育教学研究中心
	北京二中开发“阶梯式模块”结构与“生成性”课程体系的操作实践	钮小桦　陈惠文　周传章　李建红	北京市第二中学
	TI 技术支持下数学课堂教学的实践与研究	王芝平　陈昌林　徐德前　石玉星　王敬华	北京宏志中学
	文化理解共同生活快乐成长——小学国际理解教育的实践探索	苏国华　张治齐　于亚玲　王薏　刘军	朝阳区芳草地国际学校
	字理为本，多元识字，促进阅读，提高学生语文素养的研究	薛晓光　张向华　李雪　白凤娟　李东斌	北京教育学院朝阳分院 朝阳区芳草地国际学校世纪小学 朝阳区白家庄小学

第三节　教学评价

1991 年，市教育局印发《北京市小学学生学业成绩考核办法》和《北京市中学学生学业成绩考核管理方法》，规定中小学生学业成绩考核包括考查和考试，采用百分制和等级制评定。1992 年，北京市取消一年级期中、学期及学年考试，二至六年级不进行期中考试。随后又进一步废止除初中毕业考试外小学、初中其他各年级任何形式的统一考试。2000 年，北京市小学取消百分制，全面实行等级制。2007 年，北京市所有高一年级实施普通高中课程改革实验，普通高中课程实施模块考核和认定学分方式。

1995 年，市教育局印发《北京市小学学科课堂教学评价方案（试行）》和《北京市中学学科课堂教学评价方案（试行）》，作为“三个教学文件”之内容，指导各学科进行课堂教学评价。2005 年 9 月，市教委印发《北京市中小学课堂教学评价方案（试行）》，从教学目标、学习条件、学习指导与教学调控、学生活动、课堂气氛的宽松度、教学效果 6 个方面评价课堂教学实施情况。

从 1995 年 9 月起，全市小学中全面实施小学生质量综合评价，使用《小学生质量综合评价手册》，该实验自 1986 年开始。2006 年，市教委印发《北京市初中学生综合素质评价方案（试行）》，开始实施初中学生综合素质评价。2007 年，北京市普通高中课改启动，市教委印发《北京市普通高中学生综合素质评价方案（试行）》，全市高一年级学生综合素质评价记录在“北京市普通高中学生综合素质评价电子平台”。2009 年 9 月，市教委修订《北京市小学生综合素质评价方案（试行）》和《小学生综合素质发展评价手册》，从思想道德、学业成就、身体健康、心理健康、个性发展 5 个方面评价小学生综合素质。

2003 年，北京市义务教育教学质量监控评价系统建立，首次测评五年级语文、数学、社会（历史部分）、体育学科、八年级语文、数学、历史、体育学科教学质量。至 2010 年，北京市对义务教育阶段除物理之外的所有学科进行过至少一次教学质量监控评价。

一、课堂教学评价

1990 年 7 月，市教育局教学研究部印发《北京市小学学科课堂教学评价试行方案》和《北京市中学学科课堂教学评价试行方案》，小学分语文、思想品德、数学、英语、自然、历史、地理、体育、音乐、美术学科，中学分语文、思想政治、数学、外语、物理、化学、生物、历史、地理、体育、音乐、美术学科。各学科评价指标略有不同，基本都从教学目的、教学内容、教学过程、教学方法、教学基本技能、教学效果等方面评价课堂教学，每项指标包括若干评价要点，每个评价项目赋权数，分为 A、B、C、D 四个等级。评价方法及步骤是：①听课准备和听课记录；②评定各个评价项目等级；③计算各评价项目得分；④计算总分；⑤教学特色加分；⑥填写评课意见等。

1995 年 10 月，市教育局印发《北京市中小学学科教学文件汇编》（小学部分、中学部分），其中小学分思想品德、语文、数学、自然、地理、历史、音乐、美术、体育、劳动 10 个学科单册印发《北京市小学学科课堂教学评价方案（试行）》，中学分思想政治、语文、数学、外语、物理、化学、生物、历史、地理、音乐、美术、体育 12 个学科单册印发《北京市中学学科课堂教学评价方案（试行）》，评价指标及指标权重与 1990 年各学科课堂教学评价方案（试行）相比有所调整，所有学科均从教学目标、教学内容、教学过程、教学方法、教学能力、教学效果六项指标评价课堂教学。

2001 年 11 月，市教委印发《关于实施教育部全日制普通高级中学课程计划（试验修订稿）的意见》，要求探索科学、多样的课程评价办法。2002 年 3 月，市教委印发《关于做好北京市 21 世纪基础教育课程教材改革实验第二阶段工作的通知》，提出完善课堂教学评价方案。

2005 年 9 月，市教委印发《北京市中小学课堂教学评价方案（试行）》和“小学八个学科课堂教学评价表”“中学十一个学科课堂教学评价表”“中小学四个学科课堂教学评价表”，从教学目标、学习条件、学习指导与教学调控、学生活动、课堂气氛的宽松度、教学效果 6 个评价项目、14 个评价要点评价课堂教学。评定办法是基本等级评定和学科特色表现升级，评价等级共分为 A、B、C、D 四级。至 2010 年，北京市中小学一直沿用此教学评价方案（见表 2–37）。

表 2–37　　2005 年中小学课堂教学评价指标

评价项目	评价要求	符合程度		
		完全符合	基本符合	不符合
教学目标	（1）符合课程标准的要求和学生实际的程度	—	—	—
	（2）可操作的程度	—	—	—
学习条件	（3）学习环境的创设	—	—	—
	（4）学习资源的处理	—	—	—
学习指导与教学调控	（5）学习指导的范围和有效程度	—	—	—
	（6）教学过程调控的有效程度	—	—	—

续表 2-37

<table>
<tr><th rowspan="2">评价项目</th><th rowspan="2" colspan="2">评价要求</th><th colspan="3">符合程度</th></tr>
<tr><th>完全符合</th><th>基本符合</th><th>不符合</th></tr>
<tr><td rowspan="3">学生活动</td><td colspan="2">（7）学生参与活动的态度</td><td>—</td><td>—</td><td>—</td></tr>
<tr><td colspan="2">（8）学生参与活动的广度</td><td>—</td><td>—</td><td>—</td></tr>
<tr><td colspan="2">（9）学生参与活动的深度</td><td>—</td><td>—</td><td>—</td></tr>
<tr><td rowspan="2">课堂气氛的宽松度</td><td colspan="2">（10）课堂气氛的宽松度</td><td>—</td><td>—</td><td>—</td></tr>
<tr><td colspan="2">（11）课堂气氛的融洽度</td><td>—</td><td>—</td><td>—</td></tr>
<tr><td rowspan="3">教学效果</td><td colspan="2">（12）目标的达成度</td><td>—</td><td>—</td><td>—</td></tr>
<tr><td colspan="2">（13）解决问题的灵活性</td><td>—</td><td>—</td><td>—</td></tr>
<tr><td colspan="2">（14）师生的精神状态</td><td>—</td><td>—</td><td>—</td></tr>
<tr><td rowspan="4">学科特色</td><td colspan="2">（1）</td><td>—</td><td>—</td><td>—</td></tr>
<tr><td colspan="2">（2）</td><td>—</td><td>—</td><td>—</td></tr>
<tr><td colspan="2">（3）</td><td>—</td><td>—</td><td>—</td></tr>
<tr><td colspan="2">（4）</td><td>—</td><td>—</td><td>—</td></tr>
<tr><td>其他</td><td colspan="2">—</td><td>—</td><td>—</td><td>—</td></tr>
<tr><td rowspan="2">评价等级</td><td>A</td><td>B</td><td>C</td><td colspan="2">D</td></tr>
<tr><td>—</td><td>—</td><td>—</td><td colspan="2">—</td></tr>
<tr><td colspan="6">评语</td></tr>
</table>

2007 年 7 月，市教委印发《北京市关于实施中小学综合实践活动课程的指导意见（试行）》，要求探索并建立综合实践活动课程评价机制，课程效果评价以学生为主体。评价形式多样、评价主体多元，以学生自我评价为主，重在展示学生在实践活动过程中的体验与收获。同年 7 月，市教委印发《北京市普通高中新课程教学指导意见和模块学习要求（试行）（语文等十五门课程）》，提出普通高中新课程教学评价强调发展性评价观，突出评价的多元性、互动性、激励性、诊断性、过程性。课堂教学评价以诊断教师课堂教学中的问题为重点，以学生的“学”评价教师的“教”，关注教师教学的要素、学生学习的要素和学科特色。课堂教学评价基本方法包括课堂观察法、学生调查法、课堂测验法、自我反思法。课堂观察法可从教学目标、学习条件、学习指导与教学调控、学生活动与课堂气氛、教学效果、学科特色等方面进行评价。

二、学业评价

（一）义务教育阶段

1991 年 3 月，市教育局印发《北京市小学学生学业成绩考核办法》和《北京市中学学生学业成绩考核管理方法》。

小学生学业成绩考核包括考查和考试：

（1）考查。考查包括课堂提问、检查作业、单元练习等，平时考查成绩应作为评定学期、学年成绩的重要依据之一。

（2）考试。各学科只进行期末考试，可采用笔试、口试、实际操作等多种形式进行。

（3）成绩评定。单元练习和采用试卷形式考试的科目如语文、数学、历史、地理、自然、思想品德等期末考试成绩评定统一采用百分制。其他科目的期末考试以及各科的平时作业、学期成绩、学年成绩统一采用优秀、良好、及格、不及格四个等级评定。学期成绩参照平时成绩和期末考试成绩评定。平时成绩以单元练习的成绩为主，可占学期成绩的40%。学年成绩评定，以第二学期成绩为主，参考第一学期成绩。

（4）体育课成绩考核。学生体育课的考核与成绩评定按1988年《北京市中小学体育课成绩考核评分办法（试行草案）》执行。1991年2月，市教育局对《北京市中小学体育课成绩考核评分办法（试行草案）》提出调整补充意见：体育课考核构成比重调整：小学四至六年级身体素质和运动能力调整为50%，运动技能、技巧调整为30%；初中各年级体育基础知识调整为10%，身体素质和运动能力调整为50%。体育课成绩考核按综合评分法，由每学期评分调整为每学年度评分。学期成绩综合学生表现和部分体育课考核成绩评定学期成绩，分为优、良、及格、不及格。

中学生学业成绩考核包括平时考查和定期考试：

（1）平时考查。平时考查包括课堂提问、单元测验和对作业与实验报告的检查等形式。

（2）定期考试。定期考试每学期一次（即学期考试或会考），考试方法可根据学科特点和要求采取笔试、口试、实际操作等方式进行。

（3）成绩考核记分办法：初中音乐、美术、劳动技术课采用及格、不及格两个等级。因生理缺陷或其他原因学习音乐、体育课有困难的学生，经学校批准，可以免修、免试该学科或适当降低该学科的考试标准。除上述各项考核外，其他必修课考试成绩均采用百分制；学期成绩、学年成绩采用优、良、及格、不及格四个等级；选修课考核成绩采用及格、不及格两个等级。平时考查的记分制不作统一规定。学期成绩以学期考试成绩为主，参照平时考查成绩进行评定。各年级在学年结束时，不单独进行学年考试，学年成绩以第二学期成绩为主，参照第一学期成绩评定。学生平时考查成绩、学期考试成绩、学期成绩、学年成绩、会考成绩记入学生手册，通知学生家长。学期考试成绩、学期成绩、学年成绩、毕业成绩记入学籍卡片。

（4）体育课成绩。体育课成绩的考核按市教育局1988年《北京市中小学体育课成绩考核评分办法（试行草案）》和1991年对该办法的调整补充意见有关规定执行。学生学段体育成绩的评定按市教育局1988年6月《市教育局关于贯彻〈中学生体育合格标准的试行办法〉的实施细则（试行草案）》执行。

1992年2月，市教育局重申国家教委1988年颁发的关于减轻小学生课业负担过重问题的十项规定和《市教育局关于解决小学生课业负担过重问题的几项规定》，要求：一年级取消期中、学期及学年考试（测验），学年末由班主任负责评定学生全面情况。二至六年级不进行期中考试，也不准以任何形式变相进行期中考试。除毕业考试外，各区县、学区（片）都不能搞任何形式的统考（测）、统练，也不准出统一的参考题。坚决不得以区县或学区（片）测验的方式检查学科教学质量。

1993年1月，市教育局转发国家教委1992年8月《九年义务教育全日制小学、初级中学课程计划（试行）》和24个学科教学大纲（试用）。北京市重申：小学一年级不进行考试，小学二年级以上各年级的考试每学期进行一次。考查着重在平时举行。除全市组织的初中毕业、升学统一考试外，区、县教育部门不得组织其他统一考试。

2000年3月，为贯彻落实教育部2000年1月《关于在小学减轻过重负担的紧急通知》，市教委印发《关于在全市小学实行学生学业成绩评定等级制的通知》，改革全市小学学生学业成绩评定办法。自同年9月起，全市小学取消百分制，全面实行等级制。学生的学业成绩包括各类检查、提问、作业、练习成绩、各学期期末和毕业考试成绩以及学期、学年的总评成绩。评定学生的学业成绩可采用等级评定、描述性评语或等级评定与描述性评语相结合的方式，一般可采用四个等级，考查科目也可采用两个等级。要求慎重使用不及格等级，特别是在小学低年级段。

2001年1月，教育部印发《关于积极推进小学开设英语课程的指导意见》，一至四年级的期末或学年评价基本不采用书面测试方式，五、六年级的期末或学年考试可采用口试与笔试结合的方式。终结性评价可采用等级制或达标的方法记成绩，不用百分制。同年7月，市教委制定北京市21世纪基础教育课程改革方案语文、数学、英语、思想品德和思想政治、社会（含常识）、历史、地理、物理、化学、生物、科学、信息技术、体育与健康、音乐、美术、劳动技术、综合实践活动学科课程标准，提出发展性评价与知识性评价相结合，重视发展性评价；形成性评价和终结性评价相结合，重视形成性评价；教师评价和学生自我评价相结合，重视学生的自我评价；定性评价和定量评价相结合，重视定性评价等评价建议。同月，教育部印发语文、数学、英语、品德与生活、品德与社会、思想品德、物理、化学、生物、历史、地理、历史与社会、科学、音乐、美术、艺术、体育等学科《全日制义务教育课程标准（实验稿）》，提出形成性评价与终结性评价相结合，加强形成性评价；定性评价与定量评价相结合，以定性描述为主；自评、互评及他评相结合，加强自我和互评及家长评价等评价建议。北京市义务教育阶段学校陆续转为按照国家课程标准中的评价建议实施学生学业评价。

2007 年 7 月，市教委印发《北京市关于实施中小学综合实践活动课程的指导意见（试行）》，提出综合实践活动课程学生学业评价方法：学生参与综合实践活动的评价结果可通过记录卡、档案袋等进行认定和考核，考核结果作为学生综合素质评价的依据之一。2008 年，市教委印发《北京市中小学体育学科课堂教学常规》，提出体育学科考核要求：在体育课单元教学结束时进行项目考核；学期末根据已考核项目的成绩，评定学生体育学科学期成绩的等级（优秀、良好、及格、不及格）；学年考核按“出勤与表现”“体育与健康基础知识”“身体素质与运动能力”“运动技能及技巧”4 部分综合评分。

2008 年 7 月，市教委印发《关于进一步提高中小学教学质量、切实减轻学生课业负担的意见》，提出尝试并推广开卷答题、口试、实验操作、实践活动、撰写论文或报告、制作成品等多种测试评价方式，严格控制试题难度，减轻学生过重的考试压力。

（二）高中

1988 年 5 月，市教育局印发《北京市中小学体育课成绩考核评分办法（试行草案）》，提出中小学体育课成绩考核评分办法。同年 6 月，市教育局印发《市教育局关于贯彻〈中学生体育合格标准的试行办法〉的实施细则（试行草案）》，规定高中一、二、三学年度或高三学年度体育不合格为高中学段体育不合格。1991 年 2 月，市教育局对 1988 年《北京市中小学体育课成绩考核评分办法（试行草案）》提出调整补充意见：体育课考核，高中各年级体育基础知识调整为 10%，身体素质和运动能力调整为 50%。

1991 年 3 月，市教育局印发《北京市中学学生学业成绩考核管理方法》，规定学生学业成绩考核包括平时考查和定期考试。各学科成绩考核记分办法是：高中语文、数学、外语、政治、物理、化学、生物、历史、地理毕业会考考试成绩统一采用优、良、及格、不及格四级记分制；劳动技术课和物理、化学、生物的实验操作毕业会考考查成绩只记及格、不及格两等。高中毕业会考成绩为学生的毕业成绩，亦为本学年成绩。同年9月，市教育局转发1991年7月国家教委《关于实施〈现行普通高中教学计划的调整意见〉和普通高中毕业会考制度的意见》：每门必修课每学期只举行一次考试（含会考）。除会考外，教育行政部门不得举行任何形式的统考，教研部门不得组织统一"练习"。

1995年9月，市教育局转发国家教委1995年6月《关于大力办好普通高级中学的若干意见》，提出劳技课成绩考核要结合劳动态度、理论知识和实际操作，劳技课成绩不合格的学生不能评为三好学生和优秀学生干部。

2003年4月，教育部印发《普通高中课程方案（实验）》和普通高中语文、英语、日语、俄语、数学、物理、化学、生物、历史、地理、技术、艺术、音乐、美术、体育与健康15个学科课程标准，各学科提出评价建议是：评价主体多元化，教师评价、自我评价、学生互评、家长和社会有关人员评价相结合；评价方式多元化，定性（评语或成长记录）与定量（百分制或等级制）、书面与口头、课内与课外、结果与过程相结合；评价内容多元化，包括知识、技能和能力，过程、方法，情感、态度、价值观以及身心素质等内容的评价；评价目标多元化，对不同的学生有不同的评价标准。

2007年7月，市教委印发《北京市普通高中课程改革实验工作方案（试行）》《北京市普通高中新课程学分认定及模块考核指导意见（试行）》，提出探索模块考核办法，建立区县和学校相结合的模块考核制度。

1. 学分要求

普通高中学生修满三年且每学年每个学习领域都获得学分，总学分达到144学分方可毕业。其中必修116学分（语文10学分、外语10学分、数学10学分、思想政治8学分、历史6学分、地理6学分、物理6学分、化学6学分、生物6学分、技术8学分（其中信息技术和通用技术各4学分）、艺术6学分（或音乐、美术各3学分）、体育与健康11学分、研究性学习活动15学分、社区服务2学分、社会实践6学分）、课程标准设置的选修模块至少22学分、学校自主开设的选修模块至少6学分。修满144学分后还可选修更多模块，获得更多学分。

2. 学分认定

学校成立学分认定委员会。学生每修完一个必修模块且学习过程表现良好、模块考核成绩合格即可获得必修模块学分。学生三年内参加研究性学习活动时间符合课程方案规定，且有活动方案、活动记录、研究结果及综合性评价即可获得研究性学习学分。学生三年内参加社区服务时间不少于 10 天，且有活动计划、活动记录、综合性评价及单位提供的证明即可获得社区服务学分。学生每学年参加社会实践时间不少于 1 周，且有活动计划、活动记录、综合评价及单位提供的证明即可获得社会实践学分。学生每修完一个选修模块（包括必选模块、建议选修模块和学校自主开设选修模块），且学习过程表现良好、模块考核成绩合格即可获得选修模块学分。专题教育学分认定由区县或学校决定。学分认定程序是：学生修完一个模块并通过考核或完成一个研究性学习、参加一次实践活动后，向任课教师或班主任提出学分认定申请；任课教师和班主任综合学生出勤、学习过程表现、模块考核成绩等，集体提出学分认定初步意见，报学校学分认定委员会审核、确认；学分认定结果予以公示。

3. 模块考核

模块考核成绩分合格、不合格两个等第。语文、外语、数学、思想政治、历史、地理、物理、化学、生物等科目的必修模块、必选模块和建议选修模块可由区县统一命题，学校实施。上述科目的任意选修模块、其他科目的必修模块和选修模块、学校自主开设选修模块的考核由学校自主命题和实施。模块考核不合格可申请补考，时间由学校安排，补考合格后认定学分，补考仍不合格允许重修相关模块或改选其他模块。实行闭卷笔试、开卷笔试、口试、实验、实践活动、调查报告、研究报告、论文等多样考核方法。

4. 学分管理

模块考核原始成绩和获得的学分、补考原始成绩和获得的学分均计入综合素质评价手册。间断学习过程但保留学籍的学生，学生可连续认定。在本市普通高中学校之间转学和由其他高中课程改革实验省市转入本市普通高中的学生，在原校和原地认定的学分予以承认。由其他未进入高中课程改革实验的省市转入的学生，区县和学校根据其学习程度予以认定学分。学生通过教育行政部门认定的网络学习修习相关模块并通过考核，或通过某些科目的公共等级考试，并有教育行政部门承认的证明，可向学生申请认定学分。

2010 年 7 月，市教委印发《关于调整普通高中课程安排的通知》，调整模块考核办法：各学科必修、必选、任意选修模块和学校自主开设的选修模块的考核，由学校自主命题和实施。区县也可以组织命制模块考核试卷，供学校选择使用。

三、学生质量综合评价

1988 年 6 月，市教育局印发《普通中学、小学教育质量综合评价试行意见》，包括《学校工作质量综合评价方案》和《学生质量综合评价方案》。

1991 年 6 月，市教科所修订《北京市中小学教育质量综合评价方案》，其中《学生质量综合评价方案》以学生个体为评价对象，评价标准体系共分为一级指标 6 项，二级指标 13 项，评价要素中学 23 项、小学 22 项，评价基准中学 23 项、小学 22 项，等级标度分 A、B、C、D 四级。同年 10 月，市教育局推广人大附小等学校开展学生质量综合评价实验成果。至 1992 年 12 月，全市有 84 所小学、5 所中学开展此项实验。

中小学生质量综合评价指标：中学从思想政治水平、知识能力水平、体质健康水平、审美意识水平、劳动技能水平、个性发展水平综合评价中学生质量，小学从思想品德水平、知识能力水平、体质健康水平、审美意识水平、劳动技术水平、个性发展水平综合评价小学生质量。

中小学生质量综合评价实施办法：①政治理论、基础知识和基本技能以及认知能力的评价，由有关学科教师在教学活动中，用检查作业、课堂练习、测验、实验操作等方式测定。评价结果一般用百分制记分，将原始分按各科课时多少加权，或用标准分表示各种考试的综合成绩。②思想观念、道德行为，习惯态度和能力的评价，由班主任和有关教师在日常的教学和教育活动中用观察、谈话、问卷及教育测量等方式测定。评价结果一般用等级表示。体质健康评价，由体育教师、卫生保健人员，定期用体检、测验等方式测定。评价结果用等级或百分制分数表示。③个性发展水平的评价，由班主任通过观察了解、问卷调查或运用心理测验等方式评定。评价结果用等级表示。④学校应在期中、期末，参考平时测定的结果，进行总结性评价，并针对每个学生的主优缺点写出评语。⑤学生质量评价结果，一般用等级或百分制分数表示。在综合评定时，可用转换公式将等级或分数变为需要的形式。⑥班（年级）学生群体质量综合评价结果，等于班（年级）学生个体质量评价结果的平均值。

1993 年 7 月，市教育局向小学生质量综合评价实验校发行第一套《北京市小学生质量综合评价手册试用本》（分低、中、高 3 个年级段）。自同年 9 月起，按照市教育局要求，在全市小学扩大推广“小学生质量综合评价”实验，实验范围从 1992 年 84 所小学 600 多个教学班，扩大到各区县中心小学以上的 1952 所小学 42 万名学生，从德、智、体、美、劳、个性发展 6 个方面，采用学生自评、同学互评、教师评、家长评结合，定量与定性评价结合的综合评价方法评价学生质量。1994 年 4 月，市教育局修改 1993 年第一套《北京市小学生质量综合评价手册试用本》，并于 1994 年 7 月向全市实验校发行修订后手册（分一年级、二年级、中年级、高年级4个年级段），从德、智、体三方面综合评价学生质量。市教育局自1992年起连续三年扩大推广小学生质量综合评价实验，至1994年9月，试行学校2000余所，学生60余万人。1995年1月，市教育局再次修改小学生质量综合评价手册，调整和补充思想品德评价标准及内容，知识能力评价增加学习习惯内容。

从1995年9月起，按照市教育局《关于在全市小学实施小学生质量综合评价的通知》要求，在全市小学中全面实施小学生质量综合评价，用《小学生质量综合评价手册》代替原来各年级使用的《学生成绩册》,《学生成绩册》停止使用，三好生评选应按照三好生评选条件，通过小学生质量综合评价进行。

1998年9月，市教委修改《小学生质量综合评价手册》（试用本），在科学文化素质中增加能力评价要求，全市小学生使用修改后的《小学生质量综合评价手册》。市教委要求区县、学校将小学生质量综合评价纳入教学常规管理和教育评价体系，根据《手册》评选出区县、校、班级小学生质量综合评价优秀生、单项优秀生、进步生等。之后不再评选校级三好生，市级三好生从小学生质量综合评价优秀生中推荐产生。2000年9月，北京市小学全面实行等级制后，评定结果填写在《小学生质量综合评价手册》上。2002年，市教委修订1998年版《小学生质量综合评价手册》，评价目的强调学生个体发展要求，评价内容体现新课程理念及新课程标准。从2002年9月起，全市小学使用修订后的《小学生质量评价综合评价手册》。

2006年5月，市教委印发《北京市初中学生综合素质评价方案（试行）》，初中学生综合素质评价指标体系包含基础指标和发展指标，从思想道德（含道德品质、公民素养）、学业成就（含知识技能、学习能力、学业情感）、身体健康（含体育锻炼、个人健康技能、身体形态、身体机能、身体素质）、心理健康（含自我认识、人际关系、适应环境的能力）、个性发展（含特长、有新意的劳动和活动成果、其他）5个方面评价学生，采用绝对评价、相对评价和个体内差异评价相结合的评价标准，主要运用个体内差异评价标准。评价主体是教师、同学、家长和学生本人。评价类型包括形成性评价和终结性评价。同年9月，北京市研制《初中学生综合素质发展评价手册（样例）》，内容包括：刚开学时的我、我的发展目标、思想品德素质发展评价、学业成就发展评价、身体健康发展评价、心理健康发展评价、个性发展、学期末的我、班主任评语、家长的评语与期望，供学校参考使用。

2007年9月，北京市实施普通高中课程改革实验，全市所有高一年级学生开始使用“北京市普通高中学生综合素质评价电子平台”。当年 7 月，市教委印发《北京市普通高中学生综合素质评价方案（试行）》提出：学生综合素质评价作为学校管理的核心业务，作为全体高中干部、教师的职务行为。评价指标体系包含基础指标和发展指标，从思想道德、学业成就、合作与交流、运动与健康、审美与表现、个性发展 6 个方面评价学生。评价类型包括日常教育教学活动中的形成性评价和高中毕业生终结性评价。评价方法是定性评价与定量评价相结合。评价结果为电子和纸质两种，以电子为主，填写在“北京市普通高中学生综合素质评价电子平台”上。

2009 年 9 月，北京市在《小学生质量综合评价方案》和《小学生质量综合评价手册》基础上，制订《北京市小学生综合素质评价方案（试行）》和《小学生综合素质发展评价手册》（一至六年级共 6 册）。《方案》规定从思想道德、学业成就、身体健康、心理健康、个性发展 5 个方面评价小学生综合素质；《手册》包括校训和班训、我的自画像、思想道德评价、学业成就评价、综合实践活动评价、身体健康评价、心理健康评价、个性发展评价、我的收获 9 个部分，在全市所有小学一至六年级同时试用。修订后的评价手册设计“我知道”“我做到”，强调知行统一；设计留白，学生可自行选择评价内容；评价主体以学生为主，班主任在学期末撰写综合评语，任课教师、同学、家长都参与评价。

2009 年 11 月，市教委印发《关于做好 2009—2010 学年度基础教育课程教材改革实验工作的意见》，要求综合素质评价成为学校常规管理制度的基本内容和教师的岗位职责。

2010 年 6 月，北京市首届高中课改年级（2010 届）毕业生开始使用《北京市普通高中毕业生综合素质评价报告册》，用作学生升入高校的参考信息并记入学生毕（结）业档案。报告册内容包括：学生基本信息；个性发展评价及教师评语表；北京市高中学生课业考试（考查）成绩学分登记表；国家学生体质健康标准登记卡；北京市中学生健康体检表；研究性学习成果。同年 11 月，市教委印发《北京市普通高中学生综合素质评价方案（试行）修订稿》，对 2007 年《北京市普通高中学生综合素质评价方案（试行）》做出修订，从高一年级开始试行，提出校长（或主管校长）是学生综合素质评价第一责任人。新方案规定：

（1）调整部分二级和三级指标，将二级指标“同伴认识与交流”改为“人际交往”，增加“学习兴趣”“其他特长”“其他成果”三级指标。

（2）形成性评价以“北京市普通高中学生综合素质评价电子平台”记录，

以书面评语（自我、同学、家长、班主任、学科教师评语等）、模块测验、学科会考成绩、身体素质测试成绩、综合实践活动成果、个性特长成果等形式呈现。

（3）终结性评价以《北京市普通高中学生毕业生报告册》记录，含个性发展自我评价、特长及成果、班主任评语“北京市高中学生课业考试（考查）成绩学分登记表”、研究性学习成果、“国家学生体质健康标准登记卡”“北京市中学生健康体检表”等内容，以电子文本（录入电子平台）、纸质文本（电子文本打印）两种形式呈现。同时，修订2009年版《北京市普通高中毕业生综合素质评价报告册》。

四、教学质量监控评价

1997年，市教委根据《关于进一步推进中小学素质教育的实施意见》提出的“各级教育行政、科研部门要加强对义务教育质量的监控和研究工作”要求，组成课题组，探索质量监控的目标体系、内容及实施方案，研究建立北京市小学生群体素质水平评价制度。

2001年，义务教育课程改革实验全面实施。2002年，市教委组织专业人员筹备建立北京市义务教育教学质量监控评价系统。

2003年12月，北京市首次以大规模学业测试、问卷调查及个案研究相结合的方式，对义务教育阶段五年级语文、数学、社会（历史部分）、体育学科、八年级语文、数学、历史、体育学科教学质量进行监控。全市80所学校2918名五年级学生、3262名八年级学生参加抽查，约占本年级学生总数的3%。2009年，更名为“北京市义务教育教学质量分析与评价反馈系统”后，开始向参加年度监控的市、区县、学校、班级、学生提供质量反馈报告或报告单。至2010年，北京市对义务教育所有学科（除物理外）进行过至少一轮监控（见表2–38）。

表2–38　2003—2010年北京市义务教育教学质量监控评价情况

年	年级	学科	学校（所）	教师（人）	学生（人）	反馈报告
2003	五年级	语文数学社会（历史部分）体育	80	316	2918	包括教学质量报告、各类问卷调查报告、教学视导报告等3种
	八年级	语文数学历史体育	80	318	3262	同上
2004	五年级	语文数学科学品德	90	360	3208	同上
	八年级	语文数学生物思想品德	90	360	3540	同上

续表 2–38

<table>
<tr><th>年</th><th>年级</th><th>学科</th><th>学校（所）</th><th>教师（人）</th><th>学生（人）</th><th>反馈报告</th></tr>
<tr><td rowspan="2">2005</td><td>五年级</td><td>语文数学英语音乐</td><td>90</td><td>360</td><td>3189</td><td>同上</td></tr>
<tr><td>八年级</td><td>语文数学英语音乐</td><td>90</td><td>360</td><td>3450</td><td>同上</td></tr>
<tr><td rowspan="3">2006</td><td>三年级</td><td>语文数学美术</td><td>90</td><td>270</td><td>3078</td><td rowspan="3">同上，并新增区县反馈报告、教学个案研究、测试卷质量分析报告，共 6 种</td></tr>
<tr><td>五年级</td><td>语文数学社会（地理部分）美术</td><td>90</td><td>360</td><td>3221</td></tr>
<tr><td>八年级</td><td>语文数学地理美术</td><td>90</td><td>360</td><td>3194</td></tr>
<tr><td rowspan="2">2007</td><td>五年级</td><td>思想品德英语科学体育</td><td>93</td><td>360</td><td>3264</td><td rowspan="2">同上，并新增学业质量报告、教学叙事研究报告，共 8 种</td></tr>
<tr><td>八年级</td><td>思想品德英语生物体育</td><td>89</td><td>368</td><td>3282</td></tr>
<tr><td rowspan="2">2008</td><td>五年级</td><td>语文数学音乐</td><td>95</td><td>475</td><td>6203</td><td rowspan="2">同上，并新增学校报告单、学生报告单，共 10 种</td></tr>
<tr><td>八年级</td><td>语文数学音乐</td><td>94</td><td>470</td><td>6100</td></tr>
<tr><td rowspan="3">2009</td><td>三年级</td><td>数学</td><td>653</td><td>2008</td><td>65 957</td><td rowspan="3">同上，并新增年度简版报告、班级报告单，共 12 种</td></tr>
<tr><td>五年级</td><td>英语信息技术</td><td>96</td><td>187</td><td>3221</td></tr>
<tr><td>八年级</td><td>英语信息技术历史</td><td>98</td><td>289</td><td>3231</td></tr>
<tr><td rowspan="2">2010</td><td>五年级</td><td>语文科学</td><td>1166</td><td>3270</td><td>99 162</td><td>同上</td></tr>
<tr><td>八年级</td><td>语文生物地理化学</td><td>99</td><td>293</td><td>3333</td><td>同上</td></tr>
<tr><td colspan="3">合计</td><td>3273</td><td>10784</td><td>222 813</td><td></td></tr>
</table>

第四节 教学管理

1993 年 10 月，北京市实现普及九年义务教育，全市小学、初中基本均能按教学计划开课。同年启动中小学实验教学普及工作，至 1998 年年底基本完成，全市 18 个区县、4 个非教育办学单位及市教委部分直属学校 181 所中小学分别达到“中小学实验教学普及县区”基本要求。

1995 年，市教育局印发《北京市进一步加强与改进中小学学科教学的意见》《北京市中小学学科教学常规（试行）》《北京市中小学学科课堂教学评价方案（试行）》，简称“三个教学文件”，对各学科教学内容、教学方法、教学常规及教学评价提出指导意见。

2001 年 9 月，北京市 21 世纪基础教育课程教材改革进入实验阶段，市教委成立市实验工作监控和评价工作组，开始对北京市课程教材实验过程进行监控和评价。2009 年，市教委印发《关于加强义务教育课程管理推进课程整体建设的意见》，要求整体优化整合国家课程、地方课程和校本课程。同年，市教委对学校教学管理时间安排提出规范要求，规定中小学校不得在 8：00 之前安排集体教育教学活动，小学生在校学习不超过 6 小时，中学生不超过 8 小时。至 2010 年，市教委连续十年对课程改革进行监控评价。

一、课程管理

（一）开足课程开齐课时

1991 年年初，市教育局制定端正办学指导思想的年度目标：开展教育思想的学习和讨论，并在全市中小学进行“四落实、两纠正、一检查”，“四落实”要求“落实按教学计划和规定的课程设置开齐课程”。同年 3 月，市教育局提出“用一两年时间实现劳动技术课校开课率和年级开课率都达到 100% 的目标”。至 1991 年年底，全市小学三年级以上均开设劳动课，全市小学劳动课开课率 100%，全市初中劳动技术课开课率 92%；全市小学、中学均开设音乐、美术课，其中 97.0% 的小学和 80.5% 的中学开齐课程、开足课时。

1993 年 10 月，北京市实现普及九年义务教育，全市小学、初中基本均能按教学计划开课（见表 2-39）。

表 2-39　　1991—1993 年城镇、农村地区开齐课程率

年度	开齐课程率（开齐课程校数占学校总数的比率）	
	城镇地区（%）	远郊农村地区（%）
1991	92.0	96.6
1992	92.8	99.9
1993	97.8	99.9

1994 年，全市 91% 的高中开设艺术必选课。至 1995 年，全市普通中学劳动技术课校开课率达 100%。

1996 年，北京城近郊 8 个区小学艺术教育开课率 100%，初中开课率 98%，高中开课率为 85%。2010 年，北京市艺术课开课率大幅度提高，城近郊区小学和初中音乐、美术开课率达到 90%，农村地区平均达到 80% 以上。

（二）课程组织实施及课改监控

1987 年，国家教委开始试办高中理科试验班。1993 年 9 月，国家教委印发《关于试办三年制高中理科试验班的通知》，当年委托清华大学附中、北京师范大学附属实验中学和华东师范大学第二附属中学等部分大学和中学试办三年制高中理

科试验班，在全国招生，招生对象是德、智、体全面发展，理科学习成绩优异的初中毕业生，每班每年招生 20 ～ 25 名。理科试验班学生可以不参加省级高中毕业会考，由所在中学根据学生学习情况举行毕业考试，考试成绩由学校评定。凡在理科试验班学习成绩优秀，品德优良，符合高等学校招收保送生条件者，由所在中学根据学生志愿向高校推荐，保送升入高等院校，不占所在中学保送名额。凡不适于在理科试验班继续学习的学生，转入所在中学普通班学习。1994 年 5 月，国家教委印发《关于委托北京大学及其附属中学试办三年制理科试验班的通知》，自 1994 年起委托北京大学及其附属中学试办三年制高中理科试验班，办班经费由教委资助。

1994 年 6 月，市教育局印发《关于加强初中教学改革实验班管理工作的通知》，要求严格控制特长班的数量，普通中学开设学科特长班（指招收在数学、英语、计算机等学科学习上具有特长的学生组建的特长班）的总人数应控制在当年本区、县初中入学人数的 2% ～ 3%（不得突破）。

2000 年以前，北京市中小学主要按照国家课程和地方课程进行二级课程管理和组织实施。

2001 年 6 月，教育部印发《基础教育课程改革纲要（试行）》：改变课程管理过于集中的状况，实行国家、地方、学校三级课程管理，增强课程对地方、学校及学生的适应性。教育部确定国家课程门类和课时，制订国家课程标准；省级教育行政部门制订本省（自治区、直辖市）实施国家课程的计划，规划地方课程，经教育部批准可单独制订本省（自治区、直辖市）范围内使用的课程计划和课程标准；学校在执行国家课程和地方课程同时，开发或选用适合本校的课程。

从 2001 年 9 月起，北京市进入 21 世纪基础教育课程教材改革实验。课改实验采取包班制、跨学科授课等方式安排教师，采取课题研究、论文评比、研讨交流、典型个案分析等方式激励教师创造性教学。同时，成立“北京市 21 世纪基础教育课程教材实验工作监控和评价工作组”，对课程教材实验过程进行监控和评价。在崇文、石景山、顺义、大兴、燕山每个实验区县确定 3 所样本校（好、一般、较弱各一所），每所样本校 2 个样本班，重点研究和探索课改实验中的重点和难点问题。2002 年，监控评价工作组更名为“北京市基础教育课程教材改革实验监控和评价工作组”。同年 4 月，市教委召开北京市 21 世纪课程教材改革课程现场会。2002 年 10 月，市教委召开“北京市基础教育课程教材改革总结会”。此后市教委每年召开一次“北京市基础教育课程教材改革总结会”，总结新课程实验中课程、教学、评价等工作进展。

2004 年 6 月，市教委印发《北京市实施教育部〈义务教育课程设置实验方案〉的课程计划（试行）》，提出区县和学校可自主开发地方课程和校本课程。地方课程由区县开发在本区县范围内统一开设，校本课程由学校开发在本校开设。

2006 年 6 月，市教委印发《关于进一步落实义务教育新课程计划的若干意见》，要求区县和学校必须依据《北京市实施教育部〈义务教育课程设置实验方案〉的课程计划（试行）》制定课程设置安排表，确保各门课程开足开齐。未经批准，任何区县和学校不得以任何名义自行改变义务教育新课程计划课程设置规定，随意增加或削减课程门类，随意改变各门课程的周课时数和周总课时数，国家、地方、校本课程不得相互挤占。

2007 年 9 月，北京市开始实施普通高中课程改革实验，市教委印发《北京市普通高中课程改革实验工作方案》和《北京市普通高中课程资源开发与管理指导意见（试行）》，要求建立学生选课指导制度，由班主任和导师指导学生根据个人实际和发展方向选择课程。实行教学与管理结合的班级管理方式，以行政班为单位进行管理，开展班团活动，进行思想品德教育。建立适应模块教学特点的、行政班与教学班相结合的教学组织和管理新机制。挖掘和利用校内外各种课程资源，建立课程资源共享机制。2008 年 1 月，市教委印发《关于普通高中通用技术课程的实施意见》，要求普通高中校（含民办高中及设有普通高中教学班的中等职业学校等）有一名校级领导具体负责通用技术课程的实施工作。

2009 年 7 月，市教委印发《关于加强义务教育课程管理推进课程整体建设的意见》，要求国家课程、地方课程和校本课程建设关注整合性、选择性和均衡性问题，分析三者之间部分内容重复、交叉、割裂等问题并进行优化整合。在全市或一个、多个区县范围内自主开发并实施、管理体现首都文化底蕴和地方特色的北京市地方课程，因地制宜，反映当地社会、文化、经济发展的需求。校本课程着眼于发展学生的兴趣、爱好和特长，满足学生个性发展需要，体现师生的自主性和创造性，具有鲜明的学校特色。同年 9 月，市教委进一步规范学校教学管理，发文列出小学、中学课时安排表供学校参考：中小学校不得在 8：00 之前安排集体教育教学活动；小学生在校学习时间不超过 6 小时，上午不超过 4 节课，下午不超过 2 节课；中学生在校学习时间不超过 8 小时，上午不超过 4 节课，下午不超过 3 节课；确保中小学生每天 1 小时体育锻炼时间（见表 2–40 和表 2–41）。

表 2-40 2009 年小学课时安排表（供各学校参考）

时间	课时
8：00 ~ 8：40	第一节课
8：40 ~ 8：50	课间休息
8：50 ~ 9：30	第二节课
9：30 ~ 10：00	课间操
10：00 ~ 10：40	第三节课
10：40 ~ 10：45	眼保健操
10：45 ~ 10：55	课间休息
10：55 ~ 11：35	第四节课
11：35 ~ 13：30	午间休息
13：30 ~ 14：10	第五节课（下午第一节）
14：10 ~ 14：15	眼保健操
14：15 ~ 14：25	课间休息
14：25 ~ 15：05	第六节课（下午第二节）
15：05 ~ 15：50	体育锻炼

说明：下午上课时间可以根据季节变化和学校实际情况进行适当调整

表 2-41 2009 年中学课时安排表（供各学校参考）

时间	课时
8：00 ~ 8：45	第一节课
8：45 ~ 8：55	课间休息
8：55 ~ 9：40	第二节课
9：40 ~ 10：10	课间操
10：10 ~ 10：55	第三节课
10：55 ~ 11：00	眼保健操
11：00 ~ 11：10	课间休息
11：10 ~ 11：55	第四节课
11：55 ~ 13：30	午间休息
13：30 ~ 14：15	第五节课（下午第一节）
14：15 ~ 14：25	课间休息
14：25 ~ 15：10	第六节课（下午第二节）
15：10 ~ 15：15	眼保健操
15：15 ~ 16：10	第七节课（下午第三节）
16：10 ~ 17：20	体育锻炼

说明：下午上课时间可以根据季节变化和学校实际情况进行适当调整

至 2010 年，市教委连续十年对基础教育课程改革实验工作进行监控与评价。

（三）实验教学

1993 年 3 月，市教育局印发《关于我市中小学普及实验教学的几点意见》，在城近郊区和远郊区、县各选择一个区、县作为普及实验教学的试点区、县，开始在全市开展普及中小学实验教学工作。此前，市教育局于 1993 年 1 月在全市中小学调查普及实验教学进行摸底调查，内容包括：实验教学要求、实验室用房、实验用教学仪器、实验室配套设备、实验室专职人员、实验室管理制度。普及实验教学基本要求：①建设好实验室及附属用房；②配备好教学仪器等设备；③健全规章制度，狠抓队伍建设，管理好实验室；④使用好教学仪器设备，充分发挥仪器设备的效益。同时，市教育局印发《关于中小学教学仪器装备管理工作的暂行规定》《关于中小学实验教学的暂行规定》《关于仪器装备账目管理办法》《关于报废教学仪器装备的审批工作管理办法》《北京市中小学实验教师岗位职责》《北京市中小学实验教室规则》《北京市中小学仪器（药品）规则》。其中，《关于中小学实验教学的暂行规定》提出实验教学要求：

（1）中小学有分管教学工作的校长主管、分管教学工作的教导主任负责学校实验教学工作。

（2）各中小学必须按教学大纲和教材要求开设物理、化学、生物、自然常识等学科的实验课，必须完成教学大纲和教材中规定的教师演示实验和学生分组实验的教学。

（3）任课教师实验前填写“实验登记表”，实验教师根据任课教师的实验登记表提前做好仪器、药品、实验材料的准备。

（4）任课教师演示实验时，要正确使用仪器，操作要规范、安全；指导学生分组实验时，要提出安全注意事项，认真辅导，严格要求。

（5）学生应按教师要求完成《实验报告》。

1994 年，北京市中小学实验教学检查验收工作开始。同年 5 月，市教育局公布《北京市中小学普及实验教学工作检查验收办法》，对普及实验教学的目标、基本要求、重点和范围及普及实验教学的验收步骤、奖励办法做出规定。

1995 年，北京市中小学实验教学普及工作进入“全面展开，整体推进，分步验收”阶段。同年 4 月，市教育技术装备部印发《关于继续认真开展我市中小学实验教学普及工作的几点意见》，要求各区（县）按照本区（县）的实验教学普及标准检查验收。5 月，市教育局对《北京市中小学普及实验教学工作检查验收办法》提出补充意见：考察对象，中学以初二、初三、高二、高三年级为主，小学以五、六年级为主；考察内容，以中学理、化、生学科现行教材规定的必做学生实验和小学自然（常识）学科现行教材中要求学生掌握的实验内容为主；命题紧扣教学大纲和教材，难易适度。

至 1998 年 12 月，北京市中小学实验教学普及工作基本完成。全市 18 个区县、4 个非教育办学单位及市教委部分直属学校 181 所中小学分别达到“中小学实验教学普及县区”基本要求。

2010 年 10 月，市教委印发《关于加强中小学实验教学和实验室建设工作的意见》，要求学校按照新课程标准要求，开齐开好实验课，学校将学生实验操作技能的考查、实验探究活动的评价纳入综合素质评价体系，在期中、期末测试中增加实验操作技能或实验探究的考查，实验室管理人员主动参与实验教学。

二、教材管理

1987 年 10 月，国家教委印发《全国中小学教材审定委员会工作章程》：成立全国中小学教材审定委员会，省、自治区、直辖市教育行政部门根据需要可建立相应的中小学教材审查机构。1990 年，市教育局成立中小学教材编审部。同年 7 月，市教育局印发《关于中、小学教材使用问题的通知》，提出经过市教材编审委员会审查或国家教材审定委员会审定通过的中、小学教材，由市教育行政部门向学校推荐，学校根据实际情况选用。未列入教学用书推荐目录的试验教材，学校可积极试验。

从 1993 年 9 月起，全市小学、初中起始年级执行《九年义务教育全日制小学、初级中学课程计划》，逐步使用新编的九年义务教育小学和初中各科教材。市教育局成立“义务教育教材推荐委员会”，从经全国中小学教材审定委员会审定通过并列入国家教委 1993 年秋季中小学教学用书目录的义务教育教材中，确定北京市小学、初中起始年级使用的各科推荐教材。区、县教育局负责提出本区县小学、初中普遍使用的教材书目，每门学科可以只选一种教材，也可以选两种教材。允许学校进行各种教材实验，可以从市教育局编制的推荐教材书目和实验教材书目中选订，也可以在这两个书目之外选定。

1994 年 6 月，市教育局印发《北京市普通中小学教材编写、出版、发行工作的暂行管理办法》：①教材申报：凡编写供中小学使用的课本、教学挂图和图册、音像教材、计算机教学软件等教材，必须向市教育局申报，经批准后方可开编。②教材编写：教材编写成稿经市教育局审批和审核后，方可送交出版社。③教材出版：以市教育局名义编写的教材，著作权归市教育局所有，市教育局享受发表、署名、修改、保护作品完整、使用和获得报酬的权利。组织编写单位和个人有署名权。④教材发行：列入市教育局教学用书目录的教材，教材发行渠道由市教育局确定。1995 年 4 月，市教育局、市新闻出版局转发 1995 年 2 月国家教委、新闻出版署《普通中小学教材出版发行管理规定》，北京市提出市新华书店负责征订经国家教委审查通过的教材，市教育局负责征订市自编教材及实验教材。实验教材经审查通过并供学校选用时，逐步转交新华书店征订、发行，其他渠道一律禁止征订、发行中小学教材。同年 4 月，市教育局要求各区县教育行政部门、教研部门、教科所、师范学校、教育学院及中小学学校都不得以任何名义编印、发行、组织或变相组织中小学生购买未经市教育局审批的各种名目的复习资料或学习辅导资料。自 1995 年 9 月起，教学必要的练习题、复习题由教材编写单位编进教材或教师教学参考书中。高中、初中毕业年级复习辅导资料，由教学研究部统一组织编写一套，经市教材编审部审批后出版发行。学校组织学生购买该复习资料时坚持自愿，不得强行要求学生购买。

2001 年 6 月，教育部印发《基础教育课程改革纲要（试行）》，鼓励有关机构、出版部门依据国家课程标准组织编写中小学教材。①建立教材编写的核准制度，根据教育部《关于中小学教材编写审定管理暂行办法》向教育部申报，资格核准通过后方可编写。②完善教材审查制度，按照国家课程标准编写的教材及跨省使用的地方课程的教材须经全国中小学教材审查委员会审查，地方教材须经省级教材审查委员会审查。教材审查实行编审分离。③改革中小学教材指定出版的方式和单一渠道发行的体制，严格遵循中小学教材版式的国家标准。教材的出版和发行试行公开竞标，国家免费提供的经济适用型教材实行政府采购。④加强对教材使用的管理。教育行政部门定期向学校和社会公布经审查通过的中小学教材目录，并逐步建立教材评价制度和在教育行政部门及专家指导下的教材选用制度。改革用行政手段指定使用教材的做法，严禁以不正当竞争手段推销教材。同年 7 月，市教委对统一为学生订购的各种学习辅导、考试辅导等图书进行清理。8 月，市政府印发《北京市人民政府贯彻国务院关于基础教育改革与发展决定的意见》：市教育行政部门成立教材审定委员会，经国家教育部授权，负责审查本市基础教育课程教材改革方案、课程标准和教材。区县教育行政部门和学校负责选用教材，进行学校课程教材开发，杜绝搭售及强制学生集体购买教辅读物及质次价高的学生用品。引入市场竞争机制，形成与社会主义市场经济体制相适应的教材出版发行机制。2001 年起，市教委编制北京市普通中小学学具推荐目录，至 2005 年，共编制 8 期学具目录。

2004 年 6 月，市教委印发《北京市普通中小学地方教材审定管理暂行办法》，从教材编写条件、教材编写立项、教材审定、教材审定机构等方面提出 35 条管理办法。凡编写北京市普通中小学地方教材，均须先行立项，经核准后方可编写；完成编写的教材经初审通过后方可列入《北京市普通中小学教学用书目录》，在规定的范围内进行实验；实验一轮的教材经审定通过后方可在全市范围内供学校选用。

1. 教材编写条件

（1）有符合本办法规定条件的编写人员或编写委员会；

（2）有必要的编写经费，能保证编写工作需要；

（3）有相关实验学校和区县同意进行教材实验的证明材料；

（4）有与具备教材出版资质的出版社签订的教材出版协议书。

2. 教材编写立项

教材编写，须向市教委申请立项，市教委依据北京市教材编写的需要和教材申请人提交的申报材料，作出“准予立项”或“不予立项”的审核结论，经核准后方可编写。

3. 教材初审和审定

市教委对送审教材进行初审，作出“通过”“重新送审”“不予通过”的初审结论。初审通过后，经实验学校所在区、县教育行政部门批准，可在规定的范围内进行课堂教学实验，实验范围最多不超过400个班或2万名学生。初审通过的教材，列入《北京市普通中小学实验教材目录》，供规定的实验学校选用。经过一个完整的实验周期后，市教委对送审教材进行审定，作出“通过”“重新送审”“不予通过”的结论。地方教材一经初审和审定，即列入《北京市普通中小学教学用书目录》，供区县和学校选用。其中，国家或北京市地方教材审定机构初审通过的教材，列入《北京市普通中小学实验教材目录》，供北京市相关的普通中小学校实验；国家或北京市地方教材审定机构审定通过的教材，列入《北京市普通中小学推荐教材目录》，供北京市普通中小学校选用。

4. 教材审定结构

市教委负责地方教材审定管理工作。成立北京市普通中小学地方教材审定委员会，具体领导和协调北京市普通中小学地方教材有关立项核准、初审和审定工作。主任由市教委主任担任，副主任由市教委主管副主任、北京教科院主管副院长担任。北京市普通中小学地方教材审定委员会下设办公室，负责地方教材编写审定的日常事务性工作。同时设立地方教材审查组，负责对地方教材的立项、核准、初审和审定提出专业审查意见。

从2008年9月起，在全市义务教育阶段公办学校建立部分学科（小学含《科学》《音乐》《美术》（或《艺术》）《信息技术》，初中含《音乐》《美术》（或《艺术》）《体育与健康》《信息技术》）国家课程教科书循环使用制度，由政府出资购买，非本市户籍借读学生也可使用。同年11月，市人大常委会印发《北京市实施〈中华人民共和国义务教育法〉办法》，于2009年3月施行，提出：任何单位和个人不得以任何形式强迫学校、学生订购教学辅导材料和报纸杂志，鼓励学校开展教科书循环使用。

第三章　德　育

概　况

1991—2010 年，北京市中小学德育工作注重整体规划，在学科教学渗透德育、家校协同育人、社会参与未成年人教育等方面均有所建树。

1989 年，市政府提出建立大中小学相衔接，家庭、学校、社会相配合的完整德育体系。1995 年，市教育局制定《北京市中小学德育整体化工作纲要（试行）》。1997 年，中小学校全面实施《北京市中小学德育整体化工作纲要》。2001 年，北京市全面实施《北京市大中小学德育整体化工作纲要》，确定不同年级学生的德育要求，重视德育课程建设，形成大中小学分层递进又相互衔接的德育目标。

1991—1995 年，北京市中小学德育工作遵循"发挥首都优势，着眼德育建设，突出德育重点，务求扎实深入"的思路，注重探索社会主义市场经济体制建立新时期德育特点和规律。

1996—2000 年，北京市基础教育德育工作一方面着重加强德育基础性建设，包括制定德育整体规划、改善校园育人环境、开展学科德育研究等；一方面利用世界反法西斯战争及中国抗日战争胜利 50 周年契机、1997 年香港回归、1998 年抗洪、中华人民共和国成立 50 周年等社会重大事件强化爱国主义教育。

2001—2004 年，德育工作采用"重点工程建设"方式推进实施。校园环境改善全部达到规定标准，学科德育得到全面贯彻，在部分中小学开展心理健康教育实验，以多种形式实施综合实践活动，修订《北京市中（小）学生守则（试行）》和《北京市中（小）学生日常行为规范（试行）》，制定《家长学校建设暂行规定》等指导性文件。同时，每年推出有特色的主题教育活动。

2005—2008 年，首都教育系统围绕实现"新北京、新奥运"战略构想，以"抓机遇、做贡献、促发展、留遗产"为指导方针，发挥教育系统优势，采取多种形式，积极主动地为举办一届有特色、高水平的奥运会服务。通过奥林匹克教育与学校德育、体育、新课程改革和实践活动的有机结合，弘扬奥林匹克精神，传播文明礼仪，以奥林匹克教育为载体，加强青少年学生思想道德素质和思想政治教育工作，培养青少年学生的首都意识、国际视野、民族精神和国家观念，提高广大学生的综合素质。

至2010年，为落实中共中央、国务院《关于进一步加强和改进未成年人思想道德建设的若干意见》，北京市出台《关于进一步加强和改进中小学校学生思想道德建设工作的意见》等一系列加强和改进未成年人思想道德建设工作的政策和举措。

首都中小学德育工作突出社会主义核心价值体系教育主线，在德育内容方面，抓住纪念改革开放30周年、北京奥运会、国庆60年等契机，开展爱国主义教育、弘扬与培育民族精神教育、奥林匹克教育、公民意识教育、文明礼仪教育、国际理解教育。在德育途径方面，通过抓实课程德育，强化学校育人主渠道、课堂教学主阵地作用；通过整合社会资源、推进家长教师协会工作，推动社会和家庭联动育人；通过建设数字德育平台跟进网络育人。在德育方法方面，小学开展唱响新童谣、强化文明礼仪伴我行、夯实文明礼仪基础，初中开展寻找身边的道德榜样、中学生时事讲坛、优秀学生事迹报告会，高中举办模拟联合国、生涯教育、志愿服务等活动，逐步形成适合不同学段并具有首都特色的系列德育品牌活动。在德育机制方面，着眼现代、开放的教育环境，倡导实践育人、全社会育人的理念，搭建学生自主成长的平台，建立学生思想道德发展状况测评、反馈、激励机制，实施中小学德育督导。在德育队伍建设方面，完善“紫禁杯”优秀班主任等表彰激励机制，推出市级骨干班主任培训、开展班主任基本功培训、建立优秀班主任工作室、启动优秀班主任牵手工程等一系列举措。完成全市中小学心理兼职教师上岗培训。

至2010年，根据市中小学生思想道德发展状况测评中心持续六年的跟踪测评显示，北京市中小学生思想道德发展总体状况良好，主要表现在四个方面：一是具有强烈的国家意识、爱国主义情感；二是具有较强的集体观念、公民意识和权利义务观念；三是具有良好的文明素养，公共秩序意识、社会公德意识较强；四是具有良好的人际关系和较好的生命健康意识。北京奥运会期间，中小学生41万人次走进奥运场馆文明观赛；在国庆60年庆典中，10多万名中小学生参加游行庆典，展现首都中小学生的良好精神风貌。同时，涌现出一批在全国产生广泛社会影响的优秀学生典型，如见义勇为并获得教育部“舍己救人优秀学生”称号的付冬梅，热心公益、立志做环保先锋并获得全国十佳杰出志愿者称号的袁日涉等。

第一节 德育目标和内容

自1991年开始，市教育局对中小学生进行中国近代史、现代史及国情教育。配合北京首次申奥，开展系列文明礼仪教育活动。1994年，重点开展社会主义民主和遵纪守法的教育、道德教育、良好心理品质和劳动教育、中华民族优良道德传统教育，增加适应时代发展、社会进步以及建立社会主义市场经济体制的新要求和迫切需要的素质教育。1996年，加强国情教育、民族团结教育和文明行为养成教育。2001年，加强道德建设内容。2002年，加强法制教育和中小学生心理健康教育。2004年，增加弘扬和培育民族精神教育和诚信教育内容。从2005年开始，开展奥林匹克教育、文明礼仪教育、青少年廉洁教育。2006年，开展社会主义荣辱观教育。2010年，开展网络道德教育、"人文北京、科技北京、绿色北京"教育。除此以外，在中小学还开展环境保护教育、可持续发展教育、禁烟教育、毒品预防教育、预防艾滋病教育、反邪教和宗教渗透教育等。

一、德育总体目标

1995年6月，《北京市中小学德育整体化工作纲要（试行）》规定，中小学德育工作的指导思想是：以马克思列宁主义、毛泽东思想和邓小平同志建设有中国特色社会主义理论为理论指导，认真贯彻执行党的基本路线，遵循党关于社会主义精神文明建设的指导方针。解放思想、实事求是，从首都、学校、学生的实际出发，继承我国优秀教育传统和党的思想政治工作优良传统，借鉴世界教育的经验，探索社会主义市场经济体制建立的新时期德育特点和规律，讲求实效，使之适应建设首都社会主义精神文明和培养社会主义事业建设者和接班人的需要。

其中，德育总目标规定努力培养有理想、有道德、有文化、有纪律的献身有中国特色社会主义事业的建设者和接班人。在把全体学生培养成为热爱社会主义祖国的具有社会公德、文明行为习惯、遵纪守法的公民的基础上，引导他们逐步树立科学的人生观、世界观、价值观，使他们中的优秀分子将来能够成为青年马克思主义者。

各教育阶段的德育目标：

小学：培养学生初步具有爱祖国、爱人民、爱劳动、爱科学、爱社会主义的思想感情和良好品德，遵守社会公德和文明行为习惯；初步养成努力学习、艰苦朴素、孝敬父母、关心集体、爱护公物、文明守纪、爱护环境的良好品德；培养自理、自强、团结协作、辨别美丑的能力；初步具有诚实正直、坚强勇敢、热情向上的心理品质。为成为德智体全面发展的社会主义事业建设者和接班人奠定良好的思想道德素质和心理基础。

初中：培养学生热爱祖国、具有民族自尊心、自信心、自豪感；拥护共产党领导和社会主义制度，初步树立国家观念、公民意识、法制观念、道德观念和为人民服务的思想；养成勤劳节俭、文明礼貌、关心集体、爱护公物、遵纪守法、保护环境的行为习惯和健康的生活方式；具有自主自强、自我保护、竞争协作、分辨是非、抵制不良影响的一般能力；初步具有诚实守信、坚定勇敢、积极进取、不怕挫折、不怕困难的心理品质。为成为合格的公民和“四有”的社会主义事业建设者和接班人奠定良好的思想道德素质和心理素质基础。

高中：培养学生热爱祖国、拥护共产党领导和党的基本路线，初步树立为建设有中国特色的社会主义而奋斗的理想志向，初步树立正确的人生观、价值观、科学的世界观，具有社会责任感和法制观念，养成勤劳奉献、艰苦奋斗、遵纪守法、保护环境的行为习惯和健康的、科学的生活方式；具有履行公民权利与义务、抵制错误思潮和一定的道德评价与自律能力；形成自尊自爱、自立自强、承受压力、开拓创新的心理品质。成为合格的公民和“四有”的社会主义事业的建设者和接班人，并把其中的优秀分子培养成将来的青年马克思主义者。

中小学德育目标的具体要求分别是：小学德育侧重于培养学生具有社会主义道德行为规范的“五爱”的道德感和良好品德；初中德育侧重于培养学生热爱祖国，具有社会主义道德品质和健康的个性心理、具有公民意识、法制意识、环境意识等；高中德育侧重培养学生具有热爱社会主义祖国，拥护共产党领导和党的基本路线的政治态度和行为，初步树立为建设有中国特色社会主义而奋斗的理想志向和正确的人生观、价值观及科学的世界观。

1997 年，在中小学校全面实施《北京市中小学德育整体化工作纲要》。2001 年，在大中小学实施《北京市大中小学德育整体化工作纲要》。《纲要》科学地设计德育内容，确定不同年级学生的德育要求，重视德育课程建设，形成大中小学分层递进又相互衔接的德育目标。全市大中小学贯彻落实《纲要》，有效地推进中小学德育工作（见表 3–1）。

表 3-1　　北京市中小学德育内容系统表

德育分类	分类内容要目		
	小学	初中	高中
政治教育	（1）热爱祖国的教育 （2）热爱中国共产党的教育	（1）爱国主义教育 （2）社会主义教育	（1）爱国主义教育 （2）建设有中国特色社会主义理论教育
思想教育	（3）辩证唯物主义观点的启蒙教育 （4）热爱集体的教育	（3）集体主义教育	（3）集体主义教育
道德教育	（5）热爱人民、热爱劳动、艰苦奋斗教育 （7）努力学习、热爱科学教育 （8）文明礼貌、遵纪守法教育 （9）民主与法制观念启蒙教育	（5）环境道德教育 （6）社会公德教育 （7）劳动教育 （8）社会主义民主与遵纪守法教育	（5）职业道德教育 （6）劳动和社会实践教育 （7）社会主义民主与法制教育
心理教育	（10）良好的意志、品格教育	（9）良好个性心理品质教育	（8）良好个性心理品质教育

1999 年 12 月，市委、市政府印发《关于深化教育改革全面推进素质教育的意见》，实施德育重点建设工程。以马克思列宁主义、毛泽东思想和邓小平理论为指导，根据形势发展和全面实施素质教育的要求，深化德育观念，遵循学生思想品德形成的规律，坚持“整体规划、分层实施”的原则，加强对大中小学德育工作的整体规划和管理，切实增强德育工作的针对性和实效性。科学地设计德育内容，确定不同年级学生的德育要求，重视德育课程建设，形成大中小学分层递进又相互衔接的德育目标；完善实施办法，加强校园文化建设，把德育、智育、体育、美育融合到素质教育的各个环节，落实到各科教学之中；加强学生心理健康教育和法制教育；积极利用计算机和网络开展德育教育，做好网上宣传教育的规划和管理，使网络成为德育工作的有效工具；加强青少年教育基地建设，丰富学生的社会实践活动。充分利用社会教育资源，形成学校、家庭和社会多渠道、全方位共同参与德育工作的新格局；进一步落实德育工作责任制，逐年增加对德育工作的投入，健全德育评估指标体系，不断提高德育工作水平和效果。

2004 年 6 月 9 日，市委教育工委、市教委印发《关于进一步加强和改进中小学校学生思想道德建设工作的意见》，确定中小学学生思想道德建设的指导思想是：按照科学发展观的要求，主动适应首都经济社会发展和首都教育现代化的需要，适应学生生活实际及成长发展需求的实际；坚持依法管理、立足建设、突出重点、求实创新的工作方针；以全面贯彻党的教育方针和培养“四有”新人为目标；以引导学生逐步树立正确的世界观、人生观、价值观为根本任务；以进行理想信念教育为核心；以养成高尚的思想品质和良好的道德情操为重点，切实加强学校思想道德建设工作，不断提高学生思想道德素质。

道德建设的主要内容是：面向全体学生，从增强爱国情感做起，从确立理想信念做起，从规范文明行为做起，从提高基本素质做起，以大力弘扬和培育伟大的民族精神，培养文明行为素养和积极向上的心理品质为主要内容，全面落实未成年人思想道德建设的任务。

（1）爱国主义教育。以中华传统美德和革命传统教育为重点，在学生中进行弘扬和培育民族精神教育。以首都加速发展，迎接2008年奥运会为契机，对学生进行了解首都、热爱首都、建设首都的教育。培养学生具有强烈的爱国情感、首都意识、社会责任意识。

（2）理想信念教育。引导学生正确认识社会发展规律，正确认识国家的前途和命运，把个人的成长进步同国家发展、社会需要、首都建设紧密结合起来。

（3）行为规范教育。在培养学生良好思想道德行为方面形成符合学生年龄特点和接受能力的教育序列。对小学生要重点规范其基本言行，培养良好的行为习惯；对中学生要重点加强爱祖国、爱人民、爱劳动、爱科学、爱社会主义教育，引导他们以正确的世界观、人生观和价值观作为人生坐标。

（4）心理健康教育。实施《北京市中小学和职业学校心理健康教育工作纲要（试行）》，配备专（兼）职心理健康教师，创设学生心理健康教育环境，开展面向教师、家长、学生的心理咨询活动。积极探索学生心理健康教育的特点和规律，形成有效的教育模式。

（5）法制教育、诚信教育、环境保护教育、反对迷信邪教教育、安全自救教育、健康卫生教育和禁烟、禁毒等专项教育。增强学生的民主法制观念、诚信观念和创造意识、环保意识以及进取精神、科学精神，形成朝气蓬勃、情趣健康的精神状态。关注特殊家庭和流动人口子女教育，给予他们更多的关爱和帮助。完善预防未成年人违法犯罪工作机制，加强工读教育和工读学校建设，做好不良行为和严重不良行为学生的教育转化工作。

2004年，市委教育工委、市教委印发《加强未成年人思想道德教育工作行动计划（2005—2010年）》，要求全面实施《2005—2008年首都青少年学生“情系奥运，文明礼仪伴我行”主题教育实践活动方案》，以“情系奥运，文明礼仪伴我行”为主题；以礼仪、礼貌、礼节教育，培养学生良好的文明礼仪习惯为重点内容；以唱响国歌、遵守规则、志愿服务为突破口；着眼于全面提高青少年学生的思想道德素质和文明礼仪素养，把“文明礼仪伴我行”主题教育实践活动作为加强与改进学校德育工作，提高德育实效的重要内容来抓。通过主题教育实践活动使学校成为文明礼仪的宣传和示范窗口，使学生成为文明礼仪行动的先锋队，为构建北京“首善之区”和谐美好的人际关系，为营造奥运会良好的人文环境做出贡献。

以爱国主义教育为核心，以中华传统美德教育和革命传统教育为重点，弘扬和培育民族精神。坚持升降国旗制度，在中小学校唱响国歌，把升旗仪式、唱响国歌作为爱国主义教育的重要内容。培养中小学生十个文明形象。提高学生的国际理解与交往能力。加强学校心理健康教育。全面实施《北京市中小学和职业学校心理健康教育工作纲要（试行）》。

2005 年 8 月，市委、市政府发布《首都教育 2010 发展纲要》，确定实施青少年学生思想道德建设行动计划。要求加强校纪校风建设工作，贯彻新的学生日常行为规范。充分利用现代信息技术和首都信息化建设的优势，建立数字德育平台。整合德育资源，建设德育研究机构。重点加强公民道德教育、法制教育、诚信教育、心理健康教育、环境保护与可持续发展教育。开展迎奥运系列主题教育活动。

2005 年 12 月，市委教育工委、市教委要求各中小学抓住举办 2008 年奥运会的历史机遇，弘扬奥林匹克精神，普及奥林匹克知识，传播奥林匹克文化，提高学生健康素质，使广大青少年学生关注奥运、了解奥运、参与奥运、体验奥运、得益奥运，促进青少年学生的身心和谐发展，培养具有国际素质的一代青少年。

2010 年 9 月，市教委印发文件，决定面向全市中小学生广泛开展“人文北京、科技北京、绿色北京”教育，并将其作为中小学德育教育的重要内容。

二、爱国主义教育

（一）“两史一情”教育

1991 年，市教育局成立“两史一情”（中国近代史、现代史和国情）教育工作领导小组，从五个方面推进该项工作：①把“两史一情”教育作为坚持四项基本原则，培养社会主义事业可靠接班人的措施，加强领导。②组织领导干部、教师收看“两史一情”教育录像，培训队伍。③落实教材、课时。从小学低年级到高中，分别配备有关教材，安排一定课时。④开展适合青少年特点的教育活动，如社会调查，举办展览等。⑤加强督导、检查。内容包括通过课堂教学主渠道渗透“两史一情”教育情况，考核、检查学生“两史一情”知识掌握程度。

市教育局教研部受国家教委委托起草历史、地理、语文《学科教育纲要的实施意见》，组织全市历史、地理、语文学科教研员进行“两史一情”教育培训，制订《关于落实中小学加强中国近代、现代史和国情教育的实施意见》实施方案，完成北京市中小学历史、语文、地理、中学思想政治课等学科中加强“两史一情”教育纲要的实施意见和思想教育要求的编写、宣讲工作；市委教育工委、市教育局组织爱国主义教育系列音像教材小学 1 ～ 5 集、“两史一情”教育系列音像教材的撰稿、策划工作。市政府投资100万元，录制小学、初中、高中三个学段“两史一情”教育录像带，免费发放中小学校。

1991年，以纪念中国共产党成立70周年为契机，市教育局、团市委、北京青年报社联合组织“党在我心中”主题教育活动。全市各区县组织50多万名中小学生参加阅读党史材料、读书演讲、故事会等活动。33万名中学生参加“党在我心中”知识竞赛。

1992年6月27日，市教育局、市青少年报刊社联合召开“社会主义好”大型主题教育活动总结表彰会。全市80万名中小学生及青年教师参加活动。活动历时3个月，评出10个最佳主题活动。1994年各校通过组织观看百部爱国主义优秀影视片和“逛北京、爱北京、建北京”活动，加强爱祖国、爱首都教育。

1992年，市政府命名中国革命博物馆、毛主席纪念堂等22家博物馆（纪念馆）为第一批“北京市青少年教育基地”。要求青少年教育基地经常举办适合对青少年进行“两史一情”教育的展览，针对不同年龄、不同文化程度的青少年观众讲解。各馆与附近学校建立固定联系，为学生活动提供服务，馆内专业人员可以到学校辅导讲课，也可以吸收优秀学生到博物馆做兼职讲解员。对学生实行优惠收费政策，全年，学生观众不少于观众总数的25%。

1996年12月，市“两史一情”教育领导小组在市档案馆举行“青少年教育基地”表彰暨命名大会，表彰11个优秀基地，并为市档案馆等6个新基地命名、颁发标志牌。

（二）中华传统美德教育

1994年，市教育科学研究所、北京东方道德研究所联合承担的“大中小学中华民族优秀传统道德教育实验研究”课题立项，组织编写大、中、小学实验教材，在4所大学、3个区县100余所中小学4万余名学生中，连续3年进行中华美德教育实验。同年，以中华传统美德教育为重点，市教育局提出“在家孝敬父母，在学校尊敬师长，在社会助人为乐”的具体目标，使校风、教风、学风得到好转。

1995年，市教育局编写《中华传统美德》实验教材，在东城区、朝阳区和昌平县的小学四年级和五年级、初中一年级使用。该教材以小学讲故事、中学讲规范为基本思路。

小学四年级用书：①司马光睡“警枕”；②张俭选布；③范式守信；④韩琪宽厚待人；⑤周处改过；⑥鉴真东渡。

小学五年级用书：①黄香温席；②满招损、谦受益；③梁楚浇瓜；④业精于勤；⑤三过家门而不入；⑥闻鸡起舞。

初中一年级用书：①中华美德代代相传；②热爱祖国、忠于人民；③孝敬父母尊敬师长；④勤奋好学文明举止；⑤仁爱待人诚信处世；⑥见义勇为助人为乐；⑦勤俭节约廉洁奉公；⑧知耻而进砺志自强。

1996 年年底，该项实验扩大到 5 所大学、7 个区县 200 多所中小学。

1999 年，市教委在朝阳区劲松三中召开中华民族优秀传统道德教育实验现场会。与会人员听取劲松三中经验介绍，观摩主题活动课，参观朝阳区中学中华民族优秀传统道德教育实验阶段成果展览。

2010 年，北京市在 8 个区县 196 所中小学 12 万名学生开展“未成年人中华传统美德教育推广与深化研究”。这些学校以中华传统美德教育为主线，以家庭礼仪为基础，培养学生良好的文明礼仪习惯为重点，以礼仪、礼貌、礼节规范性教育为突破口，着眼于全面提高中小学生的思想道德素质和文明礼仪素养的中华传统美德教育经验。

（三）民族精神教育

2004 年，中宣部、教育部印发《中小学开展弘扬和培育民族精神教育实施纲要》，规定中小学开展弘扬和培育民族精神教育要以爱国主义教育为核心，以中华传统美德和革命传统教育为重点，引导学生树立以热爱祖国、报效人民为最大光荣，以损害国家和人民利益、民族尊严为最大耻辱的观念；帮助学生了解中华民族的历史和优良传统，中华民族创造的灿烂文化对人类发展的贡献；帮助学生理解创新是民族进步的灵魂，是一个国家兴旺发达的不竭动力。同年，市委教育工委、市教委印发《关于进一步加强和改进中小学校学生思想道德建设工作的意见》，要求以爱国主义教育为核心，以中华传统美德和革命传统教育为重点，在学生中进行弘扬和培育民族精神教育。

2004 年 9 月，中宣部、教育部、市政府在人民大会堂举行“中小学弘扬和培育民族精神月”启动仪式，确定每年 9 月为“中小学弘扬和培育民族精神月”。北京市中小学生代表在仪式上发出倡议，呼吁全国中小学生弘扬民族精神，立志报效祖国。市教委将“弘扬和培育民族精神月”活动纳入未成年人思想道德教育整体规划中，有计划、有步骤、多形式推进未成年人思想道德建设工作。结合首都资源优势，试行北京地区博物馆和爱国主义教育基地学生“参观护照”制度，组织中小学生到爱国主义教育基地开展活动。部分学校利用综合实践课和机动课时，组织学生观看电影、观摩演出、参加社会公益活动，让学生在实践中形成正确的世界观、人生观和价值观。同年 5—11 月，全市共有 113 万名中小学生参观爱国主义教育基地和教育活动场馆，133 万名学生参加公益活动。

2007 年，市教委转发中共中央宣传部等单位关于组织开展 2007 年“中小学弘扬和培育民族精神月”活动文件的通知，要求各中小学于 9 月 3 日 10:00 ~ 11:00，安排全国中小学举行第四个“中小学弘扬和培育民族精神月”启动仪式，之后统一上形势教育第一课“生活新变化”。各区县将 10:00 ~ 11:00 的课程与班队会时间对调，组织小学高年级、初中和高中学生参加全国统一活动。

（四）爱国主义教育基地建设

1992 年 4 月，市政府命名中国革命博物馆、毛主席纪念堂等 22 家博物馆（纪念馆）为第一批“北京市青少年教育基地”，要求被命名为青少年教育基地的博物馆，经常举办适合对青少年进行近代史、现代史和国情教育的展览，针对不同年龄、不同文化程度的青少年观众讲解。至 2000 年 10 月，全市共命名 63 个市级教育基地，其中 9 个基地入选全国爱国主义教育基地。此外，全市还命名 500 个区县级基地和 5000 个校级基地。这些基地包括各类博物馆、纪念馆、革命纪念地、纪念建筑物、文物保护单位等，具有丰富的爱国主义教育内容，有比较成熟的宣传资料和讲解词，年接待学生人数达到 25%，对集体参观的学生予以免费或优惠收费。

三、理想信念教育

1990 年 3 月，北京市成立中学生业余党校。该党校由市委组织部、市委教育工委、市教育局和团市委共同创办，办公室设在团市委中学与少年工作部。此后，北京市中学生业余党校建立市级、区县级、校级党校或党课学习小组 4000 余个，形成市、区县、校三级组织网络。至 2010 年，共举办业余党校 21 期，其中，前 15 期共培养学员 7994 人，全市共有 3246 名学员中学时期加入中国共产党。

1990 年，市少工委开展评选“赖宁式好少年”活动，此后，分别在 1992 年、1994 年、1996 年、1998 年开展评选“北京市十佳少先队员”活动。通过报纸、广播、电视，广泛宣传刘宏飞、杨爽等优秀少先队员典型，树立榜样群体。每届评选活动都有 50 万以上的少先队员参加。配合市级评选活动，部分区县少先队组织开展区县级“十佳少先队员”评选。

1994 年 9 月开学前后和 10 月 1 日国庆节，北京市中小学普遍开展“我与叔叔阿姨同升国旗”活动。或邀请附近单位职工进学校参加升旗仪式，或派出小分队到外单位参加升旗仪式，把规范化升旗仪式推向社会，带动全市各行业落实“国旗法”。

1996 年，市委教育工委、市教委要求各级各类学校在学校升国旗仪式、重要庆祝活动和典礼、政治性公众集会、运动会等重要场合，要奏唱国歌。奏国歌时，与会人员要有组织地齐唱国歌，声音洪亮，音调整齐，要坚持不懈，养成习惯，形成制度。奏唱国歌时应庄严肃立，如进行升国旗仪式，应脱帽，面对国旗行注目礼（少先队员行队礼）。同年 12 月，市人大常委会通过《关于在十六周岁至十八周岁的未成年人中开展成年教育活动的决议》，决定在十六周岁至十八周岁的未成年人在校学生中开展成年教育活动。活动内容包括公民意识教育，明确公民的权利和义务，增强民主法制观念和对国家、对社会、对家庭的责任感；进行以为人民服务为核心，以集体主义为原则的社会主义道德教育和爱祖国、爱人民、爱劳动、爱科学、爱社会主义的教育，提高思想道德素质。同时规定，适龄青年应当参加累计不少于 48 小时的志愿服务活动。年满十八周岁时，应当参加对国旗宣誓的成年仪式。自此，北京市适龄中学生在每年五四青年节前后普遍举行成年仪式教育活动。

2004 年，市教委转发教育部办公厅《关于进一步加强中小学诚信教育的通知》，目的是使中小学生了解诚信的基本内容，懂得诚信是做人的基本准则，增强学生法律意识和诚信意识，提高守法、守规的自觉性，牢固树立守信为荣、失信可耻的道德观念，从小立志做讲诚信、讲道德的人。要求开展诚信教育活动要遵循生动活泼、形式多样、小型为主的原则，既要有声势、影响，又要扎扎实实。

（1）在诚实教育方面：培养学生诚实待人，以真诚的言行对待他人、关心他人，对他人富有同情心，乐于助人。严格要求自己，言行一致，不说谎话，作业和考试求真实，不抄袭、不作弊。

（2）在守信教育方面：培养学生守时、守信、有责任心，承诺的事情一定要做到，言必信、行必果。遇到失误，勇于承担应有的责任，知错就改。

（3）在诚实守信教育的同时，加强遵守法律法规、校规校纪和社会公德的教育，培养学生的法律意识和规则意识，具备良好的道德品质。

2005 年，市教育纪工委、市教委召开廉洁教育进入国民教育体系座谈会。会议认为，要分层次、分阶段、分步骤，在国民教育中开展廉洁教育，使廉洁意识潜移默化地进入学生头脑。2007 年，市委教育工委、市教委转发教育部《关于在大中小学全面开展廉洁教育意见》的通知，规定：小学阶段廉洁教育的目标和主要内容是：开展纪律教育和做人做事基本道理、文明行为习惯养成教育，通过开展介绍名人名言和英雄人物事迹活动，安排学生学习历史上有关清正廉洁故事、老一辈革命家的高风亮节和先进人物的典型事迹等活泼多样的方式，引导小学生逐步认识自我、认识社会，不断规范自身的行为习惯，为形成良好的品德奠定基础。

中学阶段廉洁教育的目标和主要内容是：开展中华民族优良传统和中国革命传统教育，开展法制教育、社会公德教育和基本道德规范教育。引导学生了解我国基本的廉政法律法规，结合一些正面的典型进行讨论，理解个人成长应具备的基本素质，理解个人与他人、个人与集体、个人与社会的关系，引领学生感悟人生意义，提高道德素质。高中阶段主要引导学生学习我国廉政条规和相关法律法规基本要点，结合正反两方面的典型进行讨论，引导学生树立公民道德和法律意识、诚信意识，培养高尚的道德情操。2007 年，北京教科院组织编写《北京市中小学廉洁教育读本（试行）》，在东城、海淀、石景山 3 个区 25 所中小学进行试点实验。该"读本"包括小学、初中、高中教材和教师用书，由首都师范大学出版社出版。《读本》以廉洁诚信教育、社会主义荣辱观教育为主要内容，要求中小学生从小树立"廉洁光荣、腐败可耻"意识，旨在"教育一个孩子，带动一个家庭，影响一个社会"。《读本》免费向中小学学生和学科教师发放并循环使用，每三年为一个周期。2009 年，北京教科院在北京教科院附中、朝阳区南湖中园小学分别召开中学、小学廉洁教育观摩研讨会，以点带面，推动廉洁教育活动深入开展。

自 2005 年起，市教委开展"感动青春——寻找身边的道德榜样"活动。每年一次，至 2010 年，先后邀请获得教育部"舍己救人优秀学生"称号的付冬梅，"全国十佳杰出志愿者"袁日涉等 48 名学生在市优秀中学生事迹报告会上向同伴讲述自己的成长故事，展现首都青少年学生热爱祖国、勤奋进取、担当责任、积极实践、关注他人、奉献社会的时代品格。

2006 年 3 月 4 日，总书记胡锦涛发表"八荣八耻"讲话，市委教育工委、市教委印发《关于在北京教育系统深入开展社会主义荣辱观教育活动的通知》，组织中小学生围绕"八荣八耻"开展"六个一"活动，即说一首新童谣，唱一首校园歌曲，参加一次科普活动，召开一次主题班会，组织一次社团活动，写一封给家长的信；西城区在中小学生中开展"寻找身边的荣辱——中小学生眼中的美丑"和"小事中的光荣——讲述中小学生自己的故事"等自主教育活动。各学校利用闭路电视、广播站、校报、宣传栏、校园网等阵地，进行宣传动员。市教委将 3 万幅社会主义荣辱观宣传画送到大中小学校，并将新童谣、新校歌相结合，根据小学生的特点，与宣武区教委共同面向全市小学生推出新创编的八首以"八荣八耻"为主要内容的新童谣，在宣武区师范学校附属第一小学举行"唱童谣知荣辱促成长"主题教育活动。通过诵读童谣、校园短剧、诗歌朗诵、舞蹈、三句半、快板、京剧等形式宣传"八荣八耻"内容。同时，向全市小学生免费发放以"八荣八耻"为主要内容的 50 万册新童谣。

四、文明礼仪行为规范教育

（一）文明礼仪教育

1991 年，针对中小学生及社会上存在的“中小学生不会鞠躬、礼仪小姐不会微笑、领导不会握手”等问题，市教育局提出以中小学生文明礼貌教育作为道德品质教育的突破口，根据中小学生的认识水平、接受能力、实际问题，选取最基础、最频繁出现的十条礼仪内容，制定《中小学生礼仪常规》，在全市中小学广泛开展“面向未来，争当礼仪标兵”教育活动。

1993 年 1 月，市教育局颁布《北京市中小学生礼仪常规》。该常规分为学校礼仪、家庭礼仪和社会礼仪三部分 10 条：

（1）参加升国旗仪式，衣着整洁，脱帽肃立，行队礼或注目礼，唱国歌严肃、准确、声音洪亮。

（2）着装得体，坐正立直，行走稳健，谈吐举止文明。

（3）使用好礼貌用语：请、您、您好、谢谢、对不起、没关系、再见。

（4）使用好体态语言：微笑、鞠躬、握手、招手、鼓掌、右行礼让、回答问题起立。

（5）进校第一次见到老师，鞠躬问好；上下课，起立向老师行注目礼；课上，发言先举手；课余，进老师办公室或居室，喊报告或轻敲门，经允许后再进入；离校，与老师、同学道别。

（6）家中吃饭请长辈先就座，离家或归家与家长打招呼。

（7）对待客人或外宾，主动问候，微笑致意，起立欢迎，招手送别。

（8）对待老、幼、妇、残和军人，行走让路，乘车让座，购物让先，尊重帮助残疾人。

（9）递送或接受物品起立并用双手。

（10）参加集会守时肃静，大会发言先向师长和听众致礼，发言结束道谢，观看演出、比赛，适时适度鼓掌致意。

市教育局统一印制《礼仪常规》卡片，发给全市中小学生每人一份，编辑《礼仪常规》教育指导用书，摄制《礼仪常规》录像带。区县教育局、学校采取措施，学习宣传《礼仪常规》。有的远郊县，利用县广播站、县电视台播放《礼仪常规》讲话录像，使全社会了解《礼仪常规》内容，了解文明礼貌教育的意义，取得社会对学校教育的支持和监督。

1993 年 6 月，北京市开展礼仪知识竞赛活动，全市百万名以上中小学生参加竞赛，并举行文明礼貌教育先进集体和先进个人表彰活动。1993 年 8 月，国家教委向全国推广北京市中小学贯彻礼仪常规，加强文明礼貌行为规范的养成教育经验。

1995 年，市委教育工委、市教育局共同颁布《关于进一步加强和改进中小学德育工作的若干实施意见》和《北京市中小学贯彻〈爱国主义教育实施纲要〉的若干意见》，要求重视中小学生的品德养成教育，严格执行《小学生日常行为规范》《中学生日常行为规范》《北京市中小学生礼仪常规》和《禁止中小学生吸烟的规定》等，教育学生尊重社会公德，遵纪守法，体现首都中小学生的良好精神风貌。

1996 年，为落实《首都市民文明公约》和《首都市民文明守则》，市教委颁布《关于在大中小学生中落实〈公约〉和〈守则〉的几点意见》。市教委将执行《公约》和《守则》的情况纳入中小学评选“三好学生”“优秀学生干部”和“先进班集体”的条件。各级各类学校相应制定落实措施及规章。

2002 年，市教委修订《北京市中（小）学生日常行为规范（试行）》，删除原第 20 条“遇到坏人坏事要主动报告、敢于斗争”中的“敢于斗争”四个字，增加文明上网、保护环境等内容。

2004 年 10 月，市教委颁布新修订的《北京市小学生日常行为规范》《北京市中学生日常行为规范》，增加诚实守信、考试不作弊、网络文明、珍爱生命、远离毒品、心理健康、遵守交通法规等方面的要求。

专栏 3–1：北京市小学生日常行为规范
（2004 年修订）

一、尊敬国旗、国徽，会唱国歌，升降国旗、奏唱国歌时要脱帽、肃立、行注目礼，少先队员行队礼。关心国家大事。

二、孝敬长辈，体贴父母，主动为家庭做力所能及的事。听从父母和长辈的正确教导，不任性。

三、同学之间互相关心，互相帮助。不欺负同学、不打架，不骂人。

四、尊敬老师，主动问好，接受老师的教导，主动与老师交流。

五、尊老爱幼，主动帮助有困难的人，关爱残疾人。对他人的请求，给予力所能及的帮助。尊重不同民族的风俗习惯。

六、待人热情有礼貌，举止文明，讲普通话，主动使用文明用语。未经允许不进入他人的房间、不随意翻动他人的物品，不打扰他人的学习、工作和休息，妨碍他人要道歉。

七、诚实守信，不说谎，知错就改，答应别人的事努力做到，做不到时表示歉意。考试不作弊。

八、虚心学习别人的长处和优点，不嫉妒别人。遇到挫折和失败不灰心，不气馁，遇到困难努力克服。

九、珍惜劳动果实，节约水电，不挑食、不乱花钱，生活不攀比。

十、衣着整洁，常洗澡，勤剪指甲，勤洗头，早晚刷牙，饭前便后洗手。自己能做的事自己做。

十一、按时上学，不早退，不旷课，有病有事要请假，放学后按时回家。参加活动要守时，不能参加事先请假。

十二、课前准备好学习用品，上课专心听讲，积极思考，大胆提问，积极参加课堂讨论，不随意打断他人发言。

十三、课前认真预习，课后认真复习，按时完成作业。

十四、积极参加有益的文体和科技活动。坚持锻炼身体，认真做广播体操和眼睛保健操，坐、立、行、读书、写字姿势正确。

十五、认真做值日，保持教室、校园整洁。不随地吐痰，不乱扔果皮纸屑等废弃物。

十六、爱护环境，爱护公共财物，爱护文物古迹，爱护花草树木、庄稼和有益的动物。损害东西要赔偿。拾到东西归还失主或交公。

十七、遵守交通法规，不闯红灯，过马路走人行横道，不乱穿马路，不在公路、铁路、码头玩耍和追跑打闹。

十八、乘公共车、船不拥挤，主动购票，主动给老幼病残孕让座。遵守公共场所秩序，不大声喧哗。

十九、珍爱生命，防触电、防溺水、防火、防中毒，不做有危险的游戏。

二十、阅读和观看健康有益的图书、报刊、音像和网上信息。不进入网吧等未成年人不宜入内的场所，不参加封建迷信活动，不吸烟、不喝酒、不赌博，远离毒品。遇到坏人坏事主动报告。

专栏 3–2：北京市中学生日常行为规范
（2004 年修订）

一、自尊自爱，注重仪表

（一）维护国家荣誉，响应国家号召。尊敬国旗、国徽，会唱国歌，升降国旗、奏唱国歌时要肃立、脱帽、行注目礼，少先队员行队礼。

（二）穿戴整洁得体，朴素大方。仪表庄重，和谐文雅。

（三）养成良好的卫生习惯，坚持锻炼身体。不随地吐痰、不乱扔废弃物。

（四）举止文明。不打架、不骂人、不说脏话。不涉足未成年人不宜的活动和场所。

（五）情趣健康。不看宣扬色情、凶杀、暴力、封建迷信的书刊、音像制品，不参加迷信活动。

（六）爱惜名誉，拾金不昧，不受诱惑，不失人格。

（七）注意安全，防火灾、防溺水、防触电、防盗、防中毒等。

二、诚实守信，礼貌待人

（八）尊重他人的人格、宗教信仰和民族民俗习惯。谦恭礼让，敬老爱幼，尊重妇女，帮助残疾人。对外宾以礼相待。

（九）尊重教职工，见面行礼或主动问候。回答老师问话要起立，接送物品时要起立并用双手，给老师提意见态度要诚恳。

（十）同学之间互相尊重、团结互助、理解宽容、真诚相待、正常交往，不欺侮同学，不戏弄他人，发生矛盾多做自我批评。

（十一）日常交往中礼貌待人，讲话注意场合和分寸，举止得体。待客热情，起立迎送。

（十二）未经允许不擅自进入他人房间、不动用他人物品、不看他人信件和日记。

（十三）不随意打断他人的讲话，不打扰他人学习、工作和休息，妨碍他人要道歉。

（十四）诚实守信，言行一致，答应他人的事要做到，做不到时应表示歉意。借他人钱物要及时归还。不说谎，不骗人，不弄虚作假，知错就改。

（十五）不影响邻里正常生活，邻里有困难主动关心，积极参加社区公益活动。

三、遵规守纪，勤奋学习

（十六）按时到校，不早退，不旷课。上课前准备好学习用品。上、下课时，起立向老师致敬，下课时请老师先行。

（十七）上课专心听讲，勤于思考，勇于发表自己的见解，积极回答老师的提问和参加课堂讨论。

（十八）认真预习、复习，按时完成作业，考试不作弊。合理安排课余生活，每天坚持阅读、收听、收看新闻。

（十九）积极参加学校、团队和班级组织的文体、科技和社会实践活动。参加各种集合准时到达，遵守集会纪律。

（二十）认真值日，保持教室、校园整洁优美。保持图书馆、阅览室和教室的安静，不在教室、楼道、校园内追逐打闹，大声喧哗。

（二十一）爱护公物，不在黑板、墙壁、课桌、布告栏等处涂抹刻画。借用公物按时归还，损害东西主动赔偿。

（二十二）遵守宿舍和食堂的制度，爱惜粮食，节约水电，服从管理。

四、勤劳俭朴，孝敬父母

（二十三）生活俭朴，不攀比，不乱花钱，不向家长提出不合理的生活要求。

（二十四）学会料理个人生活，管理好自己的生活和学习用品，自己的事自己做。

（二十五）生活有规律，按时作息，珍惜时间，合理安排课余生活，坚持锻炼身体。

（二十六）尊重、倾听父母的意见和教导，体贴关心父母。主动把生活、学习、思想等情况与父母交流，礼貌回答父母的问话。

（二十七）外出和回家时，向父母打招呼。课余时间外出要向家长说明去向，未经家长允许不在外留宿。

（二十八）体贴和帮助父母长辈，主动承担力所能及的家务劳动。

（二十九）对父母和长辈有意见，要礼貌提出，当自己的意见没被父母和长辈采纳时，要耐心解释，不顶撞、不发脾气。

五、严于律己，遵守公德

（三十）遵守国家法律、法规，在社会生活中用各种规范约束自己的言行。

（三十一）遵守交通法规，不闯红灯，不违章骑车，过马路走人行横道，不跨越隔离栏。

（三十二）遵守乘车秩序，上车自觉排队，乘车时主动购票，不喧哗，不拥挤，主动给老、幼、病、残、孕让座，不争抢座位。

（三十三）购物购票要按顺序，对营业人员有礼貌。捡拾物品主动归还失主或交公。

（三十四）爱护公共设施，爱护文物古迹，保护生态环境，爱护庄稼、花草、树木，爱护有益动物。

（三十五）尊重外地人，遇有问路，认真指引。

（三十六）遵守网络道德和安全规定，利用现代化信息传播手段获取有益的信息。不浏览、不制作、不传播不良信息，慎交网友，不进营业性网吧。

（三十七）珍爱生命，不吸烟，不喝酒，不赌博，拒绝毒品。不参加各种名目的非法组织和非法活动。

（三十八）参观游览遵守秩序，不在公共场所大声喧哗，瞻仰烈士陵园保持肃穆。

（三十九）观看演出和比赛时做文明观众，不起哄，不无故提前退场。

（四十）弘扬正气，对违反社会公德的行为要进行劝阻，发现违法犯罪行为及时报告。遇有侵害敢于斗争，善于斗争，学会自护自救。

2004年6月，市委教育工委、市教委印发《关于进一步加强和改进中小学校学生思想道德建设工作的意见》，要求加强行为规范教育，在培养学生良好思想道德行为方面形成符合学生年龄特点和接受能力的教育序列。对小学生重点规范其基本言行，培养良好的行为习惯；对中学生重点加强爱祖国、爱人民、爱劳动、爱科学、爱社会主义教育，引导他们以正确的世界观、人生观和价值观作为人生坐标。

2005年，为迎接北京奥运会，培养学生良好的文明礼仪习惯，市教委提出培育中小学生十个文明行为，用3年左右时间，让“唱响国歌；尊敬师长；主动问好；不随地吐痰；把纸屑扔进垃圾桶；不说脏话；公共场所，轻声交谈，右行礼让；乘车购物，不拥不挤；观看演出、比赛文明喝彩；遵守规则，走人行横道、不闯红灯”十个文明行为成为全市中小学生的自觉行为。市教委向全市中小学发放《北京市中小学生日常行为规范解读》知识读本。“读本”在“观看比赛做文明观众”中强调：中小学生不能对参赛队员、裁判员、教练有任何起哄、谩骂或向赛场投掷杂物等失礼行为。不要带着“有色眼光”看待外地人，不要歧视和侮辱他们，不要嘲笑他们的发音和打扮，不要开一些恶作剧式的玩笑。“读本”还列举在部分中小学生中流行的迷信行为，如考试前洗脚犯忌、“塔罗牌”测命运、信奉电脑算命、不坐不吉利的位置等，引导中小学生自觉抵制迷信思想。

自2005年开始，市教委在全市中小学和职业学校中开展文明礼仪示范校评选工作，每年评选一次。评选分学校自荐、区县教委推荐、市教委审核三个阶段进行，并通过互联网公示结果。至2007年9月，全市共有747所中小学和职业学校获得此项称号。市教委编写《小学生礼仪》《中学生礼仪》教材，由红旗出版社出版，列入北京市地方课程和教材。

2006年，市教委引导广大小学生和教师、家长以“八荣八耻”和十个文明形象为主题共创新童谣，并将师生原创的10首童谣作品编辑成册在全市推广，向全市小学生发放荣辱观新童谣55万册；组织全市60万名中学生开展“寻找身边的道德榜样”等六大实践活动，征集学生身边的道德榜样案例 869 个，汇编成《感动青春》一书，并举办优秀中学生事迹报告会广泛宣传。

2007 年，市教委以“和谐先锋文明示范”为主题，在朝阳公园组织上万名中小学师生举办“迎奥运、讲文明、树新风”活动推进大会，在首都教育系统开展“迎接奥运从讲文明做起、参与奥运从身边做起、奉献奥运从现在做起”活动。

2008 年，市教委举办北京市中小学生奥运礼仪知识大赛活动。组织中小学生开展奥运文明观赛活动。建立市区（县）两级学生观赛组织领导机构及管理机制，组织 48 万名师生文明观看奥运赛事，组织 10 所学校完成教育部、北京奥组委下达的 30 个省份 6000 名中小学生代表观赛接待任务。

2010 年，北京市中小学生开展“做文明有礼的北京人”活动，把学生文明礼仪教育作为学校德育基础工作。与教育部等单位联合召开加强中小学礼仪教育观摩座谈会，推广北京芳草地国际学校远洋小学、东城区定安里小学、朝阳区教委加强学生礼仪教育经验。

北京市学生思想道德发展状况测评中心连续监控显示，全市中小学生十个文明形象测评 30 个有效指标中有 25 个达到良好以上水平，全市中小学生基础文明素质得到整体提升。

（二）修订中小学生守则

2002 年，市教委对 1981 年 8 月颁发的《北京市中（小）学生守则（试行）》进行修订。新修订的“守则”融入素质教育、环境保护、诚实守信、奉公守法、求实创新、平等自主、开放进取等时代主题对青少年教育的要求。在小学生守则中，将原“按时上学，不随便缺课，专心听讲，认真完成作业”，修订为“努力学习，勤思好问”，突出学生在学习活动中的主体地位，注重培养学生独立思考、研究问题、探索未知领域的素质和能力。对中学生提出“保护环境，珍惜资源”的要求。新“守则”自 2002—2003 学年度第二学期起在中小学校试行。

专栏 3–3：北京市小学生守则

（2002 年试行）

一、热爱祖国，热爱人民，热爱劳动，热爱科学，热爱社会主义，热爱中国共产党。好好学习，天天向上。

二、关心集体，团结友爱。

三、努力学习，勤思好问。

四、坚持锻炼身体，积极参加课外活动。

五、生活俭朴，不乱花钱。

六、讲究卫生，爱护环境，爱护公物。

七、孝敬父母，尊敬师长，待人有礼貌。

八、遵守学校纪律和公共秩序。

九、诚实守信，不说谎话，明辨是非，有错就改。

十、活泼开朗，勇敢自强，克服困难。

专栏 3–4：北京市中学生守则
（2002 年试行）

一、热爱祖国，热爱人民，热爱劳动，热爱科学，热爱社会主义，拥护中国共产党。

二、遵守学校纪律，遵守公共秩序，遵守社会公德，遵守国家法规。

三、关心集体，团结同学，维护集体荣誉。

四、刻苦学习，勤于思考，勇于探索。

五、锻炼身体，积极参加有益的文体活动和社会实践活动。

六、孝敬父母，尊敬师长，礼貌待人。

七、诚实守信，明辨是非，有错就改。

八、保护环境，珍惜资源，爱护公物，爱惜劳动成果。讲究卫生，生活俭朴，消费合理。

九、自尊自爱，克服困难和挫折。不吸烟，不喝酒，不赌博，远离毒品。

十、尊重外宾，维护国家尊严。

2004 年 10 月，根据教育部新颁布的《中小学生守则》《中小学生日常行为规范》，结合北京市实际，市教委将原《小学生守则》和《中学生守则》修订合并为《北京市中小学生守则》，并制订《北京市中学生日常行为规范》《中小学生守则》共 10 条，增加增强法律意识、乐于助人、积极参加科技活动、节约能源、珍爱生命、自信自强、言行一致、有责任心等内容。

专栏 3–5：北京市中小学生守则
（2004 年修订）

一、热爱祖国，热爱人民，热爱劳动，热爱科学，热爱社会主义，热爱中国共产党。

二、遵守国家的法律和法规，增强法律意识，遵守社会公德，遵守学校纪律。

三、刻苦学习，勤于思考，勇于实践。

四、珍爱生命，注意安全，锻炼身体，积极参加有益的文体和科技活动。

五、热爱生活，自尊自爱，自信自强。生活习惯文明健康。

六、积极参加劳动，生活俭朴，消费合理，自己能做的事自己做。

七、孝敬父母，尊敬师长，礼貌待人。国际交往，注重礼节。

八、热爱集体，维护集体的荣誉，团结同学，乐于助人。

九、明辨是非，诚实守信，言行一致，知错就改，有责任心。

十、热爱大自然，珍惜资源，节约能源，保护环境。

五、心理健康教育

1987 年，北京市在全国率先将心理素质教育纳入德育系列，写入北京市中小学德育大纲，并开通心理咨询热线电话，创办心理咨询中心、21 世纪心理健康教育学校。

1994 年，北京市西城区成立“心育中心”，这是全国第一家心理健康教育研究机构。

1995 年，北京市在 54 所中小学开展“中小学生心理素质培养”教育实验。

1997—1999 年，大兴区、西城区、崇文区、房山区与开明出版社心理素质教育研究中心合作编写《心理素质》《学生心理素质培养》《学生心理素质自助读本》等图书 20 余种。

2000 年，市教委受教育部委托开展为期三年的心理健康教育实验，确定 14 个区县、294 所中小学校为市级心理健康教育研究与实验单位。市教委与清华大学心理中心合作，对全市 1817 所中小学开展心理健康教育状况进行调查，组织实验区干部教师到心理健康教育起步较早的日本进行考察，成立市级指导委员会和北京教科院心理健康教育中心，培训 1500 名教师。市教委制订《北京市中小学心理健康教育工作纲要（实验稿）》，于 2001 年 9 月在实验区和实验校中试行。

2002 年，市教委分别在西城、崇文、宣武和石景山 4 个实验区召开心理健康教育研究与实验工作展示交流会，推广 13 个市级心理健康教育实验区和 294 所心理健康实验校研究与实验成果和经验。

2003 年 6 月，市委教育工委、市教委等单位联合举办中小学“阳光心语行动”。该活动旨在针对中小学生心理健康教育的实际需求，通过开展学生心理健康实践教育，帮助未成年人建立健全人格和健康心理品质。按照“试点带动、逐步推进”原则，以实践、活动、体验以及专题讲座形式开展中小学生心理健康教育。试点学校每学期至少举办 3 次至 5 次心理健康教育活动知识讲座，通过问卷调查、座谈会等方式，总结心理健康教育活动经验，探索行之有效的方法。全市 122 所中小学列入首批试点校，其中，中学 62 所，小学 60 所。至 2005 年 11 月，北京市共命名 81 所学校为市级“阳光心语行动”示范校。

2004 年 3 月，市教委印发《北京市中小学和职业学校心理健康教育工作纲要（试行）》，规定中小学心理健康教育目标、内容方法、途径和评价方法。

2008 年，市教委出台《北京市中小学和职业学校心理咨询室建设基本要求》，指导各中学和职业学校建立心理咨询室；印发《北京市中小学心理健康教育教师指导用书》，为中小学校心理健康教师提供指导和依据。

2009 年，据对 1252 所中小学调查显示：1104 所学校建立健康心理健康教育领导机构，872 所学校开设心理健康活动课，674 所学校将心理健康教育列入课程表，1067 所学校建成心理健康咨询室。

同年，市教委委托北京教科院德育中心开展“北京市中小学心理健康教育百问解答”项目研究。针对中小学心理健康教育实践中存在的重点、难点和热点问题，组织专家和心理健康教育教师编辑出版包括小学低年级分册、小学高年级分册、初中分册和高中分册共四册 200 万字的《心理健康教育专业手册》供教师使用。

（一）目标

2001 年，市教委提出心理健康教育的目标是培养学生坚忍不拔的意志、艰苦奋斗的精神，增强适应社会生活的能力，促进学生健康心理、健全人格的形成。

2004 年 3 月，《北京市中小学和职业学校心理健康教育工作纲要（试行）》提出中小学心理健康教育的目标是：依据不同年龄学生的身心发展特点及规律，创设出良好的心理健康教育环境，通过多种途径，开发学生的心理潜能，提高全体学生的心理素质，培养他们积极向上的心理品质，形成符合现代社会要求的健全人格，促进学生的自我成长和全面发展。

（二）内容

2004—2010 年，北京市中小学心理健康教育内容主要包括三个方面：

一是在学习方面，帮助学生了解自己的学习特点，明确学习目标，激发学习动机，培养学习习惯，提高学习兴趣，掌握学习方法，讲究学习策略；克服考试焦虑，调整考试心态，增强学习效能；通过各种训练提高学生的注意力、观察力、思维能力、想象力等智力品质，培养创新精神，使学生学会学习并在学习过程中获得满足感和成就感。对于学习方面有障碍的学生进行有针对性的辅导。

二是个性发展方面，帮助学生了解自我，接纳自我，完善自我，不断提高他们的自我意识；帮助学生认识情绪、表达情绪，调控情绪，学会处理各种情绪困扰，在学习和生活中不断获得良好的情绪体验；培养学生的集体意识和进取精神，增强他们的自信心、独立性以及承受挫折、克服困难的意志品质，形成自尊、自爱、自信、自立、自强、自律的良好个性。

三是在生活和社会适应方面，指导学生以积极的态度对待自己与他人，掌握沟通技巧，学会倾听与表达，培养合作意识，建立正常的人际交往关系；培养学生适应学习、适应生活、适应学校、适应社会等方面的能力，养成良好的生活和行为习惯；开展青春期心理健康教育，帮助学生正确认识青春期生理、心理发展的特点与规律，排解烦恼与困惑，正确认识友谊与爱情，掌握异性交往规范；提高学生的生活自护、自理能力，合理安排休闲时间，热爱生活，珍惜生命，形成积极进取、乐观旷达的生活态度，确立有社会价值的生活理想和目标。

（三）途径

2004—2010 年，北京市中小学心理健康教育的主要从 5 方面开展：

（1）将心理健康教育贯穿于学校教育全过程，渗透于学校教育各项活动。创设心理健康教育所要求的物质环境、人际环境、心理环境。利用校内广播、电视、板报、刊物、网络等各种媒体宣传心理健康教育知识。

（2）通过心理健康教育活动课或选修课传授心理保健知识与方法。通过讲座、讨论、角色扮演、自我体验、行为训练、参观访问、活动游戏等，使学生在认知、态度、行为等方面得到发展。

（3）班主任和团队干部通过班会、团队活动、课外活动以及社会实践活动等多种渠道，鼓励学生进行自我探索和自我教育，使学生在实践中成熟，在活动中成长。

（4）学校心理辅导教师通过热线服务、书信咨询、网络咨询等个别辅导与团体辅导的手段，帮助学生处理好学习、生活、择业、交友等方面遇到的矛盾和问题，排解他们成长中的烦恼和心理障碍，增进心理健康。同时，通过建立学生心理健康教育档案等方式，有针对性地开展心理辅导工作。

（5）学校通过家长学校等途径向家长宣传心理健康的意义，普及心理健康知识，帮助家长了解和掌握心理健康教育的方法，使家长主动关心子女心理健康与人格发展，建立和谐亲子关系，营造家庭心理健康教育环境。

2005 年，“12355”北京市青少年法律与心理咨询热线开通。该热线由首都综治委、市未委会、团市委联合举办，聘请高校、科研单位法学、心理学和社会学学者，面向全市青少年，开展法律、心理干预公益咨询活动。

2006 年，北京市中小学开展心理咨询室建设。咨询室承担面向全校学生、教师提供心理咨询、指导和服务。设在远离教学区和办公区的地方，房间布置简洁、温馨、舒适、安全，墙上挂有“心理咨询人员工作守则”“心理健康标准”和温馨话语等。心理咨询室配备 1 名受过系统培训的专职或兼职心理教师。至 2008 年，全市小学中心校以上的中小学校均建成心理咨询室。

北京市中小学专职心理健康教育教师为高等院校心理系或相关专业毕业的学生，或经过心理健康教育系统专业培训的在职教师。享受班主任待遇，记班主任工作年限。

六、法制教育

1991—2010 年，市教委（市教育局）制定并完成北京教育系统“二五”“三五”“四五”“五五”法制宣传教育规划。

各区县、学校通过开展班队会、演讲会、模拟法庭、知识竞赛、主题活动、征文、文艺晚会、志愿服务、设立保护学校警示牌等形式对学生进行法制教育，增强法制教育的吸引力和针对性、实效性。北京市还通过聘任形象大使，制作动画片，编发《学校法律纠纷案例评析》和《法治与校园》杂志，在《现代教育报》设立“青少年法制教育专版”等。

（一）法制教育内容

1995—1999 年，市教委加强新形势下学生法制教育工作探索，一是广泛深入宣传《中华人民共和国预防未成年人犯罪法》，并做好家庭法制教育工作。二是将预防未成年人犯罪纳入社会治安综合治理体系。三是采取多种措施开展法制教育，加强对学生法制教育工作的指导。全市绝大多数中小学配备法制副校长或辅导员，开展法制教育宣传月、编制《中小学法制教育录像带》辅导教材、设立“青少年维权岗”、开展警（军）校共建、青少年星光自护教育夏令营等活动，增强中小学生法制观念和安全防范意识。

1996 年，市委教育工委、市教委等单位转发国家教委等单位《关于加强学校法制教育的意见》。通过向学生传授必要的法律基本常识和基础理论知识，使学生对社会主义法律制度有初步的了解和认识，增强法律意识，自觉遵纪守法。

1997 年，市教委、市教育学会联合举办尚秀云先进事迹报告会。报告团成员分别介绍尚秀云挽救失足青少年的事迹，尚秀云作题为《为了社会重托》的报告。

1999 年,市教委、市司法局、团市委联合印发《加强青少年法制教育工作意见》,对青少年法制教育工作内容、途径、目标等作出规定。

1999 年 10—11 月，市教委共组织学生 16 万人参观“为了明天——预防青少年违法犯罪展”。参观后学校组织讨论，部分学校组织学生撰写观后感。

2000 年，市委、市政府召开预防青少年违法犯罪交流会。会议由西城综治办、北京五中、共青团崇文区委、朝阳工读学校、宣武法院少年审判庭介绍整顿校园周边环境、开展校园法制教育、教育转化有严重不良行为未成年人等方面经验，并向 1033 所普通中学、中专、技校和职业高中赠送“为了明天——预防青少年违法犯罪展览”挂图、图书和光盘。至年底,北京市 18 个区县教育局及燕山、矿务局、铁路分局所属中小学基本配齐法制兼职副校长或法制宣传员。

2001 年，市教委等单位印发《关于进一步加强中小学法制教育工作的意见》,要求各区县、中小学校把法制教育工作纳入重要工作的议事日程。中小学法制教育以小学思想品德课和中学思想政治课教材中有关法律基本知识为基础,侧重《中华人民共和国未成年人保护法》《中华人民共和国预防未成年人犯罪法》、交通法规、治安条例、禁毒（烟）法律法规和环境保护法规的教育。同时，坚持《小学生守则》《小学生日常行为规范》《中学生守则》《中学生日常行为规范》和《北京市中小学生礼仪常规》的教育。

小学阶段培养学生逐步养成遵守纪律、遵守社会公共道德和公共秩序的行为习惯，进行民主与法制观念的启蒙教育以及安全自护教育。在自护教育中，引导和教育学生树立安全自护的意识。除必要的课堂讲授外，开展星光自护活动和少年先锋队雏鹰奖章的争创先进活动等。

初中阶段培养和帮助学生树立自觉遵守纪律、遵守社会公共道德和公共秩序的行为习惯和意识，进行社会主义民主与法制观念的教育以及维护自身合法权益的教育，落实禁烟和拒毒工作。除必要的课堂讲授外，开展探访少年犯管教所、帮教违纪学生、参加法制教育基地的实践和模拟法庭等活动，加强自教自律。

高中阶段培养学生树立自觉遵守纪律、遵守社会公共道德和公共秩序的行为习惯和意识，培养学生树立社会主义民主和法制的观念。除课堂讲授外，开展社会实践为主的自我教育活动，积极引导学生深入社区进行宣传，参加法制教育基地实践和召开专项法制辨析会等活动。每年 12 月 4 日“全国法制宣传日”前后，各学校通过组织“法制宣传日”“法制教育活动周”和“法制教育实践月”等活动，表彰遵纪守法的先进典型。

2009 年 3—9 月，市委教工委、市教委举办“中小学师生法律故事征文活动”。

通过开发适合中小学生身心成长特点和接受能力的多种教育形式，挖掘教师教育教学、学生学习生活中涉法故事的普法教育作用。

同年，市教委面向全市中小学校发放法制教育读本。全市小学五年级，初中一、二年级分别按每个年级一个班级（班额 40 人）标准配发《中学生法制教育》法制教育读本，共计 10 余万册。市教委要求各区县教委总结使用读本中的经验和做法，指导所辖学校挖掘读本的法制教育功效。

（二）预防毒品教育

1998 年，市教委发出禁毒教育通知，要求各级各类学校提高对青少年进行预防毒品教育重要性和紧迫性的认识。同时，编辑《向毒品宣战—青少年毒品预防教育读本》，组织 10 万多名师生参观“全国禁毒展览”，增强青少年防毒、禁毒、拒毒意识和能力。同年 3 月，北京教科院基教研中心与有关单位联合在北京师范大学举办禁毒教育讲座，全市 18 个区县 200 多名生物教研员和生物教师听取中国药物依赖性研究所专家作“拒绝毒品”报告。6 月 24 日，市教委召开青少年毒品预防座谈会，来自各类学校师生就参观全国禁毒展览后的感想进行座谈讨论。全市有 10 万余名教育工作者和学生参观展览，各校分别通过讨论会、主题班会等形式，开展毒品预防教育。

1999 年，市未成年人保护委员会、市公安局、市教委联合开展禁毒教育宣传志愿者活动，活动在禁毒教育基地举行。志愿者进行禁毒宣誓，参观禁毒展览。

2002 年，向全市中小学校配发《世纪之患》禁毒教育光盘 3000 套，并赠送《中小学生禁毒教育挂图》。年内，全市有 8 所学校被评为全国中小学毒品预防教育活动示范校。

2003 年，市政府办公厅转发《北京市禁毒委员会成员单位主要职责的通知》，规定市教委承担制定全市教育系统禁毒教育计划，明确校长禁毒责任制。

市教委、市禁毒办、团市委等单位通过举办青少年毒品预防教育研讨会等形式，总结青少年毒品预防教育经验、推进工作。2004 年，市教委、市禁毒办、团市委、市禁毒教育基地联合举办青少年毒品预防教育研讨会。会议以“青少年毒品预防教育的组织与实践”为主题，总结中小学毒品预防教育工作，听取 9 所国家和市级毒品预防教育学校工作总结，展示三十五中和古城高中两节毒品预防教育课例。

自 2004 年始，小学五年级至高中二年级，普遍开设毒品预防教育课程。

2005 年 6 月，市教委、市禁毒委联合在宣武区第一职业学校举行向全市中学生赠送《全民禁毒教育读本》授书仪式。向全市 900 所中学和普通中专学校学生赠送 21 万册《全民禁毒教育读本》。

2006 年，市禁毒委、市教委联合举办新型毒品预防教育宣传资料发放仪式。号召全市学生从日常生活做起，拒绝第一支烟、第一杯酒、黄色刊物。养成良好、健康生活习惯；北大药物依赖研究所教授题为“新型毒品预防”专题讲座。

2009 年，团市委、市禁毒办和市青少年法律与心理咨询服务中心等单位联合主办北京市青少年禁毒教育夏令营。

七、环境、可持续发展教育

（一）主题活动

1988 年，市教育局把环境保护教育列入教育大纲，要求有条件的中小学开展相关教育。

1998 年，市教委、市环保局、自然之友及壳牌发展（中国）有限公司联合主办“98 壳牌美境行动”方案评选。活动通过在中学生中广泛征集环保小计划，鼓励学生动手动脑，从身边小事着手，设计并实施自己的环保方案，以改善学校、家居和社区环境。8 个区县数百名学生参加活动，共推选出 60 余个方案。

1999 年 6 月，市教委、中国环境报社地球村周刊联合举办争当“绿色小卫士”活动，动员学生积极参与绿色行动，并通过一个学生影响一个家庭，一个家庭影响一个社区，带动整个社会公众参与、营造“保护环境光荣、破坏环境可耻”的良好氛围。12 月，北京市召开绿色小卫士命名表彰会，共命名绿色小卫士 3000 余名，表彰 10 名绿色小卫士，12 个单位获优秀组织奖。

2002 年，团市委中学与少年工作部在东方德才学校召开“2002 年北京市少先队‘绿色小天使’环保活动总结表彰大会”。会议表彰 67 支优秀绿天使环保行动小队、70 名优秀辅导员和 95 名优秀少先队员。

2006 年 4 月，国土资源部、团市委、市少工委联合举办“节约资源、保护环境，做保护地球小主人”世界地球日主题活动。同日，团市委、市少工委、北京奥组委环境活动部联合印发《关于开展红领巾节水活动的通知》。5 月 10 日，由北京奥组委环境活动部、团市委、市少工委启动红领巾绿色奥运行动“留住一桶水”活动。10 月 27 日，市少工委在北京市高碑店污水处理厂，举行“2006 年度绿色奥运行动——‘留住一桶水’家庭节水 DIY”活动颁奖仪式，表彰节水行动中表现优秀的团体和个人。

（二）绿色学校创建

2000 年 5 月，市教委、市环保局联合发出《关于开展创建绿色学校的通知》，要求在中小学开展创建绿色学校活动，目的是提高中小学生环境意识，树立良好的环境道德观念和行为规范，推进素质教育和社会主义精神文明建设。绿色学校的条件包括学校领导重视环境保护工作，通过课堂教学、课外活动，使学生掌握各科教材中有关环境保护的内容，根据环境教育计划和活动主题，积极组织学生参与校内外环境保护活动，全年参加活动人数占学校总人数的30%以上等。

2000年，在全国首届创建"绿色学校"表彰会上，北京市第十三中学、十一学校、崇文区光明小学、怀柔县长哨营满族乡中心小学获得全国"绿色学校"称号。

2001年1月，市教委、市环保局授予39所中小学校学校环境教育绿色学校称号。

2001年11月，市教委、市环保局印发《北京市"绿色学校"评价标准》和《北京市创建"绿色学校"暂行办法》。评价标准分为组织建设、环境教育与实践、环境建设和教育效果4个部分，总计评价分值100分；暂行办法共计8条，分别规范"绿色学校"的评选、活动的组织建设和"绿色学校"的管理工作。

到2006年，北京市共命名209所绿色学校。环境教育提高青少年的环境意识和科学素养，培养孩子们与自然和谐相处的情感。其中，北京市一零一中学开展的环境科技主题报告、论坛和科学考察；东城区东高房小学环保志愿小组利用废旧报纸装饰校园橱窗、做板报；北京市第十四中学分校等学校开展的认领一棵树活动；密云县穆家峪镇中心小学坚持多年保护青蛙活动等，从不同角度，培养和提升学生的环境保护意识、服务社会的责任意识。

（三）可持续发展教育

1998年，中国联合国教科文组织全国委员会委托北京教科院主持实施联合国教科文组织"环境人口与可持续发展教育项目"（简称EPD教育项目）。2003年8月，温家宝对该项目做出批示，认为这项教育"很有必要"，要求在全国范围实施。2005年12月，EPD教育项目更名为中国可持续发展教育项目（简称ESD项目）。

2004年，北京市成立可持续发展教育协会。同年，编写中小学地方教材《环境与可持续发展教育》4册，包括小学1～3年级分册、小学4～6年级分册、初中分册和高中分册，于2006年列入北京市秋季中小学教材推荐用书目录。

2006年，北京可持续发展教育协会与北京市蟹岛绿色生态度假村合作建立可持续发展教育园区，利用蟹岛完整的循环经济模式方面的社会教育资源，将其开发为青少年接受可持续发展教育的校外实践活动基地。

2007年，市教委发布《北京市中小学可持续发展教育指导纲要》。可持续发展教育的主要内容涉及社会、文化、环境与经济领域的9个主题。其中社会领域包括生命与安全、公民权利与责任、和谐社会等主题；文化领域包括中华优秀传统文化及世界遗产教育、文化多样性等主题；环境领域包括环境保护、自然灾害预防等主题；经济领域包括循环经济与绿色消费、农村发展与可持续城市化等主题。重点在于帮助和引导中小学生了解首都社会、文化、环境与经济领域可持续发展的相关知识，正确理解人与自然、人与社会、人与人之间的关系，形成可持续发展需要的价值观念、行为习惯和生活方式。

至2005年年底，北京市共在东城区、西城区、朝阳区、石景山区、昌平区、通州区等13个区县305所学校开展可持续发展教育实验。

八、时事教育

1991—2010年，北京市把时事政策教育内容贯穿到思想品德课和思想政治课教学之中，发挥中学时事政策专刊贴近学生、源自学生、报道及时的优势，通过组织开展"瞭望杯"时事政策知识竞赛、时事论坛、主题班会、主题校会等多种活动，利用国内重大事件和杰出人物事迹为契机，有针对性地对学生开展时事政策教育，帮助学生正确认识国内外形势，养成关心国家大事的良好习惯，激发爱国主义情感，逐步树立正确的政治观点和价值观。

（一）时事教育活动

1984年,市教育局等单位主办的《中学时事报》创刊。该报设有"时事特刊""月末版""国庆特刊""寒暑假合刊"等栏目，旨在对青少年学生进行时政教育、爱国主义教育。北京地区发行量50万份。"瞭望杯"时事知识竞赛试题全部来自当年《中学时事报·时事特刊》,"特刊"内容列入历年高考政治科出题范围。

1995年5月，市委教育工委、市教育局联合印发《关于进一步加强和改进中小学德育工作的若干实施意见》,要求运用《中学生时事报》和《对中学生时事广播》开展时事政策教育。

1997年1月1日,北京人民广播电台在每周二7时40分至7时50分播出"天下大事"小学生时事广播节目。该节目由市教委、北京人民广播电台联合举办，开设有"点将台""时事知识竞赛"等专栏。配合该节目的播出，全市各中小学组织学生收听和开展"天下大事"系列时事教育活动。

2000年，市教委要求在中学生思想政治教育中开展"致富思源、富而思进"教育。通过对中学生进行党的路线方针政策教育，树立为祖国繁荣昌盛贡献力量的理想信念；结合国情教育、艰苦创业精神教育，使学生了解中国社会主义现代化建设成就来之不易。

2004 年，市教委要求推进高中阶段学生的时事政策教育，把时事政策教育内容贯穿到思想品德课和思想政治课教学之中，利用广播、电视与媒体，通过橱窗、板报、时事角、校园广播、校园网络等多种途径宣传党的方针、政策和国内外重大时事。以国内外重大节日、纪念日和杰出人物事迹为契机，对学生开展时事政策教育。

2008 年，市教委启动中学生时事讲坛活动，该活动由北京教科院基教研中心承办，从政治、经济、教育等各个层面设计 6 个主题讲坛内容，每月一讲。

（二）“瞭望杯”中学生时事知识竞赛

1984 年，北京市举办第一届“瞭望杯”中学生时事知识竞赛，以后每年举办一次。该竞赛面向全市各区县中学生，旨在帮助学生正确认识国内外形势，养成关心国家大事的良好习惯，激发爱国主义情感，逐步树立正确的政治观点和价值观。至 2010 年，连续举办 30 届，竞赛赛题全部来自当年《中学时事报·时事特刊》，每届评出 60 名一等奖，获奖学生享受中考加 5 分奖励。

（三）中学生年度时事评选

2010 年 10—12 月，市教委、北京青年报联合举办 2010 年中学生年度时事评选活动。12 万名中学生参与投票，评选出“中学生眼中的 2010 年十大新闻”，上海世博会成为年度中学生最为关注的年度时事。活动共收到选票 12 万张，参加中学生年度时事观察员评选的时评稿件 4000 余件。该活动体现三个特征：中学生对生命价值给予较多关注和思考；中学生对时代与社会生活感知具有明显年龄特征；评选结果显示出中学生群体明显成长轨迹。

第二节　德育途径

1991 年，北京市中小学倡导学校、家庭、社会三结合开展德育工作。1995 年，《北京市中小学德育整体化工作纲要》列举八条中小学德育途径：①课程德育，通过开设小学思想品德课和中学思想政治课、时事政策教育课开展德育教育。②在中小学其他各科教学中渗透德育。③共青团、少先队工作。④开展劳动、社会实践。⑤进行校园环境建设 。⑥开展校外教育、家庭与社会教育。⑦开展心理健康教育。⑧组织开展全市性大型教育活动。随着互联网的普及，从 2004 年开始，有组织地开展网络德育。

一、德育课程

（一）课时

1991 年，小学品德课周课时 1 节，初中、高中政治课每周 2 节。

1993 年，小学品德课改为思想品德课，初中、高中政治课改为思想政治课，周课时 1 节。

2004 年，北京市实施教育部《义务教育课程设置实验方案》课程设置，将原有的小学《思想品德》《社会》《生活实践》等课程合并，在小学低年级开设品德与生活课，周课时 2 节，在中高年级开设品德与社会课，周课时 2 节。初中思想政治课改名为思想品德课，毕业年级周课时 2 ~ 3 节，其他年级周课时分别为 2 节。对课程性质界定为“本课程是为初中学生思想品德健康发展奠定基础的一门综合性的必修课程”。

2004 年，高中政治课改名为思想政治课，为必修课，周课时 2 节。

2006 年 7 月，市教委建议中小学利用地方课程课时开设“环境与可持续发展专题教育”“毒品预防专题教育”“预防艾滋病专题教育”和健康教育等课程。

2007 年，普通高中实行学分制，高一年级思想政治 1（经济生活）、思想政治 2（政治生活）占 4 学分。高二年级思想政治 3（文化生活），思想政治 4（生活与哲学）占 4 学分。高三年级为选修课，其中，文科方向至少选修《经济学常识》《国家和国际组织常识》，占 2 学分。

（二）课程标准

1993 年，市教育局转发国家教委颁发的《小学德育纲要》。规定小学德育主要向学生进行以“爱祖国、爱人民、爱劳动、爱科学、爱社会主义”为基本内容的社会公德教育和有关的社会常识教育，培养和训练学生良好的道德品质和文明行为习惯。

同年，国家教委制定《九年义务教育全日制中学思想政治课教学大纲》，该大纲规定各年级不再分列课名，统称《思想政治》。在初中一年级，保留原《公民》课的基本内容，进一步强化以“五爱”为基本要求的社会主义公德教育，增强有关公民的国家观念和公民的权利义务观念的教育。将初中二年级与三年级的“社会发展简史”与“中国社会主义建设常识”两部分内容打通。初中侧重讲授人类社会由低级到高级发展的一般常识，重点进行社会发展史首先是生产发展的历史、生产关系一定要适应生产力的发展是客观规律和社会主义必然代替资本主义的历史趋势的教育，并删减与历史课重复的内容。

在高中阶段，加强马克思主义关于商品、货币、价值规律以及资本主义经济制度的本质及其发展趋势等内容。

1995 年正式颁布《中学德育大纲》，规定中学德育的性质：对学生进行政治、思想、道德和心理品质教育，分为德育目标、德育内容、实施途径、学生品德评定、实施与管理五部分。

1995 年，市教育局印发《北京市进一步加强与改进中学思想政治课、小学思想品德学科教学的意见》。针对长期困扰政治课的教学内容脱离实际、教学观念陈旧、教学方法死记硬背等问题，提出教学要用丰富生动的事实引出结论和有关的观点，不能简单地灌输抽象的概念，要引导学生通过自己的学习和思考提高认识，寻找答案。

初中教学要从学生的实际出发，从激发学生的兴趣入手，调动学生的学习积极性，培养学生的学习兴趣和思维能力。适当举办生动活泼、丰富多彩的教育活动，适当开展课堂讨论。

高中教学要从学生的知识、心理、思想的实际出发，加强对学生分析问题、解决问题和思维能力的培养，针对高中学生人生观、世界观方面的问题，开展生动活泼、注重实效的教育教学。

1996 年，市教委转发国家教委《全日制普通高级中学思想政治课课程标准（试行）》，该“标准”规定以邓小平建设有中国特色社会主义理论为中心内容，以讲述“中国”的政治、经济制度及其建设为主线，构建高中思想政治课教学体系的思路，并通过“识记”“理解”“运用”三个不同层次的要求，明确教师教学应达到的目标。

2001 年，市教委转发教育部《九年义务教育小学思想品德课和初中思想政治课课程标准（修订）》。新修订的《课程标准》强调优化课程结构，调整和充实教学内容；删除“繁、难、偏、旧”的内容；增加“三个代表”重要思想内容；改进教学方法，增强教育的针对性；加强实践教学；充分发挥学生的主体作用，突出创新精神与实践能力的培养。

2003 年，市教委转发教育部全日制义务教育初中《思想品德课程标准（实验稿）》，在部分国家级基础教育实验区实验。该“课程标准”突出思想品德教育的实践性、科学性，坚持素质教育的基本理念，强调思想品德教育的生活化、科学化；坚持综合化的课程形态，从初中学生的认知水平和生活实际出发，围绕成长中的我，我与他人，我与集体，国家和社会等关系，整合道德、心理健康、法律和国情教育等方面的内容。

2007 年，市教委颁布《北京市中小学学科德育指导纲要》，分别对中小学德育课程的定位、德育目标做出规定。

品德与生活课是在小学低年级阶段，以三条轴线和四个方面组成本课程的基本框架（即：儿童与自我、儿童与社会、儿童与自然的三条轴线和健康安全地生活、愉快积极地生活、负责任有爱心地生活、动脑筋有创意地生活四个方面）。课程的总目标明确定位为：培养具有良好品德和行为习惯、乐于探究、热爱生活的儿童。

小学品德与社会课程根据小学中高年级学生社会生活范围不断扩大的实际，以儿童社会生活为主线，加深对自我、对他人、对社会的认识和理解，并在此基础上养成良好行为习惯，形成基本道德观、价值观和初步道德判断能力。

初中思想品德课程旨在促进初中学生正确思想观念和良好道德品质的形成与发展，形成乐观向上的生活态度，逐步树立正确的世界观、人生观、价值观；为使学生成为有理想、有道德、有文化、有纪律的好公民奠定基础。

2008 年，市教委颁布《北京市高中思想政治学科德育指导纲要》。要求高中思想政治课进行马克思列宁主义、毛泽东思想、邓小平理论和“三个代表”重要思想基本观点教育，以社会主义物质文明、政治文明、精神文明建设常识为基本内容，逐步树立建设中国特色社会主义的共同理想，初步形成正确的世界观、人生观、价值观，为终身发展奠定思想政治素质基础。

（三）教材

1992 年，北京市作为国家教委实验思想政治课改革的省市之一，自编初、高中 6 个年级试用的全套教材和教学参考书。

同年，市教育局完成北京市在中小学历史、语文、地理、中学思想政治课等学科中加强“两史一情”教育纲要的实施意见和思想教育要求的编写工作，在中学地理学科编写初高中国情教育补充教材和参考资料供教学中参考使用。

1995 年春季，市教育局编写《中华传统美德》实验教材，在东城区、朝阳区和昌平县近百所小学高年级和初中一年级进行课堂教学实验。

1998 年 9 月至 1999 年 7 月，市教委承担小学思想品德课新教材的实验工作。该实验教材由原国家教委小学思想品德课和中学思想政治课教材编委会编写，分单册和双册二种，北京 13 个区县部分学校 329 个教学班参加实验。

1998 年 9 月，高中各年级使用由小学思想品德课和中学思想政治课教材编写委员会依据十五大精神和《全日制普通高级中学思想政治课课程标准（试行）》编写的新教材；初中全部使用由小学思想品德课和中学思想政治课教材编写委员会依据十五大精神和《九年义务教育小学思想品德课和初中思想政治课课程标准

（试行）》编写的新教材（试用本）。停止使用由国家教委中学思想政治课教材编写组依据《全日制中学思想政治课教学大纲（试用）》编写的初中和高中思想政治课教材。

2003年9月，各中学使用根据党的十六大精神修订的中学思想政治课教材。

2008年秋季开学，高中思想政治课使用根据党的十七大精神修订的教材，同时要求进行党的十七大精神教育，避免空洞、抽象和成人化。

2009年，北京市中小学《品德与生活》《品德与社会》《思想品德》课使用人教（京）版教材。北京市课改实验区中小学《品德与生活》《品德与社会》《思想品德》课使用首都师范大学版教材。部分学校选用自编校本教材。

同年《北京市中华传统文化教学用书（实验本）》《北京情 中国心》小学、初中系列读本作为地方课程配套教材，在全市中小学使用。

2010年6月，市教委将2008年奥运会和残奥会、国庆庆典、大型音乐史诗复兴之路等重大活动制作成光盘，免费发放至每一所中小学校，作为学校德育重要内容。

二、学科德育渗透

1991年，市教研部开展中小学各学科德育研究工作，提出寓德育与各学科教学中的原则、内容、方法和途径。

1995年，《北京市中小学德育整体化工作纲要（试行）》规定，中小学各学科教学要充分挖掘教材中的德育因素，按各学科自身的教学特点，寓德育于各科教学内容和教学过程之中，各科教师要教书育人，全体教职工要为人师表。

2001年，市教委制订《中小学学科教学渗透德育工作规划》。

2005年，市委教育工委、市教委印发《加强未成年人思想道德教育工作行动计划（2005—2010年）》，要求中小学校充分挖掘各学科课程中的德育资源，加强对德育课程标准的深入学习，创造性地实施课程、开发资源，研究解决课程内容、教学方式与学生生活实际联系不够紧密的问题，把爱国主义教育、革命传统教育、中华传统美德教育和民主法制教育有机统一于课程之中，采用学生喜闻乐见、生动活泼的教学方式。

2007年，市教委印发《关于进一步加强中小学学科教学中德育的工作意见》，提出：中小学文科类课程，教学内容蕴涵着丰富的历史与人文、思想与政治等教育内容，要充分利用学科固有的德育因素，通过教师发挥学科优势，有效的课程设计和教学组织环节，使学生广泛了解中外历史与文化，感受改革开放的伟大成就，增强民族自豪感和自信心，并形成积极的情感和价值观。中小学理科类课程要根据学科的特点，进行辩证唯物主义世界观、方法论的教育，进行科学精神、科学方法、科学态度的教育。艺术、体育类课程要针对学生喜欢文化、体育类课程和活动的特点，在艺术、体育教学活动中增强教育的感染力、吸引力，潜移默化地传授先进文化，陶冶学生情操，激发学生热爱生活、美化生活的情感，培育以爱国主义为核心的伟大民族精神。信息技术类课程，要突出网络道德教育，帮助学生抵制不良信息，提高网络免疫能力。

同年，市教委颁布《北京市中小学学科德育指导纲要》。其中，小学学科德育指导纲要包括小学品德与生活、品德与社会、语文、数学、英语、科学、音乐、体育、美术、劳动技术、中小学信息技术、中小学综合实践活动 12 个学科；初中学科德育指导纲要包括初中思想品德、语文、数学、英语、物理、化学、生物、历史、地理、音乐、体育、美术、劳动技术、中小学信息技术、中小学综合实践活动学科德育指导纲要 15 个学科。

《学科德育指导纲要》规定各学科德育范畴。根据各学科课程目标的要求，阐释该学科德育的总体目标和主要内容要求，对新课程各学科教育目标进行分析、梳理和提炼。

初中英语学科德育范畴为：爱国主义、集体主义和民族精神，国际视野和跨文化意识，热爱自然、保护环境，健康人格、文明行为等，提高学生跨文化的理解与交际能力。

中学物理学科德育范畴为：辩证唯物主义、爱国主义、科学态度、科学方法、积极健康的个性品质等，培养学生利用科学为人类造福的社会责任感。

《学科德育指导纲要》制定中小学各学科德育的主要内容、德育目标及教学建议。着重分析、把握每一部分教学内容承载的德育内容及德育目标，并提出教学活动及教学建议。

《学科德育指导纲要》推出各学科德育教学案例及评析，列出具有一定代表性的学科德育成功案例，并从德育实施策略、效果等方面进行评析。

2008 年 11 月，市教委制定《高中新课程各学科德育指导纲要》，内容包括高中语文、数学、英语、物理、化学、生物、历史、地理、思想政治、音乐、体育、美术、信息技术、综合实践 14 个学科。针对每个学科的知识点，制订德育目标以及教学活动建议。

如：高中语文课程德育的基本内容包括四个方面。第一，培养学生爱国主义情感。第二，培养学生热爱祖国语言的情感。第三、培养学生珍爱自然、热爱生活的感情。第四、培养学生健全的人格，为学生在社会中更好地生存奠定基础。

语文课程的德育内容细化为：热爱祖国，热爱家乡，热爱祖国语言，热爱自己的事业，热爱科学，热爱生活，热爱自然，注重亲情，注重友情，勤奋进取，感悟人生，传承文化，维护世界和平，尊敬师长，善待生命，具有社会责任感等。

三、团队活动

1991—2010 年，北京市将共青团、少先队纳入学校德育工作整体布局，充分利用法定节日，传统节日，重大历史事件纪念日，革命领袖、民族英雄、杰出名人等历史人物的诞辰和逝世纪念日，以及未成年人入学、入队、入团、成人宣誓等有特殊意义的日子，集中开展未成年人思想道德教育实践活动。

截至 2010 年年底，全市共有少先队员 719 056 人，其中小学少先队员 554 114 人，初中少先队员 119 739 人，打工子弟学校少先队员 45 203 人。

（一）主题活动

1992 年，市教委、团市委等单位联合开展“社会主义好”主题教育活动。各级少先队组织带领少先队员通过读书、读报、听广播、看电视、走访革命老人、逛北京看变化等活动，了解社会主义建设和改革开放的成就。

1993 年 12 月，在毛泽东诞辰 100 周年之际，市少工委与西城区教育局团委在毛主席纪念堂主办“首都少先队寻伟人足迹，做新时代小主人”主题队会。

1994 年，团中央、全国少工委出台《跨世纪中国少年雏鹰行动计划》，市少工委制定《北京市小学少先队雏鹰奖章实施细则》。《细则》以争戴“雏鹰奖章”为鼓励手段，将“雏鹰行动”的四项主导性教育活动(“五自”训练活动、手拉手互助活动、启明星科技活动、文体百花园活动)的内容和要求，具体化为按年龄阶段、自身特点进行自我训练的若干个小目标，使少先队员在队组织、队员、辅导员、家长的帮助下，定期进行大、中、小队及个人的群众性自我评价及表彰，从而形成“进步—鼓励—再进步—再鼓励”的良性循环机制，提高少先队员自我教育的主动性和自觉性。

市少工委重点进行“必修章”指导工作,区县少工委重点进行本地区“特色章”指导工作。全市少先队员参与雏鹰奖章活动率达到 100%，市少工委向全市少先队员颁发《雏鹰争章达标手册》30 万册，颁发市级雏鹰奖章 20 万枚。60% 以上的区县向少先队员颁发独具特色的争章手册，全市 15000 名少先队员首获市级雏鹰奖章。1996 年，在全国少工委组织的“全国雏鹰五自知识竞赛”中，北京代表团获得总分第一名。

2001 年，市少工委开展“星光自护行动”和“暑期星光自护夏令营”，该活动旨在提高青少年法制意识、安全意识和自我保护能力。共有 700 名中小学生参加活动。截至年底，全市共有 5000 余名中小学生系统地学习“星光青春保护行动”课程，近 10 万名中小学生接受自护教育，近百所中小学校邀请自护教育专家开展自护教育讲座。2002 年 7—8 月，市未委会办公室、市少工委、北京市星光青少年素质教育培训中心联合举办 2002 年度“暑期星光自护夏令营”，夏令营共举办五期，近 700 名中小学生参加活动。

2001 年 6 月 1 日，市少工委在天安门广场举行“党在我心中”主题队会，1 万余名少先队员参加站少年先锋岗、入队宣誓、瞻仰人民英雄纪念碑等活动。

2003 年 7 月 13 日，团市委、市少工委举办“告别生活陋习，争做文明少年”主题教育活动推进会。活动旨在加强对中小学生在防治非典时期的教育和引导，丰富孩子们放假在家期间的文化生活。该活动以“平安在家”为主题，以“读一本好书、学会一项家务、坚持一项体育锻炼、养成一个卫生好习惯、学会一个在家学习好方法、写一封给一线医护人员的慰问信”（“六个一”）为主要内容。

2004 年 7 月 5 日，团市委、市少工委举行“北京市中小学生暑期健康文化‘六个一’活动”启动仪式，内容包括号召、组织广大中小学生积极参加一次主题团队日、读一本好书、上一个健康的网站、看一部健康的电影、参加一次社区团队活动、参加一次社区公益活动。

2005 年 3 月 9 日，团市委、市少工委共同主办的“文明我先行、快乐伴成长”北京青少年文明礼仪宣传教育实践活动启动。先后开展以争创“五小文明、六个先行”为主题的“校园文明主题教育活动”“快乐礼仪课堂”和“文明礼仪校园行”活动，“童眼看文明”“青少年文明新礼仪”北京青少年文明摄影作品和征文等主题教育活动。

2007 年 1 月 26 日，由团市委、市少工委主办，朝阳团区委、区教工委、区教委承办的全市中小学生“微笑北京——和谐文明过春节”主题宣传教育活动启动仪式在朝阳区新源里四小举行，内容包括开展形式多样的微笑传递活动；手拉手新春送温暖主题活动；平安辞旧岁——中小学生平安行动；“三个一”文化春节主题活动；开展“节约资源、和谐家庭”活动等。

（二）首都少年先锋岗

1986 年创办，由团市委、天安门地区管理委员会、市少工委联合举办，旨在对首都少先队员进行爱国主义、集体主义和革命英雄主义教育。自活动开展以来，先后有30万名少先队参加活动，接受主题教育。2003年，受非典型肺炎疫情蔓延的影响，暂停此项工作。2006年，首都少年先锋岗工作重新启动。自2006年起，每年4月1日开始，至10月31日结束，来自全市16个区县的5000名优秀少先队员站岗。

四、校园环境、文化建设

20世纪80年代末，北京市在中小学校开展贯彻“双规”、落实“四校”活动（“双规”即《中学生日常行为规范》《开展十项教育活动的规定》，“四校”即校规、校训、校服、校歌）。到1991年，全市所有中学均有校规、校训，80%的学校有校歌，城镇以上学校均有校服。年内，市教育局确定11所贯彻“双规”文明校和10所落实“四校”工作先进校。

1995年，市教育局制订《北京市中小学校园环境管理的实施意见》和《北京市中小学校园环境管理评价标准》，指出校园环境包括物质环境和精神环境两部分，物质环境是指基本设施、绿化美好；精神环境是指校园精神、校园文化、校园风气，包括严格执行升降国旗制度，升降国旗仪式规范；国旗合乎规格，无破损，无污迹，旗杆直立，位置适宜，校长室、会议室摆放国旗，教室悬挂国旗。在校园或教室内适宜位置悬挂领袖像和名人画像，张贴中华人民共和国地图和世界地图，张贴《中（小）学生守则》《中（小）学生日常行为规范》《北京市中小学生礼仪常规》等内容，并提出建设区县级和市级校园环境示范校标准，在部分学校试点。

市教委通过校园环境建设观摩学习活动、命名市级校园环境示范校、召开示范校现场会、经验交流会等多种方式推进校园环境建设。

1998年，全市60%的中小学校校园环境基本达标，其中，40所中小学校被评为市级校园环境建设示范校。示范校的共同特点是：学校领导重视校园环境建设，有总体规划和分步实施计划，并保证资金支持，校园环境建设与学校日常工作相结合、与爱国主义教育主题相结合、与学校的美育工作相结合，改变只抓绿化美化轻视文化建设的状况，注重发挥教育景点和景区的实效性。

至2003年3月，北京市共评选出区县级环境示范校500所，命名五批203所市级环境示范校。全市中小学全部达到校园环境管理评价标准。

2006年，市教委对中小学校园文化建设提出要求，中小学校园文化建设要体现北京特色、地区特点和学校办学理念。各区县要引导学校校园文化建设向内涵和特色方向发展，通过班歌、校训、校徽、校史等体现学校特有的办学理念。将学生喜欢、有特色、教育意义强的校园文化活动形成制度。

2007 年，市教委组织“走进西城”文化交流活动。活动以北京市爱国主义教育基地、校园环境建设示范校鲁迅中学作为主会场，通过举办“西城学校文化建设特色”展览，设置“十个主题教室”“一个德育工作坊”“一个主题活动区”动态教育主题等展示西城区学校文化建设成果。

五、家庭教育

1991—2010 年，北京市先后制定“中小学家庭教育大纲”，组织评选先进家长学校和表彰优秀家长活动。1994 年始，开展全市性“家庭教育指导行劫”。1997 年起，市教委、市妇联等单位先后制定北京市家庭教育工作“九五”“十五”“十一五”计划,印发评估实施意见和评估标准体系,进行检查验收。1999 年，北京市家庭教育研究会、北京市紫禁杯教育奖励基金管理委员会联合主办的《当代家庭教育报》创刊，主要宣传新的家教思想、家教方法、家教形式和工作经验等。2002 年，市教委印发 5 个指导家庭教育的文件，进一步推动家庭教育工作健康发展。2006 年 9 月，市教委等单位颁布《北京市中小学家庭教育大纲（试行稿）》，作为家庭教育的纲领性文件。

（一）家庭教育指导行动

1994 年，在市家庭教育学会会长陶西平倡导下，推出北京家庭教育指导行动，每年提出一个主题，增强家教工作的针对性、可操作性和实效性。

北京家庭教育指导行动主题 1994 年:培养下一代孝敬父母,礼貌待人。1995 年:培养孩子自理、自强。1996 年：勤劳节俭。1997 年：学会关心，举止文明。1998 年：保护自信、培养自信。1999 年：鼓励探索，培养创新精神。2000 年：鼓励动手，培养孩子的实践能力。2001 年:热爱大自然，做环保卫士。2002 年:学会尊重，善于沟通。

（二）家长学校

1994—1997 年，市教委、市妇联、市家教研究会和家庭教育报分年度分别举办“百名好家长”“百所优秀家长学校”“百个文明家庭”“百名热心家庭教育工作的好校长”表彰活动。

2000 年，北京市家长学校覆盖率达到 85% 以上。市教委、市妇联对 18 个区县落实全国和北京市《“九五”家庭教育计划》的完成情况进行验收检查，评估组认为 18 个区县全部达到国家和北京市的指标。

2006年9月，市教委等单位颁布《北京市中小学家庭教育大纲（试行稿）》。明确家庭教育的主要任务是培养社会主义事业建设者和接班人。家长（监护人）应培养和提高孩子的思想道德素质、科学文化素质、劳动技能素质、审美素质和生理、心理素质，培养孩子的创新精神和实践能力，重点对孩子进行思想品德教育，养成良好的行为习惯。

小学阶段家庭教育的主要内容是思想品德教育、科学文化教育、劳动技能教育、审美教育、生理、心理教育。教育孩子养成衣、食、住、行等方面良好的生活习惯，提高健康水平，养成刻苦锻炼、强健体魄的习惯。培养孩子自尊、自信、勇敢坚强、不怕挫折和活泼开朗的良好个性品质。帮助孩子正确认识自己，努力与他人建立和谐关系。

中学阶段的主要内容是开展思想道德教育、科学文化教育、劳动技能教育等五个方面的教育。

2008年，市教委开通北京市中小学网上家长学校。该网站开设“专家家庭教育视角”“名校长谈家教”“优秀班主任直通车”“成功家教方略”“家长影响我成长的一件事”等栏目。从不同角度交流家庭教育方法与技巧，探讨家庭教育、学校教育相互配合、有效衔接途径。

（三）家长教师协会

2005年，北京市开始在门头沟区试点建立以班级为基本单位、由家长自荐或选举、与班主任和任课教师共同组成的家长教师协会，旨在增进家长间的团结互助，促进家长与教师的相互交流，让家长主动参与班级的教育管理，协助班级开展教育活动。

试点工作为期3年，鼓励各级各类学校在班级、年级和学校建立家长教师协会，建议家长不再以个人的身份参与学校班级的教育管理，而是通过加入家长教师协会组织，成为家长教师协会的会员，积极参与学校教育，探索学校主导、家长参与的家校沟通新途径。2005年至2006年，该区确定试点学校和试点班级，建立班级家长教师协会，成立执委会，制定章程，开展工作。2006年至2007年，试点学校所有班级建立家长教师协会，委员由家长、班主任和任课教师共同组成，家长委员自荐或选举产生。根据需求分层次建立年级和校级组织。校级家长教师协会定期召开理事会议，学校通报管理现状、师资队伍、学生成长状况，听取理事的建议。2007至2008年，总结小学阶段家长教师协会建设经验，重点推进初中和高中家长教师协会建设工作。三分之二以上学校建立该组织，成立区家长教师协会。至2008年年底，北京市共有210所学校成立家长教师协会。

2007—2010 年，北京市多次召开试点工作专题研讨会，通过总结、观摩、宣传门头沟区试点经验，在全市各区县确定试点学校，扩大试点范围，逐步建立区级组织。同时，通过评选优秀论文、建设网站等鼓励区域内研讨交流，并确定门头沟、西城等 9 个区县的 11 所学校（中小学都有）为重点实验区和实验校，成立项目研究领导小组，以课题研究的方式推进家长教师协会工作。

六、社会实践活动

（一）公益活动

1991—1997 年，中小学生公益活动主要包括种植“跨世纪人才林”，组织少先队升旗小分队在全市各地参加升国旗仪式、开展红领巾禁放烟花爆竹行动等。

1998 年 4 月 21 日，市教委制定《关于加强和规范我市中学生参加社会公益服务劳动的若干意见》，要求各区县教委、教育局安排适龄青年在成年预备期内参加 48 小时以上的自愿服务社会实践活动。各区县参照西城区教育局的做法，制订本区县成年教育实施方案。同时，对学生进行社会公德教育，增强学生参与意识，培养学生社会责任感和为人民服务思想。

2001 年 2 月，全市各区县少先队员利用假日开展“还母亲河一片绿色”环保宣传活动。全市 20 多万名少先队员以少先队中队或雏鹰小队为单位，走上街头，通过广播、发放宣传品、制作宣传板报、街头讲解以及开展环保知识竞赛等方式进行环保宣传。

2004 年，市教委规定：社会实践总时间“初中学生一般每学年不少于 20 天，普通高中学生一般每学年不少于 30 天”，小学生低年级学生实践活动以校内外有计划的活动为主，以学校和家庭为主要实践场所，重在体验；小学中高年级和初中学生的社会实践活动包括社会调查（含参观访问）、公益劳动、国防教育、社区服务、科技文体活动等，以社区和基地为实践阵地；高中阶段的实践活动包括研究性学习、军事训练、生产实习、志愿者活动、勤工俭学等，实践活动以工厂、农村、军训基地等社会单位为依托。

同年，启动“社区青少年道德实践工程”，举行“首都少年手拉手活动”“来京务工人员子女科普教育活动”“我们共成长”等活动。

2010 年 3 月，团市委、市青联、市志愿者联合会共同推出“捐献一瓶水，奉献一份爱”活动。动员共青团员、少先队员和社会各界爱心人士向贵州和云南干旱地区捐款捐水。共收到抗旱捐款 1126.64 万元，接收捐赠饮用水 27 万余瓶。5 月，团市委、市水务局、市环保局等单位联合举办“每天节约一杯水”首都青少年节水公益行动暨北京节水展馆二期开馆仪式。中学生代表向全市中小学生发出倡议:“每天节约一杯水”。把节约用水变成每一个人的自觉行动。活动历时一年。

（二）“我爱北京、我爱博物馆”系列活动

1992 年 12 月，市教育局、市文物事业管理局举办“我爱北京、我爱博物馆”中小学生文物知识征文比赛。至 2010 年，每年举办一届主题活动。该活动从最初单纯的征文发展成为集书法、绘画、摄影、参观、社会调研等多项活动为一体的系列活动，全市中小学生普遍参加活动。

（三）志愿服务教育

1996 年，市人大常委会通过《关于在十六周岁至十八周岁未成年人中开展成人教育的决议》，规定 16 ~ 18 周岁的中学生在参加成人宣誓仪式前，要参加 48 小时的志愿服务。志愿服务主要是组织 16 ~ 18 岁未成年人参加社会公益劳动，使他们在实践中增强对国家、对社会、对家庭、对他人的责任感。

同年，北京市成立成人预备期志愿服务队，开展中学生成人预备期志愿服务。成人预备期志愿服务活动寓教育于服务之中，成为教育中学生的有效载体。每年集中组织青少年在重点区域开展植树造林、沙漠治理、水污染整治、清除白色垃圾等环保志愿服务活动。“九五”期间，参加绿化活动的青少年达 600 多万人次，共植树 3000 万棵，种草 740 万平方米，种花 2100 万株，开辟回归纪念林、民族团结林等 20 多个，其中重点城区参与率实现 100%。

北京奥运会期间，北京 2008 奥林匹克教育示范学校、“同心结”学校、各区县中小学普遍开展传播奥林匹克知识、宣讲文明礼仪、双语导游服务等志愿服务活动。各种志愿者团队达到 1000 多个，其中，西城区校级志愿者团队 20 个，中小学生注册志愿者达 23000 多人，教师 2000 多人。

2009 年，市教委印发《中小学开展志愿服务精神教育，建立志愿服务活动长效机制的实施方案》，指导各区县和中小学校有效开展志愿服务教育活动。

（1）目标：通过开展志愿服务精神教育、组织志愿服务活动，宣传志愿服务理念，使学生从小培养志愿服务的意识，获得志愿服务的基础知识和基本技能，倡导社会主义核心价值观，做良好社会道德风尚的传播者、实践者。

（2）工作原则：志愿服务教育引导学生坚持自愿、无偿、利他的原则。

（3）内容：实施方案结合不同年龄段学生的实际特点，设定相适应的志愿服务教育内容和实践内容。小学低年级学生侧重了解志愿服务的知识，从小学高年级到高中，学校结合区域实际、学校实际和学生特点，使每个学生都有相对固定的志愿服务岗位，鼓励学生在校期间参加一定的志愿服务活动。

（4）途径：课内外结合，校内结合相关课程和《手册》内容，了解志愿服务的内容、知识和流程，校外与所在学校、社区的需求相结合，不断拓展志愿服务的渠道和平台，与学校社会服务的功能相结合，发挥优势，注重特色，形成校内外衔接互动、各部门协调配合的工作格局。

（5）教材：自 2009 年开始，市教委委托北京教科院基础教育教学研究中心组织编写《中小学生志愿服务手册》。中心组织专家编写《学做志愿者》（小学）《践行志愿者》（中学）初稿。自 2010 年，西城、昌平、东城、海淀、丰台、石景山、大兴、密云等区县以《手册》为切入点，引导全市中小学校有步骤、分阶段开展项目实验与推进工作。

（四）中小学生社会大课堂

2008 年，市委教育工委、市教委启动市中小学生社会大课堂工作并设立北京市中小学生社会大课堂管理办公室。社会大课堂由市教委联合市委宣传部等 12 个委办局共同开展，旨在整合利用社会、经济、历史、文化、教育、科技等资源，以组织学生社会实践和资源课程为抓手，搭建学校教育与社会教育、学生校园生活与社会生活相连接的平台。办公室设在北京学生活动管理中心，承担全市中小学生社会大课堂资源单位统筹、工作指导、支持推动职责，负责社会大课堂资源单位认定、评估交流和日常管理、全市主题活动组织等工作。启动仪式在首都博物馆举办。宣布首批 481 家资源单位面向全市中小学生开放，介绍活动项目、优惠方式、预约、乘车路线等信息，开通社会大课堂网站，向山区学校学生和全市中小学班级发放《北京市中小学生社会大课堂指南》。市教委等单位通过召开工作会、调研、建立资源平台、工作交流会、实施“牵手计划”（为农村山区学校和城区打工子弟学校学生走进城市社会大课堂创造机会和条件）等多种方式推进社会大课堂工作。

至 2010 年年底，北京市实现中小学生社会大课堂三年建设计划预期目标。在统筹协调整合资源方面，根据学校教育教学需要，2008—2010 年，市、区两级共开发整合社会大课堂资源 1260 家，其中，市级整合资源 545 家、各区县积极自主开发资源 715 家，各区县形成各具特色的社会大课堂资源地图。在课程研发方面，建成 100 家社会大课堂教学实验基地，在资源单位形成涵盖中小学 27 个学科、内容丰富的社会大课堂课表，开发课例 2000 余节。同年，旨在推动农村中小学生和打工子弟走进城市社会大课堂“牵手计划”获得市政府创新创优项目称号，社会大课堂课程资源开发成果获得教育部首次基础教育课程教学成果一等奖。

七、数字化德育

自 2004 年起，全市中小学全面开展德育信息化建设。10 月，北京市中小学数字德育网开通。该网站是北京教育信息网二级网站，由市教委设计，各区县教委组织实施，面向全市学生提供心理、法律咨询服务，面向全市教育工作者开展工作交流。

从 2005 年起，市教委每年举办一次中小学数字德育“网上夏令营”活动。2006 年，为推动区县级数字德育平台建设和中小学校德育网站网页建设，评选出 43 个区县、学校优秀德育网站网页。

2006 年 9 月，“北京市中小学数字德育”平台家庭教育栏目开通。家庭教育栏目开设家长学堂、成长乐园、互动天地等 5 个版块，并设置专家支招、父母聊吧、亲子园等 10 个二级栏目。

2008 年，市教委开通北京市中小学网上家长学校。家长网校开设专家家庭教育视角、名校长谈家教、优秀班主任直通车等栏目，从不同角度交流家庭教育方法与技巧。

2009 年 7 月 11—31 日，市教委举行北京市中小学数字德育网上夏令营开营仪式暨“珍爱生命，安全第一”专家答疑视频互动活动。活动邀请教授、专家与现场中小学生进行答疑、互动交流。

2007—2010 年，市教委着力建设沙燕心理网、数字博物馆、班级博客联盟等网络阵地，让网络成为学生成长、发展的重要空间。

八、大型主题教育活动

从 1990 年开始，市教委、团市委等单位联合开展全市性主题教育活动，至 2010 年连续开展 20 年。主题教育活动每年根据不同的社会形势，围绕一个青少年最为关注及对社会影响深远的问题，以爱国主义为主旋律，以重要纪念日重大活动为线索，以回顾历史和展望未来为主要内容，对青少年进行历史教育、国情教育和形势教育，形成有计划、成规模、脉络清晰的教育活动。

（一）“我爱神州”主题教育活动

1990 年，市教育局、团市委和北京青年报社以爱国主义为主题开展“我爱神州”国情教育活动。组织专家学者，组成“国情教育”理论研究组，整理 5 万字适合青少年阅读的通俗辅导材料，在《北京青年报》刊发 10 期专版，利用 3 个月时间，分专题介绍中国的自然、政治、历史和文化的国情。在广泛宣传教育和组织青少年读报学习的基础上，在全市范围内开展国情知识竞赛等活动。

（二）“党在我心中”主题教育活动

1991 年，为迎接中国共产党成立 70 周年，市教育局、团市委、北京青年报社以读报知识竞赛为基本形式，通过开展系列教育活动，引导青少年进一步了解党的历史，认识党的性质、宗旨，学习党的知识，坚定跟党走的信念。参加活动总人数达 30 万人。

（三）“社会主义好”主题教育活动

1992 年，市委教育工委、团市委、市委宣传部等 14 家单位联合开展“开展社会主义好”主题教育。活动从 2 月开始，到 7 月结束，分 10 个教育专题展开。全市 80 万名青少年参加活动。

（四）“改革潮”主题教育活动

1993 年，团市委等单位开展以邓小平建设有中国特色社会主义理论为指导，以展示改革开放 15 年伟大成就为基本内容的“改革潮”读书和知识竞赛活动。全市 140 万青少年参加活动。

（五）“中华民族传统美德”主题教育活动

1994 年，为继承和发扬中华民族传统美德，促进青年自身道德素质的提高，市教育局、市委宣传部、市委组织部、团市委等单位联合在全市青少年中开展“中华民族传统美德”主题教育活动。发行《中华优良道德传统教育读本》30 多万册，作为中小学生教材。同时举办“中华传统美德读书读报知识竞赛”，全市 10 余万青少年参加活动。

（六）“忆百年史，激爱国情，立强国志”主题教育活动

1997 年，围绕香港回归祖国事件，开展“忆百年史，激爱国情，立强国志”主题教育活动。活动历时 5 个月。全市近百万名青少年参加活动，近 8 万人参加《北京青年报》主题教育答卷活动。大中小学组织诗歌演唱、征文演讲，部分学校开展与香港青少年通信及联谊活动，中小学“回归教育”进课堂、教材和课时得到保证，全市几万名大中小学生参加迎香港回归庆典活动。

（七）“跨世纪——我们与祖国同行”主题教育活动

1999 年是北平和平解放 50 周年、五四运动 80 周年、新中国成立 50 周年、澳门回归祖国等重大纪念日。市委宣传部等单位在全市青少年中开展“跨世纪—我们与祖国同行”大型主题教育活动。各级团组织、少先队组织开展读书读报、知识竞赛、报告会、图片征集展览、征文演讲、主题团队会、参观青少年教育基地、制作专题片等系列活动。

（八）“永远跟党走”主题教育活动

2002年，市教委、团市委举办“永远跟党走”主题教育活动，推出主题教育读本——《绚丽的青春》，在《北京青年报》上刊登“永远跟党走”主题教育活动竞赛试题和党团知识竞赛试题，团员青年积极参与答题。在北京青年宫举行“红色七月革命题材影片展映月”活动，共放映影片22部44场，全市近万名青少年免费观看影片。

（九）“文明礼仪耀京城，志愿服务迎奥运”教育活动

2005年，市教委、团市委以“文明礼仪耀京城、志愿服务迎奥运”为主题开展全市性青少年主题教育实践活动，推进“北京青少年2008素质工程”。

（十）“弘扬民族精神，承担社会责任”主题教育活动

2006年，市教委、团市委以“弘扬民族精神，承担社会责任”为主题，在全市中学生中开展参观一次爱国主义教育场所、参加一次社区志愿服务活动、为回报父母长辈做一件实事活动。

（十一）“我与祖国共奋进”主题教育活动

2007年，市教委、团市委以“我与祖国共奋进”为主题，以建军80周年、建团85周年、香港回归10周年、红军长征胜利70周年等重大节日、纪念日为契机，开展青少年主题教育和学习实践活动，加强青少年理想信念教育和社会主义荣辱观教育，帮助青少年树立正确的世界观、人生观、价值观。

（十二）“微笑北京 奥运先锋”主题教育活动

2008年，市教委、团市委以北京奥运会、残奥会举办为契机，开展“微笑北京 奥运先锋”主题宣传教育活动。该活动以报告会、理论研讨、社会实践、参观学习、文艺展示、知识竞赛等方式，组织青少年开展理论学习实践活动，引导广大青少年关注、感受我国改革开放30周年取得的伟大成就，激发广大青少年的爱国主义精神，激励青少年和志愿者为祖国争光、为奥运添彩。

（十三）“我爱我的祖国”主题教育活动

2009年，市教委、团市委开展“我与祖国共奋进”主题教育实践活动和“迎国庆、讲文明、树新风”活动。全市中小学围绕“我爱我的祖国”主题，组织百校爱国主义教育成果展、校校唱响国歌、走进社会大课堂等教育活动。

第三节 德育师资

1991—2010年，北京市通过定期举行班主任培训班、优秀班主任报告会、专

题研讨会、征文、案例交流、组织政治教师外出考察等形式，为思想品德教师和班主任提供学习、成长的平台。通过开展优秀班主任评选活动、班主任基本功展示等方式，提高德育工作者业务水平。

一、德育教师

1984—2010年，北京市连续27年拨专项经费组织中学政治骨干教师外出考察。市教委加强政治教师外出考察全过程的管理，制订考察计划、确定考察人员，从动员培训到组织实施、撰写考察报告、进行考察总结逐项严格要求，认真把关，为政治教师理论联系实际，教书育人创造条件，共同提高德育课程教育教学水平，提高考察工作的实效性。

从1991年起，北京市定期举办以中学思想政治课教师为主要对象的报告会，帮助中学教师及时了解党的方针政策和国际国内形势的变化。

2004年，市教委建立德育教师系列报告会制度。每季度举行一次。

自2005年起，通过市、区县和学校三级培训，对全市中小学专职德育队伍进行全员培训。培训分为德育干部培训、班主任培训、心理健康教师培训和德育课程教师培训四大类别，分为全员培训和骨干培训两个层次。其中，德育干部培训包括教育行政部门的德育管理干部培训和中小学校主管德育的校长、教导（政教）主任、团队干部培训。所有参训人员完成不少于40学时的集中学习。

培训内容分通识类课程和专业类课程两部分。专业类课程包括本岗位德育工作面临的新形势、新特点与新任务，本岗位德育工作的管理与创新，本岗位德育工作的研究与实践等5方面。

2004—2007年，市、区县共培训班主任2.8万人次，200多名德育副校长、骨干班主任完成市级高级研修培训，中小学900余名心理健康教育指导教师经市级培训上岗，初步实现全市每所中心小学以上中小学有一名经过培训的心理健康教育指导教师的目标。

2005年11月，市教委举办中小学德育工作观摩交流周。该活动集中展示、研讨政府行为到位、全员育人、高中德育、品德偏差生教育4个专题，形成高中学校加强学生思想道德教育工作16条建议；推出课程德育观摩交流课，并将课例光盘发至2300所中小学；推出8个做好严重不良行为学生教育转化工作的经验。全市2000人次参加活动。

从2008年起，市教委举办校长德育论坛。论坛以“育人为本，德育为先，把立德树人作为教育的根本任务”为主题，听取三所学校校长专题发言，并就德育工作的方式方法等问题开展交流。

从 1991 年开始，市教育局在中小学教师中宣传《中小学教师职业道德规范》，开展多种形式的师德教育活动。

1995 年，市教育局举办《丁榕、赵亚玲班主任事迹展览》。

1997 年，市普教系统开展以“树、创、献”为载体的师德群体建设系统活动。其中，海淀区开展向杜丽丽学习活动，东城区开展师德评价活动，崇文区开展校级干部评选“师德建设先进带头人活动”。

2001 年，中小学开展职业道德、职业责任、职业纪律和敬业精神教育，宣传杜丽丽、冯长根、孙维刚、王希富、屠舜耘等一批先进典型。

2006 年 6 月，胡锦涛给北京大学孟二冬教授女儿回信，对孟二冬教授学识魅力和人格魅力给予高度评价，北京市采取一系列政策和措施，加强师德建设。

（1）坚持教育为主，加强师德教育。每年举办一次“师德教育宣传月”以及日常学习和教育等活动，促进教师自觉遵守《中小学教师职业道德规范》，坚持社会主义教育方向，全面贯彻党的教育方针，树立先进教育理念，推进素质教育，提高教师职业道德水平，努力建立新型师生关系。

（2）坚持典型引领，宣传和表彰先进。在三年一次的全市教师和教育工作者表彰奖励中，各校通过评选“师德标兵”“教书育人奖”“青年师德先进个人”“我爱我师——我心目中最爱戴的老师”等，激发教师教书育人的热情。每年表彰德才兼备的优秀教师，突出表彰和奖励师德先进人物和事迹，先后组织王选、孟二冬、毛二可等师德典型和先进教师报告会，宣传模范教师的先进事迹。

（3）加强教师行为规范的考核和监督。完善教师资格认定和新教师聘用制度，把思想政治素质、思想道德品质作为必备条件和重要考察内容。建立师德考评制度，将师德表现作为教师年度考核、职务聘任、派出进修和评优奖励依据。将师德建设作为学校办学质量和水平评估的重要指标。对有严重违反师德规范行为的教师，坚决严肃处理。

二、班主任队伍建设

（一）培训

1992 年，北京市教育学会班主任研究会、《班主任》杂志社聘请部分德育研究人员和优秀班主任编写《小学班主任培训必读》《中学班主任培训必读》。全书对班主任的职责、班集体建设，班主任工作评价等进行阐述，为全市中小学校各配备一本。

1995年，市教育局组织开展《我的一次家访》征文活动，收到各区县推荐的征文几百篇。经过优选，在“教师节”举办征文演讲会，并编辑《我的一次家访》征文集，印发各中小学班主任使用。同时，举办“丁榕、赵亚玲班主任事迹展览”。来自各区县中小学及部分外省市班主任5000多人次参观展览。市教育局将展览内容摄制成录像带，作为各学校培训班主任教材。

1997年，市教委在全市中小学荣获“紫禁杯”奖的优秀班主任中开展“紫禁杯回报”征文、演讲活动。部分优秀征文汇编成《情系紫禁杯》一书出版。

2003年4—6月，市教委、市教育学会联合举办优秀青年班主任培训班。该培训班利用每周一天时间，采用专题讲座的形式，讲授更新教育观念、拓宽视野、提高实践能力和提高科研水平4个方面课程。参加学习教师385人。

2004年5月11日至9月28日，市教育学会举办中小学、职业学校骨干班主任培训班。该培训班采用专题报告形式，讲授中共中央关于开展未成年人道德建设文件精神、弘扬和培育民族精神、心理健康教育、班主任工作、德育科研思路和社会人力资源部门对人才的需求6个专题，系统介绍德育新理念、新思考、新信息。培训班每周举办1次，共计10次，来自中小学和职业学校骨干班主任141人参加学习。

2007年，市教委印发《北京市中小学班主任工作管理规程》，要求区县教育行政部门指定专门部门负责班主任培训工作，编制班主任工作培训纲目，科学安排班主任培训课程，承担初任班主任的岗前培训和区县级骨干班主任培训工作，加强对学校自行组织的班主任培训工作的指导。

初任班主任上岗前或上岗后半年时间内需接受不少于30学时的班主任基本技能培训。区县和学校应对累积担任班主任工作满六年的班主任，安排参加一轮不少于60学时的多种形式研修培训，引导他们总结和反思班主任工作经验，全面提高理论水平与实践能力。班主任培训内容应纳入教师继续教育计划并记入学分。班主任培训所需经费在教师培训专项经费中列支。

学校安排每两周平均不少于一个小时的校本培训时间，校本培训以个案研究和解决实际问题为主。

2008年6月，市教委、北京教育学院、班主任杂志社联合举办北京市中小学班主任基本功培训与展示活动。首届活动定位于班主任应该或必须掌握的基本理论和实践技能，侧重在三个方面：一是与学生教育管理相关的政策法规及文件的掌握情况；二是班级教育活动的策划和实施；三是班级常规管理和学生教育与引导能力。活动历时一年，全市18个区县4万名中小学班主任参加。经过校本培训、区县级展示交流和市级展示三个阶段，各区县共推荐200名中小学班主任代表参加市级比赛，通过命题演讲、情景问答、魅力展示三个环节，展示首都中小学班主任较高的专业素养和现代班主任风采。

为配合班主任基本功展示活动，市教委委托班主任杂志社编写《北京市中小学班主任工作手册》并免费发放给班主任。

2008年，北京市建立首批优秀班主任工作室。

至2009年，北京市建立班主任基本功展示培训、骨干班主任培训、优秀班主任工作室等分层衔接的班主任专业发展培养培训模式。全市4万名在职班主任全员参加培训。

（二）表彰

1988年，市旅游局、市教育局设立“紫禁杯”基金，表彰优秀班主任。该基金初由市旅游系统职工捐款55万元发起设立，每年评选一届，表彰中小学400名优秀班主任。1997年起，奖励金额提高一倍。2006年开始，北京银行出资100万元用于“紫禁杯”优秀班主任奖励；2010年，市教委完善中小学“紫禁杯”优秀班主任表彰奖励机制。在稳定原有表彰规模前提下，提高优秀班主任的奖励额度。特等奖由每人1200元提高至2000元，一等奖由每人600元提高至1000元，二等奖由每人400元提高至500元。至2010年，共表彰“紫禁杯”优秀班主任9600人次。

2006年，市委教育工委、市教委首次评选全市中小学“十佳”班主任，郑丹娜、万平、王建红、魏宝童、王岭、李秀娟、赵建玲、全斌、王保东、周同丽当选。“两委”通过召开学习“十佳”班主任事迹座谈会、十佳班主任走进区县巡回报告、印发十佳班主任事迹专刊等形式，宣传其先进事迹。

2008年，评选第二届中小学十佳班主任，冯勉、高雅跃、袁凤芹、何艳梅、孙凤香、吴京梅、李志伟、刘乃忠、荣淑印、郭文义当选。

三、少先队辅导员

1995年，《北京市少先队组织建设规范化意见（修订本）》规定：“小学大队辅导员按副教导主任以上条件选拔、管理和使用，并享受同等政治待遇；中学大队辅导员的职级与学校团委书记相同，享受同等政治、经济待遇。”

2006年，团市委、市少工委等部门联合颁发《关于进一步加强北京少先队工作的意见》，规定：“大队辅导员应从具备实际教学、管理经验的优秀青年教师中选拔，按学校中层人员管理，参加校务会议，并报上级教育主管部门和团委备案。

大队辅导员从事少先队的工作量折算成相应的教学工作量，计入本人在岗工作总量，并相应酌减辅导员授课时数和兼职任务。”

2007 年，市少工委转发团中央、教育部、人事部、全国少工委颁发的《少先队辅导员管理办法（试行）》，规定：“大队辅导员和乡镇总辅导员应具有 2 年以上教育教学经验。”

2010 年，全市共有少先队大队辅导员 1444 人，学区总辅导员 52 人；其中年龄最大的 57 岁，最小的 22 岁；女性 1023 人，占 68.4%，本科学历 1176 人，占 78.6%，硕士及以上学历 15 人，占 1%；共青团员 263 人，占 17.6%，中共党员 881 人，占 58.9%；小教一级职称 399 人，占 26.7%，小教高级职称 580 人，占 38.8%，其他职称 125 人，占 8.4%。中队辅导员共有 21237 人。

第四节　德育督导与测评

一、德育督导

自 1997 年开始，北京市进行德育督导，将中小学实施《德育整体化工作纲要》及《校园环境建设实施意见》的情况纳入区县和学校素质教育评价方案之中，促进工作的落实。

2000 年，市政府督导室将区县和学校德育工作实绩的评估纳入督学检查。

2002 年，市教委、市政府督导室联合对宣武区、房山区进行《中小学德育整体化工作纲要》落实情况检查，并对全市各区县的执行情况进行调查，并提出回复意见。

2005 年，市教委、市政府督导室制定印发《中小学校德育工作评价要点》。从德育在学校办学中的地位、德育队伍建设、课堂教学主渠道建设等八个方面提出评价要求。同时规定，中小学校德育工作评价要点的实施，要纳入市教委、市教育督导室颁发的《北京市普通中小学全面实施素质教育评价方案》，作为中小学全面实施素质教育评价指标体系中规范性指标《德育工作》《学生思想道德素质》两项指标的评价要点，供中小学校自评，市和区县人民政府教育督导室开展综合督导评价、德育专项评价时使用。

2006 年，市政府教育督导室完成 12 个区县德育专项督导。结果显示，区县积极落实市中小学德育工作会议精神，加强德育工作的领导和统筹规划，重视德育队伍建设和校园文化建设，工作成效明显。

2007—2010年，市教育督导室加强对区县和学校德育工作的督导检查，定期组织开展德育专项督导。在区县和学校素质教育推进、义务教育均衡发展考评中，把学校德育工作的落实作为重要考察内容，确保各项德育目标任务保质保量如期完成。

二、中小学生思想道德发展测评

2003年10月，市教委委托首都师范大学成立学生思想道德发展评估与研究中心，开展北京市中小学生思想道德发展测评工作。

该中心从2004年开始，每年提供一份年度《北京市中小学生思想道德发展测评报告》。

测评维度包括思想和道德两部分。“思想”维度包括世界、国家、社会、群体、个人5个方面，“道德”维度包括社会公德、学业道德、家庭美德、虚拟道德4个方面。具体测评点包括：人道主义、和平与国家意识、民族情感和对国内外问题关注度，文化认同；资源与环境意识，公共卫生，公共秩序，对社区、对班级、对同伴、对家人、对邻里、对学习的态度，热爱生命，价值观，公民人格，虚拟世界中的自律与节制，守法、自强等。每一个测评点分为自己是否做、对他人做的态度和对结果的不同态度。

根据不同年龄阶段学生的特点，编制每一年度小学、初中、高中不同年龄段的测评问卷。对小学生的测评以测查其道德发展水平为主，对初中生和高中生的测评逐渐加大思想方面所占的比重。

附录：首届北京市中小学德育成果奖简介

2006年6月，市委教育工委、市教委印发《关于设立北京市中小学德育成果奖及组织首届评选的通知》，决定以“两委”名义设立北京市中小学德育成果奖，三年评选一次。经过初评、复评和审议，推出首届德育成果奖10项和德育成果提名奖16项，并于2007年召开的北京市德育大会上进行表彰。

首届北京市中小学德育成果奖

一、蓝天工程

东城区委教育工委、东城区教育委员会

2005年1月，东城区实施“蓝天工程”。该工程是一套系列青少年课外、校外活动体系，包括活动内容、活动载体、活动资源、组织机构、工作流程和活动流程、技术支撑、评价体系等，主要体现为“五个一”，即：建立一个资源库、编印一本课外活动手册、搭建一个管理信息平台、成立一个专门机构、设计一套评价体系。“蓝天工程”启动以来，开展多种富有教育意义、怡情益智、丰富多彩的教育活动，引领青少年进入“蓝天”下的大校园，为推进素质教育、加强和改进未成年人思想道德建设开辟全新的教育模式，得到中国教育学会、市委宣传部、首都文明委、市教委等的肯定和推广。

二、“三礼”教育的实践探索

朝阳区教育委员会

朝阳区把“三礼”教育作为未来公民教育的综合性系统工程，纳入实施素质教育和学校德育工作的整体规划。依据新时期公民社会交往应遵守的基本礼仪、礼节、礼貌行为规范和准则，培养学生注重礼貌的道德品质，按照礼仪常规的要求规范自己的行为，促进学生形成对人、对事、对己、对环境的正确认识和稳定的行为习惯。“三礼”教育的实践经历从提升经验、推出典型，启动实验到开发课程、结合奥运，扩延实验阶段。实践中，朝阳区编写全国首套（1～6年级共6册）“三礼”教育校本教材。2005年，《朝阳区中小学礼仪、礼节、礼貌丛书》成为北京市中小学生“三礼”教育的第一个操作范本，在全区中小学使用。

“三礼”教育辐射到20万个家庭和数十万名学生家长，联合国教科文组织官员肯定“三礼”教育“入理、入情、入心、入行”，值得赞扬、学习和在全世界广泛推广，《人民日报》等数十家媒体进行专题评论和报道。

三、创新学校家庭协作机制

门头沟区教育委员会

门头沟区教委从2005年8月开始，以行政牵头、专家引领和学校实践相结合的项目推进方式，在全区11所不同类型学校的111个班级开展以家长教师协会试点为主要内容的家庭学校社区协作机制研究。家长教师协会发挥教师资源和家长资源的作用，促进学校教育管理理念和方式的变革，是对传统的家校合作方式的变革，使家长的参与从随机逐渐走向有序、规范和有制度保证。

四、奥林匹克教育

海淀区羊坊店中心小学

2002年，海淀区羊坊店中心小学在小学生中开展奥林匹克教育，提出小学奥林匹克教育模式的核心理念：在奥运会背景下培养具有国际素质的一代少年。内容涉及国际知识、国际视野、国际胸怀、国际交往能力等。实现奥林匹克教育的“五个纳入”：即纳入学校发展计划、纳入思想道德教育、纳入体育活动、纳入课程资源、纳入校园文化。

学校通过各种教育和实践活动，使孩子们有机会近距离感受和触摸奥运，其所具有的文化价值得以在孩子们幼小的心灵中开花结果，形成奥林匹克教育的办学特色并逐步探索出一条中国儿童与奥林匹克相结合的教育之路。

五、学生文化建设

北京第二实验小学

北京第二实验小学在“以爱育爱”办学思想的基础上，提出德育工作要做到“目中有人”，要以“学生”的发展特点和发展需求为根本。德育目标应“从学生生活中来”，德育实践应“到学生生活中去”，要让学生在“自己的生活”中体验和认同其中蕴涵的德育目标和要求。学校教师认真观察、分析学生的生活，总结提炼出“玩、学、美、做”四大主题，将抽象的德育目标巧妙地镶嵌其中，形成学校的学生文化。

六、构建新童谣文化

宣武区师范学校附属第一小学

2002年，宣武区师范学校附属第一小学将新童谣作为校本课程引进课堂。经过实践，不断深化，逐步发展为新童谣文化，促进学生健康成长。新童谣文化使学生、教师、家长、学校乃至社会教育环境和谐共生，互促发展。以其独有的魅力惠泽童心、开掘师能、濡染家庭、回归生活，解决德育工作中的现实问题，彰显学校办学特色。2007年6月，新童谣文化被列入北京市非物质文化遗产名录。

七、改家风、变村风、促校风

昌平区桃洼学校

1995年以来，昌平区桃洼学校以村为单位成立家教活动站，调动村干部家教工作的积极性，使家教工作落到实处。通过多种形式培训家长，有效的促进学校工作，推动学生全面发展。各村家教活动站开展多种教育活动，带动周边社会风气的好转和家长素质的提高。2003年，学校被评为北京市“百所好家长学校”。

八、学生主体性德育

北京市十一学校

北京市十一学校以“先有树木，后有森林；既有树木，又有森林”的理念审视德育工作，形成释放潜能，充分“赋权”，利用网络，文化育人，提高实效性的主体性德育思路。从社会发展和人的自身发展规律出发，开展“主体性德育”，坚持“成人”与“启智”并举，构建学生的主体性心理，唤醒学生的主体性意识；构建主体性实践环境，尊重学生的能动性，创造性和自主性；实施主体性评价，促进学生自我发展、自我完善。

九、全纳教育塑造学生健康人格

海淀区巨山小学

海淀区巨山小学10%的学生为四季青乡农民子女，90%的学生来自全国25个省份进京务工农民子女，其中智障、听障、肢体障碍儿童占4%。学校遵循“有教无类，因材施教”的教育思想，实施全纳教育，开展“我负责、我能行、我快乐”独立健康人格教育活动。

该校学生每个人都具有“我负责”的责任心，“我能行”的自信，“我快乐”的风采！每个孩子毕业时都能掌握三种以上民族艺术技能，记住56个民族的名称，了解56个民族的风土人情……全国人大、教育部领导视察学校时一致赞赏巨山的孩子最有活力，个个能行。

十、北京市中小学生思想道德发展评价指标的研制与应用

首都师范大学

2003年10月，北京市成立学生思想道德发展评估与研究中心。中心成立后，连续开展学生思想道德发展状况年度测评和动态监控，从世界与国家、社会与群体、个人、社会公德、网络道德等五个基本维度（下设若干指标）评估中小学生思想道德发展状况。同时，对小学生十个文明形象、“八荣八耻”等指标开展重点监测，建立学生思想道德发展状态评估制度，并形成全市中小学生思想道德发展状况动态数据库。年度测评报告为市、区县教育行政部门和学校科学分析学生思想道德发展状况提供依据。

第四章　体育　国防　卫生

概　况

1991—2010 年，北京市中小学学校体育教学工作按照国家规定开齐、开足课时，针对体育教学中存在的问题，进行教学改革，同时，通过教学评优、教研组评优、教师技能考核等多种方式提高教师的教学水平。2001 年，北京市开展义务教育阶段《体育与健康》课程教学改革实验。从 2007 年起，在全市中小学全面实施；同年，北京市普通高中进入新课改实验，制定《北京市普通高中新课程体育与健康学科教学指导意见（试行）》，探索体育教学改革新思路，构建北京市中小学体育课程教学新体系。

1991—2010 年，北京市所有学校每天坚持不少于 25 分钟广播操和两套自编操的锻炼活动时间。不定期举办各种课间操展示评比活动和贯彻一小时体育锻炼现场交流活动。通过课间操、体育游戏、快乐体育园地、青少年俱乐部等多种形式，开展各种全员参与、全员快乐和全员受益的群体活动。每年举办全市性的中小学生体育竞赛 30 余项，参加体育活动的学生 100 余万人次。

1992 年，北京市初中毕业升学招生实行体育考试试点，1994 年，初中毕业升学全面实行体育考试，2009 年实行全市“统一考试项目、统一成绩评定标准、统一考试规程、统一考试时间”原则。2010 年，体育考试由原来的 30 分增至 40 分，其中，10 分为过程性考核。

北京市通过建设体育传统项目学校和体育后备人才试点校（后改称为北京奥林匹克教育学校体育后备人才培养基地）方式，加强体育后备人才培养，形成田径、游泳、乒乓球、健美操等一批具有竞争优势的品牌项目。2009 年，北京代表团参加第十届全国中学生运动会取得团体总分第一名。

在筹备和举办北京奥运会期间，北京 2008 奥林匹克教育示范学校、北京 2008 奥运体育人才培养基地学校和近 200 所传统体育项目学校及各级各类学校广泛开展迎奥运体育健身活动。

在国防教育方面，1990 年，北京市成立国防教育工作领导小组。1996 年，高级中学军训试点学校发展到 39 所。2005 年，北京市所有高级中学普及军训，并纳入社会实践课程。1997 年，开展小学、初中国防教育试点工作，同时，通过少年军校、教学渗透、聘请校外辅导员、军事知识竞赛、军事夏令营等形式开展国防教育。

在卫生保健方面，1991 年，在中小学开展禁烟教育，从 1992 年起，加强学生常见病(肠道蠕虫、龋齿与牙周疾病、贫血、营养不良、沙眼、视力低下)防治工作。1995 年，在全国率先开展中小学健康促进学校实验。1999 年，北京市全面开展学生营养餐工作。2002 年，开展预防艾滋病健康教育。自 2005 年开始，为提高农村学校卫生防病和健康教育的能力和水平，市政府多次拨专款改善中小学校卫生硬件设施，先后完成中小学校医务室建设和农村中小学校旱厕改造任务。从 2007 年 9 月起，实施学生儿童大病医疗保险制度。从 2008 年起，每年为中小学生安排一次健康体检。2007 年，北京市中小学共有校医及专兼职保健教师 2000 人，中小学卫生保健机构 19 个，医务人员 450 人。2008 年，市教委规定各区县教育行政部门每年为中小学生安排一次免费健康体检，至 2010 年 12 月，完成中小学生体质健康体检工作，共对 116.16 万名中小学生进行健康体检。

2008 年 4 月，市委、市政府印发《关于加强青少年体育 增强青少年体质的实施意见》，市教委通过把学生体质健康状况和学校体育工作水平列入对各级各类学校评价指标体系，建立每天锻炼一小时督导检查制度，改革初中毕业升学体育考试制度，开展中小学体育教师专业技能考核，区县阳光体育联赛评估制度，《国家学生体质健康标准》测试赛等多种举措，到 2010 年，实现全市青少年学生普遍达到国家体质健康标准，学校体育卫生办学条件达标，体育教师教学基本功达标的预期目标。

第一节 体育教学

1991—2010 年，北京市中小学通过颁发《中小学体育课堂常规》、体育课成绩考核评分办法、举办体育教学公开课等多种方式，提高学校体育教学质量。同时，严格按照国家规定开齐、开足课时，并通过教学评优、教研组评优、教师技能考核等多种方式提高教师的教学水平。

一、课时

1991 年，中小学各年级体育课每周 2 节，学校根据场地、器材和师资等条件安排体育课和体育锻炼活动。

1993 年，九年义务教育“五四”学制小学 1 ~ 2 年级每周体育课 2 节，小学 3 ~ 5 年级，初中 1 ~ 2 年级，每周 3 节，初中 3 ~ 4 年级，每周 2 节。“六三”学制全日制小学、初级中学体育课程小学 1 ~ 2 年级每周体育课 2 节，其他年级每周 3 节。

1994 年，实施调整后的九年义务教育“五四”学制全日制小学、初级中学课程安排表，初中一年级周体育课时增加到 3 节，其他年级每周 2 节。

2001 年，实施 21 世纪基础教育课程改革，中学体育课程改名为《体育与健康》，小学 1 ~ 2 年级周体育课时 4 节，其他年级每周 2 节。

2004 年，小学 1 ~ 2 年级周体育课时 3 ~ 4 节，其他年级体育课《体育与健康课》为 3 课时，小学体育课和初、高中体育与健康课为必修课。

2006 年，市教委要求各学校必须在学生在校作息时间内，每天安排一小时体育活动，包括体育课、早操或课间操、课外体育活动，9 月正式纳入学生课程表。全市小学一、二年级的体育课每周统一规定为 4 课时。

2007 年，北京市普通高中课程改革课程安排指导表（参考）规定，体育与健康课程除田径类项目和健康教育专题必修外，在球类、体操类、水上或冰雪类项目五个系列中至少选修 9 个模块。

2008 年，市教委发文重申，中小学校要严格执行国家体育课时规定，确保开齐，开足课时，保质保量上好体育课，不能以任何理由和借口随意占用中小学体育课时，在安排课程时优先安排体育课，以充分利用学校体育场地和器材。消除上午前两节不安排体育课的现象。

二、教学实施

1991 年，市教育局颁发《北京市中小学体育课堂常规》。该“常规”分为体育教师课堂常规和学生体育课堂常规各 10 条，从课前准备、课堂教学，分别提出遵循的原则、要求和方法。通知要求把“常规”工作作为评估体育教师教学质量的主要依据之一，使体育教学向系统化、规范化和科学性方向发展。

1991 年，针对 1988 年市教育局《北京市中小学体育课成绩考核评分办法（试行草案）》在实践中出现的问题，市教育局颁发《北京市中小学体育课成绩考核评分办法（试行草案）的调整补充意见》。该补充意见从四个方面对原办法做出调整：①对小学体育课考核四部分构成所占比重的调整；②对中小学体育考核内容（项目）的调整；③中小学体育课考核记分办法的调整；④学期、学年度体育课成绩评定。

1995 年，市教育局印发《北京市进一步加强与改进中小学学科教学的意见》，其中，小学体育教学针对部分教师教学观念仍然受“技术教学”和“体质教学”思想的支配和困扰，重视教法、忽视学法，强调育体、忽视育心，轻教学基本功的学习和训练，对教材的重点、难点研究不够等问题，提出认真钻研教材，努力挖掘教材在知识、技术、能力、增强体质、培养心理品质和思想教育等方面的潜在功能，对现行教材加工和再创造，使之符合低、中、高学段学生的年龄特征。小学低年级提倡通过“故事”“情境”“唱游”的形式处理教材。小学中年级提倡以活动性游戏形式处理教材。小学高年级提倡以增强学生体育意识和体育能力为主要教学目标。

中学体育教学针对学年教学计划中达标项目的教学比重过大，技评项目和非考核项目的教学比重过小，部分教师教学观念仍然受“技术教学”或“体质教学”思想的支配和困扰等问题，提出加强单杠、双杠、球类、角力、攀爬、负重搬运、民族传统体育、韵律活动与舞蹈等技评或非考核项目教学，排除“达标”与“应试”对体育教学的冲击，以促进学生身体形态的发育和身体素质、身体综合能力的全面发展要求。

2001 年 9 月，北京市在部分区县实施教育部制定的全日制小学、初级中学和普通高级中学《体育与健康教学大纲》。新颁布的教学大纲把《体育》课程的名称改为《体育与健康》，强调以健康第一为指导思想，在教学目的中突出促进学生身心全面发展的思想，由原来的初步掌握体育基础知识、基本技术、基本技能，改为初步掌握体育与健康基础知识、基本技能，提高学生的体育意识和能力，为终身体育奠定基础。高中采用必修与选修（含限选和任选）相结合的课程结构。

2001 年，市教委举办微格体育教学公开课活动。该活动采用异地教学方法，展示教师体育教学改革，涉及适合学生身心特点教学方式能力，对教材理解、把握和应变能力，正确处理知识、技术、能力关系，提高教、学、练相结合的能力等内容。

2003 年 4 月，教育部颁发《普通高中体育与健康课程标准（实验）》，提出高中体育与健康课程的设计改变按运动项目划分课程内容和安排教学时数的框架，在确定课程总目标的基础上，从运动参与、运动技能、身体健康、心理健康和社会适应五个方面描述具体目标，并根据课程目标体系构建课程的内容标准。

2004 年，北京教科院举办体育教学“合作学习方式”展示课活动，推广通州区后南仓小学和西城区育民小学“合作学习方式”体育教学经验。

2008 年，市教委印发《关于加强中小学体育课程教学的意见》，鉴于“初中以上的学生开始进入青春期，在体育锻炼上存在性别差异，女生侧重柔韧性运动，如舞蹈，男生喜欢一些对抗性运动，如篮球等”，要求所有初中体育课实行男女分班教学，使学生得到针对性锻炼。

2008 年，市教委规定高中学段体育课程按照北京市高中课程改革的要求，实施模块教学。

三、教学评优与科研

从 1986 年开始，北京市举办中小学体育教学评优活动，每两年举办一次，至 2010 年，共举办 12 届。评优内容包括教学文件的完备与质量，课堂教学质量以及教学效果等内容，其中，教学效果根据对该教师授课班学生抽测的体育成绩确定。中小学体育教学评优采取区县推荐，市级认定的方式进行评奖。区县根据文件规定的各个奖项名额进行申报，市级评审机构从程序上对区县上报体育课的质量进行认定。2003 年，评审采用市级聘请专家，进行统一评审的办法。从 2005 年开始，将该项活动与参加“全国中小学体育教学观摩展示活动”相结合，使体育教学评优工作向“规范化、制度化、普及化”的方向发展，每届评审工作均从学校做起，扩大一线教师的参与面，每一届体育教学评优工作均有近千名中小学体育教师参与。2007 年开始，每届评选活动均征集课例 150 余节，按照“坚持标准、一把尺子；质量优先、兼顾均衡”的原则，组织专家进行评审，对专家认定有科学性错误、达不到市级标准的课例不予录用，有效地促进中小学体育教师的专业发展。

为加速学校体育改革的步伐，提高学校体育科研水平，1991 年至 2008 年，北京市共举办八届学校体育学术论文报告会。报告会由市教委、市体委、市体育学会学校体育专业委员会、市教育学会体育研究会、市中小学体育协会等单位主办，每期确定一个主题，基本程序包括论文评审、会议发言、专家讲座、点评等。其中，2001 年 12 月 26 日举办的第六届中小学体育科学论文报告会，会议主题为“体育与健康”，涉及学校教育思想理论、体育教学改革等 11 个研究领域，共提交论文507篇。

2001年，市教委开展落实《学校体育工作条例》的评估工作，要求各区县按照教育部评估体系权重量化标准，开展贯彻《学校体育工作条例》检查，其范围是中小学、职业中学，检查等级为优秀、合格和不合格。检查重点是学校每天课间操（早操）、眼保健操和课外体育活动，保证学生每天1小时体育锻炼时间（含体育课）情况，按照国家颁布的课程计划开齐、开足体育与健康课程情况，学校体育工作年度计划的制订情况等。评估选优工作分3年完成，每年评选100所优秀学校。至年底，全市共评选优秀学校100所。

2003年，北京市教委、北京教科院要求各区县教育行政部门与教研部门协调开展义务教育教学质量监控评价体育学科测试工作。测试过程注重遵循体育学科教学规律，客观真实地反映新课程标准实施情况，找出义务教育教学质量监控评价体育学科测试工作中不协调问题，提出针对性地解决方案，为教育行政部门决策和北京市体育课程教学发展提供科学依据。

从2006年开始，北京市开展中小学体育教师专业技能基本功测试。活动旨在提高体育教师基本功水平和专业技能。2007年，全市3208名中学体育教师中1148人参加考核，合格率91.91%；4035名小学体育教师中1040人参加考核，合格率95.78%。对考核不合格者，由区县教研部门和师资培训部门进行专门培训，并继续参加考核。

2009年，市教委启动首届中小学校优秀体育教研组评选工作并制定《北京市中小学校优秀体育教研组评估指标体系（试行）》。规定自2010年起，区县教委每年组织一次优秀体育教研组评选工作，市教委每三年组织一次市级优秀教研组评选工作。

第二节　课余活动

1991—2010年，北京市中小学将早操、课间操和每天一小时体育锻炼作为学校体育活动的重要内容，通过检查、评比、观摩交流、创办课间操等多种方式，提高活动质量。同时通过青少年体育俱乐部建设，培养青少年体育兴趣、爱好和终身体育锻炼的习惯。

一、课间操、广播操

1986年，市教育局开始全面改革学校课间操工作，逐步建立起市、区县、校三级对课间操的科学管理制度，全面提高课间操质量。同年，市教育局在崇文区209中学召开第一次全市课间操现场会，4所学校分别介绍经验。市教育局强调学校要重视课间操，把它作为学校教育的一个重要环节来抓，各部门要协同配合提高做操质量，以增进学生健康，端正学校风气。至1995年，共举办5次市课间操现场会，推动课间操工作。

1987年，市教育局、市体委联合举办中小学体育教师创编徒手体操评比活动，以丰富课间操内容，提高做操质量。

1989年，市教育局、市体委联合举办全市中小学课间操评比活动。评比条件包括学校领导重视程度、管理水平、制度是否健全、体育教师指导、班主任配合、做操时间、内容和质量等内容。共评出课间操先进学校76所。

1992年，市教育局、市体委制定《北京市中小学课间操质量标准》，规定：

（1）课间操的时间每次不少于20～25分钟，应做三套操并要搭配合理、科学。随季节的变化经常更换。每次做操学生的出勤率达到95%以上，力争出满勤。

（2）做操前，集合整队要做到快、静、齐。做操后解散队伍要有次序。场地有条件的学校要以班级为单位，整队入场、退场。

（3）学生做操要姿势正确，动作到位有力，符合要领，拍节准确，节奏感强，动作协调，锻炼效果好。

（4）做操队形、队列和操练动作整齐一致，组织纪律性强，朝气蓬勃，精神振奋(如有呼号，要声音洪亮)。

（5）学校领导重视课间操工作，措施得力，并纳入学校计划。体育教师要做到认真负责，组织好全校的课间操，并有专人指挥、示范、纠正错误动作，以保证每次课间操的锻炼效果。班主任教师要认真做好本班学生的思想发动和组织工作。

1998年5月，市教委转发教育部《推行中小学生幼儿系列广播体操的通知》，在全市普通中学、小学、幼儿园推行《中小学生幼儿系列广播体操》，包括幼儿操一套、小学操二套、中学操二套。市教委要求将中小学生、幼儿五套操作为“1998年市中小学田径运动会开幕式”的表演内容，中小学生四套操作为“1998年市中小学课间操汇操表演”项目。

1999年，市教委要求中小学开展大课间体育活动，适当增加课间操时间，在做好《中小学生幼儿系列广播体操》基础上，增加自编操和一些身体素质练习的内容，特别是具有地方特色和民族特色的运动项目，如跳绳、跳皮筋、踢毽子等，改变课间操松松散散，做操质量不高，锻炼效果差的现象。

2000 年，市教委举办评选北京市中小学百所课间操优秀校活动。活动以《北京市中小学课间质量标准》为评选条件，优秀校名额由“市评委会”按区县分配，区县评审小组按市分配名额，经评选后推荐，最后经“市评委会”审批后确定。评选活动结束后，召开全市中小学百所课间操优秀校表彰暨表演大会。

从 2001 年起，教育部、国家体育总局、共青团中央、全国少工委在全国组织实施“全国中小学生课外文体活动工程”。东城区、朝阳区被命名为“全国中小学生课外文体活动工程示范区”。朝阳区重视课外文体活动，编写课外活动评价手册，中小学设置趣味轮滑、武术、健美操等十几项课外活动，供学生们选择，每年还举行主要由普通学生参加的春运会和高水平运动队参加的秋运会。陈经纶中学体育健康课选修打破班级之间隔阂，让学生选择适合自身的项目，95% 以上的学生对体育课产生兴趣。

2002 年 9 月，市教委推行第二套全国中小学生（幼儿）系列广播体操。该系列广播体操包括《世界真美好》《雏鹰起飞》《初升的太阳》《时代在召唤》《青春的活力》五套。

同年，市教委开展创编自编操评选百所课间操优秀校及汇操活动。征集内容包括各种类型的自编基本体操、大众健身操、韵律操、轻器械体操等，制作为录像带或光盘，各区县教委评选出优秀中、小学自编操各 1 套至 2 套，以录像带或光盘形式投稿，市评审小组对各区县推荐的自编操经初评选出中、小学自编操各 10 套，向教育部推荐，8 所中小学自编操获得全国优秀中小学自编操称号，分别是：

一等奖

韵律健身操　北京市第十二中学分校

二等奖

快乐时光　顺义区教委体卫科 顺义区教研中心体育教研室

青春的旋律　怀柔红螺寺中学

队列操　海淀区知春里小学

三等奖

活力健身操——成长不烦恼　东城区史家胡同小学

青春似火　平谷第一职业学校

快乐童年　西城区长安小学

律动健身操　北京华夏女子中学

2004 年 6 月，市委教育工委、市教委在通州区张家湾中心小学召开北京市贯彻落实学生“每天一小时体育活动”现场会，展示并介绍通州区开展课间操经验。

2007 年，市教委转发《教育部关于推广第一套全国中小学校园集体舞的通知》。第一套全国中小学校园集体舞包括 7 个舞蹈。小学组：《好朋友》（低年级）《阳光校园》（中年级）《小白船》（高年级）；初中组：《青春旋律》《校园秧歌》；高中组：《青春风采》《校园华尔兹》。

2008 年，北京市实行第三套中小学生幼儿系列广播体操。广播操的动作适应不同年龄学生身体、心理发展规律，注重承受运动负荷规律，符合有氧代谢的特点，有利于学生养成积极参加体育锻炼的习惯。

2010 年，市教委转发教育部文件，为继承、弘扬中华民族传统文化，丰富大课间体育活动内容，自 9 月 1 日起在中小学校（含特殊教育学校）推广实施中小学生系列武术健身操。该套健身操由教育部、国家体育总局共同创编。

二、每天一小时体育锻炼

1991 年至 2010 年，市教委通过召开现场会、评选优秀课间操 、督导、检查等多种方式，“保证中小学每天一小时体育活动”时间，促进青少年健康成长。

1991 年，市教育局转发国家教委“中、小学生体育合格标准实施办法”。该《办法》以体育课成绩、《国家体育锻炼标准》、学生在早操、课间操和课外体育活动的表现作为评定标准，规定体育不合格的学生不得评为“三好学生”，中学生学段评定不合格者只发肄业证，并不得于毕业当年报考高一级学校。

1991 年年底，全市 70% 的中小学保证学生每天有一小时或平均一小时的体育活动时间。

1992 年，北京市召开“中学生落实每天一小时体育活动现场会”，推广宣武区教育局、八十九中和一四八中的经验，提高学生每天一小时体育锻炼质量。

1997 年，市教委把实施《国家体育锻炼标准》作为推动学生课外体育活动的重要措施。全市学生体育达标率 94. 26%，通过早操、课间操等推动每天一小时体育活动工作，成为北京特色。市教委要求中小学每天做操时间不得少于 25 分钟，每次必须做广播操和两套创编操。

1999 年，市教委推广西城区三里河三小、朝阳师范附小、光华路一小学生快乐体育经验。

2002 年，市教委开展中小学征集创编操、评选百所课间操优秀校及汇操活动，落实“学生每天一小时的体育锻炼时间”要求。

2005 年，市教委把“每天锻炼一小时，健康工作 50 年，幸福生活一辈子”作为学校体育工作指导思想。在育英学校召开贯彻落实学生“每天一小时体育活动”现场会，推广海淀区教委、朝阳区教委经验，展示特色体育活动，鼓励各学校因地制宜开展体育锻炼。

2006 年，市教育督导室、市教委组成专项督导检查小组，检查西城区、宣武区、丰台区、大兴区、门头沟区、平谷区落实情况。结果显示：北京市各中小学校均能落实学生每天一小时体育活动时间，开齐开足体育课时，多种形式开展课外体育活动，形成多数学生坚持经常参加体育锻炼的局面，推动学校体育活动的广泛开展。

督导检查中发现：①个别中小学不能确保学生每天一小时体育活动。②部分中小学体育教师队伍配备不足的问题比较突出。③中小学校体育场地不达标的现象比较普遍。④部分学校的课外体育活动内容单调等问题。

2008—2010 年，为保证学生每天一小时体育锻炼时间，市政府把阳光体育活动列入政府折子工程加以督促落实，要求各区县和中小学要举行多层次、多形式的学生体育活动，增强青少年学生体育活动的群众性、趣味性。要求学校在没有体育课的当天下午必须安排一节课外体育活动。市教委连续三年召开全市“每天一小时体育锻炼”现场会，并与市教育督导室一起连续三年开展对区县和学校“每天一小时体育锻炼”的专项督导检查，促进阳光体育运动的开展。

三、青少年体育俱乐部建设

2000 年 3 月，国家体育总局印发通知，决定使用 1999 年度体育彩票公益金，在全国开展创办青少年体育俱乐部试点工作。俱乐部的主要任务是：培养青少年体育兴趣、爱好和终身体育锻炼的习惯，增强青少年体质，并向其传授体育运动技能，发现和培养体育人才。

至 2005 年 11 月，北京 13 所学校（单位）成立青少年体育俱乐部。俱乐部创建工作由市体育局主持，面向学校和体育事业单位，利用体育彩票公益金，建设青少年学生活动场所，并面向社会开放。

截至 2010 年，市教委、市体育局利用学校内部各种活动场所和设施，整合学校、业余体校或运动学校、单项协会或民办俱乐部、体育场馆、街道社区等社会资源，利用彩票公益金，创建 144 个青少年体育俱乐部。涉及田径、乒乓球、路拳道、健美操、足球、游泳、棋类等 30 多个大项 50 多个小项。其中，田径、乒乓球为青少年体育俱乐部中开展最为普遍的运动项目。全市俱乐部共有教练员 824 人，团体会员 11.2 万人，个人会员 21.5 万人，年接待活动 1500 多万人次，符合开放条件的中小学校 989 所。

第三节　学生体质健康调研和升学体育考试

1991—2010 年，北京市中小学通过开展学生体质健康调研、测试和初中升学体育考试等多种方式，增进学生身心健康、增强学生体质。

一、学生体质健康调研

1991 年,北京市开展中小学生体质健康调研监测工作,由市教育局、市高教局、市体委、市卫生局联合组成领导小组和调研组,对东城、顺义 12 所中小学的 7 ～ 18 岁 12 个年龄组 6700 名汉族学生进行检测，取得有效卡片 5773 个，获有效数据 1 391 014 个，上报国家学生体质健康调研组。

1995 年，由国家教委、国家体委、卫生部、国家民委、国家科委、财政部联合进行北京市学生体质、健康状况调查研究。统计结果显示：①形态状况：与 1985 年结果相比，城、乡 4 个组别各年龄组的身高、体重、胸围均有不同程度的增长,身高平均增加 1.76 厘米至 4.39 厘米;体重平均增加 2.50 千克至 4.25 千克;胸围平均增加 0.92 厘米至 2.95 厘米。②机能、素质状况:50 米跑、立定跳远能力，4 个组别各年龄组均比 1985 年有不同程度的提高。肺活量均值城乡小学生比 10 年前有一定增长，中学生除个别年龄组外，均为下降。小学生 50 米 ×8 跑，中学女生 800 米，中学男生 1000 米跑除 15 岁与 18 岁外，4 个组别的其他各年龄组的平均水平低于 1985 年。立位体前屈反映柔韧性项目，4 个组别的各年龄组均低于 1985 年水平。

1999 年，北京市建立学生体质健康状况经常性监测网络。东城区、宣武区、海淀区、通州区、顺义区 10 所中小学和北工大、首师大承担监测任务。上述单位每年定期完成 6 岁至 22 岁年龄组汉族学生的形态、机能、素质、健康项目的体检和体测，监测数据由市教委汇总发布。

2005 年，北京市学生体质与健康调研结果显示：北京市 7 岁至 18 岁学生身高与 2000 年比较，城男、城女、乡男、乡女分别平均增长 0.80 厘米、0.19 厘米、1.24

厘米、0.63 厘米。体重与 2000 年比较，城男、城女、乡男、乡女分别平均增长 2.00 千克、1.05 千克、2.3 千克、1.39 千克。7 岁至 18 岁各年龄组男女学生身高、体重值均高于全国水平。2005 年北京市学生低体重及营养不良总检出率为 23.4%，与 2000 年比较，低体重及营养不良总检出率下降 1.1 个百分点。

2010 年，北京市学生体质与健康调研结果显示：学生体质与健康状况总体良好，表现在身体形态发育水平进一步提高，学生低体重及营养不良状况继续改善，学生肥胖检出率快速上升趋势被遏制，部分学生常见病检出率呈下降趋势，城乡差异日益缩小，农村学生健康水平有显著改善，中小学生肺活量、速度、耐力、爆发力等身体素质有所提高。身体形态发育水平进一步提高，学生低体重及营养不良状况继续改善，重度营养不良情况消失，部分学生常见病检出率呈下降趋势。超重率 11.69%，肥胖率为 14.06%，与 2005 年基本持平。乡村男生超重和肥胖检出率分别为 13.26% 和 16.77%，比 2005 年分别上升 3.25 和 1.83 个百分点；乡村女生分别为 10.38% 和 10.33%，与 2005 年相比，超重率不变，肥胖率上升 2.41 个百分点。

1985 年、1991 年、1995 年、2000 年、2005 年和 2010 年 6 次全国学生体质调研结果总体显示：1985 年至 2010 年，北京市学龄儿童身高、胸围呈持续稳定增长趋势；其中，12 岁男生增长速度最快，城市和农村身高分别由 150.2 厘米、144.7 厘米增长至 159.6 厘米、156.1 厘米，年平均增速分别为 0.24% 和 0.30%；胸围分别由 69.6 厘米、69.0 厘米增长至 81.1 厘米、78.1 厘米，年平均增速分别为 0.62% 和 0.49%。1985 年至 2005 年城市学龄儿童一直处于上升趋势的体重和 BMI 水平在 2005 年至 2010 年部分年龄组出现下降拐点，其间，农村学龄儿童体重和 BMI 依然呈上升趋势。与 2005 年之前相比，50 米跑用时有所缩短；城市男女生肺活量增加，肺活量指数上升；农村男女生肺活量及肺活量指数依然呈下降趋势。1985 年，北京市学龄儿童男女肥胖患病率分别为 0.7% 和 0.6%，至 2010 年增长至 17.1% 和 11.9%。北京市学龄儿童肥胖率呈现持续快速增长趋势，肥胖儿童中代谢综合征检出率达到或接近美国、日本和西班牙等发达国家水平。

2010 年，市体育局、市教委、市科委、市卫生局、市统计局、市财政局、市民政局、市农工委和市总工会等部门，完成国家第三次国民体质监测任务，其中北京市中小学生体质基本状况监测结果（见表 4–1）。

表 4-1

2010 年北京市青少年体质健康指标平均数

性别	年龄（岁）	身高（厘米）	体重（千克）	胸围（厘米）	安静脉搏（次/分钟）	收缩压（毫米汞柱）	舒张压（毫米汞柱）	肺活量（毫升）	握力（千克）	立定跳远（厘米）	50米跑（秒）	斜身引体向上（次）	引体向上（次）	1分钟仰卧起坐（次）	50米×8往返跑（秒）	1000米跑（秒）	800米跑（秒）	坐位体前屈（厘米）
男	7	128.1	27.2	61.8	90.2	99.0	61.4	1214	11.6	134.9	10.8	24.7	—	—	132.0	—	—	7.5
	8	133.5	30.8	64.5	89.1	101.5	63.4	1394	13.2	143.3	10.4	27.0	—	—	130.3	—	—	8.0
	9	138.4	34.1	67.0	87.3	103.6	65.3	1637	15.7	153.7	9.9	27.5	—	—	123.0	—	—	7.8
	10	144.2	38.8	70.4	87.8	104.5	65.9	1829	18.2	162.4	9.5	31.2	—	—	119.0	—	—	6.5
	11	148.7	42.2	72.5	88.0	107.0	67.2	2096	20.1	167.4	9.4	30.0	—	—	115.6	—	—	7.1
	12	157.8	53.1	79.6	85.1	108.6	67.0	2478	24.9	175.4	9.0	27.8	—	—	115.0	—	—	6.4
	13	164.7	54.4	79.6	83.4	112.0	67.5	2907	30.7	194.9	8.4	—	2.6	—	—	295.1	—	7.8
	14	169.6	60.1	83.0	80.2	112.6	68.6	3420	37.5	212.0	7.8	—	4.1	—	—	271.6	—	9.1
	15	173.1	63.3	85.1	79.8	114.4	69.8	3720	38.7	219.5	7.8	—	4.3	—	—	271.9	—	9.7
	16	174.0	64.2	85.9	78.0	114.5	71.0	3883	41.0	226.3	7.6	—	4.2	—	—	267.9	—	12.1
	17	174.7	66.2	87.3	79.4	117.6	72.2	4079	42.4	229.1	7.6	—	4.1	—	—	263.8	—	11.5
	18	174.1	66.8	88.0	78.2	117.9	73.3	4045	42.2	228.3	7.8	—	4.2	—	—	262.2	—	11.7
女	7	126.8	25.8	60.0	90.5	98.6	61.8	1075	10.4	128.1	11.2	—	—	22.4	136.4	—	—	12.0
	8	131.6	28.3	62.1	89.5	100.1	62.6	1242	11.9	137.0	10.7	—	—	25.7	130.1	—	—	12.2
	9	137.8	31.7	64.3	88.6	100.8	64.4	1465	13.9	147.6	10.1	—	—	29.1	125.2	—	—	11.9
	10	144.5	36.1	67.6	89.7	103.0	65.8	1630	16.7	155.4	9.8	—	—	31.0	120.0	—	—	11.8
	11	150.5	41.2	71.5	89.0	105.7	67.4	1914	19.1	159.3	9.7	—	—	32.7	116.9	—	—	12.7
	12	156.2	48.3	76.6	85.2	104.5	65.8	2154	21.5	161.7	9.7	—	—	34.4	119.6	—	—	11.6
	13	159.5	50.8	78.4	83.0	106.4	66.8	2339	23.4	165.2	9.4	—	—	37.0	—	—	258.8	12.7
	14	160.3	52.5	79.8	82.5	106.5	67.8	2480	24.7	165.4	9.3	—	—	39.7	—	—	253.6	12.7
	15	161.3	53.1	79.9	82.3	106.0	66.7	2512	24.7	164.5	9.5	—	—	42.1	—	—	256.4	12.6
	16	162.0	54.2	80.6	80.5	107.4	68.5	2603	25.3	166.3	9.7	—	—	39.4	—	—	259.8	13.6
	17	162.0	53.7	80.4	82.7	105.5	67.3	2595	25.5	166.0	9.7	—	—	38.6	—	—	255.8	13.4
	18	162.0	56.1	83.0	80.3	108.2	69.4	2618	26.0	168.0	9.9	—	—	38.1	—	—	258.7	14.3

二、学生体质健康标准测试

2002 年,北京市试行《国家学生体质健康标准》测试,标志着对 50 年“劳卫制”式的体育锻炼标准的扬弃。该《标准》从身体形态、身体机能、身体素质等方面综合评定学生体质健康状况，采取百分制计分。各中小学通过举办形式多样、不同层次的培训，确保每所学校至少有 1 名教师能够熟练掌握《国家学生体质健康标准》的数据测试和上报方法。在测试工作创新方面采取以下举措:开发建立“学生体质健康网”；将《国家学生体质健康标准》测试达到优秀作为参加市级“三好学生”评选的条件之一，实行一票否决制度。

2004 年，市教委召开农村学校落实《学生体质健康标准》现场会，推广延庆教委实施《标准》经验。至年底,北京市 50% 的中小学实施《学生体质健康标准》。同时，规范操作测试仪器的选购招标工作，严格按国家和北京市规定实施；建立对学生个体健康状况的监测，反馈和评价机制，有针对性地指导学生积极锻炼身体，做好《标准》测试、技术人员和数据管理制度的准备和落实工作，市教委为《学生体质健康标准》各试点学校分别拨款 1 万元作为启动资金，并分 3 年向 10 个远郊区县划拨 600 万元设备购置专项款。

2007 年，市教委转发教育部、国家体育总局重新修订的《国家学生体质健康标准》。规定高中学生毕业时,《标准》测试成绩达不到 50 分者按肄业处理。

自 2007 年开始，北京市每年举行一次全市中小学国家学生体质健康标准测试赛，并向社会公布各区县学生体质健康测试数据统计结果。其中，当年举办的首届北京市中小学国家体质健康标准测试赛，规定所有参加测试赛的学校和班级均由市教委在全市学生学籍档案管理库中公开随机抽选，客观检测北京学生体质健康状况。选测内容包括身高体重、肺活量、握力、坐位体前屈、立定跳远、台阶试验 6 个项目，后增加实视力项目。2010 年开始改为从全年级随机抽取 34 名，男女生各占一半，避免往年因为班额不同、男女生比例差异大、体育特长班等产生的不公平问题。

从 2009 年开始，市教委实行“北京市中小学生阳光体育证书”制度，对达到国家学生体质健康标准合格等级的学生颁发“阳光体育证章”。

该证章分为五级，对测试成绩达到“合格”等级的学生，由学校颁发一星级“北京市中小学生阳光体育证书”。对测试成绩达到“良好”等级的学生，由学校颁发二星级证书。对测试成绩达到“优秀”等级的学生，由学校上报区县教委审核后颁发三星级证书，并在校园宣传栏对获得三星级证书的学生名单予以张榜公布。对测试成绩达到满分的学生，由学校上报区县教委审核后颁发四星级证书，并在校园宣传栏公布获得四星级证书的学生照片。对连续三年测试成绩均达到满分的学生，由市教委审核后颁发五星级证书，除在校园宣传栏公布学生照片予以表彰外，同时在市教委体育网页上公布名单。

三、初中毕业升学体育考试

1990 年 3 月，国家教委、国家体委发布实施《学校体育工作条例》。《条例》规定，为增进学生身心健康、增强学生体质，要求将“体育纳入学生毕业升学考试科目”。

1993 年，北京在市、区县重点中学的高中和中等师范学校招生实行考试体育试点，把考试体育得分计入中考总分参加录取。体育考试满分为 30 分，采取现场考试方式，全市 18 个区县 28 个考场，完成 38000 名考生的考试工作。

1994 年，北京市在全市初中应届和往届毕业生中全面开展报考高级中等学校时全部实行考试体育。

1996 年，为加强中考体育工作，市教委监察室、中招办和体卫处配合，对参与考试工作的人员、考务长进行培训。对违反考试纪律事件进行调查，对责任人进行处理。

2000 年，北京市初中毕业生升学体育考试结束后，对中学校长、教师、学生对考试的效果及意见进行万份问卷调查。回收率占 90%，同意中招进行体育考试并需进一步完善的占 50% 以上。

2004 年，市教委初中升学体育考试分为必选项目、限选项目和随机选择项目。随机选择项目于考前一个月举行，由主管领导、组织机构和学生代表选定一个项目作为考试内容。

2005 年，初中升学体育考试分为个人必选项目、个人限选项目和区县随机选择项目。随机选择项目的抽取于考试前三个月进行，由区县教育行政主管部门领导、考试组织机构和学校代表参加的抽签仪式。在随机选择项目中抽取一个项目作为本次考试的内容。必选项目、个人限选项目、区县随机选择项目中的每个单项成绩满分为 10 分，体育考试总成绩满分为 30 分。体育考试总成绩记入考生升学考试总分。

（一）个人必选项目

男 : 1000 米跑

女 : 800 米跑

（二）个人限选项目

男：单杠引体向上或投掷实心球

女：仰卧起坐或投掷实心球

（三）区县随机选择项目

包括田径、体操、球类和武术四大类若干专项。

2009年，初中毕业升学体育考试实行全市“统一考试项目、统一成绩评定标准、统一考试规程、统一考试时间”原则。

2010年，北京市初中毕业升学体育考试由原来的30分增至40分，包括30分现场考试和10分过程性考核。平时各年级的过程性考核成绩由两部分组成：一部分是对学生学习态度的考核，主要考核体育课出勤率；另一部分是平时体育课学业成绩，两部分相加即为学生该学年的考核成绩。

第四节　体育比赛

北京市中小学生体育比赛分为两类，一类是群体性体育比赛，另一类是高中阶段能够为体育特长生办理体育竞赛成绩优胜证明的竞赛和初中阶段为高级中等学校招收体育特长生推荐项目的竞赛。

一、群体性体育比赛

群体性体育比赛以吸引广大中小学学生参与为原则，达到丰富学生课余生活，增强学生体质健康的目的。北京市规定各区县和所有学校每年必须举行春、秋季两次大型学生田径运动会。中小学每年举办一次全市性中小学田径运动会。

北京市中小学市级群众体育比赛主办单位一般由市教委、市体委或与市中小学体育运动协会联合举办。2001年，市学生活动管理中心成立后，部分体育比赛由市教委与市学生活动管理中心联合主办。其中，有些比赛已经形成品牌项目。如，北京市中小学生振兴中华杯系列体育比赛，该比赛由市教委、市体育局主办，市中小学体协会同有关单项体育协会承办。包括：足球、篮球、排球、武术、游泳、健美操六项赛事。振兴中华杯比赛以学校为单位报名参加，涉及十余个区县，参加人数8000余人。振兴中华杯系列比赛每年举办一届，一般十月至十一月在基层学校进行。2005年，市体育局授予振兴中华杯系列比赛“北京市群众体育品牌活动”称号。

1991年，市教育局、市体委联合举办3类20个项目竞赛。包括田径、游泳、冬季长跑、足球、篮球、排球、棒球、乒乓球 8 项市级竞赛；田径、足球、篮球、排球、棒球、军体四项（航模、海模、车摸、无线电）共 9 项市级传统项目竞赛；市中小学体育协会分别与市篮球协会、排球协会、毽绳协会联合举办北京市第八届“振兴中华杯”篮、排球比赛、中小学生跳绳比赛。各区县为组队参加上述比赛，分别举行区县级比赛，全市中小学生参加市级竞赛 13000 人，参加区县各项比赛总人数 81000 人。

1995 年，市教育局、市体委联合举办 1995 年中小学体育传统项目学校田径、足、篮、排、乒乓、踢毽、跳绳比赛；与市中小学体育协会举办“振兴中华杯”田径、足、篮、排球比赛。委托市少年宫举办 1995 年暑期千队足球比赛。全市共有 28000 人次中小学生参加上述比赛。

1998 年，市教委转发国家体育总局、国家广播电影电视总局等单位通知，要求在中等学校和小学开展主题为“为祖国而锻炼，健康地奔向 21 世纪”象征性长跑活动。该长跑活动自 1998 年 10 月下旬开始，至 2000 年年底结束。在每年的秋冬季节开展，每年跑 100 天，每天跑 400 ～ 2000 米。

2006 年，市教委以“迎奥运”命名各项体育活动，举办“迎奥运”2006 年北京市中学生田径运动会和各级各类学校学生参加的三十余个系列数千场群众体育竞赛活动（见表 4–2）。

表 4–2　　2006 年“迎奥运”北京市中小学生体育竞赛一览表

序号	比赛项目	比赛时间	比赛地点	主办单位	承办单位	参赛人数
1	迎奥运北京市中小学生乒乓球比赛	2006 年 2 月 13—17 日	北京市少年宫	市教委 市体育局	北京学生活动管理中心	1000 人
2	“迎奥运、奔向 2008”北京市百万学生长跑活动	2006 年 3 月 18 日	丰台区青龙湖公园	市教委 市体育局	北京学生活动管理中心 各区县教委、体育局	1 000 000 人
3	迎奥运北京市中小学生长跑比赛	2006 年 3 月 19 日	丰台区青龙湖公园	市教委 市体育局	北京学生活动管理中心 丰台区教委	1000 人
4	迎奥运北京市中小学生轮滑比赛	2006 年 4 月 8 日	海淀区师达学校	市教委 市体育局	北京学生活动管理中心 海淀区教委	1000 人
5	迎奥运北京市中学生田径运动会	2006 年 4 月 21—23 日	延庆县体育中心	市教委 市体育局	延庆县人民政府 北京学生活动管理中心	1000 人
6	迎奥运北京市中小学生踢毽比赛	2006 年 5 月 13 日	北京市少年宫	市教委 市体育局	北京学生活动管理中心 东城区教委	800 人
7	迎奥运北京市中小学生跳绳比赛	2006 年 5 月 20 日	地坛体育馆	市教委 市体育局	北京学生活动管理中心 东城区教委	1000 人
8	迎奥运北京市中小学生跳皮筋比赛	2006 年 5 月 27 日	地坛体育馆	市教委 市体育局	北京学生活动管理中心 东城区教委	10 000 人

续表 4–2

序号	比赛项目	比赛时间	比赛地点	主办单位	承办单位	参赛人数
9	迎奥运北京市中小学生北京晚报百队杯足球赛	2006 年 6—8 月	全市	市体育竞赛管理中心 市足协 北京晚报 北京学生活动管理中心	北京市足球运动协会 北京学生活动管理中心	10 000 人
10	迎奥运北京市中小学生乒乓球超级联赛	2006 年 10 月	全市	市教委 市体育局	北京学生活动管理中心	500 人
11	迎奥运北京市中小学生棒垒球比赛	2006 年 11 月	丰台体育中心	市教委 市体育局	北京学生活动管理中心	1000 人
12	迎奥运北京市学生啦啦队比赛	2006 年 12 月	北京工业大学通州分校	市教委 市体育局	北京学生活动管理中心 北京市职教体协	2000 人

2006 年 12 月 23 日，全国“亿万学生阳光体育运动”启动仪式在北京石油化工学院举行。国务委员陈至立出席启动仪式并宣布全国“亿万学生阳光体育运动”启动。教育部、国家体育总局领导，全国学校体育工作会议全体代表以及来自北京市 13 个区县的 2700 余名师生参加启动仪式。

2007 年 4 月 29 日，教育部、市教委等部门在北京朝阳公园再次启动全国亿万学生阳光体育运动，1 万多名学生参加启动仪式。中共中央政治局常委李长春、中共中央政治局委员、北京市委书记刘淇、国务委员陈至立出席启动仪式，并与首都青少年一起参加体育活动。

2010 年，北京市举办 60 余个系列市级学生体育比赛，100 万名学生参加体育活动（见表 4–3）。

表 4–3　　2010 年北京市中小学生群体比赛一览表

序号	项目	名称	主办单位	承办单位
1	田径	北京小学生少儿趣味田径比赛	市中小学体协	国际田联地区发展中心
2	篮球	阿迪达斯高中男子篮球联赛	市中小学体协	—
3		北京小学生小篮球比赛	市中小学体协	—
4	排球	北京市小学生排球比赛	市中小学体协	—
5	棒球	北京市阳光体育棒球发展计划联赛	市教委	北京市中小学体协 市阳光体育棒球发展计划办公室
6	网球	北京市中小学生网球比赛	市中小学体协	—
7	街舞	北京市中小学生街舞比赛	北京学生活动管理中心	北京市健美操体育舞蹈协会
8	踢毽	北京市中小学生踢毽比赛	北京学生活动管理中心	东城区教委

续表 4–3

序号	项目	名称	主办单位	承办单位
9	跳绳	北京市中小学生跳绳比赛	北京学生活动管理中心	东城区教委
10	跳皮筋	北京市少年儿童跳皮筋大赛	北京学生活动管理中心	东城区教委
11	轮滑	北京市中小学生轮滑比赛	北京学生活动管理中心	海淀区教委
12	绑腿跑	北京市中小学生绑腿跑比赛	北京学生活动管理中心	海淀区教委
13	躲避球	北京市中小学生躲避球比赛	北京学生活动管理中心	海淀区教委
14	体育舞蹈	北京市学生体育舞蹈比赛	北京学生活动管理中心	北京市健美操体育舞蹈协会
15	毽球	北京市中小学生毽球比赛	北京学生活动管理中心	东城区教委
16	健身操	北京市中小学生武术健身操比赛	市中小学体协	—
17		肯德基校园青春健身操大赛	市中小学体协	—
18		北京市中小学生大众健美操比赛	市中小学体协	—
19	台球	北京市中小学生台球比赛	市中小学体协	—
20	民族体育	北京市中小学生民族传统体育比赛	市中小学体协	—
21	远足	北京市中小学生徒步远足比赛	市中小学体协	—
22	达人系列	北京市阳光少年体育达人系列比赛	市中小学体协	—
23	智力运动	北京中小学生数独比赛	市中小学体协	—
24		北京市中小学生智力运动会	市中小学体协	—
25	强我少年	北京中小学生“强我少年”工程体质健康管理赛及体质健康管理赛	市中小学体协	—
26	游戏	北京中小学生“老北京体育游戏”传承活动	市中小学体协	—
27	攀岩	北京市中小学生攀岩比赛	市中小学体协	—
28	击剑	北京中小学生击剑公开赛	市中小学体协	王海滨国际击剑俱乐部
29		北京市中小学生击剑比赛	市中小学体协	—
30	滑雪	北京中小学生滑雪比赛	市中小学体协	北京乔波冰雪世界

二、竞技体育

（见第五章第四节）

三、竞赛成绩

1993—2009 年，北京市中学生代表队共参加六届全国中学生运动会，成绩如下：

1993 年，北京市中学生代表队参加在山东青岛举行的第五届全国中学生运动会。运动会共设乒乓球、田径、篮球、排球及男子足球 5 个项目，获 8 块金牌、5 块银牌、3 块铜牌，并获精神文明代表队称号。

1995 年 8 月，北京市中学生代表队参加在湖北武汉举行的第六届全国中学生运动会，来自 30 个省、市、自治区的运动员参加田径、篮球、排球、足球 4 个项目的比赛。获男子足球第二名，8块金牌，3块银牌，1块铜牌。1人打破全国中学生运动会男子乙组跳高纪录，成绩为2.14米，达到运动健将标准。

1999年7月，北京市中学生代表队参加在广州举行的第七届全国中学生运动会，来自32个省、直辖市、自治区及香港特别行政区共174个代表队2000名运动员参加比赛。比赛设田径、篮球、排球、足球、乒乓球、毽球以及广播体操7个项目。获得团体总分第四名，广播操和男子足球冠军，1名运动员获得男子400米银牌，达到一级运动员标准。北京队还获得体育道德风尚奖。

2002年，北京市中学生代表队参加全国第八届中学生运动会。运动会共设足球、篮球、排球、乒乓球、羽毛球、田径、游泳和毽球8项比赛，来自全国31个省、直辖市、自治区和香港、澳门特别行政区5000名运动员参加比赛。北京队获得团体总分第三名。共获得6项金牌、7项银牌、5项铜牌，5人打破5项中运会纪录，并以380分的成绩获全国中运会团体总分第三名，4个代表队和13名运动员分别获得“体育道德风尚奖”和“精神文明运动员”称号。

2005年8月，北京市中学生代表队参加第九届全国中学生运动会。该比赛设立田径、游泳、武术、乒乓球、足球、篮球和排球7个项目，来自全国中学生运动员2366人参加比赛。获得13块金牌、10块银牌和17块铜牌，团体总分633分，获团体总分和金牌总数第二名。

2009年8月，北京市中学生代表队参加全国第十届中学生运动会获得金牌30枚、银牌9枚、铜牌11枚，11人次打破中运会纪录，团体总积分783.5分，并夺得金牌总数和总成绩第一名。来自全国25个省、自治区、直辖市99所会员学校1400名运动员以及全国22个省、直辖市、自治区体育运动学校400名运动员参加比赛。在金牌总数、奖牌总数、团体总分获奖数量上，北京代表队均位居全国34个代表团榜首。

第五节　体育后备人才培养

1991—2010年，北京市通过建设体育传统项目学校和体育后备人才试点校（后改称“北京奥林匹克教育学校体育后备人才培养基地”）方式培养体育后备人才，形成田径、游泳、乒乓球、健美操等一批具有竞争优势的品牌项目。

一、体育传统项目学校

20世纪60年代初期，北京市部分中小学根据本校体育教师特长、场地设施条件和学生的爱好，以一两个体育项目为重点，建立班级、年级和学校运动队，逐步形成具有本校特色的体育传统项目。1979年，市教育局确定北京市体育传统项目学校200所。后经调整，1992年，北京市拥有体育传统项目学校62所，1993—1997年，一些区县体育局与文化或教育局合并，体育传统校命名受到一定影响，5年间共命名30所。1999年，市教委印发《北京市体育传统项目学校管理办法》，对于体育传统校的管理、标准、命名、任务做出具体规定。2000年，市级体育传统项目学校达到150所。2004年，市教委对北京市体育传统项目学校进行检查评估，北京市第一中学等137所中小学传统校达到市级传统校检查评估标准，确认为市级传统校，什锦花园小学、北京市第九十中学、永建里小学、锦秀街小学、广义街小学、马连道二小、广外一小、楼梓庄中学、定福庄二小、蓝靛厂中学、知春里小学、桥梁厂学校、北京市第六十一中学由于未达到市级传统校检查评估标准或因学校撤并等原因，撤销市级传统校命名。新申报的北京市第二十四中学、第二十七中学、第一六六中学、北京经济技术开发区实验学校、和平里四小、革新里小学、培新小学、康乐里小学、回民小学、北京市第一实验小学、工大附中、南磨房中心小学、彩和坊小学、首都师范大学附属丽泽中学达到市级传统校标准，予以命名。

2010年，北京市中小学有国家级体育传统项目学校14所，市级体育传统项目学校170所（见表4–4和表4–5）。

体育传统项目学校分为国家、市、区县三级，实行审定命名制。凡符合区县级体育传统校命名条件的学校，可以向所在区县体育局、教委书面申报，经审核批准并报市体育局、市教委备案后由所在区县体育局、教委联合命名。市体育传统校由区县体育局、教委向市体育局、市教委提出申报，市体育局、市教委组织审核并命名。国家体育总局、教育部定期对省市级各省（区、市）上报的体育传统项目学校材料进行评审，对于符合条件的学校命名为国家级体育传统项目学校。体育传统项目学校由各级体育、教育部门共同管理。

北京市体育传统项目学校主要项目为田径、足球、篮球、排球、游泳、乒乓球、棒垒球、武术、健美操、艺术体操、跆拳道、射击、射箭、定向越野、手球、网球、羽毛球等。

体育传统项目学校的检查验收工作由区县体委、教委组织实施。对已命名的体育传统项目学校，每年进行一次检查评比，每三年进行一次复查评定。检查验收工作按照全国体育传统项目学校评估标准及办法进行，满分为100分，总分达80分为体育传统项目学校命名标准分数线。

表 4-4　　2010 年北京市体育传统项目学校名单（国家级）

区县	北京市体育传统项目学校（国家级）	项目
东城区	北京市景山学校	排球、游泳
	北京市东直门中学	田径、篮球
	北京市第二十二中学	篮球、乒乓球、武术定向
西城区	北京市第八中学	田径、游泳
	北京师范大学附属实验中学	排球
朝阳区	北京市第八十中学	田径
海淀区	北京市第一零一中学	田径、排球
	清华大学附属中学	田径、篮球
	中国人民大学附属中学	田径、足球、游泳、乒乓球、武术
	北京市育英学校	篮球、游泳
通州区	北京市通州区潞河中学	田径、篮球、游泳
顺义区	北京市顺义区第一中学	田径、篮球
昌平区	北京市昌平区第二中学	田径
密云县	北京市密云县第二中学	田径、篮球

表 4-5　　2010 年北京市体育传统项目学校名单（市级）

区县	北京市体育传统项目学校（市级）	项目
东城区	北京市第五中学	田径、篮球、乒乓球
	北京第二十五中学	篮球、乒乓球
	北京市第二十七中学	排球、手球
	北京市五十四中学	田径、足球、篮球
	北京市第五十五中学	田径、健美操
	北京市第六十五中学	田径、足球、排球
	北京市第一四二中学	田径
	北京市第一六六中学	田径、篮球、手球
	北京市第一七一中学	田径、篮球、排球、游泳
	北京市东城区安外三条小学	田径、足球
	北京市东城区灯市口小学	田径、篮球
	北京市东城区地坛小学	足球
	北京市第二中学分校	篮球
	北京市第五中学分校	田径、篮球、乒乓球、武术
	北京市第一中学	田径
	北京市东城区师范学校附属小学	田径、篮球、健美操
	北京市第二中学	篮球、乒乓球、健美操
	北京市东城区府学胡同小学	田径、足球、篮球、排球、乒乓球、健美操、跆拳道
	北京市东城区和平里第三小学	武术
	北京市东城区和平里第四小学	田径、篮球
	北京市东城区和平里第一小学	篮球
	北京经济技术开发区实验学校	田径、足球、篮球、乒乓球、跆拳道
	北京市东城区什锦花园小学	排球
	北京市东城区史家小学分校	田径、乒乓球
	北京市东城区西中街小学	田径、足球

续表 4–5

区县	北京市体育传统项目学校（市级）	项目
西城区	北京市第三中学	排球
	北京市第四中学	田径、篮球、游泳
	北京市第七中学	足球
	北京市第三十一中学	排球
	北京市第三十五中学	篮球
	北京师范大学附属实验中学	田径、游泳
	北京市铁路第二中学	排球
	北京师范大学第二附属中学	田径、排球
	北京第二实验小学	田径、篮球
	北京市西城区宏庙小学	田径、篮球
	北京市西城区育民小学	排球
	北京市西城区师范学校附属小学	田径
	北京市西城区黄城根小学	排球
	北京市西城区进步小学	足球
	北京市西城区西单小学	棒球
	北京市西城区复兴门外第一小学	田径、排球
	北京市西城区育翔小学	篮球
	北京市西城区奋斗小学	田径、排球、游泳
崇文区	北京市广渠门中学	田径、篮球、排球、乒乓球
	北京市第五十中学	田径、篮球
	北京市崇文区体育馆路小学	篮球
	北京市第一一四中学	垒球
	北京市第一零九中学	田径、游泳、乒乓球
	北京市崇文区光明小学	田径
	北京市第十一中学	田径、篮球
	北京市崇文区天坛南里小学	篮球
	北京第一师范学校附属小学	田径
	北京市崇文区宝华里小学	田径
	北京市崇文区景泰小学	田径
	北京市崇文区培新小学	田径
	北京市汇文中学	田径、游泳
	北京市龙潭中学	篮球
宣武区	北京市第六十六中学	田径、乒乓球
	北京市回民学校	田径、足球、排球
	北京市第十五中学	田径、篮球
	北京市第十四中学	田径、游泳
	北京师范大学附属中学	田径、篮球
	北京市宣武区红莲小学	田径
	北京第一实验小学	田径、篮球
	北京市宣武区师范学校附属第一小学	足球
	北京市宣武区师范学校附属第二小学	田径、足球
	北京市宣武区南菜园小学	乒乓球
	北京市宣武区回民小学	足球
	北京小学走读部	田径
	北京小学	田径、足球、游泳
	北京市育才学校	篮球、棒球、垒球、手球、定向越野
	北京市宣武区康乐里小学	田径、篮球

续表 4–5

区县	北京市体育传统项目学校（市级）	项目
朝阳区	北京市朝阳区管庄中心小学	田径
	北京市陈经纶中学	田径、篮球、游泳、健美操、跆拳道
	北京中医学院附属中学	篮球、射箭
	北京市朝阳区下三条中心小学	排球
	首都师范大学附属实验学校	篮球
	北京市朝阳区平乐园小学	篮球
	北京市朝阳区南磨房中心小学	田径
	北京市朝阳区望京南湖东园小学	足球
	北京市第九十七中学	乒乓球
	中国建筑材料科学研究院附属中学	田径
	北京市朝阳区呼家楼中心小学	田径、垒球
	北京市和平街第一中学	篮球
	北京工业大学附属中学	田径、篮球、乒乓球、武术、健美操
	北京市第九十四中学	田径
海淀区	北京市海淀区七一小学	游泳
	北京市第二十中学	田径、健美操、定向越野
	北京市八一中学	田径、足球、排球、武术
	北京大学附属中学	田径、乒乓球、棒球
	北京航空航天大学附属小学	排球
	北京市海淀区北洼路小学	排球
	北京市海淀区彩和坊小学	排球
	北京市海淀区翠微小学	篮球
	北京理工大学附属中学	田径、排球、棒球、垒球
	北京市立新学校	游泳、跆拳道
	北京农业大学附属中学	田径
	中国人民大学附属小学	足球
	北京市第十九中学	垒球、手球
	首都师范大学附属育新学校	棒球
	首都师范大学附属中学	篮球
	北京市海淀区万泉小学	棒球
	北京市海淀区五一小学	田径、篮球
	北京市海淀区中关村第一小学	田径、篮球、排球、健美操
	北京市海淀区中关村第三小学	田径、篮球、排球、跆拳道
	北京市中关村中学	田径、篮球、武术
丰台区	北京市第十二中学	田径
	北京市第十八中学	田径、篮球、乒乓球
	北京市第十中学	田径
	北京市大成学校	田径、足球、篮球、棒球
	北京市丰台区分钟寺小学校	乒乓球
	北京市丰台区师范学校附属小学	田径、棒球、跆拳道
	北京市丰台区实验学校	田径、棒球、垒球
	北京市首都师范大学附属丽泽中学	田径、篮球、跆拳道
	北京市丰台区云岗第一小学	田径
	北京市赵登禹学校	田径

续表 4–5

区县	北京市体育传统项目学校（市级）	项目
石景山区	北京市苹果园中学	田径
	北京市京源学校	田径、足球
	北京市杨庄中学	田径
	北京市石景山区古城第二小学	田径、篮球、武术
	北京市第九中学	田径、篮球、艺术体操
	北京市石景山区六一小学	田径
门头沟区	北京市大峪中学	田径
	首都师范大学附属中学永定分校	田径
	北京市门头沟区黑山小学	田径
	北京市门头沟区新桥路中学	足球、健美操
	北京市门头沟区大峪第二小学	田径
房山区	北京师范大学良乡附属中学	田径、篮球
	北京市房山区阎村镇阎村中心校	田径、足球、乒乓球、武术
	北京市房山区周口店中学	田径
	北京市房山区韩河村中心校	田径、乒乓球
通州区	北京市通州区第六中学	田径、篮球
	北京市通州区漷县镇中心小学	田径、篮球
	北京市通州区运河中学	田径
	北京市通州区东方小学	田径、乒乓球
	北京市通州区后南仓小学	田径
	北京市通州区宋庄镇中心小学	田径
顺义区	北京市顺义区杨镇第一中学	田径、篮球、乒乓球
	北京市顺义区第九中学	田径
	北京市顺义区牛栏山第一中学	田径
	北京市顺义区木林中心小学校	田径
	北京市顺义区牛山中心小学	田径
	北京市顺义区第二中学	篮球
	北京市顺义区杨镇中心小学校	田径
	北京市顺义区东风小学	田径
昌平区	北京市昌平区城北中心小学	田径
	北京市昌平区马池口中心小学	田径
	北京市昌平区前锋学校	田径
	北京市昌平区第二实验小学	乒乓球
	北京市昌平区第一中学	足球、篮球
	北京市少林武术学校	武术、跆拳道
大兴区	北京市大兴区太和中学	田径
	北京市大兴区第一中学	田径、游泳
	北京师范大学大兴附属中学	田径
	北京市大兴区兴华中学	田径
	北京市大兴区长子营中学	田径
	北京市大兴区庞各庄镇第二中心小学	田径
	北京市大兴区长子营镇第一中心小学	田径

续表 4–5

区县	北京市体育传统项目学校（市级）	项目
平谷区	北京市平谷区第二中学	田径
	北京市平谷中学	田径
怀柔区	北京市怀柔区第一小学	田径、足球、篮球、乒乓球
	北京市怀柔区实验小学	田径、足球、篮球、乒乓球、武术、跆拳道
	北京市怀柔区渤海镇中心小学	田径
	北京市怀柔区第一中学	田径、篮球
	北京市怀柔区第二中学	田径
	北京市怀柔区第四中学	田径
密云县	密云县第五中学	田径、乒乓球、武术、跆拳道
	密云县不老屯镇中心小学	田径
延庆县	延庆县第五中学	田径
	延庆县第一中学	田径

二、体育后备人才试点校

1985 年，市教育局、市体育局确定 16 所中学为首批“北京市培养体育后备人才试点学校”。这些学校符合“具有一定体育传统、具备培养体育后备人才条件的市重点中学”要求，试点项目包括田径、足球、篮球、排球四项。

1991 年，市教育局召开课余体育训练工作会议，对试点工作进行小结。要求成立试点校中心教研组，举办田径试点校短跑教练员培训班，由市体委训练指导团专家讲授短跑运动的选才和训练方法。

1993 年，国家教委从全国 289 所试点中学培养体育运动后备人才学校中评选出 54 所先进校进行表彰。北京八中、人大附中、清华附中被评为全国体育试点优秀学校。

2002 年，市教委、市体育局联合评估北京市 16 所体育后备人才试点中学。结果表明，各校采用多种手段创建学校课余体育训练模式，解决学习与训练的矛盾，引进高水平教练，建立小学—中学—大学训练体系，探索学校培养体育后备人才可持续发展道路。试点校田径运动员中 12 人成为运动健将，45 人次获得“金帆奖”“银帆奖”，为高等院校输送高水平运动员 564 人，为北京专业运动队输送运动员 48 人。经评审，16 所试点校全部通过验收，人大附中、清华附中等 10 所学校达到优秀标准。

2006 年，以北京奥运会为契机，将原“试点校”更名为“北京奥林匹克教育学校体育后备人才培养基地”，基地数量由 16 所增加到 24 所，项目包括田径、游泳、乒乓球、健美操、足球、篮球、排球、棒球 8 项。试点校实行市教委体美处、区县教委体卫科分层管理（见表 4–6）。

表 4–6　　2010 年北京奥林匹克教育学校体育后备人才培养基地学校名单

区县	学校
东城区	北京市东直门中学（女子篮球）、北京景山学校（男子排球）
西城区	北京市第四中学（男子篮球）、北京市第八中学（田径）、北京师范大学附属实验中学（女子排球、游泳）
崇文区	北京市汇文中学（田径）
宣武区	北京市第六十六中学（乒乓球）、北京市育才学校（棒球）
朝阳区	北京市第八十中学（田径）
海淀区	清华大学附属中学（田径、篮球）、北京市第一零一中学（田径、女子排球）、北京市育英学校（游泳）、中国人民大学附属中学（男子足球）、北京市八一中学（男子足球）
丰台区	北京市第十二中学（田径）
石景山区	北京市第九中学（田径）
通州区	北京市通州区潞河中学（田径）
顺义区	北京市顺义区杨镇第一中学（田径）、北京市顺义区第一中学（田径）
怀柔区	北京市怀柔区第一中学（田径）
昌平区	北京市昌平区第二中学（田径）
大兴区	北京市大兴区第一职业学校（女子足球）、北京市大兴区第一中学（田径）
密云县	北京市密云县第二中学（田径、男子篮球）

第六节　国防教育

从 1985 年开始，北京市在 6 所高中开展军训试点。1986 年，成立以国防教育为主题的第一所少年军校，至 2005 年，发展到 1389 所。1990 年，北京市成立国防教育工作领导小组。由市委宣传部、市教委和卫戍区政治部负责统一领导全市国防教育工作，办公室设在卫戍区政治部。1997 年 11 月，市教委在西城区、石景山区、通州区开展小学、初中国防教育试点工作。

2000—2004 年，市教委共命名 11 个军训基地：大兴军训基地、怀柔军训基地、斋堂军训基地、南口军训基地、康庄 611 部队军训基地、八达岭军训基地、平北军训基地、长城军训基地、房山少年军校、群英吴军训基地、龙庆峡军训基地。到 2005 年，北京市所有高级中学把军训纳入社会实践课程。

中小学还通过实弹射击比赛、军事定向校园越野比赛、定向越野锦标赛、阅兵式等形式，提高学生的国防教育素养，展示国防教育成果。

一、高中国防教育

1985 年，北京市在 6 所高中 1300 多名学生中开展军训试点，到 1996 年，军训试点学校发展到 39 所，参加军训学生达到 1.2 万多名，11 年来，参加军训学生总数达到10万余人。高中集中军事训练的主要内容是练三像（坐像、站像、走像），震三响（掌声响、歌声响、口号响），培养学生的国防意识和素质。

高中军训试点校的军事教员通过考试合格后，均被列为所在区县人武部专职人武干部纳入规范化管理。

2005年，北京市所有高级中学普及军训，并纳入社会实践课程。军训内容包括集中军事技能训练和军事知识讲座，时间为7 ~ 14天。其中，集中军事技能训练不少于7天。在学年中统筹安排。采取到部队、基地或校内三种形式进行。军事知识讲座在校内进行，时间为15学时，内容为军事思想、军事科技、现代国防、国际战略环境、高技术战争五讲。

二、小学、初中国防教育

1997年11月，市教委在西城区、石景山区、通州区开展小学、初中国防教育试点工作。

小学、初中国防教育主要通过集中上课、教学渗透和开展活动方式进行。试点区在每周小学和初中活动类课程中集中安排4课时国防教育课。相关学科渗透国防教育。小学一至六年级重点在语文和体育课中进行。中学初一至初三重点在语文、地理、历史、体育课中进行。

教育内容和要求如下：

小学1 ~ 3年级：知道中国人民解放军是祖国的保卫者、我军的主要创始人、"八一"建军节的来历，学会简单的队列、投掷、登高、攀越障碍等动作，会做一些军事游戏，初步树立锻炼身体、保卫祖国的观念，培养遵守纪律、勇敢坚强的品德等。

小学4 ~ 6年级：了解中国及世界上著名的反抗侵略正义战争，树立革命英雄主义精神和保家卫国的责任感，进行队列训练。培养令行禁止、一切行动听指挥的作风，增强集体主义观念，自觉遵守校纪校规等。

初中各年级：要求了解国防法规，根据解放军队列条令，组织队列训练，重大活动举行阅兵式，学习军人的仪表和作风，增强组织纪律性和集体主义观念，养成良好的学习和生活习惯等。

小学和初中国防教育教师由班主任或其他教师承担集中上课时间的授课任务。授课时间计入工作量，并对学生进行简单的考核检查。试点区国防教育领导小组制定培训计划每学年进行一次培训，以提高授课教师的专业水平。

试点区教师统一使用由国家教委学校国防教育办公室、总参谋部政治部宣传部主持编写的九年制义务教育小学和初中补充教材《国防教育》(小学1～3年级版、4～6年级版、初中1～3年级版)。

2007年7月，市人大颁布北京市实施《中华人民共和国国防教育法》办法，规定小学和初级中学应当将国防教育的内容纳入有关课程，采取课堂教学与课外活动相结合的方式，以及少年军校、组织军事夏令营和聘请校外辅导员等形式开展国防教育。

2010年，市教委、北京卫戍区编印《北京市青少年国防教育读本》。全书共分为六章，注重普及《国防教育法》基础知识，采取图片、漫画、文字相结合的形式，激发青少年阅读兴趣并免费发放到各区县中小学。

三、少年军校

北京市自1986年成立以国防教育为主题的第一所少年军校，至1997年，发展到670所。1997年10月19日，首都少年军校表彰暨训练成果汇报表演大会表彰41所先进少年军校，来自31所中小学1000余名学生进行分列式以及各种专项军事表演。

1999年，北京市表彰首届首都先进少年军校。该活动每年举行一次，由首都精神文明建设委员会承办。至2005年，全市共有少年军校1389所。14个区县成立少年军校总校，首都文明办连续七届表彰先进少年军校，表彰首都少年军校示范校14所，首都先进少年军校241所。

2010年，首都军(警)民共建指导小组对部分区县开展少年军校活动进行调研，结果表明，各学校把开展少年军校活动作为开展素质教育、国防教育的切入点，开展多种形式的少年军校活动。其中，东城区把全区少年军校活动图片统一制作成展板，在全区少年军校巡回展出，效果显著。

第七节　卫生

1991—2010年，北京市中小学把保证学生身体健康和生命安全放在教育决策和教学管理首位。1991年，在中小学开展禁烟教育。从1992年起，加强学生常见病(肠道蠕虫、龋齿与牙周疾病、贫血、营养不良、沙眼、视力低下)防治工作。1995年，在全国率先开展中小学健康促进学校实验。1999年，全面开展学生营养餐工作。2002年，开展预防艾滋病健康教育。从2005年开始，为提高农村学校卫生防病和健康教育的能力和水平，市政府多次拨专款改善中小学校卫生硬件设施，先后完成中小学校医务室建设和农村中小学校旱厕改造任务。从 2007 年 9 月起，实施学生儿童大病医疗保险制度。从 2008 年起，每年为中小学生安排一次健康体检。2007 年，北京市中小学共有校医及专兼职保健教师 2000 人，中小学卫生保健机构 19 个，医务人员 450 人。

一、学生常见病防治

1991 年，市教育局转发国家教委《关于加强学生视力保护，做好近视眼防治工作的通知》，要求在较短时间内对学生近视眼发病率有所控制，做到“小学明显下降，初中稳中有降，高中新发病率有所控制”；确定 3 月 10 日至 16 日为“保护学生视力宣传周”；提出“预防近视文件到校、岗位责任到人、防治措施到位、督导评估列项”措施。

1992 年，北京市成立学生常见病 (肠道蠕虫、龋齿与牙周疾病、贫血、营养不良、沙眼、视力低下) 防治领导小组，成员由市教育局、市卫生局负责人组成。各区县成立相应机构。

1996 年，市卫生局、市教育局对 18 个区县中小学生常见病防治工作中期考评结果显示：中小学生 6 种常见病（肠道蠕虫、龋齿与牙周疾病、贫血、营养不良、沙眼、近视眼）防治工作成绩突出。学生蛔虫感染率城区平均为 3.04%，乡村平均为 5.48%，提前达到国家规定的 2000 年控制目标。城、乡学生沙眼感染率分别为 5.54% 和 13.28%，达到中期防治目标。城、乡 12 岁学生恒牙龋均分别由原来的 1.39% 和 1.23%，下降到 0.79% 和 0.28%，达到世界卫生组织规定的标准水平。近视眼患病率居高不下。中小学生肥胖患病率继续呈上升趋势。1985 年肥胖检出率为 3%。1994 年上升到城区为 13.25%，增加 10.25 个百分点；农村为 8.34%，增加 5.34 个百分点。

1997 年，国家教委、卫生部组成考评组对北京市六病防治工作进行中期考核，东城区、昌平县代表北京市接受考核，得分 95. 79 分获优秀等级。全国考评组认为北京市六病防治工作居全国前列。

2001 年，对全市 1995 年至 2000 年数据分析显示：①在肠道蠕虫防治方面，2000 年，城市、农村感染率分别为 0.40% 和 1.10%. 达到 2000 年国家防治标准。②学生沙眼患病率达标。③学生贫血患病情况呈现逐年下降的趋势，每年下降幅度为 20%，农村与城市有相似规律，且城乡差异不大。④龋齿防治，城市龋均由 1995 年的 0. 85% 下降到 2000 年的 0. 71%。农村学生龋均由 0.33% 下降到 0. 30%。⑤学生龋齿充填率水平 2000 年比 1995 年有所提高，达到国家标准。但龋齿充填率城市 41. 09%、农村 22. 63%，城乡差距较大。⑥学生的视力低下率呈现上升趋势，城区上升幅度 2. 9%，农村上升幅度 4. 07%。⑦肥胖检出率城市 16. 09%，高于农村 9.51% 的水平。农村学生肥胖水平增长速度较快，5 年间肥胖检出率增长 30% 左右。营养缺乏型营养不良学生城市由 24. 87% 下降到 18. 21%，已达标。农村由 13. 87% 下降到 12. 24%，未达标。预防肥胖和营养缺乏型营养不良是工作重点。

2005 年，针对一些学校在装修教室和添置课桌椅工作中出现的环保问题，市教委、市卫生局发出《关于做好学校教室环境保护工作 确保师生身体健康的通知》，要求各区县严把施工关、材质关和检测关，严格控制施工单位的施工能力和技术力量，选择合格资质的施工单位，将没有施工资质和技术能力的小包工队拒之门外。严格控制课桌椅和装修材料生产厂家的产品质量，对各种产品及材料应当证明齐全，选择环保产品，拒绝规模小，质量差的小作坊及所生产的材料进学校。

2007 年 9 月，市教委、市劳动和社会保障局决定实施本市学生儿童大病医疗保险制度。学生家庭每年负担 50 元，财政补贴每年 50 元，大病一年报销上线 17 万元。

针对北京市学生视力不良检出率上升的趋势，北京市采取多项措施加强中小学生的视力保护工作。①强化学校教室采光、照明、桌椅、黑板的配置等环境设施的卫生规范要求；②定期检查学生视力，要求学校指导学生养成良好的用眼卫生习惯；③对学生视力健康教育中的医学问题进行专题研究，建立适合学校大面积群体实施的视力健康检查模式和视力健康预测模型，提出降低全市中小学生视力不良发生率的策略；④修订全市中小学生眼保健操，重新确定眼保健操的有效穴位，使眼保健操更加简便、卫生、安全和有效，教育部将北京市的研究成果向全国推广；⑤推广家庭护眼保健操，促使家长与社会共同关注孩子视力健康，另外，结合每年的“爱眼日”宣传日，与市卫生局开展形式多样的爱眼护眼公益活动，免费发放保护视力宣传手册，引导全社会关注孩子的视力问题。

2010 年，小学生视力不良检出率为 43.50%，（其中城市为 49.39%、农村为 36.39%）。初中学生视力不良检出率为 71.89%（其中城市为 79.00%、农村为 64.78%）。高中学生视力不良检出率为 81.89%（其中城市为 84.89%、农村为 78.89%）。中小学生沙眼检出率为 0.46%，较 2006 年下降 3.75 个百分点。蛔虫感染检出率 0.14%，维持在较低水平。沙眼、蛔虫感染检出率均达到《规划》2010 年防治目标。学生龋齿检出率为 18.43%，比 2006 年的 25.54% 下降 7.11 个百分点；

龋均为0.37%，较2006年的0.68%明显降低。

二、预防艾滋病健康教育

2002年，市教委转发教育部、卫生部《关于加强学校预防艾滋病健康教育工作的通知》，要求各中学开展预防艾滋病健康教育。

2004年，教育部在北京市第二中学启动预防艾滋病宣传活动，举办“预防艾滋病，青少年责无旁贷”主题签名活动。

2006年7—9月，教育部开展“青少年预防艾滋病知识网上有奖问答活动”，采用青少年喜爱的网上“闯关”游戏的形式，吸引广大青少年上网学习艾滋病防治知识、毒品预防知识、无偿献血知识以及青春期知识等。

2007年，市教委印发《关于加强学校预防艾滋病健康教育工作的通知》。要求各大中学校将预防艾滋病健康教育工作纳入学校教育教学计划，开设相应课程或讲座。安排预防艾滋病专题教育课时（初中6课时、高中4课时）。各学校要以开展宣传教育活动形式，通过同伴教育、主题班会、绘画、读书活动、知识竞赛、图片展览等途径宣传预防艾滋病教育。

教学要求：了解艾滋病、性病的基本概念及其危害，正确对待和关爱艾滋病病毒感染者与艾滋病病人等内容。

教学内容：初中学段包括艾滋病基本知识、预防方法和措施等内容。高中学段强化和增加艾滋病对家庭和社会的危害等内容。

预防艾滋病健康教育教材选用《艾滋病离你远吗——青少年预防艾滋病性病读本》《预防艾滋病健康教育卡通读本》等辅助资料。

三、突发疾病防治工作

1992年，国家教委印发《中小学校园环境管理的暂行规定》，要求学校建立公共卫生制度。

1996年，市教委印发《关于贯彻落实北京市人民政府办公厅关于进一步加强安全生产工作的紧急通知精神的通知》，要求学校食堂内不得存有腐烂、变质、过期食品，严格将生熟食品分开。严把食品的进货渠道，禁止到农贸市场、个体经营户采购畜禽肉类原料及豆制品等。做好食堂机械设备的安全检修，杜绝机械事故、食源性疾患和食物中毒事故发生。

2003年春季，北京发生非典型性肺炎，市委教育工委、市教委对各区县中小学教学安排进行相应调整：4月20日，中小学除初、高中毕业年级以外学生在家自学。4月25日毕业班学生停课，全市中小学全面停课。随着疫情得到有效控制，5月23日，高三学生返校复课，6月9日，小学六年级和初三学生复课，6月16日，高二学生复课，6月30日，中小学全面复课。为减轻学生负担，增加户外活动时间。对未发生疫情的寄宿制学校，实行封闭式管理，对其中离校后要求返校的学生，必须经隔离10天以上且无非典型肺炎症状方可准许入校。10月16日，市委教育工委、市教委印发《北京市教育系统预防与控制传染性非典型肺炎应急预案》。“预案”明确教育系统防控工作决策领导机构、日常管理机构、应急指挥体系、区县教育行政部门和学校职责，规定三级疫情工作流程和保障措施。

在总结非典防控经验的基础上，市教委制定《教育系统突发公共卫生事件应急预案》，成立突发事件应急工作组，建立学校卫生防病工作长效机制。同时，各区县、学校也制定相应的应急预案，将责任落实到人。

2003年12月，市教委、市卫生局召开预防冬季呼吸道疾病紧急工作会。会议要求学校要坚持晨检、午检制度，密切观察学生健康情况，一旦发现学生有发热症状，立即送往医院就诊。同时，做好学生因病缺课登记制度，发热超过38℃的学生要在家充分休息。学校要对班主任提出具体要求，在重要的环节上不能出现疏漏或流于形式。

2005年11月，市委教育工委、市教委召开防控禽流感紧急工作会议，要求中小学校加强疫情监测和饮食卫生管理，加强校园禽类管理，并建立信息报送制度。

2006年4月，市教委、市卫生局要求各类中小学校和托幼机构建立传染病疫情发现、信息登记与报告制度。在同一宿舍或者同一班级1天内有3例或者连续3天内有多个学生（5例以上）患传染病，并有相似症状（如发热、皮疹、腹泻、呕吐、黄疸等）或者共同用餐、饮水史时，学校疫情报告人应当在24小时内报告相关信息。同年，市教委、市卫生局联合制定《北京市学校及托幼园所集中发热处理技术规范》，针对学校集中发热问题，进一步明确调查处理、疫情上报等工作程序。

2009年，甲型HIN1流感疫情暴发，市教委、市卫生局召开教育系统甲型流感防控工作会议，连续制订印发30多个学校甲型HIN1流感防控工作文件，规范大中小学传染病和结核病防控工作，尤其是手足口病、水痘等传染病的防治工作。

四、健康促进学校建设

1995年，世界卫生组织(WHO)城市卫生发展合作中心、中国健康教育研究所等单位在北京东城区、西城区4所中学和4所小学开展“中国/WHO健康促进学校项目”。“健康促进学校”是世界卫生组织在全球倡导的学校健康新概念，旨在通过开设健康教育课和组织与健康有关的活动，使青少年树立健康的信念，逐渐掌握与他们年龄相称的健康知识和技能，不断提高健康水平，并为青少年成人后的健康做好充分的准备。

依据WHO西太区健康促进学校工作的考核标准，至1999年，7所学校获得铜奖、银奖和金奖。1998—1999年，北京市健康教育所承接“北京市健康促进学校示范项目”。来自东城、西城、宣武、海淀、丰台5个区的15所学校参加活动。2001年，市教委、市卫生局在全市范围内推广健康促进学校活动。2001年，市教委、市卫生局联合召开“北京市健康促进学校工作启动大会”，制定《北京市健康促进学校工作实施方案（2001—2003）》《北京市健康促进学校管理办法》《北京市健康促进学校考核办法（中小学部分）》。各区县成立相应的领导机构，制定本区县健康促进学校工作的实施方案，形成市 、区县、学校三级健康促进学校工作网络。

2002年，北京市健康促进学校评审委员会按照《北京市健康促进学校考核标准（中小学部分）》对首批10个区县98所申报学校进行验收，其中，83所学校通过考核，获得“北京市健康促进学校”称号。至2010年，北京市共有健康促进学校889所，占全部中小学校的47.5%。

2008年，西城区76所中小学校全部达到北京市健康促进学校标准并通过验收。2009年，市健康促进学校领导小组委托西城区对健康促进学校可持续发展模式进行探索，在管理方法、工作内容等方面开创新的管理模式。

五、禁烟教育

1991年，市教育局、团市委召开禁止中小学生吸烟动员会。要求在中小学开展禁止吸烟活动。凡是有吸烟行为的学生不能被评为“三好学生”，有吸烟学生的班级不能评为先进班级。会议提倡建立无烟校。

1995年，北京市召开禁止中小学生吸烟工作经验交流会，北京六中等3所学校介绍经验。市教育局印发一万张禁止中小学生吸烟宣传画，张贴在各中小学校园内。在世界无烟日（5月31日），命名30所中小学为“无烟学校”，表彰两位成绩突出的校长。

1996年，启动“北京市百所无烟学校健康促进活动”。百所无烟学校的目标是：在校生控烟知识及格率100%，任何地点都不吸烟；实现教职工100%校内不吸烟；成人来校活动时在校内不吸烟；家长监督学生在家中不吸烟。

1996年，市爱国卫生委员会青少年反烟行动协调委员会成立，并联合宋庆龄基金会向首都100所“无烟校”赠送控烟录像带。自1992年本市中小学校开展创建“无烟校”活动以来，全市命名表彰市级“无烟校”123所。全市中小学生已杜绝在校内吸烟现象。

为落实《北京市公共场所禁止吸烟的规定》，1997年5月31日，市教委、市爱卫会联合在东城区史家胡同小学召开北京市中小学控烟工作表彰会暨20万名中小学生反烟签名仪式大会。在表彰会上，1万名中小学生被授予反烟行动积极分子称号；100名中小学校领导被评为反烟行动优秀组织者；1000所中小学校被命名为“无烟学校”。同时，在全市20万名中小学生中开展“21世纪，我们做不吸烟的新一代”反烟签名活动。

1998年上半年，市教委对10000名学生（中学生8000人，小学生2000人）进行吸烟状况专题调研。结果显示：北京青少年吸烟率为16%，比1988年下降19个百分点，比1992年下降22个百分点。青少年对吸烟有害的认识有所提高。中小学存在禁烟管理工作“死角”和社会对学生吸烟现象监督管理不利等问题。

2001年，市教委在北京市第七中学举办禁烟教育法规宣传牌揭幕仪式，要求各中小学设立宣传栏，加强青少年“控烟”“禁烟”工作，保护未成年人合法权益，提高青少年健康文明素质。至年底，全市中小学全部完成宣传牌安装工作。

2007年5月，市教委决定在全市中小学校、托幼机构进一步实施全面控烟工作。要求禁止在校园内吸烟，校内不得有烟具和烟蒂。教育系统拒绝任何形式烟草广告宣传和赞助活动。在健康促进学校评估工作中把控烟工作作为考核指标内容，实行一票否决。

第五章　校外教育

概　况

1991—2010年，北京市校外教育网络主要由市、区教育部门主办的少年宫、科技馆、少年之家、教辅中心、劳技中心，机关、部队、企事业单位、街道居委会主办的少年之家、少年活动站，团委、妇联主管的青少年机构，也包括文化、科技、体育部门主办的博物馆、美术馆、图书馆、科技馆、体育馆等场所构成。

1991—2010年，北京市校外教育单位（少年宫、少年科技馆、少年之家、少年活动站）的数量从1567个减少到766个。其中少年宫由17个增加到19个，少年科技馆由10个减少到8个，少年之家由51个减少到24个，少年活动站由1489个减少到715个。2000年前后，少年活动站的数量急剧减少，1999年少年活动站有1531个，2003年减少为736个。

1991年，北京市校外教育教职工共计3132人，其中专职辅导员2397人。2010年，北京市校外教育教职工共计3304人，其中专职辅导员1274人。1991年北京市有校外教育兼职辅导员2820名，2010年减少为2219名。

校外教育的活动方式包括兴趣小组活动、群众活动、特长培训和社团活动等。1991—1992学年初校外教育活动小组4210个，69 928名学生参加小组；2010—2011学年初校外教育活动小组7677个，143 234名学生参加小组。1990—1991学年，3739818人次参加了校外群众活动；2009—2010学年，4 080 175人次参加了校外群众活动。2009年，少年宫、青少年科技馆开设60余项特长培训，涉及艺术、体育、科技、综合实践、生存体验等方面，30余万中小学生参加。

1991年，市教育局校外教育办公室管理全市校外教育工作。1996年，市教委成立，设艺术与校外教育处管理校外教育事务。2001年3月，北京市建立青少年学生校外教育工作联席会议制度，统筹协调全市青少年学生校外教育工作。

2010年，市教委所属北京学生活动管理中心（北京市少年宫、北京市青少年科技馆）和北京教学植物园为北京市级校外教育机构。北京学生活动管理中心于2000年由北京市少年宫和北京市青少年科技馆合并而成，承担北京地区学生活动策划组织工作，并面向全市未成年人开展校外教育活动。

到2010年，北京市形成一系列有影响力的校外活动社团和校外教育传统项目，市级校外活动社团包括金帆艺术团、银帆艺术团、阳光少年艺术团、金鹏科技团等，校外教育传统项目包括北京市中小学生艺术节、北京学生校外艺术节等艺术项目和北京学生科技节、北京市青少年科技创新大赛、金鹏科技论坛、翱翔计划等科技项目，以及2006年至2010年每年举办一次的综合性北京市阳光少年系列活动。

1991—2010年，北京市校外体育着力推动中小学生每天参加体育活动。除参加国际国内体育比赛外，还发展了包括“金帆杯”足球、篮球、排球比赛、“振兴中华杯”足球、篮球、排球、游泳、武术比赛等一系列体育比赛项目。市教委、市体育局创建了144个体育俱乐部。北京全市俱乐部共有教练员824人，团体会员11.2万人，个人会员21.5万人，年接待活动1500多万人次。

1991—2010年，北京市主办的学科竞赛主要有北京市中学生数学竞赛、北京市高中数学知识应用竞赛、北京市“迎春杯”数学竞赛、北京市高中生英语竞赛、北京市中学生高中物理竞赛、北京市中学生高二化学竞赛、北京市中学生生物竞赛、北京市青少年计算机程序设计竞赛等。

2005—2008年，北京市实施奥林匹克教育。包括奥林匹克国际交流活动、奥林匹克礼仪教育与志愿服务、奥林匹克主题教育活动以及赛时阶段的奥林匹克教育等。

第一节　管理与研究

1991年，市教育局校外教育办公室具体管理全市校外教育工作，各区县教育局也设有校外教育办公室。北京市社会单位少年儿童校外教育协会协调社会单位的校外教育工作。北京市校外教育研究会成立于1983年，延续至2010年，负责全市校外教育的学术研究工作。1990年，研究会有会员180余人。

2010年，北京市校外教育工作由2001年建立的北京市青少年学生校外教育工作联席会议统领。市、区县教委是校外教育工作的行政管理部门，市教委体卫艺处（2007年后为体美处）具体管理全市校外教育工作。区县教委设相应科室负责校外教育工作。北京校外教育协会是一级社团组织，在青少年校外教育工作联席会议办公室指导下整合全市校外教育资源。北京市校外教研室是北京学生活动管理中心的职能部门，负责全市校外教科研工作。

一、管理机构

1979 年 6 月，市教育局设立校外教育办公室。1991 年，校外教育办公室负责指导区县校外教育办公室及校外教育单位的工作，制订全市校外教育规划和计划，制定校外教育单位（少年宫、少年之家、科技馆站）规章、条例、管理制度，检查校外教育单位贯彻执行方针、政策、决定的情况，调查、研究校外教育的领导体制及人员、场地、经费设备等问题，组织校外教育干部和教师的业务进修和培训工作，会同有关方面组织全市中小学校外大型活动、传统节日活动和科技、艺术、体育等校外教育活动。

1990 年，北京市社会单位少年儿童校外教育协会成立，成员单位有 33 家，1992 年发展为 53 家。1993 年 3 月，北京市社会单位少年儿童校外教育协会在市少年宫召开理事会，理事会讨论通过新理事会成员、新会员单位和新会费标准等事项。

1996 年，市教委设艺术与校外教育处，负责校外教育管理事务。

2001 年 3 月，北京市建立青少年学生校外教育工作联席会议制度，统筹协调全市青少年学生校外教育工作。主管教育的副市长任联席会议主席，30 个委办局主管领导为联席会议成员，联席会议办公室设在市教委。后又增补 18 个区县主管区县长为联席会议成员。随后，全市各区县相继建立校外教育工作联席会议制度，下设办公室，办公室设在区县教委，对本区县校外教育工作进行管理。

2006 年 5 月，北京校外教育协会成立，首批会员有 154 个单位，至年底会员单位达到 168 个。北京校外教育协会由市教委主管，同时受北京市青少年学生校外教育工作联席会议办公室的业务指导和北京市社会团体管理办公室的监督管理。协会的主要任务包括：开展青少年学生校外教育活动及培训；总结推广经验、开展学术交流；组织校外工作者培训、信息咨询和技术服务；开展表彰奖励工作；开展场所建设与管理、教育研究；组织会员单位开展国际、国内的交流与合作；承担政府有关部门委托的公共事务或服务性任务。

2007 年 7 月，北京市校外教育志愿者工作团成立，主要由热心校外教育事业的专家学者和在校大学生组成，其活动形式是通过开办辅导讲座、参与各种校外教育活动等，为广大青少年学生提供校外教育服务。

2008 年，市委教育工委、市教委启动市中小学生社会大课堂并设立北京市中小学生社会大课堂管理办公室。社会大课堂由市教委联合市委宣传部等 12 个委办局共同开展，旨在整合利用社会、经济、历史、文化、教育、科技等资源，搭建学校教育与社会教育、学生校园生活与社会生活相连接的平台。首批 481 家资源单位面向全市中小学生开放。2008—2010 年，市、区两级共开发整合社会大课堂资源 1260 家。

二、管理制度

1993 年 3 月，市教育局发布《北京市、区县少年宫、青少年科技馆、少年之家专业小组教育教学活动管理的有关规定》。规定内容包括招生管理、教学管理、学籍管理三项，对校外教育机构办学的招生、录取、收费、学制、师资、教学计划、教学设备、经费、场地、入学注册、考评、结业、升级、推荐、休学、复学、奖励、处罚等具体事项作了明文规定。

1993 年，市教育局设立“科技新苗”“科技园丁”“科技活动传统项目学校”三个奖项，以表彰在科技教育中表现优秀的学生、教师和学校。

1996 年 5 月，市教委在原市教育局《北京市、区（县）少年宫、少年之家工作条例》《北京市、区（县）青少年科技馆工作条例》基础上制定颁布《北京市校外教育机构工作规程》。规程规定北京校外教育的原则、任务、教育教学活动的内容和形式、组织关系和行政管理、对教师和其他工作人员的规范等方面的内容。

1997 年，市教委在原市教育局批准的“北京市中小学科技项目传统学校”的基础上确认 30 所中小学为首批北京市中小学科技活动示范学校。1998 年，市教委重新认定 74 所学校为北京市艺术传统项目学校，确认 36 所学校为第二批中小学科技活动示范学校。

1998 年，市教委开始规范中小学生竞赛活动，批准 18 项北京市中小学生竞赛活动项目，并规定“各区县在组织实施过程中，若发现未经国家教委、市教委批准的竞赛或盗用国家教委、市教委名义举办的竞赛活动，不得组织学校和中小学生参加”。1999 年 5 月，市教委颁发《北京市中小学生竞赛活动管理若干规定》，要求严格控制面向高中学生的规定之外的竞赛，“今后原则上不再组织和审批面向义务教育阶段学生的各类竞赛活动”。“未经批准的各类竞赛活动，任何单位或个人均不得擅自组织中小学生参加。”“任何单位和个人均不得以任何理由和条件强行要求学校或学生参加竞赛活动。”同年，市教委批准 17 项中小学生竞赛活动项目。

1999 年，市教委先后颁布《北京市中小学科技教育工作评价方案》《北京市校外教育机构办学标准（试行）》《北京市校外教育机构等级评价标准与实施办法（试行）》，在校外教育领域初步建立办学标准与评价体系。

2001 年，市委、市政府颁布《中共北京市委、北京市政府关于加强青少年学生校外教育工作的意见》，这是新中国成立以来首次以市委、市政府名义就校外教育工作发布的文件，是北京市校外教育工作的指导性文件。

2001 年 5 月，市教委制定《北京市青少年学生校外教育创新项目管理办法》，开始拨专款支持校外教育机构开设校外教育创新项目。2002 年，市教委制定《关于北京市校外科技教育专项经费的管理办法》，开始设立专项经费支持校外科技教育。2003 年，市政府制定《北京市使用中央返还青少年彩票公益金管理办法》，规范彩票公益金在校外教育中的使用。

2001 年，市教委印发《关于社会艺术等级有关问题的通知》，规定学校和校外教育机构不得参与和组织社会艺术等级考试活动；不得将等级考试结果作为认定学生特长的依据。通知要求，各区县教育行政部门、学校和校外教育机构不得参与和组织社会艺术等级考试活动，已经参与的应立即退出。同时各区县不得将社会艺术考试结果与学校升学考试挂钩，不得作为认定特长生的依据。通知强调，学生参加社会艺术水平考试必须坚持自愿的原则。

2002 年，北京市青少年学生校外教育工作联席会议印发《关于评选表彰北京市校外教育先进集体和先进个人的意见》，建立每两年评选表彰一次校外先进集体和先进个人的制度。

2003 年，市教委决定在原“北京市中小学科技活动示范学校”基础上评选“北京市中小学科技教育示范学校”，并撤销原“北京市中小学科技活动示范学校”的称号。

2005 年，北京奥组委和教育部联合发布《“北京 2008”中小学生奥林匹克教育计划》。北京市推出《北京市学校奥林匹克教育行动计划》，北京市奥林匹克教育正式开始。

2006 年 8 月，为贯彻落实《中共中央办公厅国务院办公厅印发〈关于进一步加强和改进未成年人校外活动场所建设和管理工作的意见〉的通知》精神，市委办公厅、市政府办公厅印发《关于进一步加强和改进未成年人校外教育工作的意见》，提出“市、区县的财政和教育行政部门要加大校外教育经费投入力度，按照《北京市普通教育事业公用经费定额标准》安排校外教育经费，保障开展校外教育活动的公益性”“推广东城区‘蓝天工程’等经验”，“加大资源整合力度，积极促进校外教育与学校教育有机结合”。

2006年，开展“校外教育创新项目建设和彩票公益金项目”检查，检查全市18个区县的45个单位的126个项目，形成一批特色项目、品牌项目，提高北京校外科技教育设施和管理水平。重新评估命名“北京金鹏科技团”，制定《金鹏科技团管理办法》，修订“北京金鹏科技奖”“北京市中小学生金、银帆奖”评选办法并进行评估表彰。编制并组织实施《北京市校外、科技竞赛管理办法》《北京市中小学生科技教育工作评估办法》，开展“北京市青少年学生校外活动示范基地”评选挂牌活动。召开北京市学生金帆艺术团工作会，颁布金帆艺术团管理条例，成立咨询指导性的金帆艺术团专家指导委员会和研讨解决问题的金帆艺术团专业指导委员会。

2006年12月，67个单位被命名为首批“北京市青少年学生校外活动基地”，其中包括中央所属博物馆、市属博物馆、展览馆、纪念馆、图书馆、少年宫、青少年活动中心、科技馆等青少年学生校外活动场所。

2007年1月，北京校外教育网开通。该网站由市教委主办，北京校外教育协会承办，是市校外教育的政务平台和信息交流平台。

2007年，市教委根据《中共中央办公厅国务院办公厅关于进一步加强和改进未成年人校外活动场所建设管理工作的意见》中“把未成年人校外活动场所教师的继续教育纳入教师岗位培训计划，不断提高他们的综合素质”的要求，将校外教育教师的继续教育纳入教师岗位培训计划，组织市校外教育教研室开发北京市校外教育专业必修课和选修课。

2008年9月，市教委修订1996年发布的《北京市校外教育机构工作规程》，重新发布。新《规程》包括总则、设立与职能、教育活动、教职工、管理、附则六部分，共30条。

新《规程》规定北京市校外教育的概念、性质、地位、设立条件、职能、政府职责、活动内容、活动形式、开展活动的原则、开展活动的基本条件、教师资格与职责、其他工作人员的资格与职责、机构中组织机构的设立、宫主任（馆长）负责制、教职工聘任制度、宫主任职责等内容。

2009年，市教委制定《北京市校外教育机构工作规程实施细则》。对北京市校外教育的机构设立与职能、教育活动、教职工、行政管理等各方面定出规范细则。

2010年4—6月，市教委组织落实《北京市校外教育机构工作规程》专项检查。检查采取自查和互查方式，对16个区县和燕山地区的校外教育工作进行检查。

2010年8月，市教委印发《关于在中小学开展创建中华优秀文化艺术传承学校活动的通知》，决定自2010年起在中小学开展创建中华优秀文化艺术传承学校活动。

2010 年 7 月 8 日，北京青少年学生校外教育联席会议审议通过《北京市校外教育机构办学条件标准》。该标准规定了校外教育机构的设置与规模，教育活动、办公、生活及安全设施的配置，教师和工作人员的配备与资质。

三、研究与培训

1982 年，北京市校外教育研究室建立。2000 年，北京市少年宫和北京市青少年科技馆合并，成立北京学生活动管理中心，北京市校外教育研究室设在北京学生活动管理中心，负责全市校外教育教学研究工作。北京学生活动管理中心主任兼任教研室主任。校外教育研究室的工作包括：建设市、区县和校外教育机构的教育科研工作机制；培养校外教育科研骨干；承担各级各类校外教育研究课题；组织北京市课外、校外教育课题申报及课外、校外教育理论研讨会；开展全市校外教育机构教师专业培训；编发《首都校外教育》平面与电子杂志。

1983 年，北京市校外教育研究会成立。1990 年，研究会有会员 180 余人。2010 年，北京市校外教育研究会隶属于北京教育学会，为二级学会，负责全市校外教育的学术研究工作。北京市校外教育研究会秘书处设在市校外教育研究室，18 个区县的教委和少年宫、科技馆、青少年活动中心为会员单位。北京市校外教育研究会负责全市校外教育的学术研究工作。

北京市校外教育研究会和校外教育研究室编印的刊物始于 1984 年的《校外教育探讨》，后在此基础上创办内部双月刊《北京校外教育》，对校外教育的实践与理论问题进行探讨。1993 年第 1 期（总第 56 期）为《课外校外教育》。2007 年 4 月，第 119 期《课外校外教育》更名为《首都校外教育》，继续由北京市教育学会校外教育研究会、北京市校外教育研究室主办。

1990 年，北京市有校外教研组 12 个。2009 年，北京市拥有市级校外科技、艺术、体育三个领域的教研组 20 个。

1992 年 5 月，北京市远郊区县首次校外教师舞蹈教学观摩课在房山区少年宫举行。10—12 月，北京市校外教育办公室组织校外舞蹈教师培训班，并为考核合格者颁发结业证书。

1996 年 6 月，市教委举办艺术教师基本功大赛。1997 年 11 月，举行北京市第二届音乐、美术教师专业基本功比赛。

1998 年，北京市教育学会校外教育研究会、北京市校外教育研究室召开第一届课外、校外教育理论研讨会，此后至 2010 年，每年召开一次。

2006年，市教委、团市委与北京校外教育协会等单位主办第一届校外教育论坛，此后至2010年每年举办一届论坛。每届论坛推出一个主题或多个议题，聘请教育理论工作者、校外教育专家及国内外同行参加论坛。

2006年，举办北京市校外教育机构教师基本功测试活动。隔年举行一次，全市所有校外教育机构符合条件的教师均按照要求参加测试活动。测试包括活动设计、活动展示、技能展示三个环节，主要分为区县测试和市级测试两个阶段。在区县测试的基础上，45岁以下的教师参加市级测试抽签，并以各校外教育机构为单位，按艺术、科技体育两类各10%的比例随机抽取教师参加市级测试活动。

2006年9—12月，北京校外教育协会组织开展首届北京校外教育理论与实践研究论文评选暨研讨活动。2008年、2010年分别举办第二届和第三届活动。第三届共有58家会员单位参与，提交论文251篇，活动案例191篇。

2007年11月，市教委开始将校外教师的继续教育纳入教师岗位培训计划，开展校外教师继续教育专业培训。北京市校外教育教研室开发北京市校外教育专业必修课和选修课，制定教务管理规定，来自全市11个区县308名校外教师参加必修课首批培训。

第二节　校外教育机构

1991—2010年，北京市、区教育部门主办的少年宫、科技馆、少年之家是北京市实施校外教育的主要机构。机关、部队、企事业单位、街道居委会主办的少年之家、活动站，团委、妇联主管的青少年机构，以及文化、科技、体育部门主办的博物馆、美术馆、图书馆、科技馆、体育馆等场所是校外教育的重要参与力量。2000年之后，少年活动站数量明显减少。1999年少年活动站有1531个，2003年减少为736个，减少51.93%。2002年11月，北京市青少年学生活动场所按隶属关系分为两类：一类是教育系统所属青少年学生校外教育机构，共49个，建筑面积15.5万平方米、开放面积5.5万平方米；另一类是各区县宣传、文化、文物、园林、旅游、体育、科技、司法、民政、妇联、工会、共青团等部门及驻地机关、部队、企事业单位所属共1048个场所。2006年、2009年两批“北京市青少年学生校外活动基地”，以及2007年“北京市中小学生社会大课堂”的启动，以制度化方式将在京中央所属博物馆，市属博物馆、展览馆、纪念馆、图书馆等机构纳为青少年学生校外活动场所。

1991年，北京全市共有少年宫17个。教职工总计925人，其中专职辅导员

518 个，另聘兼职辅导员 96 人。设立活动小组 1719 个，29 575 名学生参加。共有少年科技馆（站）10 个，教职工总计 298 人，其中专职辅导员 157 人，另聘兼职辅导员 21 人。设立活动小组 391 个，7737 名学生参加。

2006 年 12 月，67 个单位被命名为首批“北京市青少年学生校外活动基地”，其中包括中央所属博物馆，市属博物馆、展览馆、纪念馆、图书馆、少年宫、青少年活动中心、科技馆等青少年学生校外活动场所。

2008 年 6 月，《北京市青少年学生校外活动基地管理办法（试行）》开始实行，《办法》指出，符合规定条件且为青少年服务的校外活动场所可以向区县青少年学生校外教育联席会议办公室申请命名“北京市青少年学生校外活动基地”。活动基地如果有违规违法行为，将被取消命名。

2008 年 1 月 1 日至 12 月 31 日，北京全市 48 家校外教育机构年运营总额 34 624 万元。其中区县投入最大，占总量的 39.6%；学费收入其次，占总量的 31.1%；市级投入第三，占总量的 30.0%。区县级校外教育机构运营经费总额最多，占总量的 64%；地区级校外教育机构运营经费总额最少，20 家机构占全市校外教育机构总量的 42%，但运营经费总额仅为全市运营经费总量的 13%。全市 48 家校外教育机构中有 26 家机构得到市级经费投入，市级投入经费总量为 1 亿元，其中两家市级校外教育机构占总投入的 74%。

2009 年 4 月，市教委、市青少年学生校外教育工作联席会议办公室在第一批 67 个基地的基础上命名李大钊故居、历代帝王庙、孔庙和国子监博物馆，以及顺义文化馆、昌平区少年宫等 25 个校外活动基地。

2009 年 7 月，北京全市有 48 家教委所属的校外教育机构。其中，市级校外教育机构 2 家，区县级校外教育机构 26 家，地区级校外教育机构 20 家。市校外教育机构均为中学编制。区县校外教育机构中 1 家（宣武区少年美术馆）为小学编制，其余 25 家均为中学编制。20 家街道乡镇校外教育机构均为小学编制。北京全市校外教育机构总建筑面积为 262 558 平方米。其中，市级机构两家，建筑面积为 19 127 平方米，占总面积的 7.3%；区县级校外教育机构 25 家，建筑面积为 204 455 平方米，占总面积的 77.9%；地区级校外教育机构 19 家，面积为 38 976 平方米，占总面积的 14.8%。北京全市 48 家校外教育机构，共有在编工作人员 1780 人，教师 1151 人，占 64.7%。其中共有 45 岁以上年龄段教师 311 人，约占总教师人数的 27%；35—45 岁年龄段教师 356 人，占 31%；35 岁以下年龄段教师 484 人，占 42%。全市校外教育机构教师中，研究生学历（包括硕士和博士）教师 67 人，约占 6%；本科学历教师 853 人，占 74%；专科学历教师 192 人，占 16%，大专以下学历教师 39 人，不足 4%。全市校外机构共有外聘教师 996 人（见表 5-1）。

表 5-1　　2010 年市教委管辖的校外教育机构一览表

名称	机构
少年宫（17 家）	昌平区少年宫、崇文区少年宫、大兴区少年宫、东城区少年宫、房山区少年宫、门头沟区少年宫、密云青少年宫、顺义区少年宫、西长安街少年宫、西城区德胜少年宫、西城区丰盛少年宫、西城区金融街少年宫、西城区少年宫、西城区新街口少年宫、西城区展览路少年宫、宣武区少年宫、燕山少年宫
活动（管理）中心（15 家）	北京学生活动管理中心、朝阳区青少年活动中心、东升青少年活动中心、丰台区青少年活动中心、甘家口青少年活动中心、海淀区青少年活动管理中心、怀柔区学生活动管理中心、平谷区青少年活动中心、青龙桥青少年活动中心、石景山青少年活动中心、四季青青少年活动中心、通州区青少年活动中心、万寿路青少年活动中心、延庆县青少年活动中心、羊坊店青少年活动中心
少年之家（4 家）	北新桥少年之家、广安门外少年之家、沙河少年之家、天坛少年之家
科技馆（站）（6 家）	崇文科技馆、东城科技馆、东高地科技馆、西城科技馆、宣武科技馆、云岗科技站
教辅中心（3 家）	朝阳垂杨柳教辅中心、酒仙桥教辅中心、幸福村教辅中心
美术馆（1 家）	宣武区少年美术馆
植物园（1 家）	北京教学植物园
劳技中心（1 家）	丰台劳技中心

一、北京市少年宫、北京市青少年科技馆（北京学生活动管理中心）

1956 年 1 月，北京市少年宫设立。1957 年，科技馆成立。1989 年，科技馆恢复重建并更名为北京市青少年科学技术馆，馆址设于市少年宫内。

1990 年，北京市少年宫有专职任课教师 45 名，兼职教师 68 名，共开设 31 个项目，261 个组（队）。长训组（队）员 82 个，组员 1428 人；短训组（队）179 个，组员 3864 人。少年宫占地 5 万平方米，建筑面积 1.5 万平方米。1997 年，北京市少年宫教职工 140 人，教师 102 人，占地面积 5 万平方米，开设专业项目 25 项。1999 年，北京市少年宫有教职工 137 人，专职教师 89 人，同时聘请兼职教师 68 人，占地 5 万余平方米，建筑面积 1 万平方米。

2000 年，北京市少年宫和北京市青少年科技馆合并，成立北京学生活动管理中心。北京学生活动管理中心承担北京地区学生活动策划组织管理工作；面向全市未成年人开展校外教育活动；负责本市校外教育的教科研工作。2000 年，北京市少年宫、北京市青少年科技馆有教职工 136 人，其中特级教师 1 人，高级教师 24 人，中级教师 34 人，初级教师 26 人，有专业技术职务 86 人。设有艺术、体育、科技三大类 55 个项目 392 个兴趣培训小组。2010 年，北京市学生活动管理中心（北京市少年宫、北京市青少年科技馆）占地面积 5 万平方米、建筑面积

1.5 万平方米。教职工 138 人，包括特级教师 1 人、高级教师 31 人。聘请兼职教师 80 人。设有文艺、科技、体育、学科类培训项目 57 个，500 个兴趣小组，有 8000 名学员。

中心招生以定期集中招生和滚动式招生为主。中心开展教育活动的主要活动形式有：群众活动、兴趣小组活动、社团活动、社会实践、开放活动等。国家教育部不设立校外教育的国家课程和统一教学大纲，所以校外教育以地方课程和校本课程为主，其教材被称为“教学活动辅导材料”。校外教育的教学以活动为主，注重活动设计、现场演练与学生参与。

2010 年，北京学生活动管理中心下设办公室、北京市校外教育研究室、总务处、活动策划部、学科培训部、教务处、社会大课堂管理办公室、信息办公室。其中教务处下设：表演艺术教研组、美术书法教研组、艺术团队管理教研组、科技培训教研组、体育培训教研组、开放活动教研组。

2010 年，青少年儿童参与学生活动中心组织的报告、参观、座谈、夏令营及各类型的会演、比赛、娱乐、国际交流等活动，达 300 万人次。全年参加各类型国际、国内比赛，获国际奖、全国金奖、银奖、铜奖和北京市第一名 400 人次，接待境外来宾 300 人。

二、教学植物园

北京教学植物园初建于 1957 年，隶属市教育局。北京教学植物园的职能主要包括：配合中小学生物课、自然课、劳动技术课、环境保护教育等相关学科开展现场教学；为青少年科普活动提供服务；接待师生来园参观学习或参加科技实践活动；为学生实验实习提供场地和材料；为教师培训提供条件。

1991 年，北京教学植物园在编职工 55 人。园内有植物 120 科 688 种 17 000 余株（盆）。开展对学生的教学活动 7 项，15 个区县的 146 所中小学学生 11 404 人参加劳动技术课学习、课外生物小组活动及竞赛、展览、实习等共计 19 739 人次。

1995 年，在北京市园林科学研究所迁出后，植物园总共占地 10 公顷，各种建筑物面积共 9418 平方米，有专供教学用植物 1000 余种；校办企业经营用植物 252 种 25 631 株（盆）。全年接待来园参观的教师、学生和其他人员 23 511 人次；开设中学劳动技术课，举办冬令营、“一日百花园”系列活动、黏贴艺术竞赛、现场教学等活动，有 5509 名学生参加。

2007 年，北京教学植物园有教职工 48 人（其中，具有生物、园艺、林学、农学、园林等专业特长教师及其他专业技术人员 25 人），另有季节性养护工人

33 人。全园规划用地 11.65 万平方米，建筑面积 9324.21 平方米（其中，温室面积 4408.63 平方米）。拥有树木分类区、水生植物区、草本植物区、农作物展示区、木化湿区、阴生植物区、热带亚热带植物展览温室和盆景展览温室等专类园区，动物和植物标本展览室、科普知识展览室、开放实验室、多功能教师、多媒体报告厅、植物组织培养室、实验材料繁育室等教学设施。园区内根据中小学教学需要选择和配置植物，共收集、引种露地栽培木本、水生、草本植物，野生草本植物，农作物，热带亚热带、沙生温室栽培植物 1500 种 2 万株。

2010 年，北京教学植物园有教职工 51 人。其中，具有生物、园艺和林学等专业特长的教师及其他专业技术人员 29 人。全园规划用地 11.65 万平方米、建筑面积 9127.31 平方米，含温室面积 4408.63 平方米。

三、中国儿童中心

1982 年，中国儿童少年活动中心和中国儿童发展中心在北京官园成立。1992 年，两个中心合并为“中国儿童中心”。

中国儿童中心隶属于中华全国妇女联合会，占地 8.3 万平方米，建筑面积 4 万多平方米，在河北南戴河设有夏令营基地。中心兼具兴趣培养、教育活动、公共服务等功能，同时也是我国儿童工作对外交流与合作的窗口，以及全国校外教育工作交流的平台。

中国儿童中心内设科研与信息部、教育活动部、学前教育部、家庭教育部、期刊总社、质检中心、经营开发部及中心办公室、党委等部门，分别负责科研项目、教育活动、公共服务行政管理等事务。

四、中国科学技术馆

中国科学技术馆是国家综合性科技馆。一期工程于 1988 年 9 月建成开放，二期工程于 2000 年 4 月建成开放，新馆于 2009 年 9 月 16 日建成开放。馆内设有科学乐园、华夏之光、探索与发现、科技与生活、挑战与未来五大主题展厅和公共空间展示区及球幕影院、巨幕影院、动感影院、4D 影院等 4 个特效影院，其中球幕影院兼具穹幕电影放映和天象演示两种功能。此外，新馆设有多间实验室、教室、科普报告厅及多功能厅。

中国科学技术馆的主要教育形式为展览教育，通过科学性、知识性、趣味性相结合的展览内容和参与互动的形式，反映科学原理及技术应用，鼓励公众动手探索实践。

在开展展览教育的同时，中国科学技术馆还组织各种科普报告、科普实践和培训实验活动。这些活动以 14 ~ 18 岁青少年为主要对象，为他们提供课外实验活动的场所和指导。

此外，科技馆还举办或承办各类中小学知识竞赛、科技创新大赛（见表 5-2 和表 5-3）。

表 5-2　　1991—2010 年中小学校外教育单位数与活动小组数

项目／年份	单位数（个）				活动小组数（个）			
	少年宫	少年科技馆 / 站	少年之家	少年活动站	少年宫	少年科技馆 / 站	少年之家	少年活动站
1991	17	10	51	1489	1719	391	656	1444
1992	16	10	50	1044	1067	278	725	920
1993	16	10	49	1373	1295	378	889	2301
1994	16	9	45	1178	1109	283	778	1056
1995	15	8	33	1164	1255	291	664	1850
1996	16	8	39	1533	1436	296	880	3055
1997	17	8	29	1728	1653	315	965	2324
1998	17	9	37	1491	1881	381	872	2483
1999	17	9	37	1531	2104	560	891	3073
2000	17	8	38	1188	2202	503	1148	1903
2001	2	—	8	221	693	—	242	709
2002	18	7	30	649	3452	776	867	1503
2003	17	7	27	736	2625	421	750	2131
2004	18	7	37	967	2759	505	701	1931
2005	17	8	26	1067	3603	486	1960	1150
2006	19	4	21	1086	4410	604	821	1961
2007	24	8	15	806	4719	554	548	475
2008	24	9	18	676	4965	794	652	1145
2009	17	7	25	713	40	60	80	95
2010	19	8	24	715	4979	863	736	1099

表 5-3　　1991—2010 年中小学校外教育参加学生人数与教职员人数

项目 时间	参加学生人数（人）				教职工人数（合计 / 辅导员人数）				兼职辅导员			
	少年宫	少年科技馆 / 站	少年之家	少年活动站	少年宫	少年科技馆 / 站	少年之家	少年活动站	少年宫	少年科技馆 / 站	少年之家	少年活动站
1991	29 575	7737	11 625	20 991	925 /518	298 /157	508 /321	1401 /1401	96	21	45	2658
1992	28 807	7841	24 987	21 553	931 /507	321 /153	548 /326	770 /770	119	9	69	2421
1993	28 350	13 936	19 896	67 446	935 /493	296 /139	526 /310	853 /853	166	29	129	2883
1994	24 575	8784	26 238	21 190	969 /500	255 /153	519 /306	959 /959	151	35	146	2941
1995	28 484	9750	17 695	23 693	967 /537	246 /149	485 /294	861 /861	181	58	65	1580
1996	33 951	9104	16 419	40 377	977 /541	234 /142	465 /298	1160 /1160	152	32	95	2639
1997	36 142	5912	16 920	24 754	979 /546	226 /135	461 /290	1420 /1420	218	23	108	3341
1998	41 418	11 140	16 318	16 832	965 /515	225 /127	431 /266	1215 /1215	274	20	104	2681
1999	42 982	10 382	15 085	44 326	978 /526	264 /158	446 /265	997 /997	251	29	114	2630
2000	44 375	8738	16 608	43 322	903 /536	201 /131	414 /279	710 /710	92	30	129	1734
2001	11 086	—	3865	12 430	176 /107	—	64/53	187 /187	77	—	—	468
2002	61 725	15 187	16 960	46 066	1106/ 579	192/117	318/208	533/533	300	55	71	1096
2003	50 670	14 150	19 677	71 502	1025 /573	194 /107	355 /212	611 /611	306	16	106	2223
2004	46 840	13 886	21 299	61 838	1049 /582	201 /120	370 /204	671 /671	187	31	166	2280
2005	72 045	11 343	25 626	39 143	1070 /629	298 /169	327 /193	1006 /1006	337	11	65	2671
2006	71 786	10 904	11 328	55 495	1175 /669	189 /123	295 /167	208 /208	677	85	76	2083
2007	136 224	51 438	9911	44 860	1200 /690	215 /134	197 /129	1542 /306	775	292	79	878
2008	138 392	29 114	17 916	58 588	1311 /775	248 /174	218 /134	1061 /749	729	128	168	359
2009	76 448	10 240	21 825	25 572	1288 /591	204 /112	316 /181	1402 /221	661	95	360	1186
2010	73 187	12 435	34 842	22 770	1327 /731	234 /149	300 /177	1443 /217	715	90	220	1194

第三节 校外艺术教育

1991—2010 年，北京市建有金帆艺术团、银帆艺术团、金帆书画院、北京学生校外艺术团等学生艺术社团，持续开展一系列丰富多彩的校外艺术教育活动，主要包括北京市中小学生艺术节、北京市学生校外艺术节、中小学生合唱节、孙敬修杯儿童故事比赛。

一、校外艺术社团

（一）金帆艺术团

1986 年春，北京市学生金帆艺术团成立，初名为北京市中学生金帆艺术团，由 11 个分团 600 名学生组成。

1998 年 12 月，市教委发出《关于调整北京中学生金帆艺术团的通知》，该通知确定调整后的金帆艺术团分别由 30 所中学承担，每校承办一个分团。

1999 年 3 月，市教委重新调整北京中学生金帆艺术团的承办学校。承办学校增至 33 所。

2004 年 11 月，市教委根据《重新认定北京市学生艺术团通知》完成学生金帆艺术团重新认定，打破以往中学承办特点，吸纳艺术教育水平高的中小学和校外教育单位，经过各单位申报、区县教委自评和市教委专家组实地考察等程序，重点评估承办单位艺术教育工作和艺术团管理工作、活动条件、活动成果等方面。来自全市 89 所学校（单位）申请参加评估，63 所学校（64 个团）当选，其中，合唱团承办学校 13 所、舞蹈团 7 所、民族乐团 12 所、管乐团 20 所、交响乐团 8 所，手风琴乐团、京昆艺术团、曲艺团和舞美团各 1 所。

2006 年，市教委召开北京市学生金帆艺术团工作会，颁布金帆艺术团管理条例，成立咨询指导性的金帆艺术团专家指导委员会和研讨解决问题的金帆艺术团专业指导委员会。

（二）银帆艺术团

1992 年 11 月，北京市少年儿童银帆艺术团各分团在市少年宫成立，第一批建立 18 个分团。北京市少年儿童银帆艺术团前身为北京市少年儿童艺术团，始建于 1984 年。少年儿童银帆艺术团的合唱、小型声乐、京昆、管乐、民乐、电声乐、舞蹈、钢鼓乐、杂技、木偶等 18 个分团分布在全市的 10 个区县的少年宫、少年之家及小学内。艺术团由市教育局统一领导，办公室设在市校外教育办公室。

1999 年 6 月，市教委调整北京市少年儿童银帆艺术团。对原校外教育机构承办分团进行重新认定，批准北京市少年宫等 16 个校外教育机构为银帆艺术团校外分团承办单位。同时对原银帆艺术团分团承办小学，依据近两届市级艺术比赛成绩和开展艺术教育活动情况给予重新认定。其中，原海淀区立新学校承办的银帆管乐分团因已被批准为金帆分团，取消其银帆团资格。

（三）金帆书画院

1997 年 5 月，北京金帆书画院成立。该院由市教委直接领导，下设区县分院，旨在推动课内外美术教育工作。同日，该院东城、西城、崇文、朝阳、海淀、石景山和大兴 7 个分院同时成立。

（四）北京学生校外艺术团

2010 年 4 月，市教委印发《关于组建北京学生校外艺术团的通知》，开始组建北京学生校外艺术团。

二、校外艺术教育活动

（一）北京市中小学生艺术节

1991 年 10—11 月，市教育局举办首届北京市中小学生艺术节，举行声乐、器乐、舞蹈、戏剧、曲艺、书法等 12 项比赛及艺术作品展览。全市中小学校、师范学校上百万名学生参加了艺术节的各项活动。其中市、区县教育部门组织的专场演出和比赛达 105 场，参加演出和比赛的学生近万人。

1991—2005 年，隔年举办一届中小学生艺术节。从 1997 年第四届艺术节开始，更名为“学生艺术节”。从 2006 年第九届艺术节开始，改为每年举办一次。

北京市学生艺术节分为区县预赛、市级调演两个阶段，包括声乐、器乐、舞蹈、戏剧、曲艺、书法、绘画、篆刻、工艺、摄影等项目，通常有上万名学生参加市级百余场调演。

2001 年，第六届中小学生艺术节扩大集体项目，取消优秀奖，取消区县按照获奖数额排名次的做法。

2009 年，第 12 届学生艺术节市级展演不评定奖次，只开展节目特色奖、最佳指挥奖、最佳创作奖、指导教师奖评选，学生获奖成绩不与中考升学加分挂钩。

（二）北京市学生校外艺术节

2004 年 8—9 月，市教委举办第一届校外教育艺术节。来自 18 个区县校外教育系统 5000 名学生参加舞蹈、合唱、器乐等艺术表演，演出 113 个节目；2000 名学生参加书法、绘画、摄影等项目艺术作品展示。此后每两年举行一届，是面向全市校外教育机构的重要活动之一，通常包括艺术表演和艺术作品展示。2009年12月，市教委举办第四届北京市学生校外艺术节。

（三）中小学生合唱节

1988年，北京市举办第一届中小学生（师范生）合唱节。此后每两年举办一次，2010年举办北京市第14届学生合唱节。从1998年第六届开始，该合唱节定名为“学生合唱节”。学生合唱节每届有300所左右学校的学校合唱团或班级合唱队参加。

（四）“孙敬修杯”儿童故事比赛

为继承和弘扬儿童教育家孙敬修讲故事事业，孙敬修儿童故事研究基金会1988年主办第一届孙敬修儿童故事比赛。直到2009年，共举办16届比赛。“孙敬修杯”儿童故事比赛通常每年确定一个主题，参赛选手一般为小学生。各省市自治区举行初赛，选拔选手参加全国复赛和决赛。

从2006年第14届“孙敬修杯”儿童故事比赛开始，同时举行“孙敬修杯”为儿童讲故事比赛。

2009年，全国妇联儿童工作部、中国关工委办公室、中国青少年宫协会、中国少年儿童文化艺术基金会、中国儿童戏剧研究会、北京学生活动管理中心、孙敬修儿童故事研究会共同举办第16届“孙敬修杯”儿童故事比赛暨第四届“孙敬修杯”为儿童讲故事比赛。

第四节　校外科技教育

1991—2010年，金鹏科技团是北京校外科技教育的主要组织形式，全市共建有30多个金鹏科技团。另设有北京青少年科技创新市长奖等荣誉称号。除此之外，还有北京市中小学生爱科学月（北京学生科技节）、北京市青少年金鹏科技论坛、北京青少年科技创新大赛、翱翔计划、雏鹰计划、青少年科技后备人才培养计划、头脑奥林匹克(OM)、北京市中小学生科技英语创意大赛等一系列校外科技教育活动。

一、校外科技社团与荣誉

（一）北京金鹏科技团、金鹏科技报告团

北京金鹏科技团成立于1998年，是市教委领导下的中小学科技教育组织，成立时共有10个分团。

2003 年 4 月，北京金鹏科技报告团成立。该报告团由中小学特级教师组成，以举办科技报告形式，开展青少年科技服务活动。报告团日常工作由北京学生活动管理中心管理。

2005 年，市教委制定并印发《关于重新评选认定金鹏科技团的通知》，2005 年 9—12 月，市教委完成金鹏科技团重新认证。该认证采用听取汇报、查阅材料、检查校舍和随堂听课等方法，重点检查科技教育理念、示范辐射能力、可持续发展和成绩突出 4 个方面情况，共有 39 个单位参加评选，其中 28 个通过认证。

2006 年 4 月，市教委制定《北京金鹏科技团管理办法（试行）》。《办法》指出，北京金鹏科技团是北京市中小学开展科技教育的组织，在中小学科技教育工作中起引领和示范作用，是向国内外展示首都中小学科技教育水平及成果的重要窗口。北京金鹏科技团在市教委领导下开展工作，设领导小组、工作指导委员会、专家指导委员会及若干分团。分团在北京市中小学科技教育示范学校和科技教育水平高的校外教育机构中选拔产生。分团每三年重现评审一次。截至 2010 年 11 月，北京金鹏科技团共有 33 个分团。

（二）金鹏科技奖

1998 年 11 月，市教委发出通知决定正式设立北京金鹏科技奖。该奖授予在国际、国内科技竞赛及交流活动中取得突出成绩的单位，是北京市中小学校及校外教育机构科技教育方面最高集体荣誉奖。1998 年首次颁发北京金鹏科技奖，共有 9 个单位 16 个项目获奖。

该奖每年颁发一次。2010 年 12 月，35 所中小学及校外教育机构获得 2010 年度北京金鹏科技奖荣誉称号。

（三）北京青少年科技创新市长奖

2003 年，北京市科协、市教委和市科委联合评选第一届北京青少年科技创新市长奖，5 名中学生获奖。该奖项面向获得英特尔国际科学与工程大奖赛、迈向未来——国际青少年科学大会、欧盟青少年科学竞赛、国际环境科研项目奥林匹克竞赛、国际青少年科学家论坛等国际比赛获奖以及全国青少年科技创新大赛、明天小小科学家一等奖的获奖中学生。2003—2010 年，每年颁发一次，每次不超过 5 人。2008 年增设北京青少年科技创新市长奖提名奖，每年评选出 5 名提名奖获得者。市长奖和提名奖获得者都会被授予由市长亲笔签名的证书和奖牌（见表 5-4）。

表 5-4　　北京市青少年科技创新市长奖获奖名单

年份	届次	学校	姓名	年份	届次	学校	姓名
2003	1	北京八十中	孟奂	2007	5	北京五中	刘玚
		北京六十五中	曹鹏飞			北京二十七中	吴羽珩
		北京一零一中学	陈炜			北京四中	向往
		北京四中	王思远			人大附中	鲍臻
		北京一零一中学	马尧			北大附中	曲芳菲
2004	2	北京二十二中	臧鹏远	2008	6	中国人民大学附属中学	贺虎
		景山中学	杨歌			北京五中	钱君岩
		北京一六六中	凌方穹			北京市一零一中学	赵伟斯
		北京八中	郭睿			北京汇文中学	杨奕
		北京十五中	律晔			北京市第一六一中学	黄昊
2005	3	中国人民大学附属中学	杜月	2009	7	北京二中	张鹏浩
		中国人民大学附属中学	严丰			北京市中关村中学	陈小鸟
		景山学校	张尚			北京四中	胡瑞
		北京五中	张博钦			中国人民大学附属中学	姚昱星
		实验中学	郑鑫			实验中学	秦一骁
2006	4	北京四中	田昊枢	2010	8	北京八十中	王满强
		中国人民大学附属中学	吴天际			北京五中	李天予
		清华大学附属中学	朱若辰			中国人民大学附属中学	吴因金
		北京十三中	杜沛宜			北京四中	郑宜婷
		北京一零一中学	钟越尘			中国人民大学附属中学	赵中伦

（四）北京市中小学生科学建议奖

北京中小学生科学建议奖源起于 2008 年奥运会期间，北京实验二小朱小轩同学作为第一倡议人，赵之力、徐侨等 30 多位同学联合签名的关于推广节能环保的合理化建议，得到党中央、国务院的重视，北京市委、市政府领导作出相关批示，建议在北京市中、小学校设立相关奖项。市教委经遂设立北京市中小学生科学建议奖，并于 2009 年举办首届科学建议奖评选活动。北京市所有在读的中小学生都可根据在生活中遇到的实际问题，在科学思想指导下提出解决问题的具体方法和途径，并通过网络报名，提交给组委会进行评选。

2010 年，市教委组织第二届北京市中小学生科学建议奖评选活动。

二、主要科技活动

（一）北京市中小学生爱科学月（北京学生科技节）

北京市中小学生爱科学月始于1983年，每年举行一届，1991年举行第八届。该活动由市教委、市科协等部门联合主办，全市大部分中小学校学生都参加该项活动。活动期间，举办科技成果展览、计算机操作、科技外语、发明创造制作、头脑奥林匹克、航空模型、航海模型、无线电测向和生物知识等多项市级竞赛。

随着活动规模逐渐扩大和参与人数日渐增多，2004年，“北京市中小学生爱科学月活动”更名为“北京学生科技节”，并将活动时间延长至两个月。同年10—12月，市教委举办第22届北京学生科技节。此届科技节先后推出青少年创新赛、天文观测评比、航空模型、航海模型、航天模型、车辆模型、无线电测向、业余电台、定向越野、电子技术、单片机和机器人科技竞赛等活动。

2010年，北京市举办第28届学生科技节，主题为“低碳，我们在行动”，各区县及相关单位组织学生参观科技馆、博物馆等青少年校外活动基地，开展科学考察、专题讲座、主题报告、动手制作、种植养殖、农业实用技术推广等活动。

（二）北京市青少年金鹏科技论坛

北京市青少年金鹏科技论坛活动原为市教委自2000年始，每年科学月期间举办的青少年群众性的科普活动，由北京市朝阳区青少年活动中心承办。从2006年起此项活动的主办单位变为北京市教学植物园，承办单位未变，每年论坛活动都举办优秀科技实践项目评选。

金鹏科技论坛活动的主题是“参与科技实践，求真知，促成长”。活动面向广大中小学，启发他们关心自己身边未知领域的事物或现象，辅导他们采用各种研究方式进行科学探索。该论坛不仅注意研究的结果，更注重研究过程的体验，强调学生自主独立完成。此项活动在评审时注重参赛课题的过程性，将从课题立意、研究过程及现场问辩等几个方面进行综合评审。论坛采用现场答辩、与专家交流的方法，展示学生自己科研成果。

2010年5月，第10届北京市中小学生金鹏科技论坛在中国科学技术馆开坛。

（三）北京青少年科技创新大赛

北京青少年科技创新大赛集中展示北京市中小学各类科技活动优秀成果，包括竞赛活动和展示活动两个内容。大赛是全国青少年科技创新大赛和英特尔国际科学与工程大奖赛的联席赛事，为参加以上两项赛事推选北京市的候选项目。

2003年3月，市教委、市科协、市科委联合举办“联想1+1”第23届北京市青少年科技创新比赛。该比赛分为竞赛和科技动手做两个区域，竞赛区举办科技发明作品、科学研究论文答辩，数学、物理和化学等13个学科比赛；科技动手做区展示科普场馆、科技企业科技互动作品，参观的青少年可通过动手操作和现场制作直接学习科学知识。

2005年3月，市科协、市教委等6家单位联合举办第25届北京市青少年科技创新比赛。该比赛面向中小学（中等职业学校）学生，分为初评、复评两个阶段，采用展示和公开答辩方法，设立科技成果竞赛、科技实践活动及科学幻想绘画展示、机器人竞赛3个项目，涉及13个学科。来自18个区县的学生46人参加比赛，800项作品进入市级初评，144项进入决赛（终评答辩）。

2010年3月，市教委举办第30届北京青少年科技创新大赛。

（四）“翱翔计划”

2008年3月，市教委实施“翱翔计划”。15所高中学校成为“翱翔计划”培养基地校，分别承担物理、化学、生物、信息技术和地理5个学科领域翱翔学员培养。61个北京高校重点实验室作为实践基地，每个实验室接收2～4名学员，共计招收68所示范高中的136名高一学生参加。“翱翔计划”学员培养采取“双导师制”，由高校实验室与培养基地校各派1名教师作为指导教师。学员要在导师指导下，完成具有一定探索创新意义的研究课题，形成探究作品。

2008年7月，市教委下发《市教委关于印发北京青少年科技创新学院“翱翔计划”项目工作方案（试行）的通知》和《市教委关于印发北京青少年科技创新学院“翱翔计划”选修课程方案（试行）的通知》。

2009年1月，市教委印发《北京青少年科技创新学院翱翔计划2009级学员选拔方案》，面向全市16个区县所有普通高中学校，采取“学校推荐＋初步筛选＋专家面试＋组织认定”相结合的方式，推选产生170名2009级翱翔学员。

2009年3月，“翱翔计划”增设数学领域，同时增设5所数学领域基地申报校、30个实验室。2009年，翱翔计划从“双导师制”发展为生源学校指导教师、基地申报校指导教师、高校和科研院所实验室指导教师共同培养翱翔学员的“三导师制”。

2009年10月，第一届北京青少年翱翔科学论坛举行，分物理、化学、生物、信息技术、地理学科5场分论坛，翱翔学员提交100项成果。

2009年12月，《关于北京青少年科技创新学院“翱翔计划”学员学分认定的说明》规定，“翱翔计划”的学分包括必修学分和选修学分。“翱翔计划”纳入高中研究性学习课程，共计 15 学分；每个学员须至少获得“翱翔计划”选修课程 4 学分，获得的学分可替代高中课程中该学科选修课学分。

2010 年 1 月，创新学院办公室制定《“翱翔计划”2010 级学员面试评审工作方案》，推选 162 名 2010 级翱翔学员。

2010 年 5 月，20 所基地申报校、80 余家实验室认定为基地学校和基地实验室。

2010 年 10 月，第二届北京青少年翱翔科学论坛举行，分数学、物理、化学、生物、信息技术、地理学科 6 场分论坛，翱翔学员提交 153 项成果（见表 5–5）。

表 5–5　　2008—2010 年“翱翔计划”基地学校一览表

2008 年认定					2009 年认定
物理	化学	生物	信息技术	地理	数学
景山学校 北师大附中 北大附中 北京十二中	北京二中 北京五中 北京四中	北京八中 实验中学 育才学校	北京八十中 清华附中 人大附中	汇文中学 京源学校	北京二十二中 北师大二附中 北京十五中 陈经纶中学 十一学校

（五）“雏鹰计划”

2009 年 11 月，市教委、市科委联合印发《关于实施青少年科技创新“雏鹰计划”的通知》，规定“雏鹰计划”由北京青少年科技创新学院具体负责实施。“雏鹰计划”旨在充分发挥首都丰富的科技资源优势，采取“政府主导，学校实施，社会参与”的工作机制，将科研院所、高等院校、科普场馆等机构丰富的科技资源转化为中小学创新教育课程资源，引导中小学教师在课程体系内，培养学生的社会责任感、创新精神和实践能力。

2010 年 1 月 8 日，市教委、市科委共同举办北京青少年科技创新“雏鹰计划”启动仪式。

（六）青少年科技后备人才培养计划

2005 年 7 月，市科协常委会通过《青少年科技后备人才培养计划》。该计划由青少年进实验室计划、青少年科技俱乐部活动和北京青少年科学探索专项资金三部分组成。青少年进实验室计划选拔高中阶段的科技后备人才进入大学、科研单位的重点实验室参与研究。青少年科技俱乐部活动包括科学名家讲座、科学实践活动、野外科学考察活动等。北京青少年科学探索专项资金对北京市青少年从事初步的科学研究工作提供资助，资助最高额为 15000 元人民币。

（七）头脑奥林匹克 (OM)

1995 年，北京市举办中小学生头脑奥林匹克竞赛 (OM)，此后每年由市教委、市科委联合举办。该竞赛采用手脑结合、科学与艺术结合、自然与社会结合的方法，考查学生综合应变能力。

头脑奥林匹克竞赛试题分长期题和即兴题两种形式。长期题在比赛前公布，让几名队员组成一个队，在教练指导下解题，内容涉及车辆、结构、电子、环保、艺术等。参赛学生在赛前进行讨论、构思、设计、准备，教师可以进行指导。比赛时，队员合作进行作品演示或表演，同时进行现场讲解、答疑等，评委根据作品的创意、效果、风格予以评分。

（八）北京市中小学生科技英语创意大赛

1994 年，经教育部、市教委批准，第一届北京市中小学生科技英语创意大赛举办，此后每年举办一次。每年 10 月中旬初试，11 月初复试，11 月底决赛并产生市级的奖项。参与者为中小学生，主要集中在小学五年级到初三年级段。大赛以英语为文字载体，以科普知识为主要内容。

第五节　校外体育

1991—2010 年，北京市校外体育着力推动中小学生每天参加体育活动。在广泛开展学生体育活动的同时，北京市发展了包括“金帆杯”三大球比赛在内一系列中小学生体育比赛项目，同时积极参加国际国内的体育比赛。

到 2010 年，市教委、市体育局利用学校内部各种活动场所和设施，整合学校、业余体校或运动学校、单项协会或民办俱乐部、体育场馆、街道社区等社会资源，利用彩票公益金，创建 144 个青少年体育俱乐部。全市俱乐部共有教练员人数 824 人，团体会员 11.2 万人，个人会员数 21.5 万人，年接待活动人次 1500 多万人次。

一、校外体育制度

1991 年，市教育局制定《关于在中小学落实每天一小时体育活动的几点意见》，强调落实中小学生每天一小时体育活动。

1999 年 6 月，市教委办公室印发《关于转发假期公休日学校体育场地向学生开放文件的通知》，决定假期、公休日学校体育场地、设施向学生开放，以推进素质教育、增强学生体质。

2000 年 12 月，市教委、市体育局发布《关于举办北京市中小学生“金帆杯”足球篮球和排球比赛的通知》，要求在全市举行“金帆杯”三大球赛事。

2002 年 11 月，市教委、市体育局发布《关于进一步加强北京市学生体育竞赛管理及竞赛纪律工作的通知》，规范和维护北京市中学生体育比赛。同年，市教委规范课外体育活动，要求课外活动做到“五固定”：锻炼时间固定、锻炼场地固定、锻炼内容固定、体育器械固定、辅导教师固定。

2005 年 10 月，市教委印发《转发教育部关于落实保证中小学每天体育活动时间意见的通知》。2006 年 3 月，市教委发布《关于加强中小学体育工作确保学生每天一小时体育活动的通知》。

2006 年 12 月，市教委、市体育局、共青团北京市委员会转发教育部等部门《关于进一步加强学校体育工作，切实提高学生健康素质的意见》《教育部国家体育总局共青团中央关于展开亿万学生阳光体育运动的通知》文件。

2009 年 2 月，市教委发布《关于规范市级中小学生体育竞赛管理的通知》。

2009 年 10 月，市教委、市体育局、团市委印发《转发教育部等关于开展第三届全国亿万学生阳光体育冬季长跑活动文件的通知》。

二、校外体育竞赛管理

北京市中小学体育竞赛分为群众体育竞赛和竞技体育竞赛。前者以吸引广大普通学生广泛参与为原则，后者的竞赛成绩被用于“中招”和“高招”中的“体育特长生”认定。

北京市中小学市级群众体育主办单位由市教委与市体委或市中小学体育运动协会联合举办。2001 年北京市学生活动管理中心成立后，部分体育竞赛由市教委与市学生活动管理中心联合主办（见表 5–5）。

表 5–6　北京市中小学生参加的主要体育比赛名单

竞赛名称	主办单位	承办单位	备注
金帆杯北京市中学生足球比赛	市教委 市体育局	北京学生活动管理中心或北京市中小学生体协	—
金帆杯北京市中学生篮球比赛	市教委 市体育局	北京学生活动管理中心或北京市中小学生体协	2008 年停办一届
金帆杯北京市中学生排球比赛	市教委 市体育局	北京学生活动管理中心或北京市中小学生体协	—
北京市中小学生“振兴中华杯”足球比赛	市教委 市体育局	北京学生活动管理中心或北京市中小学生体协	—
北京市中小学生“振兴中华杯”篮球比赛	市教委 市体育局	北京学生活动管理中心或北京市中小学生体协	—

续表 5-6

竞赛名称	主办单位	承办单位	备注
北京市中小学生“振兴中华杯”排球比赛	市教委 市体育局	北京学生活动管理中心或北京市中小学生体协	—
北京市中小学生“振兴中华杯”游泳比赛	市教委 市体育局	北京学生活动管理中心或北京市中小学生体协	—
北京市中小学生“振兴中华杯”武术比赛	市教委 市体育局	北京学生活动管理中心或北京市中小学生体协	—
北京市中学生田径运动会	市教委 市体育局	北京学生活动管理中心	—
北京市中小学生乒乓球比赛	市教委 市体育局	北京学生活动管理中心	—
北京市中小学生棒球比赛	市教委 市体育局	北京学生活动管理中心	—
北京市中小学跆拳道比赛	市教委 市体育局	北京学生活动管理中心或北京市中小学生体协	2007—2008年为八喜杯
北京市中小学生长跑比赛	市教委 市体育局	北京学生活动管理中心	—
北京市中小学生定向越野比赛	市教委 市体育局	北京学生活动管理中心	—
北京市中小学生健美操比赛	市教委 市体育局	北京学生活动管理中心或北京市大学生体协	—
北京市中小学生健美操锦标赛	市教委 市体育局	北京学生活动管理中心	—
北京 2008 奥林匹克教育体育后备人才培养基地学校比赛	市教委 市体育局	奥林匹克基地校中心教研组	—
北京市传统校田径比赛	市体育局 市教委	体育传统校教研组	—
北京市传统校足球比赛	市体育局 市教委	体育传统校教研组	—
北京市传统校篮球比赛	市体育局 市教委	体育传统校教研组	—
北京市传统校排球比赛	市体育局 市教委	体育传统校教研组	—

三、业余体校

1991—2010 年，北京市青少年校外体育训练主要由业余体校承担。业余体校通常是区县教委（教育局）下属事业单位。2010 年，北京市业余体校包括北京市东城区体育运动学校、北京市东城区青少年业余体校、北京市西城区体育运动学校、北京市朝阳区体育运动学校、北京市朝阳区第三少儿业余体校、北京市海淀区少年儿童业余体育学校、北京市海淀区少年儿童游泳业余体校、北京市石景山区体校、北京市房山区体育运动学校、北京市延庆县体育运动学校、北京市第十二中学体育分校、北京市门头沟区体育运动学校、北京市通州区体育运动学校、北京市顺义区体育运动学校、北京市昌平区体育运动学校、北京市大兴区体育运动学校、北京市平谷区少年业余体校、北京市怀柔区体育运动学校和北京市密云县青少年业余体校。

（一）北京市东城区体育运动学校

东城区体育运动学校成立于 1958 年。

2004 年、2008 年被国家体育总局命名为“国家高水平体育后备人才基地”。

2010 年，体校开设足球、篮球、排球、手球、游泳、田径、举重、柔道、国际式摔跤、乒乓球、体操、跆拳道、武术套路等项目。训练场馆分布于地坛体育中心、东单体育中心、地坛体育馆。学校配有田径场（室内跑廊）、足球场、篮球场、游泳馆、摔跤馆、柔道馆、举重馆、跆拳道馆、体操馆、乒乓球馆、力量训练馆等场馆。

（二）北京市东城区青少年业余体校

东城区青少年业余体校成立于 1964 年。

2009 年，学校被国家体育总局命名为“2009—2012 年度国家高水平体育后备人才基地”。

2010 年，体校拥有 400 米标准塑胶田径场、足球场、游泳馆、乒乓球馆、跆拳道馆、排球综合馆、网球馆、羽毛球馆、射箭场、室外篮球、排球等 12 个场馆。开设田径、游泳、射箭、足球、击剑、皮划赛艇、花游、排球、乒乓球、羽毛球、网球、棒垒球、跆拳道、射击、体操、跳水等 17 个奥运项目。

（三）北京市西城区体育运动学校

西城区体育运动学校成立于 1986 年，也称为西城体育局体育训练中心。

2004 年、2008 年被国家体育总局评定为国家高水平体育后备人才基地。

2010 年，学校设有田径、游泳、足球、篮球、排球、网球、乒乓球、体操、柔道、跆拳道、皮划艇、武术共 12 个项目。

（四）北京市朝阳区体育运动学校

朝阳区体育运动学校成立于 1958 年。

2010 年，学校目前设有田径、柔道、摔跤、武术、举重、跆拳道、足球、排球、网球、乒乓球、击剑、羽毛球、棒球、垒球、体操、散打、射击、射箭、手球、皮划艇、篮球、游泳共 22 个项目。

（五）北京市朝阳区第三少儿业余体校

1992 年，北京市朝阳区第三少儿业余体校正式成立，学校坐落于红领巾公园西侧，占地面积 2.67 公顷。

2010 年，校内设游泳馆、篮球、手球、足球等训练场地。承担朝阳区皮划艇、赛艇、篮球、手球、游泳、橄榄球六个训练项目。

（六）北京市海淀区少年儿童业余体育学校

海淀区少年儿童业余体育学校成立于 1958 年。

2010 年，学校设有乒乓球、羽毛球、网球和武术等项目。

（七）北京市海淀区少年儿童游泳业余体校

海淀少年儿童游泳业余体校成立于 1978 年。

1992 年 12 月海淀游泳馆正式建成。

2003 年与市重点学校 101 中学组建“101 运动学校”。

（八）北京市石景山区体校

石景山区体校成立于 1975 年。

2004 年和 2008 年，学校连续被国家体育总局命名为“国家高水平体育后备人才基地”。

2010 年，体校开设田径、游泳、体操、举重、击剑、射箭、柔道、排球、篮球、武术共 10 个训练项目。

（九）北京市房山区体育运动学校

房山区体育运动学校成立于 1979 年。

2010 年，学校下设房山、良乡两个训练基地，拥有射击馆、游泳馆、举重馆、摔跤馆、拳击馆、跆拳道馆、综合训练馆等八个训练场馆和两个标准田径场。共设田径、举重、国际式摔跤、射击、跆拳道、游泳、拳击、柔道、武术套路、武术散打、乒乓球、篮球及足球 13 个专业项目。

（十）北京市延庆县体育运动学校

延庆县体育运动学校成立 1989 年。

2010 年开设项目包括田径、举重、乒乓球、跆拳道、武术套路、足球、篮球、游泳、皮划艇、赛艇。

（十一）北京市第十二中学体育分校

2000 年 8 月，北京市第十二中学成立体育分校，为北京市丰台区体育局下属全额拨款事业单位。

2010 年，学校设有武术、举重、摔跤、柔道、跆拳道、田径、射箭、击剑、体操、游泳、篮球、棒球、垒球等项目。

（十二）北京市门头沟区体育运动学校

门头沟区体育运动学校成立于 1975 年。

2010 年，体校地处门头沟区体育中心，学校开设摔跤、柔道、跆拳道、射击、举重、田径、篮球、皮划艇、足球 9 个运动项目。

（十三）北京市通州区体育运动学校

通州区体育运动学校成立于 1998 年。

2010 年，学校开设跆拳道 游泳 自行车 柔道 网球 田径 乒乓球 举重 摔跤 篮球等项目。

（十四）北京市顺义区体育运动学校

顺义区体育运动学校成立于 1988 年。

2010 年，学校分设田径、举重、柔道、游泳、篮球、武术、跆拳道、羽毛球八个项目。学校拥有标准塑胶跑道 1 个，各种训练场馆 8 个，总场馆面积近 8000 平方米。

（十五）北京市昌平区体育运动学校

北京市昌平区体育运动学校成立于 1996 年。

2010 年，学校开设跆拳道、射箭、自行车、柔道、田径、举重、摔跤等项目。

（十六）北京市大兴区体育运动学校

2003 年 5 月，大兴区体育运动学校独立设校办学，纳入普教系列。

2010 年，学校拥有教学楼、训练馆、学生公寓、餐厅等硬件设施面积 9000 平方米。开设跆拳道 柔道 田径 举重 足球 摔跤 手球 篮球等项目。

（十七）北京市平谷区少年业余体校

平谷区少年业余体校成立于 2001 年。

2010 年，学校项目设有田径、举重、乒乓球、柔道、武术、足球等六大项。

（十八）北京市怀柔区体育运动学校

怀柔区体育运动学校成立于 1987 年。2010 年，学校开设摔跤、自行车、射击、举重、田径 4 个训练项目，其中摔跤、自行车、射击为北京市重点布局项目。

（十九）北京市密云县青少年业余体校

密云县青少年业余体校成立于 1995 年 7 月。2010 年，学校开设田径、举重、自行车、柔道、摔跤五个训练项目。训练场地设施包括柔道馆（400 平方米）、摔跤馆（400 平方米）、综合馆（400 平方米）、举重馆（100 平方米）以及 200 米塑胶跑道田径训练场。

第六节 学科竞赛

1991—2010 年，北京市组织中学生参加数学、物理、化学、生物、计算机等学科竞赛活动。其中由北京市主办的学科竞赛主要有：北京市中学生数学竞赛、北京高中数学知识应用竞赛、北京市“迎春杯”数学竞赛、北京市高中生英语竞赛、北京市中学生高中物理竞赛、北京市中学生高二化学竞赛、北京市中学生生物竞赛、北京市青少年计算机程序设计竞赛等。

一、学科竞赛管理

1991 年 2 月，国家教委印发《关于加强中小学生竞赛活动管理的通知》，未经国家教委批准的跨省市或全国性中小学生竞赛成绩不予承认，各地举办省、市级竞赛需经省、市教育行政部门批准。

1994 年 6 月，市教育局印发《北京市加强中学生学科竞赛活动管理的意见》，规定北京市中学生学科竞赛活动由市教育局统一管理，参加或组织学科竞赛需由市教育局决定，未经同意的学科竞赛不得参加。北京市中学生学科竞赛 1994 年以后不再扩大学科，也不再增加分年级的各科竞赛。取得学科竞赛一、二、三等奖的高中学生，免于参加获奖当年相应学科的会考（见表 5–7 和表 5–8）。

表 5–7　　1994 年北京市中学生学科竞赛项目表（初中阶段）

竞赛名称	主办单位	举办时间
全国初中数学联赛	中国数学会、北京数学会普及委员会	4 月
北京市中学生数学竞赛（初中二年级）	北京数学会普及委员会	4 月
北京市“迎春杯”数学竞赛（初中一年级）	市教育局教学研究部、北京教育学会数学教学研究会、《数学教与学》编辑部	1—2 月
北京市初中物理竞赛	北京市初中物理奥林匹克学校	4 月
北京市初中化学竞赛	北京市化学奥林匹克学校、北京教育学会化学教学研究会	4 月
北京市初中英语竞赛	北京市英语奥林匹克学校、北京教育学会外语教学研究会	4 月
北京市中学生生物竞赛	北京市生物奥林匹克学校	4 月
北京市青少年（四通杯）计算机程序设计竞赛	市教育局、市科协、四通集团公司北京市青少年报社	9—10 月

表 5-8　　1994 年北京市中学生学科竞赛项目表（高中阶段）

竞赛名称	组织单位	举办时间
全国高中数学联赛	中国数学会、北京数学会普及委员会	10 月
全国高中物理联赛	中国物理学会、北京物理学会	9 月
全国高中化学联赛	中国化学学会、北京市教育学会化学教学研究会	10 月
全国“希望杯”数学邀请赛（高中二年级）	北京赛区联络处、首都师范大学数学研究所	4 月
北京市中学生数学竞赛（高中一年级）	北京数学会普及委员会	4 月
北京市中学生高中物理竞赛	北京市物理学会	5 月
北京市中学生高二化学竞赛	北京市化学奥林匹克学校、北京教育学会化学教学研究会	9 月
北京市高中英语竞赛	北京市教育学会外语教学研究会、北京市英语奥林匹克学校	4 月
北京市中学生生物竞赛	北京市生物奥林匹克学校	4 月
北京市青少年（四通杯）计算机程序设计竞赛	市教育局、市科协、四通集团公司北京市青少年报社	9—10 月

1997 年 3 月，市教委公布 25 个中小学生竞赛活动为 1997 年度市级中小学生竞赛项目。其中学科类竞赛包括：①全国高中数学竞赛；②全国高中物理联赛；③全国初中物理知识竞赛；④全国高中化学联赛；⑤全国“希望杯”数学邀请赛高中二年级组；⑥北京市中学生数学竞赛高中一年级组；⑦北京市高中数学知识应用竞赛；⑧北京市中学生数学竞赛初中二年级组；⑨北京市中学生数学竞赛初中三年级组；⑩北京市“迎春杯”数学竞赛初中一年级组；⑪ 北京市高中物理竞赛；⑫ 北京市初中化学竞赛；⑬ 北京市高中英语竞赛；⑭北京市初中英语竞赛；⑮北京市青少年（四通杯）计算机程序设计竞赛高中、初中组；⑯ 北京市小学生作文竞赛。

1999 年 4 月，市教委印发《北京市中小学生竞赛活动管理若干规定》，强调市教育行政部门负责全市中小学生竞赛活动的宏观管理，区县教育行政部门负责区县级中小学生竞赛活动的管理；高中数学、物理、化学、生物、英语、信息学 6 项竞赛和“三模二电”发明创造比赛仍按惯例组织进行，其他高中类竞赛严格控制；在北京市、跨省组织或参加的竞赛活动需经市教育行政部门审核批准，未经批准的竞赛不得参加（见表 5-9 至 5-11）。

表 5-9　　1999 年小学生竞赛活动项目表

竞赛名称	主办单位
北京市"迎春杯"数学竞赛小学高年级组	北京教科院基础教育教学研究中心、北京教育学会数学教学研究会、《数学教与学》编辑部、北京数学会普及委员会
北京市小学生作文竞赛	市教委、市妇联、市家教会、北京晚报
北京市小学生"乐百氏杯"科技知识竞赛	市教委、北京出版社
北京市中小学生"我爱首都、我爱博物馆"征文比赛	市教委、市文物局

表 5-10　　1999 年中学生竞赛活动项目表（初中阶段）

竞赛名称	主办单位
全国初中数学竞赛活动	中国教育学会中学数学教学专业委员会、北京教育学会数学教学研究会、北京数学会
全国初中物理知识竞赛	中国教育学会物理教学研究会、中国物理学会
全国初中生化学素质和实验能力竞赛	中国教育学会化学教学专业委员会、北京教育学会化学教学研究会
北京市初中英语竞赛	北京教育学会外语教学研究会
北京市"迎春杯"数学竞赛初中一年级组	北京教科院基础教育教学研究中心、北京教育学会数学教学研究会、《数学教与学》编辑部、北京数学会普及委员会
北京市青少年计算机程序设计竞赛初中组	市教委、市科协
北京市中学生"瞭望杯"时事知识竞赛	市教委、北京人民广播电台、北京青年报
北京市中小学生"我爱首都、我爱博物馆"征文比赛	市教委、市文物局

表 5-11　　1999 年中学生竞赛活动项目表（高中阶段）

竞赛名称	主办单位
全国高中数学联赛	中国数学学会、北京数学会普及委员会
全国高中物理竞赛	中国物理学会、北京物理学会
全国高中化学联赛	中国化学学会、北京市教育学会化学教学研究会
北京市高中数学知识应用竞赛	北京数学会、中央教科所、北师范大学、首师范大学等
北京市高中英语竞赛	北京教育学会外语教学研究会
北京市青少年计算机程序设计竞赛高中组	市教委、市科协
北京市中学生"瞭望杯"时事知识竞赛	市教委、北京人民广播电台、北京青年报社
北京市中小学生"我爱首都、我爱博物馆"征文比赛	市教委、市文物局

2004 年 4 月，市教委印发《关于规范中小学生参加竞赛的紧急通知》，要求各区县不得以教委校外办（"体美科"）名义组织任何收费性竞赛活动，各学校不得组织学生参加收费性竞赛活动。

二、主要学科竞赛项目

（一）全国性与国际性竞赛

1. 华罗庚金杯少年数学邀请赛

1986 年，华罗庚金杯少年数学邀请赛（简称“华杯赛”）始创。该赛事是全国性大型少年数学竞赛活动，由中国少年报社（现为中国少年儿童新闻出版总社）、中国优选法统筹法与经济数学研究会、中央电视台青少中心等单位联合发起并主办。广东省惠州市人民政府、中国少年儿童新闻出版总社、中国优选法统筹法与经济数学研究会、华罗庚实验室、新浪网等单位先后成为华杯赛的主办单位。华杯赛的宗旨是教育广大青少年从小学习和弘扬华罗庚教授的爱国主义思想、刻苦学习的品质、热爱科学的精神，激发广大中小学生学习数学的兴趣，并开发学生智力，普及数学科学。命题原则为普及性、趣味性、新颖性。赛制为每年一届，每两年举办一次总决赛，没有总决赛的年份举办“精英赛”。小学阶段参赛对象是小学中年级（三、四年级）、小学高年级（五、六年级）学生。初中阶段参赛对象是初一年级、初二年级。1991 年至 2010 年，举办第三届到第十五届赛事。全国包括香港、澳门、台湾在内的近 100 个城市和地区、3000 多万少年儿童参加比赛。日本、韩国、新加坡、马来西亚、菲律宾、蒙古国、美国等国家也先后派队参加。

2.“希望杯”全国数学邀请赛

1990 年，中国科学技术协会普及部、中国优选法统筹法与经济数学研究会、高等教育出版社、中国青年报社学校工作部和华罗庚实验室五家单位共同发起组织“希望杯”全国数学邀请赛。其宗旨是鼓励和引导中小学生学好数学课程中最主要的内容，适当地拓宽知识面；启发他们注意数学与其他课程的联系和数学在实际中的应用；激励他们去钻研和探究；培养他们科学的思维能力、创新能力和实践能力；树立他们为振兴中华而努力成才的自信。命题原则是，试题内容不超出现行数学教学大纲，不超出教学进度，贴近现行的数学课本，源于课本，高于课本。题目活而不难，巧而不偏，既大众化又富于思考性和启发性，力求体现科学思维之美，寓科学于趣味之中，将知识、能力的考查和思维能力的培养结合起来。小学阶段参赛对象是小学四、五、六年级学生。每年举行一次。每次举行两试，3 月中旬为第一试，4 月中旬为第二试。1996 年、1997 年，国家教委连续将此项竞赛列入全国性的中小学学科课外活动之中。2003 年，第一届小学“希望杯”举行。至 2010 年，小学“希望杯”举办 8 届，中学“希望杯”举办 21 届。

3. 全国初中数学联赛

1984 年，中国数学会开始举办全国初中数学联赛，由各省、市、自治区联合举办，每年由各省、市、自治区数学竞赛组织机构具体承办。联赛每年一次，分一试和二试，一试注重基础知识和基本技能，二试注重分析问题和解决问题的能力。命题原则是大众化、普及型、不超纲、不超前。参赛对象为全国在校初中生。

4. 全国高中数学联赛

1981 年，中国数学会开始举办全国高中数学联赛。竞赛宗旨：培养中学生对于数学的兴趣，激发钻研精神、独立思考精神以及合作精神。竞赛每年举行一次，分为一试和二试。成绩优异者经选拔后进入更高级别的竞赛，获得进入国家集训队机会，直至参加国际数学奥林匹克竞赛。

5. 全国小学生英语能力竞赛

1999 年，全国小学生英语能力竞赛（NECPS）举办，该竞赛由国际英语外语教师协会、中国英语外语教师协会、国家基础教育实验中心外语教育研究中心主办，英语辅导办承办。此后至 2010 年，该竞赛每年举办一届。竞赛目的：提高小学生学习英语的积极性和水平，锻炼英语能力。竞赛分低年级组（一、二、三年级组）、四年级组、五年级组和六年级组。竞赛试题既考查学生的英语语言基础知识和基本技能，又侧重考查小学生的英语综合运用能力、阅读能力和智力水平，并且提高口语能力。

6. 全国中学生英语能力竞赛

1991 年，全国中学生英语能力竞赛（NEPCS）开始举办，由国家基础教育实验中心外语教育研究中心主办，英语辅导报社承办。竞赛目的：深化中学英语教学方法和测试方法的改革，激发学生学习英语的兴趣，鼓励英语教学和学习成绩优秀的师生。命题原则：依纲靠本求新，既有同步性，又有水平度。竞赛每年举办一次，分为各赛区初赛、决赛和全国总决赛。参赛对象为中学生。

7. 全国中学生物理竞赛

1984 年，中国物理学会开始举办全国中学生物理竞赛（CPHO）。竞赛的目的：促进中学生提高学习物理的主动性和兴趣，改进学习方法，增强学习能力；促进学校开展多样化的物理课外活动，活跃学习气氛；发现具有突出才能的青少年，以便更好地对其培养。竞赛每年一次，分为预赛、复赛和决赛。参赛对象为中学生。部分一、二等奖获得者入选国际物理奥林匹克竞赛集训队，培训后选出正式参赛代表队参加国际物理奥林匹克竞赛。

8. 全国高中学生化学竞赛

1984 年，中国化学会开始举办全国高中学生化学竞赛。竞赛目的：普及化学知识，鼓励青少年接触化学发展的前沿，了解化学对科学技术、社会经济和人民生活的意义，学习化学家的思想方法和工作方法，以激发他们学习化学的兴趣爱好和创造精神；探索早期发现和培养优秀人才的思想、方法和途径；促进化学教学新思想与新方法的交流，推动大学与中学的化学教学改革，提高我国化学教学水平；选拔参加国际化学竞赛的选手。成绩优异的学生可参加国际化学奥林匹克竞赛。竞赛每年一次，分市级预赛、省级初赛、全国决赛。

9. 国际学科奥林匹克竞赛

1959 年，国际奥林匹克竞赛（又称为国际中学生奥林匹克竞赛）始于东欧，世界上有近百个国家和地区组队参加该项国际赛事。竞赛宗旨：激发青少年对科学的兴趣，使大多数青少年在智力上有所发展，在能力上有所提高；在普及活动的基础上，为少数优秀的青少年脱颖而出、成为优秀人才创造机遇和条件。竞赛学科包括数学、物理、化学、信息学和生物学。学科奥林匹克竞赛每年举办一次，由参赛的各国政府和科技团体联合主办。竞赛决出金、银、铜牌及其他各种奖项若干（见表 5–12）。

表 5–12　1991—1997 年北京市中学生参加国际学科奥林匹克竞赛获奖名单

年度	姓名	所在学校	获奖情况
1991	张里钊	北京大学附属中学	获第 32 届国际中学生奥林匹克数学竞赛金牌
	王绍昱	北京大学附属中学	获第 32 届国际中学生奥林匹克数学竞赛金牌
	刘彤威	北京大学附属中学	获第 32 届国际中学生奥林匹克数学竞赛银牌
	夏磊	北京四中	获 1991 年国际中学生奥林匹克物理竞赛金牌
	杨澄	清华大学附属中学	获 1991 年国际中学生奥林匹克信息学竞赛金牌
	曹汉征	首都师范学院附属中学	获 1991 年国际中学生奥林匹克俄语竞赛金牌
	戎剑	北京八十中	获 1991 年国际中学生奥林匹克俄语竞赛金牌
	王开轩	北京八中	获 1991 年国际中学生奥林匹克俄语竞赛金牌
	张洪健	北京十五中	获 1991 年国际中学生奥林匹克俄语竞赛金牌
	曹永杰	北京大学附属中学	获 1991 年国际中学生奥林匹克俄语竞赛金牌
1992	周宏	北京大学附属中学	获第 33 届国际中学生奥林匹克数学竞赛金牌
	郑页	北京四中	获第 24 届国际中学生奥林匹克化学竞赛金牌
	孙燕峰	北京十二中	获 1992 年国际中学生奥林匹克信息学竞赛银牌
1993	周宏	北京大学附属中学	获第 34 届国际中学生奥林匹克数学竞赛金牌
	贾占峰	清华大学附属中学	获 1993 年国际中学生奥林匹克物理竞赛银牌
	施威扬	北京大学附属中学	获第 35 届国际中学生奥林匹克化学竞赛金牌
	刘岳毅	北京市第二中学	获 1993 年国际中学生奥林匹克生物竞赛金牌
	徐兴	北京大学附属中学	获 1993 年国际中学生奥林匹克生物竞赛银牌
	张辰	北京师大实验中学	获第五届国际信息学奥林匹克竞赛铜牌

续表 5–12

年度	姓名	所在学校	获奖情况
1994	姚健钢	中国人民大学附属中学	获第 35 届国际中学生奥林匹克数学竞赛金牌
	奚晨海	北京大学附属中学	获第 35 届国际中学生奥林匹克数学竞赛银牌
	饶京翔	北京四中	获 1994 年国际中学生奥林匹克物理竞赛金牌
	丁盛	北京大学附属中学	获第 36 届国际中学生奥林匹克化学竞赛银牌
	王晓婷	一零一中	获 1994 年国际中学生奥林匹克生物竞赛金牌
1995	薛华丹	北京师范大学第二附属中学	获 1995 年国际中学生奥林匹克生物竞赛金牌
	张晨	北京师范大学实验中学	获 1995 年国际中学生奥林匹克信息学竞赛银牌
1996	阎珺	二十二中	获 1996 年国际中学生奥林匹克数学竞赛金牌
	张弩	清华大学附属中学	获 1996 年国际中学生奥林匹克生物竞赛金牌
	刘雨润	北京师范大学实验中学	获 1996 年国际中学生奥林匹克物理竞赛金牌
1997	杨翔宇	清华大学附属中学	获 1997 年国际中学生生物学奥林匹克大赛金牌
	潮兴娟	清华大学附属中学	获 1997 年国际化学奥林匹克竞赛银牌

（二）北京市学科竞赛

1. 北京市中学生数学竞赛

1955 年 12 月，在中国数学会理事会主席著名数学家华罗庚教授 (1910—1985) 的倡导与推动下，中国数学会常务理事会决议：1956 年度将开始重点试办数学竞赛会。经过中国数学会理事会发起，高等教育部、教育部同意，决定于 1956 年在北京、上海等大城市试办。1956 年，举办北京市中学生数学竞赛。竞赛由北京数学会主办，北京数学会普及委员会组织竞赛命题，一年一次。北京市中学生数学竞赛面向高一年级和初二年级学生，遵循自愿参赛原则。北京市中学生数学竞赛分初赛与复赛两个阶段进行，各区县参加复赛的名额将按该区县参加初赛人数的比例由北京数学会普及委员会确定。

2. 北京高中数学知识应用竞赛

1996 年，第一届北京高中数学知识应用竞赛举行。该比赛旨在促进高中数学课程改革，使学生进一步体会数学在现实生活中的作用，引导学生发现问题，并用数学解决问题。北京高中数学知识应用竞赛的参赛对象是在校高中学生。竞赛分初赛和决赛两个阶段进行。初赛是开卷考试。决赛分两部分，一是让学生完成一篇数学应用的小论文，论文成绩作为总成绩的一部分，并单独设立优秀论文奖；决赛的第二部分是闭卷答题，在 150 分钟内在指定地点每个人独立完成问卷中的问题，答卷时可以使用计算器等计算工具。

3. 北京市“迎春杯”数学竞赛

1984 年，市教育局教学教育研究部主持，由北京市数学会协助，中小学数学教学报社承办第一届北京市“迎春杯”数学竞赛。此后“迎春杯”数学竞赛每一年举行一次，面向小学和初中一年级学生。

2001 年，“迎春杯”数学竞赛更名为“迎春杯数学科普日”。

2002 年，“迎春杯”数学竞赛增加团体奖项，并于 2003 年新增参与奖，这些变化使得“迎春杯”的获奖面大幅度提高，2003 年达到 90%。

2004 年 1 月，主办方决定该届“迎春杯”数学竞赛只出题不评奖，希望以此弱化“迎春杯”奖的升学功能。

2005 年，市教委不再作为“迎春杯”数学竞赛的主办方，该项赛事变为一项民间活动，更名为“数学解题能力展示”。

4. 北京市高中生英语竞赛

1988 年，北京市教育学会外语教学研究会承办第一届北京市高中生英语竞赛。此后每年举办一届。

第七节　奥林匹克教育

（参见附章二）

第六章 学 生

概 况

1991 年，北京市小学在校生共 1 013 268 人。小学新招收学生 148 300 人，适龄儿童入学率为 99.50%。小学毕业学生 132 544 人，升学 131 010 人，升学率为 98.84%。初中在校生共 338 480 人，初中毕业生 92 260 人。普通高中在校人数为 93 728 人，普通高中新招收学生 28 589 人，普通高中毕业生 32 248 人。2010 年，北京市小学在校生共 653 255 人。小学新招收学生 113 728 人，适龄儿童入学率为 99.85%。小学毕业学生 102 971 人，升学 102 360 人，升学率为 99.41%。初中在校生共 309 912 人，初中毕业生 101 045 人，升学 79 724 人，升学率为 78.90%。整个义务教育阶段在公办学校就读的流动儿童共 306 668 人，占公办学校学生总数的 33.7%，占流动儿童总数的 70.8%。普通高中在校人数为 198 419 人，普通高中新招收学生 58 458 人。普通高中毕业生 62 305 人，升学 64 793 人，升学率为 86.96%。

1991—2010 年，北京中小学学籍管理的主要政策依据是 1990 年发布的《北京市中、小学学生学籍管理办法》和 2010 年发布的《北京市中小学校学生学籍管理办法》。中小学入学的基本条件是拥有本市户口，但 20 年间逐渐完善了针对知青子女、台胞子女、博士后研究人员子女、随军干部子女、引进的高科技人才子女、优秀回国人员子女、来京投资企业的高级管理人员子女、流动人口中适龄儿童少年的入学政策及学籍管理办法。1991—2010 年，北京市不断根据实际情况对入学、考勤、转学、借读、休学、复学、退学、开除和毕业等事项的管理作出调整。20 年间，学籍管理日益电子化和网络化。

1991—2010 年，北京市中小学生参与的招生和考试主要包括义务教育阶段的入学与毕业考试、高级中等学校的招生与毕业考试以及高等学校入学考试。20 年间，北京市初中招生经历从区县考试招生（1991—1992 年）、小学自行考试（1993—1998 年）、免试入学（1998—2002 年）和入学渠道多样化（2003—2010 年）四个阶段。20 年间，北京市实行“统一命题、统一考试、区县阅卷”的初中升学考试制度。高中主要招生方式是统一招生录取和提前招生录取，从 2006 年开始，北京市增加“招优”的招生录取方式。2000 年，北京市开始实行初中毕业会考制度。1991—2010 年，北京市一直实行高中毕业会考制度。20 年间北京高校招生经历了并轨招生和扩招，也经历了一系列改革。高考次数由夏季一次变为春季、夏季共两次，后又取消春季高考考试科目由“4+3（或 4+2）”变为“3+2”再变成“3+X”。英语听力开始正式计入高考成绩。高考命题由全国统一命题到本市自主命题。志愿填报时间由考前填报志愿改为通知高考成绩后填报志愿，再改为考前填报志愿。高校招生从考试报名、监考过程、阅卷登分到成绩公布、志愿填报、招生录取等全环节的管理实现电脑化和网络化。

1991—2010 年，针对北京市中小学生的荣誉、奖励和资助项目主要有十佳中学生、“十佳”少先队员、金帆奖、银帆奖、宋庆龄奖学金、人民助学金、宏志奖学金、正泰奖学金、市级“三好”学生及市级优秀学生干部。

第一节　学籍管理

1991—2010 年，北京中小学学籍管理的主要政策依据是 1990 年发布的《北京市中、小学学生学籍管理办法》和 2010 年发布的《北京市中小学校学生学籍管理办法》。其间不断根据实际情况对入学、考勤、转学、借读、休学、复学、退学、开除和毕业等事项的管理作出调整。20 年间，学籍管理日益电子化和网络化。

一、管理制度

1990 年 2 月，市教育局发布《北京市中、小学学生学籍管理办法》9 章 27 条，对中小学学生入学、考勤、转学、借读、休学、复学、退学、开除和毕业等事项作出严格规定。

1991 年 3 月，市教育局印发《关于对北京市中学学生学籍实行由学校和区、县教育局双层管理的通知》，决定自 1990—1991 学年初中一年级、高中一年级开始，对北京市行政区域内普通中学学生的学籍实行学校和区县教育局双层管理。

1992 年 9 月，市教育局规定，小学五六年级学生停止使用原“北京市小学学生体育情况登记表”，开始使用“北京市小学生体育合格情况登记卡”和“北京市小学生免予执行体育合格标准登记表”。

1993 年，北京市会考办公室对全市会考考籍与成绩实行统一管理，建立考生成绩总册；区县会考办公室配合市会考办公室管理本区考籍与成绩档案，建立考生成绩分册；各学校负责按照区县公布的考生成绩如实计入考生档案。考生考籍编号与准考证编号一致。

1993 年 2 月，市教育局印发《关于我市普通高中、初中毕（结）业证书自 1993 年起加盖区县教育局学历证书专用章的决定》。自 1993 年起，北京市行政区域内各中学颁发的普通高中、初中毕（结）业证书，必须加盖区县教育局学历证书专用章（钢印），方为有效。

2001 年 7 月，市教委、市劳动和社会保障局联合发出启用初中毕（结）业生登记表通知。通知要求，初中毕业考试与高级中等学校招生考试分开举行的区县，初中毕（结）业生应填写“初中毕（结）业生登记表”。

2007 年在全市试行中小学管理信息系统，建立统一中小学生学籍信息数据库，2008 年正式实施，推行“小升初”“中招”持卡入学注册，通过电子学籍管理方式，将报名、招生、审批（审核）、入学注册等工作规范化、程序化、信息化。2008 年 9 月出台《市教委关于北京市普通中小学管理信息系统与中考、会考衔接有关事项的通知》。通知规定初中学生参加中考、普通高中学生参加会考均通过电子学籍报名，实现北京市中小学电子化学籍管理与中考、会考衔接。

2010 年 5 月，市教委印发《北京市中小学校学生学籍管理办法》，原《北京市中小学生学籍管理办法》废止，新办法分为 10 章，分别对中小学生入学、考勤、转学、借读、休学、复学、退学、毕业、结业、肄业、学籍信息管理等做出详细规定。

二、入学

1990 年，《北京市中、小学学生学籍管理办法》规定，适龄儿童除智力发育有严重缺陷或生活不能自理的外，均按市教育局当年的招生规定入学。借读生不列入学校正式学生，借读期限一般为一学期至一学年，特殊情况经学校同意可以延长。原本市下乡青年的子女在本市借读按正式学生对待，不规定借读期限。

1991 年 11 月，市教育局、市台办与市公安局联合发出通知指出，经批准在本市中、小学就读的在京投资台湾人士的子女属借读生，但按正式生对待。

1992 年，市教育局规定对人事部专家司开具“博士后研究人员子女”介绍信和市教育局开具“台胞子女就读批准书”的适龄儿童、少年，按有本市正式户口的适龄儿童、少年同等对待。

1993 年 9 月，市教育局印发《关于转发国家教育委员会、中国人民解放军总政治部关于驻藏部队随军干部子女在内地上中小学等问题文件的通知》，要求凡原户口在北京市现在京有监护人和原户口不在北京市而在京有祖父母或外祖父母监护的驻藏部队和边防、海岛部队干部子女中，现需在本市接受义务阶段教育的外地少年儿童，可到本市中小学借读。区县教育局与普通中小学校要妥善安排上述部队干部子女就读，按学校管片内正式学生的收费标准收费，并免收其借读管理费。

1999年4月，市教委发出《关于更改和补充博士后研究人员子女在京中小学借读规定的通知》。调整博士后研究人员子女就学规定，要求在京工作的博士后研究人员工作两年期满后，其子女在京中小学就读不应再享受北京市对博士后研究人员子女的各项照顾政策。

1999年12月，市教委印发《关于对我市引进的高科技人员子女入中小学入托按北京市市民同样待遇的通知》，决定对无北京市正式户口但持有有效的“北京市工作寄住证”人员的子女，在京中小学借读、入托均按有北京市正式户口的学生同样对待。

2000年3月，市教委印发《关于妥善解决优秀留学回国人员子女入学问题的通知》。要求各区县教育行政部门对不具有本市正式户口，但持有市人事局审批颁发的北京市工作寄住证的留学回国人员子女，按照《关于对我市引进高科技人员子女入中小学、入托按北京市市民同样待遇的通知》规定办理。

2001年2月，市政府转发市教委《关于做好2001年中小学入学招生工作意见的通知》。要求，各小学要与外来人口管理部门配合，接收外省市户口适龄儿童借读。

2002年1月，市教委、市台办、市公安局联合印发《关于简化台胞子女在京中小学借读手续的通知》，对台胞子女在京中小学借读手续进行简化。

2002年4月，市政府办公厅转发市教委《北京市对流动人口中适龄儿童少年实施义务教育的暂行办法》。规定，流动人口中凡随父母来京，年龄在6周岁至15周岁，未完成九年义务教育的儿童少年，都应当入学接受义务教育。对家庭有困难在公办中小学借读的流动儿童少年，学校应酌情准予缓交或减免借读费。流动儿童少年学生在接受教育、参加团队组织、评优选先、参与文体活动等方面与全市学生同等对待。

2002年5月，市经委、市教委等部门联合印发《关于来京投资企业的高级管理人员子女在京上学问题的实施办法》。规定，来京投资企业高级管理人员的子女在中小学就学方面享受北京市市民待遇。

2002 年 7 月，市教委、市民政局、市公安局、市教育督导室联合印发《关于贯彻落实〈北京市对流动人口中适龄儿童少年实施义务教育暂行办法〉的通知》，该通知提出对流动儿童少年实施九年义务教育贯彻“两为主”工作原则，即解决流动儿童少年入中小学接受九年义务教育工作，主要由各区县政府负责；实施九年义务教育，以公办中小学接收其入校借读为主。

2002 年 8 月，市教委印发《关于重申中小学接收借读生有关规定的通知》。规定凡无本市正式常住户口儿童、青少年在本市普通中小学校就读，均为借读生。学校对知青子女和随军家属学生不规定借读期限。学校对博士后子女按进站函上标明期限、台胞子女按批准书批准期限、引进人才子女和留学回国人员子女按居住证签订期限约定借读期限。父母一方有北京市正式常住户口的学生，按有北京市正式常住户口对待，免收其借读费，不规定借读期限。国务院办公厅或北京市政府批准的外地驻京机构，其编制内工作人员子女，持北京市经济委员会主管部门或驻京机构开具的证明，直接到学生居住地管片学校申请借读，学校应予接收。学校按规定标准收取其借读费，其借读期限约定在学生父或母在京工作期限之内。通知还对借读生学籍、开学等问题做出规定。

2010 年，《北京市中小学校学生学籍管理办法》对办理借读手续做出调整：义务教育阶段学生在本市借读的，需持家长在京居住证明、户口簿等，经暂住地街道办事处或乡、镇人民政府确认后，开具在京借读证明，到暂住地就近的中小学校联系借读。办法对借读学生的待遇、学籍有了更为详细的规定：学校应当为借读学生建立临时学籍，在参加学校活动和社团组织、受奖励处分等方面与本市户籍学生同等待遇。持有下列证明借读的，按本市户籍学生对待：

（1）区、县人力资源和社会保障部门开具的“原北京下乡青年子女身份证明”；

（2）区、县教育行政部门开具的“台胞子女就读批准书”；

（3）全国博士后管理部门开具的“博士后研究人员子女介绍信”及其父或母的《进站函》；

（4）部队师（旅）级政治部开具的随军家属证明及现役军人证件；

（5）区、县侨务部门开具的“华侨子女来京接受义务教育证明信”；

（6）街道办事处或乡、镇人民政府开具的“子女关系证明信”及其父（或母）本市常住户口登记卡；

（7）市人力资源社会保障部门为其父（或母）签发的“北京市工作居住证”；

（8）其他符合国家和本市有关政策规定的证明。

本办法取消对借读期限以及借读办理时间的规定（见表 6–1、表 6–2）。

表 6-1 北京市公办小学和民办小学（不含打工子弟学校）流动儿童人数及比例

年份 \ 项目	全部学生（人）	本地儿童（人）	流动儿童（人）	公办学校学生（人）	公办学校流动儿童（人）	公办学校流动儿童百分比（%）
2001	748 177	663 177	84 866	742 475	82 876	11.2
2002	712 235	596 530	115 321	702 998	111 623	15.9
2003	692 041	546 530	144 571	681 468	139 688	20.5
2004	697 146	514 162	181 459	676 132	170 812	25.3
2005	678 701	485 978	190 533	663 573	184 009	27.7
2006	693 112	465 539	225 159	662 565	203 702	30.7
2007	666 617	437 838	228 779	644 974	213 548	33.1
2008	659 500	420 210	—	633 185	220 146	34.8
2009	647 101	395 745	—	616 471	228 022	37.0
2010	653 255	385 044	—	620 571	242 413	39.1

表 6-2 北京市公办初中和民办初中（不含打工子弟学校）流动儿童人数及比例

年份 \ 项目	全部学生（人）	本地儿童（人）	流动儿童（人）	公办学校学生（人）	公办学校流动儿童（人）	公办学校流动儿童百分比（%）
2001	544 542	525 727	18 589	532 721	16 695	3.1
2002	536 811	509 990	26 580	519 509	23 357	4.5
2003	488 077	453 446	34 312	469 064	31 151	6.6
2004	432 137	385 580	45 813	412 391	41 451	10.1
2005	371 879	318 643	52 140	354 145	48 164	13.6
2006	344 133	285 494	58 639	325 778	52 144	16.0
2007	332 959	272 683	60 276	314 210	53 980	17.2
2008	325 117	261 826	63 291	303 342	55 901	18.4
2009	318 874	252 534	66 340	296 446	57 897	19.5
2010	309 912	235 954	73 958	288 364	64 255	22.3

2010 年，《北京市中小学校学生学籍管理办法》规定本市义务教育阶段适龄儿童、少年实行免试入学。本办法明确规定区、县人民政府，区、县教育局以及适龄儿童、少年父母在保障中小学生入学的义务。本办法还针对残疾儿童、少年入学做出明确规定：残疾儿童、少年可进入特殊教育学校学习，具有接受普通教育能力的可申请进入普通中小学校随班就读。

三、转学、休学

1990 年，《北京市中、小学学生学籍管理办法》对外地学生迁入本市就读、本市学生转往外地就读、学生因常住户口随家长户口在市内迁移而需转学做出规定。同时规定：在校学生因病或其他特殊原因需要休学的，学生在一学期内累计请假（包括病、事假）时间超过上课总时数三分之一仍不能到校上课的，可办理休学。学生休学期间保留学籍，休学期限一般不超过一年。

1991 年 2 月，市教育局印发《普通中小学学生转学须知》，重申 1990 年学籍管理办法的规定。

2001 年，市教委印发《北京市普通中小学学生转学须知》。规定，中小学生应在其户口所在地就近接受基础教育，新迁住址须凭住房证及户口簿向原校申请市内转学。转往非公办学校，由学生及家长与所选学校联系。学校核查转学生符合本校入学条件且校内有空额时，应予接收。此转学办法在 2010 年写入《北京市中小学校学生学籍管理办法》。

四、退学、开除

1990 年，《北京市中、小学学生学籍管理办法》规定，小学和初中学生因病或其他原因丧失学习能力，或年龄过大不宜在校继续学习，可申请退学。高中学生多次留级、年龄过大，不宜在校继续学习的，可劝其退学。高中学生连续旷课一定时间或休学期满不复学的，按自动退学处理。退学学生由学校发给肄业证书。办法规定，学校开除学生学籍，应经校务会议或扩大行政会议讨论决定，报区、县教育局批准。开除小学、初中学生学籍，还应经街道办事处或乡、镇人民政府同意。学生的开除学籍处分材料，由学校留存。被开除学籍的学生，由学校发给肄业证书。

2010 年，《北京市中小学校学生学籍管理办法》规定，义务教育阶段学生年满 18 周岁，不宜在校继续学习的，应办理退学手续。在 1990 年《北京市中、小学学生学籍管理办法》基础上，本办法对符合办理高中生退学的情形作了以下增补：多次留级且年龄超过 20 周岁，不宜在校继续学习的；一学期内连续旷课超过 15 天或累计旷课 45 天，学校与学生家长多次联系帮助教育无效的；本人申请退学的。2010 年的《办法》取消开除的规定。

五、毕业

1990 年，《北京市中、小学学生学籍管理办法》规定，应届毕业生取得毕业资格的，发给毕业证书。学生学习期满，未取得毕业资格，又不符合留级条件的，由学校发给结业证书。学生毕业或结业后，学籍自然终止。

2010 年，《北京市中小学校学生学籍管理办法》对未能继续入学学生的学籍转移办法做出规定：初高中学生毕（结）业后，学校应将未升入高级中等学校的学生毕（结）业材料，按规定时间移交给学生户口所在地的人力资源和社会保障部门。

第二节　义务教育学校入学与毕业

1991—2010 年，北京市小学入学实行分区划片、就近入学的政策，99% 以上的适龄儿童入学就读。

1991—2010 年，北京市小学生升学方式的演变经历了四个阶段：区县考试招生（1991—1992 年）、小学自行考试（1993—1998 年）、免试入学（1998—2002 年）和入学渠道多样化（2003—2010 年）。

1991—1999 年，全市大部分区县实行初中毕业和升学考试合一的制度。全市初级中学自 2000 年入学的初一年级开始，全部实行初中毕业会考制度。2002 年，全市各区县全部实行初中毕业、升学“两考”分开。

一、小学入学

1991 年，小学招生延续以往的政策和办法。招生工作仍由 1984 年设立的北京市中小学招生办公室管理。各区县教育局设有专门机构，组织本区县小学的招生工作。招生原则延续 1967 年后实行的分区划片、就近入学原则，不进行入学考试。招生对象应具有北京市正式户口、身体健康。从 1989 年起，适龄的原北京下乡青年子女没有本市正式户口也允许报名入学。丧失学习能力、智力发育有严重缺陷、疯、傻、痴、呆及生活不能自理的儿童不予招收。城镇地区儿童 6 周岁入学、农村地区放宽到 6 周岁半入学。小学招生一般在每年 6—7 月份进行。

1991 年，3181 所小学招收新生 148 509 人，符合条件的适龄儿童全部入学，占全市适龄儿童总数的 99.5%。1995 年，在全市范围内实现凡年满 6 周岁的适龄儿童均登记入学。全市共有 2725 所小学接收 170657 名适龄儿童和 923 名不足龄儿童入学，登记入学总数达到 171 580 人。全市适龄儿童入学率达到 99.85%，其中城镇地区适龄儿童入学率达到 99.86%，农村地区适龄儿童入学率达到 99.82%，有 0.15% 的适龄儿童因痴、傻、呆等严重智力缺陷未能登记入学。

1999 年 3 月，市教委发出《1999 年北京市小学入学工作通知》。该通知提出，学校要与当地外来人口管理等有关部门配合，按规定接收在本市长期居住的外省市户口适龄儿童借读。

2000年3月，市教委印发《关于在全市小学实行学生学业成绩评定等级制的通知》，通知规定自2000年秋季开始，全市小学学业成绩评定取消百分制，实行等级制。

二、小学升学

1989年，北京市中等学校招生委员会成立，统筹管理北京市中等学校招生工作，委员会下设办公室。同时保留1984年设立的北京市中小学招生办公室名称，具体办理中小学招生事务。1995年1月，北京市中小学招生办公室更名为“北京市教育局考试招生管理研究中心”。各区县教育局（教育委员会）也设有专门科室负责本区县中小学招生工作。2008年，初中招生由市教委基础教育一处统筹，各区县制定并实施招生方案。

（一）区县考试招生阶段（1991—1992年）

1991—1992年，初中招生延续以往做法各区县全部自己命题，考试科目为语文、数学两科，报考市属重点中学的考生加试体育。招收对象是具有本市正式户口的应届小学毕业生，借读生中的“原北京下乡青年子女”开具身份证明，也可以报考。应届毕业生在原校报名，学校负责审查报名资格。其他考生，包括户口与毕业学校不在同一区县的考生或在外省市借读要求回本市升学的，到户口所在区县中小学招生办公室指定地点报名，参加统一考试。

初中招生本着就近就读原则，在本区县规定的范围内自愿报考。户口与毕业校不在同一区县的考生以及在外省市借读回京升学的考生，其报名范围限定户口所在区县划定的招生校。

初中招生采用就近分配与适当择优相结合的方式，在就近入学的基本原则之外，也允许保送和推荐入学的方式。市三好生作为保送生，免试升入初中，这类学生重点中学原则上全部接收。学科、文体、科技优异或有突出特长，且平时成绩优良以上者可作为推荐生。这类学生重点中学可以根据本校情况选拔录取。

1991—1992年，初中招生择优录取比例不断压缩，1991年的择优录取比例由1990年的16.12%压缩为13.38%，1992年进一步压缩为12.13%。

1991—1992年，北京市对小学毕业考试自行命题进行探索。1991年，各区县分别确定1～2所小学试行毕业考试自行命题，全市45所小学3642名考生使用自行命题试卷，各校自己组织考试及阅卷。录取时对单独命题与统一命题的考试分数同样对待。1992年，小学毕业考试自行命题试点学校扩大到55所。各试点校根据本校教学改革实际，增加口试和能力测试；评分形式由百分制变为等级制，毕业成绩由平时成绩和毕业考试成绩两部分组成。

（二）小学自行考试阶段（1993—1997 年）

1993 年 4 月，市教育局颁发《北京市教育局关于小学毕业生升入初中的暂行规定》，决定北京市不再进行区县级小学毕业统考，由各小学自行命题组织毕业考试，多数学生划片（对口）就近入学，允许少数学生经保送、推荐，在一定区域内选择中学就读。各区县公布初中入学办法改革方案，对保送生、推荐生条件及报送、推荐办法作出具体规定。多数区县规定金帆奖、银帆奖获得者、市（区）“十佳少年”、市级“三好学生”为保送生，免试或考试后不挂钩，对口报送市、区县重点中学，学科获奖、文体特长学生为推荐生，由片内接收中学特长测试后择优选录。1993 年，全市 15 817 名小学毕业生经保送、推荐进入重点或较好中学，占入学总人数的 10.14%。1994 年，择优升学比例降至 8.89%，全市小学毕业生升学率为 99.76%。

1993—1997 年，北京市不断努力压缩初中招生中的择优比例，并对择优对象进行调整。1994 年规定可以对保送生用毕业考试成绩复审，减少推荐项目和推荐生数量，对推荐生提出一定的文化课成绩要求，规范特长测试的内容与方法。严格控制特长班数量。1994 年批准东城、西城、崇文、宣武、海淀 5 个区试行保送 3% ~ 5% 的有突出进步且毕业考试成绩特别优异的学生。1995 年，保送生限定为获得“金帆奖”“银帆奖”和市级“三好学生”证书的小学毕业生（城区适当保送部分区级三好学生），同时继续试行保送极少数五、六年级全面发展有突出进步且学业成绩特别优异学生（其比例仍保持在 5% 以内）的办法。对这部分学生坚持了综合评价，不以毕业成绩一分之差定优劣。

1996 年 3 月，市教委开始进行“公办民助”和“民办公助”办学体制改革探索。“公办民助”中小学应按照区、县教委（教育局）下达的招生计划（包括范围、数量）和招生办法招收学生和接收转学生。“民办公助”中小学招生范围由学校提出，报区、县教委（教育局）审核，报市教委审批。招生时可对学生进行测试和选拔。

1997 年治理义务教育阶段公办学校“择校生”问题。对已实行就近入学的 13 个区县继续巩固成果，原则上取消“择校生”。对尚未全部实行就近入学的 5 个区的少数学校，从严控制招生计划，严格审批程序和严格按照规定收取教育补偿金。坚决制止各种以权谋私的“条子生”和“关系生”。经过综合治理，全市 6 区 7 县基本实现小学毕业生免试就近升入初中目标要求，其余 5 区初中新生择优比例压缩到 13% 以下。

（三）免试入学阶段（1998—2002 年）

1998—2002 年，北京市出现公办初中招择校生，部分学生借助高额择校费或“条子”择校，一些民办学校与公立学校合作招生形成“校中校”等违背免试就近入学原则的现象。由于高中“三限”择校政策、初中“改制学校”允许择校、公办校“以钱择校”得以合法化，大规模的择校竞争开始。

1997 年 11 月，《市教委关于 1998 年小学毕业生升入初中工作意见》要求，1998 年小学毕业生全部免试就近升入初中，取消重点初中，市、区重点中学初、高中分离；取消“市级三好生”保送升入初中制度，“三好生”只作为荣誉称号，不再与升学挂钩；义务教育阶段公办学校取消择校生；文艺、体育、科技特长生按有关规定升入传统校。

1998 年 2 月，市教委印发《关于 1998 年初中入学几项具体工作规定的通知》，要求有关教育单位依据《市教委关于 1998 年小学毕业生升入初中的工作意见》文件精神，坚持“三取消、一保留”（取消重点初中、取消公办学校择校生、取消三好生保送制度、保留特长生）的原则；不允许组织升学考试，民办和“民办公助”学校可以进行检测；特长生选拔比例压缩在 2% 以下；东城、西城、宣武、海淀及朝阳部分地区采取“电脑派位”入学，其他区县均采用划片对口入学。

1999 年 1 月，市教委在《关于做好 1999 年小学毕业生升入初中工作的通知》中规定，将文艺、体育、科技三类特长生的招生总量控制在应届小学毕业生总数的 1% 以内。2 月，市教委印发《北京市 1999 年初中入学几项具体工作的规定》。该规定指出，民办、民办公助、公办民助学校除有寄宿条件的可跨区县接收初中新生外，均限在本区县内接收初中新生。在招生时间上民办、民办公助和公办民助学校，须与公办学校同时或在其后进行初中入学工作。各类学校均不得进行任何形式的入学考试和检测。

2000 年 3 月，市教委印发《北京市 2000 年初中入学几项具体工作的规定》，强调经市教委批准的跨区县接收初一新生外语学校，须按文体、科技传统项目学校接收特长生程序和时间，做好初中入学工作。民办校和民办公助学校均不得在公办校设班招生。

2001 年 2 月，市政府转发市教委《关于做好 2001 年中小学入学招生工作意见的通知》，市教委、市监察局联合制订《关于印发 2001 年治理中小学乱收费工作意见的通知》。重申坚持义务教育阶段公办学校免试就近入学，不准招收择校生；公办民助校和民办公助校志愿入学学生，应采用无附加条件方式确定入学名单。通知规定，家庭实际居所不在户口所在地适龄儿童，持家庭户口簿、住房证及有关证明到实际居所区县教育行政部门指定小学办理登记入学手续。

2002 年 3 月，市教委印发《关于做好 2002 年小学、初中入学工作的通知》。提出扩大优质教育资源收生能力和服务范围。

（四）入学渠道多样化阶段（2003—2010 年）

2003 年 3 月，市教委印发《市教委关于做好 2003 年小学、初中入学工作的通知》，通知强调“坚持以义务教育均衡发展为方向”，要求“继续通过干部教师培训、学校布局调整等途径，进一步缩小区域和校际差距，进一步增加优质教育资源学校，提高其收生能力，扩大其服务范围”。具体措施包括：推动九年一贯制学校的设置，开设寄宿班、寄宿部或办成寄宿学校，建设外语特色学校，体育后备人才试点中学、体育传统项目学校、文艺传统项目学校、科技活动示范学校分别接收有体育、文艺、科技特长的初一新生。

与此同时，该通知指出，“学校可以按报经区县教委批准的名单接收‘共建’单位的职工子弟入学，并按企事业办子弟校接收子弟生的程序和时间操作”。这是北京市初中入学政策中首次出现“共建”字样。

2008 年 6 月，市教委印发《市教委关于 2008 年小学初中入学工作的意见》，下放初中入学管理权限。市教委负责制定政策，统筹、指导和督促初中入学工作。区县教委制定本区县初中入学工作意见并负责实施。

2003—2010 年，初中入学形成划片就近入学、回户口所在地入学、进入寄宿校（班）、特色实验学校（班）入学、进入办学体制改革试点校和民办学校、特长生入学、特殊教育入学、企事业单位子弟学校入学、共建生入学及流动人口子女入学等多样化的渠道。此外，衍生出“占坑班”“条子生”“点招”等多种入学途径，每年市教委印发的入学工作通知均重申或加强相关举措，努力推进入学工作的公平公正公开进行。

2010 年各区县参加电脑派位入学的学生不足 50%。

三、初级中等学校毕业与会考

1993 年，崇文区完成义务教育教材整体改革一轮试验，初中毕业、升学考试由市教育局为其单独命题。1993 年在崇文区进行英语听力考试试点。

1999 年 1 月，市教委印发《北京市建立初级中学毕业会考制度及改革高级中等学校招生考试制度的通知》，提出 2000 年“初中毕业考试与高级中等学校招生考试分离”，“建立北京市初中毕业会考制度”，会考“由区县负责制定方案并组织实施”。

1999 年 1 月，市教委印发《北京市建立初级中学毕业会考制度及改革高级中等学校招生考试制度的通知》，初级中学的必修课课程，全部实行初中毕业会考。会考采取考试与考查相结合的原则，分年度对完成教学任务的学科进行考试或者考查。毕业年级会考时间在每年的 5 月上旬进行。

1999 年，崇文、朝阳、海淀、顺义区为中考中招改革试点区，首次进行各类高级中等学校招生计划下达到试点区，由试点区自行命题、组考、阅卷、相对独立录取。4 月，崇文区教委制定新的中考中招方案。依据新方案，中考建立毕业考试与升学考试两个系列。毕业考试语文、数学、英语笔试题由全区统一命题，统一考试，分片统一阅卷；其他学科毕业考试由学校自行命题。

2002 年，市教委印发《关于做好 2002 年北京市初中毕业考试和高级中等学校招生工作的通知》，各学科的毕业考试一般由区县统一命题、学校阅卷。区县命题时可委托北京教育考试院从初中考试题库中抽取试题。考试命题要以初级中学各学科教学大纲（试行稿）和《北京市实施素质教育，调整义务教育部分学科内容和教学要求的意见》为依据。

2003 年，由于受“非典”影响，中考考试科目临时调整为 3 科：语文、数学和外语。

2004 年 2 月，《关于做好 2004 年北京市初中毕业考试工作的通知》，在部分具备条件的学校进行毕业考试自主命题试点。

第三节　高中学校招生与毕业

1991—2010 年，北京市高级中等学校招生的主要方式是统一招生录取和提前招生录取，自 2006 年开始，北京市开始增加“招优”的招生录取方式，示范性高中分配一定名额到初中学校进行招生。1991—2010 年,北京市实行“统一命题、统一考试、区县阅卷”的高中统一招生考试制度。

1991–2010 年，北京市实行高中毕业会考制度。

一、招生

（一）招生方式

1986 年，北京市招生办公室根据教育部有关规定正式发文，规定文艺、体育、美术和师范类学校可提前招生。1995 年，在继续实行艺术、体育、师范类部分学校（专业）提前招生的情况下，批准动手能力、技能性要求较强的外事服务、烹饪、美容美发、模特专业的 12 所职业高中进行在考生文化考试成绩合格基础上，实行以专业测试成绩为主，择优录取的提前招生试点。

1997 年，高中招生的工作重点是继续控制提前招生范围。原则上允许文艺类的音乐、舞蹈、模特等专业，体育类的体育运动专业，美术类的美术、实用美术专业，师范类专业及面向一、二产业中生源严重不足的专业（工种）提前招生。文化课考试由招生学校自行命题、制卷、组考和阅卷评分。严格控制面试、口试、专业加试学校（专业）范围。

1997 年 2 月，市教委印发《关于 1997 年北京市普通高中招生工作若干意见的通知》，规定“普通高中一般不允许提前招生、加试和面试”。

2005 年 12 月，市教委印发《关于做好 2006 年北京市高级中等中学招生考试工作的通知》，规定提前招生录取主要限定在艺术类、体育类学校和开设艰苦专业（工种）的中等职业学校进行。凡被提前招生录取的学生，不再参加统一招生录取。

2006 年 3 月 17 日，市教委印发《关于做好 2006 年示范高中部分招生计划分配到初中校有关工作的通知》，自 2006 年各区县开始将示范高中部分招生指标分配本区县相对困难初中校，采用推荐、保送形式，按照学生自愿原则，经过自荐、师生推荐、民主评议、学校审核、校内公示和区县审定等程序招生。人数占示范高中招生计划的 5% 至 10%。

自 2008 年开始，北京东城、西城、海淀、朝阳、昌平、顺义 6 个区内的示范高中除面向本区初中校“招优”外，面向其他远郊区县的初中校分配一定指标。各区县教委将示范高中的招优计划分配到各初中校。依据北京市初中学生综合素质评价手册，凡品学兼优、全面发展的应届初中毕业生均有资格报名参加“招优”。招优一般采取学生自荐、师生推荐、校内民主评议、学校领导集体审核、校内张榜公示、区县招优工作领导小组审定、向社会公示等程序。

（二）特殊招生政策

1995 年 9 月 1 日，北京广渠门中学宏志班开课，全班 49 名学生，都是来自贫困家庭的应届初中毕业生。宏志班的入学资格：拥有北京市正式户口，家庭人均收入在政府规定最低生活保障线以下的初中应届毕业生，经北京市统一中考，成绩达到学校规定的录取标准。学生入学后，除免去学费、书本费、校服费、军训费、住宿费、体检费、会考报名费等以外，还享受学校提供的每月伙食补贴。品学兼优的学生有机会获得由社会各界捐助的奖学金。

1996 年 4 月，市教委印发《北京市艺术科技传统项目学校专项测试办法》，规定“报考市艺术、科技传统项目学校的艺术科技特长生须在规定时间参加由市教委艺术与校外教育处组织的全市统一进行的专项测试，市艺术、科技传统项目学校单独测试的艺术、科技特长生无效”。

1997 年 2 月，市教委印发《关于 1997 年北京市普通高中招生工作若干意见的通知》，其中规定，学科特长班学生经申请可以直升本校普通高中。由教育行政部门举办的高等院校附属中学，可申请每个教学班 3 个名额对内招生，这些名额可采取适当降分录取的办法。

1998 年 4 月，《关于公布 1998 年北京市高级中等学校招收特长生推荐项目的通知》规定，招收特长生推荐项目包括文艺推荐项目、科技推荐项目、学科推荐项目、体育推荐项目。

2000 年，北京市筹建北京宏志中学，从 2000 年起面向全市招收家庭贫困、品学兼优的初、高中学生。招生办法：由区县教育行政部门推荐学生，经北京宏志中学审核后发给“面试合格证”，学生凭此填报志愿，并参加本区县升学考试，择优录取。推荐条件为具有本市正式户口，家庭经济困难且在初中阶段获得校级以上荣誉称号的初中应届毕业生。

2005 年 1 月，市教委与市民政局发布《关于印发北京市优抚对象及其子女教育优待的实施办法的通知》，规定烈士子女报考普通高中、中等职业学校时可在考生成绩总分的基础上增加 20 分录取。残疾军人、因公牺牲军人子女、一级至四级残疾军人子女报考普通高中、中等职业学校的，招生时可在考生成绩总分的基础上增加 10 分录取。驻边疆国境的县（市）、沙漠区、国家确定的边远地区中的三类地区和军队确定的特、一、二类岛屿部队现役军人子女，在报考普通高中、中等职业学校招生时可在考生成绩总分的基础上增加 20 分录取。现役军人子女在报考高级中等学校时在总分相同的情况下，优先录取。

2006 年 6 月，市教委发布《关于调整北京市中学生科技特长生政策的通知》，设立金鹏科技创新系列项目，将全市学生科技活动中的青少年科技创新大赛、金鹏科技论坛、头脑奥林匹克竞赛、天文观测竞赛、智能控制竞赛列入金鹏科技创新系列项目。凡在系列比赛中获得市级一、二等奖或前 6 名的学生将被认定为科技特长生。另一方面，科技英语创意竞赛、电子技术竞赛、业余电台比赛、无线电测向比赛、航空航天模型比赛、航海模型比赛、车辆模型比赛不列入科技特长生认定项目。

2010 年 1 月，北京市 6 所招收“宏志生”的学校公布招生计划。广渠门中学面向全市招收 80 人，宏志中学在全市除崇文区之外的区县招生 140 人，北京青年政治学院附中面向房山、怀柔、通州和密云共招生 10 人。大峪中学、房山中学和延庆二中在各自所在区县各招收 40 人。

（三）录取标准

1991—2010 年，北京市中招的录取原则是按考生志愿，德、智、体全面衡量，从高分到低分择优录取。

2001 年 2 月 27 日，市教委印发《关于做好 2001 年北京市初中毕业考试和高级中等学校招生工作的通知》，允许年龄超过 18 周岁应届毕业生报考普通高级中学、技工学校；允许未在学校（含曾录取未报到或正式办理退学手续）的往届初中生报考各类高级中等学校。取消走读生须符合就近 1 小时路程条件限制。

2002 年《关于做好 2002 年北京市初中毕业考试和高级中等学校招生工作的通知》，普通高中的录取，各学科不再设置分数线。

（四）招生管理

1991 年，首次采用计算机录取，即在高分段由计算机控制提取考生档案材料。

1994 年，全市中招第一批采用计算机录取。

1997 年 3 月，北京考试院中招办建成北京中招广域网系统并投入使用。

1999 年，参加全市统一招生的学校，首次全部采用计算机录取，录取不分批次，录取名单一次成型。首次通过“160”“168”声讯台为考生提供中考成绩和中招录取结果。

2002 年，北京首次取消中考中招手工报名单，采用填涂式计算机专用报名单。

2005 年，北京中考中招首次采取网上报名、报考方式。

（五）录取过程

1991 年 7—8 月，北京市招生办举行中招录取大会。会场设指挥台和分指挥台。指挥台由总指挥、副指挥，各分指挥，各工作组组长及区县招生办公室主任组成，负责领导录取的全面工作，掌握录取政策、录取进度，宣布录取分数段，裁决录取中较大的争议问题。指挥台宣布录取分数段，六科六分（五科五分）。联络员在所到分段按考生志愿依次传递材料，从第一志愿开始，如果到最后志愿时仍未被录取，考生已填服从分配，则经指挥台盖章后将其材料调到所报服从分配类型院校，仍未录取者，材料退回原区县。

2003 年 8 月 16—22 日，考试院完成全市高级中等学校统一招生录取工作。该录取改变过去集中驻会组织模式，采用分期录取，分批审批方法，各学校按规定时间到达会场，在半天内完成录取工作。

（六）招生宣传与咨询

1994年度，首次编辑出版《1994年北京市初中毕业生升学报考指南》，首次在《北京教育报》刊载《1994年北京市高级中等学校提前招生学校简章》和《1994年北京市高级中等学校部分面试、口试、专业加试学校名单》。

2001年3月，市教委印发《建立高级中等学校招生资格公示制度的通知》。

2003年4月19日，考试院首次举办高级中等学校招生网络咨询活动。

二、招生考试

1985年，北京市将初中的毕业和升学考试合并进行。由全市统一命题考试，考试科目包括政治、语文、数学、物理、化学和外语6科。阅卷采用分区县评阅的方式，6个区县各负责评阅一个学科。

1994年，北京市中招委和教育局决定报考各类高级中等学校的考生都要进行体育考试，满分30分，计入统考总分，参加录取。1994年，全市初中毕业、升学统考增加听力测试。

1996年，调整部分文化课考试科目分数权重（语文、数学满分各为120分，物理、外语满分各为100分，政治、化学满分各为80分）。体育考试满分为30分，总成绩为630分。

2003年6月4日，考试院印发《2003年北京市高级中等学校招生工作调整实施意见的通知》，中等学校招生考试时间由原6月24—26日调至7月8—10日，考试科目由原来五科减为语文、数学、外语（含听力）三科，每科满分为120分。

2004年12月，市教委印发《关于做好2005年北京市初中毕业会考和高级中等学校招生工作的通知》，高级中等学校招生考试仍由北京教育考试院对五科统一命题，统一组织考试，分区县阅卷。海淀区初三年级已完成新课改实验，由考试院负责组织，在升学考试科目、分数权重与全市保持一致的前提下单独命题（海淀卷）。

2005年12月，市教委下发《关于做好2006年北京市高级中等中学招生考试工作的通知》，规定全市统一文化课考试科目为：语文（120分）、数学（120分）、外语（120分）、物理（100分）、化学（100分）。体育（30分）由各区县按市教委统一标准进行考试，并计入升学总分。鉴于部分区县初三毕业年级已经进行课改实验，同时考虑到教材选用的多样化特点，考试试卷分为“大纲卷”（依据教学大纲）和“课标卷”（依据课程标准分为A卷和B卷）。各区县根据实际教学情况选择。2006年，市教委下发《关于2007年北京市高级中等学校招生考试工作的意见》，规定全市统一招生考试科目为语文、数学、外语、物理、化学 5 门学科。其中前三科满分均为 120 分，物理满分为 100 分，化学满分为 80 分。考试时间分别为语文 150 分钟，数学、外语、物理 120 分钟，化学 100 分钟。

三、毕业会考

1991 年 6 月，北京普通高中开始实施毕业会考，高一年级 31363 人参加地理学科的毕业会考，及格率达 98.3%。2010 年，北京教育考试院组织完成春季和夏季两次高中会考，两次会考分别开设语文、数学、外语、地理、历史、政治、物理、化学、生物九科文化课考试。全年参加高中会考的考生总计 222 929 人，报考 682571 科次，颁发北京市高中会考合格证 63 634 份。

（一）考试制度

1990 年 12 月，市教育局颁发《北京市普通高中毕业会考实施方案（试行）》，从 1991 年开始实行北京普通高中毕业会考制度。凡政治思想品德表现（包括社会实践）合格、会考成绩合格、体育达到合格标准的学生，可以取得普通高中毕业证书。

1992 年，市教育局成立北京市普通高中会考协调领导小组，统一领导与协调全市高中会考工作。2 月，市教育局成立北京市高中毕业会考办公室，与市中小学招生办公室一个机构、两块牌子。7 月，市教育局批复增设会考科。

1992 年 2 月，市教育局、人事局、劳动局联合发文，决定对 1993 年及以后毕业的普通高中毕业生，承认其高中会考成绩，在招工、招干时不再以高考成绩为依据。1994 年，市政府发文规定应届高中生会考成绩在三科及三科以上不及格者，没有高考报名资格（报考体育、艺术专业的除外）。1995 年年初，市高教局、教育局联合印发文件，重申北京市高三学生参加高考报名时，会考成绩有一科不及格者，不得填报重点大学（科）志愿；两科不及格者，不得填报大学本科志愿；三科及三科以上不及格者，取消报考高等学校资格（体育、艺术类考生除外）。

从 1992 年开始实行会考补考，会考缺考和不及格的学生、高二年级休学生、从外省市转入的高一、二年级学生及在外省市借读的学生，凡本人申请均可参加补考。

1995 年，对实行课程或教学改革的北京四中、北京师范大学附属实验中学等学校或相应班级实施会考免考制度，这些学校或班级从 1994 年入学的高中一年级开始不再参加北京市全部或部分学科的高中毕业会考。

1999 年 5 月，北京市决定自本年起实行颁发高中毕业会考成绩证明制度。该制度规定将学生九种文化课会考成绩及体育、考查科目的成绩汇总，加密印制高中毕业会考成绩证明卡。

2001 年，北京进行高中会考改革，会考次数由一次变为春季和夏季两次，考试向社会开放，报考不限科目和次数。

2002 年 5 月，北京市考试院会考办公室首次颁发高中毕业会考合格证书。11 月，市教委印发《关于进一步完善普通高中毕业会考方案的补充通知》。该通知规定，在高中阶段入选市级以上体育集训队的高中在校生，可免予参加部分学科的全市统一会考，所免考科目的成绩由学生所在学校根据其平时成绩确定等级。

2007 年 9 月，市教委印发《市教委关于普通高中新课程会考制度改革的意见（试行）》，以附件形式同时印发《北京市普通高中新课程会考实施纲则》。文件从普通高中新课程会考指导思想、性质与功能、科目与内容、会考时间及组织与实施等方面提出要求。

（二）考试办法

从 1991 年北京市实行高中会考开始，一直坚持"统一命题、统一考试、统一评卷、统一管理（登录）成绩"的原则。

1992 年 6 月下旬，北京市举行高一、二年级会考，考试科目为地理、物理、化学、外语、生物、历史。采取集中分科评卷方法，考试科目原始得分用百分制，报告学生成绩统一用等级分。等级划分为优（85 分以上）、良（70 ~ 84 分）、及格（60 ~ 69 分）、不及格（59 分以下）四级。考查科目为劳动技术课和物理、化学、生物的实验操作。考查由市教育局制定统一要求，学校在规定时间内分散进行，成绩分合格与不合格两等。

1996 年 5 月，市教委发出《关于将普通高中计算机课程作为高中会考科目的通知》，决定从 1996 年起，计算机课程列入普通高中会考科目。1996 年内，高中会考考查科目是物理、化学、生物实验操作及劳动技术课。劳动技术课的英文打字考查由全市统一命题，其他项目暂由各区、县自行安排。

2001 年 6 月 24—26 日，北京举办改革后首次高中会考。改革后全市统一举办春季和夏季两次会考，每次均举办语文、数学、外语、政治、物理、化学、生物、历史和地理九科会考，其中，语文、数学、外语考试时间 120 分钟，其他各科均为 100 分钟。

2003 年，夏季会考调整为全市统一命题、统一时间，由学校以期末考试形式组织考试、阅卷。

2007年9月，市教委印发《市教委关于普通高中新课程会考制度改革的意见（试行）》，其中规定，全市会考统考语文、英语、数学、思想政治、历史、地理、物理、化学、生物九个学科。区县考试（考查）体育与健康、技术（含信息技术与通用技术）、艺术（或音乐、美术）和物理、化学、生物实验操作七个学科（项）。全市统考科目根据各年级课程进度，高一年级不安排会考；高二年级第一学期统考历史、地理、物理、化学，高二年级第二学期统考思想政治、生物；高三年级第一学期统考语文、数学、英语。考试科目原始得分采用百分制，公布成绩使用A、B、C、D、等级制。A、B、C三级为合格以上等级，D为不合格等级。各等级分数标准为85分以上（含85分）为A，84～70分（含70分）为B，69～60分（含60分）为C，60分以下为D。

（三）考试管理

从1991年会考制度建立起，北京市会考即采用计算机辅助管理，此后不断完善。1994年，全市普通高中会考除数学一科外，其他八科均设标准化试题，并由市会考办公室采用光标阅读器集中评阅。机读答题纸设A、B两种，在考场隔行分发。

1995年，全市高中毕业会考九科文化课试题均分客观试题与主观试题两种。1995年，所有客观试题试卷均由市会考办公室采用光标阅读器集中评阅。1995年第一次全部采用双录入的办法，所有试卷均阅两遍。主观试题试卷全市分科集中评阅。高三三科试卷集中由市会考办公室直接承担组织评阅。高一、高二六科试卷分科集中在东城区、宣武区、丰台区、顺义县评阅。

2005年6月至7月，会考科目地理、历史、语文三科首次试行网上阅卷。

2008年12月，北京考试院完成中考、会考远程电子巡查系统项目建设、调试与验收工作。

1991年，市会考办公室制定会考考务管理细则。1998年2月，市会考办公室修改考务工作目标管理细则，增加备考、施考工作关键环节的考核分值，考核总分从500分增加到600分。1999年1月，市会考办修订考务工作目标管理规定，考核总分从600分增加到700分。2000年1月，总分值从700分增至800分。2001年2月，细则增加备考、施考和试卷装订与运送管理分数权重，总分值由上年的800分增加到1000分。2002年4月，考试院进行会考考务工作目标管理细则修订工作。该细则对备考、施考等工作的分值及优秀等级划分标准作重新调整（见表6-3）。

表 6-3　　1992—2010 年历年高中毕业会考数据表

年份	会考总人数	年份	会考总人数
1992	59 506	2002	225 290
1993	81 022	2003	251 818
1994	77 598	2004	280 452
1995	近 90 000	2005	309 124
1996	98 253	2006	339 103
1997	111 493	2007	325 545
1998	133 547	2008	222 837
1999	145 912	2009	232 948
2000	160 628	2010	222 929
2001	180 721	—	—

四、高考与高校招生

1991—2010 年，北京市高考与高等学校招生由北京市高等学校招生委员会主管，由北京市教育考试院负责考试管理。北京市高考与高等院校招生通常包括报名、志愿填报、考试、评卷、录取控制分数线划定、考生思想政治品德考核、身体状况检查、录取等环节。北京市普通高等学校招生分为统一考试录取和单独考试录取。统一考试录取可分为国家计划、定向生、委托培养生、自费生等。除通常的本科与专科招生外，北京市高等学校招生还包括保送生、飞行员、职教师资班、高职单考单招、部分院校部分外语专业、部分高职院校自主招生等特殊类型的招生。

1991—2010 年，北京高校招生经历“并轨招生”和“扩招”及一系列改革。高考次数由夏季一次变为春季、夏季两次。考试科目由“4+3（或 4+2）”变为“3+2”再变成“3+X”。英语听力开始正式计入高考成绩。高考命题由全国统一命题到本市自主命题。志愿填报时间由考前填报志愿改为通知高考成绩后填报志愿，再改为考前填报志愿。高校招生从考试报名、监考过程、阅卷登分到成绩公布、志愿填报、招生录取等全环节的管理实现电脑化和网络化。

1991 年，北京市高等院校计划招生 17 134 人，报考人数为 42 331，实际录取 17 512 人。1999 年扩大招生计划，当年实际录取新生 42 401 人，较 1998 年 27 780 人增加 14 621 人，增幅为 35.5%。2010 年统一招生的招生计划为 62 165 人，报考人数为 74 008，实际录取 69 775 人。

（一）管理

1977 年 10 月，北京市高等学校招生委员会成立，下设办公室。之后，各区县高等学校招生委员会及其工作机构——招生办公室相继成立。根据 1987 年 4 月国家教育委员会印发的《普通高等学校招生暂行条例》，招生委员会在人民政府和上一级招生委员会的双重领导下负责本地区招生工作。1991—2010 年，北京市高等学校招生委员会下设办公室，即北京市高等学校招生委员会办公室，办公室作为委员会的常设办事机构负责全市高等学校招生的日常管理工作。各区县、有关局也设立高等学校招生委员会和相应的办公室负责本地区的高等学校招生的日常管理工作。

1996 年 2 月，北京教育考试院成立，隶属于市教委，主要负责北京地区的高级中等学校考试招生、普通高等学校考试招生等考试的管理和研究工作。教育考试院成立后，北京市高等学校招生委员会办公室，同时成为北京教育考试院高等学校招生办公室（简称“市高招办”）。

1999 年，《北京市普通高等学校招生网上录取工作实施办法》发布，北京市开始试行计算机网上录取新生。2001 年，北京市普通高等学校招生实行现场局域网录取和远程广域网录取（简称“远程录取”）两种形式，并顺利实现新生录取通知书由招生学校直接发放给考生，改变由区县招生办公室和中学发放的办法。2002 年，基本实现网上录取远程化的目标。至 2010 年，北京市高校招生管理从考试报名、监考过程、阅卷登分到成绩公布、志愿填报、招生录取、招生咨询等所有环节实现电脑化和网络化。

2003 年，全国普通高等学校招生统一考试时间由 7 月 7—10 日提前至 6 月 7—10 日。

1991—2010 年，北京市高等学校招生咨询延续每年在地坛公园召开现场咨询会的做法。此外，市高招办 1992 年开始与电台合作高招咨询节目，1996 年，开始与北京晚报社合办“高招专版”，与“160”信息台合作播报高考成绩。2004 年，开始举办高招网络咨询活动。2010 年，北京市高等学校招生咨询同时采用现场会、电台节目、报刊专版、网络咨询等咨询方式，就招生政策、考试心理、志愿填报、招生高校概况、专业情况等内容与考生和家长沟通。

（二）高考与高等学校招生体制改革

1983 年，北京市开始试招委培生。从 1987 年开始，部分高等学校开始在京招收自费生。1991—1994 年，招收自费生的学校和专业，在学校同批次控制分数线下 20 分以上的考生中，根据志愿从高分到低分顺序提档，但最多不超过招生计划数的 10%。1994 年，国家教委批准一部分高等学校招生开始进行有关招生、收费和毕业生就业制度改革的试点。北京有 37 所高等学校经国家教委批准率先进行改革试点，其招生计划占当年计划总数的10%。以后几年比例逐渐递增，直至1997年完成并轨改革，全部实行收费。

2001年12月，北京市首次实行高考单独命题。首次单独命题在春季高考中实行。命题科目有语文、数学、英语三科试卷。2004年是北京市首次自主命题除小语种之外的全部高考各科试题。2005年是北京市高考自主命题第一次实行全程入闱命题。

1999年12月，北京市高等学校招生委员会、北京教育考试院发布《北京市2000年普通高等学校春季招生工作规定》，对春季招生工作的注意事项做了详细的规定和阐述。考试由教育部考试中心统一命题。考试科目、考试内容、考试管理工作与秋季招生考试相同。

2006年北京市取消春季高考。

（三）高考报名与志愿填报

1991年，《北京市普通高等学校、中等专业学校招生工作规定》明确高考的报考条件：报考青年必须拥护四项基本原则，热爱祖国，遵纪守则，决心为社会主义现代化建设勤奋学习；高中毕业或同等学力；身体健康，未婚；有本市正式户口；年龄不超过25周岁。报考外语院校和专业，年龄不超过23周岁；具有一定实践经验的优秀青年，年龄可放宽至28周岁，婚否不限。有特殊贡献的公民，经所在单位推荐，市高校招生委员会批准，年龄、婚否不限。

1999年，由于全国增加高等教育招生计划，北京市发布《关于推迟高考考生填报志愿时间的通知》，将高考考生填报志愿的时间推迟到7月15日、16日。

2000年，北京市首次将填报志愿的时间调整到公布考生分数、公布分数分布情况、公布批次分数线后。填报志愿的时间为7月27日、28日，批次设置没有变化。专科批次的录取院校可选报四个志愿学校。

2001年6月14—15日，北京普通高校招生恢复考前填报志愿。此后直至2010年，北京市均实行高考前填报志愿的制度。

2001年，北京市放宽报考条件，取消普通高中、中职生的报考限制，对报考一般院校的考生取消报考者的年龄限制，并且婚否不限。

（四）考试科目

1991年，《北京市普通高等学校、中等专业学校招生工作规定》确定高考科目。文史类（含外语类）考生，考政治、语文、数学、历史、地理、外语；理工类考生，考政治、语文、数学、物理、化学、生物、外语。外语考试，分英、俄、日、法、德、西班牙六个语种，由考生任选一种。语文、数学满分120分，生物满分为 70 分，其他各科满分为 100 分。考试由全国统一命题，考试时间为 7 月 7 日、8 日和 9 日。

1993 年，北京实施高考科目设置改革即试行“3+2”方案，仍分文史类（含外语类）和理工类，文史类考 5 门，依次为语文、数学、外语、历史、政治；理工类考 5 门，依次为语文、数学、外语、物理、化学。各科目满分均为 150 分，总分满分为 750 分。报考外语院校或专业的考试，需要进行外语考试；报考体育教育专业的考生，需要进行体育专业考试；报考有特殊需求的学校或专业的考生，需要进行面试。

1994 年高考科目基本沿用 1993 年做法，但外语语种只规定英、俄、日三个语种，由考生任选一种。

2001 年，《北京市 2001 年普通离等学校招生考试实施办法》规定高考科目为，文史类考语文、数学（文）、外语、历史、政治五科；理工类考语文、数学（理）、外语、物理、化学五科。外语考试分英、俄、日、法四个语种，由考生任选一种。考生均应进行外语听力测试。各科目全部实行分类考试，每科目满分均为 150 分，五科满分为 750 分。外语科非听力部分卷面的 120 分加权为 150 分，计入总分。2001 年，《北京市普通高等学校招生外语听力考试实施办法》确定北京市 2001 年增加外语听力测试，听力试题由教育部考试中心统一命制。2001 年外语听力考试成绩不计入总分，在录取时由院校参考。

2002 年，《北京市 2002 年普通高等学校、中等专业学校招生工作规定》明确考试科目。文史类考生，考语文、数学（文）、外语、文科综合；理工类考生，考语文、数学（理）、外语、理科综合。文综包括政治、历史、地理，理综包括物理、化学、生物。外语考试分英、俄、日三个语种，由考生任选一种。考生均应进行外语听力测试，测试成绩计入总分。各科目全部实行分卷考试，语文、数学（文）、数学（理）、外语（含听力测试满分 30 分）满分均为 150 分，首次将英语听力计入总分。文科综合、理科综合满分各为 300 分，总成绩满分为 750 分。

2009 年，北京市普通高等学校招生考试顺利实施首次美术类专业统测。

2010 年，《北京市 2010 年普通高等学校招生工作规定》规定考试科目：文史类考生，考语文、数学（文）、外语、文科综合；理工类考生，考语文、数学（理）、外语、理科综合。外语考试分英语、俄语、日语、德语、法语、西班牙语六个语种，由考生任选一种。考生均应进行外语听力测试，测试成绩计入总分。各科目全部实行分卷考试，语文、数学（文）、数学（理）、外语（含听力测试满分 30 分）满分均为 150 分，文科综合、理科综合满分各为 300 分。

（五）优先录取及照顾对象

1991 年，《北京市普通高等学校、中等专业学校招生工作规定》明确：①对下列考生，在同等条件下优先录取：市级以上科技发明创造奖获得者；市级以上单学科竞赛优胜者；平时学习成绩优秀或相关科目成绩优秀的学生；退出现役的义务兵。②对下列考生，可在原有分数的基础上提高 10 分，向学校提供档案，由学校审查录取：应届高中毕业生在高中阶段受市级以上表彰的“三好”学生；少数民族考生；归侨青年和华（归）侨子女；港、澳、台籍青年；荣立二等功以上的退役军人；烈士子女；实践经验丰富的优秀青年及有特殊贡献的公民。③应届高中毕业生中，在高中阶段受市级以上表彰的优秀学生干部，可在原分数基础上提高 20 分向学校提供档案，由学校审查录取。④应届高中毕业生在高中阶段参加市级体育竞赛获单项前五名的队员或集体前三名的主力队员，以及获国家二级运动员称号的考生，可在同批控制分数线下 20 分，向学校提供档案，由学校审查录取。⑤在同批控制分数线上录取不满时，可在线下 20 分以内向学校提供档案，由学校审查录取的：定向招生、定向分配的考生；对工作或生活条件比较艰苦的单位以及山区、边远地区委托培养的考生；自费生。⑥对下列考生，可在同批控制分数线下 50 分以内，提供档案，由学校审查录取：参加 1990 年、1991 年重大国际比赛以及由国家举办的全国性比赛，参加世界中学体育比赛、选拔赛和全国竞赛计划中安排的各种全国性体育比赛获前六名的考生；1990 年、1991 年获运动健将、一级运动员称号的考生。⑦被市级以上人民政府（党委）授予荣誉称号或表彰的“三八红旗手”“新长征突击手”“先进工作者”“模范党（团）员”等，以及在政治思想品德方面有突出事迹、对社会有较大影响的考生，在录取时，经有关单位推荐，市高校招生委员会和有关高等院校的院、校长研究解决。⑧已被普通高等学校录取的保送生，不得参加国家承认学历的各种考试，其他高等学校也不得再录取。

1996 年，北京市高校招生增加照顾对象：对报考经国家教委批准可以招收艺术特长生的普通高等学校的考生，专业考试合格、高考成绩达到志愿学校所属录取批次最低控制分数线的由学校审查录取。

2001 年，北京市高校招生增加照顾对象：对获得区县级见义勇为荣誉称号人员，在录取时，增加 20 分向学校提供档案，由学校审查录取，对于事迹特别突出的，还可在学校同批控制分数线下 20 分以上，向学校提供档案，由学校审查录取。

2004 年，北京市高校招生增加照顾对象：对被列入教育部下发的“获奖学生名单”具有保送生资格未被保送的应届毕业生，可在原有分数基础上增加 20 分向学校提供档案，由学校审查录取。

2005 年，北京市高校招生增加照顾对象：高中阶段获得市级青少年科技创新大赛一等奖的应届高中毕业生，可在原有分数的基础上增加 10 分向学校提供档案，由学校审查录取。

2006 年，北京市高校招生增加照顾对象："明天小小科学家"奖励活动及全国中小学电脑制作活动一、二等奖获得者，高级中等教育阶段在国际科学与工程大奖赛、国际环境科研项目奥林匹克竞赛中获奖者，可在原有分数的基础上增加 20 分向学校提供档案，由学校审查录取。此后直至 2010 年，北京市高校招生照顾政策基本延续 2006 年的规定。

（六）特殊类型招生

1991 年，北京市招生办公室对 1988 年制定的《普通高等学校招收中学保送生规定》作出补充规定：确定本校保送生名单，优先考虑三好生和优秀学生干部中政治思想表现突出、学习成绩优秀、社会工作能力较强的学生。各单位不得抽调保送生做其他工作。已被高等师范院校录取的保送生不得参加高考，其他学校也不得以任何理由再录取。1991 年，在京招收保送生的院校达 28 所，计划招收 774 人，实际录取 755 人，其中部委院校 424 人，市属师范院校 431 人。

1993 年，北京市根据国家教委和文化部的规定，开始试行艺术类考生会考成绩达到等第要求的免高考的办法，规定文化部所属高校附属中学的 1993 年应届毕业生，已参加省级普通高中会考的政治、语文、历史、地理、外语五科的考试，成绩及格并达到等第要求，试行直接参加高等艺术院校的专业考试的办法。1993—2002 年，北京市一直试行艺术类考生会考成绩达到等第要求的免高考的办法。

1991 年 12 月，北京市高等学校招生委员会办公室下发《北京市 1992 年空军招收飞行学员工作规定》，对招收飞行员工作的具体要求和程序作了详细的规定

1993 年，北京外国语大学试行非通用语单独招生。

1994 年，减少保送生比例，确定保送生保送条件与会考成绩挂钩，非师范院校保送生会考成绩达到优秀，师范院校保送生达到"五优四良"。1995 年，在征求教育局有关部门意见基础上，规定非师范院校保送生应为优秀成绩，市属师范院校保送生语文、数学、外语两科以上为优，其余科目为优良，体育专业可允许有及格成绩。

1995 年，北京广播学院非通用语专业试行单独招生。中国民用航空飞行学院、民航北京中等专业学校开始在京招生，采取学生自愿报名，单独面试、体检、政审，考生参加高考，提前录取的办法。

1997 年，允许保送生参加全国统一高考。北京外国语大学小语种专业的招生

进行改革，试行学生自愿报名，单独面试和口试，参加全国统考单独划定录取分数线，提前录取的办法。

1998 年，北京市开始对保送生进行综合测试。

1999 年，进一步修订保送生选送条件，明确指出被推荐为保送生的学生必须是德智体全面发展的应届高中毕业生，或是德体和各科成绩优良并获全国中学生奥林匹克竞赛省级赛区一等奖的优秀应届高中毕业生。

1999 年，北京大学的部分外语专业，2000 年北京广播学院的部分外语专业的招生开始试行学生自愿报名，单独面试和口试，参加全国统考，在提前录取院校之前单独录取的办法。

2001 年，取消保送生的综合能力测试。

2003 年，《高等艺术院校（系科）招生工作实施办法》规定，凡参加艺术院校专业考试并领取文化考试通知单的考生都必须参加普通高等学校招生文史类或理工类全国统一考试。文史类考试科目为：语文、数学、外语、文科综合，其中文科综合满分为 300 分，其余各科满分均为 150 分，数学成绩在录取时一般不计入总分，仅作参考（有些院校的部分专业数学成绩在录取时计入总分，院校须在招生简章中注明）；理工类考试科目为：语文、数学、外语、理科综合，其中，理科综合满分为 300 分，其余各科满分均为 150 分，数学成绩录取时计入总分。

1991—2010 年，北京市高招办每年制定《普通高等艺术院校（系科）招生实施办法》，详细规定艺术院校（系科〕招生的报名条件、专业考试、文化考试、志愿填报、政审、体检、录取、关于招收免试生以及新生入学、复查与试读制等。

1991—2010 年，北京市高招办每年制定《北京市普通高等学校体育专业招生规定》和《北京市普通高等学校体育专业考试实施细则》，具体规定体育院校（专业）招生的办法（见表 6–4 至表 6–8）。

表 6–4　　1991—1995 年全国普通高校在京招生计划执行情况统计表

		计划招生人数			实际录取人数		
年份	报考人数	合计	本科	专科	合计	本科	专科
1991	42 331	17 134	12 595	4539	17 512	12 880	4632
1992	39 749	17 720	12 880	4840	19 532	13 409	6123
1993	32 562	22 649	14 405	8244	23 199	14 187	9012
1994	27 790	21 815	14 321	7504	20 585	13 659	6926
1995	28 726	20 868	13 645	7223	20 320	13 140	7180

说明：表中数据包括各种招生方式的招生人数

表 6-5　　1996—2010 年全国普通高校在京招生人数统计表

年份	普通高等院校统一招生①								高职单招单考			
	学校数	计划招生数	报考人数	实际录取人数					学校数	计划招生人数	报考人数	实际录取人数
				理工类	比例	文史类	比例	合计				
1996②	356	20 547	30 344	14 770	72.83%	5509	27.17%	20 279③	—	—	—	3043
1997④	372	25 323	37 867	17 409	73.68%	6218	26.32%	23 627	—	—	—	1585
1998	389	23 820	45 646	18 830	75.46%	6026	24.15%	24 955	—	—	—	2173
1999	402	28 928	49 205	28 061	73.41%	10 162	26.59%	38 223	—	—	6163	4061
2000	419	39 781	56 003	30 247	71.60%	12 029	28.39%	42 376	37	5309	11 595	5373
2001	367	45 025	64 479	34 195	70.30%	14 445	29.70%	48 640	33	6272	16 111	7215
2002	392	49 918	71 808	38 230	69.19%	17 026	30.81%	55 256	35	6900	15 213	8743
2003	457	57 566	—	41 755	68.11%	19 552	31.89%	61 307	36	7512	12 876	7493
2004	533	63 775	—	42 700	66.55%	21 460	33.45%	64 160	36	7556	15 819	7378
2005	643	70 486	—	50 292	67.84%	23 842	32.16%	74 134	34	7777	15 309	7738
2006	674	76 936	110 259	54 359	67.60%	25 997	32.40%	80 356	31	7339	15 769	6989
2007	785	78 463	109 876	55 487	68.60%	25 372	31.40%	80 359	31	6681	15 559	6603
2008	826	76 971	—	54 450	68.20%	15 386	31.80%	79 836	—	5914	14 317	5989
2009	797	70 069	88 192	49 918	69.17%	22 251	30.83%	72 169	—	8137	12 143	7569
2010	797	62 165	74 008	43 182	66.65%	21 611	33.35%	69 775	—	4888	6233	4982

注：①数据仅包括统招人数，不包括其他招生途径的统计数据。

② 1996 年，并轨高校计划招生 15 740 人，实际录取 15 476 人；非并轨高校计划招生 4807 人，实际录取 4803 人。

③ 1996 年，前期录取 3611 人，其中保送生 406 人，有实践经验青年 150 人，单独招生 3043 人，预科转正 12 人，这些数据没有包含在表中的统计数据中。

④ 1997 年，单独招生 1585 人。实际共录取 25 405 人

表 6-6　1991—1992 年全国普通高校在京招生录取批次及相应的录取控制分数线

年份	第一批录取院校			第二批录取院校			专科录取院校		
	文史类	理工类	外语类	文史类	理工类	外语类	文史类	理工类	外语类
1991	455	490	455	433	433	433	411	438	411
1992	441	502	441	412	472	412	394	450	394

表 6-7　1993—2002 年全国普通高校在京招生录取批次及相应的控制分数线

年份	本科				专科			
	第一批录取院校		第二批录取院校		第一批录取院校		第二批录取院校	
	文科	理科	文科	理科	文科	理科	文科	理科
1993①	500	490	466	448	440	408	—	—
1994②	463	468	428	406	414	368	363	318
1995	471	460	440	408	421	375	382	338
1996③	491	460	470	416	451	388	418	355
1997	463	460	436	424	412	393	405	378
1998	458	483	436	445	421	419	412	398
1999	466	460	447	421	420	382	388	327
2000	465	476	476	440	411	404	386	362
2001④	454	488	488	443	360	360	—	—
2002	462	469	432	424	360	340	—	—

注：① 1993 年专科录取为统一录取，不分批次。

② 1994—1995 年第一、二批录取院校含公费、收费、自费，专科录取院校分为专科公费和专科自费，上表所列的专科第一批录取院校分数为公费分数线，专科第二批录取院校分数为自费分数线。

③ 1996 年根据国家教委有关招生收费并轨的规定，录取批次做了相应的调整，表中所列的本科第一、二批分数和专科第一批分数为并轨院校的分数，专科第二批录取院校的分数为非并轨院校（自费委培）的分数。

④ 2001 年后专科统一录取，不再分为一批、二批录取

表 6-8　　2003—2010 年全国普通高校在京招生录取批次及相应的控制分数线

<table>
<tr><th colspan="3">年份
类别</th><th>2003</th><th>2004</th><th>2005</th><th>2006</th><th>2007</th><th>2008</th><th>2009</th><th>2010</th></tr>
<tr><td rowspan="14">本科</td><td rowspan="2">第一批录取</td><td>文科</td><td>470</td><td>474</td><td>486</td><td>516</td><td>528</td><td>515</td><td>532</td><td>524</td></tr>
<tr><td>理科</td><td>455</td><td>491</td><td>470</td><td>528</td><td>531</td><td>502</td><td>501</td><td>494</td></tr>
<tr><td rowspan="2">第二批录取</td><td>文科</td><td>434</td><td>435</td><td>443</td><td>476</td><td>486</td><td>472</td><td>489</td><td>474</td></tr>
<tr><td>理科</td><td>408</td><td>433</td><td>414</td><td>476</td><td>478</td><td>455</td><td>459</td><td>441</td></tr>
<tr><td rowspan="2">第三批录取</td><td>文科</td><td>—</td><td>—</td><td>—</td><td>442</td><td>458</td><td>439</td><td>458</td><td>439</td></tr>
<tr><td>理科</td><td>—</td><td>—</td><td>—</td><td>442</td><td>452</td><td>430</td><td>432</td><td>401</td></tr>
<tr><td rowspan="4">艺术类</td><td rowspan="2">文科</td><td>史论编导及师范专业：408（不含数学）</td><td rowspan="2">208（不含数学）</td><td rowspan="2">213（不含数学）</td><td rowspan="2">286</td><td rowspan="2">286</td><td rowspan="2">273</td><td rowspan="2">275</td><td rowspan="2">287</td></tr>
<tr><td>其他专业：208（不含数学）</td></tr>
<tr><td rowspan="2">理科</td><td>史论编导及师范专业：408（含数学）</td><td rowspan="2">260（不含数学）</td><td rowspan="2">248（含数学）</td><td rowspan="2">286</td><td rowspan="2">286</td><td rowspan="2">273</td><td rowspan="2">275</td><td rowspan="2">287</td></tr>
<tr><td>其他专业：245（含数学）</td></tr>
<tr><td rowspan="6">专科</td><td rowspan="2">提前批次</td><td>文科</td><td>364</td><td>365</td><td>373</td><td>406</td><td>376</td><td>330</td><td>350</td><td>180（三科总分）</td></tr>
<tr><td>理科</td><td>323</td><td>343</td><td>324</td><td>386</td><td>368</td><td>330</td><td>330</td><td>170（三科总分）</td></tr>
<tr><td rowspan="4">艺术类</td><td rowspan="2">文科</td><td>史论编导及师范专业：291（不含数学）</td><td rowspan="2">175（不含数学）</td><td rowspan="2">179（不含数学）</td><td rowspan="2">244</td><td rowspan="2">263</td><td rowspan="2">231</td><td rowspan="2">245</td><td rowspan="2">—</td></tr>
<tr><td>其他专业：175（不含数学）</td></tr>
<tr><td rowspan="2">理科</td><td>史论编导及师范专业：323（含数学）</td><td rowspan="2">206（含数学）</td><td rowspan="2">194（含数学）</td><td rowspan="2">232</td><td rowspan="2">258</td><td rowspan="2">231</td><td rowspan="2">231</td><td rowspan="2">—</td></tr>
<tr><td>其他专业：194（含数学）</td></tr>
<tr><td colspan="2" rowspan="2">体育教育、社会体育（体育成绩 60 分）</td><td>文科</td><td>300（体育成绩 70 分）</td><td>300</td><td>300</td><td>300</td><td>320</td><td>320</td><td>340</td><td>350</td></tr>
<tr><td>理科</td><td>285（体育成绩 70 分）</td><td>300</td><td>300</td><td>300</td><td>320</td><td>320</td><td>340</td><td>330</td></tr>
</table>

第四节　荣誉与奖励

1991—2010 年，针对北京市中小学生的荣誉、奖励和资助项目主要有“十佳中学生”、“十佳少先队员”、“金帆奖”、“银帆奖”、宋庆龄奖学金、人民助学金、宏志奖学金、正泰奖学金。

一、“十佳中学生”

1987 年，市教委、团市委、北京青年报社、中学时事报社共同主办第一次北京“十佳中学生”评选活动。由北京市中学生全员参与、通过投票选出十佳中学生。每届评选都是在各学校推荐、各区县优选，由“十佳中学生”评选活动组委会评定出“十佳”候选人的基础上，通过《中学时事报》专版向全市中学生广泛宣传先进事迹。最终，自下而上地审定出“十佳中学生”名单。

2004 年 4 月，市教委、团市委、《北京青年报》、《中学时事报》共同主办了第 11 届“北京十佳中学生”评选。同年 11 月，共青团北京市委组织选拔并推荐 4 名中学生参加由共青团中央与教育部主办的首届“全国十佳中学生”评选。

二、“十佳少先队员”

1989 年，北京市举办首届北京“十佳少先队员”评选。此后，该评选活动每两年举办一次。1991 年，少先队北京市工作委员会、团市委、市教育局、北京电视台、北京人民广播电台、北京青少年报刊社联合组织评选第二届北京市“十佳少先队员”。通过报纸、广播、电视学习“十佳”候选人事迹，全体少先队员参加投票选举。从 2003 年开始，每年评选一次。2010 年 10 月，共青团市委组织评选出北京市“十佳少先队员”。

三、“金帆奖”“银帆奖”

1987 年，市教委设立中学生“金帆奖”“银帆奖”，分为思想品德类、学科类、体育类、科技类、艺术类、技能类六大类奖项。1987—2010 年每年评选一次，到 2010 年连续评选 24 届，共有 1012 名学生获此荣誉（见表 6–9）。

表 6–9　　北京市“金帆奖”历年获奖名单

年份	学　校	姓　名
1991	北京大学附属中学	张里钊、王绍昱、曹永杰、黄明华
	北京四中	夏　磊
	清华大学附属中学	杨　澄
	北京师范学院附属中学	曹汉征
	北京八十中	戎　剑
	北京八中	王开轩
	北京十五中	张洪健
1992	北京大学附属中学	周　宏
	北京四中	郑　页、程力钧
	北京十八中学	王宏彬
1993	北京二中	刘岳毅
	三里屯三小	何　晓
1994	中国人民大学附属中学	姚健钢
	北京四中	饶京翔
	北京一〇一中学	王晓婷
	潞河中学	张　鹏
	北京十七中	曾卫东
	新街口中学	付　国
	北京日坛中学	刘　盈
1995	北京师范大学第二附属中学	薛华丹
	北京师范大学实验中学	张　鹏
	汇文中学	戚　震
	北京四中	白　昀
1996	北京二十二中	阎　珺
	清华大学附属中学	张　弩
	北师大实验中学	刘雨润
	顺义一中	马　浩
	北京二中	崔　粲
1997	清华大学附属中学	杨翔宇
	北京八中	刘　涛
	大兴县庞各庄镇庄国寺小学	侯　勇、侯冬冬、汪　鹄
	北京六十六中	刁为民
1998	清华大学附属中学	李啸峰
	北京一五六中	徐　昊
	西城外国语学校	李　婷
	通州区柴厂屯乡中心小学	冯　蕊

续表 6–9

年份	学 校	姓 名
1999	北京一七一中	雷 鸣
	北京四中	季 焘
	海淀区十一学校	徐 桢
	昌平二中	曹雪征
2000	丰台区东高地第四中学	李雯佳
	清华大学附属小学	周吕鑫、熊晴清、彭月娇
	北京市第二实验小学	邱 睿
	中国农业科学院附属小学	李莎莎
	西城区四根柏学校	赵雅静
	北京市第八中学	吴晓磊
2001	中国人民大学附属中学	肖 梁
2002	北京师范大学第二附属中学	戚 扬
	清华大学附属中学	侯启明、钟 珍、付云皓、王正阳、王 颖、刘 婧
2003	北京市第八十中学	孟 奂
	清华大学附属中学	付云皓
2004	北京景山学校	张 尚
	北京市中关村中学	刘 芳、饶丹茜、高亦阳
	中国人民大学附属中学	郎瑞田
2005	中国农业大学附属中学	朱宝莹
	一零一中学	马 森
	东城区东高房小学	袁日涉
2006	北京市第二十七中学	吴羽珩
	清华大学附属中学	朱若辰、王 磊、马 乐、郭文鑫、曹金超、张 丰
	中国人民大学附属中学	王治达、徐晓菲、邹 韵
	北京市一零一中学	关梦桐、魏梦莹、程子芫、钟越尘
	北京理工大学附属中学	卜泽宁、解文迪、张藤
	北京市十一学校	黄辰亮
	中国农业科学院附属小学	王睿达、刘紫薇、顾 昊
	北京市通州区潞河中学	姜庆楠、马 楠
2007	北京市第八中学	章睿晗
2008	北京景山学校	宫 郑
	北京市第四中学	郑宜婷
	北京师范大学附属实验中学	王思萌
	北京市海淀区中关村第二小学	张睿豪、闫雅鑫、侯雪培、杨雪丹
	中国人民大学附属中学	张瑞祥

续表 6-9

年份	学 校	姓 名
2009	北京市第二中学分校	程思浩
	清华大学附属中学	李奕坤
	中国人民大学附属中学	管紫轩、林 博
	北京市第一零一中学	宋 皓
	北京市海淀区中关村第一小学	李蔚惟、王海娜、黄语迪
2010	北京市第五中学分校	魏嘉颐、于昊媛、谷子豪
	北京师范大学附属实验中学	乔新雨、夏雨晨、杨子豪、刘心怡、邹逸龙、于 乾
	北京小学	唐晨霏、李艺涵
	北京市陈经纶中学	张弼凯
	北京市中关村中学	罗佳亮、王景怡、金美辰、张瑀璁、刘天昊邹 旭、宋浩鲲、李 想
	北京市十一学校	张 粲、周美伊、吴欣泽、黄旎雯
	清华大学附属中学	高霆捷
	中国人民大学人大附属中学	俞颐超
	北京理工大学附属中学	邴龙基
	北京市建华实验学校	王梓宇
	海淀区实验小学	张宇佳、李康成、文 韬、滕沣林
	北京市京源学校	窦天宇
	北京市大兴区第一中学	张 雷

四、宋庆龄奖学金

1994 年，教育部和中国福利会共同创设以宋庆龄名字命名的九年义务教育阶段唯一的国家级奖学金——宋庆龄奖学金。

宋庆龄奖学金主要奖励对象是在校的初中生、小学生，具体分类为思想品德类、文化类、艺术类、体育类、科技类五大项，面向全国思想品德、科技、文化、艺术和体育方面取得优异成绩的小学和初中学生，每两年颁发一次。获奖者将授予荣誉证书和奖金，每人奖励 500 元。

2002 年，北京市获得宋庆龄奖学金者为 18 人。2010 年，第九届宋庆龄奖评选，北京市有 20 人获奖。

五、宏志奖学金

1997 年，北京市开始评选宏志奖学金。该奖学金主要用于奖励品学兼优、生活困难的学生。奖励名额依据在校学生总量，每年奖励约 1.5%。每学年奖励普通高中在校生 3500 名，奖金 500 元。根据程序，北京市宏志奖学金管理办公室，对各区县上报名单进行审核、认定，确定最终获奖名单并实施奖励。该项目每年评选一次，到 2010 年已经资助学生 33 429 人。

2009 年，市教委印发新的《北京市普通高中宏志奖学金管理办法》，将本市普通高中宏志奖学金标准，从原来每生每年奖励 500 元提高到 800 元，每学年奖励普通高中在校生 3500 名，从 2009 年 7 月起正式施行。

2010 年市教委完成第 12 届普通高中宏志奖学金评选工作。奖学金由市财政专项经费支 280 万元，资助学生 3500，每人金额 800 元。

六、正泰品学奖

2004 年设立，由团中央、全国学联和正泰集团公司捐资 1000 万元设立正泰品学奖，面向在勤奋学习、思想道德、社会实践、科技创新、志愿服务等方面优秀全日制普通中学、中等职业学校在校生。该奖每年评选一次，每次奖励 200 人，其中特别奖 10 人、优秀奖 190 人。特别奖 5000 元，优秀奖 2500 元。

七、"三好学生""优秀学生干部"

1982 年 5 月，教育部、共青团中央发布《关于在中学生中评选"三好学生"的试行办法》。同年，北京市开始评选"三好学生"和"优秀学生干部"，直到 2010 年，每学年评选一次。

2001 年，市教委发布《关于印发北京市中小学市级"三好学生""优秀学生干部"和"先进班集体"评选办法的通知》。2009 年 5 月，市教委对评选办法进行修订。

第七章　教　师

概　况

1991—2010 年，北京市基础教育师资学历水平总体提高一个学历层次，其中小学师资学历水平提高了两个学历层次。职称结构、学科结构、学历层次、培训机会的城乡之间差距逐渐缩小。校长也相应提高了任职资格。

1991—2010 年，北京市基础教育领域教职工总计从 135 992 人降为 130 456 人，其中专任教师从 97 780 人升至 99 535 人。小学师生比由 1 ∶ 17.95 升至 1 ∶ 13.20，中学师生比由 1 ∶ 10.46 升至 1 ∶ 10.19。

1988 年年底，北京市全面推行中小学内部管理体制改革，到 1989 年年底完成第一阶段改革任务，初步形成以校长负责制、教职工聘任制、工资总额包干制和校内结构工资制为主要内容的管理机制，教师收入增加，教学秩序良好，教育质量稳步提升。自 1990 年开始，按照“巩固、完善、深化、提高”的方针继续推进管理体制改革，进一步激发教师工作积极性。到 1992 年，全面完成以岗位聘任和结构工资为核心的学校内部改革。1994 年，市教育局出台教师工作质量综合评价方案，同时，在部分区县试点建立人才交流中心，在提高教师素质、提高师生比、优化师资队伍方面继续深化改革。

1991 年，对全市中小学教师进行第二次专业技术职务聘任工作。同年，评选市级和区县级中青年骨干教师和学科带头人，在全市搭建起骨干教师网络框架。市、区县两级中青年骨干教师、学科带头人的评选逐步规范，各中小学校也陆续建立起校级骨干教师评选制度。

1993 年，市教育局通过调研对中学师资缺编情况进行测算，提出“广开进人渠道、扩大师资来源，充分挖掘潜力、发挥现有师资效益，提高教师待遇、稳定教师队伍”的政策措施，开始大批接收综合院校毕业生补充师资，同时持续在市属高等师范院校举办大专师资班，定向招生，为山区培养师资。

1993 年 10 月，《中华人民共和国教师法》颁布，对教师职责、待遇、表彰奖励等做出法律规定。1994 年，市教育局评选并表彰 10 名“模范校长”和 10 名“模范班主任”。1996 年 9 月，再次由市委教育工委、市教委、市人事局联合评选并表彰 10 名“模范校长”和 10 名“模范班主任”。此后，北京市每年均以不同方式和名目评选和命名优秀教师。

1997 年，北京市实行教师资格认证制度。从 1998 年开始，各区县陆续辞退代课教师和临时工，同时实行教职工聘任合同制。当年，高中、初中和小学教师学历合格率分别达到 81.69%、89.72%、97.34%。全市中小学教师合格学历补偿教育基本完成，师资队伍建设重心转入一方面继续提高学历层次，另一方面通过多种形式提升教学水平和教师素质。市、区县两级教育研修机构分别与师范院校合作为在职教师开办硕士研究生课程班，在合格学历基础上进一步提升师资学历层次；同时通过实施“名教师、名校长工程”，培训和培养优秀教师和校长，提升干部教师素质。

1999 年，北京市完成提高小学教师学历层次和中等师范学校调整方案。在首都师范大学建立初等教育学院，培养本科学历小学教师。各区县中等师范学校停止招生，现有中师学生分别通过升入高师初等学院或参加自学高考取得专科或本科学历后进入学校教师队伍。区县属中等师范学校改办高中或改为师资培训基地。2000 年，小学新教师入门学历提高至大专以上，初中新教师入门学历提高至本科以上。2005 年，小学新教师入门学历提高至本科以上。同时吸收非师范院校毕业生到中小学任教，当年中学新入职教师中非师范院校毕业生达到 3 成。

2001 年，市、区县两级教育行政部门投入 800 万元，选送 50 名中小学校长及后备干部赴美国参加为期 18 个月的培训。2002 年又继续选派多批中小学校长和骨干教师出国培训。同时，分批组织小学英语教师赴境外培训。中小学教师赴境外、国外考察、培训逐年增多。

2001 年下半年启动教师资格认定工作，至 2002 年年底，全市共受理教师资格申请 8 万余人。2004 年，首次面向社会开展教师资格认定工作。当年有 8000 人参加教育学、心理学统一考试，受理 33 259 人的认定申请，32 663 人取得教师资格。到年底，北京市凡符合教师资格任职条件的教师都拥有教师资格证书，凡到学校从教人员都拥有教师资格证书。此后教师资格认定形成制度，定期举行。

2004 年，北京市发布《首都教育 2010 发展纲要》，提出各级学校教师学历标准：小学教师 85% 以上达到专科学历，初中教师 80% 以上达到本科以上学历，高中教师全部达到本科以上学历，且 10% 左右为研究生学历。

从 2004 年开始，北京市中小学教师培训工作重心，一方面围绕义务教育新课程改革实验开展培训，另一方面加大对乡镇以下农村中小学教师的培训力度。2005 年，市教委制定“农村教师队伍提升计划”，分别对农村中小学骨干教师、薄弱学科教师、学历未达标教师进行专项培训。同年，出台《北京市城镇教师支援农村教育暂行办法》，当年安排 1010 名教师到农村支教。此后形成制度，每年选派 100 名城镇教师到农村支教，并每年选派数百名高校毕业生到农村中小学支教。2008 年，市教委制定《关于加强农村教师队伍建设的意见》。当年，在城镇优质中小学设立 41 个农村教师研修工作站，2009 年，接收 500 名农村教师进站研修半年。

2010 年，北京市小学教职工有 60 038 人，其中专任教师 49 480 人；女教师占 78.53%。拥有本科以上学历的占 75.24%，专科以上学历的占 95.24%。中学教职工有 70 418 人。初中专任教师 30 255 人，女教师占比 74.57%。拥有研究生以上学历的占 5.28%，本科以上学历的占 94.31%。高中专任教师 19 618 人，女教师占比 70.35%。拥有研究生以上学历的占 12.50%，本科以上学历的占 98.91%。

第一节　来源与资格

1990 年前，北京市通过发展中等师范教育、调整高等师范院校招生规模和分配比例、委托非师范院校举办师资班，初步解决了师资不足问题。中小学教师入门学历规定小学为中等师范毕业，初中为师范专科毕业，高中为师范本科毕业。教师总体状况距实现学历达标还有差距。1991 年，北京市拓展教师来源渠道，当年接收大学毕业生 3040 人，其中师范院校毕业生 1666 人，市、区县教育局举办的师资班毕业生 893 人，其余为来自北大、清华等 47 所综合院校本科毕业生和研究生。小学接收中师毕业生 4203 人。2000 年前后全市中等师范学校陆续关闭，小学教师来源改为以师范院校大专和本科毕业生为主。中学教师来源早期分初中和高中，初中以师范院校专科学历为主，高中以师范院校本科毕业生为主，2000 年以后，初中教师入门学历提高至以本科毕业生为主。综合类大学毕业生始终是教师来源的补充渠道。1994 年，北京市开始“鼓励和吸引非师范专业的高校毕业生到学校从教，中央在京高等院校要采取多种形式为首都培训中小学教师”。2004 年实行教师资格认定制度以后，教师来源中师范院校毕业生所占比重大幅度降低，教师来源更为广泛。北京市一方面扩大从综合大学毕业生招聘教师的规模，另一方面大批招收外地重点师范大学毕业生。到 2010 年，北京市小学专科以上学历教师占 95.24%，其中本科以上学历教师占 75.24%；初中本科以上学历教师占 94.31%，其中研究生学历教师占 5.27%；高中本科以上学历教师占 98.91%，其中研究生学历教师占 12.50%。

一、来源

20 世纪 90 年代初期，北京市小学师资主要来自中等师范学校，中学师资主要来自师范院校。90 年代中期以后，高等师范院校陆续成为小学师资的主要来源，中学师资来源中非师范类高等院校毕业生比例逐年加大。

（一）小学教师

1991 年，北京市有中等师范学校 19 所，在校生 11 517 人，当年招生 3939 人，毕业 4499 人。北京市小学教师主要来源于上述师范学校毕业生，少部分教师来自普通高中毕业生。

1993 年，市人事局、教育局联合发文“从郊区（县）中小学代课教师中选拔录用 100 名教师”，基本条件是“1987 年以前到校任教至今仍在岗任教”“年龄一般不超过 35 周岁，满 10 年以上教龄的从第 11 年起教龄每超过 1 年，年龄放宽 1 岁，但最高年龄不超过 50 周岁”的代课教师。选录办法为考试，试题为中师水平，从语文、数学两科中选考一科，同时考教育学常识，全市统一命题、考试和统一阅卷评分。本年共录取小学教师 70 名。

1994 年 9 月，市委、市政府发布《关于进一步落实教育优先发展战略 地位高标准实施〈纲要〉的决定》，提出“形成以师范教育为主、多渠道解决教师来源的格局”。

1999 年 5 月，市教委印发《关于提高我市小学教师学历层次调整中等师范学校的实施意见》：①在高等师范院校建立初等教育学院，培养本科学历的小学教师，分别由北京师范大学与北京青年政治学院合作，首都师范大学与北京第三师范学校、通州师范学校合作举办两所初等教育学院。初等教育学院招生总规模为 3200 人。1999 年到 2001 年期间，初等教育学院暂从应届中等师范毕业生和普通高中毕业生中招生。从 2002 年开始，初等教育学院从高等师范预科班毕业生和普通高中毕业生中招生。②举办高等师范教育预科班。从 1999 年起，各郊区县举办高等师范教育预科班，从初中毕业生中招生，学制三年。

从 2000 年开始，北京市小学新教师不再接收中师毕业生。2004 年，北京市启动面向社会的教师资格认定工作。2005 年后，小学教师来源结合教师资格认定，改以接收高等师院院校和综合大学本科毕业生为主，并接收少量硕士毕业生进入小学师资队伍。

（二）初中教师

北京市初中教师主要来源为师范院校毕业生。1989 年，北京师范学院、北京外语师院、北京体育师院、北京师院分院开始定向举办大专师资预备班，为山区中学提供大专学历的毕业生。1991 年，北京市有 5 所市属高等师范院校，每年可向全市中小学输送 6000 名新教师，基本保证中小学教师的来源。

1991 年，北京市调整师范院校毕业生的分配比例，吸收非师范院校毕业生到中学任教。

1993 年，市人事局、市教育局联合发文“从郊区（县）中小学代课教师中选拔录用 100 名教师”，基本条件是“1987 年以前到校任教至今仍在岗任教”“年龄一般不超过 35 周岁，满 10 年以上教龄的从第 11 年起教龄每超过 1 年，年龄放宽 1 岁，但最高年龄不超过 50 周岁”的代课教师。选录办法为考试，试题为大专水平，考试内容为现任教科目（按语文、数学、政治、物理、化学、生物、英语、体育、音乐、美术、地理、历史 12 科命题）和教育学基础知识。全市统一命题、考试和统一阅卷评分。本年共录取初中教师 30 名。

1994 年 9 月，市委、市政府发布《关于进一步落实教育优先发展战略　地位高标准实施〈纲要〉的决定》，提出“形成以师范教育为主、多渠道解决教师来源的格局……鼓励和吸引非师范专业的高校毕业生到学校从教，中央在京高等院校要采取多种形式为首都培训中小学教师”。

1996 年，北京市中学系统接收新教师中综合院校毕业生首次超过师范院校毕业生数量，在接收高校毕业生 2826 人中，非师范院校毕业生 1517 人，占接收高校毕业生总数的 53.68%。另接收市属师资班 42 人，区县代培生 799 人。

1998 年，接收外地综合院校 609 名毕业生进入中学师资队伍。此后，外地综合院校毕业生成为北京市初中教师的稳定来源之一。

2000 年，市教委发布《关于加强教师队伍建设的意见》，决定从 2000 年起，初中新教师要具有本科以上学历；高等学校毕业生中外地生源愿意留京做教师的，优先接纳。2004 年《首都教育 2010 发展纲要》提出，初中教师 80% 以上达到本科以上学历。从此，北京市初中教师来源主要由两部分构成：本市师范院校和综合院校的本科或硕士毕业生、外地师范大学和综合院校的本科或硕士毕业生。

（三）高中教师

北京市高中教师主要来源为师范院校毕业生，同时也招收综合院校毕业生。从 1990 年起，市政府决定每年安排一定数量的非师范院校毕业生和硕士生到中学任教。

为改善师范院校生源质量，北京市在提高师范生待遇的同时，动员优秀中学毕业生报考师范院校，设立重奖，奖励动员工作做得好的区县教育局和中学。并在6所市属重点中学举办高师预备班，学生经中考选拔入学成绩高于市重点中学入学平均成绩。

1997年,《北京市学校艺术教育发展规划（1996—2000年）》，提出“高级中学艺术教师应100%具备艺术学科大学本科文化程度”，并可“面向社会、面向外省市、面向国外招聘艺术教师，充实现有教师队伍”。

2004年《首都教育2010发展纲要》提出，高中教师全部达到本科以上学历，且10%左右为研究生学历。此后，北京市结合面向社会的教师资格认定制度的试行，大幅度提高从综合院校接收非师范院校毕业生的比例。

二、学历

20世纪90年代，北京市小学教师入门学历为中师或高中，初中为师范专科，高中为师范本科。从2000年开始，小学教师调整入口学历为专科，初中为本科。2005年小学教师入口学历提升至本科。高中教师中硕士及以上学历教师比例逐年加大。

（一）小学教师

1991年，北京市规定小学教师合格学历为中师和高中。按国家教委和人事部1991年2月发布的文件规定，高中毕业学历的小学教师在补学教育学和心理学合格后，应视为具有小学教师合格学历。当年全市小学教师中中师和高中学历教师有48424人，占小学教师总数的85.79%，大专以上学历教师有2748人，占小学教师总数的4.87%。

从1991年开始，北京市政府根据国家教委《关于进行培养专科程度小学教师试验工作的通知》精神，组织北京师范学院分院与北京市第三师范学校联合开办初等教育专业大专班的试点工作。此后,逐渐将小学教师入门学历提高至大学专科。

1993年2月，中共中央、国务院颁布《中国教育改革和发展纲要》，提出到20世纪末“小学和初中教师中具有专科和本科学历者的比重逐年提高”，“省（自治区、直辖市）在充分论证、严格审议程序，自行解决办学经费，以及统筹中央和地方所属高校毕业生就业去向的条件下，有权决定地方高等学校招生规模和专业设置”。《纲要》加快了北京市提高小学教师合格学历层次的步伐。

1994年9月，市委、市政府发布《关于进一步落实教育优先发展战略地位高标准实施〈纲要〉的决定》，提出“到本世纪末，城镇地区小学教师具有大专学历的比例要达到50%”。市教育局一方面在招收新教师时，逐年增加专科以上学历毕业生的份额，另一方面采取多种继续教育方式为在职教师补偿学历和提高学历层次。

1997 年，北京市调整中等师范学校教学计划，英语改为必修课，音乐、美术改为必选课，且只选一科，小语教法和小数教法不再列入课表，改为高年级选修课或讲座，为 1997 年及以后入学学生毕业后进入大专阶段学习奠定基础。

1999 年 5 月，市教委印发《关于提高我市小学教师学历层次调整中等师范学校的实施意见》中提出，全市现有 6.2 万名在职小学教师通过组织进修，逐步取得大学专科学历，鼓励有条件的教师进修大学本科学历。

2000 年，市教委发布《关于加强教师队伍建设的意见》，规定从 2000 年起，小学新教师要具有专科以上学历，从 2005 年起，小学新教师要具有本科以上学历。

2004 年《首都教育 2010 发展纲要》提出，小学教师 85% 以上达到专科学历。当年北京市小学专科以上学历教师有 38 916 人，占小学教师总数的 79.80%，其中本科以上学历教师有 10 809 人，占小学教师总数的 22.16%。到 2006 年，小学专科以上学历教师达到 41 728 人，占 86.56%，其中，本科以上学历教师 19216 人，占 39.86%，提前实现《首都教育 2010 发展纲要》目标。此后，北京市一方面继续通过在职学历进修提高小学教师学历，另一方面对新入职教师不再招收专科以下学历者，小学教师学历层次迅速提高。

到 2010 年，全市小学专任教师总计 49 480 人，专科以上学历教师 47 124 人，占小学专任教师总数的 95.24%，其中本科以上学历教师 37231 人，占小学专任教师总数的 75.24%。本科学历教师已成为北京市小学专任教师主体（见图 7–1）。

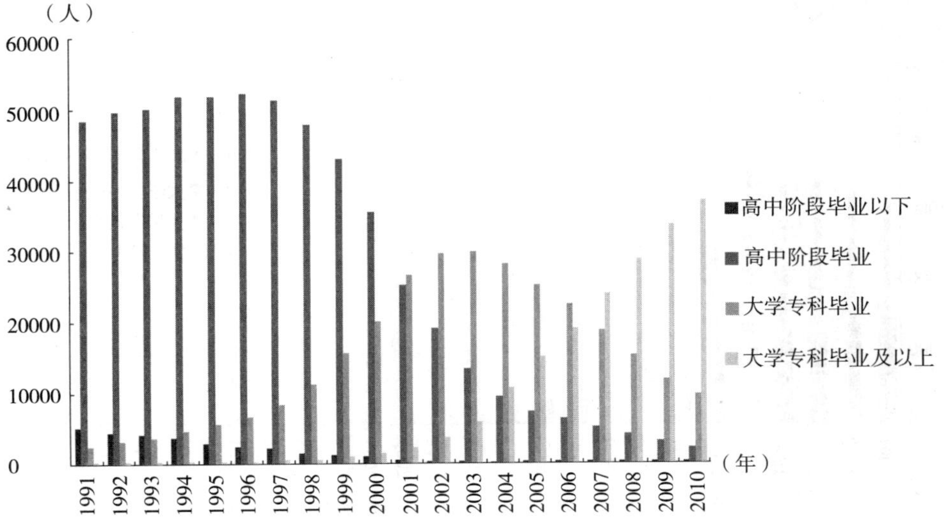

图 7–1　1991—2010 年北京市小学教师学历变化图

（二）初中教师

1991 年，北京市规定初中教师合格学历为大学专科。当年，北京市初中大专以上学历教师 23 804 人，占初中教师总数的 75.90%，中专学历教师 4698 人，占初中教师总数的 14.98%。

1994 年 9 月，市委、市政府发布《关于进一步落实教育优先发展战略地位高标准实施〈纲要〉的决定》，提出“到本世纪末，城镇地区初中教师具有本科学历的比例要达到 60%”。

2000 年，市教委发布《关于加强教师队伍建设的意见》，决定从 2000 年起，初中新教师要具有本科以上学历；高等学校毕业生中外地生源愿意留京做教师的，优先接纳，到 2005 年，进入中学的新教师中师范院校与非师范院校毕业生比例要达到 7 ∶ 3。

2004 年《首都教育 2010 发展纲要》提出，初中教师 80% 以上达到本科以上学历。当年，北京市初中本科以上学历教师 21 637 人，占初中教师总数的 66.69%。到 2006 年，初中本科以上学历教师 24 194 人，占初中教师总数的 80.76%，提前实现《纲要》目标。

到 2010 年，全市初中专任教师总计 30 255 人，本科以上学历教师 28 532 人，占初中专任教师总数的 94.31%，其中研究生以上学历教师 1595 人，占初中专任教师总数的 5.27%（见图 7–2）

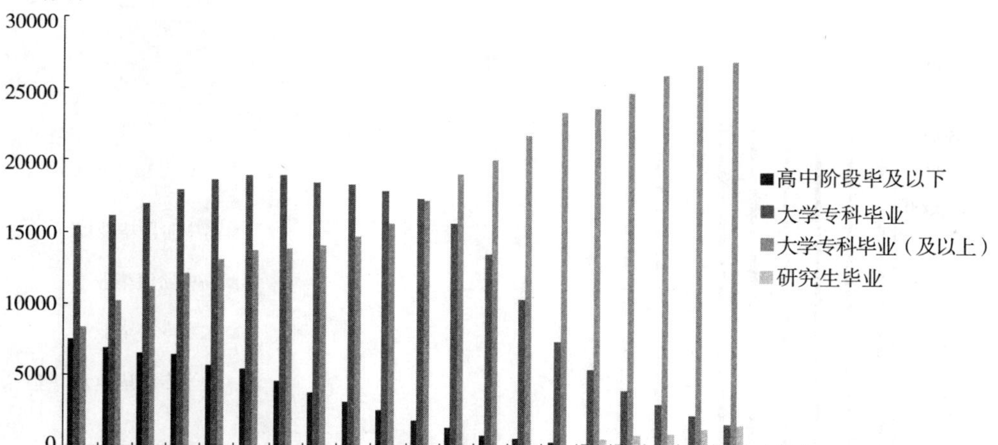

图 7–2　1991—2010 年北京市初中教师学历变化图

说明：2005 年前研究生学历教师统计在“本科毕业（及以上）”中

（三）高中教师

1991 年，北京市高中本科以上学历教师 6844 人，占高中教师总数的 68.61%，大专学历教师 2769 人，占高中教师总数的 27.76%。

1993 年，一些区县陆续为中学教师开设研究生课程班，聘请师范院校教师授课。1994 年 9 月，北京市十一学校委托北京师范大学举办教师硕士生课程进修班，30 名中青年教师参加进修。

1995 年 8 月，北京教育学院、北京师范大学联合举办中学教师硕士研究生班，各区县选派 175 名中青年教师分别参加语文、数学、物理、化学等 5 个专业的学科教学学习。

1996 年，市教委转发国家教委做好教育硕士专业学位招生推荐工作的通知，推荐条件为：大学本科毕业并在教学一线工作 4 年以上、40 周岁以下的普通高中现任教师或管理人员。1997 年，北京师范大学为此开办两个专业：教育管理和学科教学（数学、物理、思想政治教育）。1998 年，市教委委托北京师范大学和首都师范大学举办硕士研究生主要课程进修班，招收中等学校和教师进修学校在职教师、行政人员和科研人员 1191 人，其中文科 576 人，理科 615 人。到 1999 年中学教师中有 4400 人参加硕士研究生主要课程班培训，当年，再次招生 1335 人进入硕士研究生主要课程班学习。

2004 年《首都教育 2010 发展纲要》提出，高中教师全部达到本科以上学历，且 10% 左右为研究生学历。当年，北京市高中本科以上学历教师 17 852 人，占高中教师总数的 95.46%。其中研究生学历教师 681 人，占高中教师总数的 3.6%。

到 2010 年，高中研究生学历教师占专任教师总数的 12.50%。本科以上学历教师占比到 2010 年达到 98.91%，基本实现《首都教育 2010 发展纲要》目标。2010 年，全市 80% 的中学教师取得研究班课程结业证书（见图 7–3）。

三、资格

1995 年 9 月，国务院依据《中华人民共和国教师法》发布《教师资格条例》，2000 年 9 月，教育部发布《〈教师资格条例〉实施办法》，2001 年，教育部发布《关于首次认定教师资格工作若干问题的意见》，当年 7 月，市教委依据上述文件制定《北京市贯彻实施〈教师资格条例〉实施办法的实施意见》及教育教学能力测试标准、办法、证书发放与管理等一系列相关文件，并于当年启动首次教师资格认定。首次教师资格认定工作范围为具备《教师法》规定的教师资格条件的人

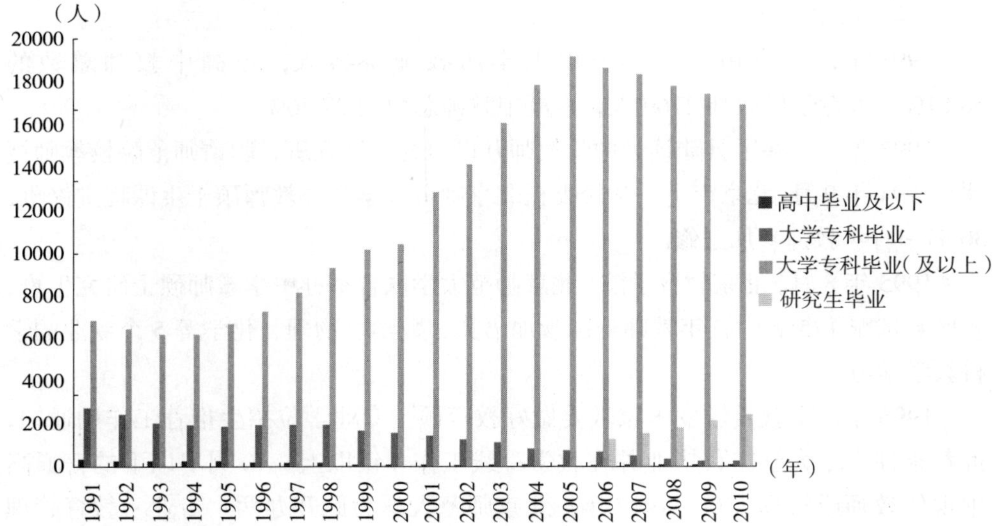

图 7-3　1991—2010 年北京市高中教师学历变化图

说明：2005 年前研究生学历教师统计在“本科毕业（及以上）”中

员。包括：① 1994 年 1 月 1 日以后补充到教师队伍中的在职教师；②原在列入国民教育序列的各级各类学校中任职，现已离退休的教师（含 1993 年 12 月 31 日以前离退休教师）；③其他符合《教师法》规定的学历条件的人员。至 2002 年年底，全市共受理教师资格申请 83 955 人，其中，在职教师 65 756 人（高中教师 19 281 人），离退休教师 18 199 人。

2004 年，北京市全面实施教师资格制度。当年 2 月，市教委发布关于贯彻《〈教师资格条例〉实施办法》实施意见的补充通知，就首次面向社会认定教师资格若干问题做出规定：①首次面向社会认定教师资格的对象范围是未达退休年龄、具备《教师法》规定条件的人员。②凡非师范教育专业毕业申请认定教师资格的人员，需补修教育学、心理学，并经考试取得合格证书。③应届毕业生可在毕业前最后一个学期，持学校出具的思想品德坚定、学业成绩单和本人申请材料，由就读学校统一组织、向学校所在地教师资格认定机构申请认定教师资格。

北京市教师资格分为 7 类：幼儿园教师资格、小学教师资格、初级中学教师资格、高级中学教师资格、中等职业学校教师资格、中等职业学校实习教师资格、高等学校教师资格。

北京市教师资格认定机构为市教委和各区县教委。市教委认定高级中学教师资格、中等职业学校教师资格、中等职业学校实习教师资格和高等学校教师资格。

各区县教委认定幼儿园教师资格、小学教师资格和初级中学教师资格。

2004 年 5 月，北京市启动首次面向社会的教师资格认定工作，当年组织两次全市教育学和教育心理学统一考试，8000 人参加考试。当年受理教师资格认定申请 33 256 人，32 663 人取得教师资格，获得教师资格证书。到 2004 年 11 月，全市凡符合教师资格任职条件的教师都拥有教师资格证书，凡到学校从教人员都具备教师资格证。此后，北京市教师资格认定工作逐渐转入常规，每年春季和秋季各受理一次，每年有 1 万人左右获得教师资格。

2006 年 3 月，市教委对教师资格认定办法中有关问题做具体修订。对已取得低一级教师资格证书，后取学历达到专科或本科，拟再申请认定高一类别的教师资格证者，均须进行教育教学能力测试，合格后方可认定相应教师资格。对于户口不在北京的申请认定教师资格者，其思想品德坚定，既要有工作单位证明，又要有在本市存放人事档案的机构出具的相关证明；户籍和档案均不在北京的，应回户籍所在地申请认定教师资格。

2008 年 3 月，市教委批复北京教育学院同意设立北京市教师资格认定工作办公室。办公室主要职能为：①受理申请认定高级中学教师资格的报名审核工作，组织专家进行教育教学能力测试工作。②负责编写教育学、教育心理学教材及考试大纲的组织工作及考试命题工作。③负责教育学、教育心理学考试的报名、组考、阅卷、成绩发布、证书发放等相关工作。④负责制定教师资格认定考试管理的相关规定，承担有关教师资格认定的政策咨询。⑤负责全市教师资格认定工作的各项数据统计、发放教师资格证书等工作。

2010 年 8 月，依据人力资源和社会保障部、教育部、卫生部《关于进一步规范入学和就业体检项目维护乙肝表面抗原携带者入学和就业权利的通知》，市教委和市卫生局联合发文，对 2001 年市教委和市卫生局制定的《北京市教师资格认定体格检查工作实施细则》做出修改，删除附件二中第 4 条："各型肝炎病毒携带者或丙氨酸氨基转移酶升高者，不宜从事幼儿教育教学及食品科学等相关工作。"

2010 年 9 月，市教委规定：从 2011 年起，非师范教育类毕业的人员申请中小学教师资格必须通过市教委统一组织的教育学、教育心理学考试。

四、农村支教

北京市 18 个区县中 12 个区县有农村中小学，其教育教学水平与城镇地区中小学有明显差距，成为影响北京义务教育均衡发展的主要问题。2004 年，北京市教育大会提出加强农村教育工作，缩小城乡教育差距的目标。农村支教分为城镇学校支教和高校毕业生支教两种类型。

（一）城镇学校支教

2005 年，市教委制定“北京市农村教师队伍提升计划”，包括：农村中小学骨干教师培训、农村中小学薄弱学科教师培训、农村中小学教师学历进修、城镇教师支援农村教育项目等内容。

2005 年 7 月，市教委制定《城镇教师支援农村教育暂行办法》，并印发《关于做好 2005—2006 年度城镇教师支援农村教育工作的通知》，要求城八区和 10 个远郊区县城镇中小学校中级职务以上教师采用本区县支教和跨区县支教两种方法，离岗全职和在岗兼职两种形式到农村中小学支教。当年 9 月安排 2010 名教师参加农村支教。其中跨区县支教者 510 人，本区县支教者 500 人。从 2006 年起，北京市每年安排 1000 名城镇教师到农村支教。从 2005 年到 2007 年，市教委共安排城八区到 10 个远郊区县支教教师 1432 人，实际到岗 1364 人。除市教委向支教教师发放交通补贴外，城区各区教委还筹措资金向支教教师发放生活补助费。

2007 年，市教委实施高校对口支援远郊区县义务教育计划，当年 58 所高校与远郊区县签署支援意向，共支援 107 所中小学，26 所高校与区县达成 37 个培训、讲座项目意向或协议，6 所高校与区县达成教师、博士生到区县挂职或支教协议。

2008 年，市教委制定《关于加强农村教师队伍建设的意见》并发出《关于设立北京市农村中小学教师研修工作站的通知》，依据设站学校“至少有 2 ~ 3 个优势学科，每学科至少有 2 名特级教师或市级学科教学带头人、市级骨干教师，学校有接纳至少 10 ~ 20 名能够解决进站研修教师的食宿问题”的条件。2008 年共在城镇优质中小学设立 41 个农村教师研修工作站，接收 421 名农村骨干教师进站研修半年。2009 年接收 5000 名农村教师继续进站研修。

2009 年，市教委发布《关于做好 2009—2010 年度城镇教师支援农村教育工作的通知》，规定支教形式包括离岗全职支教和在岗兼职支教两种。其中离岗全职支教人数仍为 1000 人，但跨区县职教人数适当减少，区县内支教人数适当增加。在岗兼职支教主要通过有组织的学校之间对口合作与交流予以安排。全职教师支教任务为：承担授课任务、参加或指导学科教学研究。全职支教教师的基本条件和要求为：原则上具有中级以上职称，近三年年度考核合格或以上等次，年龄原则上不超过 50 岁。并规定 2007 年新评选的市级学科带头人和骨干教师没有农村工作经历的原则上需要到农村全职支教一年。

（二）高校毕业生支教

根据 2005 年中共中央办公厅、国务院办公厅联合发文《关于引导和鼓励高校毕业生面向基层就业的意见》（中办发〔2005〕18号）、市委办公厅、市政府办公厅印发的《关于引导和鼓励高校毕业生面向基层就业的实施意见》、2006年，中央组织部、人事部、教育部、财政部、农业部、卫生部、国务院扶贫开发领导小组办公室、共青团中央8部门联合发文《关于组织开展高校毕业生到农村基层从事支教、支农、支医和扶贫工作的通知》（国人部发〔2006〕16号），2006年下半年，市教委启动组织高校毕业生到农村中小学开展支教活动试点。

从2007年起，连续3年，采取公开招聘方式，从普通高校应届本科以上学历北京生源毕业生及北京地区普通高校应届本科以上学历毕业生中选聘2000名毕业生到农村中小学支教，为每所农村中小学配备应届高校毕业生2名。2007年，共有620名高校应届毕业生到全市所有区县支教，其中12名硕士毕业生到5个城区初中重点建设项目支教，其余608名（本科534人、硕士74人）毕业生到13个区县的农村中小学支教。2009年，首批支教大学生中有42人退出支教。

第二节 培 训

1991年到2010年，北京市基础教育教师培训包括三方面内容：①学历进修，包括学历补偿和学历提升培训。在1991—2000年间，学历进修是教师培训的主要任务。②继续教育，包括教师教学基本功培训和教育理论培训，20年间持续不断，结合教师资格认定制度，逐渐成为常规培训。③新课程培训，包括新课程教育理念、新课程标准、新教材教法培训，随着新课程的推进，成为进入21世纪后教师培训的主要内容之一。北京教育学院、首都师范大学、北京师范大学和各区县教师进修院校是北京市中小学教师学历进修和继续教育的主要培训机构。在新课程培训过程中，北京教育科学研究院加入到主要培训机构行列中。

20世纪80年代末，北京市曾以国外资助项目形式对部分英语教师采取出国培训方式提高教学水平。2001年，北京市开始每年选送部分小学英语教师赴加拿大开瑞博大学语言培训中心学习。之后，境外培训的方式逐渐丰富，包括考察、互访、进修、任教、建立姊妹校交流关系等。2007年，市教委在《关于北京市中小学教师“十一五”时期继续教育工作的意见》中提出“每年选派一批中小学优秀教师到国外专业教师培训机构参加进修活动”。

2004年，北京市教育大会提出加强农村教育工作，缩小城乡教育差距的目标。北京市18个区县中12个区县有农村中小学，其教育教学水平与城镇地区中小学有明显差距，成为影响北京义务教育均衡发展的主要问题。“农村支教”遂成为提升农村教师教学水平、推进北京义务教育均衡发展的一个政策措施。农村支教分为城镇学校支教和高校毕业生支教两种类型。2005 年，安排 2010 名教师参加农村支教，其中跨区县支教者 510 人，本区县执教者 500 人。从 2006 年起，北京市每年安排 1000 名城镇教师到农村支教。

一、学历进修

经过数年学历补偿教育，到 1995 年，全市小学、初中、高中合格学历分别由 1991 年的 90.66%、76.74%、68.61%，达到 94.89%、87.74%、76.42%。学历补偿教育基本完成。教师在职培训重心逐渐转向提高学历进修。

1994 年，市委、市政府发布《关于进一步落实教育优先发展战略地位高标准实施〈纲要〉的决定》，提出：到 20 世纪末，城镇地区小学教师具有大专学历的比例要达到 50%，城镇地区初中教师具有本科学历的比例要达到 60%。从当年开始，北京市以区县为单位，与高等院校合作为小学在职教师举办大专班，为初中教师举办续本班，为高中教师举办研究生课程班。1994 年 8 月，市教育局规定：在职小学教师中教龄 5 年以内的中师毕业生可免试进入师范专科班学习；教龄 5 年以上的中师毕业生，经过一段实践的系统补课后，免试入学，修业期满，成绩及格，由办学院校颁发毕业证书。小学师范专科的培训采取学分制，并与继续教育沟通。

1995 年，市教育局在 18 个区县设置辅导点 44 个、放像点 51 个，安排 325 名教师担任辅导教师，开设“大学语文”“教育政策法规”“现代教育技术”三门课程，对 18 954 名小学教师参加自学考试高等师范小学教育专业培训。培训采取“宽进严出、累计学分、优秀优先、学成有奖”原则，学员以自学为主，寒暑假考试。修完规定课程，取得 70 学分，获得国家承认的毕业证书。到 1998 年完成第一轮自学考试，2000 年基本完成第二轮自学考试，共计近 20 000 名小学在职教师获得专科学历。

1996—2005 年期间是中小学在职教师集中实施提升学历进修时期。到 2005 年，小学教师中专科以上学历占比从 1995 年的 9.90% 提升至 84.72%。初中教师中本科以上学历占比从 1995 年的 34.91% 提升至 75.04%。高中教师通过各区县教委与高校联合举办研究生课程班、在职教育硕士等形式，不断提高研究生学历教师的占比。

小学和初中教师中专科学历在职教师通过学历进修陆续获得本科学历。学历进修开始逐渐让位于继续教育。

北京市初中教师中本科学历增长高峰期在2001—2005年间。2005年，初中本科以上学历者由2001年的47.53%升至75.04%；专科学历者由2001年的47.57%降至23.68%。之后进入平稳增长期，到2010年，初中本科以上学历者达到94.31%，专科学历者降至5.46%。

高中在职教师通过研究生课程班等形式提高学历层次。从2006年到2010年，北京市高中专任教师中本科学历人数年均减少2.42%，硕士以上学历人数年均增长19.05%。高中专任教师中，80%的教师参加研究生课程学习。

二、继续教育

1991年11月，市教育局修订1989年制订的《中小学教师继续教育管理办法（试行）》，印发《中学教师继续教育管理办法（修订稿）》，规定："中学教师继续教育各层次的教学计划规定的授课时数分别为新任教师120课时，初级教师180课时，中级教师240课时，高级教师360课时。各层次均含30课时的思想政治教育课。全市中学教师继续教育的培训任务将分别由北京教育学院和各区（县）教师进修院校承担，不同层次培训班的招生、教学、考核、管理均由办班单位负责。""北京教育学院举办的高级教师研修班和中级教师培训班，由北京教育学院颁发结业证书；教育学院分院及各教师进修学校举办的新教师、初级和中级教师培训班，由办班院校颁发结业证书，并都需加盖北京市教育局的有关公章。"

到1995年．北京市基本完成第一轮中小学教师继续教育全员培训，约10.5万名中小学专职教师接受了继续教育培训，占教师总数95%以上。

1997年，市教委印发《北京市中小学教师"九五"继续教育工作意见》及关于该意见的"说明"，在"八五"期间第一轮继续教育基础上确定"九五"期间教师继续教育的目标为：①提高政治、业务素质，提高教育教学能力；②更新教育观念，树立素质教育思想；③了解最新科技知识，掌握先进教育技术。原则是：按需施教，学用一致，多种形式，开放办学，以业余自学和短期进修为主，以青年教师为重点。对象为：小学教师中具有中师、高中毕业及以上学历，并已取得教师职务者；初中教师中具有大学专科毕业及以上学历，并取得教师职务者；高中教师中具有大学本科毕业及以上学历，并已取得教师职务者。培训内容：①教师职业道德修养；②教育政策法规；③现代教育学原理与教育心理学；④教材教法研究；⑤教学基本功训练、教育教学能力培养；⑥教育科研理论与方法；⑦最新教改信息；⑧计算机、外语；⑨现代教育技术；⑩艺术鉴赏；⑪学科基础理论和学科前沿新理论、新技术、新知识、新方法。在当年制定的《北京市中小学教师“九五”继续教育考核办法（试行）》中，规定“教师参加继续教育取得 36 学分即可结业”。

2002 年 4 月，市政府教育督导室针对中小学继续教育状况的调查显示：①“九五”期间教师全员培训取得预期成效。②培训重心下移，校本培训得到发展。③新教师岗前培训得到强化。全市 2.8 万名新教师参加培训。④骨干教师培训成效显著。95 名骨干教师参加国家级培训，评选出中小学中青年骨干教师 920 名、初选市级中小学学科教学带头人 107 名，分三期举办 20 个市级中青年骨干教师研修班，涉及中学 12 个学科、小学 6 个学科，378 名市级中青年骨干教师参加为期一年的在职培训。各区县采取骨干教师培训班、新秀班、拜师求学、短训班等多种形式培训区级骨干教师 13 642 人。

2002 年，市教委印发《关于北京市幼儿园中小学中等职业学校教师“十五”时期继续教育工作的意见》，确定“十五”期间教师继续教育的目标为：①提高政治素质和职业道德水准，提高教育科研及运用现代教育技术的能力；②培训内容与课程改革、学科调整和知识更新结合，保证基础教育课程改革的教师需求，提高 40 岁以下教师外语水平和综合知识讲授能力；③提升学历层次；④培训骨干教师队伍；⑤新任教师培训；⑥提高基础薄弱学校和边远山区学校教师的教育教学、科研等能力和水平。在骨干教师培训方面，实行“星期六特级教师讲座”“到高校做访问学者”“到国外学习培训”“百名新秀论坛”“双导师制”的中青年骨干教师研修班等形式。

2007 年，市教委印发《关于北京市中小学教师“十一五”时期继续教育工作的意见》，提出继续教育总目标为：“全面推进教师教育创新，构建开放灵活的教师教育体系，促进教师专业发展，全面提升教师素质水平。”具体目标：①制度建设目标，逐步建立教师终身学习制度，制定和完善中小学教师继续教育配套制度；②体系建设目标，完善市、区（县）、校三级教师继续教育体系；③质量目标，到 2010 年，建设一支拥有数十名教育家、400 名左右学科教学带头人、2000 名左右市级骨干教师和近万名区（县）级骨干教师的高素质、专业化骨干教师队伍；④均衡发展目标，建立针对远郊区县及农村地区教师培训的工作机制。培训对象为在职专任教师。培训内容分必修课和选修课。学习任务为 300 课时。培训形式，“通过实施导师制、名校研修制、名师工作室、名师教育教学研究等方式，为名师成长搭建良好平台”。

与《意见》配套的《北京市中小学教师“十一五”时期继续教育管理办法》规定：“各种类型的培训原则上按 10 课时折合一个学分计算。”“公共必修课共 6 学分，其中‘教师教学基本技能’计 2 学分，‘中小学教师教育技术能力’计 4 学分。”“校本培训不高于 10 学分。”“各区县自行制定教师参加科研和教研活动的学分标准，原则上教研不超过 5 学分，科研不超过 3 学分。”“中小学教师参加‘十一五’继续教育并完成规定的学习任务累计取得 30 学分即可获得结业证书。结业证书由北京市教委统一印制，由各区县统一发放。”

到 2010 年，北京市中小学教师继续教育工作通过实施“绿色耕耘”（对北京市远郊区县农村义务教育学校各学科教师进行的继续教育培训项目。2004 年 9 月开始实施）、“春风化雨”（对 400 名校长和 5000 名教师进行的专项培训计划。2006 年 4 月开始实施。该项培训工程总体思路为“行政主导、市区联手、区域打通、多方参与、师干联动、研训一体、突出主题、以学促变”，目标为提升义务教育学校的管理水平及校本研修水平）、带薪脱产教师培训等政府主导的干部教师培训项目，形成分工协作、项目管理、资源整合的教师继续教育格局。

三、新课程培训

2001 年，教育部印发《基础教育课程改革纲要（试行）》，在全国陆续开展义务教育课程改革。北京市作为第一批实验地区。2001 年 7 月，市教委印发《北京市 21 世纪基础教育课程教材实验工作试行方案》，经教育部同意，北京市从秋季起在 11 个实验区县的 2 万名小学一年级新生中开展北京市 21 世纪基础教育课程教材实验，并整体列入教育部课程改革实验中。配合实验的开展，《北京市 21 世纪基础教育课程教材实验工作试行方案》中拟订《北京市 21 世纪课程教材教师培训计划》，在暑期前实施。培训对象为实验区县的教研员及骨干教师，每学科教师 100 人。

到 2002 年 7 月，共有 5300 多名教师参加市一级培训，8336 人参加区县二级培训。配合高中启用新教材，高中一年级教师新知识培训 6000 余人。并开展学科新教材市级培训各区县教研员和学科骨干教师 700 余人。

从 2002 年秋季起，所有区县小学一年级学生进入新课程实验。对实验年级教师的新课程、教材“跟进式”培训同时展开。

2004 年 6 月，市教委发布《北京市实施教育部〈义务教育课程设置实验方案〉的课程计划（试行）》，从 2004 年秋季起，北京市小学起始年级绝大部分学生和初中起始年级部分学生实施新课程；从 2005 年秋季开始，义务教育阶段起始年级全部实施新课程。

根据教育部 2004 年印发的《关于进一步加强基础教育新课程师资培训工作

的指导意见》等文件，市教委于2004年3月印发《关于2004年义务教育新课程改革实验教师培训工作的通知》,将新课程培训“记入‘十五’教师继续教育学分”。

新课程培训遵循“先培训，再上岗；不培训，不上岗”和“边试验、边培训、边总结、边提高”原则，有步骤、分阶段、滚动式开展培训。

培训任务：除继续组织滚动年级（小学4年级）实验教师和参加初中教材实验教师市一级培训工作外，市教委组织对小学、初中起始年级实验教师的一级培训；各区县负责教师二级培训。通过培训，使教师逐步掌握实施新课程的教学方法、手段，提高课堂教学设计能力，胜任新课程教学。

培训内容：①课程改革通识培训。②教育部义务教育课程设置实验方案培训。③北京市义务教育课程计划(讨论稿)培训。④教育部各学科课程标准培训。⑤各学科多版本教材培训。

培训组织：北京市基础教育课程教材改革领导小组统筹培训工作，各相关专业机构分工合作，分类推进。参与新课程培训的机构包括教育部课程中心、北师大、首师大、北京教科院、教育学院、各区县教师进修院校及相关出版社等。

新课程培训分两级开展：北京教科院课程教材发展研究中心负责组织干部通识培训，北京教科院基础教育教学研究中心负责组织区县教研员和骨干教师的一级培训，多版本教材一级培训工作由基础教育教学研究中心协调有关出版社共同承担培训任务。各区县在一级培训基础上组织二级培训，负责小学、初中起始年级实验教师的全员培训和滚动年级实验教师的培训。

新课程培训鼓励并由市、区县教育教学研究人员指导学校教师开展校本教学研究，通过课例分析，进一步把握课程标准，落实课程目标。

2006年9月，市教委印发《北京市基础教育课程改革实验工程实施方案（义务教育阶段2006—2010年)》，为整体实验北京市义务教育课程改革各学科实验教材，提出：“定期组织市、区县两级干部培训，优化培训内容和方式，开发干部培训教材和资源包，进一步促进广大干部更新教育观念，把握课程改革政策，提高指导课程改革实验工作的能力。到2008年，形成市、区县两级课程改革干部培训体系。”

2007年，市教委印发《关于北京市中小学教师“十一五”时期继续教育工作的意见》,将基础教育课程改革培训列为重点工作之一,再次强调“先培训,再上岗；不培训，不上岗”原则。培训目标：帮助教师提高组织实施新课程的能力，使教师在了解课程改革背景、理念和目标基础上，将新课程理念转化为优质教学实践，促进教学方式和学习方式变革。课程改革培训根据不同层次和类别分别由市、区县级培训机构组织实施，同时大力开展校本研修活动。市、区县培训机构围绕课程改革开展研训一体化项目研究，加强对校本研修活动的指导。

新课程培训采用“跟进式”，包括“互动式”“做中学”等方式，为教师理解和教好新课程提供直接帮助。

2007 年，北京市启动普通高中课程改革。一项旨在提高高中校长课改领导能力的“祥云行动”培训计划同时启动。培训对象为全市普通高中校长、教学副校长和德育副校长。培训目标为：使高中校长从“认识到位”转变为“理解与行动到位”。培训内容为：高中课改政策解读及课程组织、课程设置等。培训形式除专家讲座外，还包括校长论坛、现场考察等。

第三节　职称与称号

1991 年，北京市小学教师中小学高级教师（含中学高级教师）占 16.71%；小学一级教师占 44.57%，二级教师占 20.14%。此后，高级教师占比逐年提高，1995 年小学高级教师（含中学高级教师）占比达到 35.40%，2000 年占比达到 40.77%，2005 年占比接近一半，达到 49.79%，到 2010 年，占比达到 56.36%。

1991 年，北京市初中教师中高级教师占 3.50%；一级教师占 25.41%，二级教师占 39.56%，三级教师占 13.67%。此后，高级教师和一级教师占比逐年提高，三级教师占比逐年下降。1995 年，初中中学高级教师占比达到 6.11%，一级教师占比达到 32.47%，三级教师占比降至 4.64%；2000 年，初中中学高级教师占比达到 12.89%，一级教师占比达到 34.09%，三级教师占比降至 3.05%；2005 年，高级教师占比 12.45%，一级教师占比达到 39.75%，三级教师则逐渐淡出初中教师职务结构，仅剩 1.03%；到 2010 年，高级教师占比达到 16.79%，一级教师占比达到 41.91%，二级教师占比 35.40%。

1991 年，北京市高中教师中高级教师占 22.06%；一级教师占 37.22%，二级教师占 26.33%，三级教师占 3.77%。1995 年，高中高级教师占比 38.17%，达到高点，一级教师和二级教师占比均有下降，随着教师学历的不断提高，三级教师逐渐淡出高中教师职务结构。此后，高中规模逐年扩大，新教师大量补充进高中学校，高级教师占比逐年下降，到 2000 年降至 30.66%，到 2005 年降至 24.83%，此后开始逐年回升，到 2010 年，升至 32.31%。高中一级和二级教师占比保持基本稳定，2010 年，占比分别为 33.70% 和 27.52%。

中小学教师荣誉称号主要是特级教师。特级教师每三年评选一次，名额指标为教师总体的 0.15% 左右。其余称号还有“学科教学带头人”“骨干教师”等，名额指标分别占教师总体的 0.5% 和 3% 左右。

一、职称

北京市中小学教师任职评定制度始于 1986 年。由于职务聘任试行条例规定须具备合格学历才能参加职务评审，故相当一批教师在首次职务评审中未获参评资格。1990 年 10 月，北京市职称改革工作领导小组办公室和市教育局职称改革工作领导小组发文修订中小学教师职务评审标准：①对到 1986 年年底已从事教育工作 20 年以上的教师，经考核合格，可暂不要求具备规定学历；②对到 1986 年年底从事教育工作不满 20 年的不具备规定学历的中小学教师，按照国家教委（86）教师字 009 号文件规定参加文化专业知识考试并已取得“专业合格证”者，可评审聘任二级教师以上职务。

1991 年，北京市举行第二次中小学专业技术职务评审、聘任工作，全市中小学共有 39913 人评聘或晋升专业技术职务。其中高级职务 3486 人，中级职务 11570 人，初级职务 24857 人。

1991 年，北京市小学教师中小学高级教师（含中学高级教师）有 9431 人，占 16.71%；小学一级教师 25154 人，占 44.57%，二级教师 11367 人，占 20.14%，三级教师 1153 人，占 2.04%。未评职教师 9338 人，占 16.54%。初中教师中中学高级教师有 1097 人，占 3.50%；中学一级教师 7968 人，占 25.41%，中学二级教师 12408 人，占 39.56%，三级教师 4287 人，占 13.67%。未评职教师 5602 人，占 17.86%。高中教师中中学高级教师有 2200 人，占 22.06%；一级教师 3713 人，占 37.22%，二级教师 2627 人，占 26.33%，三级教师 376 人，占 3.77%。未评职教师 1059 人，占 10.62%。

1991 年以后，中小学教师职务评审工作进入年度常规评审。2003 年，教师职务评审制度改革，中学教师高级专业技术职务评审权下放至区县教委。

2000 年 1 月，市教委印发《关于加强教师队伍建设的意见》，提出“到 2005 年，全市小学、初中、高中教师高级、中级、初级岗位的平均结构比例分别达到：2.5 ∶ 57.5 ∶ 40；16 ∶ 49 ∶ 35；33 ∶ 41 ∶ 26”。其中小学“高级”岗位指小学教师中的“中学高级教师”岗位。

北京市小学教师中高级教师（含中学高级教师职务）所占比例呈逐年提高趋势，到 2010 年，占比升至 56.36%，其中中学高级教师 280 人，占 0.57%。小学一级教师所占比例保持相对平稳状态。小学二级教师所占比例前 10 年保持稳定，

2001 年以后逐年快速下降。小学三级教师属过渡性职级，到 1995 年时，所占比例已降至 0.26%（见表 7-1）。

表 7-1　　北京市小学教师职务结构

	1995 年（%）	2000 年（%）	2005 年（%）	2010 年（%）（其中中学高级）
小学高级教师	35.40	40.77	49.79	56.36（0.57）
小学一级教师	36.78	40.50	45.59	36.68
小学二级教师	18.08	14.30	1.03	0.54
小学三级教师	0.26	0.06	0.06	0.12

北京市初中高级教师所占比例呈逐年提高趋势。1995 年，占比为 6.11%，到 2010 年，占比升至 16.79%。初中一级教师所占比例也呈逐年提高趋势。1995 年，占比为 32.47%，到 2010 年，占比升至 41.91%。初中二级教师所占比例保持相对平稳状态。初中三级教师也属过渡性职级，所占比例逐年下降（见表 7-2）。

表 7-2　　北京市初中教师职务结构

	1995 年（%）	2000 年（%）	2005 年（%）	2010 年（%）
初中高级教师	6.11	12.89	12.45	16.79
初中一级教师	32.47	34.09	39.75	41.91
初中二级教师	36.19	38.12	41.23	35.40
初中三级教师	4.64	3.05	0.80	0.22

北京市高中高级教师所占比例到 1995 年达到高点。此后，高中规模逐年扩大，新教师大量补充进高中学校，高级教师占比逐年下降。高中一级教师所占比例 1991 年至 1995 年期间逐年下降，此后逐年回升，到 2010 年，占比为 33.70%。高中二级教师所占比例保持相对平稳状态（见表 7-3）。

表 7-3　　北京市高中教师职务结构

	1995 年（%）	2000 年（%）	2005 年（%）	2010 年（%）
高中高级教师	38.17	30.66	24.83	32.31
高中一级教师	31.84	32.39	32.01	33.70
高中二级教师	31.27	30.44	32.01	27.52

北京市中小学未评职教师早期主要由学历不达标教师构成，到 1995 年，小学和高中教师中未评职教师转变为以新教师为主，初中未评职教师仍包含大量学历不达标教师。1995 年，小学、初中和高中教师中未评职教师占比分别为 9.47%、16.43% 和 7.19%。初中教师中未评职教师直到 2004 年才降至 10% 以下，为 8.72%。

2010年，小学未评级教师有3122人，占6.31%，初中未评职教师有1722人，占5.69%，高中未评职教师有1210人，占6.17%。

中小学教师在职称以外另设有各种荣誉称号。其中特级教师荣誉称号为20世纪50年代所设立。从90年代开始，学科教学带头人、骨干教师陆续成为制度化评选的荣誉称号。其他荣誉称号多为不固定评选。

二、称号

北京市基础教育系统教师在职称系列外，另有荣誉称号和业务称号。荣誉称号为“特级教师”，业务称号为“学科教学带头人”和“骨干教师”。其中特级教师为国家规定的荣誉称号，市级评选认定；学科教学带头人和骨干教师分别由市、区县和学校三级评选和认定。

（一）特级教师

1991年，市教育局经市政府批准，按照教师总数的千分之一比例，评选中小学特级教师102人，其中中学53人，小学49人。

1993年6月，国家教委、人事部、财政部《关于颁发〈特级教师评选规定〉的通知》，将1978年颁发的《关于评选特级教师的暂行规定》修订为《特级教师评选规定》（16条），界定特级教师是“国家为了表彰特别优秀的中小学教师而特设的一种既具先进性又有专业性的称号。特级教师应是师德的表率、育人的模范、教学的专家”。8月，市教育局、市人事局、市财政局联合转发上述文件，并提出补充意见：①本市在职特级教师总数控制在评选当年教师总数的千分之一点五左右。从1994年起每隔三年评选一次。②一律从具有高级专业技术职务（中小学的中学高级教师，师范学校的高级讲师）的教师中评选。③对于少数近几年改任领导干部仍继续兼课和少数在上次评选后离退休、目前水平在我国很高者也可参加评选。④评选步骤为区县教育局推荐，市教育局评审组评审，市教育局确定正式人选后报市政府批准并报国家教委备案。⑤以市政府名义授予特级教师称号，颁发特级教师证书。该文件规定特级教师职责为：“模范地做好本职工作。要不断钻研教育教学理论，坚持教育教学改革实验；研究教育教学中普遍存在的问题，积极主动地提出改进办法；通过各种方式培养提高年轻教师。”

2005年，市教委、市人事局印发《北京市特级教师评选暂行办法》，规定特级教师评选工作一般每隔3年进行一次，特级教师总量控制在中小学教师总数的1.5‰以内，评选指标由市教委下达。

2008年，市教委、市人事局、市财政局联合印发《北京市特级教师管理办法》，同时废止1999年的《北京市特级教师管理暂行办法》和2005年的《北京市特级教师评选暂行办法》。规定：特级教师评选工作每隔3年进行一次，由市教委和市人事局共同下发评选通知。并修订特级教师的职责为：

（1）系统地学习并掌握现代教育理论和技能，掌握本学科国内外发展动态，拓宽专业知识，不断更新教育观念，努力提高政治业务素质和教育教学水平，出色地做好本职工作，成为本市学科教学和教育科研的模范。

（2）牢固地树立终身从教的思想，坚持工作在教育教学第一线，为广大教师做出榜样。在教学工作中发挥示范作用，积极承担示范课、观摩课等教学任务，每年在区县及以上范围讲授至少1次示范课、观摩课、大型学术讲座或评讲课，以提高中小学教师队伍整体素质，促进本校和本地区教育质量的提高。

（3）认真总结教育教学、教育科研方面的经验，积极从事教育教学理论研究。根据教育改革和发展的目标和要求，结合本校、本地区实际，确定教改和科研课题，研究解决教育教学中的问题。著书立说，每两年至少撰写一篇有较高水平的专业论文、经验总结或科研报告，并在省级以上的刊物或学术会议上发表，或者参加省市级及以上教材编写。

（4）根据本地区和全市教师队伍建设的实际，积极承担培养优秀青年教师的任务。通过传、帮、带，使青年教师提高师德、教育教学能力和实际工作效果；特级教师应服从上级教育行政部门的安排，积极参加支援教育相对落后地区与办学相对困难学校等工作任务，为本地区和全市中小学骨干教师队伍建设做贡献。

该办法还规定外省市特级教师调入本市须经重新认定后方可享受本市特级教师相关待遇。2008年，通过专家组评议、市教委审核认定特级教师30名。2010年，再次认定24名外地调入的特级教师为北京市特级教师（见表7–4）。

表7–4 1991—2010北京市评选中小学特级教师统计

单位：人

年度	数量	其中	
		中学	小学
1991	102	53	49
1994	110	62	48
1998	134	97	37
2001	91	—	—
2006	144	—	—
2010	106	—	—

（二）学科教学带头人

在中小学教师培养、培训中，学科教学带头人最初只是一种“群体”性笼统概念，随着该群体在教学工作中发挥的作用越来越大，遂逐渐演变为一种含有明确条件、职责和待遇的正式称号。1997 年，市教委正式开始评选市级中小学学科教学带头人。

1997 年 4 月，市教委印发《关于在北京市中小学选拔市级中青年学科教学带头人和骨干教师的通知》，首次把市级中青年学科教学带头人作为独立荣誉称号进行评选。选拔范围为：年龄 45 岁以下（1997 年度指 1952 年 1 月 1 日以后出生，此后出生日期每年向后顺延一年）的中小学在职专任教师。选拔数额：从 1997 年到 2000 年在全市中小学 45 岁以下教师中选拔出市级学科教学带头人 100 名。

中青年学科教学带头人标准：

（1）热爱社会主义祖国，热爱教育事业，有良好的师德。

（2）中学教师具有大学本科及以上学历，小学教师具有大学专科及以上学历，均应具有中学高级教师职务。参加过继续教育学习并取得结业证书。

（3）担任过 5 年（含 5 年）以上班主任工作并取得较好成绩。

（4）在本学科专业领域具有扎实的理论基础，能系统掌握、全面正确理解教学大纲，能精通本专业中学或小学的全部教材，有丰富的教育教学实践经验，教书育人，成绩突出。

（5）具有较强的教育教学科研能力，主持或参加过市级以上教育科研课题的研究工作并取得较好成果；在国家级以上正式刊物上发表过与本专业密切相关的教育教学文章；出版过个人专著（含中小学课外读物，不含解题性和升学指导性读物），或发表过（或宣读过）的论文获市级一等奖及以上奖励。

（6）在指导青年教师进行教育科学研究、论文写作和指导青年教师课堂教学方面有显著成绩。

（7）能设计、开发并能熟练使用本专业常用软件。

（8）有一定的外语水平，能借助工具书用一种外文阅读或翻译本专业的书籍或论文。

选拔程序规定：市级中青年学科教学带头人应在区县级中青年学科教学带头人中产生。经评审组和市教委审定后，市教委印制并颁发“中青年学科教学带头人”证书。

2001 年，市教委修订 1997 年市级中青年学科教学带头人选拔标准。市级中青年学科教学带头人除应达到市级中青年骨干教师标准外，还应达到下列标准：

（1）小学教师具有大学专科及以上学历和中学高级教师职务。

（2）能系统掌握、全面正确理解学科或课程标准（教学大纲），能精通本专业中学或小学的全部教材，有丰富的教育教学实践经验，教书育人，成绩突出。

（3）主持或参加过市级以上教育科研课题的研究工作并取得阶段性成果；在国家级以上正式刊物上发表过与本专业密切相关的教育教学文章或发表（宣读）过的论文或市级一等奖或以上奖励；出版过个人专著（含中小学课外读物，不含解题性和升学指导性读物）。

（4）在指导青年教师进行教育教学、科学研究、论文写作和指导青年教师课堂教学方面有显著成绩。

（5）能设计、开发并能熟练使用本专业常用的计算机软件。目前暂时按对市级中青年骨干教师的标准要求掌握。

（6）有一定外语水平，能借助工具书，用一种外文阅读和翻译本专业的书籍和论文。小学市级中青年学科教学带头人外语暂不作要求，中学市级中青年学科教学带头人外语能力应达到大学英语 4 册（其他语种相当），目前暂时按对市级中期的骨干教师的标准要求掌握。市级中青年学科带头人在市级中青年骨干教师中产生。

2001 年 7 月，市教委举行第二次中小学市级中青年学科教学带头人评选，对象限定为 45 岁以下（1956 年 1 月 1 日以后出生）教师。计划评选中小学市级中青年学科带头人 30 名，实际评选出市级学科教学带头人 24 人。

2003 年 5 月，市教委制定《北京市幼儿园中小学中等职业学校学科教学带头人骨干教师选拔和管理暂行办法》7 章 22 条。从此，中小学学科教学带头人荣誉称号成为正式制度，每届任期三年。

该办法第三条规定：选拔市级学科教学带头人每三年进行一次，试行动态管理、不搞终身制。

第五条规定选拔对象为：市级学科教学带头人选拔对象在市级骨干教师中产生；前一任市级学科教学带头人符合条件者可再次被推荐选拔。

第六至第八条规定选拔条件为：热爱社会主义祖国，热爱教育事业，热爱学生。牢固树立终身从教的思想，坚持工作在教学第一线，把主要精力放在本职岗位上。有良好的师德和奉献精神，做到教书育人，为人师表。团结同志，善于合作。积极进取，不断探索，用于创新。

学科教学带头人具备的条件还有：①小学教师具有中学高级教师职务。②系统掌握、全面理解学科课程标准（教学大纲），精通本专业中学或小学的全部教材，有丰富的教育教学经验，教书育人成绩突出。③ 5 年内主持或参加过市级以上教育科研课题的研究工作并取得阶段性成果；5 年内在市级以上正式刊物上发表过与本专业密切相关的教育教学文章或发表（宣读）过的论文获市教委或中国教育学会、北京教育学会颁发的一等奖以上奖励；5 年内出版过个人专著（含课外读物及 4 万字以上的中小学教材、教参，不含题解性或升学指导性读物）。④在指导青年教师进行教育教学科学研究、论文写作和指导青年教师课堂教学方面有显著成绩。⑤有一定计算机应用水平，能设计并熟练应用本专业常用的教学软件。⑥有一定外语水平，能借助工具书，用一种外文阅读本专业书籍或论文。

《暂行办法》首次规定了市级学科教学带头人的职责：①做职业道德楷模。②成为全市中小学教师在学科教学、教育、科研中的带头人。③完成教育教学任务，教学水平高，教学成绩显著。④承担示范课、观摩课、研究课等公开教学任务。⑤参加教改实验和课题研究，每年发表 1 ~ 2 篇论文、经验或科研报告。⑥每年指导 2 ~ 3 名骨干教师（须包括本区县外校或外区县一名骨干教师）。⑦承担市、区县教委或业务部门交给的教育教学、支教讲学、教育科研、教师培训、教材编写等有关工作任务（见表 7–5）。

表 7–5　北京市历年评选市级学科教学带头人数

单位：人

年　份	总　计
1997—2000	100
2001	24
2004	156
2007	375
2010	398

（三）骨干教师

在中小学教师培养、培训中，骨干教师最初只是一种“群体”性笼统概念，随着该群体在教学工作中发挥的作用越来越大，遂逐渐演变为一种含有明确条件、职责和待遇的正式称号。

1991 年 12 月，国家教委印发《关于开展小学教师继续教育的意见》中提出的继续教育任务是：“通过教育教学实践和培训，使每个教师的政治业务素质不断得到提高，从中成长出一批教育教学骨干。”“当前，要把骨干教师培训放在重要位置。”1993 年 7 月，国家教委印发《关于加强小学骨干教师培训工作的意见》，指出：“骨干教师是教师队伍中的中坚力量，在教师队伍建设中起着承上启下的重要作用。”“各地在面向全体教师，搞好职务培训的同时，应着重加强对骨干教师的培训。”并提出小学骨干教师的 4 条要求作为选拔培训对象的标准：

（1）有良好师德修养。

（2）具有较高的文化素养和较强的自学能力。

（3）教育思想正确。

（4）有较强的科研能力和教学改革意识。

1997 年 4 月，市教委印发《关于在北京市中小学选拔市级中青年学科教学带头人和骨干教师的通知》，首次把市级中青年学科教学带头人和骨干教师作为独立荣誉称号进行评选。选拔范围为：年龄 45 岁以下（1997 年度指 1952 年 1 月 1 日以后出生，此后出生日期每年向后顺延一年）的中小学在职专任教师。选拔数额：从 1996 年到 2000 年，在全市中小学 45 岁以下教师中选拔出市级骨干教师 1000 名。当年计划选拔骨干教师 300 名（中小学各占一半），实际评选出中青年骨干教师 225 名，其中小学 99 名，中学 126 名。

中青年骨干教师标准：

（1）热爱社会主义祖国，热爱教育事业，有良好的师德。

（2）中学教师具有大学本科及以上学历和中学高级教师职务；小学教师具有大学专科及以上学历和小学高级教师职务。参加过继续教育学习并取得结业证书。

（3）担任过 5 年（含 5 年）以上班主任工作并取得较好成绩。

（4）掌握扎实的学科基础理论和基本技能，熟悉并掌握教学大纲，教学效果好，承担过市级以上公开课或研究课并获奖。

（5）有一定的教育理论修养，具有较强的教育科研能力，承担或参与市级科研课题并有较好成果。在市级以上刊物发表过论文或与专业有关的教育教学文章，其论文获市级以上奖励。

（6）能熟练使用与本专业有关的计算机软件。

（7）能借助工具书，用一种外文阅读本专业的参考书籍。

选拔程序规定：市级中青年骨干教师应在区县级骨干教师中产生。经评审组和市教委审定后，市教委印制并颁发“中青年骨干教师”证书。

1998 年 12 月，市教委举行第二次市级骨干教师评选，共计评选出市级中青年骨干教师 178 名，其中小学 59 名，中学 119 名。

2001 年市教委修订 1997 年市级骨干教师选拔标准。骨干教师标准修订为：

（1）有良好师德，教书育人，为人师表。

（2）中学教师具有大学本科及以上学历和中学高级教师职务，在同等条件下取得硕士研究生主要课程进修班结业证书的教师可优先考虑。小学教师具有大学专科及以上学历和小学高级教师职务。

（3）学科基础理论和基本技能扎实，熟悉并掌握学科课程标准（教学大纲），教学效果好，承担过市级以上公开课或研究课并获奖。

（4）有一定的教育理论修养，具有较强的教育科研能力，承担或参与市级科研课题并有阶段性成果，并在区级及以上刊物发表本人撰写的有关文章；在市级以上刊物发表过与专业有关的教育教学文章；论文获市级或以上奖励。

（5）能熟练使用本专业常用计算机软件。

（6）能借助工具书，用一种外文阅读本专业参考书籍。小学市级中青年骨干教师外语暂不作要求，中学中青年骨干教师外语能力应达到大学英语 2 册水平（其他语种相当），外语教师的第二外语水平按上述要求掌握。

市级中青年骨干教师原则上在区县级中青年骨干教师中产生。

2001 年 7 月，市教委举行第三次中小学市级骨干教师评选，对象限定为 45 岁以下（1956 年 1 月 1 日以后出生）教师，评选出市级骨干教师 506 名。

2003 年 5 月，市教委制定《北京市幼儿园中小学中等职业学校学科教学带头人骨干教师选拔和管理暂行办法》7 章 22 条。从此，中小学骨干教师荣誉称号成为正式制度，每届任期三年。

该办法第三条规定：选拔骨干教师每三年进行一次，实行动态管理、不搞终身制。

第五条规定选拔对象为：市级骨干教师选拔对象在区县级骨干教师中产生；市级学科教学带头人选拔对象在市级骨干教师中产生；前一任市级学科教学带头人、骨干教师符合条件者可再次被推荐选拔。

第六至第八条规定选拔条件为：热爱社会主义祖国，热爱教育事业，热爱学生。牢固树立终身从教的思想，坚持工作在教学第一线，把主要精力放在本职岗位上。有良好的师德和奉献精神，做到教书育人，为人师表。团结同志，善于合作。积极进取，不断探索，用于创新。

骨干教师须具备条件还有：①中学教师具有大学本科及以上学历和中学高级教师职务，小学教师具有小学高级教师职务。②学科基础理论和基本功扎实，熟悉并掌握学科课程标准（教学大纲），教学效果好，5 年内承担过市级以上公开课、研究课或承担区级公开课、研究课并获一等奖。③ 5 年内承担或参与市级科研课题有阶段性成果，并在区级以上刊物上发表本人撰写的有关文章；5 年内在市级以上正式刊物发表过与专业有关的教育教学文章；5 年内论文获市级以上奖励。④能够了解学生发展规律，有一定外语水平，掌握现代教育技术，同时具有广阔的学术视野及了解学术前沿的意识，能够根据社会、经济、科技和教育的发展，通过各种形式的继续教育，不断更新教育观念和自己已有的知识，提高学科专业化教育专业水平。

暂行办法首次规定骨干教师职责：

市级骨干教师职责：①做职业道德楷模。②成为教育教学和科研骨干力量。③完成教育教学任务，保持较高的教学水平和成绩。④承担示范课、观摩课、研究课等公开教学任务。⑤参加教改实验和课题研究，每年发表一篇论文、经验或科研报告。⑥每年指导 2–3 名区县、校级骨干教师（须包括本区县外校或外区县一名骨干教师）。⑦承担市、区县教委或业务部门交给的教育教学、支教讲学、教育科研、教师培训等有关工作任务（见表 7–6）。

表 7–6　　北京市历年评选市级骨干教师数

单位：人

年份	总计	小学	中学
1997	225	99	126
1998	178	59	119
2001	506	（占总数的 2/5）	（占总数的 3/5）
2004	1844	—	—
2007	2095	—	—
2010	2018	—	—

第四节　工资与福利

1994 年前，北京市中小学教职工工资实行内部管理体制改革中的“结构工资制”。1994 年进行事业单位工作制度改革，实行中小学职务（技术）等级工资制。2001 年前，中小学工资总额中，学校自筹部分占有相当大比例，此后由财政统一发放工资，但教师统一发放的工资项目仅包括国家和北京市统一规定的工资项目。中小学教师收入构成中仍保留一部分“自筹经费”,但所占份额逐年减少，校际间收入差距逐渐缩小。2001 年以后，教师工资正常增资制度逐渐完善起来。偏远农村和山区教师享受农村（山区）特殊补贴。

中小学教职工福利，包括在职福利和退休福利。20 世纪 90 年代，在职教职工福利统由全市统一规定，进入 21 世纪后，部分福利政策权限下放到区县。退休教职工福利主要是享受 30 年教龄奖励，该项政策根据实际情况不断修订，最大限度照顾到退休教职工的利益。同时通过“共享改革成果”原则，不断提高退休教职工的福利待遇。

根据北京教科院2007年一项“北京市中小学教师工作满意度调查”，在16个问卷项目中，中小学教职工对“福利”仍不太满意，按满意度排序，排第12位，对“报酬”最不满意，排列16位。此调查反映出教职工对《教师法》规定的“教师的平均工资水平应当不低于或者高于国家公务员的平均工资水平，并逐步提高”尚不满意。

教职工待遇在荣誉方面主要是特级教师和学科教学带头人、骨干教师三个制度性荣誉称号。这三个称号经过多年实践，成为教师职称系列的重要补充。特级教师为市级管理的荣誉称号，学科教学带头人和骨干教师分为三级：市级、区县级和学校级。每级称号都有相应级别的津贴补助。

其他不定期评选的荣誉称号主要有“北京市中小学‘紫禁杯’优秀班主任”奖（此奖项为两一年一次定期奖项）和“十佳班主任”“北京市人民教师”“劳动模范”“优秀教师”“优秀教育工作者”等。获上述荣誉称号的教职工，均可同时获一次性奖金。

一、工资

北京市中小学从1989年开始实行学校内部管理体制改革，改革主要内容之一是实行校内结构工资制，即在原有教育事业费列出的基本工资之外增加结构工资补贴。该制度的基本特征是在核定学校编制基础上，实行工资总额包干，依据各尽所能、按劳分配原则，根据劳动数量和质量合理拉开分配档次。包干的工资总额包括：①国拨工资和部分福利性补贴；②学校创收用于分配的经费；③市、区县和乡财政支持校内结构工资制的补贴经费。校内结构工资包括：基本工资、课时和职务津贴、工龄教龄津贴、奖励工资四部分，副食品补贴、肉价补贴、惠民补贴、独生子女费、交通费、山区工作补贴仍按规定发放。教职工总收入即：结构工资的四部分与以上各种补贴之和。校内结构工资制的补贴资金由学校创收自筹、市或区县财政补贴、乡镇补贴等多渠道筹措。校内结构工资制的实行，推进了校长负责制的实施，并优化了教师队伍。

1991年11月，市政府办公厅印发《关于增加市属中小学、幼儿园教职工结构工资问题的通知》，从1991年9月1日起，市属中小学、幼儿园职工每人每月增加结构工资10元。增加结构工资所需经费原则上由各区、县人民政府解决。对门头沟、怀柔、平谷、延庆、密云5个山区区、县，市政府拨款专款补贴。增加的结构工资专款列入各校（园）结构工资总额，由各中小学、幼儿园集中掌握，不得平均使用。

1992 年 12 月，市政府办公厅印发《关于增加市属各级各类学校教职工收入问题的通知》，落实当年市委、市政府为教育所办 10 件实事中关于“继续提高市属各级各类学校教职工待遇，除正常晋职晋级外，从今年 9 月 1 日起，将教职工人均收入再提高 5%”的要求，决定市属各级各类学校教职工每月人均增加收入 14 元。这笔专款纳入各级各类学校工资总额，所需经费原则上由各区县政府和市政府各委办局（总公司）解决。

1994 年，人事部、国家教委印发《事业单位工作人员工资制度改革方案》三个实施意见，其中《中小学贯彻〈事业单位工作人员工资制度改革方案〉的实施意见》规定：“新的中小学工资制度总称为中小学职务（技术）等级工资制。工作人员工资由职务（技术）等级工资和津贴两部分构成。职务（技术）等级工资为工资中的固定部分，主要体现工作能力、责任、贡献、劳动的繁重复杂程度；津贴主要体现各类人员的岗位工作特点、劳动的数量和质量。”在工资构成中，职务（技术）等级工资部分占 70%，津贴部分占 30%（见表 7–7 和表 7–8）。

表 7–7　　中小学教师专业职务等级工资标准表

单位：元

职务等级	职务工资标准										津贴部分
	一	二	三	四	五	六	七	八	九	十	
中学高级教师	275	305	335	365	395	435	475	515	555	—	62 ~ 238（按工资构成中的 30% 计算）
中学一级小学高级	205	225	245	265	285	315	345	375	405	435	
中学二级小学一级	165	179	193	213	233	253	273	293	313	333	
中学三级小学二级	150	162	174	192	210	228	246	264	—	—	
小学三级教师	145	156	467	183	199	215	231	—	—	—	

表 7–8　　职员职务等级工资标准表

单位：元

职务等级	职务工资标准										岗位目标管理津贴
	一	二	三	四	五	六	七	八	九	十	
一级职员	480	520	560	605	650	695	—	—	—	—	62 ~ 298（按工资构成中的 30% 计算）
二级职员	335	370	405	440	480	520	560	—	—	—	
三级职员	235	260	285	310	340	370	400	430	—	—	
四级职员	180	198	216	234	252	276	300	324	348	372	
五级职员	160	174	188	202	216	233	250	267	—	—	
六级职员	145	157	169	181	193	207	221	235	—	—	—

中小学行政职务对应上表为三级职员以下等级。重点高中、完中、18 班以上高中、24 班以上完中校长对应三级职员二档，上述高中副校长和其他高

中校长对应三级职员一档。初中、实验小学校长、上述高中副校长或中层正职对应四级职员二档，县以上城市完全小学校长、乡中心小学校长、初中和实验小学副校长等对应四级职员一档。乡镇完全小学校长、县以上城市完全小学副校长，及其他相应职员对应五级职员。其他职员对应六级职员（见表 7–9 和表 7–10）。

表 7–9　　中小学课时津贴参考标准表

单位：元

	高中	初中	小学
高级	2.3 ~ 4.5	1.8 ~ 3.5	1.1 ~ 2.3
一级	1.7 ~ 3.6	1.4 ~ 2.8	0.9 ~ 1.8
二级	1.4 ~ 2.8	1.1 ~ 2.2	0.8 ~ 1.4
三级	1.2 ~ 2.2	1.0 ~ 1.7	0.8 ~ 1.2

说明：高中教师按 10 ~ 12 课时 / 周计算；
初中教师按 14 ~ 16 课时 / 周计算；
小学教师按 18 ~ 22 课时 / 周计算

表 7–10　　中小学领导职务津贴参考标准表

单位：元

校长津贴＝学校各类人员津贴总额 / 学校总人数 ×（80% ~ 100%）
副校长津贴＝学校各类人员津贴总额 / 学校总人数 ×（60% ~ 80%）
学校中层正职津贴＝学校各类人员津贴总额 / 学校总人数 ×（50% ~ 60%）
学校中层副职津贴＝学校各类人员津贴总额 / 学校总人数 ×（40% ~ 50%）

《中小学贯彻〈事业单位工作人员工资制度改革方案〉的实施意见》规定中小学试行正常增资制度，经考核合格人员，每两年晋升一个工资档次；经考核优秀的专业技术人员，可提前或越级晋升，晋升比例为单位总人数的 3% 以内。并对考核合格人员年终发给相当本人一个月工资（当年 12 月份职务工资与津贴之和）的奖金。

北京市实行结构工资制度后，中小学校自筹工资数额逐年加大。1992 年为 0.62 亿元，1993 年增至 1.12 亿元，1994 年达到 1.5 亿元，1996 年增至 2.98 亿元。1994 年全市中小学国拨工资所占份额为 70.28%，1996 年全市中小学国拨工资所占份额只有 59.02%。

1996 年，根据市教委对全市中小学教职工工资收入状况的调查，全市中小学正式在编教职工 160257 人（含幼儿园和其他相关教学单位），人均年收入 9613 元，比当年全市职工平均工资 9550 元高 63 元。但城近郊区与远郊区教职工工资存在较大差距。当年城近郊教职工人均年收入 10741 元，远郊教职工人均年收入

8130元（见表7–11）。

表7–11　　1996年中小学教职工人均年收入（元）

	中学	小学
全市	10 053	8625
城近郊	11 525	9861
远郊	8358	7825

学校间教职工收入差距较大，学校年均工资按高、中、低三档区分，城近郊区少数学校年均工资为12 000 ~ 14 000元，个别学校超过15 000元，多数学校为9000 ~ 11 000元；办学条件差或薄弱学校年均工资为9000 ~ 10 000元，个别小学年均工资为8000元左右。远郊区县教职工年均工资每一类分别比城近郊区学校低2000元左右。年均工资高的学校多是市、区重点学校或办学条件好、知名度高、校办企业效益高、收到教育捐资和教育补偿金多的学校（见表7–12）。

表7–12　　城近郊和远郊中小学各级职务教师人均年工资收入差距（万元）

	职务	中学	小学
城近郊	高级	1.3 ~ 1.5	1.2 ~ 1.4
	中级	1.1 ~ 1.3	0.96 ~ 1.2
	初级	0.9 ~ 1.3	0.75 ~ 0.95
	行政人员	1.0 ~ 1.15	0.85 ~ 1.3
远郊	高级	0.95 ~ 1.1	1.0 ~ 1.15
	中级	0.86 ~ 1.2	0.77 ~ 0.94
	初级	0.70 ~ 0.82	0.68 ~ 0.82
	行政人员	0.80 ~ 0.95	0.80 ~ 0.98

中小学教职工个人工资收入差距很大。全市中小学教职工年均工资为6000 ~ 11 999元者占总人数的79.8%，12 000 ~ 15 999元者占总人数的12.51%，16 000 ~ 20 000元及以上者占总人数的2.64%。年均工资为6000 ~ 11 999元的教职工中2/3的人年工资收入在10 000元以下。中学教职工最高年收入为35 990元，小学教职工最高年收入为21 636元，最低为2335元。

1996年，全市中学有代课教师2554人，小学有代课教师4632人。代课教师人均年收入分别为中学4008元，小学3968元。代课教师工资经费来源：区县拨款占71%，乡镇补贴占23%，其他来源（包括学校自筹）占6%。1997年，市教委专项调查显示，1991—1996年，新增代课教师2691人，占代课教师总数的47%，平均每年增加448人。代课教师待遇偏低，工资改革前，代课教师平均月工资比正式教师低100元，1994年工资改革后，差距进一步拉大。

1997 年，西城区试行中小学校长职级制，2000 年兑现职级制工资。校长职级工资分四级，标准从 750 至 1500 元不等。试行职级工资后，中学校长人均年收入增长 62%，小学校长人均年收入增长 64%（见表 7–13）。

表 7–13　　实行职级工资前后中小学校长人均月收入对比表（单位：元）

	现工资	职级工资	增资
中学校长	1803	2927	1124
小学校长	1436	2354	918

2000 年，市教委印发《关于改革人事分配制度深化学校内部管理体制改革的意见》，中小学开始分步试行教职工聘用合同制。文件规定："教职工收入分配应由学校人事部门制定方案，教代会审议，学校批准。"并要求各区县教委"运用政策导向强化分配的激励功能，指导学校在结构工资方面合理拉开分配档次，实现学校结构工资水平与学校的办学水平相适应，使教师结构工资与教师工作数量、工作业绩相对应"。"坚持'效率优先，兼顾公平'的原则，强化岗位管理。以岗定薪，岗变薪变，实现按劳分配，优劳优酬，充分体现工资的激励功能和对拔尖人才贡献的肯定"。

2000 年，北京市城近郊 8 区实行岗位聘任制和聘用合同制的中小学年人均工资收入情况调查表明，实行聘用合同制比实行岗位聘任制单位的教职工年人均收入高 1642 元，结构工资中浮动部分所占比例高 8.5%（见表 7–14）。

表 7–14　　北京市城近郊 8 区中小学教职工人均工资收入情况（单位：元）

用人方式	合计	教职工年人均工资收入		
		固定部分	占总额（%）	浮动部分
岗位聘任制	19 253	8627	44.8	10 626
聘用合同制	20 895	9236	44.2	11 659

2001 年，市教委调查北京市山区及边远地区教师待遇，"收入偏低"仍是主要问题。山区及边远平原地区教师月平均收入为 1094 元，远郊区县教师人均工资为 1202 元，同类教师与城镇学校教师待遇拉开差距。主要原因是：①政策性补贴标准过低，山区津贴仅为一二十元；②山区及边远平原地区学校普遍没有创收能力，结构工资靠区县和乡镇补贴，只能维持较低标准。

2001 年，市教委、市财政局、市人事局、市机构编制委员会根据国务院规定，联合印发《关于做好中小学教师工资统一发放工作的通知》，把中小学教师工资纳入公务员工资发放保障体系中统一发放，2001 年年底实行。教师统一发放工资指用财政预算安排的工资资金由财政部门委托代发银行（或当地信用社）直接拨付到个人账户上的管理方式。教师统一发放的工资项目仅包括国家和北京市统一规定的工资项目。2004 年 1 月，市教委、市财政局印发《农村中小学职工工资发放和义务教育管理体制调整情况月报表》“说明”,“国家统一规定的标准工资”包括：①职务工资；② 30% 的津贴；③中小学教师提高 10% 部分；④国家规定的各种津贴、补贴，即教龄津贴、班主任津贴、工改保留的补贴、特级教师津贴、特教补贴。

2002 年，市教委为改中小学“结构工资制”为“职务等级工资”模式，对全市中小学教职工工资收入水平进行调查，结果显示：2001 年中小学教职工由国拨工资和自筹工资两部分组成。国拨工资主要项目为：职务等级工资及其 10%、津贴、职务补贴、其他津贴、包干结余奖、目标管理奖、书报费、洗理费（女士卫生费）、交通费、年终一次性奖金、失业保险基金、基本养老保险基金、住房公积金、住房补贴等。学校自筹工资来源依次为：社会捐资，约占 32%；校舍出租，约占 22%；校办产业收入，约占 13%；办班收入，约占 11%；区县政府投入，约占 10%；其他收入，约占 12%。2001 年，学校自筹工资（含区县乡筹集）为 57475 万元，占工资总额的 18.28%（见表 7–15）。

表 7–15　2001 年北京市中小学教职工工资收入情况

	教职工总数（人）	年人均收入（元）	工资总额（万元）	国拨工资		自筹工资	
				金额（万元）	占总额（%）	金额（万元）	占总额（%）
总计	143 948	21 800	314 474.42	256 998.92	81.72	57 475.5	18.28
城区小计	73 392	25 600	187 888.78	136 094.37	72.43	51 794.41	27.57
远郊小计	70 556	17 900	126 585.64	120 904.55	95.51	5681.09	4.49

到 2003 年，远郊区县农村中小学教职工年人均工资与城区相比，差距继续拉大，由 2001 年的 0.77 万元，拉大到 1.1 万元。

2005 年 4 月，市教育工会抽样调查北京市中小学教师工资待遇，结果显示：1. 待遇偏低，在当地收入水平中处于中等偏下；2. 区县间不平衡。北京市中小学教师月平均工资城区集中在 2000 ~ 4000 元间，郊区集中在 1000 ~ 2000 元间（见表 7–16）。

表 7-16　　2005 年北京市中小学教师工资待遇

单位：元

	＜545	545 ~ 1000	1001 ~ 2000	2001 ~ 4000	4001 ~ 6000	6001 ~ 8000	＞8000
西城区	1.0	0.8	31.6	65.1	1.5	0	0
海淀区	2.2	2.6	25.8	64.9	4.5	0	0
丰台区	2.0	2.9	71.9	23.0	0	0	0
朝阳区	1.3	3.3	55.8	38.8	0.4	0.1	0.1
顺义区	1.0	3.6	89.8	5.6	0	0	0
通州区	4.6	.7.	81.3	6.3	0.2	0	0
延庆县	0	3.7	78.5	17.8	0	0	0
平谷县	2.9	4.5	82.3	9.8	0.5	0	0
密云县	3.7	2.3	78.1	15.3	0.3	0	0

根据《城镇教师支援农村教育暂行办法》，从 2005 年开始，市教委每年安排城八区部分教师到 10 个远郊区县支教，城区教师与远郊区县教师的收入差距由"传说"变成"现实"，摆在农村教师面前。城区到大兴区支教的一名小学教师月工资 5000 多元与所支教学校同类教师月收入 2000 多元的差距对农村教师产生较大心理冲击。区县教委和学校校长强烈呼吁尽快提高农村教师工资，缩小城乡收入差距。

2007 年 11 月，市教委、市财政局印发《关于完善北京市义务教育经费保障机制的通知》，规定教师工资负担机制继续实施由区县政府统一发放，按照"编制部门核准编制、人事部门核定人员和工资、财政拨付经费、银行（或当地信用社）代发到人、经费及时足额到位"的管理原则，教师工资由区县财政在年度预算中全额保障，并由区县政府统一支付。

二、福利

1987 年，市人事局、市教育局印发《关于对从事普教工作满 30 年的教育工作者在退休后给予奖励的实施办法》，根据市政府关于"凡从事中小学教育工作满 30 年、表现优秀、成绩显著者，在退休后给予奖励"的决定，规定：凡退休的中小学教育工作者，符合下列条件的，给予奖励：①退休前在市、区县教育局所属各类中小学、师范学校、教师进修学校（含北京教育学院分院）、幼儿园、少年宫、少年之家、科技馆（站）和教研机构中工作的人员，从事教师工作累计满 30 年的教师，担任副主任以上领导职务的干部或任教 15 年以上因工作需要调做校内其他工作的教师，在上述单位工作时间累计满 30 年。②基础工资、职务工资之和为 97 元及以上的，或曾获得市教育行政部门及其以上机关授予荣誉称号的先进个人。1988年两局印发修改意见，将“满30年”修订为“男满30年女满25年”，将“基础工资、职务工资之和为97元及以上的”修订为“具有中学一级教师和小学一级教师及其以上技术职务者”。1990年8月，北京市人事局、市教育局印发《对〈关于对从事普教工作满30年的教育工作者在退休后给予奖励的实施办法〉的修改意见的通知》的补充通知，再次放宽享受退休奖励待遇的条件，给不同群体，特别是1985年以前退休的教师设定不同条件，凡符合下列条件之一者，均可享受退休奖励：①参评教师职务的人员具有中学一级教师和小学一级教师及其以上技术职务者；②1985年工资改革后退休为参评中学教师职务的中学人员基础工资、职务工资之和为97元及以上者，为参评小学教师职务的小学人员基础工资、职务工资之和为70元及以上者；③1985年工资改革前退休的，中学教师退休时本人工资额为76元及以上者，小学教师退休时本人工资为小教新7级、小教老6级及以上或本人标准工资额为49.5元及以上者；④曾获得市教育行政部门（包括与有关部门联合的）及以上机关授予荣誉称号的先进个人。

1991年2月，市教育局印发《关于加强普教系统退休教职工管理服务工作暂行规定》，规定退休教师返聘后仍在教育部门服务的，应同等享受在职人员的评先受奖；退休教师生活待遇除按规定领取退休金、生活补助、书报费、洗理费外，应与原单位同级人员一样，享受公费医疗、困难补助、健康检查，休养、住房分配和非生产（工作）性福利待遇。用创收效益解决在职人员生活福利时，也要适当照顾退休教师。

1990年10月，市教育局转发市劳动局、财政局、人事局《关于调整职工冬季取暖补贴标准的通知》，本市长城以内地区取暖补贴由原定标准16元调整为32元，长城以外地区由原定18元调整为36元。1995年2月，市教育局转发市财政局、劳动局、人事局《关于调整职工冬季取暖补贴标准的通知》，本市长城以内地区取暖补贴调整为每人每年90元，长城以外地区调整为每人每年100元。

1992年，市教育局转发国家教委文件，规定“女教师产假若正值寒暑假期间，其寒暑假休假时间可以顺延”。1994年，市教育局转发人事局《关于机关、事业单位女职工产假期间工资计发问题的通知》，规定女职工产假期间工资按本人职务（技术等级）工资与按国家规定比例计算的津贴。

1995年1月，市教育局转发市财政局、人事局《关于调整书报费等有关开支标准的通知》，担任中级以上专业技术职务和副处级以上干部每人每月补助27元，其他专业技术人员和一般干部每人每月补助25元，工勤人员每人每月23元。防暑降温费补助标准为夏季 3 个月每人每月 20 元。

1999 年以后，含山区的区县陆续发放山区教师浮动工资，依区县财力，每人每月增加山区补贴十元至几十元不等。2003 年 7 月，房山区提高山区教师待遇，山区补贴每人每月增加 50 元，全年核发 10 个月。经费由区财政负担，共计涉及教师 1413 人。

2007 年，各区县清理整顿教师津贴、补贴、奖金及核增绩效工资。

第五节　表彰与奖励

1992 年 10 月，国家教委发布《教师和教育工作者奖励暂行规定》，国务院教育行政部门会同人事部门对长期从事教育、教学和管理、服务工作并取得显著成绩的教师和教育工作者，分别授予“全国优秀教师”“全国优秀教育工作者”称号，颁发相应的奖章和证书；对其中有突出贡献者，授予“全国教育系统劳动模范”称号，颁发相应的奖章和证书，对获得“全国教育系统劳动模范”称号的教师，同时颁发“人民教师”奖章和证书。

1998 年 1 月，教育部依据《中华人民共和国教师法》制定《教师和教育工作者奖励规定》，同时废止《教师和教育工作者奖励暂行规定》。规定奖励称号有 4 个：国务院教育行政部门对长期从事教育教学、科学研究和管理、服务工作并取得显著成绩的教师和教育工作者，分别授予“全国优秀教师”和“全国优秀教育工作者”荣誉称号，颁发相应的奖章和证书；对其中做出贡献者，由国务院教育行政部门会同国务院人事部门授予“全国模范教师”和“全国教育系统先进工作者”荣誉称号，颁发相应的奖章和证书。奖励“全国模范教师”“全国教育系统先进工作者”和“全国优秀教师”“全国优秀教育工作者”，每三年进行一次，并于当年教师节期间进行表彰。

北京市除参加评选国家教师和教育工作者奖励称号外，还根据北京市具体情况设置若干奖励称号。

一、“紫禁杯”优秀班主任

1988 年，市教育局与市旅游局合作设立“北京市中小学‘紫禁杯’优秀班主任”奖。市旅游局向全市旅游职工印发倡议，募集“紫禁杯”教育奖励基金 52 万元。教育局评选 400 名优秀班主任，在教师节表彰和奖励。该奖项于 1988 年举行第一届表彰奖励，此后每年一届，至 2010 年已实施第 23 届，共计 9200 名班主任获得表彰奖励，成为北京市中小学班主任队伍建设中的例行奖项。

1992 年，市旅游局为“紫禁杯”教育奖励基金会补充资金 20 万元，提高对获奖班主任的奖励额度。

1993 年 9 月，市教育局和市旅游局成立“紫禁杯”教育奖励基金管理委员会，至此，该会已募集基金 100 万元。1994 年 3 月，北京市“紫禁杯”教育奖励基金会正式注册。

2006 年，“紫禁杯”教育奖励基金改由北京银行支持赞助。

2010 年，市教委与北京银行商定调整北京市中小学“紫禁杯”优秀班主任表彰奖励数额，每年表彰奖励总人数（400 人）不变，各等次奖励金额分别提高：特等奖由每人 1200 元提高至 2000 元，一等奖由 600 元提高至 1000 元，二等奖由 400 元提高至 500 元。奖金由“紫禁杯”教育奖励基金会支出。至此，“紫禁杯”教育奖励基金每年奖励支出达到 240 万元。

二、“北京市中小学十佳班主任”

2006 年 9 月，市委教育工委、市教委授予郑丹娜（朝阳区垂杨柳中心小学）、万平（东城区史家小学）、王建红（崇文区体育馆路小学）、魏宝童（平谷区镇罗营学区）、王岭（北京市第十二中学）、李秀娟（北京市苹果园中学）、赵建玲（大兴区第一中学）、全斌（顺义区第十中学）、王保东（密云县第二中学）、周同丽（北京市信息管理学校）10 人“北京市中小学十佳班主任”荣誉称号。2008 年 10 月，市委教育工委、市教委授予冯勉（北京市第二实验小学）、高雅跃（宣武区康乐里小学）、袁凤芹（海淀区育英学校）、何艳梅（大兴区黄村镇中心小学）、孙凤香（怀柔区第一小学）、吴京梅（北京市第二中学）、李志伟（北京市广渠门中学）、刘乃忠（北京市和平街第一中学）、荣淑印（顺义区第八中学）、郭文义（古城旅游职业学校）10 人“北京市中小学十佳班主任”荣誉称号。

2006 年，市委、市教委计划将“北京市中小学十佳班主任”建成两年一次的表彰制度，但仅表彰上述两届。

三、“北京市人民教师”

1993 年，北京市评选孙维刚等为“十大杰出教师”，授予“北京市人民教师奖”（其中中小学教师 5 人），每人发奖金 1 万元。其中基础教育系统 5 人：

马芯兰　（女）　朝阳区幸福村中心小学

孙维刚　　　　　北京市第二十二中学

周沛耕　　　　北京大学附属中学
柴喜春（女）大兴县黄村第二小学
王继芬（女）东城区东华门幼儿园

2008年，市委教育工委、市教委、市人事局、市财政局、市教育工会联合设立“北京市人民教师奖”。评选对象为全市各级各类学校、幼儿园长期从事教育工作，曾获全国模范教师、全国优秀教师、北京市优秀教师称号，献身教育事业、做出过突出贡献，在北京乃至全国有一定影响，目前仍在教育教学第一线的教师。“人民教师奖”由市政府批准，“人民教师提名奖”，由上述五委局批准。9月10日，发布表彰决定，怀柔区第一中学语文教师马红民、北京第二实验小学语文教师曲莉梅、延庆县一中物理教师许铁成、北京汇文中学物理教师张国、朝阳区劲松第一幼儿园教师芦德芹、北京教科院基础教育研究中心教师吴正宪、北京市建筑材料工业学校教师刘振强、中国人民大学经济学院教授吴易风、首都师范大学教授欧阳中石、北京大学数学学院教授姜伯驹10人获首届“北京市人民教师”称号，万平、王慧萍、付雁、吕雪晶、张晓建、张增甫、郑丹娜、彭永臻、简水生、薛贵10人获“北京市人民教师提名奖”称号。该奖项四年评选一次。

四、劳动模范与优秀教师

1991年，北京市中小学7名教师获全国教育系统劳动模范称号，58名教师获全国优秀教育工作者称号。

1992年，北京市普教系统表彰模范校长13人、优秀党支部书记12人、模范班主任11人。北京市第四中学韩茂富获全国十佳体育教师称号。

1993年，北京市中小学7名教师获全国教育系统劳动模范称号，62名教师获全国优秀教师称号，7名教师获全国优秀教育工作者称号。

1994年，北京市表彰模范班主任10人。

1998年，北京市中小学7名教师获全国模范教师称号，1名教师获全国教育系统先进工作者称号，19名教师获全国优秀教师称号。

2001年，北京市中小学7名教师获全国师德先进个人称号。

2004年，北京市中小学2名教师获全国五一劳动奖章，8名教师获全国劳动模范称号，1名教师获全国教育系统先进工作者称号。

2007年，北京市中小学8名教师获全国模范教师称号，1名教师获全国教育系统先进工作者称号。6所中小学获全国教育系统先进集体称号。

2009年，北京市中小学10名教师获全国模范教师称号，20名教师获全国优秀教师称号，1 名教师获全国教育系统先进工作者称号，2 名教师获全国优秀教育工作者称号。

北京市及各区县教委、教育工会也不定期评选市级、区县级优秀教师，颁发相应荣誉称号。

五、特级教师马芯兰、孙维刚

1994 年，市委教育工委、市政府文教办、市教育局、市教育工会联合发出通知，要求在普教系统共产党员、教职工中开展向马芯兰同志学习的活动。1997 年 9 月，市委教育工委、市教委、市教育工会联合做出《关于开展向孙维刚同志学习活动的决定》，号召“在全市普教系统开展向孙维刚同志学习的活动”。

（一）特级教师马芯兰

1994 年 12 月，朝阳区幸福村小学特级教师马芯兰获首届“中国十杰中青年教师”称号。1995 年 1 月，市教育局召开马芯兰教学思想研讨会，会后决定自 1995–1996 学年度第一学期开始，在全市扩大推广马芯兰教改经验，实验范围扩大到新一年级的 1/5 左右。朝阳区政府拨款 130 万元在幸福村中心小学建马芯兰教学综合楼。

2007 年，马芯兰退休后，受朝阳区教育工委、区教委邀请担任以“马芯兰教学法”实验为特色的星河实验小学校长。

（二）特级教师孙维刚

1997 年 9 月，市委教育工委、市教委、市教育工会联合做出《关于开展向孙维刚同志学习活动的决定》，号召“在全市普教系统开展向孙维刚同志学习的活动”。孙维刚，北京市第 22 中数学教师，山东海阳郭成人，1938 年 12 月出生。1962 年参加教育工作。从 1980 年开始在教学思想、教学内容和教学方法等方面进行改革实验，16 年三轮教改实验取得突出成绩。先后获东城区有突出贡献优秀知识分子、北京市模范班主任、北京市科技园丁、北京市特级教师、北京市首批有突出贡献专家、北京市十佳“人民教师”、北京市劳动模范等称号。2002 年 1 月 20 日逝世。

2001 年，东城区教育局授予孙维刚“一代名师”称号。孙维刚 1999 年 9 月开始第四轮教学实验，实验班 40 余名学生，不留家庭作业、不加课，仅用一年半时间学完初一至高一 4 个年级的数学课程。2001 年 1 月，孙维刚为 23 名中学数学青年骨干教师讲授 16 节示范课，全市 100 余名青年教师参加学习。1999 年，东城区教育局举办“孙维刚教育思想研讨会”。2005 年 1 月，东城区教委举办第二届孙维刚教育思想研讨会。

2010 年 3 月，全国首家孙维刚教育思想示范学校落户山西长治屯留县路村乡前苏村。该校由北京致学知科技发展有限公司创办，学校秉承孙维刚“育人教书、教书育人，坚持育人为本，德育为先，培养德智体全面发展人才”的教育思想办学。

第六节　校　长

1991—2010 年，北京市中小学校试行校长负责制、任期制，后又试行职级制。担任校长的学历条件与教师相同，职称要求小学高级教师以上和中学一级教师以上，具有担任副校长或主任职务的经历，并获得“岗位培训合格证书”。校长任免，由区、县教育局提名，干部主管部门考核，根据区、县干部管理权限的规定审批和任命。校长人选必要时由区县教育局进行公开招聘选拔。校长考核，按照干部德才兼备的原则，全面考核德、能、勤、绩。校长待遇，实行校长职务津贴制度。

1990 年 6 月，市政府文教办公室、市教育局印发《关于进一步巩固、完善和深化中小学内部管理体制改革的几点意见》，提出“坚持试行校长负责制”，“校长必须对学校的教育教学、行政管理工作统一领导，全面负责”。

1991 年，国家教委颁发《全国中小学校长任职条件和岗位要求（试行）》，规定中小学校长的主要职责是：“全面主持学校工作”，包括：①领导和组织德育工作；②领导和组织教学工作；③领导和组织体育、卫生、美育、劳动教育工作及课外教育活动；④领导和组织总务工作；⑤配合党组织，支持和指导群众组织开展工作。还包括：发挥学校教育主导作用，努力促进学校教育、家庭教育、社会教育的协调一致、相互配合，形成良好的育人环境。

1992 年，中组部、国家教委印发的《关于加强全国中小学校长队伍建设的意见（试行）》提出：“为保持校长队伍的相对稳定，中小学校长一般不实行任期制。”北京市由于试行学校内部管理体制改革，始终实行校长任期制。校长任期基本为三年，少数区县规定为五年。

2004 年，北京市印发《北京市中学校党支部（总支）工作意见》和《北京市中小学校长工作意见》，提出积极推进校长职级制、任期制。并对党支部书记和校长的任职资格、任免权限、职责权利、议事规则和决策程序等做出具体规定。

从“十五”期间开始，北京市各区县分别举办有成就的校长教育思想研讨会，总结校长管理经验、传播其办学思想。

从“十一五”期间开始，北京市实行“名校长工作室”培训计划，旨在通过资深的、优秀老校长带青年校长的做法，加大对青年校长的培训力度。

一、聘任

中小学校长由区县教育局提名，干部主管部门考核，根据区县干部管理权限的规定审批和任命。校长全面负责学校教育教学和行政管理工作。

（一）资格和职责

1990 年 6 月，市政府文教办公室、市教育局印发《关于进一步巩固、完善和深化中小学内部管理体制改革的几点意见》，提出“要坚持试行校长负责制，并在保证校长按规定充分行使职权的同时，采取切实措施，提高校长的素质和工作水平，推动学校管理的科学化、民主化”。“校长必须对学校的教育教学、行政管理工作统一领导，全面负责”。

1991 年 6 月，国家教委颁发《全国中小学校长任职条件和岗位要求（试行）》，规定：“乡（镇）完全小学以上的小学校长应有不低于中师毕业的文化程度，初级中学校长应有不低于大专毕业的文化程度，完全中学、高级中学校长应有不低于大学本科毕业的文化程度；中小学校长应分别具有中学一级、小学高级以上的教师职务；都应有从事相当年限教育教学工作的经历；都应接受岗位培训，并获得‘岗位培训合格证书’。”1991 年 7 月，市教育局在转发该文件的通知中进一步提高任职条件：“从 1994 年 1 月 1 日起（郊区县山区 1995 年 1 月 1 日起）凡未取得‘继续教育证书’或不具备教育管理专业本、专科学历的中小学校长，不能继续任职；凡准备任职的后备干部必须先参加继续教育，取得证书后，方可上岗。”

1993 年 6 月，市委教育工委、市政府文教办公室、市教育局、市教育工会印发《北京市中小学党组织工作意见》《北京市中小学校长工作意见》《北京市中小学教职工代表大会工作意见》，《北京市中小学校长工作意见》规定：

校长任职基本条件：①拥护中国共产党的领导，热爱社会主义祖国，努力学习马克思主义和建设有中国特色社会主义的理论，有履行职责所需要的理论修养和政策水平。热爱社会主义教育事业，认真贯彻执行党和国家的教育方针、政策、②关心爱护学生，刻苦钻研教育教学业务，具有一定的教育理论修养，热爱本职工作，认真负责，有一定的组织能力和勇于改革创新的精神。③联系群众，团结同志，作风民主，严于律己，顾全大局，坚持原则，廉洁奉公，言行堪为师生的表率。④乡（镇）完全小学以上小学校长应有不低于中师毕业的文化程度，初级中学校长应有不低于大专毕业的文化程度，完全中学、高级中学校长应有不低于大学本科毕业的文化程度；中小学校长应分别具有中学一级、小学高级以上的教师职务；都应有从事相当年限教育教学工作的经历；都应接受岗位培训，并获得“岗位培训合格证书”。暂不具备规定学历、相应教师职务和“岗位培训合格证书”的中小学校长应积极接受培训，达到规定的学历，取得相应的教师职务和“岗位培训合格证书”。⑤身体健康，能胜任工作。

校长的主要权限：①在国家和上级教育行政部门有关法律、法规、政策所允许的范围内，校长有权对本校的教育教学和行政工作进行决策和统一指挥。②在认真听取教职工意见的基础上，经与学校党组织共同考察、讨论后，按照干部管理权限和职数，可提名或任免副校长和中层干部，报上级主管部门审批或备案。③校长有权根据政府和教育行政部门的规定，结合本校实际，实行教职工聘任制、校内结构工资制等学校内部劳动、人事、分配制度的改革和教育教学改革。改革方案和措施在征求学校党组织的意见后，经教职工代表大会审议通过，报政府主管部门批准，由校长组织实施。④校长有权按照有关规定和程序对教职工进行奖惩。对工作成绩显著的教职工给予奖励；对严重违纪，给学校工作造成重大损失的教职工给予行政处分。对教职工的重大奖励或行政处分需听取学校党组织和工会的意见，按有关规定，报上级教育行政部门批准。⑤校长有权按国家有关政策和规定合理支配使用学校经费、校舍和仪器设备。⑥校长有权行使国家和政府主管部门授予的其他权限。⑦为了正确行便职权，校长要通过学校行政办公会等形式，讨论决定学校中的重大问题，充分发挥学校其他领导干部的作用。

《北京市中小学党组织工作意见》规定：

党支部（总支）书记基本条件：①具有履行职责所需要的马列主义、毛泽东思想的理论政策水平，认真学习建设有中国特色社会主义理论，努力运用马克思主义的立场、观点、方法分析和解决实际问题。②坚决贯彻执行党的基本路线和各项方针、政策，认真贯彻党的教育方针，探索教育规律，熟悉学校工作，关心爱护师生。③坚持实事求是，认真调查研究，把党的方针、政策和本单位的实际结合，讲实话、办实事、求实效。④有强烈的革命事业心和政治责任感，立志改革，献身教育事业，艰苦创业，开拓创新，做出实绩。⑤有一定组织领导能力和党务工作经验，坚持和维护党的民主集中制，善于做思想政治工作。⑥党性强，作风正派，廉洁奉公，坚持原则，发扬民主，联系群众，团结同志，严于律己，顾全大局，在教职工中有较高威信。⑦中学党支部（总支）书记应具有大专或相当于大专以上文化程度，小学党支部（总支）书记应具有中师或相当于中师以上文化程度，还应接受相应的岗位培训。⑧身体健康，能适应工作需要。

党支部（总支）书记职责：①负责召集支委会和支部（总支）大会，结合本单位情况，贯彻执行上级决议、指示，研究安排支部（总支）工作。②认真搞好党的自身建设，了解、分析、掌握党员和教职工的政治思想和工作学习情况，做经常性的思想政治工作。③与本校行政领导保持密切联系，紧密配合和支持他们工作，协调党、政、工、团几个方面的关系，充分调动各方面的积极性。④组织实施和检查支部（总支）的工作计划、决议、制度执行情况，按要求向支部（总支）大会和上级党组织报告工作。⑤加强领导班子建设，提高干部的政治思想素质。抓好支委和干部的学习，主持召开支委和干部生活会、评议会，认真开展批评和自我批评，加强团结，发挥集体领导的作用。

1994 年，海淀区作为教育改革实验区，拟订教育改革事项基本任务，其中关于完善校长负责制任务，对校长的职责做出详细规定：校长作为学校法人代表，对外代表学校，对内统一指挥学校工作，对上级承担管理学校的全部责任，即政治责任、行政责任、经济责任、法律责任。同时享有相应的办学自主权，即人事聘用、机构设置、经费使用、收益分配、设备选购、一定范围的招生权和教材选用等权力。除必须参加初中毕业升学考试和高中会考外，学校有权决定是否参加其他任何形式的统考和评比竞赛活动。

1995 年 3 月颁布的《中华人民共和国教育法》第 30 条规定，校长负责“学校的教学及其他行政管理”。

1996 年 4 月，国家教委印发《小学管理规程》，规定小学校长主要职责为：①贯彻执行国家的教育方针，执行教育法令法规和教育行政部门的指示、规定，遵循教育规律，提高教育质量；②制定学校的发展规划和学年学期工作计划，并认真组织实施；③遵循国家有关法律和政策，注重教职工队伍建设。依靠教职工办好学校，并维护其合法权益；④发挥学校教育的主导作用，努力促进学校教育、家庭教育、社会教育的协调一致，互相配合，形成良好的育人环境。

1996 年 7 月，市教委印发《关于试行中小学校长持证上岗制度的通知》，规定：①自 1995 年 1 月 1 日起，全市继续试行中小学校长“持证上岗”制度。凡担任中小学校长（农村乡镇中心小学、完小以上学校的正、副校长）职务的，必须按规定参加校长培训，取得《北京市普教干部岗位培训合格证书》方可任职。②凡取得高等院校教育管理专业本、专科学历或参加教育管理研究生课程班学习并取得结业证书的中小学校长，可免予岗位培训。到年底，北京市中小学校长全部实现持证上岗。

2000 年 5 月，市教委印发《北京市全日制中学小学职业高中学校校内机构设置及教职工编制标准的试行意见》，规定普通中学和小学规模在 24 个班以上的，配备校级领导 3 人，13 ~ 23 个班的配备校级领导 2 ~ 3 人，12 个班以下的配备校级领导 1 ~ 2 人。30 个班以上的可增加校级领导 1 人。农村初级小学（1 ~ 3 年级）或分校、教学点指定 1 名教师负责学校工作。

2001—2002 年，市政府教育督导室专项研究中小学校长评价问题，提出 10 项评价内容：①教育理念；②思想品德；③工作作风；④业务知识；⑤工作能力；⑥依法办学；⑦行政管理；⑧教育改革；⑨办学成效；⑩个人成就。并提出校长评价与校长考核同时进行，评价结果与考评结果通用的建议。

2003 年，市教委委托北京教育学院所做调查显示，90% 的中小学校长有主任工作经历，70.1% 的校长有副校长工作经历。85.3% 的校长有高级职称。10 年以上教龄的校长占 70.1%。

2004 年，市委组织部、市委教育工委、市教委、市教育工会联合印发《北京市中学校党支部（总支）工作意见》《北京市中小学校长工作意见》《北京市中小学教职工代表大会工作意见》，规定：中小学校实行校长负责制，党支部（总支）发挥政治核心作用，教职工代表大会在党组织领导下参与民主管理和民主监督。

党支部（总支）书记的任职条件为：①坚持马列主义、毛泽东思想和邓小平理论，认真实践“三个代表”重要思想，坚决执行党的路线方针政策和国家法律法规，全面贯彻党的教育方针，积极实施素质教育。②坚持原则、发扬民主、团结群众，具有履行党务工作职责的能力、指导协调学校工作的能力和分析解决实际问题的能力。有较强的改革意识与创新精神，模范执行民主集中制。③具有一定的党务工作或教育教学管理工作的经历，有强烈的事业心和责任感，初步掌握现代信息技术，善于做思想政治工作，密切联系群众，勤政廉洁，在党员和群众中有较高威信。④中学党支部（总支）书记具有大学本科以上学历，小学党支部（总支）书记具有大学专科以上学历；党支部（总支）书记具有中级以上专业技术职务；担任党支部（总支）书记在一年内要经过培训，获得岗位资格合格证书。⑤新任党支部（总支）书记年龄一般应在 45 岁以下，身心健康，能适应工作需要。

中小学校具备法人条件，自批准设立或者登记注册之日起取得法人资格，中小学校实行校长负责制，校长是法定代表人。校长对上级教育部门承担管理学校的责任，对学校的教育教学和行政管理工作全面负责，统一领导。

校长负责学校行政领导管理工作，党支部（总支）要充分发挥政治核心作用。校长定期向党组织通报工作，坚持学校重大问题集体讨论的原则，重大决策主动征求党组织的意见，保证党组织参与决策。支持配合党组织开展工作，保证党组织工作经费。

校长任职条件为：

（1）具有履行职责所需要的马列主义、毛泽东思想、邓小平理论的水平，认真实践“三个代表”重要思想，能运用马列主义的立场、观点、方法分析和解决实际问题。

（2）认真执行党的基本路线、方针、政策和国家的法律、法规；解放思想、实事求是、与时俱进；具有先进的教育理念和教育思想，坚持教育改革与发展，推进教育创新。

（3）具有较强的教育教学管理能力，掌握现代信息技术；具有较高的教育教学业务水平和较强的教育科研能力。

（4）能坚持以人为本，爱护尊重师生，注重全面提高师生素质，注重培养师生的创新精神和实践能力，带领师生建设学习型学校。

（5）能发扬党的理论联系实际、密切联系群众、批评和自我批评的优良作风，清正廉洁，勤政为民，艰苦朴素，以身作则，团结同志，作风民主，自觉接受党组织和群众的批评和监督，不滥用职权、谋求私利。

（6）小学校长具有大学专科毕业以上的文化程度；中学校长具有大学本科毕业以上的文化程度。中小学校长分别具有中学一级、小学高级以上的教师职务，有从事 5 年以上教育教学工作的经历，接受任职资格培训，并获得任职资格培训合格证书。

（7）新任校长年龄一般在 45 岁以下，身心健康，胜任工作。

（二）选拔和招聘

1990 年 6 月，市政府文教办公室、市教育局印发《关于进一步巩固、完善和深化中小学内部管理体制改革的几点意见》，提出：“选拔校长时，必须全面、准确地贯彻革命化、年轻化、知识化、专业化的方针。校长由区、县教育局提名，干部主管部门考核，根据区、县干部管理权限的规定审批和任命。”

1992 年，中组部、国家教委印发《关于加强全国中小学校长队伍建设的意见（试行）》，要求“结合当地实际情况，选拔任免中小学校长”。校长任免一般经过如下步骤：①由教育行政部门和组织人事部门，根据校长任职条件，结合当地实际情况，经一定的民主程序，提出任免对象。②由教育行政部门和组织人事部门进行考察，在广泛听取群众意见基础上，提出任免意见。③按当地规定的中小学校长任免权限审批。凡校长任免权限不在教育行政部门的地方，校长的任免、调动须事先征求教育行政部门意见。

1993 年 6 月，市委教育工委、市政府文教办公室、市教育局、市教育工会印发《北京市中小学校长工作意见》规定：①校长由有关部门提名，上级干部、组织部门考察，按区县干部管理权限的规定审批和任命。②经过阶段考核，凡符合任职条件，能胜任学校领导工作，不断作出成绩的校长，均可以连续任职。对不胜任或不宜担任校长职务的，上级主管部门应及时予以调整。

1997 年 4 月，北京市第四中学、第十四中学和第十五中学联合面向全市公开选拔 3 名副校长。各区县教育行政部门也先后面向社会公开招聘部分校长和副校长。

2003 年，西城区试行中小学校级干部资格认证制度。经认证合格后，进入后备干部库，适时提拔试用。干部在实职岗位上通过督导、视导、考察等方式进一步培养。2003—2005 年，西城区先后报名 132 人，分三批进行认证，86 人进入后备干部库，46 人被提拔为副校长。2006 年进行第四批资格认证，90 多人通过笔试和面试，50 多人进入后备干部库。

2004 年，市委组织部、市委教育工委、市教委、市教育工会联合印发《北京市中学校党支部（总支）工作意见》《北京市中小学校长工作意见》《北京市中小学教职工代表大会工作意见》，规定：校长的选拔，根据事业单位人事制度改革政策和区县干部管理权限规定，校长由有关部门提名或公开招聘、竞争上岗，上级组织部门考察，按干部管理权限的规定和程序进行审批、聘任。

2005 年 7 月，门头沟区教委面向全区副校级干部公开招聘示范学校大峪中学校长，报名资格为现任副校级干部，采用个人自荐、群众推荐、组织推荐 3 种方法，经考核、演讲、民主评议等程序，8 人参加竞聘，1 人当选。8 月，平谷区教委首次面向本区 28 所小学公开招聘主管教学副校长，48 人报名应聘，经笔试、面试和考核，任用 6 人。其余列入后备人才库。

2008 年 3 月，顺义区为组建中青年后备干部人才库，组织全区 396 名 45 岁以下副校长和中层干部参加笔试。根据笔试成绩，85 人列入考察对象。其中 84 人参加面试，46 人列入后备干部人选。

（三）职级制

1998 年，市教委、市人事局、市财政局和市编办联合印发《北京市中小学校长职级制试点工作的意见》，同意西城区教育局在区属中小学校进行中小学校长职级制的试点。《北京市中小学校长职级制试点工作的意见》规定：实行校长职级制目的是使校长的职务级别与行政级别脱钩，与办学实绩挂钩，做到职务能上能下，待遇能高能低，流动能进能出，进一步调动校长办学的积极性，促进校长素质的全面提高和校长队伍的科学、规范管理，逐步建立起充满生机与活力的校长队伍动态管理新机制。中小学校长职级制是在普通中小学设置校长职级序列，对具备任职条件的校长进行科学考评，并依其德识、能力、水平、实绩确定或晋升到相应校长职务等级的事业单位人事管理制度。

北京市中小学校长职务等级分为五级十等。任职条件包括：主持学校全面工作的能力；在学校管理、教育改革中取得的成绩；带领教师开展教学、科研的成果；学校在社会上的知名度以及任校长的年限等。校长在任期内作为学校法定代表人，履行校长职责、权利和义务，享受校长相应职级待遇。中小学党支部（总支）书记参照此规定参加职级评定，享受相应待遇。

2000 年 1 月，市教委印发《关于改革人事分配制度深化学校内部管理体制改革的意见》，提出改革和完善中小学领导管理制度的方向："逐步试行中小学校长职级制。在认真总结西城区试点经验的基础上，研究制定各级校长任职条件及考核评价体系。各区县教育行政部门要在当地政府的支持下努力创造条件，因地制宜地制定方案，按照《关于同意西城区教育局在区属中小学试行校长职级制的通知》文件规定，进行校长职级制的试点。"

北京市西城区校长职级制改革试点始自 1997 年。当年在 27 所中小学进行试点。1998 年对其中 16 所学校进行评估，完善评估队伍、方法和组织工作体系。到 2001 年，共计 163 人具备申报职级制资格，占全部 171 名校长（书记）的 95.32%。其中 149 人完成职级认定，共评定一级校长（书记）18 人，二级校长（书记）37 人，三级校长（书记）46 人，四级校长（书记）28 人。其中申报破格 56 人，通过 20 人。2000 年，西城区制订《西城区中小学校长（书记）职级工资分配方案（试行）》，当年分批兑现职级工资。

2004 年，西城区教委完成该区校长资格认证。134 人参加，87 人通过认证，24 人被任命为校长。

2004 年，市委组织部、市委教育工委、市教委、市教育工会联合印发《北京市中学校党支部（总支）工作意见》《北京市中小学校长工作意见》《北京市中小学教职工代表大会工作意见》，提出：积极推进校长职级制、任期制。

2005 年 7 月，西城区制定《西城区中小学校长（书记）职级制实施意见》《西城区中小学校长评价指标》《西城区中小学书记评价指标》，全面推行校长（书记）职级制。2011 年，西城区委教育工委和区教委修订《西城区校长（书记）职级制实施意见》，将中小学校长（书记）划分为 4 个级别，由低到高排序依次为四级、三级、二级、一级。

四级校长任职条件：①新任校长试用期满，考核合格。②小学校长具有大专以上学历，中学校长具有本科以上学历，并具有中级以上专业技术职称。③基本胜任校长工作。④提出并制定学校未来五年任期目标，并对任期目标进行年度分解。

三级校长任职条件：①取得职级四级满4年或3年。②一般具有大学本科以上学历。③胜任校长工作，有一定成果，教育教学质量稳定，学校在本地区有一定影响。④较好地完成任期目标。⑤任期内经济责任审计无问题。⑥履职期间，本人主持或参加区级及以上教育科研课题的研究工作，其成果获得奖励；或本人有关教育教学管理科研论文获区级三等及以上奖励；或学校被授予区教育系统及以上先进称号；或在区教育系统及以上介绍本校办学经验。

二级校长任职条件：①取得职级三级满四年或三年。②管理能力、组织领导能力强；依据教育方针和学校实际，形成明确的办学思想；干部、教师队伍建设成绩突出；运用现代教育理论指导学校工作；锐意改革、勇于创新，校园文化特色基本形成；组织指导教师积极开展教育科研活动，取得较好成果；推进学校可持续发展，办学水平有明显提升；学校在社会上有较好声誉。③能很好地完成任期目标。每年要在教职工大会上结合重点工作就年度任期目标完成情况进行述职，接受民主测评。校长在任期期满前45天对任期目标完成情况进行总结，经教代会或教职工大会审议后上报区委教工委组织部。④任期内经济责任审计无问题。⑤履职期间，本人主持或参加市级及以上教育科研课题的研究工作，成果获得奖励；或本人教育管理、教育科研论文获市级三等、区级二等及以上奖励；或学校被授予西城区及以上先进称号；或在区及以上介绍本校办学经验。⑥教职工、区教委相关部门、所在社区对校长和学校管理认可（满意率一般高于80%）。

一级校长任职条件：①取得职级二级满四年或三年。②具有专家型校长的素养；依据教育方针，形成符合教育发展形势、特色鲜明的办学思想体系；干部、教师队伍建设成绩显著，凝聚力强；运用现代教育理论对学校进行科学管理，效果明显；勇于进取、改革创新，建设有特色的校园文化，为培养多样化、个性化、创新型人才提供良好的校园环境；组织指导教师卓有成效地开展教育科研活动；学校办学水平提升幅度大，成绩卓著；在区校长队伍中起到引领、示范作用。③出色地完成任期目标。每年要在教职工大会上结合重点工作就年度任期目标完成情况进行述职，接受民主测评。校长在任期期满前45天对任期目标完成情况进行总结，经教代会或教职工大会审议后上报区委教工委组织部。④任期内经济责任审计无问题。⑤履职期间，本人独立主持市级及以上科研课题，研究成果和科研论文获市级及以上奖励并在同级报刊上发表；或学校被授予市级及以上先进称号；或在市及以上介绍经验。⑥教职工、区教委相关部门、所在社区对校长和学校管理评价较高（满意率一般高于85%）。

（四）任期制

各区县自1989年实行校长负责制后，陆续配套实行校长任期目标管理制度。任期时限为三年。1992年，实行三年任期目标管理制的中小学校第一轮任期到期，各区县分别召开校长述职报告会，并对三年任期目标实施考核。随后，进行校长续聘，进入第二轮任期目标管理。1995—1996年，各区县对校长任期目标管理进行第二轮到期述职、考评、换届、续聘。此后，中小学校长任期制成为制度，到期进行换届续聘，离任实施离任审计。

1992年，中组部、国家教委印发的《关于加强全国中小学校长队伍建设的意见（试行）》提出："为保持校长队伍的相对稳定，中小学校长一般不实行任期制。"

2006年5月，延庆县改校长三年任期制为五年任期制。2010年12月，任期届满，县教委组织6个检查组，通过听取汇报、查阅材料、问卷调查、访谈等形式，对72个单位进行任期目标验收，其中60%的中小学校达到A等，其余为B等。

2006年8月，崇文区制订《中小学校长任期制实施办法（试行）》，规定新任校长3年为一个任期，制订任期目标，到期进行考察考核。考核合格者在一所学校最多可连任3期。5所小学首批实行任期制。

2007年1月，宣武区5所中学、9所小学实行校长任期制，每届任期三年。

2007年，丰台区在10所学校试行校长任期制，每届任期三年，在同一单位连续任职一般不超过3个任期，满3个任期者进行轮岗或交流。到2010年，全区86所中小学和幼儿园实现校长任期制。

二、培训

校长培训包括岗位培训、业务进修、师傅带徒弟和优秀校长办学思想研讨等形式。其中岗位培训为制度性培训，其他为非制度性研修。

（一）岗位培训

1990年7月，国家教委印发《关于开展中小学校长岗位培训的若干意见》，要求各地在三至五年内完成一轮在职中小学校长岗位培训。培训时间为全脱产三个月，总学时300个。培训内容包括：马克思主义基本理论、教育政策法规、学校管理、教育科学知识讲座、教育管理实践等。

1991年，国家教委就"有的地方举办校长培训班没有审批手续，管理不严；有的地方选用教材不够慎重，或在未完全吃透上级精神及条件不具备的情况下自编教材”的问题，印发《关于切实加强对中小学校长岗位培训办班和选用教材的管理的通知》，规定：①“举办任何形式的中小学校长岗位培训班，都须经地、市以上教育行政部门的严格审批”，“未经批准，任何单位一律不得自行举办任何形式的中小学校长培训班”。②“为确保培训质量，各地应使用国家教委的统编教材”。

1992年，中组部、国家教委印发的《关于加强全国中小学校长队伍建设的意见（试行）》提出：“八五”期间，结合当地实际，采取行之有效的方法，对全体中小学校长进行一遍岗位培训。以后每五年轮训一次，形成校长培训制度。

1995年6月，市教育局根据中组部、国家教委《关于加强中小学校长队伍建设的意见（试行）》、国家教委《关于加强中小学校长培训工作的意见》，制定《北京市中小学领导干部1995年至2000年培训规划的实施意见》。该“意见”提出到2000年中小学干部培训任务为：①教育管理高级研修班，培训100名中小学优秀校长、40名优秀书记；②教育管理研修班，培训300名45岁以下中小学骨干校长、书记；③教育管理学历班，大专班培养800名40岁以下具有高中或中师以上文化程度的小学在职校级干部，本科班培养1000名45岁以下具有大专以上文化的在职中学校及干部；④教育管理进修班，培训已通过岗位职务培训的3000名在职校级干部；⑤校长岗位职务培训班，培训中小学后备干部2000名。

1995年，北京市普教系统干部培训中心成立，挂靠北京教育学院，其任务是：①协助主管部门制订北京市普教系统干部培训规划；②协调各部门在培训中的教育教学工作；③统一编制培训计划、大纲及教材；④组织有关培训的教研和科研活动；⑤培训区县干训师资。当年，北京教育学院一方面举办为期一年的首届中学校长高级研修班，一方面举办为期3个月的基础薄弱校校长提高班，同时还开办为期200课时的首期民办中小学校长提高培训班。

1996年10月，市教委按照《北京市加强基础薄弱校建设工作管理办法（试行）》中关于“市教委承担培训基础薄弱学校校长工作”要求，对城近郊区105所基础薄弱校的99名校长开展为期3个月的半脱产培训，在持证上岗前提下，继续接受提高培训。培训内容为：学校管理、教育思想、教育法规、学校心理卫生等。培训形式包括案例教学、讲座、考察等。同年，市教委为民办中小学校长举办200课时的提高培训班，学习教育管理、教育法规、民办教育的规定、中国民办学校发展史、学校心理卫生、科研立法等课程。

2001年，市教委制定《北京市中小学领导干部2001—2005年培训规划》，提出培训方式在仍保持全员、分层和分岗培训基础上，走出课堂进行研究性培训、考察调研培训、挂职锻炼培训、校本自我培训等。

2006年，市教委制定《北京市普职成教干部培训"十一五"规划》及实施细则。到2010年，北京市校长培训形成国家、市、区县三级培训网络。

（二）研修

1994年12月，北京市首期中学校长高级研修班开学，高级研修班的主体为"我的办学思想与实践"，设置5门课程：教育管理学原理、21世纪的教育、教育科学的现状与发展、教育名家与名著、教育管理的实践与研究。研修班鼓励校长围绕自己的办学思想与实践著书立说。参加校长15人，学习方式为半脱产，学习期限1年10个月，到1996年10月结业。

自1995年1月开始，北京教育学院连续4年每年对北京市边远山区乡的61所中心小学和71所中学校长集中培训一次。截至1997年年底，共计对4049名中小学干部进行100学时计算机培训，对4522名中小学干部进行60学时现代教育原理和教学改革培训。

1996年11月，中学校长高级研修班学员赴新加坡、马来西亚和泰国考察11所中学。1997年4月，第2期中学校长高级研修班学员赴德国、法国考察中学教育。

2001年，市、区县两级教育行政部门投入800万元选送50名中小学校长及后备干部赴美国培训18个月。其中18人获MBA学位，32人获教育硕士学位。2002年，市教委又选派多批中小学校长出国培训。此后，各区县也多批次选派校长赴美国、加拿大、欧洲、澳大利亚、新西兰、埃及、日本等国考察学习。

2003年，市教委委托北京教育学院所做调查显示，北京市中小学校长学历层次较高，但多为后续学历。中小学校长达到本科以上学历者占78.5%，其中小学校长为68.3%，中学校长为92.9%。

2006—2010年，北京市先后实施"农村中小学教师研修工作站""祥云行动""校长高级研修""名校长工作室"等培训计划，其中"祥云行动"2007年开始实施，是为高中校长设置的培训项目，旨在提升高中校长发现问题、解决问题能力，增强校长课改领导力，以推进北京市高中课程改革和提高高中教育整体质量。培训对象为北京市高中校长、教学副校长、德育副校长。

（三）名校长工作室

2007年5月，北京市"十一五"第一期校长工作室启动。名校长工作室以实施素质教育办学思想和实践研究为主题，在校长、导师多方深度沟通中形成工作室课程计划、研究计划。第一期名校长工作室共设立5个，5名导师为：中国教育学会副会长陶西平、人大附中校长刘彭芝、原市政府督导室副主任高玉琛、北京市实验二小校长李烈、北京小学校长吴国通。各区县28名优秀中小学校长为首批工作室研究员。项目期限2年，总工作时间70个工作日。

各区县在此前后建立多个名校长工作室。2004年4月，东城区教委建立第一批3个名校长工作室。2006年5月，东城区教委设立钮小桦（北京市第二中学）、袁为民（北京市第171中学）、卓立（东城区史家小学）、项红（史家小学分校）4个名校长工作室，22人为工作室成员。2006年6月，崇文区建立首批名校长工作室：李仲秋（汇文中学）和刘永生（光明小学）校长工作室，12名校长为工作室成员。2007年，建立魏莘（第50中学）、吴珄（广渠门中学）、张忠萍（一师附小）三个名校长工作室。区教委为每个名校长工作室拨专项活动经费3万元。2007年6月，西城区教委建立名校长工作室，并通过编辑出版名校长关于教育教学及管理方面论著，总结、宣传和推广名校长办学思想和管理经验，在西城区教育研修网建立“名校长”个人专区。到2010年，西城区共建立7个名校长（园长）工作室。2007年9月，丰台区启动名校长工作室项目。2009年4月，房山区引进光明小学校长刘永生工作室。

（四）教育思想研讨

从20世纪90年代末以来，北京市各区县把总结、研讨和宣传优秀校长办学思想作为一项提升学校管理质量的措施，先后组织数十名校长教育思想研讨会（见表7–17）。

表7–17　北京市中小学优秀校长教育思想研讨会一览表

时间	研讨主题（名称）	校长	所在区县、学校
1997.04	“和谐教育”办学思想研讨会	卓　立	东城，史家小学
1998.06.20	邱济隆校长办学思想研讨会	邱济隆	西城，四中
1999.07.03	龚正行办学思想研讨会	龚正行	西城，八中
2000.09.21	中学校长教育思想研讨会	李金初	海淀，十一学校
2000.09.22	中学校长教育思想研讨会	马成营	海淀，二十中
2001.05.27	新时期北京师范大学附属实验中学教育发展暨王本中、张锦斋教育思想研讨会	张锦斋 王本中	西城，北师大附属实验中学
2001.09.28	“我能行”办学思想研讨会	刘永生	崇文，光明小学
2002.11.28–29	史树芳校长办学思想与实践研讨会	史树芳	顺义，城关一中
2002.12.21	“人文·教育·管理”林福智校长办学思想研讨会	林福智	西城，北师大二附中
2003.02.25	小学校长教学思想研讨会	田志刚	海淀，翠微小学
2003.02.28	谭玉芬办学思想论坛	谭玉芬	海淀，中关村一小

续表 7–17

时间	研讨主题（名称）	校长	所在区县、学校
2003.04.12	刘彭芝教育思想研讨会	刘彭芝	海淀，人大附中
2003.11.11	张世义校长办学思想研讨会	张世义	通州，潞河中学
2004.01.03	“不懈探索，真诚服务，谋求发展”的办学思想研讨会	牛叔明	崇文，景泰小学
2004.02	陶升平教学思想研讨会	陶升平	海淀，中心学区
2004.09.05	张思明教育思想研讨会	张思明	海淀，北大附中
2005.07.05	“精神・基础・管理——以细节的管理打造人民满意的教育精品”	童庆存	西城，一五六中学
2005.10.19	“让每个人成为最好的自我”	李　烈	西城，北京第二实验小学
2006.04.13	通州区中学校长办学思想论坛	侯玉俊 王子亮 张佳春	通州，次渠中学、永乐店中学、运河中学
2007.01.16	“学习与生命同行”办学思想研讨会	项　红	东城，史家分校
2007.03.30	通州区小学校长办学思想论坛	邓秉旺 赵昆山 肖金茹 张秀华	通州，运河小学、官园小学、后南仓小学、中山街小学
2007.09.26	“继承・创新・发展”汇文中学办学实践研讨会	李仲秋	崇文，汇文中学
2007.11.15	田玉贞校长办学思想研讨会	田玉贞	燕山，向阳小学
2007.11.28	快乐教育办学特色研讨会	张忠萍	崇文，一师附小
2008.05.27	“以情移情”办学特色研讨会	白淑兰	崇文，崇文小学
2008.06.30	张佳春校长办学思想研讨会	张佳春	通州，运河中学
2008.11.13	“以教育评价促全面发展”办学实践研讨会	魏　华	崇文，五十中学
2008.12.19	“愿景领导——我的领导风格与管理实践”	马　静	西城，一六一中学
2008.12.26	“寻教育真谛，谋科学发展”教育思想研讨会	钮小桦 王　欢 邓　敏	东城，二中、府学小学、区少年宫
2009.04	塑造大写的人	李有毅	丰台，北京十二中
2009.05.20	“生命因教育而精彩教育因生命而辉煌”办学思想与实践研讨会	吴　甡	崇文，广渠门中学
2009.06.18	李鹤年办学理念研讨会	李鹤年	怀柔，怀柔一中
2009.05.20	左玉霞校长办学思想研讨会	左玉霞	燕山，前进二小
2009.12.21	刘可钦办学实践研讨会	刘可钦	海淀，中关村四小

附章一：素质教育探索

概　况

素质教育探索始于20世纪80年代中期。教育实践领域针对教育观念陈旧、课业负担过重、教学方法落后等现实问题，围绕“培养什么人”和“怎样培养人”开展实践改革探索；教育理论界针对中小学出现的“片面追求升学率”等倾向，开始展开“端正教育思想、明确教育目标”的讨论，要求克服“应试教育”弊端，实施素质教育。到90年代初，国家将素质教育提升至政策层面予以倡导，素质教育由此成为中小学实践者和教育理论研究者共同探讨的热点问题。素质教育作为一个理论概念，学术研讨在90年代中后期达到高峰；作为一种实践探索，90年代各种实验、经验和典型不断涌现。1999年，素质教育在国家政策层面提升至教育方针的地位，成为国家教育改革的根本目的和指导思想。2001年以后，对于素质教育的理论研讨和实践探索，以基础教育课程改革为载体深入持续下来。2006年，素质教育作为国家教育方针写入《义务教育法》。2010年，素质教育作为战略主题，分别写入国家和北京市中长期教育改革和发展规划纲要。

素质教育在政策层面的推行始于1993年发布的《中国教育改革和发展纲要》。该文件提出：“中小学要从‘应试教育’转向全面提高国民素质的轨道。”1994年，副总理李岚清在全国教育工作会议上提出“基础教育必须从‘应试教育’转到素质教育的轨道上来，全面贯彻教育方针，全面提高教育质量”。从此，关于素质教育的理论研讨和实践探索进入繁盛阶段。

北京市通过发布文件、举办研讨会和培训班、树立实践典型等多种方式，在全市基础教育领域全面推行素质教育。

1994年，市教育局召开工作会议，在全市中小学布置推行素质教育工作。1997年，市政府转发市教委《关于进一步加强中小学素质教育的意见》，从“创设实施素质教育的良好环境”“构建实施素质教育的运行机制”“加强学校干部和教师队伍建设”等方面提出多项具体措施，在中小学教育、教学和管理中全面推进素质教育。

1998年1月，市教委、市政府教育督导室印发《关于北京市建立第一批推动素质教育实验联系区县的通知》，确定第一批素质教育实验联系区县为崇文区、海淀区和顺义县。要求三区县通过督导评价机制建设，推动区域性教育综合改革，促使中小学全面走上实施素质教育的办学轨道。三个实验区县分别拟订各自实验方案，全面推动区域素质教育实施。

1999年，中共中央、国务院印发《关于深化教育改革全面推进素质教育的决定》，将素质教育的推进由基础教育扩展到职业教育、高等教育和成人教育。素质教育在国家政策上提升至教育方针的地位，成为国家教育改革的根本目的和指导思想。

教育系统领导人讲话、文章是推进素质教育的重要途径之一。市人大常委会副主任陶西平、市教育局局长陶春辉（1996年成立教委后任市教委副主任）和市教育局副局长文喆（1996年成立教委后任市教委专职委员、北京教科院副院长）在1995—2000年间频繁发表讲话、文章，倡导转变教育观念，引领讨论教育思想，推进落实素质教育实践。

教育理论界紧跟素质教育推进步伐，密集召开研讨会、发表调查报告和论文，也成为推进素质教育的重要力量之一。北京教科院从1997年开始每年组织一次全国素质教育研讨会，连续召开四届，将北京素质教育研究活动推向高潮。

2001年以后，关于素质教育的讨论淡出学术界，研究热点转向作为素质教育深入推进载体的新课程改革。在教育政策方面，素质教育定性为基础教育改革和发展的基本方针，并确定在三个方面取得素质教育突破：课程和教材改革、育人模式改进和考试评价制度改革。在中小学教育教学和管理实践方面成为推进新课程改革、招生考试制度改革及学生综合素质评价、减轻中小学生过重课业负担和现代学校制度建设的基本指导思想。

2002年3月，市教委在全市征集中小学素质教育优秀案例。通过开展教育思想大讨论，继续推进实施素质教育。讨论中，结合课程改革理念，对素质教育的理解不再局限于与“应试教育”对应，倡导“全面素质教育”和源自课程改革的“一切为了学生、为了学生一切、为了一切学生”的教育理念。

从2004年开始，北京市结合第29届奥运会的筹备和举办，在全市中小学开展奥林匹克教育，把奥林匹克精神作为实施素质教育的新载体之一，伴随着新课程实施，中小学在德育、体育、美育等各个方面开展大量旨在推进素质教育的实践活动。

2008 年 4 月，市政府办公厅转发市教委、市督导室《关于进一步完善对区县人民政府实施素质教育工作进行督导评估制度的意见》，要求各区县政府全面推进素质教育，把教育工作列入区县人民政府重要议事日程，履行领导职责、保障经费投入、改善办学条件、加强教育管理。

2010 年 12 月发布的《北京市中长期教育改革和发展规划纲要（2010—2020 年）》指出：今后方向是以“素质教育进一步落实，学生综合素质和市民素养显著提升”为教育改革和发展目标，使“人才培养体制和招生考试评价制度改革取得突破，以素质教育为导向的教育质量保障体系更加健全，学校、教师和学生的主动性、积极性和创造性得到充分发挥”。

第一节　理论与政策

从 1993 年发布《中国教育改革和发展纲要》开始，在中小学推行素质教育成为一项国家政策。北京市政府及教育局（市教委）依据国家相关政策发布一系列政策性文件，全方位推进素质教育。

1993 年，《中国教育改革和发展纲要》提出：“中小学要从‘应试教育’转向全面提高国民素质的轨道。”1994 年，副总理李岚清在全国教育工作会议上提出“基础教育必须从‘应试教育’转到素质教育的轨道上来，全面贯彻教育方针，全面提高教育质量”。素质教育由此形成一项国家政策，自上而下在全国推行开来。从 1993 年开始，市教育局每年召开的教育工作会议上，素质教育均成为布置各项工作的指导思想。

1996 年，市教委拟订《关于进一步加强中小学素质教育的意见（讨论稿）》，提出“构建实施素质教育的运行机制”，在中小学教育教学和管理各方面工作中全面推行素质教育。各区县在教育工作中，均将素质教育列为核心事项予以部署。1997 年，市政府正式转发《关于进一步加强中小学素质教育的意见》，要求全市中小学教育全面落实素质教育。

1999 年 6 月，中共中央、国务院发布《关于深化教育改革全面推进素质教育的决定》，全面阐述国家推进素质教育的政策方针，指出：“实施素质教育，就是全面贯彻党的教育方针。”北京市随即通过一系列文件和会议，传达国家推进素质教育精神，布置北京市推进素质教育工作。

2010 年 7 月，国务院发布《国家中长期教育改革和发展规划纲要（2010—

2020 年）》，北京市随后发布《北京市中长期教育改革和发展规划纲要（2010—2020 年）》，均将素质教育列为战略重点。

一、理论探索与宏观政策

从 1993 年发布《中国教育改革和发展纲要》到 1999 年发布《关于深化教育改革全面推进素质教育的决定》，6 年间，教育理论界对素质教育做了广泛而深入的探讨，中小学校也在教育实践层面做了大量改革尝试，使素质教育在理论上逐渐获得基本共识。

（一）教育理论界对素质教育的基本认识

素质教育最初作为与“应试教育”相对应的概念提出，旨在转变“应试教育”的思想，克服以“片面追求升学率”为核心代表的错误教育行为。“片面追求升学率”现象由来已久，对其批判也一直不断，但效果始终不佳。提出素质教育，从“立”的角度出发，试图取得扭转“应试教育”局面的效果。教育部副部长柳斌写道：“实施‘素质教育’效果要比批判‘片追’好得多。”随着理论研讨和实践探索的深入，素质教育很快延伸至对“应试教育”产生的社会根源和教育体制和机制、教育内容和方法的批判。素质教育遂演变为教育改革的指导思想和教育发展的基本目标。此时，素质教育不再是作为“应试教育”的对立概念存在，而成为国家对教育改革和发展的基本指导思想。

20 世纪 90 年代中期教育理论界就素质教育的探讨曾经观点纷繁，争论激烈。理论的纷争导致对实践认识的混乱，“素质教育是个筐，什么都能往里装”一度成为流行思潮。经过几年理论辨析和实践探索，特别是 1999 年中共中央、国务院发布《关于深化教育改革全面推进素质教育的决定》以后，教育理论界对素质教育的内涵、实施素质教育的必要性、素质教育的理论核心及实践推进重点等认识逐渐趋于一致。

素质主要包括身体素质、心理素质和社会文化素质。人的发展是多重素质综合作用的结果。受教育者的成长是各方面素质协调发展的过程。素质教育是培育、提高全体受教育者综合素质的教育。

素质教育注重在教育过程中以人的全面发展为中心，强调个性发展和创新能力的提高，同时强调个性化与社会化的统一、人文教育与科学教育的统一。实施素质教育，就要把国家教育方针贯彻到教育教学的各个环节中，纠正偏离教育方针的各种教育行为。

实施素质教育的落脚点在于全面提高教育质量。素质教育的目的是促进学生综合素质发展，其基本载体是学校各类课程与教学活动。在教育系统内部，素质教育实施重点在德育、课程、师资和评价 4 个环节上。

（二）宏观政策与策略

1993 年《中国教育改革和发展纲要》是最早涉及素质教育的文件，1994 年《中共中央关于进一步加强和改进学校德育工作的若干意见》是第一次使用“素质教育”概念的文件。之后，素质教育作为国家教育政策，在各类重要文件中均被提及：1996 年《中华人民共和国国民经济和社会发展“九五”计划和 2010 年愿景目标纲要》、1999 年《中共中央国务院关于深化教育改革全面推进素质教育的决定》、2001 年国务院《关于基础教育改革与发展的决定》、2002 年党的“十六大”报告、2003 年第十届全国人大政府工作报告、2004 年中共中央、国务院《关于进一步加强和改进未成年人思想道德建设的若干意见》、2007 年党的“十七大”报告、2008 年第十一届全国人大政府工作报告、2010 年《国家中长期教育改革和发展规划纲要（2010—2020 年）》，都把素质教育作为基础教育改革和发展的基本指导思想、工作指导方针和教育发展目标。

为贯彻国家一系列素质教育政策，市委、市政府相继出台推进和实施素质教育的具体政策和措施。

在贯彻素质教育政策过程中，始终存在理论认识不够清晰、政策配套不够完善、考试分数决定一切、素质评价标准模糊等一系列问题。从国家到北京市政府采取多种策略，通过加大教育投入，提高教师素质，推进课程改革，调整教育结构，强化道德教育，推进教育公平，鼓励办学特色等政策和措施推进素质教育。北京市推进素质教育的策略包括：从宏观政策到学校管理体制、机制改革的整体改革设计；鼓励多种形式开展教育教学实验，鼓励学校办出特色；树立和表彰先进典型，激励学校探索符合本校实际的实施素质教育的途径和方法；改革和完善考试和评价制度，引导学校和教师在教育教学落实素质教育目标。

到 2010 年，尽管“应试教育”所代表的与人的全面健康发展相违背的教育现象仍然不同程度存在，但以课程改革完成第一轮实验为基本标志，素质教育在理论上取得基本共识，在政策上形成稳定框架，在实践中获得社会认同。

二、文件与讲话

国家政策文件和领导人讲话、文章，为推进素质教育指出方向和目标；北京市政策文件和主管领导人讲话、文章，为推进素质教育提出实施意见和具体措施。

（一）国家文件与领导人讲话、文章

1993 年 2 月 13 日，中共中央、国务院印发《中国教育改革和发展纲要》，指出：

“中小学要由‘应试教育’转向全面提高国民素质的轨道，面向全体学生，全面提高学生的思想道德、文化科学、劳动技能和身体心理素质，促进学生生动活泼地发展。”

1994年3月，国务院副总理李岚清在第二次全国教育工作会议做总结讲话，指出：“现在社会上对教学改革呼声很强烈。基础教育必须从‘应试教育’转到素质教育的轨道上来，全面贯彻教育方针，全面提高教育质量。”“素质教育”由此开始作为一个政策性规范词汇出现在政府教育文件中。

1996年3月，《中华人民共和国国民经济和社会发展“九五”计划和2010年远景目标纲要》中提出：“改革人才培养模式，由‘应试教育’向全面素质教育转变。”

1995年至1997年，国家教委副主任柳斌连续撰文阐述素质教育问题，引领全国展开关于素质教育的理论讨论和实践探索。柳斌提出：“由‘应试教育’转向素质教育，大多数校长、教师能够接受，而且通过各种办法进行探索、试验。”“不是把几个人关房子里设计好一套素质教育模式，然后叫大家贯彻执行，而是要在教育实践当中去总结，由实践的经验上升为理论，而且经过再实践，使得这个理论不断地丰富、不断地完备，然后反过来指导实践。素质教育需要全体教育工作者几年、十几年乃至几十年的努力才能够形成一种完备的体系。但不是说我们要等几十年之后，才去实施素质教育，而是从现在起就要为之奋斗。”（《柳斌谈素质教育》1999年）

1997年10月，国家教委印发《关于当前积极推进中小学实施素质教育的若干意见》16条，指出，全面推进素质教育是中小学的紧迫任务。要求各级教育部门采取有力措施促进素质教育的实施，并要求各地加强领导，创设环境，保证素质教育的顺利实施。强调“实施素质教育是我国基础教育领域涉及教育方向、教育思想、教育政策、教育内容和方法等方面的一场重大转变，也是我国社会主义教育在社会转型过程中的自我完善”。要求抓住机遇，迎接挑战，全面实施素质教育，“使基础教育以新的姿态进入21世纪”。

1998年，国家教委发布《关于推进素质教育调整中小学教育教学内容、加强教学过程管理的意见》，对中小学教育教学内容和教学要求，“在不改变现行课程结构、课时、教材体系的前提下，本着有利于实施素质教育，促进学生全面发展，有利于减轻学生过重的课业负担，有利于教育教学秩序稳定的原则”进行调整。要求各级教育行政部门、教研机构要有计划地组织教师培训，树立素质教育的基本观念。树立面向全体学生、促进学生全面发展的观念，引导学生积极主动参与学习过程，学会学习，使他们成为真正的学习主体，学校和教师要为他们提供更多的获取信息，分析、讨论、利用信息，解决问题的机会。逐步建立学生全面发展的多元的评价指标体系，使学生能客观、全面了解自己，体验成功，看到不足，明确努力方向。教研、科研部门要组织力量努力探索和建立学生发展性的评价体系以及简便科学的评价方法，体现评价也是教育的原则。在普及初中教育的地方，取消小学升初中的考试。多角度、多形式地全面考查学生学习水平。

1999 年 6 月，中共中央、国务院发布《关于深化教育改革全面推进素质教育的决定》，阐述国家推进素质教育的政策方针，指出："全面推进素质教育，是我国教育事业的异常深刻变革，是一项事关全局、影响深远和涉及社会各方面的系统工程。""实施素质教育，就是全面贯彻党的教育方针，以提高国民素质为根本宗旨，以培养学生的创新精神和实践能力为重点。""实施素质教育应当贯穿于幼儿教育、中小学教育、职业教育、成人教育、高等教育等各级各类教育，应当贯穿于学校教育、家庭教育和社会教育等各个方面。""实施素质教育必须把德育、智育、体育、美育等有机地统一在教育活动的各个环节中。"素质教育在国家政策上提升至教育方针的地位。

2006 年，修订《义务教育法》，素质教育写入其中："义务教育必须贯彻国家的教育方针，实施素质教育，提高教育质量，使适龄儿童、少年在品德、智力、体质等方面全面发展，为培养有理想、有道德、有文化、有纪律的社会主义建设者和接班人奠定基础。"实施素质教育成为国家法律规定。

2010 年 5 月，国务院常务会议审议通过、7 月正式发布《国家中长期教育改革和发展规划纲要（2010—2020 年）》，指出：当前依然面临"中小学生课业负担过重，素质教育推进困难"问题，今后方向是"以提高质量为核心，全面实施素质教育"，并指出"全面实施素质教育是教育改革发展的战略主题"。

国务院副总理李岚清文章举要：

《基础教育是提高国民素质和培养跨世纪人才的奠基工程》，《人民教育》1996 年第 5 期。

《基础教育的根本任务是提高全民族的素质》，《人民教育》1996 年第 7 ~ 8 期。

《面向 21 世纪开创基础教育的新局面——在全国中小学素质教育经验交流会上的讲话》，《人民教育》1997 年第 11 期。

国家教委副主任柳斌文章举要：

《关于素质教育问题的思考》，《人民教育》1995 年增刊。

《实施素质教育中的几个问题》，《中国教育报》1996 年 1 月 9 日。

《基础教育的紧迫任务是实施素质教育》，《课程·教材·教法》1996 年第 3 期。

《关于素质教育的再思考》，《人民教育》1996 年第 6 期。

《新时期中小学的德育工作》，《人民教育》1996 年第 7 ～ 8 期。

《加强艺术教育培养全面发展的高素质人才》，《人民教育》1997 年第 2 期。

《重视“情境教育”，努力探索全面提高学生素质的途径》，《人民教育》1997 年第 3 期。

《实现由“应试教育”向素质教育转变是一项历史性任务》，《北京教育》1997 年第 5 期。

《建立评估制度实施素质教育——国家教委副主任柳斌答本报记者问》，《中国教育报》1997 年 5 月 2 日。

《关于素质教育的思考》，《人民教育》1997 年第 6 期。

《加大力度，扎扎实实推进素质教育》，《中国教育报》1997 年 11 月 28 日。

《三谈关于素质教育的思考》，《人民教育》1997 年第 12 期。

《努力推动素质教育向纵深发展——访国家教委党组副书记、副主任柳斌》，《湖南教育》1998 年第 1 期。

《实施素质教育的前提：教育思想要有大转变》，《人民论坛》1998 年第 2 期。

（二）北京市文件与领导人讲话、文章

1994 年 8 月，市教育局召开工作会议，局长陶春辉指出，“中小学教育尚未转到全面提高学生素质的轨道，小学‘坚持全面育人、减轻过重负担、提高教育质量’和中学‘打好基础、发展特长、减轻负担、提高质量’的教育教学改革总要求还未全面落实”，要求推进“‘应试教育’向素质教育的转移”。

1996 年 8 月，市教委为贯彻落实《中华人民共和国国民经济和社会发展“九五”计划和 2010 年远景目标纲要》提出的“改革人才培养模式，由‘应试教育’向全面素质教育转变”的精神，制定《关于进一步加强中小学素质教育的意见（讨论稿）》，指出：“实施素质教育是基础教育改革和发展的需要，中小学教育实现由‘应试教育’向素质教育的转变势在必行，也是实现人的和谐健康发展的必由之路。”在“创设实施素质教育的良好环境”“构建实施素质教育的运行机制”“加强学校干部和教师队伍建设”几个方面提出逐步改革中小学现行建制、改革课程设置加强教材建设、改革招生考试制度、建立素质教育的督导评估制度、形成广泛的社会参与机制、形成正确的社会舆论导向等多项具体措施。1997 年 6 月，市政府办公厅正式转发《北京市关于进一步加强中小学素质教育的意见》。

2010 年 12 月发布的《北京市中长期教育改革和发展规划纲要（2010—2020 年）》指出，今后方向是“以改革创新为动力，全面实施素质教育”，以“素质教育进一步落实，学生综合素质和市民素养显著提升”为教育改革和发展目标，使“人才培养体制和招生考试评价制度改革取得突破，以素质教育为导向的教育质量保障体系更加健全，学校、教师和学生的主动性、积极性和创造性得到充分发挥”。

市人大常委会副主任陶西平文章举要：

《陶西平谈素质教育》，《人民教育》1995 年第 3 期。

《由“应试教育”向全面素质教育转变》，《北京教育》1996 年第 12 期。

《加强教育科学研究推进全面素质教育》，《北京教育研究》1998 年第 3 期。

《发展形象思维推进全面素质教育》，《北京教育研究》1999 年第 4 期。

《民族的希望——实施全面素质教育》《面向 21 世纪・我的教育观》，广东教育出版社 1999 年 6 月。

市教委专职委员、北京教科院副院长文喆文章举要：

《谈实施素质教育与学习科学的研究》，《北京教育》1996 年第 11 期。

《关于实施素质教育的几点认识》，《中小学管理》1997 年第 1 期、2 期。

《关于实施素质教育的几点思考》，《人民教育》1997 年第 2 期。

《素质教育是一种新的教育模式》，《上海教育科研》1997 年第 3 期。

《素质教育三题》，《教育研究》1998 年第 3 期。

《素质教育与人的发展》，《中小学教育》1998 年第 9 期。

《素质教育与课堂教学改革》，《中小学管理》1998 年第 10 期、11 期。

三、政策推行

素质教育政策自上而下在全国推进。2006 年 8 月，在汨罗素质教育论坛上柳斌讲话：“政府倡导是推进素质教育的保障。没有政府倡导，素质教育不会自发地产生；没有政府倡导，素质教育也不能自发地走向成功。”北京市素质教育政策推行依据国家相关会议、文件、讲话和所树典型实施。国家召开多次重要会议，同时树立多个实践典型推进素质教育，其中代表性会议是 1995 年国家教委在湖南省汨罗市召开的全国素质教育研讨会和 1997 年在烟台召开的素质教育研讨会。两次研讨会分别推出两个区域实施素质教育的全国性典型。北京市确定崇文区、海淀区和顺义县为素质教育实验联系区县，并通过各种培训会、研讨会树立一批实施素质教育的典型学校。

（一）国家推进

1995 年，国家教委在湖南省汨罗市召开全国素质教育研讨会。汨罗市整体推进素质教育的实践取得成效，成为国家推进素质教育典型。1996 年《湖南教育》

发表《汨罗基础教育改革经验的启示》，概括 5 条汨罗市素质教育经验：

（1）转变教育观念，树立正确的教育观和人才观。汨罗的口号是“不求人人升学，务须个个成才”。

（2）建立和完善素质教育的运行机制。运行机制包括动力机制和管理机制。动力机制主要指政策法规的导向。管理机制指探索素质教育的管理模式。建立比较完善的、切实体现素质教育原则的教育目标管理模式，其各项目标设置、权重分配都力求符合素质教育的要求。并制定科学的评估标准。实行刚性管理，严格考评。

（3）按素质教育要求深化教学改革。坚持把德育摆在首位，从领导体制、队伍建设、教育内容、教育方式等多方面系统加强德育工作。全市学校严格按教学计划开课，保证音、体、美、劳等薄弱课程和活动课的开出率；切实执行教学常规，普遍推行启发式教学，把教师个人备课和集体备课结合起来，做到课堂精讲多练，课外活动丰富多彩，努力减轻学生过重的课外作业负担。

（4）大力改革中等教育结构。发动全市农业、工交、财贸和卫生四大系统分别举办四所职业中专，吸引大批初中毕业生入学。职高、中专与普高的招生比例达 6 ∶ 4，升学竞争的压力大为缓解。

（5）大力改善办学条件，充分运用现代教育手段。

汨罗市教育局总结其素质教育综合评价体系的特征为：从不违背教育规律，从不下达升学指标，从不以高考成败论英雄。汨罗市教育评价机制突出强调“全面衡量”学生发展。

1997 年 9 月，国家教委在山东省烟台市召开全国素质教育研讨会。烟台市提交《整体改革，区域推进，认真扎实地实施素质教育》经验报告，成为国家推进素质教育的典型经验。烟台经验概括为：

（1）转变教育观念是实施素质教育的前提。

（2）良好的运行机制是实施素质教育的可靠保证。

（3）行政管理与科研相结合，是实施素质教育的有效途径。

（4）建设一支高素质的教师队伍是实施素质教育的关键一环。

（5）因地制宜，积极推进素质教育。①推进中考招生制度改革，引导学校全面贯彻教育方针。中考招生制度改革，试行“一评二挂”。“评”即建立对乡镇和学校在办学方向、办学条件、管理水平、教育质量等方面的督政、督学评估体系；“挂”就是评估结果与高中和中专招生名额挂钩。②改革对学生的考试制度，促进学生全面主动发展。实行“等级 + 特长 + 评语”评价方法。③把课程和教学改革作为实施素质教育的核心内容。④结合实际，探索因材施教的初中办学模式。⑤探索德育的新思路、新方法。

1998 年 6 月，教育部印发《关于推进素质教育调整中小学教育教学内容、加强教学过程管理的意见》《关于调整现行普通高中数学、物理学科教学内容和教学要求的意见》《关于贯彻〈推进素质教育调整中小学教育教学内容、加强教学过程管理的意见〉中有关中小学健康教育若干问题的补充意见》3 个文件的通知，要求各地结合实际提出贯彻文件的具体措施。

2005 年 5 月，教育部印发《关于进一步推进义务教育均衡发展的若干意见》，提出 6 项、16 条要求：①统一思想认识，把推进义务教育均衡发展摆上重要位置；②采取积极措施，逐步缩小学校办学条件的差距；③统筹教师资源，加强农村学校和城镇薄弱学校师资队伍建设；④建立有效机制，努力提高每一所学校的教育教学质量；⑤落实各项政策，切实保障弱势群体学生接受义务教育；⑥建立监测评估体系，切实推进义务教育均衡发展。

（二）北京推进

1. 理论学习

1991 年 3 月，市教育局编印 13 万册《教育思想学习文选》，全市中小学干部教师人手一册，同时印发《关于组织我市普教系统干部、教师学习教育思想的通知》，以“全面育人、减轻负担、提高教育质量”为总要求，组织干部、教师开展教育思想的学习和讨论。同时多次组织干部教师座谈、讨论转变教育思想问题。结合教育思想讨论，组织推广崇文区一师附小“快乐教育”经验。

1996 年 10 月和 12 月，市教委举办两期素质教育干部研修班。各区县中小教科科长、中小教研室主任及部分中小教主管副局长、进修学校校长 100 余人参加。研修班播放陶西平关于素质教育的讲话录音，市教育督导室、市教委和教科院有关领导分别作关于素质教育的报告。各区县也采取多种形式开展素质教育理论学习和培训活动。

1997 年 8 月，市教委召开基础教育系统领导干部素质教育研讨会，总结实施素质在认识和实践方面取得的阶段性成果，会议要求各部门贯彻各学科课程教材调整方案，树立新典型，推广新经验。1998 年 10 月，市教委召开推进素质教育在中小学课堂教学中的实施经验交流会。

2. 政策措施

1996 年 8 月，市教委拟定《北京市关于进一步加强中小学素质教育的意见（讨论稿）》，从更新教育观念、改革课程体系、改进课堂教学、提高教师素质、增强科研能力、建立评价体系等方面提出全面推进素质教育的指导意见。经反复研讨修改，于 1997 年 6 月由市政府办公厅正式转发。《北京市关于进一步加强中小学素质教育的意见》提出 3 方面、9 条推进措施：

（1）创造实施素质教育的良好环境和条件。①转变观念，坚持正确的社会舆论导向；②加快结构调整，拓展成才渠道；③加强薄弱学校和山区学校建设；④改革课程设置加强教材建设；⑤切实搞好课堂教学。

（2）构建实施素质教育的运行机制。①改革升学考试制度，形成正确的导向机制；②抓好试点，建立和完善督导与监控制度，形成有效的评价和监控机制；③建立相应的奖惩制度，形成有力的制约机制；④发展社区教育，形成广泛的社会参与机制。

（3）加强教师队伍建设。《意见》要求各区县从实际出发，实现“九五”期间由“应试教育”向素质教育的全面转轨。

1999 年 12 月，市委、市政府发布《中共北京市委、北京市人民政府关于深化教育改革全面推进素质教育的意见》，提出北京市实施素质教育总体思路是：“深化教育改革，全面推进素质教育，创建新型人才培养模式，构建首都现代教育体系。”

3. 督导评价

作为贯彻落实《关于进一步推进中小学素质教育实施意见》的具体措施和构建实施素质教育运行机制的核心内容，市教委同时发布《北京市区县政府巩固“两基”，落实“两全”，全面实施素质教育评价方案（试行）》《北京市区县教委（教育局）全面贯彻教育方针，全面实施素质教育评价方案（试行）》《北京市普通中学教育质量综合评价方案（试行）（修订）》《北京市小学教育质量综合评价方案（试行）（修订）》（简称“三个评价方案”）。“三个评价方案”明确区县政府、区县教委（教育局）、中小学校三个层次实施素质教育的各自职责，构成区域性素质教育督导评价体系。市教委要求各区县把贯彻实施“三个评价方案”作为“九五”期间加强中小学教育工作的重要任务列入工作议程，加快区域性素质教育实施步伐，办好每一所学校，教好每一名学生，全面提高教育质量。1998 年 3 月，市教委、市督导室印发关于落实“三个评价方案”的《评价工作程序和评价细则》，工作程序分为“自我评价工作程序”和“督导评价工作程序”。前者工作程序为：自我评价的准备、自我评价的实施和自我评价的总结；后者工作程序为：计划准备、调查分析、结果处理。对于前两个评价文件的督导工作程序最后一条为：“每 2 ~ 3 年，市督评领导小组在完成对区县政府督导评价一轮后，依据督导评价结果和工作进展情况，对区县政府实施素质教育工作向市政府提出奖惩建议。”“每 2 ~ 3 年，市督导评价领导小组在完成对区县教委（教育局）督导评价一轮后，依据督导评价结果和工作进展情况，对区县教委（教育局）实施素质教育工作向市教委提出奖惩建议。”到2000年年底，市、区政府督导室在各区县和学校自我评价基础上，完成对18个区县政府、教委和完小以上的3106所中小学第一轮督导评价。

2002年，市教委、市政府教育督导室修订“三个评价方案”。至2005年，北京市完成对区县政府、教委和939所中小学校第二轮全面实施素质教育督导评价。

2008年，市教委、市政府教育督导室再次修订“三个评价方案”。至2009年，北京市完成对全市18个区县及燕山办事处区县政府和教委全面实施素质教育第三轮综合督导评价。

4. 区域实验

从1997年5月，市教委确定崇文区、海淀区和顺义县为素质教育实验联系区县，在调整教育结构布局、改革办学体制、改革教学内容和考试制度方面进行区域整体改革试验探索。三个区县分别制定各自全面推进素质教育的实验方案。1998年1月，市教委、市政府教育督导室印发《关于北京市建立第一批推动素质教育实验联系区县的通知》，要求崇文、海淀和顺义三区县通过督导评价机制建设，推动区域性教育综合改革，促使中小学全面走上实施素质教育的办学轨道。2000年8月，市教委考察三个实验区县进行素质教育区域性改革实验情况，结果显示：三个实验区在实施素质教育育人模式、社会环境和运行机制等方面进行了积极探索和实验，促进了区域性教育改革和发展，在推进全市实施素质教育工作中起到重要作用。

5. 课程教材体系改革

1994年开始，市教育局组织专门人员开展课程教材建设实验研究，提出调整课程计划、合并重复交叉课程门类、确定符合素质教育精神的教学要求。1997年，基本完成面向21世纪的中小学课程改革方案的总体设计，同时启动各学科教学大纲的研究、编制工作。在新方案出台前，为解决现行教材过繁、过深问题，市教委组织专门小组对现行教材进行必要处理，并颁发《北京市实施素质教育调整九年义务教育部分学科教学内容与教学要求的意见》，自1997—1998学年度执行。从2001年秋季开始，北京市在200多所学校开始实验“21世纪新教材”。

6. 考试招生制度改革

1998年，北京市实行义务教育阶段免试就近入学制度，引导小学和初中实施素质教育。同时开辟、完善多种入学途径，力图满足市民对多样化、高质量教育需求。推行初中毕业考试和高中招生考试分离的“先毕业、后升学”办法，按照“合理分流、双向选择、多次机会、分批录取”原则改革招生制度并完善市、区县两级统分结合考试招生管理模式，采取提前单独招生、统一招生、等级入学等多种招生方式，为初中和高中实施素质教育创造良好环境。

7. 检查总结

1997 年 7 月，市教委召开推进素质教育座谈会，国家教委主任朱开轩、副主任柳斌、市委副书记李志坚、副市长胡昭广参加。市教委就转变教育观念、薄弱校建设、山区校建设、招生考试改革、评价督导方案及在崇文、海淀、顺义实施的整体改革等工作做全面汇报，光明小学等 10 所学校和海淀等 5 个区教委（教育局）分别介绍本单位开展素质教育情况和存在问题。

1997 年 11 月，市教委、市督导室到东城、西城、崇文、宣武、海淀五区对 10 所中学和 10 所小学（每区各 2 所中学、2 所小学）落实素质教育阶段性目标情况做专题调研。调查内容为 1997 年阶段性目标中与学校工作密切相关的“按课程计划开齐课时，不准利用节假日、双休日、寒暑假为学生集体补课”“严格教学用书管理”“制止按考试分数对学生排队”三项。同时了解各校实施素质教育的基本思路与做法。学生抽查对象为每所中学初三某班 10 名学生，每所小学六年级某班两组学生。调研结果显示：小学除一所未开科技活动课、两所有在班上公布学生考试分数现象外，普遍落实阶段性目标的各项规定，且对实施素质教育进行有益探索。中学有 5 所较认真落实阶段性目标的各项规定，并按素质教育要求采取其他措施；3 所中学有认识，但怕吃亏，存在违反规定现象；2 所中学落实不力，原因是办学思想和教育观念未摆脱“应试教育”束缚。调研组建议：抓好学习，提高各级干部实施素质教育自觉性；抓调研、抓检查，扎扎实实推进素质教育阶段性目标落实；加快基础教育改革进程，为实施素质教育创造良好环境；大力推进素质教育“三个评价方案”的实施工作，尽快构建实施素质教育的督导评估机制。

2000 年至 2001 年，市教委和市督导室分别就上述推进素质教育措施进行调研，结果显示，各项措施均“取得良好效果”。

第二节　实践探索

北京市依据国家教委（教育部）关于推进素质教育的文件精神，通过建立素质教育实验区、总结和推广学校素质教育经验、改革教学内容和教学方法、改革招生考试制度、建立综合素质评价机制等工作，在中小学教育教学实践中推进实施素质教育。

1997 年，市政府转发市教委《关于进一步推进中小学素质教育实施意见》，北京市开始全面推进素质教育。当年，市教委确定崇文区、海淀区、顺义县三区县为素质教育改革实验区。实验区县分别依据市教委规定的 5 项改革实验内容，结合本区县实际，拟订推进素质教育实验方案。1998 年 11 月，市教委和市督导室分别对三个实验区县进行检查，实验均取得一定效果。2000 年 8 月，市教委和市督导室再次对三个实验区县进行检查，实验均取得“可喜的成果”。

在全面推进素质教育实施过程中，一大批学校在改革教学内容和方法、改革作业和考试方式、减轻学生过重课业负担等方面取得成效，学校获得特色发展。崇文区一师附小“快乐教育”、光明小学“我能行”教育、实验二小“双主体教育”、八中全面发展教育等成为北京市推进素质教育的典型学校。1997 年，市教委编辑出版《北京市基础教育实施素质教育经验选编（一）》，收录光明小学、一师附小、翠微小学、北京八中、顺义李桥中学等 16 所小学、22 所中学实施素质教育的典型经验。

2007 年，教育部基础教育司编辑出版《新时期素质教育案例选编》，集中反映全国各地体现素质教育宗旨的实践经验，展示其对新的教育理念、新的教育思想和教育方法的积极探索。上篇以区域为单位介绍各地推进素质教育的有效措施，收录北京东城和西城两个区域案例《促进资源共享——北京市东城区推进素质教育纪实》和《整体构建现代学校制度 推进区域素质教育——北京市西城区推进素质教育纪实》；下篇以学校为单位介绍中小学先进经验，收录北京汇文中学、私立汇佳学校和国子监中学三所学校案例《汇文之歌——北京汇文中学新时期德育工作纪实》《用全力打造新时代完整的人——北京市私立汇佳学校素质教育走出新路子》和《办好“不选择学生”的学校——北京国子监中学走出薄弱学校阴影的历程》。

2008 年 4 月，市政府办公厅转发市教委和市督导室《关于进一步完善对区县人民政府实施素质教育工作进行督导评估制度的意见》，指出“自 1997 年以来，本市对区县政府、教委和中小学校开展两轮全面实施素质教育督导评价工作，形成对区县政府、教委、学校‘三位一体’的实施素质教育督导评价工作机制”，为完善此项评估制度，《意见》提出 4 项评估原则、5 项评估内容、4 项评估程序和 4 项结果应用制度。要求各区县政府全面推进素质教育，把教育工作列入区县人民政府重要议事日程，履行领导职责、保障经费投入、改善办学条件、加强教育管理。

一、区域实践

1994 年，市委、市政府批准建立海淀教育改革试验区，通过强化政府统筹，改革教育管理体制，推进素质教育，提高教育质量。

1997 年 5 月，市教委确定崇文区、海淀区和顺义县为素质教育实验联系区县，在调整教育结构布局、改革办学体制、改革教学内容和考试制度方面进行区域整体改革试验探索。1998 年 1 月正式印发建立实验区的通知，实验区主要任务是：①办好每一所中小学并推出一批办有特色学校；②完善教育管理体制，深化中小学内部管理体制改革，调整教育结构布局，优化教育资源配置，改革招生考试制度，构建以全面提高学生素质为目标的教育体系；③完善督导评价制度，建立基础教育质量监测制度；④建设一支适应素质教育需要的干部、教师队伍；⑤发展社区教育，建立广泛的社会参与机制，为实施素质教育创造良好的社会环境和条件。当年，三个实验区县全面实施中招、中考改革。11 月，市教委、市督导室分别到三实验区县调研实验进展情况。

三个实验区均成立领导小组，明确改革实验研究目的和具体任务，营造开展改革实验氛围，制订实施方案。

1997 年 3 月，崇文区出台三项小学素质教育改革措施：《崇文区小学语文教学改革方案》《崇文区小学自然教学改革方案》《崇文区小学青年教师教学常规达标工程》。4 月到 7 月，区人大、区政府组织人力，历时三个月完成素质教育考察报告 5 篇，涉及崇文区素质教育现状及校长、教师、学生、家长对素质教育的认识等问题。6 月，区教育局组织各方面人员对《崇文区推进素质教育实验方案》进行可行性论证。1998 年 4 月，崇文区召开工作会部署动员全面推进素质教育，会上印发《崇文区推进素质教育实验方案》。实验内容包括：整体优化改革实验，招生考试制度改革实验，教育体制改革实验，课程、教材和课堂教学改革实验，学校德育工作改革实验。在招生考试制度改革实验方案中，将初中毕业考试权下放各中学，并对毕业生的理、化试验操作及英语口语进行测试，全区组织统一升学考试。5 月，崇文区出台小学毕业、初中入学办法改革方案，全区不再组织小学升学统一考试，小学毕业考试由学校自行命题、自行组织。3 所重点中学招收文艺、科技、体育特长生。14 所公办校初中班一律试行小学相对就近对口免试升学，有特殊要求的学生可到 4 所民办公助学校报名入学。8 月，组织全区中学教学副校长、教导主任和教研员讨论全面评估初中办学质量问题，提出初中办学水平十要素：届巩固率、届流失率、中考总分及格率、中考优秀率、升学报考率、中考平均分、中考体育平均分、开课率、特长生率、犯罪率。评估要素标准分为 100 分，摈弃以往单纯以文化课成绩排队的评价方法。

1997 年 6 月，海淀区委教育工委、区教委召开素质教育工作会，研究作为北京市素质教育联系实验区工作，制定《海淀教育改革实验区全面素质教育实施提纲》，确定素质教育实验区工作与 1994 年批复建立“教育改革实验区”工作结合推进思路，现阶段以抓好学校建设、招生改革和结构调整为突破口。在招生改革方面，重点改革初中入学办法：取消重点初中称号，小学毕业生就近升入初中校，毕业生可在片内填报一个志愿校作为分配时参考；取消市级三好学生保送，允许其多报一个志愿校；推进九年一贯制试验，减少学生二次流动量。

1997 年 8 月，顺义县召开中学素质教育工作会，会上提出实施素质教育 10 条意见：①逐步建立素质教育目标体系；②推进目标教学，解决学科课实施素质教育问题；③提高活动课质量；④开发隐形课，发挥环境育人功能；⑤提高干部教师素质；⑥加强素质教育理论和实践研究；⑦建立素质教育评估和监控机制；⑧加快升学制度改革步伐；⑨开展学生心理健康教育；⑩开展学生素质评估工作。在招生考试改革方面，顺义区实施全区初中毕业会考，会考科目除主科外，还包括美术、音乐、劳动技术的考察，升学考试由区统一组织。升学考试科目和分数权重不同。将重点高中部分指标分配到初中校，并试行先参加选拔考试再填报升学志愿。

三个试验区根据课程学时长短，相应加大语文、数学、外语三科分数权重，同时减去部分学科选拔性考试。

1999 年 10—11 月，市教委与教育部基础教育司联合对北京市小学贯彻第三次全教会精神、减轻学生过重课业负担、全面实施素质教育情况进行调研，调研对象为崇文、宣武、朝阳、海淀 4 个区 6 所学校，与区教育行政部门、学校教师举行座谈，对 300 名小学生进行问卷调查，形成《北京市小学推进素质教育减轻学生负担情况的调查报告》。

2000 年 8 月，市督导室调查三个素质教育实验联系区改革实验情况。调研结果显示：三个实验区在素质教育区域性改革实验中，在调整结构布局加强学校建设、改革升学和考试制度、改革办学体制、改革教育教学、构建督导评价监控和制约机制、发展社区教育六个方面均取得预期进展，同时也均存在需要继续转变观念、深化改革、减轻学生负担等问题。

二、学校实践

（一）快乐教育

1989 年，北京一师附小开始进行快乐教育实验。1991 年 1 月，市教育局召开教育思想专题研讨会，围绕“快乐教育”实质、推广“快乐教育”经验的现实意义、实施“快乐教育”与提倡刻苦学习关系等问题进行研讨。4 月，市教育局召开快乐教育经验交流会。东交民巷小学、英家坟小学和五棵松中心学区及东城、海淀、朝阳区介绍经验。10 月，市教育局在一师附小举办全国快乐教育研讨会。一师附小从转变教育观念入手，围绕课堂教学进行探索，制订“快乐教育课堂教学评价标准”，总结出“快乐教育课堂教学方法”，形成“快乐教育的课堂教学特色”。到 1992 年年底，北京市推广“快乐教育”经验、全面贯彻教育方针、办有特色的小学达到 100 余所。

1996 年以后，一师附小继续在学校环境、课程设置和课堂教学等方面实验“快乐教育”，逐渐形成小学“快乐教育”教学体系，成为北京市推行素质教育的典型代表之一。

（二）“我能行”教育

1996 年，崇文区光明小学提出“我能行”教育，从学生、教师、家长三个层面，从管理、教育、教学、评价、家校协同诸方面全面探索、构建素质教育育人模式。“我能行”教育，以自信教育为核心，通过教育教学实践活动，引导学生在思想上相信“我能行”，在情感上体验“我能行”，在行为上表现“我能行”，从而促进学生全面、健康发展。学校教师将“我能行”教育内涵及实施途径概括总结为 8 句话，即“相信自己行，才会我能行；别人说我行，努力才能行；你在这点行，我在那点行；今天若不行，争取明天行；能正视不行，也是我能行；不但自己行，帮助别人行；相互支持行，合作大家行；争取全面行，创造才最行”。该校取消期中考试，并在一年级取消分数，实施“乐考”。

光明小学推行素质教育经验被《中国教育报》《北京日报》及海外十几家报刊多次专题报道，中央电视台新闻联播、焦点访谈、新闻调查也做了专题报道，并被教育部制作成专题片，列为全国百所素质教育示范校展播之一。

（三）马芯兰教改实验

1977 年，马芯兰开始第一轮教学实验。她大胆突破传统教学的条条框框，探索效率和质量相结合的方式。她坚信减轻学生负担和提升教学效果并不矛盾。她把现行小学数学教材中的重点、难点、共同点和不同点按照知识的内在联系及规律进行组合，将540多个概念归纳成十几个一般基本概念及‘和、差、倍、分’4个重点基本概念，将11类应用题总结成4个基本类型，组合成教学的中心环节，从纵和横两个方面重新调整，并组合成新的知识结构。马芯兰教学法效果显著，不少学生数学成绩在三、四年级时就达到小学毕业水平。从1984年开始，市教育局组织推广马芯兰教改经验，到1994年完成两轮推广。其教改经验不胫而走，到1995年，全国20多个省、直辖市、自治区，2700余所学校推广并采用“马芯兰教学法”。1995年1月，市教育局召开马芯兰教学思想研讨会。同年6月，市教育局印发《关于扩大推广马芯兰教改经验实验工作的意见》，指出：第三轮推广马芯兰教改经验是全面实施素质教育的需要，决定自1995—1996学年度第一学期开始，在全市扩大推广马芯兰教改经验，实验范围扩大到新一年级的1/5左右。到1997年，北京市有522所学校推广应用马芯兰教学法。

（四）小班教育实验

从1997年开始，北京市一些小学由于招生人数自然减员，陆续开始小班化教育实验。小班化教育实验把推进素质教育和提高教育质量结合起来，成为实施素质教育的典型模式之一。到1999年9月，北京市有14个区县开展小班化教育实验，参加实验的学校共计144所，实验班级300多个、学生7322名。实验班级每班平均不到25名学生，实验班级教师配备既有包班制教师，也有分科制教师。实验证明：多数实验班级在学生学习环境、教学组织形式、教学管理及教师素质各方面都发生良好变化。

（五）课堂教学实验

学校把课堂教学视为实施素质教育“主渠道”，通过改革课堂教学以求提高教学质量和学生素质。一些中小学校一方面调整课程设置，加强学科课程、活动课程和隐性课程建设，另方面，改革教学内容、教学方法和教学手段，让学生主动学习、生动学习和在活动中学习。北京8中建立旨在提高学生全面素质的多维教学系统。北京25中建立优质课标准和课堂教学评价指标体系。光明小学提出“整体导课堂、兴趣贯课堂、练习进课堂”教改思路。

1998年，西城区对该区小学数学学科教学中实施素质教育状况进行调查，结果显示：96%的学校和教师在开展素质教育课堂教学实践。

第三节 研究活动

素质教育成为社会热点问题后，各类研究活动层出不穷。20世纪90年代初期，教育理论界对素质教育内涵缺乏清晰界定，歧义纷杂；同步推进的素质教育实践出现“泛化”倾向，凡涉及改革项目均归为“素质教育”；政策虽有倡导，但配套措施不足，导致学校改变“应试教育”现象的意愿动力不足。到90年代后期，由于中央在教育政策方面将素质教育明确定位于国家教育方针，理论认识逐渐趋于基本一致。

一、研讨会

从1995年开始，北京市就素质教育主题频繁召开研讨会，并就素质教育大量开展调查研究、实验研究及经验总结等研究活动。其中影响较大的研讨会是北京教科院1997年开始连续4年组织的“北京素质教育研讨会”，一度成为推进素质教育的品牌研讨活动。

1997年6月，北京教科院牵头组织首届“北京素质教育研讨会”，全国10个省市40多学者、校长、教师参加会议。研讨会主题为“素质教育的本质与特征”，主要研讨素质教育理论概念和实践探索。会后选录28篇论文出版《北京素质教育研讨会论文选》。此次研讨会论文显现出素质教育已经成为教育实践、教育行政和教育理论界的共同热点问题。在教育实践方面，素质教育表现为中小学“整体改革”之热；在教育行政方面，素质教育表现为从文件到讲话成为高频词汇；在教育理论方面，表现为多数教育学者都在撰写探讨素质教育的文章，多数学术刊物都在刊发素质教育的文章。华东师范大教授叶澜、北京教科院研究院文喆提交的文章显示出此次研讨会的主旨：《中国基础教育改革跨世纪思考》《基础教育与学生自我教育能力发展》（叶澜）《素质教育是一种新的教育模式》（文喆）。

1998年8月，北京教科院举办第二届北京素质教育研讨会，到会100余人，提交论文80余篇。研讨会主题为“素质教育与课堂教学”，主要研讨素质教育在课堂教学中的实施问题。会后选录37篇论文出版《第二届北京素质教育研讨会论文选》。文喆所写《把素质教育研究深入下去》一文，对此次研讨会做出总结：“相当多的论文探讨主体性问题，探讨课堂教学中学生的主体地位问题，这说明大家对素质教育本质的认识正在趋同，认为素质教育的根本特点是强调学生发展的主体性。”并从对“素质教育”与“主体教育”区别界定中对素质教育特征做出概括：“‘主体教育’更多的是从学校教育过程来认识问题，而素质教育则是以政府行为为主的一种全方位的社会性基础教育改革，它包括发展教育、保障教育权利、改革教育理念、改革教育的宏观管理、改革教育的内容方法等许多内容，是带有根本意义、带有‘转轨’意味的教育改革，是一项社会性系统工程。”

1999 年 7 月和 2000 年 10 月，北京教科院又继续举办第三届和第四届北京素质教育研讨会。第三届到会 16 个省市 100 余人，提交论文 70 余篇。研讨会主题为“素质教育与教育改革的实践”，主要研讨深化对素质教育的认识、总结教育改革实践经验问题。会后选录 29 篇论文出版《第三届北京素质教育研讨会论文选》。第四届到会 70 余人，提交论文 60 余篇。研讨会主题为“素质教育与学科教学改革”，主要研讨素质教育在各科教学中的推进问题。会后选录 29 篇论文出版《第四届北京素质教育研讨会论文选》。四届“北京素质教育研讨会”主题反映出素质教育在北京基础教育领域的认识发展和实践推进轨迹。

1998 年 5 月，中国教育学会在北京一师附小举办“愉快教育与素质教育研讨会”,会议就“愉快教育”指导思想、培养目标和要求、与实施全面素质教育的关系、“愉快教育”模式理论分析和实施原则、“愉快教育”模式体系的教学、“愉快教育”对家庭和社会育人环境的要求，及教育质量评价等问题进行研讨。北京 7 所学校发言，介绍各校从教育教学和学校管理改革角度对素质教育内涵、价值的认识及其实际改革措施和效果。

二、调查研究

1996 年年初，市教委委托北京市教科所（北京教科院基础教育研究所）组织研制《北京市小学素质教育“九五”纲要》。调研组一方面梳理素质教育文献，征集教育理论研究者意见和建议，另一方面分别对教育行政人员、校长、教师、家长和学生做问卷调查，了解各类人员对素质教育的理解、存在问题和实施素质教育、改进学校教育教学和管理工作的建议。当年 6 月完成调研报告，为形成《关于进一步推进中小学素质教育实施意见（讨论稿）》提供基础资料。

1997 年 12 月，市教委对基础薄弱校建设工作进行中期调研。1998 年年底，市教委对基础薄弱校建设工作再次进行调研，提交终期报告。基础薄弱校建设作为北京实施素质教育的内容之一，终期报告显示：“原定 105 所基础薄弱学校的面貌发生了显著变化”。报告提出 6 个值得思考的问题和 4 点改进建议。

6 个问题：

（1）“戴帽子”的利弊。“基础薄弱学校”称谓始见于 1986 年市教育局文件，此称谓对学校办学形成压力，使学校反感，并在社会上引发议论。报告认为“基础薄弱学校建设应该是阶段性工作”，“这一称谓应立即停用”。

（2）学校达标和形成特色关系。达标是为使学校在同一起跑线上竞争，办出特色才是目的。

（3）硬件建设与软件建设关系。办学水平靠好老师，软件必须硬抓、抓实。

（4）面向全体学生与因材施教关系。学校制定培养目标，须把学生全面发展与个性特长发展结合起来，使教师因材施教，学生各得其所。

（5）基础薄弱学校建设与示范学校建设关系。普及任务与提高任务并存，且抓两头带中间是促发展的有效方法。但在经费短缺情况下，需处理好普及与提高关系。

（6）稳定教师队伍与盘活人才资源关系。现阶段以采取优秀干部教师到薄弱校换岗时间以学期或学年为宜，选派人员应是确有经验的中层以上干部和中学一级以上职称的教师。

4点建议为：

（1）对薄弱学校硬件条件不足情况，建议划拨专项经费一次性解决问题。

（2）工作重点须放在干部教师队伍建设上，从建立教师队伍流动机制出发进行试点，推动用人制度改革。

（3）与首师大合作做好“全面提高北京市初中教育质量”课题，提出在完善管理政策、质量监控和整体素质提高方面的实际措施。

（4）到三年目标完成后，宣布不再使用“基础薄弱学校”概念，努力办好每一所学校。

1999年10—11月，市教委对全市小学推进素质教育减轻学生过重负担进行调查。报告显示，为推进素质教育、减轻学生负担所采取的措施有：①推进升学考试和评价制度改革。从1995年开始，全市近百万小学生试用《小学生质量综合评价》，力图用全面指标评价体系代替单纯以语文、数学两科成绩评价学生质量高低的标准。②推进课堂教学改革。课堂教学改革的目标是：发挥学生主体作用、优化教学过程、提高课堂教学效益。分层教学、合作学习、学习指导、个别化教育等研究广泛开展，马芯兰教学改革成为典型。③推进课程教材改革。为适应素质教育需要，北京市于1995年和1997年两次对九年义务教育部分学科教学内容进行调整，适当降低教学要求，缩小考试范围。同时，开展面向21世纪中小学课程教材体系研究，完成课程方案和课程标准，着手编写新教材。④提高教师素质。以转变观念为先导，着力提高教师教学基本技能和教学能力，加强骨干教师和青年教师培养。⑤优化资源配置，深化整体改革。兴办寄宿制小学，建设学生实践基地，开展小班化实验。

2000年8月，市督导室对开展素质教育区域性改革实验问题进行调研，结果显示：三个实验区在素质教育区域性改革实验中，坚持创新性原则，采取相应的科学实验方法推进素质教育实验工作。各区都采用“行动研究”的方式方法，推进实验。各区按“问题—研究—总结—再研究—再总结”的程序推进素质教育实验。各区通过调查发现问题，针对问题确定项目，制订实验方案，集中力量开展理论与实践研究，提出解决问题措施，在实践中落实，取得较好效果。三个实验区在调整结构布局加强学校建设、改革升学和考试制度、改革办学体制、改革教育教学、构建督导评价监控和制约机制、发展社区教育六个方面均取得预期进展，同时也均存在需要继续转变观念、深化改革、减轻学生负担等问题。

2000年，市教委“素质教育课题组”就全市推进素质教育情况进行全面调研，结果显示：①“广大干部教师进一步增强全面实施素质教育的责任感和自觉性”；②“全方位建设全面推进素质教育的良好环境”；③“积极构建全面推进素质教育的有效运行机制”；④“深化教育教学改革，积极创建素质教育新型育人模式”；⑤“突出抓好队伍建设，切实保证素质教育的顺利推进”；⑥“以教育执法检查和素质教育督导评价为重点，教育督导取得明显成效”。存在主要问题有：①“传统的教育思想、人才培养模式及管理方式，不同程度地影响和束缚着教育改革的深入进行”；②“教育管理体制和运行机制改革有待进一步深化”；③“教育结构布局还不尽合理”；④“教育发展不平衡问题仍然存在”；⑤“干部教师整体素质与全面推进素质教育的要求尚有距离”。

2005年至2006年，教育部、中宣部、人事部、中国社科院、团中央、国家统计局等部门分别就教育部门实施素质教育、舆论环境对素质教育的影响、社会用人制度改革、人的全面发展理论及成才规律、青少年健康成长及社会环境因素及中小学学生学习生活状况进行调研，结果显示：自1999年第三次全国教育工作会议后，素质教育实施处于国家推进、重点突破、全面展开的过程中。主要进展：①“素质教育已经提升为当前国家的重大决策和法律规定，进入了一个新的发展阶段”；②“素质教育观念日益深入人心，正在逐步转化为各地各部门的积极探索和生动实践”；③“素质教育在关键环节上开始突破，学校教育正在发生一些积极而重要的变化”；④“全民族科学文化素质大幅度提高，为我国现代化建设和构建和谐社会奠定了坚实基础”。存在问题：①“社会经济文化多种因素综合形成了强大的升学竞争压力，社会、学校和家庭片面追求升学率的倾向仍然相当普遍”；②“当代青少年成长环境急剧变化，学校教育一级传统的教育方法难以适应”；③“教育总体水平仍然偏低、体系结构调整相对滞后，在宏观上制约了素质教育的推进”；④“实施素质教育的相关制度建设还不完善，各项政策措施的推进面临着诸多体制性障碍”。

三、实验研究

北京市中小学素质教育实验研究分区域实验、学校实验和课堂教学实验三大类。区域试验以三个实验区县为代表。学校实验以市教委组织总结的 38 所中小学实施素质教育典型经验为代表。课堂教学实验，以北京教科院结合教学研究工作组织的构建素质教育课堂教学体系研究为代表。

1997 年，北京教科院结合教研工作开始研究素质教育课堂教学体系问题。1999 年，完成《素质教育课堂教学体系的初步研究》。该研究认为：

（1）素质教育的课堂教学基本特征是：基础性、民主性、活动性、层次性、开放性和生成性。

（2）素质教育教学原则是：价值性、平等性、分层递进、个性化、全面参与和综合优化。

（3）素质教育教学模式是：以主体教学模式群为核心（第一层次），以学科教学模式（第二层次）和学科内部分类教学模式（第三层次）为基础的综合整体性课堂教学模式体系。此教学模式并非增加了新的变量，而是赋予各个变量以新的含义：①教学环境。营造愉悦、宽松、合作、共振的课堂教学气氛，激发全体学生的主动参与性；②教学内容。教科书不完全等同于教学内容，教学内容的形式不拘泥于文字，教学内容不等同于知识点。③教师和学生。学生是学习活动中不可替代的主体，教师要由知识的传授者、灌输者转变为学生主动学习的组织者、指导者、帮助者和促进者。

（4）素质教育课堂教学评价是：应围绕课堂教学评价的对象，以评价的价值取向作为出发点，选择适当的研究方法和评价方式形成合理的评价体系。

四、经验总结

1996 年 10 月，“北京中小学实施素质教育的改革与实验研究”立项为北京市“九五”重点课题，该研究重点收集整理全市中小学实施素质教育的做法和经验，1997 年，课题组结合市教委推进素质教育的工作部署，总结 38 所中小学（小学 16 所、中学 22 所）实施素质教育的典型经验。该课题组总结北京市中小学在实施素质教育方面取得的经验有：

（1）抓学校干部教师思想观念转变，提高对实施素质教育的认识。许多学校在推动实施素质教育过程中，都从这一点着手，通过学习有关文件法规和领导讲话，学习有关理论，在全校达成全面实施素质教育共识。

（2）抓实施素质教育主渠道，深化课堂教学改革。绝大多数学校认识到课堂教学是实施素质教育的主渠道。他们在实践中推进和深化课堂教学改革，以求全面提高教育教学质量，全面提高学生素质。一方面进行课程设置调整与改革，加强学科课程、活动课程和隐形课程建设，体育、艺术、计算机、外语、劳动、心理辅导等课程普遍得到重视；另一方面，以教学内容、教学方法、教学手段为核心的课堂教学改革得到深化，开展了大量探索。

（3）抓队伍建设，全面提高学校干部教师素质。各中小学从转变教育教学观念、培养敬业精神、提高教学基本功、培养青年教师等方面着手，提高教师素质。

（4）改革考试与评价方法，全面评价教师工作成绩与学生素质。以崇文区光明小学为代表的学校考试和成绩评定方法改革，得到学生和家长认可，引起各界关注。该校取消其中考试，并在一年级取消分数，实施“乐考”。许多学校制定综合评价指标体系，注重对教师全面素质和教育教学过程评价。

（5）开展教育科研，构建自身特色的素质教育实施模式。许多学校提出“以教育科研为先导，全面实施素质教育”。

1998 年 9 月，市教委召开北京市小学素质教育经验交流会，各区县主管小学的教育行政人员、教研人员及部分小学校长 400 余人参加。宣武区教委、崇文区光明小学介绍推进素质教育经验。市教委对全市小学在教师观念转变、构建素质教育运行机制、推行评价制度改革、教师素质提高等方面积累的经验做总结，并就加快小学教育改革与发展、推进实施素质教育做出具体部署。同年 10 月，市教委再次召开“推进素质教育实施课堂教学改革经验交流会”，各区县教育行政机构领导、教研中心主任、进修学校校长、中小学校校长 200 余人参会，会议邀请江苏南通师范学校、福建省教研室有关人员介绍经验，观摩中小学 14 节优秀课堂教学。

2001 年，随着新课程改革的推进，素质教育以新课程为载体，进入新的发展时期。素质教育自身的内涵，在初期有明确针对性；实施新课改后，其内涵与新课程理念融为一体，并不断加深和丰富。其实质是全面贯彻国家教育方针，立足于人的全面发展，为所有受教育者提供公平发展机会。到 2006 年素质教育作为国家教育方针写入《义务教育法》时，素质教育内涵展现出其科学性、包容性、民主性、公平性等基本特征。到 2010 年，素质教育作为战略主题，写入国家中长期教育改革和发展规划纲要时，素质教育体现出国家经济、社会发展和人的发展的价值取向，成为关系国民素质、国家前途的教育改革蓝图。

2009 年 12 月，市政府教育督导室通过审阅区县自评报告，听取区县政府报告，查阅材料，入校实地调研，召开座谈会，对 815 名学校中层干部、2928 名教师和 1237 名中小学生开展问卷调查等方式，完成对全市 18 个区县及燕山办事处区县政府和教委全面实施素质教育第三轮综合督导评价。2010 年 6 月，市政府教育督导室完成 18 个区县全面实施素质教育综合督导评价意见回复，并形成《全市全面实施素质教育综合督导总报告》。报告认为："从全市总体情况看，各级政府更加重视教育工作，政府各职能部门依法履行教育职责的意识逐步增强；保障素质教育实施的政策措施得到进一步落实，教育管理机制不断完善和创新；依法保证教育经费投入，推动各级各类教育协调发展，学校办学条件发生巨大变化，城乡教育差距显著缩小，义务教育均衡发展取得明显成效；素质教育理念更加清晰，教育教学质量稳步提高，人民群众对教育的满意程度逐年提高。"但是，同年发布的《北京市中长期教育改革和发展规划纲要（2010—2020 年）》也明确指出：北京市"素质教育推进还没有得到根本突破"，今后方向依然是"以改革创新为动力，全面实施素质教育"。

附章二：奥林匹克教育

概　况

从2001年北京申奥成功至2008年，北京奥林匹克教育活动历经7年。其中，前三年为准备期，后四年进入全面实施的北京奥运周期。北京奥林匹克教育承载的任务是：履行《奥林匹克宪章》赋予奥运会举办国家和主办城市的教育职责；兑现北京对国际社会的申奥承诺；提升北京基础教育的内在品质；促进青少年学生的全面发展。

《奥林匹克宪章》规定："奥林匹克运动的宗旨是通过开展与奥林匹克主义及其价值观相一致的体育活动来教育青年，从而为建立一个和平和更美好的世界做出贡献。"同时，"鼓励并支持把体育运动与文化和教育相融合的新举措"。

《北京奥运会申办报告》承诺："通过学校教育普及奥林匹克精神……使亿万青少年在参与奥林匹克实践中得到教益和快乐，使青年学生成为奥林匹克精神的实践者和传播者。"北京市人民政府在2001年7月13日与国际奥委会签订《主办城市合同》，规定"奥运会组委会应在奥运会前三年制定一个按惯例被指定为'文化奥运'的文化活动计划"，且"文化活动必须有助于促进和谐的国际关系与友谊，特别是奥运会参加者和观众之间的关系与友谊，以加强作为奥林匹克主义中心主题的体育运动与文化的联系"。

北京奥运会提出的"人文奥运"理念的教育意义在于重视奥林匹克教育价值的开发，使奥林匹克精神不仅体现在运动场上，更要把它变成广大青少年学生亲身参与奥林匹克运动的深刻体验和基础素质。通过举办北京奥运会促进青少年学生的全面发展，使他们在道德品质、身体素质、文明礼仪和国际意识等方面的素质得到进一步提升，被确定为北京奥林匹克教育的核心任务。

2001年，配合申奥活动，北京市第四中学等部分学校的师生开展学习和宣传奥林匹克知识的活动。2002年5月，北京市海淀区羊坊店中心小学在相关专家指导下举办的小学生“模拟奥运会”标志着北京基础教育领域的奥林匹克教育活动的开始。

2002 年，受市教委委托，北京教科院组织开展“奥运会与首都教育关系”课题的研究，研究结果形成《奥运会背景下首都教育发展与改革研究报告》，为北京奥林匹克教育的全面实施进行了前期的理论准备。

在北京奥组委和北京市政府指导下，2003 年，市教委委托北京教科院制订《北京奥运教育行动计划》。同年 9 月，北京奥组委、市教委和北京教科院联合举行“北京 2008 奥林匹克教育研讨会”，首都高校的专家学者和基础教育领域的教育工作者从理论和实践两个方面共同探讨“机遇与挑战——奥运背景下北京的教育发展与改革”课题。

2004 年，市教委委托北京教科院筹备成立“北京奥运教育工作办公室”，研究修订《北京奥运教育行动计划》，组织编写中小学礼仪教育读本。市委和市政府在《实施首都教育发展战略 率先基本实现教育现代化的决定》中提出“奥林匹克教育服务工程”，要求在全市教育系统开展奥林匹克教育。

2005 年 3 月，“北京市奥林匹克教育工作领导小组”及其办公室正式成立，随即开展奥林匹克教育工作专项调研、组建奥林匹克教育的专职队伍和修订奥林匹克教育知识读本等项活动。同年 12 月，市教委与北京奥组委联合召开奥林匹克教育工作会议，正式发布《北京市学校奥林匹克教育行动计划》。

奥林匹克教育示范学校和“同心结”交流活动是北京奥林匹克教育两大重点项目：北京奥林匹克教育示范学校的基本任务是以教育实践参与的方式诠释奥林匹克主义，“同心结”交流活动是全球多元文化交流的教育途径之一。北京奥林匹克教育的各项活动融体育、教育和文化于一体，是奥林匹克运动得以在青少年学生中全面普及和推广的重要载体。奥林匹克的主题教育活动主要围绕奥林匹克知识普及、奥林匹克精神传播、文明素养培养、体育运动进校园，以及志愿服务、地球环境和艺术教育等项活动展开。残奥教育是北京奥林匹克教育的重要组成部分，其基本理念是尊重、理解、共享。

在北京奥运周期，市教委组织北京 200 余万名师生与全国青少年一起，投入到奥林匹克教育的各项活动中，兑现传播和践行奥林匹克精神的承诺。

第一节　奥林匹克教育计划与组织机构

2003 年，北京教科院奥林匹克教育研究小组完成《北京奥运教育行动计划（草案）》。2004年至2005年，北京市教委多次组织对《北京奥运教育行动计划（草案）》的修订。其间，市教委会同北京奥组委对北京市18个区县20所中小学校开展为期一个月的调查研究。2005年12月6日，北京市召开奥林匹克教育工作会议，正式发布《北京市学校奥林匹克教育行动计划》（以下简称“行动计划”）。

一、《行动计划》

《行动计划》规定的北京市学校奥林匹克教育工作的指导思想是：紧密围绕实现“新北京、新奥运”的战略构想，全面贯彻落实《“北京2008”中小学生奥林匹克教育计划》的目标和任务，以“抓机遇、做贡献、促发展、留遗产”为指导方针，各级各类学校抓住举办2008年奥运会的历史性机遇，发挥教育系统的资源优势，采取多种形式，积极主动地为奥运会服务；通过奥林匹克教育与学校德育、体育、新课程改革和实践活动的有机结合，促进学校体育活动的有效开展，提高学生健康水平；开展丰富多彩的活动，弘扬奥林匹克精神，普及奥林匹克知识，传播奥林匹克文化，使广大青少年学生关注奥运、了解奥运、参与奥运、体验奥运、得益奥运，促进青少年学生的身心和谐发展，培养具有国际素质的一代青少年，为成功举办北京2008年奥运会营造良好的人文氛围，形成具有北京特色的奥林匹克教育遗产。

《行动计划》规定北京市奥林匹克教育的主要内容包括：普及奥林匹克知识、强化奥运会礼仪教育、奥林匹克运动进校园、奥林匹克专门人才培训和实施“同心结”国际交流活动五大项目。《行动计划》提出，在具体实施过程中应注重处理好四个方面的关系：

（1）奥林匹克教育与学校日常教育教学关系。

（2）奥林匹克精神传播与学校德育工作的关系。

（3）奥林匹克教育与学校体育教学的关系。

（4）奥林匹克运动与学校实践活动的关系。

二、计划的调整与完善

在执行《行动计划》的过程中，市教委根据奥林匹克教育发展的实际需要，对《行动计划》中的一些内容适时进行了调整与完善，以提高计划执行的针对性和实效性。

根据组织机构职能的改变，移转部分项目。如在2007年北京市高校奥运办公室成立之后，将《行动计划》中“发挥北京地区体育院校、综合性大学的作用，选拔培养一批优秀运动员、教练员、裁判员和专项技术服务人员……开展医疗、语言、通信技术、志愿者和奥组委实习生等培训工作”移转给北京市高校奥运办公室。

撤销部分条件不成熟的项目。如对《行动计划》中“运用最新汉语教学研究成果，协助北京奥组委开展国际志愿者的汉语水平培训工作”等尚不具备条件的项目，予以撤销。

调整部分项目的工作进程。如将《行动计划》中北京市200所奥林匹克教育示范学校命名工作进程由“2005年、2006年和2007年分别完成50所学校、100所学校和50所学校”调整为2005年和2006年分两批完成。“同心结”交流活动由“2005年启动50所学校，2006年启动100所学校，2007年启动50所”的分三批启动，调整为2006年200余所学校一次性全部启动。

拓展部分项目。如新增示范学校牵手社区及京外学校共享奥林匹克的教育项目。

三、组织机构

北京奥林匹克教育的最高领导机构是北京奥组委和国家教育部。全国各省、自治区和直辖市及各奥运会协办城市的奥林匹克教育活动由该地方政府的教育管理部门负责。北京市的奥林匹克教育活动由奥组委、教育部和市教委共同主持。

2004年6月，市教委委托北京教科院筹备成立“北京奥运教育工作办公室”。2005年3月，“北京市奥林匹克教育工作领导小组”及其办公室（简称“奥教办”）正式成立，主要职责是依据《行动计划》的要求，研究、制订并落实全市的年度奥林匹克教育工作计划和项目实施方案，组织开展北京市学校奥林匹克教育活动。北京市奥教办专职人员根据实际工作需要逐渐由4人增至10人。

同期，北京市各区县教委、许多高等院校和一些职业学校相应成立奥林匹克教育组织机构，共计组建65个奥林匹克教育工作领导小组及办公室，2005年4月，专兼职工作人员达到200余人。2007年7月，北京市高校奥运工作办公室成立，高校奥运工作管理职能从北京市奥林匹克教育工作领导小组办公室分离出去。2007年3月，根据市教委关于完善区县奥林匹克教育专职人员队伍的要求，各区县教委抽调一批专职人员充实工作队伍，全市18个区县的奥林匹克教育工作领导小组办公室拥有专职人员70余人。这些机构接受北京市奥林匹克教育工作领导小组的指导，负责本地区和本单位奥林匹克教育工作。

四、“折子工程”

北京市奥林匹克教育工作采取“统筹规划、分步实施、突出重点、注重实效”的行动策略,按照年度“折子工程”的方式组织实施,通过举办诸如“研讨会”和“经验交流会”等工作会议形式推进工程落实。

从2006年起,市教委对《行动计划》各项任务按年度进行分解,逐年发布《北京市学校奥林匹克教育行动计划折子工程》。对各项活动的主要内容、目标要求、责任单位、协办单位、责任领导人和完成时限提出明确要求，并以《北京市学校奥林匹克教育行动计划折子工程任务书》的形式，由责任单位执行每一个具体活动项目。2006年至2008年三个年度,北京市共实施奥林匹克教育“折子工程”97项。其中，2006年36项，2007年43项，2008年18项。

北京推进奥林匹克教育的主要特点是以举办“工作会”“研讨会”“经验交流会”等会议方式推进“折子工程”项目实施。北京市教委定期召开奥林匹克教育的工作会议，检查、督促和总结《行动计划》各项任务的进展情况，交流学校奥林匹克教育的成果，及时推广学校创新活动的经验。各区县教委也通过相应方式推进本区县各类学校的奥林匹克教育活动开展。

五、经费投入

北京奥林匹克教育经费全部由政府投入。市财政局设立“奥林匹克教育和培训”专项经费，确保《行动计划》各项工程项目的顺利实施。2004年至2008年,北京市级财政共投入4999万元奥林匹克教育专项经费。其中,2004年拨款32万元;2005年拨款806.3万元；2006年拨款806.95万元；2007年拨款1587.51万元；2008年拨款1766.42万元。

按照重点项目划分,“北京2008奥林匹克教育示范学校”项目共计拨款1040.09万元；“同心结”交流活动项目共计拨款1066.18万元。各区县教委也建立奥林匹克教育工作的经费保障机制，支持辖区内的各级各类学校开展奥林匹克教育活动。18个区县的经费投入总额大大超过市级财政的投入，据不完全统计，仅组织北京市百万名中小学生观看奥运会比赛一项，各区县投入的经费就超过1000万元。

北京市人民政府教育督导室通过对“奥运倒排期折子工程”中有关奥林匹克教育项目进展情况逐年进行通报的方式，督查《行动计划》的执行及经费使用状况。

第二节 奥林匹克教育活动

在北京奥运周期开展一系列奥林匹克教育活动中，奥林匹克教育示范学校和“同心结”交流活动是其中两个重点项目。奥林匹克教育示范学校依托校内的课程设置、体育活动、德育活动和社会实践等方式，学习奥林匹克知识、在学校和向全社会传播奥林匹克精神，推进学校的体育和德育工作，促进学生身心的全面和谐发展。“同心结”交流活动是学校面向奥林匹克大家庭成员开展的奥林匹克教育的国际交流活动，在全球范围内传播奥林匹克精神。以这两个项目为中心，北京市中小学校还组织奥林匹克知识普及、奥运会礼仪教育、奥林匹克运动进校园，以及志愿服务教育、地球环境教育和艺术教育等项活动，丰富奥林匹克教育的主题活动形式，促进青少年学生对追求友谊、团结和公平竞争的奥林匹克精神的理解。残奥会知识和理念教育为青少年学生提供了尊重、理解和关爱残疾人的实践平台。

一、奥林匹克教育示范学校

“奥林匹克教育示范学校”是北京奥运周期的首创。它通过均衡、合理的区域分布，对各种类型的学校实施命名，为周边学校树立奥林匹克教育典型样板，并通过“牵手”方式使示范学校的奥林匹克教育经验与所有学校及其所在社区共享，从而达到在最大范围内普及奥林匹克知识、传播奥林匹克精神的目标。

奥林匹克教育示范学校还带动兄弟学校和周边社区开展旨在促进国际理解和保护地球环境的教育活动，共同构建和谐校园、创建人文社区，促进青少年学生的全面发展。

奥林匹克教育示范学校的选择面覆盖了全国所有省份，涵盖包括普通中小学、职业学校、体育运动学校、特殊教育学校、国际学校和私立学校在内的各类学校。

（一）奥林匹克教育示范学校设计

2005 年 3 月，北京奥组委、教育部和市教委经反复研讨，决定采用先“试点”后推广方式开展奥林匹克教育，达成联合命名“奥林匹克教育基地”的共识。在调研海淀区羊坊店中心小学的奥林匹克教育活动后，共同起草《北京 2008 奥林匹克教育基地学校工作方案》，北京奥组委主席刘淇、北京市市长王岐山批示同意开展此项工作。

同年 8 月，市教委征询奥林匹克教育专家和部分中小学校长意见，对《北京

2008 奥林匹克教育基地学校工作方案》进行修订，最终确定采用“奥林匹克教育示范学校”名称，旨在突出其“试点”的榜样价值和“示范”的辐射功能。

2005 年 11 月，北京奥组委和市教委组成联合调研组赴 18 个区县，开展北京奥林匹克教育示范学校的前期调研，为确定首批“北京 2008 奥林匹克教育示范学校”提供实践依据。

2006 年 1 月，北京奥组委、教育部发布《关于开展建设和命名北京 2008 奥林匹克教育示范学校的通知》和《北京 2008 奥林匹克教育示范学校建设和命名工作实施方案》(以下简称“《示范学校实施方案》”)。随后，市教委制订并发布北京市奥林匹克教育示范学校命名工作的具体“实施办法”。

（二）奥林匹克教育示范学校任务

《示范学校实施方案》规定，创建奥林匹克教育示范学校的指导思想为：贯彻落实《“北京 2008”中小学生奥林匹克教育计划》，体现北京奥运会的筹办理念和宣传主题，推动和促进中小学体育课程建设、学生体质锻炼、德育和教学工作，探索适合我国青少年教育特点的奥林匹克教育模式，树立中小学奥林匹克教育工作典型，为北京 2008 年奥运会留下具有中国特色的奥林匹克教育遗产。

创建奥林匹克教育示范学校的目标是：通过对中小学开展奥林匹克教育工作的考察评选，建设一批积极开展体育活动、普及奥林匹克知识、弘扬奥林匹克精神的典型学校。通过命名奥林匹克教育示范学校，宣传奥林匹克教育的典型经验，尤其是奥林匹克与学校体育、德育工作相结合的典型范例，推动全国中小学奥林匹克教育工作。通过建设和命名奥林匹克教育示范学校，总结其工作经验，形成奥林匹克教育在全国中小学教育中传承的标志和旗帜，成为北京 2008 奥运会的重要教育遗产。

《示范学校实施方案》规定奥林匹克教育示范学校的 4 项任务：奥林匹克教育纳入学校常规教育教学工作、开展奥林匹克教育系列活动、参与“同心结”国际交流活动、发挥辐射带动作用。

北京市的“实施办法”对上述 4 项任务进行细化分解，提出奥林匹克教育示范学校必做的 10 项“规定动作”：

（1）每月必须单独开设两个课时的奥林匹克教育课程。奥林匹克教育课程不得挤占体育课时。通过多种形式普及奥林匹克知识，弘扬奥林匹克精神。

（2）统一使用北京奥组委、市教委编辑的《北京奥运会小学生读本》《北京奥运会中学生读本》，挂图等课程资源，针对不同年龄阶段的学生，采取多种课程形式，普及奥林匹克知识。

（3）开展奥林匹克教育系列活动。

（4）开展中小学生体育健身活动。

（5）开展文明礼仪教育。

（6）开展国际交流活动。

（7）发挥示范辐射作用。

（8）在校园网上开设“奥林匹克教育”专栏。

（9）在学校醒目位置设置北京奥运会倒计时时钟。

（10）完成北京奥组委、教育部和北京市教育行政部门安排的临时性奥林匹克教育的宣传和接待任务。

（三）奥林匹克教育示范学校评选与命名

依据《示范学校实施方案》规定，奥林匹克教育示范学校的评选包括5条标准：

（1）重视学生体质锻炼和体育课程建设。

（2）有开展奥林匹克教育的计划和创新活动。

（3）校园硬件建设（尤其是体育设施）达到国家规定的标准。

（4）发挥示范辐射作用。

（5）办学水平较高，有良好社会声誉。

根据评选标准北京奥组委、教育部和北京市人民政府在北京市分2批共命名200所“北京2008奥林匹克教育示范学校”，举行了3次授牌仪式。首批20所奥林匹克教育示范学校分布于北京市全部18个区县（每个区县各1所，燕山1所，职业学校1所）。2005年12月，在北京奥组委、市教委联合召开的北京市奥林匹克教育工作会议上，为20所“北京2008奥林匹克教育示范学校”授牌。2006年5月全国助残日，举行特殊教育学校奥林匹克教育示范学校揭牌仪式，为北京市东城区特殊教育学校授牌。2006年6月，完成第二批180所学校命名工作。北京市200所奥林匹克教育示范学校中，有中学90所（含民族学校2所）、小学78所、中小学一贯制学校9所、职业学校15所、特殊教育学校1所、外来务工人人员子弟学校1所、体育运动学校2所、国际学校2所和民办学校2所。

此后，北京奥组委和教育部在全国范围内的中小学、中等职业学校、特殊教育学校和体育运动学校中开展奥林匹克教育示范学校评选。名额分配原则是：京外赛区（青岛、天津、上海、沈阳和秦皇岛）所在省（市）各命名20所示范学校，其他省、市、自治区及含新疆生产建设兵团各命名10所示范学校。分别以北京奥组委、教育部和当地省级人民政府名义授牌。奥林匹克教育示范学校的评选程序采取学校申报，省（市）级教育行政部门审核、推荐，北京奥组委和教育部工作领导小组组织专家组终审评定的方式进行。最终全国共计评选356所（不含北京）奥林匹克教育示范学校（5个京外赛区各20所、江西省11所、江苏省和新疆生产建设兵团各9所、海南省7所，其余22个省份各10所）。命名工作于2006年下半年全部完成。

（四）奥林匹克教育示范学校经验推广

奥林匹克教育示范学校命名后，在开展奥林匹克教育方面形成一批具有推广意义的典型经验。这些学校在开发奥林匹克教育课程、开展奥林匹克教育活动、建设奥林匹克校园文化和从事国际交流方面走在全国前列。同时，结合体育课程建设、综合课程开发和学科渗透教育，形成各自学校的特点和风格。

2006年2月，北京奥组委、北京市政府联合举办境内新闻媒体采访首批奥林匹克教育示范学校。新华社、中央电视台、《中国体育报》《人民画报》《中国教育报》等24家新闻单位记者，分赴北京市海淀区羊坊店中心小学和北京市广渠门中学等9所示范学校进行采访，在两个月的时间里集中报道这些学校的典型经验。2006年4月，北京奥组委又组织全国40家新闻媒体的60余名记者采访奥林匹克教育示范学校北京市第九中学。

海淀区羊坊店中心小学进行"模拟奥运会"的尝试，确立奥林匹克教育"五个纳入"（纳入学校发展计划、纳入学生活动、纳入体育活动、纳入课程资源、纳入校园文化）理念。

朝阳区花家地实验小学创设"小小奥组委"和"一班一国一楼"（一个班选择一个国家，学习其文化；一个班选择一个社区居民楼，共同开展奥林匹克知识的学习活动）的奥林匹克教育模式。

门头沟区大峪第二小学建立奥林匹克教育课程体系，将奥林匹克教育融入学校各学科的教学活动之中。

顺义区马坡中心小学结合学校实际，通过创编奥运项目课间操等形式开展奥林匹克教育。

北京市广渠门中学开设"自助餐式"体育选修课，每个学生可以根据自身情况，自主选择参加体育选修课项目，享受体育运动带来的快乐。

北京第二实验小学注重挖掘奥林匹克教育的德育内涵，通过"玩、学、美、做"等途径，将奥林匹克教育渗透到学校各项教育实践活动中。

中央工艺美术学院附属中学将奥林匹克教育作为促进学校发展的有效途径，利用学校美术教育的资源优势，探索学生特长培养和全面发展的新路。

北京市第九中学把奥林匹克教育纳入学校常规工作，开展"奥运志愿者形象大使选拔赛”和“奥运拉拉队”等特色活动，并在多个学科教学中融入奥林匹克教育内容。

北京市第十五中学注重提升校园文化品质，将奥林匹克教育与校园文化建设有机结合，创设奥林匹克教育环境，并借助师生奥林匹克教育特色活动，促进学校发展。

北京市第四中学在开展“模拟联合国”活动的过程中，使学生获得参与国际事务、开阔全球视野、提升国际交往能力的体验。

北京师范大学燕化附属中学积极开展校园健身活动，增强学生锻炼身体的自觉性，倡导文明、健康的生活方式。

东城区特殊教育学校将“尊重生命，和谐发展”作为学校开展奥林匹克教育的理念，鼓励学生在参与多种形式的奥林匹克教育活动中，提升自信力和生存能力，平等共享奥林匹克带来的欢乐。

（五）奥林匹克教育示范学校辐射功能发挥

奥林匹克教育示范学校通过“牵手”方式，带动周边学校和社区共同开展奥林匹克教育活动，实现奥林匹克教育资源共享，优势互补，相互促进，共同发展。

“牵手”普通中小学。2006 年 4 月，北京市提出奥林匹克教育示范学校带动办学条件困难学校共同开展奥林匹克教育的工作思路，旨在提升办学条件困难学校的教育管理水平和教育教学质量，促进北京市义务教育的均衡发展。同年 6 月，市教委组织相关专家对城市中心区的 8 所办学条件困难学校进行调研，并根据调研结果拟订《北京 2008 奥林匹克教育示范学校带动普通中小学开展奥林匹克教育方案》，在广泛征询专家和学校意见基础上，制定《北京市中小学共享奥林匹克教育活动方案》，要求各奥林匹克教育示范学校与普通中小学共同开展以“八个一”（共同举办一场奥林匹克教育专题报告会，共同举办一次运动会、共同举办一次奥运礼仪展示活动，共同开展一次奥林匹克教育社区宣传活动，共同举办一次奥林匹克教育夏（冬）令营，共同选择一个奥林匹克研究性学习课题、共同举办一次奥林匹克网上交流，共同举办一次为奥运做贡献活动）为主题的奥林匹克教育活动。2006 年下半年开始，全市奥林匹克教育示范学校普遍开展“牵手共享奥林匹克”活动。

2007 年 6 月，市教委在密云县大城子中心小学（该校是一所位于北京市远郊农村山区小学，办学条件相对落后于北京市城区的学校）举办“首都城乡牵手共享奥林匹克教育活动”的启动仪式，旨在使奥林匹克教育从城市走入乡村、走进山区的中小学校。通过校际间共同开展奥林匹克主题教育活动，促进城乡区域之间、校际之间的教育交流，进而推动全市义务教育的均衡发展。北京奥组委主席刘淇为首都城乡牵手共享奥林匹克活动写了贺信。至2007年年底，200所奥林匹克教育示范学校与490所京内外、境外中小学校（其中农村学校210所）开展牵手共享奥林匹克的活动。

"牵手"社区。随着奥林匹克教育深入开展，越来越多的奥林匹克教育示范学校依托与周边社区毗邻的地理优势，带领学生走进社区，走近居民，共同开展形式多样的社会实践活动。奥林匹克进社区活动以知识性、趣味性、公益性和互动性为主要特征，师生们以奥运为主题，深入社区、军营、商场、集会地和游乐场等公共场所，通过讲解奥运知识、开展环保活动、组织健身活动等形式，传播奥林匹克精神。

2007年11月，市教委启动"奥林匹克教育示范学校走进社区"活动，通过开展示范学校与社区居民共享奥林匹克精神的系列活动，带动奥林匹克运动在全社会的普及，增强全民健身意识。

2008年5月，在北京奥林匹克教育成果展示会期间，市教委举办"奥林匹克教育示范学校牵手社区共享奥林匹克论坛"，推广昌平区天通苑学校等12所奥林匹克教育示范学校牵手社区共享奥林匹克、共建和谐社区的活动经验。

北京工业大学附属中学开设全国首家社区奥林匹克教育学校——"双井街道工大附中社区奥林匹克教育学校"，开发出"奥林匹克历史""奥运礼仪""奥运项目介绍""奥运英语""健美操培训""太极拳"六个模块课程。该校学生在5个月的时间里，为11个社区的158名居民进行累计1200学时的教学活动。

东城区府学胡同小学开放学校的"红领巾奥运博物馆"，邀请周边社区居民和武警战士参与学校的奥林匹克教育活动。该校还组织学生开展"绘制南锣鼓巷社区绿色地图"（府学胡同小学所在地的社区）活动，学生们在走访调查的基础上，绘制出社区周边的文化古迹、生活设施、绿化状况和环保设施的分布图。

昌平区天通苑学校本着"小手拉大手，共建和谐社区"的奥林匹克教育活动理念，以学校、学生带动家庭和社区，共同开展普及奥林匹克知识、传播奥林匹克精神的社会实践活动。

"牵手"京外学校。奥林匹克教育示范学校命名后，北京市一些奥林匹克教育示范学校开始与京外的学校建立合作关系，共同开展共享奥林匹克的活动。

北京市大成学校（以美术专业教学见长）与青岛市台东六路小学（百年历史名校，以在全校学生中普及帆船知识扬名）结成"手拉手"学校，相约在奥林匹克教育、教师培养和教育教学等方面定期交流、互访。北京奥运会期间，两校共同在青岛观看奥运会帆船比赛。

东城区府学胡同小学与贵州省遵义市红军小学（该校在建校和发展过程中均得到府学胡同小学的支持）开展“携手红军小学·共迎北京奥运”活动。两校倡导在学习和生活中继承和发扬红军精神，共享奥林匹克精神。

朝阳区花家地实验小学帮助河北省兴隆县北泉乡逸夫实验学校（一所农村山区学校，三面环山，2004 年由周边 9 个乡镇共 7 所山村小学合并而成），组建山区小学自己的“小小奥组委”，共同开展“站在小山村，同心盼奥运”活动。

至 2007 年底，北京 65 所奥林匹克教育示范学校与河北、贵州和新疆等 25 个省、自治区和直辖市及香港等地区 100 余所学校开展“牵手共享”活动。

二、“同心结”交流活动

“同心结”交流活动是市教委和北京奥组委共同策划的一项奥林匹克教育活动，基本理念是培养青少年成为勇于为未来世界承担责任的公民，核心是对青少年进行国际理解教育。《奥林匹克宪章》对相互理解和文化交流重要意义的阐述表明了国际理解教育的价值。在北京奥运周期，除按照历届奥运会的惯例，开办奥林匹克青年营之外，北京市汲取近几届奥运会主办城市“一校一国”项目的经验，开展“同心结”交流活动这项北京教育有史以来规模最大的国际交流活动。

（一）“同心结”交流活动结对方式

“同心结”交流活动源自 1998 年日本长野冬奥会开展的“一校一国”项目。由于长野此项目的成功实施，2000 年的悉尼奥运会、2002 年的盐湖城冬奥会和 2006 年的都灵冬奥会都开展类似的教育活动。北京在借鉴前几届奥运会和冬奥会期间开展的国际交流项目的基础上，设计、开展“同心结”交流活动。北京的“同心结”交流活动无论是规模还是内容都超过其他奥运会主办城市的类似项目，并丰富此项活动的教育内涵。

2003 年 1 月，根据北京奥组委建议，北京教科院奥林匹克教育研究小组向市教委提交关于学习日本长野冬奥会的做法、开展“一校一国”项目的建议方案。在充分调研基础上，2004 年 12 月，市教委将“一校一国”列为奥林匹克教育重点项目。

2005 年 6 月，市教委组团邀请北京奥组委相关人员赴日本长野和澳大利亚悉尼考察，并组织翻译从长野和悉尼带回来的“一校一国”资料。2006 年 9 月，又组织赴美国盐湖城和意大利都灵考察“一校一国”项目。市教委与北京奥组委反复商讨，确定在北京开展这一项目的原则方案和具体实施方案。此后，在全市中小学生中公开征集项目名称，经专家论证和研讨，将该项目正式定名为“同心结”交流活动。

2006年12月17日，北京奥组委、北京市教委正式启动“同心结”交流活动。北京奥组委主席刘淇、北京市市长王岐山和各国驻华使馆70余名官员出席“同心结”交流活动的启动仪式。刘淇在致辞中指出，作为北京奥运会和残奥会筹备和举办期间的一个教育项目，“同心结”交流活动将有利于拓展青少年的全球视野，使他们成为和谐世界的建设者；有利于传播中华五千年的灿烂文化，与全世界的朋友共同分享东方文明成果；有利于营造奥运会热烈友好的人文环境，使各国运动员在北京体验宾至如归的感觉。

北京“同心结”交流活动的主要特点是其实施形式——“一校”配“一国”，为每一个国际奥委会大家庭的成员配一所学校，与所有的奥林匹克大家庭的成员开展“一对一”的文化教育交流活动，与全世界各民族进行多元文化对话，架起一座全球青少年交流、交往的桥梁。市教委在全市中小学校中选出210所学校与国际奥林匹克大家庭的205个成员配对。具体方式是：把各国（地区）按五大洲的分布均匀分配到18个区县，再由各区县教委组织学校报名“认领”结对国家和地区。

（二）“同心结”交流活动主要任务

2005年12月，教育部、北京奥组委的《“北京2008”中小学生奥林匹克教育计划》和市教委的《行动计划》将“同心结”交流活动列为奥林匹克教育的重点工作项目。2006年，市政府将其列入《奥运倒排期折子工程》。

由于“同心结”交流活动是北京市学校规模最大的一个涉外活动项目，在210所“同心结”学校所交往的205个奥林匹克大家庭成员中涉及30多个未建交国家。为顺利推进这项活动，市教委和北京奥组委多次就涉外活动的原则和方式等相关问题与外交部和北京市外事办公室进行研讨。外交部和北京市外事办公室给予学校开展对外联络活动，尤其是与非建交国家的交往活动政策指导和相关支持。

市教委和北京奥组委精心设计“同心结”交流活动的实施步骤，提出各阶段的活动任务。2007年1月，市教委、北京奥组委联合发布《关于开展“同心结”交流活动的指导意见》，提出在奥运会比赛之前和赛时阶段“同心结”交流活动的任务，为学校结合实际情况具体实施相关活动提供框架性活动建议。

赛前阶段“同心结”交流活动的任务：①开展联络。“同心结”学校与结对国家和地区奥委会和残奥委取得联系，与结对国家和地区的一所学校建立姊妹校关系。②培训学习。北京奥组委、市教委组织“同心结”学校干部教师学习有关外事活动相关知识。“同心结”学校组织教师和学生了解、学习结对国家和地区的相关知识和观赛礼仪等。③交流活动。“同心结”学校组织学生与结对国家和地区的奥运代表团，以及结对方姊妹校开展相关交流活动。

赛时阶段“同心结”交流活动的任务：①参加欢迎仪式。“同心结”学校师生代表到奥运村（残奥村）参加结对方奥运代表团的升旗仪式。②赛场加油助威。“同心结”学校师生在北京奥运会赛时期间到赛场观看结对方奥运代表团运动员的比赛，为他们加油助威。③邀请运动员到学校参观。“同心结”学校通过多种途径邀请结对方奥运代表团运动员到学校参观，开展交流活动。

（三）“同心结”交流活动进展

标识征集活动。2006 年 5 月，市教委在全市大、中小学校中公开征集“同心结”交流活动的标识，一个月之内征集 1233 件学生作品。经专家组筛选、初评和复评，确定名为“同心花”的作品为“同心结”交流活动的标识。该标识由 5 种颜色的 5 颗心型花瓣组成，表达“五洲同心”的美好愿望。

标识取名为“同心花”，图案由五颗“心”组成，形如绽放的花朵，表明“同心结”主题；色彩采用奥运五环的颜色，五颗“心”组合在一起，表达全世界人民在奥林匹克精神的感召下，追求人类美好的共同愿望，也预示着世界团结、和谐发展的时代潮流；五颗“心”组合在一起，形式活跃，仿佛绽放的花朵，表达世界人民追求和平、友谊、进步的强烈愿望。

创作“同心结”交流活动主题歌。为扩大“同心结”交流活动的影响力，市教委邀请国内的 4 位著名词曲作家为“同心结”交流活动创作主题歌曲。经北京市中小学音乐教师、学生及相关专家的评审，确定《心连心》为“同心结”交流活动的主题曲，《地球的孩子结同心》为副歌。《心连心》被孩子们称为“同心歌”，在全市 210 所“同心结”学校中广为传唱，并作为“同心结”学校参加为各奥运代表团举行欢迎仪式的演唱歌曲。

心连心

（“同心结”交流活动主题歌）

作词：李幼容　作曲：徐锡宜　配器：徐锡宜　英文翻译：N M Smith

我们生活在地球村　不分远近一样的亲　手拉着手　心连着心　我们是一家人　Hand in hand　heart-to-heart　我们是一家人

欢聚在奥林匹克大家庭　结成同伴格外的亲　和平友谊同歌唱　爱心永不分　Hand in hand　heart-to-heart　爱心永不分

网站和电台开设“同心结”交流活动栏目。市教委在“北京市奥林匹克教育网”设置“同心结”交流活动专栏，为“同心结”学校展示其特色活动和交流典型经验提供平台。从 2007 年起，与北京人民广播电台外语广播及其网络电台合作，创办“奥运同心结栏目”，讲述发生在“同心结”学校的感人故事，让社会各界及时了解“同心结”交流活动的进展情况。

组织培训会。2007 年，市教委和北京奥组委围绕“同心结”交流活动的阶段任务，先后组织“同心结”学校开展 4 次专题培训活动，针对“同心结”交流活动中存在的问题，提出具体指导意见。期间，多次举办“同心结”学校典型经验的交流和成果展示活动，为全市“同心结”学校提供相互学习和借鉴的机会。

举办夏令营。2007 年 8 月，北京奥组委和市教委举办“2007 好运北京同心结夏令营”。夏令营设立“伙伴结对日”“魅力中国日”“体验北京日”“友谊和平日”“依依惜别日”5 个主题。来自希腊、美国、芬兰、拉脱维亚、斯里兰卡等 17 个国家和地区的 34 所“同心结”姊妹校的 300 余名师生参加活动。

成立“同心结”交流活动专家指导小组。2005 年 11 月,市教委成立“同心结”交流活动专家指导小组,聘请日本长野“一校一国”项目发起人小出博治为专家,并邀请该市两所学校的校长介绍“一校一国”项目的实施经验。

设立专项经费。从 2005 年起，北京市级财政为“同心结”交流活动投入专项经费 1000 余万元，各区县级财政和“同心结”学校也为该项目投入配套经费。

（四）“同心结”学校寻找姊妹校过程

“同心结”交流活动启动后，各“同心结”学校普遍成立专项活动领导小组和工作组，统筹“同心结”交流活动中的各项事宜。在寻找姊妹校的过程中，各校注重挖掘潜力、开拓思路，整合校内外资源，借助师生、家长和社会各界的支持力量，在学生中开展多种形式的交往和交流活动。

联络结对国家和地区的青少年，相互学习对方的自然地理、社会风俗和历史文化等相关知识。

（1）“同心结”学校开展围绕结对国家和地区相关内容的专题学习活动。各“同心结”学校师生，通过网络、图书馆和联系在北京的结对方人士等途径搜集结对方的地理、历史、国旗、国歌、礼仪和风俗资料，制作成小报、网页和展板等互相交流。例如，石景山区京源学校和宣武区师范学校附属第一小学分别在学生中组织开展“走进捷克”和“牵手波兰”的专题活动。

（2）在学校日常教学中融入结对国家和地区的相关知识。许多“同心结”学校将结对方的相关知识融入学校常规的教学活动中，使学生从多个层面了解结对国家和地区相关知识。例如，北京市云岗中学结合历史、地理、政治、美术等课程的学习，开展牵手“塞内加尔”，编织奥运“同心结”等活动。

（3）以文化周和艺术节活动为载体，学习结对国家和地区的知识。各“同心结”学校在日常活动中,通过举办“中德艺术节”“捷克文化周”和“挪威文化周”等以结对国家和地区为主题的文化周和艺术节活动。

（4）邀请驻华使馆官员和外国留学生介绍结对国的知识和语言。许多“同心结”学校通过邀请驻华使馆官员和外国留学生等方式让学生了解结对国的文化和语言。一些结对国驻华大使和参赞到“同心结”学校，给学生介绍结对国家的相关知识,教授该国的语言文字。乌拉圭东岸共和国驻华大使路易斯·阿尔玛格罗·罗雷梅斯先生（Mr.Luis Almagro Lemes）经常到结对学校——北京市东方德才学校教授学生西班牙语，介绍西班牙文化，受聘成为该校荣誉教师。

通过各种途径，开展与结对国家和地区及其姊妹校的结对和交往活动。

（1）通过外国驻华使馆和中国驻外使馆，争取使馆对“同心结”交流活动的支持，帮助联系姊妹校。例如，北京市第三中学、西城区民族团结小学、西城中古友谊学校和北京市第十一中学分校等许多“同心结”学校都是在结对国驻华大使和工作人员的帮助下找到了结对学校。

（2）通过国家和地区奥委会，利用在北京举办世界体育大会、国家和地区奥运代表团团长会和“好运北京”系列赛事等机会，拓宽与各奥委会的联系联系渠道，借助官方力量找到“同心结”姊妹校。例如，北京市昌平区第一中学、北京市第八十中学等学校即通过这些途径找到结对学校。

（3）通过境外驻京机构、企业、国际学校、驻京外国留学生、媒体等其他非官方渠道进行联络，寻找结对国家和地区的“同心结”姊妹校。例如，房山区良乡第三小学的结对国家是与中国尚未建立外交关系的巴拉圭，该校在巴拉圭华侨帮助下，“百转千折”与巴拉圭 CDI 学校结成姊妹校。

在结对和交往过程中，各“同心结”学校运用诸多手段、通过各种途径，创造性地开展活动，涌现出大量成功结对的案例。例如，北京市昌平区昌盛园小学与英属维尔京群岛 Ebenezer Thomas 小学结成姊妹校的故事，就是由该校的一名小学生在深夜里无数次地拨打跨国电话而联结的情缘写就的。

（五）“同心结”交流活动成果

2004 年以前，北京市有数百所中小学校与国外学校开展各种教育交流活动，但所有学校交往的国家数量仅 20 多个。“同心结”交流活动自 2006 年 12 月正式启动以来，各“同心结”学校与结对国家和地区的大使馆、奥委会、结对学校开展多种形式的交流活动。至 2008 年 9 月，有 150 多个驻华使馆与结对学校师生开展交流活动；60 多个国家的驻华大使到结对学校参观访问；20 多个国家的奥委会主席访问结对学校；10 多个国家的政要在访华期间安排到结对学校的参观活动；“同心结”学校分别与 161 个国家和地区的姊妹校开展教育交流与交往活动。

“同心结”学校的国际交流活动主要体现为与结对国家和地区姊妹校的交流活动和与驻华使馆开展活动两种形式：

（1）姊妹校间的交流活动包括“同心结”学校赴外与结对学校开展交流活动和接待姊妹校的来访。例如，北京市第八中学、顺义区牛栏山第一中学、北京市第九中学等 20 余所“同心结”学校赴国外与姊妹校开展各种形式的交流活动，并就校际间的相互合作交流进行研讨。日本长野裾花小学、爱沙尼亚 Gustav Adolf Grammar School、芬兰罗苏中学、冰岛共和国塞尔福斯南部中学等 20 余所国外姊妹校访问其在北京的结对学校。

（2）“同心结”学校与驻华使馆开展的交流活动包括驻华使馆官员访问学校、学校访问结对国家驻华使馆、结对国政要和高级官员访问学校、结对国奥委会官员访问学校、奥运代表团访问学校等。2006 年至 2008 年，斯洛文尼亚驻华大使、立陶宛大使、乌拉圭驻华大使等近百名驻华大使和参赞访问各自的“同心结”学校，与学生开展各种形式的交流活动。应结对国家驻华使馆大使及相关官员邀请，北京宏志中学、北京小学等 60 余所“同心结”学校访问驻华使馆，与使馆人员开展交流活动。

“同心结”学校接待了日本前首相福田康夫及夫人、英国副首相约翰·普雷斯科特、荷属阿鲁巴地区的总理纳尔逊·欧杜博、塞浦路斯总统赫里斯托菲亚斯、保加利亚总统奥尔基·珀尔瓦诺夫、瓦努阿图共和国总统夫人汉森·马塔斯凯莱凯莱、塞拉利昂总统夫人西娅·恩亚玛·科罗马等 20 余位国家政要及夫人的访问。

国际奥委会终身名誉主席胡安·安东尼奥·萨马兰奇、国际奥委会主席罗格、国际残奥会主席克雷文等国际奥委会官员，以及伦敦奥委会主席塞巴斯蒂安·科、希腊奥委会主席米诺斯·科尔雅科等 20 余位国外的奥委会主席先后访问北京的“同心结”学校。奥运会期间，保加利亚奥运代表团、博茨瓦纳青年体育代表团等 20 多个教育和体育代表团访问“同心结”学校。

三、奥林匹克主题教育活动

依据《行动计划》，北京市中小学创造性地开展奥林匹克主题教育活动，增进青少年学生对奥林匹克运动的理解，使学生在亲身体验奥运会、参与奥林匹克教育活动中得到教益和快乐。

（一）奥林匹克知识普及活动

2006 年至 2007 年，“首都中小学生奥林匹克知识竞赛活动”在中小学和职业学校全面展开，全市 18 个区县的学生参加活动。活动共发放奥林匹克知识竞赛试题 100 万份。

2007 年，北京市近百万名中小学生踊跃参加首都中小学生“我与奥运”征文与朗诵大型活动和“我心中的奥运英语演讲比赛”。

各校将普及奥林匹克知识教育与学校教育教学、社会实践活动融为一体，加深青少年学生对北京奥运会“绿色、科技、人文”三大理念内涵的理解，体验国际理解、爱国主义和团队合作精神。

2007 年和 2008 年的北京教育国际博览会上，市教委连续两年举办奥林匹克教育成果展，通过展板、视频和实物等多种形式，向全社会展示北京开展奥林匹克教育活动成果。2008 年 5 月，市教委举办“北京市奥林匹克教育成果展示会”。各区县和学校多层面（世界、全国、市级、区县级和学校）、多视角（实物、展板、视频和现场才艺表演）展示奥林匹克教育活动成果。

（二）奥运会礼仪教育活动

2005—2008 年，市教委以校园礼仪、社会礼仪、国际礼仪和观赛礼仪为重点，组织开展为期 3 年的“情系奥运，文明礼仪伴我行”主题教育实践活动。活动期间，北京市各区县教委和中小学校通过板报、校园广播和网络等多种途径，介绍不同国家和民族的习俗、礼仪，突出“礼仪、礼貌、礼节”教育，培养学生良好的文明礼仪习惯，鼓励学生在日常学习和生活中，尊重规则、参与志愿服务。

2007 年 9 月，市教委开展中小学文明礼仪风采展示活动。全市各中小学校举行以“重温十个文明形象，践行文明行为”（①升降国旗，奏唱国歌时肃立行礼。②与人相处，语言文明，友善宽容，明礼诚信。③公共场合，轻声交谈，举止文雅，着装得体。④孝敬父母，尊敬师长，乐于助人。⑤乘车购物，不拥不挤，座位让给有困难的人。⑥行车走路，遵守规则，不闯红灯。⑦保护环境，垃圾废物不乱扔，绿地草坪不践踏。⑧爱护公用设施，节约公用资源，遵守公共秩序。⑨国际交往，热情、友好、大方。⑩情趣健康，远离不利于身心健康的场所）为主题的开学典礼，展示文明礼仪标兵风采。同时，还组织开展校园“排队推动日”（北京市将每月 11 日确定为自觉排队日，2007 年 2 月 11 日为北京市首个“排队推动日”），以及市级“文明礼仪示范校开放日”等系列活动。在校园“排队推动日”活动中，北京市中小学校以“学会礼让，感受文明”为主题，自觉实践排队礼让风尚。宣武区回民小学的师生以排队为主题，创编 400 余首新童谣。朝阳区芳草地小学提出“中外学生手拉手，文明排队一起走”，邀请来自 50 多个国家和地区的学生家长参与“文明排队、快乐你我”主题教育活动。

在北京奥运周期，北京市共命名 729 所市级文明礼仪示范学校，一大批中小学生被北京市教委及区县教委、学校认定为文明礼仪小使者。奥运会期间，市教委及各区县教委开展观赛礼仪培训，制作观赛礼仪卡、组织啦啦队学习赛场礼仪、骨干指挥和手语带动唱等知识和技能。

（三）奥林匹克运动进校园活动

北京市中小学校在奥运会筹备期间，普遍推行“每天锻炼一小时，健康工作五十年，幸福生活一辈子”的校园健身计划。各区县教委和学校利用举办奥运会的难得契机，积极推广奥林匹克运动进校园活动，将奥林匹克教育与学校的体育教学改革、运动会和群体活动结合起来，使之成为促进青少年学生身心健康成长的重要方式和倡导文明生活方式的重要途径。

各中小学校注重将奥运健身活动与体育课程相结合，提高体育课的教学质量。广渠门中学开设“自助餐式”体育选修课，为学生提供自主选择体育课程和体验多种运动项目的机会。北京市第九中学、北京市潞河中学开设的各种校园健身课程，北京市景山学校全面贯彻体育课程计划的实践都取得明显成效。

各中小学校结合体育校本课程开发，挖掘民族传统体育活动。北京市许多学校将踢毽子、抖空竹和滚铁环等民族（民间）传统体育项目引入体育课堂，丰富了体育课程资源，提高了学生参与运动的积极性。

各中小学校将奥运会竞赛项目的推广与学校体育健身活动结合，在体育课教学中拉近学生与奥运会的距离，促进学校体育活动的广泛开展。学区、校际和班级间多种形式的体育活动普遍开展。一些学校通过开展“奥运冠军进校园”等多种活动让中小学生分享运动员的奥运会经历，体验奥林匹克精神。

一些学校通过改革学校传统体育运动会的内容和形式提高运动竞赛的参与面。通过举办“模拟奥运会”、趣味运动会、“体育节”和“亲子运动会”等多种活动，吸引广大师生、家长参与体育锻炼，推行健康的生活方式。通过开发奥运啦啦操、体育游戏和“校园吉尼斯”等深受学生喜爱的体育活动形式，丰富学生课余生活，培养良好健身习惯。

2007 年 4 月，市教委、市体育局和团市委受教育部、国家体育总局委托承办“全国亿万青少年学生阳光体育运动”的启动仪式。北京市 7 个区县 1 万余名学生参加启动仪式，展示多种多样的体育活动。

（四）志愿服务教育活动

伴随奥运会、残奥会的筹办和举办进程，志愿服务教育得到北京市中小学校的普遍重视，许多学校将志愿服务教育纳入课程内容。

上千支学生志愿服务队走进社区、街道和车站，开展以普及奥林匹克知识、倡导文明礼仪和环境保护为主要内容的志愿服务活动。顺义区教育系统 1.3 万人参加“青春逢盛世，志愿促文明”的志愿服务活动，进入社区服务；北京市潞河中学“同为主人翁，携手迎奥运”帮助弱势群体志愿者活动，诠释北京奥运会“同一个世界、同一个梦想”的主题；朝阳区劲松第四小学的学生为社区退休老人举办奥运英语大讲堂；在北京市中学生首届模拟联合国大会上，为会议服务的志愿者全部来自奥林匹克教育示范学校的学生。

（五）地球环境教育活动

国际奥委会把地球环境问题纳入奥林匹克主义的内涵，倡导将联合国在全球推进的可持续发展理念作为奥林匹克教育的重要内容之一。在北京奥运周期，北京市组织中小学生参加全国“绿色梦想，彩绘奥运”绘画比赛。来自18个区县1000余所中小学的10万名中小学生参加“绿色奥运行动——‘留住一桶水’家庭节水DIY”活动，评选出一批节水小模范。许多学校围绕“绿色奥运”主题，将环境教育作为奥林匹克教育的重要内容，组织开展环境保护实践活动。例如，北京市第一零一中学举办环境科技论坛和科学考察，北京市第十四中学分校开展“认领一棵树”活动，密云县穆家峪镇中心小学坚持多年带领学生参加保护青蛙行动等。

（六）艺术教育活动

围绕北京奥运会“人文奥运”理念，市教委将艺术教育与奥林匹克教育相结合，组织开展摄影、书法、绘画、诗歌朗诵和外语演讲等艺术教育活动。

从2004年起，“民族艺术进校园”活动在全市中小学校广泛开展。4年中，北京市各文艺院团安排4500余场专场演出，覆盖全市18个区县的2264所中小学校，130余万名学生观看京剧、曲艺、民乐和歌舞等多种形式的民族艺术演出。这些艺术活动在组织方式上，以现场演出与专家讲解相结合，培养中小学生对传统民族艺术的兴趣，提高他们的艺术欣赏水平。2008年，市教委与中国儿童艺术剧院联合举办为期一个月的北京学校奥林匹克文化节活动，20余所中小学校参加管乐、民乐、京剧和舞蹈等专场演出。

在“民族艺术进校园”活动的带动下，各区县教委和各中小学校纷纷以举办文化节、艺术节的形式，引导学生参加种类繁多、内容新颖的艺术教育活动。在昌平区教委举办的“与奥运同行”学生艺术节上，全区84所中小学校（含民办学校）的近4000人参加合唱、京剧、管乐及书法和绘画等12项比赛；东城区教委连续两年举办“我与奥运同行”书法、绘画、摄影和工艺制作展示活动，征集全区中小学生各类艺术作品5000余件；北京师范大学第二附属中学举办“奥运风·人文情”奥运歌曲创作与演唱比赛，以及“思想无边，创意无限”的奥运主题创意作品大赛，以艺术形式表达对北京奥运会的支持与祝福；东城区方家胡同小学在学生中开展“邮迷迎奥运，邮票寄真情”邮票设计活动；通州区运河中学组织“迎奥运”板报设计大赛，鼓励学生们用画笔关注奥运、参与奥运。还有许多学校以歌咏比赛、剪纸、故事会、书画等多种艺术形式，展现学校艺术教育的成果。各中小学师生还走出学校，参加与社区、工厂和部队等联办的“奥运文化广场”等各种文化联谊活动。

2006 年、2007 年，市教委在全市中小学中分别组织两次“我画奥运冠军”艺术作品创作征集活动，70 余所奥林匹克教育示范学校和美术特色学校的 4000 余人次的学生，共提交以不同绘画技法绘制的 300 余位中外奥运会冠军的近 7000 幅作品。并遴选两次活动的优秀作品，结集出版《奥运冠军画传（中国卷）》和《奥运冠军画传（世界卷）》。何振梁和萨马兰奇分别为两本书题写前言，对于北京市中小学生热情参与艺术创作活动给予褒扬。何振梁评价道：学生们“通过绘画艺术特有的无声语言，诠释各自对奥运文化的理解”。萨马兰奇赞扬道：“学生拿起画笔，描绘了五大洲的奥运冠军，不但体现了奥运会的普世性和多元性，而且还颂扬了奥林匹克价值的魅力。”

四、残奥会知识和理念教育

第 13 届残疾人奥运会的筹备和举办，成为广大中小学生了解残奥会、关爱残疾人，体验平等、尊重、宽容和超越精神的全新课堂和实践舞台。各区县教委和学校组织丰富多彩的残奥会知识学习教育和实践活动，各特殊教育学校也根据残疾学生的身心特点，开展主题鲜明的系列奥林匹克教育活动。

（一）建立残奥会教育交流平台

2008 年，北京奥组委、市教委相继推出网络残奥专题教育专栏。2008 年 3 月，“北京市奥林匹克教育网”增设“残奥会教育”专栏，发布残奥教育计划，介绍残奥会的相关知识和残奥会观赛礼仪，以及学校开展残奥教育的各项活动。

2008 年 4 月，北京奥组委官方网站在“培训与教育”频道增设“残奥会教育”专栏。该专栏介绍国际残奥会的发展历程、残奥会运动项目的基本知识，报道全国各地开展残奥会教育的动态。

各区县教委和学校发挥网络教育工具覆盖面广、信息量大、沟通快捷的优势，在区县奥林匹克教育网和校园网开设残奥教育专栏，交流残奥教育经验，展示残奥教育成果，增进广大师生对残奥会的了解和对残疾人的关注。

（二）残、健学生牵手共享奥林匹克

东城区特殊教育学校立足听力、智力两类残障学生的实际情况，探索以“尊重生命，和谐奥运”为主线的奥林匹克教育模式。该校通过开展教师培训、重视学生养成教育、组织班队活动三种教育途径，借助开发奥运校本课程、组织社会体验活动、开展竞技比赛三类活动，提升残障学生平等参与各项活动的积极性。

2007 年 12 月，市教委启动奥林匹克教育示范学校与特殊教育学校牵手共享奥林匹克的教育活动。24 所奥林匹克教育示范学校与北京市独立设置的 23 所特殊教育学校携手，签订牵手共享奥林匹克教育协议。

（三）残奥教育主题实践活动

根据残疾学生身心特点，各区县教委和学校注重挖掘校内外资源，组织学生参加各种主题实践活动：进行残奥会教育，引导师生关注残奥会、关心残疾人、参与健身活动；将礼仪教育、养成教育与残奥教育相结合，培养学生尊重残疾人的自觉意识和行为习惯；通过组织“残奥会冠军进校园”活动，激励身患残疾的学生，增强学习、生活的勇气和信心。帮助身体健全的学生体验残疾运动员顽强拼搏精神，增强关爱他人的意识；开展适合残疾学生的手工制作等活动，引导学生关注环境保护等社会公益事业。同时，鼓励残疾学生以其独特方式参与志愿服务活动。

2008 年 5 月 29 日，北京残奥会开幕倒计时 100 天，教育部、北京奥组委和中国残疾人联合会联合主办主题为“牵手残疾人、走进残奥会”的残奥会教育展示活动，全面展现北京市中小学校开展残奥教育的成果。

为配合“同心结”交流活动的顺利开展，市教委为“同心结”交流活动的主题歌《心连心》配上手语。手语版的“同心歌”在向残疾朋友推广“同心结”交流活动、与中外师生联结友谊的交往过程中发挥重要作用。作为“同心结”学校的一员，东城区特殊教育学校、北京第四聋人学校和平谷区特殊教育中心学校 3 所特殊教育学校积极主动与结对国家开展联系和交往活动，并全部与结对国的一所学校结为“姊妹校”。

第三节　赛时奥林匹克教育活动

赛时“同心结”交流活动是学校进行国际交往的主要活动之一。这一时期的交流活动主要包括组织“同心结”学校师生代表参加奥运村（残奥村）运动员欢迎仪式、到赛场为结对方运动队加油助威、接待结对奥运代表团参观学校。赛时奥林匹克教育活动为北京市中小学生感受世界多元文化创造了契机。

一、奥运村欢迎仪式

参加奥运村运动员欢迎仪式是“同心结”交流项目在奥运会赛时期间的标志性活动。由于北京奥运会的欢迎仪式在露天广场举行，为保证演唱效果，北京市教委和各区县教委、"同心结"学校组建以北京市第四中学、北京市第一七一中学、朝阳区花家地实验小学和海淀区羊坊店中心小学等36支学生演唱队。在举办奥运村运动员欢迎仪式期间，每一支学生演唱队每天进行轮换，与北京市各"同心结"学校师生代表一起，为各国和地区奥运代表团运动员演唱"同心结"交流活动主题歌。

2008年7月27日至8月9日，北京210所"同心结"学校的师生代表、36所学校演唱队参加62场、为所有204个国家和地区奥运代表团举行的欢迎仪式。学生们在欢迎仪式上演唱"同心结"交流活动的主题歌《心连心》。澳大利亚总理陆克文与参加入村仪式的学生一起唱歌、合影。毛里求斯总统和夫人在升旗仪式广场接见结对学校朝阳区左家庄第二小学的学生们。

2008年8月30日至9月17日，北京17所"同心结"学校演唱队的近千名学生参加46场为参加残奥会的148个国家和地区残奥代表团举行的欢迎仪式。

二、赛时交流活动

北京奥林匹克教育赛时活动的高潮是邀请和接待参加奥运会的国家和地区奥运代表团到结对"同心结"学校参观访问。一些国家和地区的奥运代表团在来北京参赛前就作出访问结对学校的计划，抵京后开始联络学校，商讨具体交流活动事宜。北京奥运会期间，多个国家和地区的政府要员、奥运代表团到北京的"同心结"学校参观访问。

接待国外政要访问。塞浦路斯总统、圣马力诺国家元首等20余位国家政要访问"同心结"学校。2008年8月13日，塞浦路斯总统赫里斯托菲亚斯携夫人随该国奥运代表团访问海淀区中关村第四小学，和小学生进行乒乓球比赛。他表示："与孩子们在一起，是出席北京奥运会以来最高兴的一天"。"同心结"交流活动让他感到非常高兴，他希望小学生们成为有创造性的公民，为两国人民的友谊贡献力量。

接待奥运代表团参观。北京"同心结"学校先后接待波多黎各、冈比亚等20余个奥运代表团的参观。巴布亚新几内亚的体育部长在随同奥运代表团访问结对学校昌平区回龙观中心小学时，借用"同心结"主题歌的歌词，演绎北京奥运会的主题口号：北京奥运会提出"同一个世界 同一个梦想"（One World One Dream）口号，"同心结"交流活动则追求"同一个世界 同一颗心（One World One Heart）"的梦想。

受邀参加结对方组织的活动。奥运会期间，"同心结"学校师生还应结对国家的邀请参加他们在北京举行的活动。2008 年 8 月 8 日，应乌克兰驻华使馆的邀请，门头沟区大峪第二小学师生与乌克兰副总理、驻华大使一起参加在北京市朝阳公园举行的乌克兰伟大的人民诗人塔拉斯·格里戈罗维奇·谢甫琴科雕像落成揭幕仪式。8 月 9 日，应瓦努阿图共和国总统卡尔科特·马塔斯凯莱凯莱的邀请，石景山区实验小学参加瓦努阿图奥运代表团为参加北京 2008 奥运会举办的“瓦努阿图之夜”庆祝宴会。8 月 10 日，应拉脱维亚驻华使馆邀请，北京宏志中学的师生代表与拉脱维亚总统瓦尔季斯·扎特莱尔斯（Valdis Zatlers）和夫人一起在北京“798 艺术区”的大河典藏画廊,参加主题为《拉脱维亚一日》的图片展。

三、门票计划及观赛活动

教育计划门票是参照历届奥运会惯例，以较低价格，采取有组织定向销售方式，为中小学生提供集体观看奥运会比赛的一种门票形式。在向全国发放的 100 余万张教育计划门票中，北京市承担其中 48 万余张门票的观赛组织任务，涉及 22 个比赛项目。市教委制订门票分配和管理方案，门票分配原则是：①保证包括中小学校、职业学校和特殊教育学校在内的北京市所有学校都有一次组织学生观赛的机会。②确保奥林匹克教育示范学校和“同心结”学校观看所有比赛项目。③为“同心结”学校预留足够观看结对国家和地区的足球及排球半决赛和决赛的门票。

市教委组织观赛活动的专项培训，为所有观赛学生配发一本竞赛项目知识和观赛礼仪手册。同时，依据《北京市中小学生奥运观赛组织要求》，各中小学按照 1 ∶ 4 的师生比例，为观赛学生配备领队教师，确保学生观赛安全。

根据北京奥林匹克教育赛时活动计划内容，北京“同心结”学校的师生组成各式各样的啦啦队，到奥运会各个比赛现场，为结对国家和地区奥运代表团的运动员呐喊助威。“同心结”学校的师生佩戴“同心结”的标志，穿着结对方球队的队服，挥舞结对国家（地区）旗帜、姊妹校的校旗和“同心结”交流活动标识，用结对方的语言为运动员加油。北京奥运会期间，22 个大项的预决赛场地都有北京中小学师生的观赛阵容，精心组织的“同心结”学校啦啦队成为排球及足球半决赛和决赛现场一道靓丽风景。

四、接待京外观赛学校

奥运会比赛期间，全国各省、自治区和直辖市奥林匹克教育示范学校师生持奥运教育门票来京观赛，北京市教育系统负责其食宿接待任务。

2007年10月，市教委确定北京汇文中学、清华大学附属中学等10所学校承担接待京外师生观赛任务。市、区两级教委和接待学校都成立专门的工作机构，配备专人参加接待工作，并协调市区两级卫生防疫和安全保卫等部门，为接待学校提供食宿和出行的安全保障。

2008年8月12日至22日，北京市分两个批次接待全国27个省、自治区、直辖市和新疆生产建设兵团近7500名中小学师生观看涉及田径、足球、排球等9个项目的79场北京奥运会比赛。

五、赛时残奥教育活动

赛时残奥教育活动主要包括：接待残奥会运动员访校、组织学生参加残奥村运动员入村欢迎仪式、与残奥委相关结对国家的残奥代表团开展交流活动、组织学生观看残奥会比赛。

2008年8月30日至9月17日，北京17所“同心结”学校演唱队的近千名学生参加46场为参加残奥会的148个国家和地区残奥代表团举行的欢迎仪式。

在残奥会筹备和举办期间，海淀区中关村第二小学、延庆第二职业学校等“同心结”学校接待香港残疾人奥委会暨伤残人士体育协会、百慕大残奥体育代表团的访问。

第四节　奥林匹克教育资源建设

北京市通过编写奥林匹克教育读本和相关资料、制作音像资料和借助专业媒体三种途径，形成奥林匹克教育公共资源平台；通过建立师资培训基地等途径，实现相关教师全员培训目标。

一、公共资源平台

（一）编写奥林匹克教育读本和相关资料

2004年，市教委组织编写《中学生奥林匹克知识读本》和《小学生奥林匹克知识读本》。2005年，对知识读本进行修订。至2006年，相继出版《北京奥运会小学生读本》《北京奥运会中学生读本》和《北京奥运会英语口语读本》等系列读本。这些读本详细介绍奥林匹克运动的历史、奥运会比赛和北京奥运会筹办等知识，成为学校开设奥林匹克教育课程的主要知识来源。

2005年至2008年，市教委先后组织编写、出版与奥林匹克系列读本配套使用的奥林匹克运动普及性读物和学习手册：《北京市奥林匹克教育工作会议文件汇编》《北京“同心结”长野、悉尼经验集》《北京2008奥林匹克教育研讨会优秀论文集》《北京市教育系统奥运知识手册》《奥林匹克教育指导手册》(《Educational Kit》) 等。北京高校相关学者也陆续编写一些专题性读物，如《奥林匹克道德启示录》和《奥林匹克运动》（中、小学生版）等书籍，供中小学师生参考使用。

自2005年起，组织编写中小学生礼仪教育读本。《小学生礼仪》和《中学生礼仪》知识读本为中小学校将文明礼仪知识纳入课程提供了基本教材。

2006年9月，市教委启动《北京市奥林匹克教育丛书》编辑工作，至2009年4月，共编辑出版丛书22本。根据内容的不同，该套丛书设计为五个类别，即奥林匹克知识学习和精神传播、奥林匹克教育示范学校活动、“同心结”交流活动、奥林匹克教育创意活动、奥林匹克教育研究成果。包括《北京奥林匹克教育纪实》（2006年至2008年三卷本）《北京奥林匹克教育画册》（2006年至2008年三卷本）和《城乡学校牵手共享奥林匹克》《同心结故事集》《共享奥林匹克的激情与梦想》等在内的各类丛书。

各区县教委和中小学校结合地方和学校实际，由学校师生自主开发大量基于民族（民间）传统体育和文化，以及文明礼仪、环境保护和国际交往等内容的奥林匹克教育地方课程和校本教材。北京市第一九六中学、北京师范大学燕化附中、宣武区回民小学、朝阳区呼家楼中心小学分别开发《陀螺训练校本教材》《空竹》《绫球》《民族体育与趣味童玩》等民族（民间）传统体育类校本教材。北京第一师范学校附属小学、石景山区六一小学、北京小学、宣武区师范学校附属第一小学分别开发《民族工艺》《走进京剧》《我的游戏我做主》《童谣伴童年》等民族传统文化类校本教材。通州区玉桥小学、朝阳区安慧北里第二小学分别开发《奥运文明礼仪三字歌》《我参与我快乐——奥林匹克文化与中华礼仪》等文明礼仪类校本教材。北京第一师范学校附属小学、石景山区六一小学分别开发《绿色行动》《聆听大自然的声音》等环境保护类校本教材。首都师范大学附属实验学校、门头沟区大峪第二小学、朝阳区芳草地国际学校、分别开发《国际交往》《国际文化交流》《同心结 结童心》等国际交往类校本教材。

（二）制作奥林匹克教育音像资料

为配合奥林匹克教育师资培训的需要，2006年12月，市教委制作《北京市奥林匹克教育师资培训资料》VCD光盘，收录关于北京奥林匹克教育的领导者（管理者）的演讲、专家学者的学术报告，以及教育活动计划，帮助学校进一步明确奥林匹克教育的基本思路、学习和借鉴奥林匹克教育的成功经验。

北京教育学院配合北京市中小学体育教师的全员培训，开发《体育教师备课系统管理软件》。该套软件收录北京市部分优秀体育教师的备课案例，并针对中小学各年级编辑不同版本。

2007 年，北京市奥教办与首都体育学院联合制作、出版《奥林匹克教育多媒体资料库：奥运学堂》。《奥运学堂》以奥林匹克运动思想体系、组织体系和活动体系为主要线索，内容涉及奥林匹克思想与组织、奥林匹克教育与文化、奥林匹克教育系列讲座等 10 个部分。

为帮助“同心结”学校师生直观了解结对国家和地区奥林匹克运动发展历史和文化特征，学习其语言、文化和地理等知识，学唱结对方国歌或地区奥委会会歌，为奥运会赛时交往活动奠定基础，2007 年，市教委组织录制出版《同在五环旗下》电视专题片。该专题片由 10 张 DVD 光盘组成，介绍 130 个国际奥林匹克大家庭成员国家和地区的基本情况。每个国家（地区）一集，以该国（地区）的国歌或富有本民族特色的音乐为背景配乐，包括国旗、国歌、地理、文化、宗教、经济和体育等内容。

各区县和学校根据实际情况也制作大量有关奥林匹克教育的音像资料。如海淀区教委组织拍摄的百集系列动漫短片《福娃说奥运》，借助北京奥运会吉祥物福娃的形象，讲述有关奥林匹克运动和北京奥运会的故事。从 2006 年 12 月至 2008 年 7 月，该节目在北京电视台第 9 频道“教育新闻”栏目和海淀区电视台连续播出，逐渐形成以海淀区 19 万青少年学生为主体的固定收视群体。

（三）创设奥林匹克教育媒体交流平台

市教委依托创设奥林匹克教育专刊和奥林匹克教育网站等专业媒体，并与多家社会媒体的合作，推进北京奥林匹克教育公共资源平台的建设。

2005 年 4 月，奥教办开始编发《奥林匹克教育工作简报》，至 2008 年 9 月，共编写工作简报 118 期，主要呈报北京市委、市政府领导，发送至北京市奥林匹克教育工作领导小组各成员单位。

2006 年 10 月，《奥林匹克教育专刊》正式创刊，初期为半月刊。从 2008 年 1 月起改为旬刊。至 2008 年 9 月 25 日闭刊，专刊共出版 58 期，发放至北京市大、中小学校 580 万份。400 多个版面全面报道北京市中小学校奥林匹克教育活动。“奥林匹克教育时评”是《奥林匹克教育专刊》的核心栏目，内容涉及奥林匹克教育示范学校和“同心结”两大重点项目，以及国际理解、环境、礼仪、残奥和健身等教育主题。“时评”栏目紧随北京奥林匹克教育活动的实践进程，对奥林匹克的教育本质作了深度阐释，强调北京奥林匹克教育的实践体验方式，引领中小学校开展适应学生发展需要的奥林匹克教育活动。

2006 年 10 月，“北京市奥林匹克教育网”正式开通。初期，网站设置“奥运知识”“奥运礼仪”“奥林匹克教育培训”“同心结”和“奥林匹克教育示范校”等 10 个一级栏目。2007 年 6 月，根据奥林匹克教育发展的实践进程，综合互联网和北京奥林匹克教育的特点，对网站进行改版，一级栏目增至 12 个。通过新增的一级栏目“区县奥林匹克教育”，链接至北京市 18 个区县教委的奥林匹克教育网站（网页）。2008 年 3 月，网站新增“残奥会教育”专栏，并开通“北京市奥林匹克教育网”的英文版。同时，再次进行网站更新。

县区教委以及学校（甚至班级、教师和学生个人）也开通大量奥林匹克教育网站(网页)。2007 年，市教委组织开展奥林匹克教育示范学校网页设计评比活动，以促进各区县奥林匹克教育专题网站和学校奥林匹克教育校园网页的建设。

2007 至 2008 年，市教委先后联合多家报社、电视台和广播电台等社会媒体，合作开办奥林匹克教育专栏（专题）：与光明日报社、北京日报社开办“奥林匹克教育专栏”“奥林匹克教育快车”栏目；与中国教育电视台开办“奥林匹克示范学校栏目”；与北京电视台（BTV–3）开办“奥运知识”栏目，播出《奥运故事 365》；与北京人民广播电台体育台开办“奥林匹克教育大家谈”节目；与北京人民广播电台外语广播及其网络电台开办“奥运同心结栏目”。

二、师资培训

从 2005 年开始，市教委组织有关高校通过建立专业师资的培训基地，培养专职师资队伍等形式，培训中小学奥林匹克教育师资 1 万余人次，实现北京市中小学体育教师、专职干部、示范校和“同心结”学校骨干教师的“全员培训”目标。

（一）建立奥林匹克教育师资培训基地

2007 年，市教委分别在首都体育学院和北京教育学院建立奥林匹克教育师资的培训基地，组建一支专业的奥林匹克教育师资队伍。

首都体育学院主要承担奥林匹克教育专职干部和体育教师的培训。至 2008 年，完成 3600 余名德育干部和体育教师的培训任务。组织奥林匹克教育专家到北京市区和边远山区 100 余所中小学校，进行奥林匹克教育实践活动的巡回指导。

北京教育学院主要承担中小学体育教师培训和社区奥林匹克教育培训。该院体育教师培训项目组先后到 154 所中小学校、30 个社区和 16 所敬老院开展奥林匹克教育的培训工作，指导中小学校 65 节体育课教学，开展 89 个奥林匹克教育主题活动，并在此基础上选取22所学校的优秀课例编成师资培训教材，作为北京市中小学教师的教学活动参考。

（二）中小学体育教师全员培训

北京市中小学体育教师全员培训工作由北京教育学院和首都体育学院两个师资培训基地共同承担。全员培训以“育体、育心、育人”为宗旨，分奥林匹克理论知识的学习与辅导，奥林匹克教育实践的追踪与指导，奥运礼仪、口语、体育技能培训及成果展示三个板块。培训内容包括奥运知识、奥运文化与学校体育、奥运礼仪、体育教师专业技能与创新、北京奥运与全民健身五个方面。

培训分为两个阶段进行。第一阶段为2007年3—12月，由北京教育学院承担，培训北京18个区县200所中小学的体育骨干教师200名。第二个阶段自2008年1—5月。由北京教育学院和首都体育学院共同承担。北京教育学院组织区县教育学院，采取聘请奥林匹克教育学者、体育专家组建授课队伍，分赴区县上门培训和网络平台交流相结合的培训方式，完成14个区县4128名中小学体育教师的培训任务。首都体育学院对5个区县(单位)的1219名体育教师进行培训。至2008年5月，北京市中小学体育教师（不含新入职和退休教师）全部参加一轮奥林匹克教育专业培训。

（三）中小学专职干部全员培训

中小学专职干部培训由市教委、首都体育学院和北京师范大学等单位共同承担。培训目标是使学员加深对奥林匹克教育的理解，相互交流奥林匹克教育经验，并结合学校实际，设计出各具特色的学校奥林匹克教育活动实施方案。

首都体育学院举办的中小学专职干部培训，主要面向各区县教委、奥林匹克教育示范学校、普通中小学校、职业学校、特殊教育学校和部分幼儿园的德育干部，进行奥林匹克知识、北京奥运会理念、北京奥林匹克教育实践等课程的教学。培训于2006年8月启动，每期200人，集中培训3天。至2007年12月，共举办12期培训班，共有2400人参加培训。

市教委对中小学专职干部的培训范围，涵盖所有奥林匹克教育示范学校和“同心结”学校。培训主要采取工作会议的方式，围绕奥林匹克教育示范学校和“同心结”交流活动这两个重点项目进行。2007年1月至9月，市教委先后举办4次由“同心结”学校项目负责人参加的培训交流会。“同心结”学校校长、德育主任和专任教师参加。

2007年5月，市教委与北京师范大学联合举办中小学专职干部奥林匹克教育的专题讲座。讲座从奥运历史和相关的基本概念、奥林匹克精神及其教育内涵，以及奥林匹克教育的内容与形式等方面，对中小学奥林匹克教育专职干部进行专题培训。北京市各区县中小学德育干部、奥林匹克教育示范学校校长听取讲座。

至2007年年底，北京市基础教育系统共完成奥林匹克专职干部培训3300人，覆盖奥林匹克教育示范学校和“同心结”交流活动的全部学校。

（四）文明礼仪教育师资培训

根据《行动计划》的要求，市教委将文明礼仪教育列入中小学奥林匹克教育师资培训的内容，主要开展礼仪教材的教学培训和观赛礼仪的培训。

2005年，市教委在全市中小学组建专职礼仪教师队伍，开展针对教材教学的师资培训。全年举办全市性礼仪教师培训2次，培训18个区县的中小学礼仪教师340人。

观赛礼仪培训主要围绕北京奥运会（残奥会）赛时活动进行。2008年5月，为顺利实施《北京奥运会中小学生门票观赛计划》，提高中小学校观赛活动的管理水平，市教委举办北京奥运会（残奥会）学生观赛组织管理工作培训班，培训内容为北京奥运会（残奥会）比赛项目规则、观赛礼仪知识，以及观赛组织与管理办法等。北京市18个区县教委的奥林匹克教育专职人员，全市奥林匹克教育示范学校、“同心结”学校校长共计400余人参加培训。

（五）奥林匹克教育培训保障机制

2005年10月，市教委在全市范围组织推荐奥林匹克教育专家组成员。在各区县教委、高等学校和市教委直属单位推荐的基础上，确定60余名教授、副教授为专家组成员，建立北京奥林匹克教育专家信息库，公布专家的信息资料，供各中小学校根据需要选择。在北京奥运周期，专家们承担奥林匹克教育师资培训的授课和指导任务，为北京奥林匹克教育工作的组织实施提供咨询；对奥林匹克教育工作重点项目进行论证、检查和指导；承担北京市奥林匹克教育科研项目评审工作，组织开展学术交流活动。

2005至2006年，市教委先后邀请日本长野市小出博治，长野市立三本柳小学校长金田要司、长野市立西部中学校吉原铁男，国际奥林匹克学院院长K·乔治亚迪斯，国际奥委会委员、大众体育委员会成员张雄（朝鲜），举办4场奥林匹克教育专题讲座，介绍国外奥林匹克教育经验。北京市奥林匹克教育示范学校1000余名专职干部和教师参加培训。2005年和2007年，国际奥委会委员、文化与奥林匹克教育委员会主席何振梁先后两次给各区县教委、中小学校和直属单位负责人作奥林匹克教育专题讲座，800余人参加培训。

第五节　奥林匹克教育研究

奥林匹克教育研究工作起步于2002年，进入北京奥运会周期后，研究活动伴随奥林匹克教育的实践进程同步展开，成为北京奥林匹克教育的重要组成部分。

2002年10月，市教委委托北京教科院研究“奥运会与首都教育关系”问题，2006年5月完成《奥运会背景下首都教育发展与改革的研究报告》。2003年9月，北京市召开奥林匹克教育研讨会，与会者围绕奥运背景下北京教育面临的机遇和挑战、北京教育发展与改革对策、奥林匹克精神与学校德育的关系等问题，首次对北京奥林匹克教育进行研讨。

在北京奥运周期，北京市通过成立专门研究机构、设立教育科研专项研究领域等方式，在政策上对奥林匹克教育研究给予引导。利用在奥林匹克教育的实践活动中边研究、边改进、边转化的行动研究方式，通过研究促进实践发展。

一、设立奥林匹克教育研究专项研究领域

《行动计划》提出将“开展奥林匹克教育的科学研究”作为北京奥林匹克教育工作的重要内容和措施之一。2006年9月，在北京市教育科学“十一五”规划2006年度的《教育科学研究课题指南》中，首次设立奥林匹克教育研究领域，列出国际理解教育、奥林匹克文化传播、学校体育发展、人文奥运遗产和志愿者教育5方面内容。当年有7项奥林匹克教育研究课题获准立项，分别由北京教育学院、中国人民大学和5所奥林匹克教育示范学校承担。2007年公布的《课题指南》又把“奥林匹克教育遗产研究”列为重点课题，有1项奥林匹克教育的研究课题被批准立项（见附表2–1）。

附表2–1　北京市教育科学“十一五”规划2006年度、2007年度立项课题奥林匹克教育研究(领域)

批准号	课题名称	负责人	工作单位
AKA06171	奥运背景下国际意识教育的行动研究	余　新	北京教育学院
AKA06172	依托北京世界文化遗产，进行人文奥运精神教育的研究与实践	李　铬	北京市第六十五中学
AKB06173	奥林匹克教育模式的研究	唐　杰	中国人民大学社会与人口学院社会学系
AKB06174	构建小学阶段奥林匹克教育培养目标模式研究	魏　俐	朝阳区花家地实验小学
AKB06175	小学奥林匹克教育模式的探索与开发	郑云宏	海淀区羊坊店中心小学
DKB06176	通过参与“绿色奥运”研究小学生综合实践能力的行动研究	李红卫	东城区史家胡同小学

续表附表 2–1

批准号	课题名称	负责人	工作单位
DKB06177	依托学校奥林匹克教育，提高学生基本道德素质的途径研究	贾洪波	北京市八大处中学
DGB07117	在学校体育工作中开展奥林匹克教育的研究	陶淑莲	顺义区杨镇第一中学

同期，许多区县教委和学校也以立项“奥林匹克教育研究”课题方式，探究和解决奥林匹克教育实施过程中亟待解决的实践问题。例如，门头沟区教委的“北京市山区中小学开展奥林匹克教育实践模式研究”课题，立足山区，研究如何将奥林匹克教育与山区特点、传统文化、学校特色有机融合。朝阳区的“构建朝阳区中小学奥运教育课程体系的实践研究”，探索中小学奥林匹克教育课程体系构建问题。通州区运河中学的“高中英语学科渗透奥林匹克教育的研究”，探讨利用英语教学渗透奥林匹克教育，并将其作为丰富学校课程和学校校园文化的有效方式。

二、学术交流和研讨活动

在北京奥运周期，市教委多次举办奥林匹克教育的国际和全国论坛（研讨会）。

2006 年 5 月和 2007 年 11 月，市教委和北京教科院连续举办两届“公民教育”主题之下的“奥林匹克教育”专题国际研讨活动。在首届和第二届“北京青少年公民教育国际论坛”上，中外与会者参与了“奥运背景下的青少年公民教育”和“公民教育与奥运实践”的专题研讨。

2007 年 4 月，市教委举办“北京 2008 奥林匹克教育示范学校论坛”。论坛主题为“中小学奥林匹克教育的探索与实践”，旨在梳理自北京命名首批 20 所奥林匹克教育示范学校到全国完成 556 所示范学校命名期间，奥林匹克教育示范学校的教育实践和成功经验。全国 31 个省、自治区和直辖市 300 多所学校的 400 余名代表参加论坛。北京市 10 余所中小学校做大会典型发言。

2007 年 6 月，东城区府学胡同小学为“2007 中国青少年体质健康论坛府学分论坛”提供活动现场，向与会代表展示该校在奥林匹克教育活动中注重改善学生体质健康状况的实践努力。

2007 年 7 月，北京景山学校参与主办“奥林匹克与学校体育教育国际论坛”，7 个国家的中学体育教育学者，就“奥林匹克与学校体育教育”主题展开研讨。

2007 年 11 月，市教委举办主题为“奥林匹克：教育与人的全面发展”的“北京奥林匹克教育国际论坛”，11 个国家的奥林匹克教育专家交流历届奥运会举办城市的奥林匹克教育经验。北京的奥林匹克教育研究者和来自实践一线的教育者介绍北京奥林匹克教育研究成果。

2008 年 5 月，“奥林匹克教育示范学校牵手社区共享奥林匹克教育论坛”在北京奥林匹克教育成就展示会期间举办，奥林匹克教育示范学校的代表交流在实践活动中发挥示范作用、拓展辐射功能，牵手社区共享奥林匹克的经验体会。

各区县教委和中小学校也举办大量具有区县（学校）特点的奥林匹克教育论坛（研讨会），探索区域和学校奥林匹克教育的发展策略和实施路径。例如，2008 年 6 月，朝阳区教委举办“朝阳区教育系统国际理解教育研讨会”，以“尊重、理解、融合、发展”为主题，探讨、交流学校开展国际理解教育的内容、方法和途径。2007 年 1 月和 2008 年 3 月，宣武区教委举办两次“奥林匹克教育与宣武教育发展论坛”，围绕奥林匹克教育如何促进宣武教育发展展开研讨。

三、同步研究指导北京奥林匹克教育实践

2006 年 10 月，市教委与北京师范大学联合组建“北京市奥林匹克教育研究中心”，其任务是：对北京市学校开展的奥林匹克教育实践进行同步研究，利用高校的人才、智力优势，为北京奥林匹克教育发展提供政策依据，为奥林匹克教育实践提供理论指导。“研究中心”以课题立项的方式，从实践和理论两个层面展开研究。前者主要是通过对奥林匹克教育示范学校实践活动的追踪研究，总结北京奥林匹克教育示范学校的特色成果。后者结合北京奥林匹克教育的实践进程，开展对奥林匹克教育遗产的理论研究。

2007 年 12 月，北京奥教办申报“国际奥林匹克教育中的‘北京模式’研究”项目，被列为国家社会科学基金资助课题。北京教科院、北京师范大学、北京体育大学和首都体育学院的学者参与研究。该课题设立 7 个子课题，分别是：

（1）70 年以来奥林匹克教育发展演变研究

（2）北京奥林匹克教育计划及实施

（3）奥林匹克教育示范学校：奥林匹克教育的创新与北京特色

（4）北京奥林匹克教育中的国际理解教育及交流活动

（5）北京奥林匹克教育中的志愿精神教育与实践研究

（6）北京奥林匹克教育：走进社区

（7）同步进行的北京奥林匹克教育研究

2007 年 12 月至 2009 年 6 月，这项研究对北京奥林匹克教育实践进行全面梳理和理论总结。阶段成果分别以专题研究论文形式集中刊登在《教育科学研究》

期刊上，将奥林匹克教育研究成果及时应用于对实践的理论指导。2009 年完成课题研究，出版《国际奥林匹克教育中的“北京模式”研究》等 7 部专著。

中国人民大学、北京联合大学等高校的学者也通过与政府有关部门或团体的合作，对北京奥林匹克教育进行学术探讨和理论研究。

四、建立专家指导团队

2005 年 11 月，市教委聘请日本奥林匹克教育专家小出博治为北京奥林匹克教育“同心结”交流项目专家。同年 12 月，市政府聘请何振梁为北京奥林匹克教育专家委员会总顾问。

2006 年 5 月，市教委聘请国际奥林匹克学院院长乔治亚迪斯（Konstantinos Georgiadis）为北京奥林匹克教育高级顾问，帮助指导北京奥林匹克教育。

2007 年，奥教办邀请美国密苏里大学副教授包苏珊（Susan Brownell）女士参与“国际奥林匹克教育中的‘北京模式’研究”课题的研究，为北京奥林匹克教育研究提供多元文化背景和国际研究视角。国际奥委会奥林匹克教育博物馆也为北京奥林匹克教育的研究查找相关资料提供便利条件。

专家指导团队一方面对北京奥林匹克教育实践进行同步研究，另一方面承担编写教材、培训教师和指导学校的奥林匹克教育活动及行动研究等任务。北京高校的许多学者还深入到北京市中小学奥林匹克教育实践中，对学校奥林匹克教育如何深入推进做现场指导。

第六节　北京奥林匹克教育成效

在北京奥运周期，北京 2200 余所学校的 200 多万名师生全部参与到这场面向全国 4 亿名青少年、重点是 2.3 亿名中小学生的奥林匹克教育实践活动中，通过社会实践活动由学校向家庭和社区广泛延伸，“使奥林匹克运动实现了历史上最大规模的传播和普及。”

北京 210 所中小学校与 205 个国际奥林匹克大家庭成员开展的“同心结”交流活动，是奥林匹克运动史上最为广泛的一次教育国际交往活动。

北京奥林匹克教育引起社会各界广泛关注，也受到国际奥委会及相关组织的重视。北京奥组委和教育部对北京奥林匹克教育的积极影响都给予充分肯定。北京市各区县教委和学校对奥林匹克教育在促进青少年身心发展方面的作用给予充分肯定。

一、国际奥委会和国外政府要员的评价

国际奥委会及相关组织认为北京奥组委、教育部和北京市教委共同推进奥林匹克教育计划，使北京奥林匹克教育产生空前的影响。国际奥委会在其官方网站的表述："在遍布中国的校园里，世界上最大规模的奥林匹克教育计划正在有条不紊地实施，奥林匹克教育将为中国的年轻一代留下一份永久的遗产。"

国际奥委会奥运会部认为，地方教育行政部门直接组织奥林匹克教育活动是北京奥林匹克教育最主要的一条经验。他们希望北京总结出一套可行经验，为国际奥委会对今后奥运会主办城市的奥林匹克教育做出一个规定性计划提供帮助。

2007 年，国际奥委会《奥林匹克评论》杂志载文："中国在超出以往的、从未有过的范围内开展的奥林匹克教育是传播人文奥运理念的主要方式之一。"并且认为："中国奥林匹克教育的影响比其他任何地方的都要深远。北京奥组委与国家教育部通过全国 40 多万所学校，向大约 4 亿青少年提供奥林匹克教育。这个项目所涉及的范围是如此广泛，规模又是那么的宏大。它包含几项不同的活动，每项活动都强调了体育对人与自然和谐发展的作用……未来奥运会的组织委员会肯定会视中国正在进行的奥林匹克教育举措为典范，实现奥林匹克运动高于一切的教育宗旨。"

2007 年 8 月，罗格访问北京市第四中学和东城区史家胡同小学，认为北京奥林匹克教育"将是 2008 年奥运会一个重要的文化遗产，也是奥林匹克精神传播的历史性突破。通过奥林匹克教育，青少年不仅了解了奥林匹克历史，也发现了其他文化和社会，为世界文化的传播和不同民族的沟通架起了桥梁。"2008 年 5 月，罗格赞扬北京奥林匹克教育在奥运会"比赛还没有开始，但中国在奥林匹克教育上已经获得了一块金牌"。

北京推行的奥林匹克教育计划，赢得国际奥委会第二十九届奥运会协调委员会主席维尔布鲁根的赞誉："这是我们头一次看到奥运会的组织者如此重视奥林匹克遗产问题，我们对此感到非常高兴，这将成为北京奥运会的一项宝贵遗产。"

2008 年 3 月，国际奥委会终身名誉主席萨马兰奇为市教委编撰的《奥运冠军画传（世界卷）》题写序言，认为"通过体育运动教育青年是奥林匹克运动的根本宗旨之一，目前，中国，特别是北京，正在通过丰富多彩的奥林匹克教育活动践行这一宗旨"。萨马兰奇同时认为"市教委通过《北京市学校奥林匹克教育行动计划》开展了很多富有价值的特色活动"。同年 8 月，萨马兰奇访问中央工艺

美术学院附属中学，寄语中国青少年“在教育和体育两个方面都能有所收获”。

国际奥委会奥林匹克博物馆馆长弗朗西斯·加贝特（Francis Gabet）在北京奥运会期间访问多所北京学校，他在观看学生表演的中国民族特色舞蹈、乐器演奏和《奥运冠军画传（世界卷）》后认为：“非常感谢你们的热情欢迎并且为你们取得的成绩表示祝贺。奥林匹克和艺术分享同样的精神，希望你们在新的一年会更好！”。在参观海淀区羊坊店中心小学时说：“对于你们在奥林匹克教育中所取得成绩，我感到吃惊和钦佩。”

2006 年 10 月，英国副首相约翰·普雷斯科特访问朝阳区白家庄小学时说：“这是一所很好的学校，这里的孩子们、老师们把微笑带给人们，非常好！”

2007 年 12 月 29 日，日本首相福田康夫访问朝阳区花家地实验小学，认为北京奥林匹克教育“同心结”活动的开展为中日青少年的交流建立了很好的平台。

2008 年 8 月，荷属阿鲁巴总理纳尔逊·欧杜博在参加东城区丁香小学的奥林匹克教育活动后说：“看到同学们这么热情地开展奥林匹克教育活动真是太高兴了。回国后我要把丁香小学介绍给国内的小朋友，让阿鲁巴更多的小朋友了解中国，了解北京，了解北京奥运会，了解丁香小学。”

北京奥运会和残奥会期间，20 余名外国政府要员和 20 余个奥运代表团先后访问了与他们结对的北京“同心结”学校。

塞浦路斯总统赫里斯托菲亚斯表示，中国的孩子和塞浦路斯的孩子们都有同一个梦想——让和平永驻人间，希望小学生们成为有创造性的公民，为两国人民的友谊贡献力量。

保加利亚总统珀尔瓦诺夫认为，交流访问活动增进了双方的传统友谊，并祝愿学校的奥林匹克教育取得更大成功。

圣马力诺奥委会主席安吉罗·文森尼参加海淀区第三实验小学的交流活动后说：“活动给我留下了深刻的印象，我们领略了中国的传统文化。希望圣马力诺的小朋友有机会来北京，开展更加丰富多彩的交流活动。”

哈萨克斯坦议会上院议长托卡耶夫访问北京市前门外国语学校时说：“2008 奥林匹克教育计划和‘同心结’交流活动使两国中学建立了直接的伙伴关系，这在哈中关系史上是第一次。奥林匹克教育活动的开展必将为哈中双边关系的巩固和发展做出贡献。”

乌拉圭奥委会主席玛格里奥先生访问北京东方德才学校，被师生的奥林匹克教育活动所感动，他认为：“在东方德才学校经历着最激动人心的时刻，在座的乌拉圭人被奏响的两国国歌激动着，中国人民和乌拉圭人民有着共同的梦想——和平和幸福。我一定要把这份友情带回国去。”

希腊奥委会主席米诺斯·基里亚宾访问北京市第四中学时，高兴地说：“感谢北京奥运会‘同心结’为两国孩子搭建了一座友谊之桥。”

马拉维奥委会主席 Massah 携代表团成员访问门头沟区大峪中学分校，表示：“我们虽然是马拉维人，但在中国，我们就是中国人，和你们在一起，我们有到家的感觉，希望‘同心结’交流活动永远开展下去。”

二、北京奥组委和教育部领导人的评价

北京奥组委执行副主席蒋效愚在国务院新闻办公室举行的新闻发布会上表示：“在 4 亿青少年当中能够开展奥林匹克教育，这是奥林匹克运动的历史性的突破，而且也是促进东西方文化交流、展现人文奥运风采的一个有效的实践。当然，也是开拓我国学生的视野，提高中小学生文明素质，推动校园的健身活动，提高学生综合素质的一个有益尝试。”

北京奥组委执行副主席李炳华认为：“（北京奥林匹克教育）一系列举措，将为中国留下一个高水平的教育体制。”

北京奥组委新闻宣传部副部长邵世伟表示，北京市奥林匹克教育开展以来，取得了丰硕的成果，这些成果的取得离不开一线教师的努力，他们为奥林匹克教育的顺利开展发挥了不可替代的作用。各校涌现出了一大批丰富多彩的奥林匹克教育模式，使不同条件学校都有了开展奥林匹克教育的机会。

教育部副部长、全国奥林匹克教育工作领导小组组长陈小娅认为，面向青少年开展奥林匹克教育活动，这是北京奥运会成功举办的重要成果，并将作为北京奥运会的重要遗产载入奥林匹克运动史册。她表示“同心结”交流活动在中国的学生与世界各国的孩子们之间架起了一座友谊的桥梁，将增进全球青少年的相互了解和友谊，成为奥林匹克运动宝贵的文化教育遗产。

2007 年 10 月，教育部基础教育司副司长高洪认为，北京市的奥林匹克教育示范学校开展活动的创新教育模式为全国的中小学校提供了丰富经验和宝贵资源。他在奥运会开幕前表示，北京地区的 200 所奥林匹克教育示范学校和 210 所“同心结”学校把奥林匹克教育融入了有关课程和校园的文化活动当中，开展了丰富多彩的奥林匹克教育活动。并且认为：“北京奥运会的奥林匹克教育将成为 2008 年奥运会重要的人文遗产，对促进中国教育的发展，尤其是促进学校的特色发展、教师的专业发展和学生的全面发展产生深远影响。”

三、区县教育行政部门的看法

西城区教委负责人史征表示，自开展奥林匹克教育活动以来，西城区发挥全区教育资源优势，将奥林匹克教育与学校教育教学等工作有机结合，学生的主体参与和亲身体验，提高了学生的文明素养、奥运意识和首都意识，促进了青少年学生的身心和谐发展。

崇文区教委奥林匹克教育负责人陈德时认为，奥林匹克教育与中国传统文化、崇文区区域特色文化相结合的有效途径和实践模式的探索，切实提高了学校和广大师生们对奥林匹克教育工作必要性和重要性的认识，加强了学校德育和体育工作，促进了学生国际意识的形成和国际交往能力的提高。

朝阳区教委奥林匹克教育负责人姚卫东说，朝阳区奥林匹克教育充分发挥了其奥运会主场区的优势、CBD的优势、外交功能区的优势。以奥林匹克教育为契机，以育人为根本，将教育融入奥运，让奥运促进发展，带动了学校各项工作取得显著进展。

通州区教委奥林匹克教育负责人王海龙认为，奥林匹克教育与全区德育、体育、新课程改革、校园文化建设、学校特色发展有机结合，丰富和完善了青少年的精神世界，塑造了爱国自强、开放自信、热忱友好、奋发向上的时代品格，培养了学生的健全人格，为学生的终身发展奠定了基础。

昌平区教委奥林匹克教育负责人张婕说，通过积极开展以“狠抓奥运契机，发挥区域优势，办人民满意的教育”为突破口的奥林匹克教育，使得广大青少年学生关注奥运、参与奥运、得益奥运，成为普及、宣传、弘扬奥林匹克精神的绿色使者。

密云县教委奥林匹克教育负责人郭凤珍表示，密云县结合山区实际开展的奥林匹克教育活动，吸引了广大教师和全体学生参与活动，让每位学生在活动中感受到了奥林匹克带给他们的激情与快乐。

四、校长和师生的认识

在北京奥运周期，北京教育系统200余万名师生参与多种形式的奥林匹克教育活动，不少学校提升了知名度，成为办学特色学校。北京市中小学的校长和学校师生对奥林匹克教育给学校带来的影响深有感触。

（一）校长：给学校发展带来了机遇

中央工艺美术学院附属中学校长王泽旭认为，奥林匹克教育全面提升了我们的办学理念，改变了教师的思维方式和工作方式。我们的学生与不少国家建立了广泛联系，开拓了国际视野，增强了对多元文化的理解。

朝阳区花家地实验小学校长魏俐说，奥林匹克教育促进了学校素质教育的全面发展，学生在老师和家长的指导下，自己动手动脑，学生的学习意识、组织才能提升明显。“我们学校以‘一班一国’为载体的奥林匹克教育将一直开展下去，密切保持与境内外‘同心结’结对国家学生的联系，以奥林匹克的名义加强学生在全球范围的交流和合作，培养学生的世界眼光和责任感，将友谊与和平的种子播撒在每个孩子的心中。”

北京市广渠门中学校长吴甡表示，奥林匹克教育与学校教育相得益彰，有利于素质教育新途径的探索。参加奥林匹克教育活动开阔了学生视野、提升了学生的竞争精神、推动了校园体育活动的开展。对于学校开设的“自助餐式”体育选修课程，吴甡认为，学校尊重学生成长的自主性，学校教育的价值与奥林匹克精神实质相同，是“栽培生命”的过程。

顺义区马坡中心小学校长贠献臣认为，奥林匹克教育推动了学校体育和德育工作，孩子们养成了体育锻炼的好习惯，文明礼仪和环保意识也有所提升。

（二）教师：促进了教师的专业成长

中小学老师普遍认为，将奥林匹克具有丰富教育价值的课程资源运用于教育教学活动，能够促进教师的专业成长。

海淀区羊坊店中心小学体育教师周晨光在参加体育教师全员培训后说：“培训活动为我们提供了一个发展的平台和机遇，让我们每一位体育教师在身处奥运的氛围中重新领略了现代体育的魅力。”

东城区地坛小学教师魏颖认为，奥林匹克教育让我们的青少年认识了奥运、理解了奥运，融入了奥运，提高了青少年的综合素质，充分展现了青少年的风貌。通过开展奥林匹克教育活动，我们找到了青少年易于接受的方式，提高了教育的针对性和实效性，这正是学校教育中需要进一步改进的。

（三）学生：提高了自身的素质

相比北京奥运会申办成功时的最初几年，学校把奥运会的举办地、项目设置、著名运动员生平等知识作为奥林匹克教育的重点，学生们普遍感到，在北京奥运周期，奥林匹克精神对自己的触动更大，并且希望更多的学校、学生有机会分享自己的收获。

北京市第四中学的学生齐蕾在接受英国 BBC 采访时说：“在我的心中，奥林匹克就象征着青春与挑战。在北京成功申办奥运会后，我感觉奥林匹克更加深入到我的生活中。无论是在体育，抑或是在学习生活中，当我遇到困难时，我都会想起奥林匹克精神，都会有一种声音鼓励我继续前进，挑战自我。”

北京师范大学附属中学的学生吴双说：“原来，奥运会举办的意义是让赛场上运动员克服困难的勇气，传播平等、和平的信念去感染每一个人。特别是对于我们这样的年轻人来说，从奥运会运动员身上领悟到一份人生真谛，要比简单地去看比赛，去记住谁拿了冠军更有价值。”

朝阳区劲松第四小学的学生说：“我们人手一本《‘与奥运同行’学生成长手册》，记录每日言行，把弘扬奥运精神具体化。自手册推出以来，大家都开始逐渐注意到自己的不足。”

朝阳区白家庄小学的学生说：“自从‘同心结’活动开始，我作为白家庄小学的代表与圣保罗小学的伙伴们一直进行学习上的交流，在这个过程中我知道了很多英国的生活习惯、礼仪风俗，我十分庆幸自己能在奥运会前夕参加这样有意义的活动，也感谢学校给了我这样一个了解世界的机会。”

五、媒体和专家的评价

2008 年 9 月 23 日，《光明日报》发表文章《在这里感悟人生真谛》：“2008，北京，那些激动人心的日子渐行渐远。但有关奥林匹克的一切却将长久地留在我们中间。今天，再回首那些充溢着激情与感动、惊喜与震撼的日日夜夜，我们由衷感叹：体育，给了我们无与伦比的快乐；而奥林匹克，让我们接受了一场空前的教育和洗礼。”从 2006 年至 2008 年，国内外百余家媒体对北京市中小学开展的奥林匹克教育活动进行了大量报道。

（一）媒体评价

2006 年 6 月 3 日，《北京日报》在一篇关于奥林匹克教育的长篇报道《最厚重的人文遗产：北京奥林匹克教育焕发生机》中写道：“怎样有效地普及奥林匹克知识，前人没有留下多少成功经验。于是北京奥组委织起了一张网，采取建设和命名奥林匹克教育示范学校的方式，在全国范围内树立开展奥林匹克教育的学校典型，从而以点带面，促进奥林匹克教育工作在全国中小学的开展。留下 2008 年奥运会奥林匹克教育工作的特色遗产，这不失为奥林匹克运动史上的一个创举。”

2007 年 9 月 9 日，《北京日报》撰文《共享奥林匹克精神 北京奥林匹克教育丰富多彩》，评价北京奥林匹克教育“首都教育系统紧紧抓住这一难得的历史机遇，以丰富多彩和生动感人的形式，把奥林匹克教育渗透到了全市中小学的教育教学和社会实践活动中，全面提升首都青少年的文明素养，为北京奥运会营造了良好的社会氛围，‘同心结’交流活动成为了北京基础教育扩大海外交流与合作的一次重大突破”。

2008 年 3 月，第 29 届奥运会组委会刊物《北京 2008》（北京兑现申奥承诺特刊）载文《中国赋予奥林匹克文化和教育新内涵》。认为“中国的奥林匹克教育是一项巨大的工程”，556 所奥林匹克教育示范学校的建立“已经成为北京奥运会开展奥林匹克教育的重要标志”，“成为奥林匹克历史上的一个创举”。“‘同心结’学校学生通过学习了解结对国家和地区的文化、语言和礼仪等知识，开展与结对国家和地区友好学校的交流活动，增进了北京这座奥运城市青少年对世界的了解。”

2008 年 4 月 27 日，北京奥组委官方网站载文《北京奥林匹克教育样式和内容丰富多彩，教育之花遍地开放》。认为“北京奥林匹克教育不仅对提高广大青少年综合素质具有重要的意义，对于弘扬奥林匹克精神也是一个历史性的贡献”。该文还同时认为，市教委连续推出“示范校”和“同心结”等多项大型奥林匹克教育活动，师生们将其称为“贺岁片”，每年都很期待这些活动。

2008 年 5 月 6 日，来自丹麦、英国、加拿大、意大利、澳大利亚等国媒体记者采访朝阳区安慧北里第二小学，被学校充满童趣的活动所感染，情不自禁地加入到踢毽、工艺制作的活动之中。孩子们良好的精神面貌、亲切自然的友好态度、精湛的艺术素养、出色的英语口语交际能力，展现了学校奥林匹克教育和“同心结”交流活动的丰硕成果。

（二）专家评价

2007 年 12 月，美国密苏里大学副教授包苏珊女士参加市教委举办的“牵手京外学校共享奥林匹克”成果展示会后，称赞朝阳区花家地实验小学的牵手学校——河北省兴隆县的山区孩子们利用高粱秆、家畜毛等制作的各国物品很有特色，希望能把“牵手校传递奥运精神”的形式传播到其他国家去。

北京体育大学任海教授说，北京奥林匹克教育锤炼了中国青少年国际胸怀的承受力，保持自己的民族特色，融入国际社会，致力于人类社会的共同发展，这是北京奥运会传递给世界的最重要的信息。

中国人民大学金元浦教授认为，北京奥运会的一个重要特色就是创造性地开展了奥林匹克教育运动，并在全国推出了 500 余所奥林匹克教育示范学校以及 200 余所“同心结”学校。这可能是世界上规模最大的一次奥林匹克教育活动，具有明显的中国特色。北京奥运的奥林匹克教育，必将成为北京留给世界的最重要的奥林匹克遗产之一。

北京体育大学教授孙葆丽认为，举办奥运会更深层的意义在于通过奥运会推动奥林匹克运动对青少年的影响，促进青少年健康、和谐发展，成为团结、友谊、和平世界的倡导者和实践者。该校熊晓正教授表示，北京奥林匹克教育教会了青少年学生三点：一是学会如何与人相处，二是学会正确面对成功和失败，三是学会培养人格及意志。通过奥林匹克运动的普及、教育来提高我们国民的思想素质、身体素质、文化素质。

附表 2–2　北京奥林匹克教育示范学校名单（200 所）

东城区

北京市景山学校
中央工艺美术学院附属中学
北京第二中学
北京市第二十二中学
北京市第二十七中学
北京市第六十五中学
北京市第一六六中学
北京市东城区和平里第二小学
北京市东城区和平里第四小学
北京市东城区灯市口小学
北京市东城区府学胡同小学
北京市东城区史家胡同小学
北京市东城区职业教育中心学校
北京市东城区特殊教育学校

西城区

北京市第四中学
北京第八中学
北京市第十三中学
北京市第三十五中学
北京市第一六一中学
北京市铁路第二中学
北京市西城外国语学校
北京师范大学附属实验中学
北京师范大学第二附属中学
北京第二实验小学
北京市西城区育民小学
北京市西城区黄城根小学
北京市外事学校
北京什刹海体育运动学校

崇文区

北京市广渠门中学
北京市第十一中学
北京市第五十中学
北京市第一零九中学
北京汇文中学
北京市文汇中学
北京第一师范学校附属小学
北京市崇文区崇文小学
北京市崇文区光明小学

北京现代职业学校

宣武区

北京市育才学校
北京市第十四中学
北京市第六十六中学
北京市回民中学
北京市第十五中学
北京师范大学附属中学
北京第一实验小学
北京小学
北京市宣武区康乐里小学
北京市宣武区第一职业学校

朝阳区

北京市第八十中学
北京信息工程学院附属中学
北京西藏中学
北京市新源里中学
北京工业大学附属中学
北京市陈经纶中学
首都师范大学附属实验学校
北京市东方德才学校
北京市朝阳区花家地实验小学
北京市朝阳区呼家楼中心小学
北京市朝阳区芳草地小学
北京市朝阳区实验小学
北京市朝阳区白家庄小学
北京市朝阳区安慧里中心小学
北京市朝阳区望花路小学
北京市朝阳区劲松第四小学
北京市朝阳区管庄中心小学
北京市朝阳区三里屯小学
北京乐成国际学校
北京京西学校
北京市劲松职业高中
北京市电气工程学校
北京市朝阳区民办精诚文化学校

海淀区

北京市育英学校
北京十一学校
北京市第五十七中学
清华大学附属中学
北京市第二十中学
北京市第一零一中学
中国人民大学附属中学
北京市温泉第二中学
北京市海淀区羊坊店中心小学
北京市海淀区中关村第一小学
北京市海淀区中关村第三小学
北京市航空航天大学附属小学
北京市海淀区翠微小学
北京市海淀区上地实验小学
北京市海淀区太平路小学
北京市海淀区巨山小学
北京大学附属小学
北京市海淀区实验小学
北京市海淀区第二实验小学
北京市信息管理学校

丰台区

北京市大成学校
北京市丰台区实验学校

北京市第十中学
北京市第十二中学
北京市丰台区王佐学校
北京市丰台区丰台第二中学
北京市第十八中学
北京市首都师范大学附属丽泽中学
北京市丰台区芳古园小学
北京市丰台区卢沟桥第一小学校
北京市丰台区师范学校附属小学
北京市丰台区长辛店中心小学
北京市丰台区职业教育中心学校
北京市第五体育运动学校

石景山区

北京市第九中学
北京市八大处中学
北京市杨庄中学
北京市苹果园中学
北京市石景山区实验小学
北京市石景山区师范学校附属小学
北京市石景山区古城第二小学
北京市石景山区六一小学
北京市黄庄职业高中

门头沟区

北京市门头沟区西辛房中学
北京市门头沟区永定中学
北京市门头沟区新桥路中学
北京市门头沟大峪第二小学
北京市门头沟区东辛房小学
北京市门头沟区潭柘寺中心小学
北京市门头沟区育园小学

房山区

北京市房山区北潞园学校
北京师范大学良乡附属中学
北京市房山区良乡第二中学
北京市房山区周口店中学
北京市房山区房山第二中学
北京市房山区窦店中学
北京市房山区良乡第三小学
北京市房山区城关小学
北京市房山区良乡第二小学
北京市房山区窦店镇窦店中心小学
北京市房山区第二职业高中
北京师范大学燕化附属中学
北京市燕山前进中学
北京市燕山向阳小学
北京市燕山前进第二小学

通州区

北京市潞河中学
北京市通州区运河中学
北京市通州区第六中学
北京市通州区潞州中学
北京市通州区玉桥小学
北京市通州区东方小学
北京市通州区漷县镇中心小学
北京市通州区后南仓小学

顺义区

北京市顺义区牛栏山第一中学
北京市顺义区第八中学
北京市顺义区杨镇第一中学

北京市顺义区第一中学
北京市顺义区北小营中学
北京市顺义区马坡中心小学
北京市顺义区天竺中心小学
北京市顺义区石园小学
北京市顺义区双兴小学
北京市顺义区东风小学

昌平区

北京市昌平区桃洼学校
北京市昌平区天通苑学校
北京市昌平区第一中学
北京市昌平区第二中学
北京市昌平区百善中学
北京市昌平实验小学
北京市昌平区百善中心小学
北京市昌平区城北中心小学
北京市昌平职业学校
北京市私立汇佳学校

大兴区

北京市大兴区京豫陈学校
北京市大兴区兴华中学
北京市大兴区第一中学
北京市大兴区第三中学
北京师范大学大兴附属中学
北京市大兴区长子营中学
北京市大兴区黄村镇第一中心小学
北京市大兴区第四小学
北京市大兴区庞各庄镇第二中心小学
北京市大兴区枣园小学
北京市大兴区第一职业学校

平谷区

北京市平谷中学
北京市平谷区第六中学
北京师范大学附属平谷中学
北京市平谷区大兴庄中心小学
北京市平谷区第六小学
北京市平谷区第一职业学校

怀柔区

北京市怀柔区第一中学
北京市怀柔区第四中学
北京市怀柔区第五中学
北京市怀柔区第一小学
怀柔区杨宋镇中心小学
北京市怀柔区庙城镇中心小学

密云县

北京市密云县第二中学
北京师范大学密云实验中学
首都师范大学附属密云中学
密云县不老屯镇中心小学
密云县第二小学
密云县太师屯镇中心小学
密云县职业学校

延庆县

北京市延庆县第一中学
延庆县第五中学
北京市延庆县第三小学
延庆县第二小学
延庆县第四小学
延庆县第一职业学校

附章二 表 2-2 北京奥林匹克教育“同心结”交流活动学校名单（210 所）

东城区

北京市第二中学
北京市第五中学分校
北京市第二十二中学
北京市第五十五中学
北京市第六十五中学
北京市第一七一中学
北京景山学校
中央工艺美术学院附属中学
北京市东直门中学
北京宏志中学
北京市东城区和平里第一小学
北京市东城区和平里第二小学
北京市东城区和平里第四小学
北京市东城区灯市口小学
北京市东城区府学胡同小学
北京市东城区史家胡同小学
北京市东城区东四九条小学
北京市东城区地坛小学
北京市东城区黑芝麻胡同小学
北京市东城区东交民巷小学
北京市东城区西中街小学
北京市东城区丁香胡同小学
北京市东城区遂安伯小学
东城区特殊教育学校

西城区

北京铁路第二中学
北京市第三中学
北京市第四中学
北京市第八中学
北京市第四十四中学
北京市第一五六中学
北京市第一五九中学
北京市第一六一中学
北京实验中学
北京市外事学校
北京实美职业学校
北京市西城区奋斗小学
北京市西城区什刹海小学
北京市西城区育翔小学
北京市西城区长安小学
北京市西城区民族团结小学
北京市西城区白云路小学
北京市西城区进步小学
北京市西城区育民小学
北京第二实验小学
北京市西城区黄城根小学
北京市西城区中古友谊小学
北京第四聋哑人学校

崇文区

北京汇文中学
北京市广渠门中学
北京市前门外国语学校
北京市第十一中学分校
北京市崇文区前门小学
北京市崇文区景泰小学

北京市崇文区回民小学
北京市崇文区体育馆路小学
北京市崇文区光明小学
北京市第一师范学校附属小学
北京市崇文区崇文小学
北京市崇文区培新小学

宣武区

北京市第十四中学分校
北京师范大学附属中学
北京市宣武区第一职业学校
北京市宣武区外国语实验学校
北京市宣武区半步桥小学
北京市宣武区红莲小学
北京小学
北京市宣武区回民小学
北京第一实验小学
北京市宣武区康乐里小学
北京市宣武区师范学校附属第一小学
北京市育才学校小学部
北京市宣武区南菜园小学

朝阳区

北京市第八十中学
北京工业大学附属中学
首都师范大学附属实验学校
北京市陈经纶中学
北京市五路居第一中学
北京市和平街第一中学
北京市樱花园实验中学
北京市东方德才学校
北京市求实职业学校
北京市劲松职业高中
北京市朝阳区安慧北里第二小学
北京市朝阳区团结湖小学
北京市朝阳区南磨房中心小学
北京市朝阳区永安里小学
北京市朝阳区田华小学
北京市朝阳区花家地实验小学
北京市朝阳区左家庄第二小学
北京市朝阳区京通小学
北京市朝阳师范学校附属小学
北京市朝阳区民办精诚文化学校
北京市朝阳区望京南湖东园小学
北京市朝阳区三里屯小学
北京市朝阳区实验小学
北京市朝阳区白家庄小学
北京市朝阳区劲松第四小学
北京市朝阳区芳草地小学
北京市朝阳区安慧里中心小学
北京市朝阳区呼家楼中心小学

海淀区

中国人民大学附属中学
北京师范大学第三附属中学
北方交通大学附属中学
中国地质大学附属中学
北京市海淀区教师进修学校附属实验学校
北京市中关村中学
北京市第二十中学
北京市六一中学
北京市八一中学

北京市第一零一中学
北京市海淀区艺术职业学校
北京市卫国中学
北京市海淀区中关村第一小学
北京市海淀区中关村第二小学
北京市海淀区中关村第三小学
北京市海淀区中关村第四小学
北京市海淀区万泉小学
北京大学附属小学
清华大学附属小学
北京医科大学附属小学
北京航空航天大学附属小学
北京市海淀区上地实验小学
北京市海淀区太平路小学
北京市海淀区翠微小学
北京市海淀区羊坊店中心小学
北京市海淀区知春里小学
北京市海淀区实验小学
北京市海淀区第二实验小学
北京市海淀区第三实验小学
北京市海淀区四季青中心小学

丰台区

北京市东高地外国语学校
北京市丰台区实验学校
北京市航天中学
北京市大成学校
北京市首都师范大学附属丽泽中学
北京市丰台区南苑中学
北京市云岗中学
北京市丰台第八中学
北京市丰台区丰台第五小学
北京市丰台区丰台第一小学
北京市丰台区芳城园小学
北京市丰台区南宫中心小学
北京市丰台区万泉寺小学
北京市丰台区首科花园小学
北京市丰台区师范学校附属小学
北京市丰台区丰台第八小学
北京市丰台区新发地小学
北京市丰台区东铁匠营第一小学
北京市丰台区成寿寺小学
北京市丰台西罗园第五小学

石景山区

北京市第九中学
北京市京源学校
北京市同文中学
北京市石景山区实验中学
北京市石景山区古城第二小学
北京市石景山区实验小学
北京市石景山区八角北路小学
北京市石景山区师范学校附属小学
北京市石景山区银河小学
北京市石景山区六一小学

门头沟区

北京市门头沟区新桥路中学
北京市大峪中学分校
北京市门头沟区工人子弟小学
北京市门头沟区大峪第一小学
北京市门头沟区大峪第二小学

房山区

北京市房山区良乡第二中学
北京师范大学良乡附属中学
北京市房山区北潞园学校
北京市房山区良乡第二小学
北京市房山区良乡第三小学
北京师范大学燕化附属中学
北京市燕山前进第一小学

通州区

北京市潞河中学
北京市通州区永乐店中学
北京教育科学研究院通州区第一实验小学
北京市通州区官园小学
北京市通州区运河小学

顺义区

北京市顺义区第一中学
北京市顺义牛栏山第一中学
北京市顺义区第八中学
北京市顺义区石园小学
北京市顺义区马坡中心小学
北京市顺义区天竺中心小学
北京市顺义区双兴小学

昌平区

北京市昌平区小汤山中学
北京市昌平区第一中学
北京市昌平区第二中学
北京市昌平区小汤山中学
北京市昌平职业学校
北京市昌平区昌盛园小学
北京市昌平区马池口中心小学
北京市昌平区回龙观中心小学
北京市昌平区城关小学
北京市昌平区城北中心小学

大兴区

北京市大兴区第一中学
北京市大兴区第二职业学校
北京市大兴区旧宫镇第二中心小学
北京市大兴区第二小学
北京市大兴区第八小学

平谷区

北京市平谷区黄松峪中学
北京市平谷区大兴庄学区
平谷区特殊教育中心学校

怀柔区

北京市怀柔区第四中学
北京市怀柔区红螺寺中学
北京市怀柔区第三小学
北京市怀柔区第二小学
北京市怀柔区第一小学

密云县

北京市密云县第二中学
密云县第二小学
延庆县
延庆县第一职业学校
延庆县第二小学

附表 2–3 “同心结”学校姊妹校结对名单（161 所）

东城区

北京市第二中学（“同心结”学校，下同）

中国台北 台湾师范大学附属高级中学（姊妹校，下同）

北京市第五中学分校

尼泊尔 The Himalayan Vidya Mandir

北京市第二十二中学

科摩罗 科摩罗国家莫罗尼中学

北京市第五十五中学

比利时 Piva Hotelschool Antwerp

北京市第六十五中学

中国澳门 澳门濠江中学

北京市第一七一中学

荷兰 Lorentz Lyceum

北京景山学校

奥地利 BG und BORG Liebenau

中央工艺美术学院附属中学

瑞士 Aargauische Kantonsschule Baden

北京市东直门中学

肯尼亚 Kenya High School

北京宏志中学

拉脱维亚 Riga Mezciema Elementary School

北京市东城区史家胡同小学

以色列 Yanush Kortzeck

北京市东城区东四九条小学

帕劳 Seventh Day Adventist School

北京市东城区和平里第一小学

孟加拉 The City School in Dhaka

北京市东城区和平里第四小学

伊朗 Imam Khomeini School

北京市东城区灯市口小学

刚果　Congolese Consular School

北京市东城区府学胡同小学

马来西亚　Sekolah Jenis Kebangsaan China　Choong Wen

北京市东城区地坛小学

刚果（金）Groupe Scolaire du Mont Amba

北京市东城区黑芝麻胡同小学

叙利亚　مدرسة أبي العلاء المعري للتعليم الأساسي

北京市东城区东交民巷小学

开曼群岛　TRIP C SCHOOL

北京市东城区西中街小学

哥伦比亚　Escuela Normal Superior María Auxiliadora de Copacabana

北京市东城区丁香胡同小学

阿鲁巴　Mon Plaisir Primary School

北京市东城区遂安伯小学

伊拉克　AL HANAN Primery School　Baghadad、AL THAHAB AL ASSWED Primery School Baiji、khawia bint Alazwar Primay School和Auday bin Hatam Primary School

东城区特殊教育学校

英国残奥会　Mary Hare

西城区

北京铁路第二中学

泰国　Pakkred Secondary School

北京市第三中学

卢森堡　Lycée de Garçons Esch-sur-Alzette (LGE)

北京市第四中学

希腊　Psychico College Lykeion

北京市第八中学

法国　Lycée Jeanne D'Albret

北京市第一五六中学

马达加斯加　1.Mahanoro Middle School；2.Marolambo Middle School

北京市第一五九中学

摩纳哥 1.Lycée Albert Ier；2.Collège Charles III

北京市外事学校

新西兰 Hagley Community College

北京实美职业学校

荷属安的列斯 Frater Aurelio SBO

北京市西城区长安小学

埃塞俄比亚 School of tomorrow

北京市西城区民族团结小学

克罗地亚 Petar Kanavelic Primary School

北京第二实验小学

意大利 1.Istituto comprensivo “Griffini” di Casalpusterlengo e Somaglia；2.Scuola Elementare “G.Mazzini” di Roma；3.Scuola Media di Cutro (Crotome)

北京市西城区中古友谊小学

古巴 1.古巴使馆小学；2.古中友谊小学

北京市第四聋人学校

加拿大残奥会 Northern Secondary School

崇文区

北京汇文中学

俄罗斯 Московская государственная 1948 школа

北京市广渠门中学

瑞典 1.Rudbeckianska Gymnasiet of Vasteras, Sweden；2.Nya Elementary

北京市前门外国语学校

哈萨克斯坦 Школа-интернат для одаренных в спорте детей имени К.Ахметова г.Алматы (РК)

北京市第十一中学分校

加蓬 Lycée d'Etat Eugène Marcel AMOGHO de Franceville (Gabon)

北京市崇文区前门小学

毛里塔尼亚 KHAYAR Primary School

北京市崇文区景泰小学

汤加 Tonga Side School

北京市崇文区光明小学

斯洛伐克 Sports School in Bratislava

北京市第一师范学校附属小学

摩尔多瓦 Liceul Teoretic A.S.Puskin

北京市崇文区崇文小学

多米尼克 The Conventprep School

北京市崇文区培新小学

莫桑比克 Escola Primaria Completa de Mabanja

宣武区

北京市第十四中学分校

保加利亚 18th High School “William Gladstone”

北京师范大学附属中学

印度尼西亚 万隆立人学校

北京市宣武区第一职业学校

纳米比亚 Van Rhyn Primary School

北京市宣武区外国语实验学校

列支敦士登 Liechteninisches Gymaasium, Vaduz

北京市宣武区红莲小学

关岛 Tamuning Elementary School

北京小学

葡萄牙 1.The Braga International School；2.Colegio Rosario do Porto

北京市宣武区康乐里小学

摩洛哥 Lycée Lyautey

北京市宣武区师范学校附属第一小学

波兰 Publiczna Szkola Podstawowa w Rzeczyca

北京市育才学校小学部

加纳 Association International School

朝阳区

北京市第八十中学

阿根廷　Plaza Mayor D-110

北京工业大学附属中学

阿尔及利亚　穆斯林·墨赫本学校

首都师范大学附属实验学校

印度　印度新德里——春之山谷学校

北京市和平街第一中学

几内亚　科纳克里市航空学校

北京市陈经纶中学

加拿大　Britannia Secondary School

北京市朝阳区五路居第一中学

安哥拉　Instituto Medio de Economia de Luanda

北京市樱花园实验中学

圣文森特和格林纳丁斯　Lodge Village Government School

北京市东方德才学校

乌拉圭　Liceo 7 Paysandú de Uruguay

北京市求实职业学校

立陶宛　Vilnius Vocational School of Railway and Business Service

北京市劲松职业高中

赤道几内亚　马拉博国家中级教育学校

北京市朝阳区安慧北里第二小学

约旦　剑桥高中

北京市朝阳区团结湖小学

马尔代夫　Iskandar School

北京市朝阳区南磨房中心小学

巴拿马　信仰与快乐小学

北京市朝阳区永安里小学

阿尔巴尼亚　Shkolla “7 Marsi”

北京市朝阳区田华小学

博茨瓦纳　Notwane Primary School

北京市朝阳区花家地实验小学

日本　日本长野县裾花小学

北京市朝阳区左家庄第二小学

毛里求斯　Raoul Rivet Primary Government School

北京市朝阳区京通小学

吉尔吉斯斯坦　Бишкек ш. 28 Мектеп

北京市朝阳师范学校附属小学

埃及　The New Horizon International School

北京市朝阳区民办精诚文化学校

几内亚比绍　Escola Internacional SOS Henmann Gmeinol DE Bissav

北京市朝阳区望京南湖东园小学

白俄罗斯　Средняя школа №148 г.Минска

北京市朝阳区三里屯小学

委内瑞拉　Instituto Esucia

北京市朝阳区实验小学

沙特　北京沙特学校

北京市朝阳区白家庄小学

英国　St. Paul C.E. Primary School

北京市朝阳区劲松第四小学

塔吉克斯坦　The Secondary Comprehensive School #28

北京市朝阳区芳草地小学

南非　南非开普敦市先锋学校

北京市朝阳区安慧里中心小学

丹麦　Vonsild Sogneskole Kolding Kommune Denmark

北京市朝阳区呼家楼中心小学

西班牙　C.P. Fernández de Moratín

海淀区

中国人民大学附属中学

美国　Phillips Academy Andover

北方交通大学附属中学

利比亚　G.W. Gibson Junior High School

北京市海淀区教师进修学校附属实验学校

厄立特里亚　Halai Secondary School

北京市第二十中学

老挝　万象市宋奔中学

北京市六一中学

越南　河内外语大学附中

北京市八一中学

墨西哥　Instituto de Estudios Superiores de Tamaulipas

北京市第一零一中学

黑山　黑山彼得戈里察中学 Slobod an Skerovic

北京市卫国中学

塞尔维亚　PHILOLOGICAL High School

北京市海淀区艺术职业学校

乌兹别克斯坦　乌伊古尔塔什干国立艺术学院

北京市海淀区中关村第一小学

秘鲁　CEP Peruano Chino Juan XXIII

北京市海淀区中关村第二小学

中国香港　1.香港东华三院姚达之纪念小学；2.香港油麻地天主教小学

北京市海淀区中关村第三小学

巴西　Escola Municipal Rose Klabin

北京市海淀区中关村第四小学

塞浦路斯　BDIMOTIKO MAKEDONITISSAS Primary School

北京市海淀区万泉小学

朝鲜　平壤第一中学小学部

北京大学附属小学

韩国　首尔大学校师范大学附设初等学校

清华大学附属小学

喀麦隆　Queensway Bilingual School

北京医科大学附属小学

阿曼　1.巴萨伊尔基础教育学校；2.谢赫纳塞尔·拉士德·呼鲁斯基础教育学校

北京航空航天大学附属小学

佛得角 佛得角共和国圣黄二十三小学

北京市海淀区上地实验小学

爱沙尼亚 Gustav Adolf Grammar School

北京市海淀区太平路小学

布隆迪 Saint Michel-Archange Bujumbura BURUNDI Elementry School

北京市海淀区翠微小学

巴基斯坦 Pakistan Embassy College, Beijing

北京市海淀区羊坊店中心小学

德国 Johann Heinrich Bütter Schule Altenheim

北京市海淀区知春里小学

洪都拉斯 1.Jose cecilio del Valle Primary school；2.Jose Trinidad Cabans Primary School

北京市海淀区第三实验小学

圣马力诺 Primary School of Serravalle in San Marino

丰台区

北京市东高地外国语学校

爱尔兰 Scoil Mhuire Howth School, Dublin

北京市丰台区实验学校

前南马其顿 Orce Nikolov High School

北京市航天中学

菲律宾 Manila Science High School

北京市大成学校

挪威 Elvetun School

北京市丰台区南苑中学

乌干达 Collége Kocc Barma Promo - EDUC

北京市云岗中学

塞内加尔 1.Nabumali High School；2.Thiemo Saidou Nourou Tall

北京市丰台区丰台第一小学

牙买加 Jessie Ripoll Primary School

北京市丰台区南宫中心小学

特立尼达和多巴哥 Diego Martin Junior Secondary School

北京市丰台区首科花园小学

圣多美和普林西比　Escola Basica de Riboque Capital

北京市丰台区师范学校附属小学

澳大利亚　Newington Public School, Sydney

北京市丰台区丰台第八小学

苏里南　O.S. Zinnia Basis Paramaribo

北京市丰台区东铁匠营第一小学

卡塔尔　Moza Bint Mohammed School (MBM)

北京市丰台区成寿寺小学

尼日尔　Complexe Scolaire Manou Diatta

北京市丰台西罗园第五小学

智利　智利长江学校

石景山区

北京市第九中学

新加坡　Raffles Junior College

北京市京源学校

捷克　Truhlarska School in Prague

北京市同文中学

海地　College Methodiste de Freres

北京市石景山区古城第二小学

斯洛文尼亚　Slovenija Osnovna Sola Vojka Smuc Izola

北京市石景山区实验小学

瓦努阿图　Vila Central Primary School

北京市石景山区师范学校附属小学

贝宁　Nigerian International School

北京市石景山区六一小学

斯里兰卡　The Primary Section of Royal College, Colombo

门头沟区

北京市门头沟区新桥路中学

巴巴多斯　亚历山大学校

北京市大峪中学分校

马拉维 Katoto Primary School

北京市门头沟区工人子弟小学

瑙鲁 Aiwo Primary School

北京市门头沟区大峪第二小学

乌克兰 Спецізована школа № 16.

房山区

北京市房山区良乡第二中学

格林纳达 St. David's Catholic Secondary School

北京师范大学良乡附属中学

土耳其 Modern Educational Science School(MEF)

北京市房山区北潞园学校

津巴布韦 Prince Edward School

北京市房山区良乡第二小学

库克群岛 Nikao Maori School；Takitumu Primary School

北京市房山区良乡第三小学

巴拉圭 Centro para el Desarrollo de la Inteligencia

北京师范大学燕化附属中学

莱索托 莱索托中学

北京市燕山前进第一小学

危地马拉 Las Hermanas de Maria Villa de Los Nios

通州区

北京市潞河中学

玻利维亚 Colegio San Calixto School, La Paz

北京市通州区官园小学

坦桑尼亚 Jitengeni Primary School

顺义区

北京市顺义牛栏山第一中学

芬兰 Ressu Upper Secondary School

北京市顺义区第八中学

亚美尼亚 The School No.8 of Armenia

北京市顺义区马坡中心小学

圣卢西亚 Entrepot Secondary SchooL

北京市顺义区天竺中心小学

密克罗尼西亚 Malem Elementary School

北京市顺义区双兴小学

塞舌尔 BBAU-VALLON PRIMARY SCHOOL

昌平区

北京市昌平区第一中学

波多黎各 School Specialized in Sports at the Albergue Olimpico

北京市昌平区第二中学

柬埔寨 Preah Sisowath High School

北京市昌平职业学校

蒙古 Ui-tsai Mongolian-Chinese Bilingual Secondary School

北京市昌平区小汤山中学

赞比亚 American International School of Lusaka

北京市昌平区昌盛园小学

英属维尔京群岛 Ebenezer Thomas Primary School

北京市昌平区马池口中心小学

乍得 Ecole Pilote de Farcha

北京市昌平区回龙观中心小学

巴布亚新几内亚 St. Joseph's International Catholic School

北京市昌平区城关小学

阿塞拜疆 Baku School № 160

北京市昌平区城北中心小学

突尼斯 Jeanne d' Arc School

大兴区

北京市大兴区第一中学

冰岛 The Fjolbrautaskoli Sudurlands

北京市大兴区第八小学

　　厄瓜多尔　厄瓜多尔瓜亚基尔市英才领袖学校

平谷区

平谷区特殊教育中心学校

　　德国残奥会　Schule Paracelsusstrasse, Hamburg

怀柔区

北京市怀柔区红螺寺中学

　　东帝汶　Canossa Senior High School

北京市怀柔区第三小学

　　萨摩亚　Mrs. Sua and Vaitele Primary School

密云县

密云县第二小学

　　所罗门群岛　Florence Young Christian School

附表 2–4　北京 2008 奥林匹克教育示范学校牵手京内、外普通中小学校名单（490 所）

东城区

北京市景山学校（示范校，下同）

　　北京市第一二五中学（牵手校，下同）

　　北京市第五十四中学

　　北京市大兴区第八中学

　　北京市大兴区第八小学

　　香港拔萃男书院

中央工艺美术学院附属中学

　　北京市第一七七中学

　　北京市第一九六中学

　　北京市国子监中学

　　河北省石家庄市第四十五中学

北京市第二中学

　　北京市宏志中学

　　北京市第一六五中学

　　北京第二中学通州分校

北京市第二十二中学

　　北京市第二十一中学

　　北京市昌平下关学校

北京市大兴区榆垡中学
河北省秦皇岛市第十二中学

北京市第二十七中学
北京市第二十四中学
北京市第二十五中学

北京市第六十五中学
北京市东城区综合职业高中
河北省宣化市第二中学

北京市第一六六中学
北京市第一中学
北京市密云县石城镇中心小学
北京市房山区良乡第五中学
新疆维吾尔自治区和田市第二中学

北京市东城区和平里第二小学
北京市东城区师范学校附属小学
北京市东城区雍和宫小学
香港保良局方王锦全小学

北京市东城区和平里第四小学
北京市东城区安外三条小学
北京市东城区地坛小学
北京市东城区青年湖小学
北京市密云县新城子镇中心小学
河北省北戴河小学

北京市东城区灯市口小学
北京市东城区织染局小学
北京市东城区什锦花园小学
北京市东城区东高房小学
北京市东城区北池子小学
北京市平谷区第一小学

北京市东城区府学胡同小学
北京市东城区方家胡同小学
北京市东城区帽儿胡同小学
北京市东城区东四十四条小学
河北省兴隆县上石洞乡营南峪中心小学
贵州省遵义市汇川区娄山关小学

北京市东城区史家胡同小学
北京市东城区东四七条小学
北京市东城区礼士小学
北京市东城区新鲜小学
北京市东城区春江小学
北京市延庆县第四小学
内蒙古赤峰市实验小学

北京市东城区职业教育中心学校
北京市东城区古城职业高中

北京市东城区特殊教育学校
北京市东城区和平里第三小学
北京市平谷区特殊教育中心
香港保良局余李慕芬纪念学校
江苏省徐州市铜山县聋校

西城区

北京市第四中学
北京市第四十一中学
北京市西四中学
北京市教育学院西城分院附属中学
北京市顺义区第十中学
北京市怀柔北房中学
贵州中天北京四中

北京第八中学
北京市第三十三中学
北京市第一五四中学

北京市第一五九中学
北京市大兴区第八中学
北京市第十三中学
北京市第十三中分校
北京市第三十九中学
北京市第一五六中学
北京市第三十五中学
北京市第三中学
北京市丰盛中学
北京市汇才中学
北京市大兴区采育中学
山东省淄博市第七中学
广西壮族自治区柳州市第八中学
广西壮族自治区北海市第九中学
海南省海口市实验中学
内蒙古自治区呼和浩特市土默特中学
内蒙古自治区赤峰市实验中学
西藏自治区拉萨市第二高中
北京市第一六一中学
北京市第三十一中学
北京市鲁迅中学
北京市房山区第五中学
北京市怀柔九渡河中学
宁夏回族自治区贺兰市第一中学
河南省安阳市第七中学
北京市铁路第二中学
北京市第四十四中学
北京实美职业学校
北京市民族团结中学
北京市房山长阳中学
北京市西城外国语学校
北京市第五十六中学
北京市第二一四中学
北京市育华中学
北京市延庆县八达岭中学
北京师范大学附属实验中学
北京市二龙路中学
北京市月坛中学
北京师范大学亚太实验学校
北京市昌平上苑中学
浙江省回浦中学
北京师范大学第二附属中学
北京市西城实验学校
北京市裕中中学
北京市第七中学
浙江省瑞安市安阳高级中学
北京第二实验小学
北京市密云县高岭中心小学
北京市西城区育民小学
北京市通州区宋庄中心小学
北京市西城区黄城根小学
北京市门头沟大台中心小学
北京市外事学校
广西壮族自治区北海市中等职业技术学校
贵州省职业教育中心学校
海南省海口市旅游职业学校
河南省郑州市旅游职业学校

崇文区

北京市广渠门中学
北京市第一一四中学

北京市前门外国语学校
北京市大兴区魏善庄中学
内蒙古自治区鄂尔多斯市杭锦旗第二中学

北京市第十一中学

北京市第十一中分校
北京市顺义区南彩中学
内蒙古赤峰市阿鲁科尔沁旗天山第一中学

北京市第五十中学

北京市第五十中学分校
北京市房山区良乡第五中学
内蒙古自治区敖汉旗箭桥中学

北京市第一零九中学

北京市龙潭中学
北京市怀柔区杨宋中学
广州市第一零九中学

北京汇文中学

北京市崇文门中学
北京市门头沟区育园中学
台湾省台北建国中学
美国费城德国城中学

北京市文汇中学

北京市第九十六中学
河北涉县固新镇中学

北京第一师范学校附属小学

北京市崇文区宝华里小学
北京市延庆县山东庄学区中心小学
吉林省通化市靖宇小学

北京市崇文区崇文小学

北京市崇文区花市小学
北京市延庆县花盆中心小学
北京市房山区长阳镇中心小学
北京市大兴区黄村镇黄村第二小学
内蒙古赤峰市阿鲁科尔沁旗天山蒙古族实验小学
贵州县遵义市朝阳小学

北京市崇文区光明小学

北京市崇文区新景小学
北京市怀柔区第二小学
天津市河北区昆纬路第一小学

北京现代职业学校

北京市第一七九中学
湖南省吉首市中等职业学校
甘肃省武山县职业学校

宣武区

北京市育才学校

北京市宣武区香厂路小学
北京市大兴榆垡中心小学
北京市门头沟妙峰山镇妙峰山民族学校
北京市北纬路中学
辽宁省抚顺市育才中学
河南省漯河市第三中学
陕西省延安市安塞县延安保小
安徽省临泉县医药希望小学
河北省井陉孙庄育才小学

北京市第十四中学

北京市广安中学
北京市宣武区天宁寺小学
北京市第十四中学大兴分校

北京市第六十六中学

北京市宣武区青年湖小学

北京市第六十三中学

北京市延庆大榆树中学

北京市海淀行知学校

新疆和田学校

北京市回民中学

北京市第一四〇中学

北京市平谷区大华山镇大华山中学

北京市平谷区三元中学

北京市大兴礼贤中学

新疆乌鲁木齐市第四十六中学

内蒙古自治区呼和浩特市第二十六中学

内蒙古自治区呼和浩特市回民中学

北京市第十五中学

北京市第七十八中学

北京顺义农家女实用技能培训学校

内蒙古呼和浩特市第六中学

北京师范大学附属中学

北京市第四十三中学

北京市昌平南口中学

香港九龙华人书院

北京第一实验小学

北京市宣武区西河沿小学

北京市延庆第三小学

北京市通州漷县小学

内蒙古东胜十二完全小学

新疆华康小学

西藏自治区拉萨市第一小学

北京小学

北京市宣武区南菜园小学

北京市大兴旁各庄第二小学

北京小学大兴分校（青城部）

北京市海淀四季青小学

广东省深圳卓雅小学

贵州省贵阳市中天北京小学

辽宁省大连市开发区北京小学分校

北京市宣武区康乐里小学

北京市宣武区老墙根第三小学

北京市平谷区峪口中心小学

北京市延庆刘斌堡小学

北京市宣武区第一职业学校

北京市宣武区红莲小学

朝阳区

北京市第八十中学

北京教育科学研究院附属实验中学

北京市劲松第一中学

北京信息工程学院附属中学

北京市化工大学附属中学

北京市五路居第一中学

北京西藏中学

北京市和平街第一中学

北京市新源里中学

北京市樱花园实验学校

北京市虎城中学

北京工业大学附属中学

北京市垂杨柳第一中学

北京市劲松第三中学
西藏自治区拉萨市拉萨中学

北京市陈经纶中学
北京市三里屯第一中学
北京市枣营中学

首都师范大学附属实验学校
北京市望京实验学校
北京市安慧北里中学
西藏自治区乌兰浩特市罕达罕中学

北京市东方德才学校
中国旅游学院附属中学
北京市定福庄中学

北京市朝阳区花家地实验小学
北京市朝阳区北皋小学
北京市朝阳区将台路小学
河北省兴隆县北水泉乡逸夫实验学校

北京市朝阳区呼家楼中心小学
北京市朝阳区南中街民族小学
西藏自治区城管区第二小学
广西壮族自治区北流市永丰小学
河北省兴隆县大水泉中心校
宁夏回族自治区吴中市利通街第二小学

北京市朝阳区芳草地小学
北京市朝阳区柏阳小学
河南省济源小学
西藏自治区阿里小学

北京市朝阳区实验小学
北京市朝阳区姚家园小学
青海省循化县积石小学

北京市朝阳区白家庄小学
北京市朝阳区石佛营小学

北京市朝阳区安慧里中心小学
北京市朝阳区安苑北里小学

北京市朝阳区望花路小学
北京市朝阳区驼房营小学
北京市朝阳区孙河中心小学

北京市朝阳区劲松第四小学
北京市朝阳区祁庄小学
河北省张家口市通顺街回民小学
新疆维吾尔族自治区库尔勒实验小学
广西壮族自治区玉林市实验小学

北京市朝阳区管庄中心小学
北京市朝阳区大黄庄中心小学
北京市朝阳区定福庄第四小学

北京市朝阳区三里屯小学
北京市朝阳区曙光里小学
内蒙古自治区札齐来特旗达巴儿湖中心小学

北京乐成国际学校
北京市朝阳区弘善学校

北京京西学校
北京市朝阳区金盏小学
北京市朝阳区马全营小学

北京市劲松职业高中
北京市东方职业学校
北京市垡头中学

北京市电气工程学校
北京市金融商贸职业技术学校

北京市朝阳区民办精诚文化学校
北京市朝阳区和平街中心小学

北京市朝阳区西坝河第三小学
河北省涞源市王二小希望小学

海淀区

北京市育英学校
北京市第二零六中学
北京十一学校
北京市建华实验学校
北京市第五十七中学
北京市清河中学
清华大学附属中学
北京市上庄第二中学
北京市第二十中学
北京市海淀寄读学校
北京市第一零一中学
北京市上庄中学
北京市万泉河中学
中国人民大学附属中学
北京农业大学附属中学
北京市学院路中学
北京市温泉第二中学
北京市海淀区温泉中心小学
北京市海淀区羊坊店中心小学
北京市海淀区车道沟小学
密云县大城子中心小学
北京市盲人学校
北京市海淀区中关村第一小学
北京市海淀区六郎庄小学
北京市海淀区苏家坨三四村小学
河北省涿鹿县西二堡小学
北京市海淀区中关村第三小学
北京市海淀区上庄中心小学
北京市海淀区田村中心小学
北京市航空航天大学附属小学
北京市海淀区宏丰小学
北京市海淀区六道口小学
宁夏回族自治区原州七营镇中心小学
北京市海淀区翠微小学
北京市海淀区清河第一小学
内蒙古自治区鄂尔多斯市东胜中心小学
北京市海淀区上地实验小学
北京市海淀区清河第五小学
北京市海淀区太平路小学
北京市海淀区向东小学
北京市海淀区行知实验学校
北京市海淀区巨山小学
北京市海淀区西山小学
北京市海淀区肖家河小学
北京大学附属小学
北京市海淀区东北旺中心小学
北京市海淀区丰联小学
河北省登封市大金殿小学
北京市海淀区实验小学
北京市海淀区八里庄小学
北京市海淀区红旗村小学
北京市海淀区第二实验小学
北京市海淀区红星小学
北京市海淀区北洼路小学
内蒙古自治区化德第二小学
北京市信息管理学校
北京市翠微中学
北京市卫国中学

丰台区

北京市大成学校

北京市丰台区小屯小学

北京市丰台区右安门第三中学

青岛市台东六路小学

北京市丰台区实验学校

北京市丰台区丰体时代小学

北京市丰台区角门中学

北京市第十中学

北京市丰台区长辛店第三中学

北京市第十二中学

北京市丰台区太平桥中学

北京市丰台区航天中学

北京市丰台区第二中学

北京市丰台区第一中学

北京市丰台区看丹中学

北京市第十八中学

北京市丰台区芳星园中学

首都师范大学附属丽泽中学

北京市丰台区西罗园中学

北京市丰台区丰台第六小学

北京市丰台区芳古园小学

北京市丰台区芳群园小学

北京市丰台区卢沟桥第一小学校

北京市丰台区卢沟桥第二小学

北京市丰台区师范学校附属小学

北京市丰台区铁路十一小学

北京市丰台区堡台小学

北京市丰台区长辛店中心小学

北京市丰台区长辛店第七小学

北京市丰台区二七车辆厂小学

北京市丰台区王佐学校

北京市丰台世纪学校

北京市丰台区职业教育中心学校

北京市丰台区南顶中学

石景山区

北京市第九中学

北京市石景山区金顶街第四小学

北京市石景山区石景山中学

甘肃省兰州市第二十二中学

甘肃省兰州市第三十三中学

云南省大理市下关第三中学

云南省楚雄市第二中学

贵州省兴义市顶效开发区中学

北京市八大处中学

北京市石景山区八角中学

北京市天泰中学

云南省大理市下关第二中学

英国曼彻斯特市帕斯乌德高中

北京市杨庄中学

北京市石景山区石景山小学

北京市石景山区杨庄小学

北京市苹果园中学

北京市西井中学

北京市高井中学

北京市石景山区实验小学

北京市石景山区炮厂小学

北京市石景山区电厂路小学

内蒙古自治区阿拉善左旗实验小学

日本上板桥区第四小学

日本高岛第一小学

北京市石景山区师范学校附属小学

北京市石景山区京原小学

北京市石景山区银河小学

北京市石景山区古城第二小学

北京市石景山区老古城小学

北京市石景山区古城第六小学

北京市石景山区六一小学

北京市石景山区西黄村小学

北京市石景山区海特花园小学

北京市黄庄职业高中

北京市蓝天第二中学

北京市石景山区第二实验小学

门头沟区

北京市门头沟区西辛房中学

北京市门头沟区龙门小学

北京市门头沟区圈门小学

北京市门头沟区雁翅中学

北京市门头沟区付家台中心小学

北京市门头沟区永定中学

北京市门头沟区永定中心小学

北京市门头沟区工读学校

北京市门头沟区新桥路中学

北京市门头沟区三家店小学

北京市门头沟区龙泉雾小学

北京市门头沟区琉璃渠小学

北京市门头沟区清水中学

北京市门头沟区中等职业学校

北京市门头沟区城子幼儿园

北京市三家店铁路中学

北京市三家店铁路小学

内蒙古自治区喀喇沁旗锦山第四中学

北京市门头沟大峪第二小学

北京市门头沟区军庄中心小学

北京市门头沟区妙峰山民族学校

北京市门头沟区区中心幼儿园

河南省濮阳小学

香港潮阳小学

香港百欣小学

北京市门头沟区东辛房小学

北京市门头沟区西辛房小学

北京市门头沟区清水中心小学

北京市门头沟区河南街小学

北京市门头沟区东辛房幼儿园

北京市门头沟区潭柘寺中心小学

北京市门头沟区潭柘寺中学

北京市门头沟区育园小学

北京市育园中学

北京市门头沟区育新学校

房山区

北京市房山区北潞园学校

北京市房山区昊天学校

北京师范大学良乡附属中学

北京市房山区良乡第三中学

北京市房山区良乡第二中学

北京市房山区良乡第五中学

北京市房山区周口店中学

北京市房山区第五中学

北京市房山区房山第二中学

北京市房山区石楼中学

北京市房山区窦店中学

北京市房山区葫芦垡中学

北京市房山区良乡第三小学

北京市房山区青龙湖中心校

北京市房山区城关小学

北京市房山区石楼中心校

北京市房山区良乡第二小学

北京市房山区长阳中心校

北京市房山区窦店镇窦店中心小学

北京市房山区交道中心校

北京市房山区第二职业高中

北京汽车维修工程学校

北京师范大学燕化附属中学

北京市房山区燕山星城第二小学

西藏自治区拉萨外语学校

北京市燕山前进中学

北京市房山区燕山东风中学

天津市宁河县任凤高中

北京市燕山向阳小学

北京市房山区燕山东风小学

河北省涞水县明义乡司徒小学

北京市燕山前进第二小学

北京市房山区燕山羊耳峪小学

河北省涿州市大邵村中心冯村小学

通州区

北京市潞河中学

北京市通州区第二中学

北京市通州区运河中学

北京市通州区玉桥中学

北京市通州区第六中学

北京市通州区北苑学校

北京市通州区潞州中学

北京市通州区宋庄中学

北京市通州区玉桥小学

北京市通州区永顺镇发电厂小学

北京市通州区东方小学

北京市通州区南关小学

北京市通州区漷县镇中心小学

北京市通州区张家湾镇枣林庄小学

北京市通州区后南仓小学

北京市通州区民族小学

顺义区

北京市顺义区牛栏山第一中学

北京市顺义区牛栏山第三中学

北京市顺义区第八中学

北京市顺义区俸伯中学

北京市顺义区杨镇第一中学

北京市顺义区木林中学

河北省承德市兴隆县上石洞中学

河北省秦皇岛市青龙县八道河学校

河北省承德市兴隆县北水泉学校

北京市顺义区第一中学

北京市顺义区仁和中学

北京市顺义区北小营中学

北京市顺义区北小营中心小学

北京市顺义区马坡中心小学

北京市顺义区板桥中心小学

内蒙古自治区巴林左旗学校

北京市顺义区天竺中心小学

北京市顺义区龙湾屯中心小学

北京市顺义区石园小学

北京市顺义区北石槽中心小学

北京市顺义区双兴小学

北京市顺义区北石槽中心小学

北京市顺义区东风小学

北京市顺义区后沙峪中心小学

昌平区

北京市昌平区桃洼学校

北京市昌平区流村镇流村中学

北京市昌平区天通苑学校

北京市昌平区回龙观镇中心小学

北京市昌平区东小口镇中心小学

北京市昌平区第一中学

北京市昌平区南邵镇南邵中学

北京市昌平区马池口镇亭子庄学校

河北省宣化市第一中学

北京市昌平区第二中学

北京市昌平区兴寿镇下庄学校

北京市昌平区马池口镇中心小学

北京市昌平区南口镇桃洼学校

香港沙田中学

英国女皇体育学校

北京市昌平区百善中学

北京市昌平区燕丹学校

北京市昌平区兴寿镇兴寿学校

北京市昌平实验小学

北京市昌平区回龙观镇史各庄中心小学

北京市昌平区沙河镇七里渠中心小学

北京市昌平区南邵镇中心小学

北京市昌平区百善中心小学

北京市昌平区崔村镇崔村中心小学

北京市昌平区小汤山镇东流中心小学

北京市昌平区城北中心小学

北京市昌平区城南街道办事处城南中心小学

北京市昌平区阳坊镇西惯市回民小学

北京市昌平区十三陵镇中心小学

北京市昌平职业学校

北京市昌平区十三陵镇十三陵中学

吉林省白山市职业技术学校

山东省菏泽市职业技术学校

北京市私立汇佳学校

北京市昌平区北七家镇中心小学

北京市昌平区北七家镇平西府中心小学

大兴区

北京市大兴区兴华中学

北京市大兴区庞各庄镇庞各庄中学

北京市大兴区第一中学

北京市大兴区庞各庄镇庞各庄中学

内蒙古自治区赤峰市翁牛特旗乌丹第一中学

北京市大兴区第三中学

北京市大兴区榆垡镇第一中心小学

北京师范大学大兴附属中学

北京市大兴区青云店镇青云店中学

北京市大兴区长子营中学

北京市大兴区旧宫镇德茂中学

北京市大兴区黄村镇第一中心小学

北京市大兴区黄村镇狼各庄小学

北京市大兴区第四小学

北京市大兴区榆垡镇第二中心小学

北京市大兴区庞各庄镇第二中心小学

北京市大兴区黄村镇狼各庄小学

北京市大兴区枣园小学

北京市大兴区礼贤镇西里河小学

北京市大兴区第一职业学校

北京市大兴区榆垡镇郭家务中学

平谷区

北京市平谷中学

北京市平谷区第三中学

北京市平谷中心分校

北京市平谷区刘家店中学

北京市平谷区第六中学

北京市平谷区金海湖第一中学

北京市平谷区张各庄中学

北京师范大学附属平谷中学

北京市平谷区山东庄中学

北京市平谷区大华山中学

北京市平谷区大兴庄中心小学

北京市平谷区马昌营学区

北京市平谷区峪口镇北杨桥中心小学

北京市平谷区第六小学

北京市平谷区熊儿寨学区

北京市平谷区大华山中心小学

北京市平谷区第一职业学校

北京市平谷去第九中学

北京市平谷区夏各庄中学

怀柔区

北京市怀柔区第一中学

北京市怀柔区杨宋中学

北京市怀柔区第四中学

北京市怀柔区北房中学

北京市怀柔区第五中学

北京市怀柔区张各长中学

内蒙古自治区乌兰察布盟茶右前旗蒙古族中学

内蒙古自治区兴安盟突泉县第五中学

北京市怀柔区第一小学

北京市怀柔区渤海镇中心小学

浙江省温州市广场路小学

北京市怀柔区杨宋镇中心小学

北京市怀柔区怀柔镇中学小学

河北省丰宁县杨木栅子中心小学

北京市怀柔区庙城镇中心小学

北京市怀柔区桥梓镇茶坞铁路学校

河北省赤城县第三小学

密云县

北京市密云县第二中学

　　北京市密云县水库中学

北京师范大学密云实验中学

　　北京市密云县古北口中学

首都师范大学附属密云中学

　　北京市密云县大城子中学

密云县不老屯镇中心小学

　　北京市密云县冯家峪镇中心小学

密云县第二小学

　　北京市密云县东邵渠镇中心小学

密云县太师屯镇中心小学

　　北京市密云县北庄镇中心小学

密云县职业学校

　　北京市密云县第二职业学校

延庆县

北京市延庆县第一中学

　　北京市延庆县康庄中学

　　北京市延庆县第三中学

　　北京市延庆县大榆树中学

　　北京市延庆县八达岭中学

延庆县第五中学

　　北京市延庆县第二中学

　　北京市延庆县永宁中学

　　北京市延庆县下屯中学

延庆县第二小学

　　北京市延庆县千家店小学

　　北京市延庆县沙梁子小学

　　北京市延庆县永宁小学

　　北京市延庆县康庄小学

　　北京市延庆县旧县小学

　　北京市延庆县大柏老小学

北京市延庆县第三小学

　　北京市延庆县清泉铺小学

　　北京市延庆县沈家营小学

　　北京市延庆县井庄小学

　　北京市延庆县八达岭小学

　　北京市延庆县新家堡小学

延庆县第四小学

　　北京市延庆县花盆小学

　　北京市延庆县黑汉岭小学

　　北京市延庆县西屯小学

　　北京市延庆县刘斌堡小学

　　北京市延庆县八里庄小学

延庆县第一职业高中学校

　　北京市延庆县井庄中学

　　北京市延庆县刘斌堡中学

　　北京市延庆县沈家营中学

　　北京市延庆县张山营中学

后 记

《北京市基础教育志稿》的编纂工作于2012年正式启动。整个编纂工作分为三个阶段，一是根据北京市教育志编纂委员会办公室的编纂方案，开展资料收集工作。通过年鉴、文件汇编、调研报告、访谈、网络文献等收集史料超过800万字，并制作了资料长编。北京师范大学徐勇教授的三位教育史方向的研究生参与了前期部分资料查询工作。二是根据掌握史料的实际情况，通过召开座谈会、研讨会等方式，听取各方面领导和专家的意见和建议，修订编写提纲。三是撰写和修改阶段。整个志稿撰写工作历时两年半，其间，组织撰写人员参加修志培训一次，召开志稿研讨会五次，举办编写组成员交流会十余次，最后，四易其稿，终成此书。

本志稿撰写人员和分工如下：北京教科院耿申负责撰写“概述”、第七章“教师”和附章一“素质教育探索”、附章二“奥林匹克教育”。北京教科院王薇负责撰写第一章“管理”、第二章“教学”。北京教科院魏强负责撰写第三章“德育”、第四章“体育”。首都师范大学江涛负责撰写第五章“校外教育”、第六章“学生”。耿申承担了全书的编纂组织和统稿工作。

本志稿的编写工作特别要感谢北京教育科学研究院院长方中雄，他不仅要求教科院相关单位全力支持修志工作，并且拨付专项经费为修志工作提供资金保障。

本志稿的四位撰写人员是在没有减少正常工作量的情况下，基本利用业余时间完成工作任务的。撰写人员已尽最大努力，但限于水平和时间，在史料的收集、核实和对一些重大事件的认识方面，还是存在不少问题，不当之处，敬请广大读者批评指正！

2016 年 6 月